제2판

예비사회교사를 위한

정치학

이율 편저

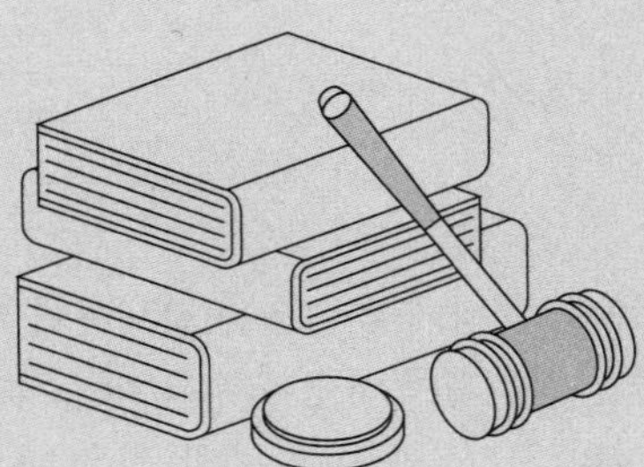

PMG 박문각

법학 | 정치학 | 경제학 기본원리 | 일반사회교육론

❶ 정치학 제2판 개정 주요 내용

정치학 제2판에서는 학습의 효율성을 생각하여 정치의 기초, 정치권력론, 국가론, 정치사상, 민주주의, 선거제도 등에서 내용을 수정하고 보완하였다. 불필요한 내용들은 삭제하였고, 정리가 필요한 내용들은 깔끔하게 재구성하였다.

❷ 이 책의 특징

많은 특징들이 있지만 여기서는 가장 핵심적인 특징을 제시한다.

1. 합격을 위한 단권화 교재이다.

(1) 단권화의 기준은 무엇인가?

① 임용시험 대비 및 학문적 중요성
학문의 기본 목적, 학문이 중시하는 개념 · 일반화 · 원리 · 법칙 등을 기출 문제 분석을 통하여 선정하고, 출제자의 눈높이에서 주요 내용을 맥락에 맞게 재구성하였다.

② 출제 가능성의 변동 가능성 반영
출제 가능성의 맥락을 고려하였다. 학문과 이론적 해석은 시간이 흘러가면서 변화하고 발전한다. 지식의 재구성과 변동성을 반영하여 내용을 추가 · 변경 · 삭제하였다.

③ 기출 문제 그리고 출제될 내용
본 교재의 초판에는 기출 내용뿐만 아니라 출제될 내용을 포함하고 있었다. 제2판의 교재 역시 기출 내용뿐만 아니라 출제가 예상되는 내용을 모두 포함하고자 하였다.

(2) 단권화의 내용은 무엇인가?
주요 개론서 및 교과서, 논문, 연구보고서, 이해를 위한 인문학적 지식 및 사회과학적 지식 등을 교재에 반영하였다.

2. 개론서의 장점과 요약서의 장점을 결합한 교재이다.

(1) 개론서의 장점을 반영하고 단점을 극복하였다.
여러 가지 장단점이 있겠지만 개론서의 가장 핵심적인 장점은 맥락 속에서 내용을 상세하게 서술하고 있다는 점이다. 여러 번의 반복을 통해 내용을 구조화할 경우 반복하면 할수록 학습시간이 줄어든다. 가장 핵심적인 단점은 분량이 너무 많고, 학습자의 읽기 능력이 부족할 경우 내용의 핵심을 파악하기 어렵다는 것이다. 그래서 핵심을 정리하고 내용을 구조화하는 데 많은 시간이 걸린다. 그리고 시험에 출제되지 않는 내용, 교과내용학적 지식 차원에서 불필요한 내용도 포함하고 있다는 점이다. 이런 장단점을 반영하여 본 교재는 불필요한 내용을 없애고, 길게 설명되어 있는 부분을 읽기 쉽도록 간결하게 핵심으로 정리하여 독자의 가독성을 높임과 동시에 수험생들이 답안을 작성하는 데 어려움이 없도록 하였다. 또한 반복하여 읽어나갈수록 학습 시간이 줄어들 수 있도록 노력하였다.

(2) 단편적으로 서술된 요약서의 장점을 반영하고 단점을 극복하였다.
요약서의 장점은 쉽게 내용을 파악할 수 있다는 점이다. 하지만 맥락이 없고, 새로운 경향을 반영하기 어렵다. 또한 무조건 암기하고 밑 빠진 독에 물 붓는 공부를 할 수 밖에 없는 교재적 특성이 있다. 그 결과 학습시간이 줄어들 수 없는 근본적인 한계를 가지고 있다. 본 교재는 이런 문제점을 제목 구성과 본문 구성을 통해 극복하고자 노력하였다.

3. 사회과 예비교사 및 현직교사에게 필요한 교과내용교수지식을 충분히 고려하였다.

(1) 사회과 예비교사의 수업 전문성 함양을 충분히 고려하였다.
사회과 예비교사는 교과내용학적 지식과 함께 교과교육학적 · 종합적으로 활용할 수 있어야 한다. 따라서 교과교육학적 지식을 고려하여 교과내용학적 지식을 서술하기 위해 노력하였다.

(2) 합격하기 전 · 후 의미 있는 교재로 활용할 수 있도록 내용을 구성하였다.
수능기출문제 스터디를 본 교재로 하였다는 합격생 현직 교사의 말이 떠오른다. 합격을 위해서도 당연히 필요한 책이지만, 합격한 이후에도 참고도서로서의 역할, 교과서 해설서로의 역할, 내용학적 지식을 보완하는 역할 등을 할 수 있는 교재가 될 수 있도록 노력하였다.

4. 실용적이면서 논리적으로 책을 구성하였다.

(1) 단원 제목, 개요, 전체 내용을 보여주는 선행조직자로 구성하였다.
단원 제목을 보고 개요 및 선행조직자로 제시된 표를 확인하면 핵심 용어 및 내용의 흐름을 파악할 수 있도록 하였다.

(2) 본문은 대략적으로 주제 제목 – 주제의 내용 제목 – 본문으로 구성하였다.
본문의 경우에는 제목은 주로 개념, 주체, 복합어구로 제시하였고, 주제의 내용에 해당하는 제목들은 가급적이면 개조식 또는 문장으로 자세한 내용을 요약한 형태로 제시하고, 내용 서술은 제목들이 의미하는 바를 이해할 수 있도록 하였다.

(3) 스토리텔링 및 내러티브를 반영하여 논리적으로 서술하여 제목만으로도 내용의 흐름을 알고 그 내용을 추리할 수 있다.
단원 제목, 본문 제목 등을 읽어도 내용의 연결 흐름이 어색하지 않도록 하였다.

❸ 이 책의 100% 활용법 : 7단계 읽기와 백지 쓰기

정치학을 처음 접하는 경우에는 1단계부터, 처음이 아닌 경우에는 2단계부터, 상급자의 실력을 가진 경우에는 3단계부터의 방법을 권한다.

(1) 1단계 : 빠르게 제목과 개요만 힘 빼고 여러 번 읽기
우선 단원 제목 – 개요–선행조직자표 – 본문 제목들이 입에 익숙해질 때까지 3~5번 이상 빠르게 읽어라.
처음 공부를 시작하는 사람들은 '무조건 읽고 암기해야지'하는 마음으로 힘을 줘서 읽지 말라. 엄청난 시간과 노력이 투입되면서 공부에 대한 미움과 두려움이 생기기 때문이다. 만화책이나 소설을 본다는 느낌으로 힘들이지 않고 빠르게 읽어라.

(2) 2단계 : 빠르게 책 전제를 읽어 나가되 힘 빼고 여러 번 읽기
1단계를 실천했다면 똑같이 힘을 빼고 책을 읽되 본문의 내용이 익숙해질 때까지 3~5번 이상 여러 번 반복해서 읽어라.

(3) 3단계 : 기출문제 확인하면서 기출 내용을 여러 번 빠르게 읽기
기출문제를 통해 기출 내용을 확인하고, 기출 내용을 여러 번 빠르게 읽는다.

(4) 4단계 : 강약 조절해서 반복해서 읽기(기출은 정독으로, 기출되지 않은 내용들은 빠르게)
기출은 천천히 그 뜻을 생각하면서 정독으로 읽고, 기출되지 않은 내용들은 빠르게 읽어 나간다.

(5) 5단계 : 강약 조절해서 반복 읽기(중요한 내용은 정독으로, 중요하지 않은 내용들은 빠르게)
기출뿐만 아니라 예상되는 내용들은 정독으로, 중요하지 않은 내용들은 빠르게 읽어 나간다.

(6) 6단계 : 아는 것과 모르는 것 구분해서 읽기
백지 쓰기를 하고난 후 중요한 것 중 내가 아는 것과 모르는 것을 구분하여 책을 읽고 정리한다.

(7) 7단계 : '백지 쓰기'하고 내용 확인하기
이 책을 쓴 저자가 백지 쓰기를 공부방법으로 제시한 원조이다. 백지 쓰기는 여러 단계와 방법으로 활용될 수 있는 방법이다. 백지 쓰기는 개념 및 용어만 쓰기 → 일반화 쓰기 → 서술하기(설명과 이유 또는 근거) → 마인드 맵 등으로 요약하기라는 기본적인 단계를 가진다. 자신에게 맞는 수준을 선택해서 그 단계부터 연습했으면 한다.

④ 감사의 인사

1. 제자로 만나 동료가 된 교사 및 다양한 분야에서 일하는 여러분들에게 감사합니다.

하제스트 교육연구소를 만들고, 강의에 필요한 아이디어 등을 함께 나눴던 이진수 선생, 최재환 선생, 강선우 선생, 홍정윤 선생, 장예원 선생 여러분들에게 감사드립니다. 강의에 대한 피드백과 함께 격려를 아끼지 않았던 분들께도 감사드립니다. 그리고 모두 열거할 수는 없지만 안부 및 소식 동향을 알려다주는 제자님들에게도 감사를 드립니다. 꼭 자신의 이름을 넣어줬으면 하는 제자님들은 소식을 나눌 때 말씀해 주시면 제3판에 꼭 넣도록 하겠습니다.

2. 급박한 일정에도 좋은 책을 만들기 위해 애써 주신 박문각 출판사분들에게 감사합니다.

미리 준비하지 못해 한꺼번에 부담을 안겨 드림에도 최선을 다해 주신 윤 국장님과 허 선생님께 진심으로 감사드립니다.

⑤ 아쉬움

교육불평등을 해소하는 일선에 서 있는 사람이 교사입니다. 사회에 미치는 영향만큼 책임을 다해야 한다고 생각합니다. 그래서 교사들이 이런 전쟁에서 승리할 수 있도록 하는 것이 저의 역할이라고 생각합니다. 이 역할을 위해 많은 고민과 실천들을 책에 100% 녹여 내고자 하지만, 여전히 그리 못해 아쉬움이 남습니다. 다음에 진전된 내용들로 찾아뵙기를 약속하면서 아쉬움을 열정의 원동력으로 삼아볼까 합니다.

이 책과 함께하는 모든 이들이 건승하기를 기원합니다.

백산 발현재에서

이윌 드림

이 책의 차례

CONTENTS PREFACE REFERENCE

Part 03 정치발전의 과제

Part 04 국제정치

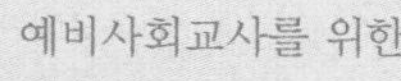

이 부분은 본서의 총론에 해당하는 부분이다. 학문 목적이라고 한다면 정치학 이론들의 속성을 파악해 총론을 구성해야 하지만 본서는 학교 교육 목적과 개론서 수준을 감안하여 이론적인 부분에 대한 요지는 빼고 핵심개념과 주제 중심으로 구성하였다.

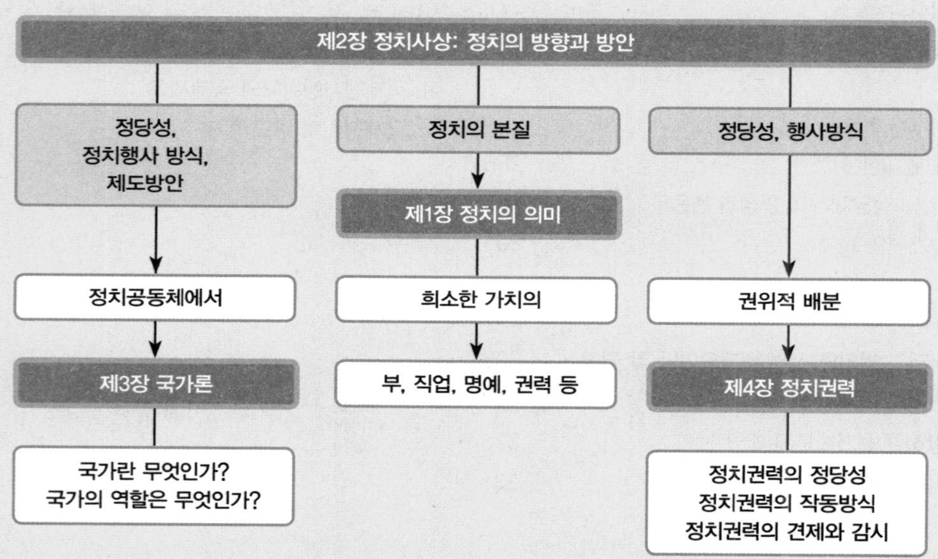

Part 01

정치학의 기초적 특성 및 이론

Chapter 01 정치의 개념적 특성 및 이론

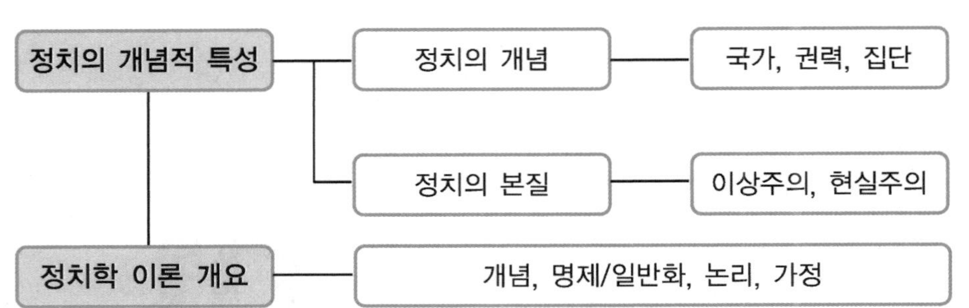

1. 정치개념 정의의 어려움

정치라는 용어는 가장 오래되고 빈번하게 사용되어 온 개념이다. 사람마다 서로 다른 문화적 배경과 가치관을 갖고 있기 때문에 정치라는 복잡한 현상을 몇 가지 개념으로 정리하는 것은 쉬운 것이 아니다. 하지만 사회현상 중 하나인 정치현상을 보다 체계적으로 분석하고 이해하기 위해서는 그 개념을 명료하게 구성해야 할 것이다.

2. 정치에 대한 현상적 접근

이런 정치를 현상적으로 분석하여 정치의 의미를 규정하는 것이 국가현상설, 집단현상설, 권력현상설 등이다.

3. 정치의 양면성 : 이상주의와 현실주의

이상주의는 정치란 혼란을 극복하고 질서와 정의를 구현하기 위하거나 사회통합을 통하여 공동체의 정의를 실현시키는 것으로 보고, 권력은 일반적 이익과 공공의 복지를 보장해 주는 것으로 보는 입장이라 할 수 있다. 반면에 현실주의는 정치를 투쟁으로 보고, 투쟁의 결과로 권력을 장악한 자는 권력을 통해 사회에서의 지배를 보장받고 이익을 얻어내려는 것으로 보는 입장이다. 이와 같은 시각들을 종합적으로 정리하여 정치를 야누스의 상으로 정의한 것이 뒤베르제(M. Duverger)이다. 정치란 시간과 장소를 막론하고 서로 상반되는 양면성을 지니고 있다. 이것이 정치의 본질이자 실체라 할 것이다.

4. 정치학 이론

정치학 이론은 자료수집 및 연구방법을 통해 개념(변수), 명제(일반화), 논리, 가정으로 구성된다.

I 정치의 개념 및 본질

■ 인간이 존재하는 곳에 정치가 있다는 말이 어떤 의미일까?

■ 교육적 시사점

학생들이 정치의 의미를 알아야 하는 이유는 정치의 기능이 우리 삶의 조건을 결정하는 행위와 제도라는 점을 알고, 정치 참여의 필요성을 깨닫는 것이다.

01 정치의 의미

정치는 갈등과 협력이라는 현상으로 나타난다. 인간의 다양성과 자원 및 가치의 희소성은 인간이 필연적으로 직면하고 있는 상황이다. 이런 필연적인 상황은 사회에서 갈등을 야기한다. 이런 갈등해소의 과정에서 대립적인 견해 혹은 경쟁적인 이해관계들이 서로 조정된다. 이런 점에서 정치는 인간이 존재하기 위한 필요조건이다.

1. 정치의 불가피성: 인간의 다양성과 희소성을 둘러싼 갈등 ⇨ 정치의 필요

(1) 정치는 인간 사회 현상

정치는 인간 사회에서 존재하는 현상이다. 물리적 힘에 의존하는 동물의 세계와 전지전능한 신의 세계에서 정치는 존재하지 않는다.

(2) 다양한 인간, 희소한 자원 ⇨ 갈등 ⇨ 정치적 동물로서 인간 ⇨ 갈등해결 추구 ⇨ 정치

인간은 사회에 존재하는 한 정치적 동물이다. 인간은 필요에 의해 사회를 구성하여 살아간다. 하지만 다양한 인간의 모습으로 갈등이 발생하고 그 결과 정치를 필요로 하게 된다. 정치는 인간의 다원성에서 기인한다. 인간은 본능과 물질적 욕망만이 아닌 각자의 가치와 자기만의 삶의 방식을 추구하게 된다. 이 과정에서 다양한 삶의 모습이 나타나게 되며, 그 결과 갈등은 필연적일 수밖에 없다. 이런 갈등 해결을 통하여 사회를 통합시키는 정치가 없다면 사회도, 인간도 존재하기 어렵다.

정치란 갈등을 해결하여 사회통합에 기여하는 행위이자 과정이다. 이러한 의미의 정치가 존재하지 않는다면 우리가 살고 있는 사회는 무질서와 혼란, 약육강식의 세계로 전락하게 되리라는 것은 어렵지 않게 추측해볼 수 있다.

2. 정치는 공적관심사에 대한 해결 방안을 도출하는 행위

(1) 본래 정치는 공적관심사에 대해 토론을 통해 해결하는 공론장의 행위였음

인간의 다양성은 사회적 갈등을 야기하게 된다. 이 갈등이 공동의 관심사가 되면 정치의 장에서 토론이 이루어진다. 토론을 통해 공적 규범을 만들어 사회적 갈등을 해소하고자 한다. 이런 점에서 정치란 갈등을 야기하는 공적 관심사에 대한 토론과 이를 통한 결정과정이다.

(2) 본래 정치의 대상은 공적인 것

그렇다면 공적인 것이란 무엇인가? 이것은 가정(oikos)을 의미하는 사적 영역과 대립되는 개념으로 폴리스(polis), 즉 오늘날로 치면 국가를 의미한다.

(3) 공적인 것과 사적인 것의 구별이 사라짐

그런데 근대 이후 공적인 것과 사적인 것으로 구별을 하는 것이 어렵게 되었다. 종교개혁과 과학의 발달은 종교적 윤리 및 도덕에 대한 신념을 붕괴시켜 버렸다. 이런 배경과 함께 개인의 소유가 공적 관심의 대상이 되었다. 그 결과 사적인 것과 공적인 것의 구별이 어려워졌다. 이처럼 사회에 존재하는 갈등을 해결해왔던 종교나 도덕과 같은 근거가 사라져버렸다. 또한 사적인 것이 공적 관심이 되면서 공적인 것과 사적인 것을 구별하기 어렵게 되었다.

(4) 현실주의 정치학의 주류화

근·현대 정치사는 희소한 자원을 둘러싼 집단들 간에 보다 많은 이익을 차지하려는 갈등의 역사라 해도 지나치지 않다. 이런 정치사의 측면에서 라스웰(Lasswell)은 "누가 무엇을, 언제, 어떻게 얻는가"라는 말로 정의하였다. 이 말에 따르면 정치란 이해 및 가치 갈등 상황에서 '누가 무엇을 얻고, 누가 무엇을 잃는가' 하는 문제로 귀결된다.

3. 정치의 의미: 일반적 의미의 정치, 현실주의 입장에서 정의

(1) 정치는 희소한 가치의 권위적 배분

현대에서 정치란 희소한 자원과 가치를 적절하게 분배함으로써 정치공동체의 유지와 발전에 기여하는 것을 의미한다.

(2) 정치 개념 분석

① 희소한 가치란 무엇인가?
희소한 가치는 경제적 부, 정치권력, 사회적 위신 및 명예 등이다. 구체적으로 말하자면 예컨대 돈, 직업, 공직, 예산, 명망 있는 지위 등이다.

② 누가 분배를 결정하는가?
이것은 어떤 정치체제이냐에 따라 다르다. 예컨대 다수의 대중, 소수의 귀족, 1명의 왕, 국민이 선출한 대표, 사장, 부모님 등이다. 현재 민주주의 국가에서는 국민이 선출한 대표가 주로 결정한다.

③ 분배는 어떤 방식으로 결정하는가?
현대 사회에서 분배 방식은 대부분 민주적으로 결정한다. 군주정이나 귀족정으로 결정했던 시대도 있었다.

④ 분배 결정을 확정하기 위해 어떤 수단이 필요한가?
분배 결정이 있은 후 이 결정이 다시 번복된다면 사회는 혼란에 빠진다. 따라서 분배 결정이 있으면

다수는 이 결정에 복종해야 한다. 그렇다면 복종을 가능케 하는 것이 무엇인가? 바로 정치권력이다. 그래서 정치권력은 분배의 결정을 확정짓고, 강제적으로 집행할 수 있는 힘을 말한다.

(3) 분배를 결정하는 힘이 정치권력(관계) : 국가와 엘리트

① 국가와 국민의 관계
최종적으로 분배를 결정하는 것은 통치권이다. 이 통치권은 국민들로부터 위임받은 권한을 가지고 분배를 최종적으로 결정한다. 이 결정에 대해서 국민들은 복종의 의무를 지닌다. 이 결정과 복종의 관계가 바로 권력관계이다. 일반 국민들이 통치권에 복종할 수밖에 없는 이유는 국가와 국민 간의 권력관계 때문이라고 할 수 있다.

② 정치엘리트
우리가 현상적으로 볼 수 있는 통치권이란 국가권력이지만 실제로 분배를 결정하는 데 미치는 다양한 영향력이 있다. 통치권과 영향력을 행사하는 주체들을 흔히 '엘리트'라 부른다. 사회의 모든 영역에서 권력관계가 존재한다. 하지만 정치학에서의 권력관계란 엘리트와 대중의 관계를 의미한다.

③ 정치권력관계(정치엘리트와 대중의 관계)의 제도화
정치학에서 정치의 구조는 국가와 국민의 관계, 엘리트와 대중의 관계를 어떻게 제도화하여 정치의 궁극적인 목적을 달성할 것인가 하는 것이다. 이런 고민에서 정치사상과 이데올로기, 민주주의 등과 같은 지향점이 나오고, 이 지향점에 따라 각종 제도가 만들어진다. 예컨대 민주주의를 지향하지 않는다면 보통·평등선거는 제도화되지 못했을 것이다.

(4) 정치는 제도를 통해 희소한 가치를 권위적으로 배분하는 행위

이상에서 살펴본 바를 정리해 보면 정치는 사회 구성원의 대립과 갈등을 대화, 토론과 같은 평화적이고 민주적인 방법으로 조정하여 공동체의 목적 실현 및 한 사회 내에 존재하는 희소가치를 권위적으로 배분하는 것이다.

02 정치현상으로 분석한 정치[1) : 과학적 접근

1. 국가현상설

(1) 국가현상설 의미 : 국가의 활동이 곧 정치

국가현상설은 정치를 통치기구의 중심으로 전개되는 국가의 활동이라고 보는 입장이다. 이 입장에 따르면 정치는 통치 기구를 중심으로 전개되는 국가의 근본적인 활동이다. 이 입장은 국가권력과 정치권력을 동일시한다. 국가가 분배를 최종적으로 결정하고 법에 따라 집행한다. 법에 따른 집행은 물리적 강제력을 수반하고, 이 힘은 국가가 독점한다. 이런 국가의 모든 활동을 정치라고 보는 입장이다.

1) 서울대 공저(2006), 『정치학의 이해』, pp.3~11 참조

(2) 국가현상설 주요 내용 : 국가활동 = 정치

이 입장은 국가권력과 정치권력을 동일시한다. 국가가 분배를 최종적으로 결정하고 법에 따라 집행한다. 법에 따른 집행은 물리적 강제력을 수반하고, 이 힘은 국가가 독점한다. 이런 국가의 모든 활동을 정치라고 보는 입장이다.

(3) 국가현상설의 한계 : 행정과 정치의 구별을 어렵게 함

국가현상설은 국가가 법과 제도로 통치하는 것을 정치로 보는 입장이다. 이런 국가현상설이 제시하는 정치의 의미가 적절하지 않은 이유는 대략 다음과 같다.

① 정치의 역동성을 무시
정치의 주체를 국가에 한정시켜 정치의 역동성을 무시하였다. 사회적 존재인 인간이 자신을 보호하고 이익을 극대화하기 위한 활동을 적극적으로 해 나가는 과정에서 개인, 집단들의 정치적 활동이 활발하게 전개되고 있다.

② 권력관계를 국가와 국민의 관계로 제한
지배와 복종의 관계, 즉 권력관계는 국가와 국민의 관계에서만 나타나는 현상이 아니다. 사회적 인간은 가치를 추구하는 과정에서 정치적 관계를 설정해 나간다.

③ 행정과 정치의 차이 무시
행정과 정치는 다른 것이다. 정치는 공적인 조정을 위해 내리는 정치적 의사결정이고, 행정은 정치적 의사결정을 집행하는 행위이다. 하지만 국가현상설에 따르면 행정과 정치의 구분, 행정가와 정치가의 구분이 어렵게 된다.

2. 권력현상설

(1) 권력현상설 의미 : 권력관계(지배와 복종) ⇨ 정치

정치적 관계에서 나타나는 권력현상을 정치로 보는 입장이 권력현상설이다. 인간은 사회적 존재로서 자신의 보전과 희소한 자원을 획득하는 과정에서 정치적 관계를 형성해 나간다. 또한 국가의 통치작용에 국민들이 복종한다. 이처럼 권력현상설은 사회적 영역에서, 공식적 영역에서 지배와 복종이라는 권력관계에 의해서 갈등이 조정되는 점을 염두에 둔 입장이다.

(2) 권력현상설의 한계

① 정치적인 것과 비정치적인 것의 구별이 모호해짐
이런 입장은 모든 사회적 관계가 권력관계라는 점을 고려해볼 때 정치적인 것과 비정치적인 것의 구별을 어렵게 한다.

② 공적결정에 복종하는 이유는 권력 때문이 아님
민주주의 사회는 상호 비지배성의 사회, 평등 사회라는 점을 생각해볼 때 권력에 의해 공적 결정에 복종하는 것으로 보는 시각은 적절하지 않다.

③ 인간을 복종시키는 것은 권력 이외에도 있음
인간은 권력 이외에도 전통이나 관습 등에 의해 공적 결정에 복종하기도 한다.

3. 집단현상설

(1) 집단현상설 의미 : 집단 간의 정치적 상호작용 ⇨ 정치

국가를 포함한 사회 내의 모든 집단은 평등하고, 집단들의 역동적인 정치적 상호작용을 정치로 보는 입장이 집단현상설이다. 이 입장은 국가와 사회집단은 서로 대등한 관계이며, 국가뿐만 아니라 사회 내의 다른 집단들도 정치의 주체로 정치적 행위를 하는 것으로 보는 입장이다. 이 입장은 사회 내의 집단들이 상호간에 경쟁을 하고, 권력관계를 형성하고, 지배와 조정 등과 같은 집단 간의 상호작용으로 이뤄지는 행위를 정치로 본다.

(2) 국가 중심의 정치에서 집단 중심의 정치로

정치는 공식적인 법과 제도에 의해서만 일어나는 것이 아니다. 현대로 오면서 정치의 역동성에 대한 관심이 생겼다. 인간의 권리와 자유가 확장되면서 오히려 정치는 정당과 이익집단 등 비공식적 정치행위자에 의해 주도되고, 그 중심에는 개인의 자유와 권리를 주장하는 정치적 인간이 부활하게 되었다. 동시에 정치는 국가와 정부의 차원을 벗어나 사회 내의 모든 조직에서 나타나는 보편적 현상이라는 인식이 확산되었다.

(3) 이스턴(David Easton)의 '정치체계(political system)'

① 서구 정치학의 중심 개념이었던 국가의 결함 ⇨ 모호함
이런 인식을 근거로 20세기 중반 이스턴(David Easton)은 '정치란 사회 내의 제반 가치를 배분하는 과정'이라고 정의하였으며, 국가와 정부를 넘어선 정치체계를 제시하였다. 1950년대에 이르기까지 '국가'는 서구 정치학의 중심 개념이었다. 그런데 '국가'는 사회과학의 개념으로서는 한 가지 치명적인 결함을 가지고 있었다. 그것은 정확한 정의(定義)를 내리기 어렵다는 것이다.

② '국가' 개념에 대신하여 '정치체계(political system)'의 개념을 제시
그래서 이러한 '국가' 개념에 대신하여 '정치체계(political system)'의 개념이 제시되었다. 정치체계는 공적인 사안이 투입되어 그 사안을 해결하는 방안이 산출되는 과정을 말한다. 이 현상은 주로 정치체계적 관점에서 투입 ⇨ 전환 ⇨ 산출 ⇨ 환류가 지속적으로 순환되는 것으로 설명된다.

㉠ 투입 ⇨ 전환 ⇨ 산출 ⇨ 환류
투입은 개인, 이익집단, 정당, 시민사회 등이 정부 등에 대해 정치적 요구와 지지 등과 같은 정치적 행위를 하는 단계이다. 이런 요구와 지지를 바탕으로 정부가 정책을 결정하는 단계가 전환단계이다. 이 전환단계를 거친 후 정책 등이 집행되는 단계가 산출단계이다. 집행된 정책 등에 대해 주로 선거나 여론 등에 의해서 평가가 이뤄지는 단계가 환류단계이다.

ⓛ 정치적 역동성 관찰을 하는 데 있어 용이함

이런 정치적 역동성에 대한 관심은 정치과정에 관련된 모든 사회 부문의 역동성을 의미한다. 정치과정은 입법부, 행정부, 사법부의 기능 수행뿐만 아니라 정치사회화 과정, 집단의 이익표출 및 지지활동, 정당, 언론의 영향, 선거, 정치문화 등 모든 정치현상을 포괄한다.

ⓢ **정치체계**

협의의 정치과정(주체로서의 정치참여)		객체로서의 수혜대상
• 투입(INPUT) : 요구와 지지 • 개인(투표,시위) • 이익집단 • 정당	⇨ 전환(CONVERSION) ⇨ 통치기구	• 산출(OUTPUT) : 정책, 결정 • 입법 • 집행 • 판결
↑ 환류(FEEDBACK) : 선거 및 여론 ←		

(4) **집단현상설의 한계** : 국가와 집단의 차이점을 무시

① 국가와 집단은 서로 다름에도 불구하고 사회 내의 동일한 집단으로 취급한다.

구분	국가	집단
지속성	영구적	소멸 가능
포괄성	광범위한 기능 수행	한정된 기능
구성원의 임의탈퇴	불가능	가능
독점적 강제력	강제력 보유	강제력 없음

② 국가가 집단에 미치는 영향력을 무시하고 있다.

Ⅱ 정치의 본질[2] : 철학적 접근

■ 정치는 무엇을 위해 어떤 역할을 하는 것인가?

■ 교육적 시사점

정치의 당위와 현실을 이해하고, 무조건적인 정치 혐오에 빠지지 않는 것이다.

01 정치의 본질 : 이상주의와 현실주의

역사적으로 정치의 본질에 대한 시각은 크게 두 가지로 나눠진다. 하나는 이상주의이고, 나머지 다른 하나는 현실주의이다. 이런 접근은 일종의 이념적, 철학적 접근이라고 할 수 있다.

2) 이극찬(1995), 『정치학』, pp.113~115 참조

1. 이상주의의 의미와 특징: Sollen, win-win 지향

(1) 이상주의 의미: 이상사회 건설 행위 = 정치

이상주의는 현실에서 이상사회를 건설하려는 목표를 달성하기 위한 노력을 정치의 본질로 보는 시각이다. 이 시각은 고대 서양철학이나 공자의 정치사상에서 주로 등장한다.

(2) 이상주의 특징: 질서와 정의 구현을 위한 행위, 복지를 위한 행위

이런 입장은 정치를 질서와 정의를 널리 구현하기 위한 노력이나 공동사회 속의 모든 개인을 통합하여 공동체의 정의를 실현시키는 수단으로 본다. 권력을 일반적 이익과 공공 복지를 보장해주는 것으로 보는 고대 그리스 로마 사상이나 공화주의가 대표적이다. 이런 관점에서 정치는 다원성과 상호성을 전제로 구성원들 간의 공적토론과 이를 통한 합의과정으로 정치를 이해한다.

2. 현실주의의 의미와 특징: Sein, 제로섬 게임

(1) 현실주의 의미: 정치권력을 갖기 위한 투쟁

현실주의적 시각은 마키아벨리(Machiavelli)에 의해 등장한 것이다. 마키아벨리는 현실주의적 권력투쟁으로서 정치를 강조하였다.

(2) 현실주의 특징: 배분방식 = 정치

이런 정치는 목적 달성을 위해 수단의 도덕성에 대해서 따지지 않는다. 현대정치학의 대표적인 학자인 라스웰(Lasswell), 이스턴(Easton) 등은 정치를 공동사회에 존재하는 정신적 · 물질적 가치의 배분방식과 관련지어 정의하고 있다. 이것은 정치를 현실주의적 시각에서 파악한 것이다.
근대 이후 현실주의적 시각을 반영해주는 것이 자유주의적 관점이다. 자유주의적 관점에서 정치는 '누가 언제, 무엇을, 어떻게 얻는가'라는 문제이다. 그 결과 정치를 통해 이익들 간의 조정은 이뤄지지만 정치 공동체는 낮은 수준의 통합에 이르게 된다.

02 정치의 양면성: 뒤베르제, 현실주의와 이상주의의 양면성

1. 뒤베르제의 설명

인류는 이상주의와 현실주의 시각 사이에서 정치에 대해 고민해왔다. 실제로 정치는 이상주의와 현실주의 시각 모두를 포함하는 것이기 때문이다. 이런 관점에서 뒤베르제(Duverger)는 정치를 양면성으로 정의하였다. 정치의 본질에 대한 그의 설명은 다음과 같다.

정치에 관하여 생각하기 시작한 이래 인간은 다른 두 개의 정치해석 사이에서 방황하여 왔다. 그 하나는 정치를 투쟁의 장으로 보는 것으로, 권력을 장악한 자는 권력을 통해 사회에서의 지배를 보장하고 이익을 얻어내려고 한다는 시각이다. 다른 하나는 정치를 질서와 정의의 이행으로 보는 시각으로, 이때의 권력이란 사적인 이익의 압력에 대항하여 일반의 이익과 공동선을 보장하는 것이다. 전자에 있어서 정치는 다수자에 대한 소수자의 특권유지에 봉사하는 수단이며, 후자에 있어서는 정치는 공동사회 내의 모든 시민들을 통합하는 수단, 즉 아리스토텔레스가 말한 정의로운 공동체 실현수단이다. …… 요컨대 정치란 시간과 장소를 막론하고 서로 상반되는 양면성을 가지고 있다. 이것이 정치의 본질이고 그 고유의 성질이며 참다운 의의이다. 두 개의 얼굴을 가진 그리스 신, 야누스신이야말로 국가의 상징이자 정치의 실체를 가장 신랄하게 표현한 것이다.

– 뒤베르제 저, 배영동 역(1985), 『정치란 무엇인가』, 나남, pp.14~16

2. 주류적 관점: 현실주의

(1) 이상주의 대 현실주의 논쟁

이상주의와 현실주의의 논쟁은 고대 그리스에서도 전개되었지만 이상주의가 주류이자 당위적 관점으로, 현실주의적 관점의 정치는 자제되어야 하는 관점으로 오랫동안 취급되었다. 하지만 마키아벨리부터 현실주의적 관점의 정치가 부각되기 시작하였다.

(2) 현대에서는 현실주의 관점으로 정치를 인식하게 되었다.

3. 라스웰(Lasswell)의 현실주의적 정치관

(1) 정치는 '누가 무엇을, 언제, 어떻게 얻는가' 하는 것

라스웰(Lasswell)은 "정치를 누가 무엇을, 언제, 어떻게 얻는가"라는 말로 정의하였다. 즉, 정치란 이해 및 가치갈등 상황에서 '누가 무엇을 얻고, 누가 무엇을 잃는가' 하는 문제로 귀결된다는 것이다.

(2) 공적 결정 ⇨ 분배의 결정: 결정의 정당성은 어디에서 오는 것인가?

만약에 정치사회에 갈등이 존재하고 그 갈등이 양립할 수 없다면 모든 공적인 결정은 특정 개인이나 집단에게 이익을, 다른 특정 개인이나 집단에게는 손해를 줄 수밖에 없다. 따라서 손해를 받은 집단의 승복을 얻게 위해서는 결정 자체가 정당화될 수 있어야 한다.

(3) 결정의 정당성은 자발적 동의와 복종에서 온다.

라스웰은 사회적 상하관계에서 이루어지는 결정은 그 결정으로 인하여 손해를 보는 구성원의 자발적 동의와 복종을 얻지 못하면 저항이 발생하게 되며, 이 저항을 폭력적으로 제압을 하게 되면 정당한 권력이 될 수 없다고 본다. 반면에 상하관계에서 피지배자의 자발적인 복종이나 동의를 이끌어 낼 수 있을 때이 공적 결정은 정당화될 수 있다고 본다.

4. 이스턴(Easton)의 현실주의적 정치관

(1) 희소한 가치의 권위적 배분과정

이스턴(Easton)은 정치를 '희소한 가치의 권위적 배분과정' 혹은 '사회구성원의 요구를 구속력 있는 가치 배분으로 전환시키는 과정'이라고 정의한다. 이 정의는 정치를 사익의 조정과정으로 인식하는 것을 말한다.

(2) 분배의 정당성은 어디에서 기인하는 것인가? ⇨ 국민의 동의

현실적 관점에서 볼 때 정치란 가치를 둘러싼 사회에 있어서의 분쟁을 일정한 규범에 따라 해결하는 과정에서 발생한다. 예컨대 많이 가진 사람의 욕구를 제어하고 대부분의 구성원들이 받아들일 수 있는 합리적 결정으로 배분하지 않으면 안 된다. 만약 이러한 결정이 권위를 갖는다면 사회구성원들에게 수용될 수 있을 것이며, 갈등은 조정될 것이다. 사회구성원들이 공적결정을 수용하는 이유는 라스웰의 주장처럼 국민의 동의에서 나오는 권위 때문이다. 베버는 전통, 법, 카리스마에서 나오는 권위로 분류하여 설명하고 있다.

(3) 근대 이후의 정치는 사익의 조정과정을 의미 ⇨ 현실주의적 정치

① 사익의 조정과정 ⇨ 갈등 유발 ⇨ 사회통합을 위해 불만을 제거할 수 있는 제도화 필요

근대 이후의 정치는 고대 폴리스에서와 같이 공적인 문제 혹은 공동선을 찾는 토론의 장이 아니다. 또한 자신의 행위를 규제하는 스스로의 규범을 설정하는 과정도 아니다. 정치는 사익의 조정 과정, 즉 어떻게 이익이 조정되는가의 문제로 이해된다. 정치를 이상과 같이 볼 경우 가치 혹은 자원을 둘러싼 갈등 상황 속에서 구성원들의 동의를 전제로 한 정치권력에 의한 조정이 이루어지고 이를 통해서 사회통합에 기여하는 과정이라고 할 수 있다.

② 분배 방식의 제도화를 통해 분배 정당화

이런 현실주의적 정치관은 정치적 조정과정을 어떻게 제도화시키는지에 대한 문제에 많은 관심을 둔다. 현실주의적 정치관에 따르면 다양한 이해갈등이 조정되고 통합되는 과정은 다음과 같다. 개인들에게 어떤 도덕적 의무를 부과하지 않고 공정하고 합리적인 공적 결정과정의 제도화를 통해 합의 가능한 결정을 이끌어내는 것이다. 또한 현실 정치에 어떤 윤리를 강요하지 않으면서 정치권력에 대한 통제를 위한 객관적 기준을 설정함으로써 현실적인 민주주의를 설계하려고 한다.

Ⅲ 정치학 이론 개요

- 정치학 이론은 어떻게 만들어질까?
- 정치학 이론은 어떤 요소를 내용으로 할까?

01 정치학 이론이란 무엇인가?

1. 정치학 이론의 의미 및 특징은 무엇인가?

이론은 사건 및 현상을 설명하는 것을 말한다. 이론은 논리적이고, 과학적인 방법을 통해 검증된 것이다. 이런 일반론을 고려하면 정치학 이론은 정치적 사건 및 현상을 설명하는 것으로 논리적이고 과학적인 방법을 통해 검증된 것이어야 한다. 하지만 정치학 이론은 과학적 방법으로만 만들어진 것이 아니다.

2. 정치학 이론은 어떤 요소로 구성되어 있는가?

정치학 이론은 개념(변수), 명제(일반화), 논리, 가정(조건, 상황)으로 이뤄져 있다. 개념은 이론이 설명하고자 하는 대상이며, 명제는 개념과 개념의 관계를 서술한 것이다. 논리는 개념들이 연관성을 가지게 되는 이유를 말한다. 가정은 어떤 상황에서 개념과 개념의 관계가 설명될 수 있는지를 말한다.

02 정치학 이론은 어떻게 만들어질까?

1. 정치학의 대상은 무엇인가?

역사와 경험할 수 있는 정치현상이다. 역사를 연구대상으로 삼은 대표적인 선구자는 헤겔, 마르크스이다. 경험할 수 있는 정치현상을 대상으로 삼은 대표적인 선구자는 흄, 꽁트이다. 영국 경험주의의 전통에 따라 발전한 실증주의 접근방법이다.

2. 정치학의 연구방법[3]에는 어떤 것이 있는가?

(1) 철학적 연구 방법 : 윤리적(규범적) · 사변적[4]방법, 19세기 중반까지

① 철학적 방법의 의미는 무엇인가?

철학적 방법으로는 윤리적(규범적) · 사변적 방법이 있다. 이 방법은 인간의 본성과 사회관계에 대하여 사고를 통해 원리를 세운 다음, 이 원리에 기초하여 정치의 이상과 목표에 한 규범을 설정하고, 그것의 정당성을 설명하는 방식이다. 예컨대 일종의 사고실험의 결과에 윤리적 정당성을 부여하는 방법이라고 할 수 있다. 사회계약론, 공리주의, 헤겔과 마르크스 등이 여기에 해당한다. 사고를 통하

3) 대부분의 사회과학 연구방법의 핵심은 자료수집과 인식 방법이라고 할 수 있다.
4) 사변의 의미는 철학적 측면에서 '경험에 의하지 않고 순수한 논리적 사고만으로 현실 또는 사물을 인식하려는 일'로 제시되어 있다. 사변적이라는 말은 '경험에 의하지 않고 순수한 이성에 의하여 인식하고 설명하는 것'으로 되어 있다.

여 인간의 본성과 사회적 관계를 규율하는 원리를 만들고, 이 원리에 근거하여 정치적 현상, 정치적 문제, 정치적 해결책을 제시하는 방식이다. 예컨대 공리주의는 인간은 쾌락을 추구하고 고통을 피하려고 하는 것이 본성이며, 이 본성대로 행동한다는 원리를 제시한다. 헤겔과 마르크스는 "역사란 그 스스로 진보를 향해 나아간다."라고 하였다.

② 철학적 방법의 연구대상(주요 내용)은 무엇인가?
정치현상 속에서 정치의 목표와 이상을 추구하고 규범적인 주제 및 문제 등을 주요 내용으로 한다. 예컨대 정의란 무엇인가, 국가는 무엇이며 왜 필요한가, 인간은 왜 불평등한가 등이다.

③ 철학적 방법의 주요 수단은 무엇인가?
정치현상[5]에 대한 정치적 상상력, 통찰력, 깊은 이해 등을 통해 개념, 명제, 이론을 만들어 낸다.

④ 철학적 방법의 의의는 무엇인가?
정치 현상을 연구하는 데 윤리적 판단 지침을 제공하는 역할을 한다.

(2) 법적 · 제도적 연구방법: 19세기 후반

① 법적 · 제도적 연구방법의 의미는 무엇인가?
법적 · 제도적 연구는 인간의 정치적 행위가 법과 제도의 틀 속에서 역사적으로 규정되어지는 과정을 이해하고 설명하는 방법이다. 예컨대 군주의 권력 행사가 어떻게 규범 속에서 제한되었느냐 하는 것이다.

② 법적 · 제도적 연구방법의 연구대상은 무엇인가?
역사 속에서 헌법, 정치제도와 기구의 생성 및 발달과정이 주요 학문적 관심사가 되었다.

③ 법적 · 제도적 연구방법의 주요 수단은 무엇인가?
법적 해석, 법의 집행 설명, 제도들에 대한 역사적 조사, 역사적 사실들의 분석 등을 통해 개념, 명제, 이론을 만들어 낸다.

④ 법적 · 제도적 연구방법의 의의는 무엇인가?
법적 · 제도적 연구방법의 등장으로 정치학이 독립적인 학문으로 출발하게 되었다.

(3) 과학적 방법

① 과학적 방법이란 무엇인가?
과학적 방법이란 과학적 방법을 통해, 즉 질적 · 양적 연구방법을 통해 정치현상을 분석하여 설명하는 방법이다. 예컨대 논리실증주의의 영향을 받아 가치를 배제하여 인간의 정치적 행위를 분석하고 설명한 행태주의가 대표적인 사례이다.

② 과학적 방법의 연구대상은 무엇인가?
과학적으로 접근할 수 있는 정치현상이 모두 대상이 된다.

---

5) 본 저에서는 정치현상을 정치적 행위, 정치제도, 정치 문제 등을 포괄하는 의미로 사용하고 있다.

③ 과학적 연구방법의 주요 수단은 무엇인가?
연구목적에 적합한 다양한 질적・양적 연구방법이다.

④ 과학적 연구방법의 의의는 무엇인가?
검증가능한 정치학, 과학으로서 정치학, 윤리적으로 중립적인 정치학을 가능하게 하였다.

3. 정치학 이론이 만들어지는 과정은 무엇인가?

(1) 연구자가 연구 목적을 먼저 세운다.

(2) 연구와 관련된 개념을 살펴본 후 연구 방법을 적용할 수 있는 변수로 바꾼다.

(3) 변수와 관련된 자료수집을 통해 분석한다.

(4) 명제를 도출하고 검증한다.

03 정치학 이론은 가치의 문제를 배제시킬 수 있는가?

1. 가치와 사실을 분리시키자는 주장(행태주의)

가치와 사실을 분리시키자는 주장의 대표적 이론이 행태주의이다. 행태주의는 가치와 사실을 분리하여, 발견된 사실에 따라 계량화와 체계화를 실행한다. 이들은 발견된 사실에서 규칙성을 발견하여 이론을 구축하고자하는 논리 실증주의적 태도를 취하였다. 행태주의의 노력으로 정치학은 검증 가능한 학문이 되었다.

2. 가치와 사실을 분리시키자는 주장에 대한 비판

마르크스주의자, 비판주의학파, 미국 정치학계 내부에서는 행태주의의 실증주의 및 객관성 추구에 대해 비판을 쏟아냈다. 하버마스를 중심으로 하는 비판주의학파는 과학의 객관성 추구와 윤리적 중립성은 허구라고 하였다. 미국 정치학계에서는 '수량화가 아니라 현실 처방이 중요하다. 모든 사회 문제를 동질화시킬 수 없다. 인간사회에 대해 엄밀한 연구방법이 필요하다'고 하였다.

3. 가치와 사실을 분리시킬 수 없다는 주장(후기행태주의)

1960년대 말이 되면서 미국 사회는 인종 간 갈등, 마약, 각종 일탈 문제, 베트남 전쟁 등이 제기되었다. 하지만 가치중립이라는 전제 위에서 많은 정치학자들은 현실 문제를 도외시하였다. 후기 행태주의는 미국의 정치적 문제 해결과 정치학의 문제를 해결하고자 하였다. 이들은 사회과학이 가치의 문제를 배제시킬 수 없는 영역임을 강조하면서 지식인의 사회참여와 책임성을 강조하였다. 예컨대 이스턴은 "안다는 것은 행동에 책임을 지는 것이고, 행동한다는 것은 부조리한 사회의 재편성에 참여하는 것을 의미한다."라고 하였다[6].

6) 이스턴의 이와 같은 주장을 뱅크스가 사회과 목표로 제시한 시민행동, 사회참여와 연결시켜 생각해 보기 바란다.

04 다양한 정치학 이론들의 아이디어 알아보기

여기서는 정치학 이론들이 발견한 결론들을 중심으로 그 아이디어를 살펴보고자 한다. 자세한 내용들은 각 주제에서 살펴보겠다.

1. 사회계약론

(1) 기본틀

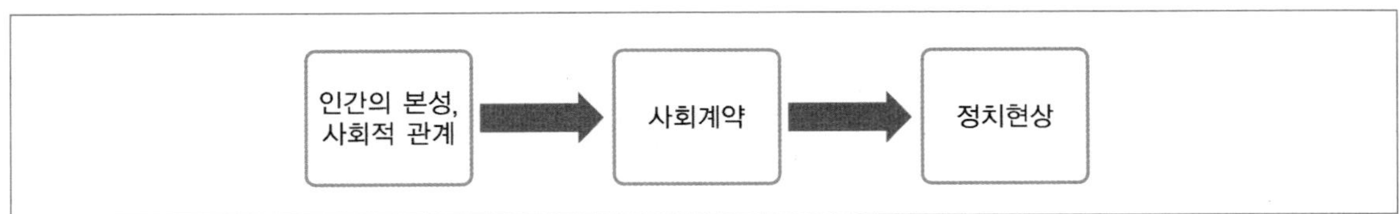

(2) 로크

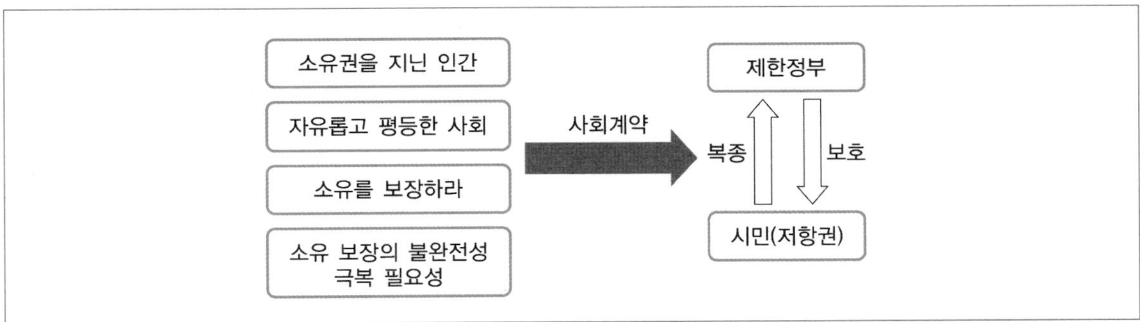

(3) 루소

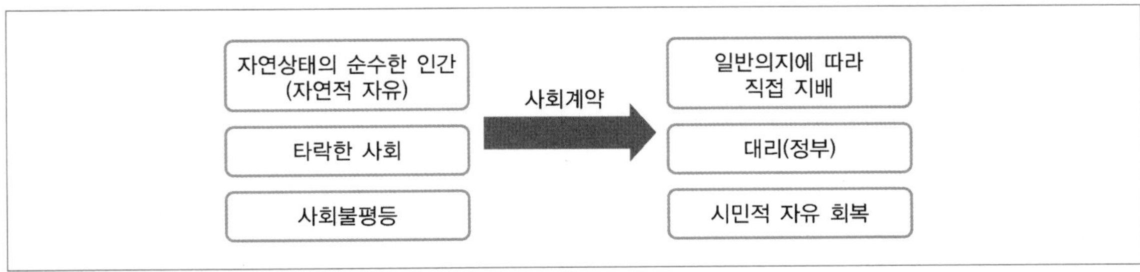

2. 마르크시즘

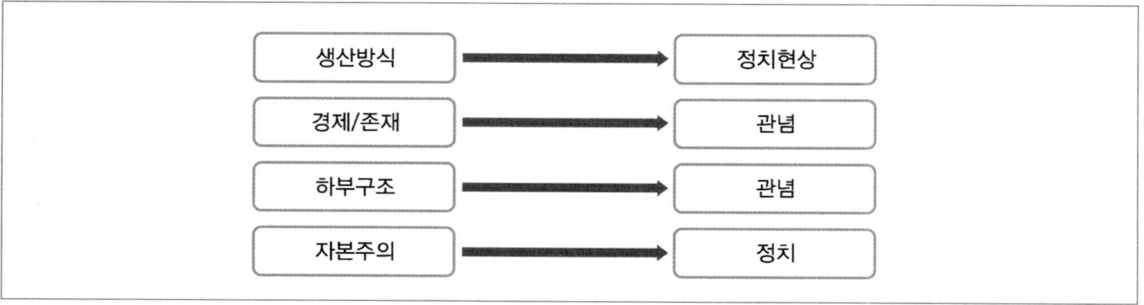

3. 제도주의

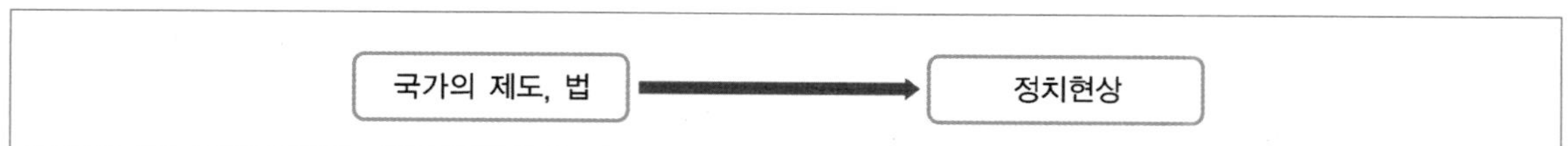

4. 엘리트 이론

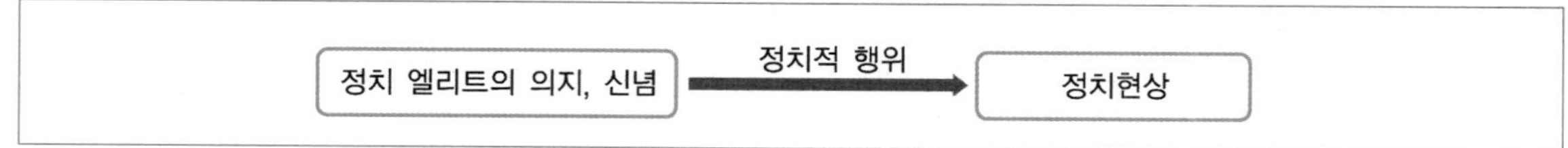

5. 구조기능주의

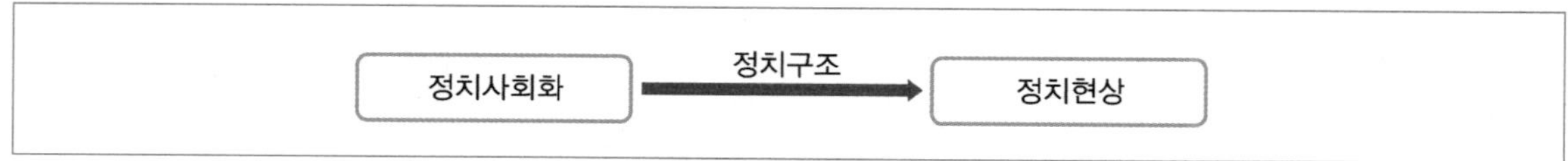

6. 행태주의

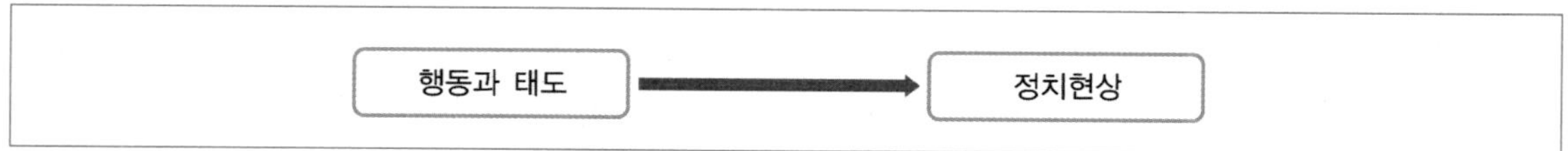

7. 정치집단론과 정치과정론

8. 정치체계론

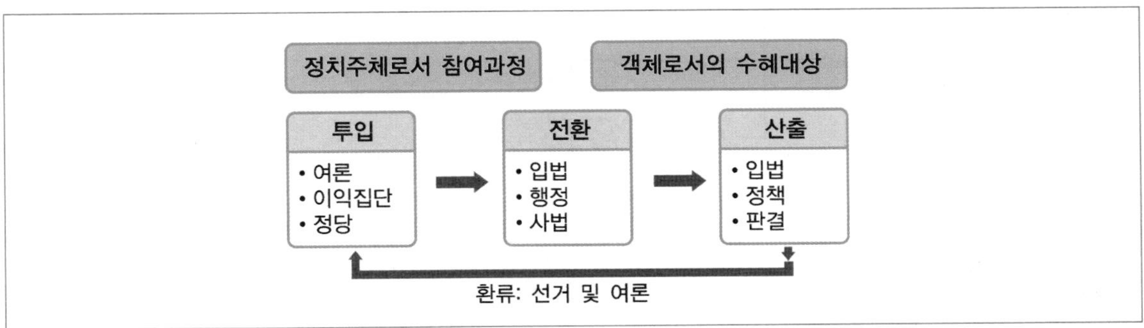

9. 근대화론

10. 신제도주의

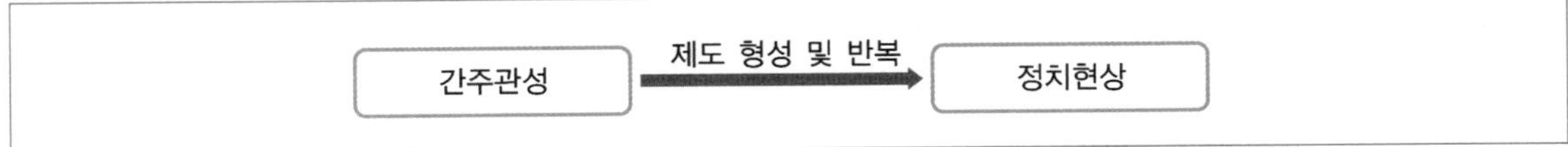

11. 비판이론

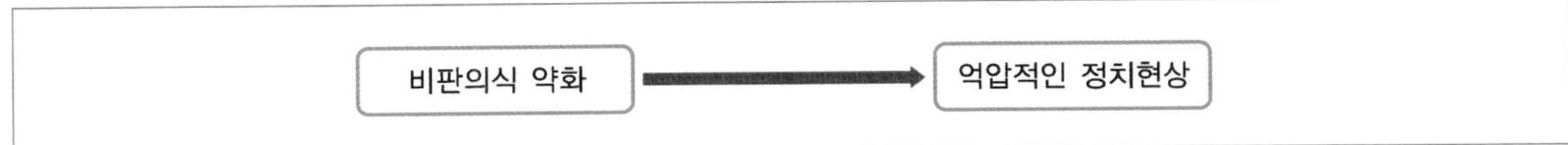

02 정치사상

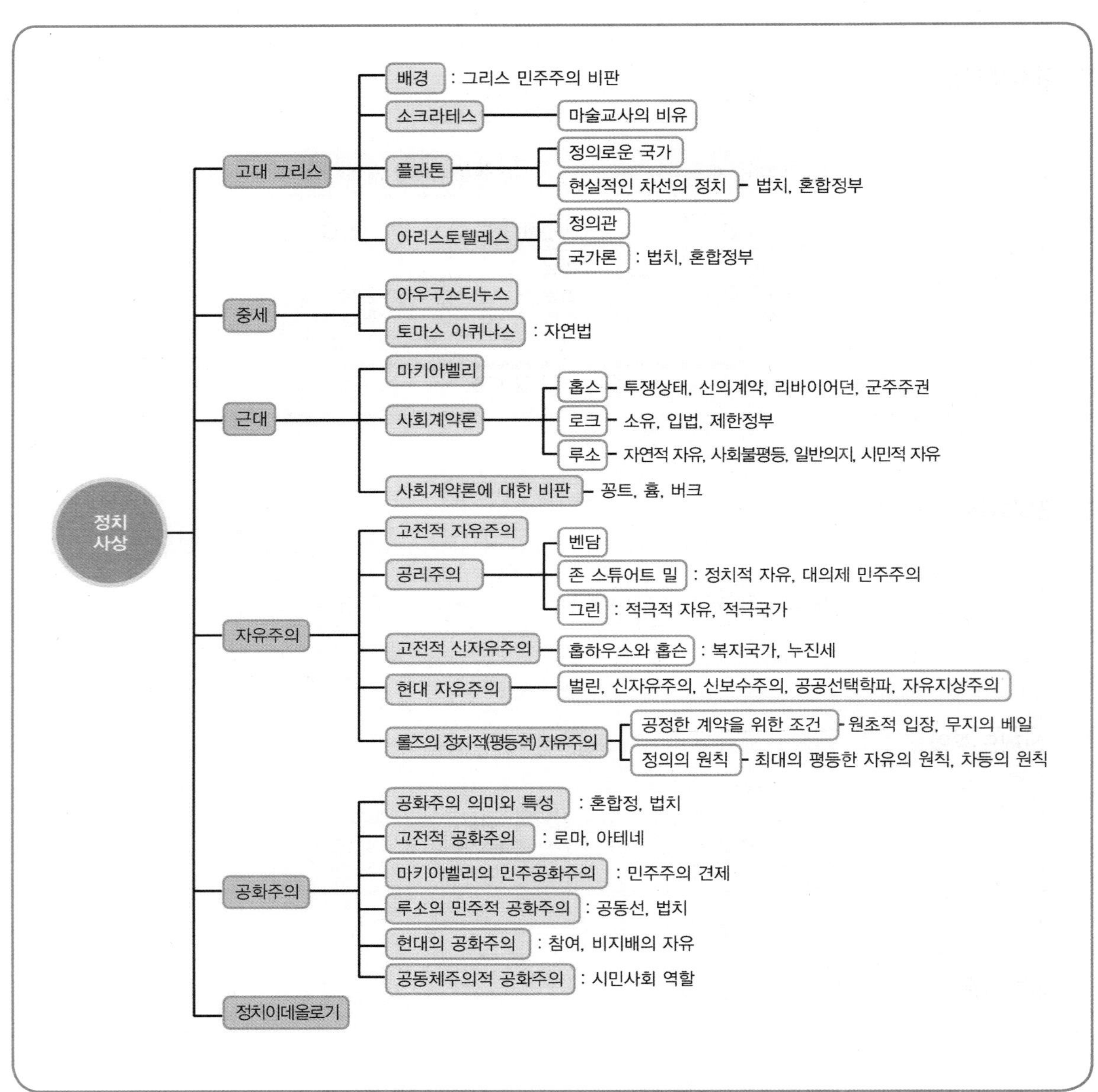
정치 사상
고대 그리스
배경 : 그리스 민주주의 비판
소크라테스
마술교사의 비유
플라톤
정의로운 국가
현실적인 차선의 정치 - 법치, 혼합정부
아리스토텔레스
정의관
국가론 : 법치, 혼합정부
중세
아우구스티누스
토마스 아퀴나스 : 자연법
근대
마키아벨리
사회계약론
홉스 - 투쟁상태, 신의계약, 리바이어던, 군주주권
로크 - 소유, 입법, 제한정부
루소 - 자연적 자유, 사회불평등, 일반의지, 시민적 자유
사회계약론에 대한 비판 - 꽁트, 흄, 버크
자유주의
고전적 자유주의
공리주의
벤담
존 스튜어트 밀 : 정치적 자유, 대의제 민주주의
그린 : 적극적 자유, 적극국가
고전적 신자유주의
홉하우스와 홉슨 : 복지국가, 누진세
현대 자유주의
벌린, 신자유주의, 신보수주의, 공공선택학파, 자유지상주의
롤즈의 정치적(평등적) 자유주의
공정한 계약을 위한 조건 - 원초적 입장, 무지의 베일
정의의 원칙 - 최대의 평등한 자유의 원칙, 차등의 원칙
공화주의
공화주의 의미와 특성 : 혼합정, 법치
고전적 공화주의 : 로마, 아테네
마키아벨리의 민주공화주의 : 민주주의 견제
루소의 민주적 공화주의 : 공동선, 법치
현대의 공화주의 : 참여, 비지배의 자유
공동체주의적 공화주의 : 시민사회 역할
정치이데올로기

I 고대 그리스 정치사상[7)]

- 정치공동체의 유지와 발전, 즉 디스토피아에서 유토피아로 가기 위해서 정치공동체는 어떤 정치적 방식과 운영 방식을 필요로 하는가?
- 개인은 정치공동체를 어떻게 이해하고, 정치공동체는 개인을 위해 무엇을 해야 할까?
- 교육적 시사점
  자의적 정치의 문제점을 알고, 혼합정, 공화정, 법치주의가 정치공동체에 필요한 이유를 이해하는 것이다.

01 그리스 정치사상의 등장 배경

1. 폴리스 정치사상: 폴리스에서 벗어난 인간은 존재할 수 없다.

폴리스는 경제적 관심이 적은 정치, 군사지향의 공동체였다. 이 정치 공동체는 구성원 간의 상대적 평등을 강조하여 권력자의 자의로부터 자유로운 공동체였다. 이런 폴리스는 개인을 포괄하는 전체적인 존재였으며, 인간의 가치는 폴리스를 통해서만 실현 가능한 것으로 보았다.

2. 폴리스의 위기: 시민덕성 부족 ⇨ 사회적 갈등 증가

(1) 아테네 민주주의의 쇠퇴 및 타락: 중우정(衆愚政)

농업사회에서 상업사회로 사회구조가 변화되면서 사회적 갈등이 커졌다. 이런 상황에서 아테네 민주정은 시민들의 덕성 부족으로 비능률적이면서 불평등한 통치로 인해 부패하면서 쇠퇴하기 시작하였다.

(2) 아테네 민주주의의 위기 극복을 위한 정치철학의 대두

아테네의 위기를 극복하고자 소크라테스, 플라톤, 아리스토텔레스의 정치사상이 대두되었다.

3. 소피스트들의 활발한 활동

(1) 신화의 시대 ⇨ 자연철학 ⇨ 인간 중심

그리스의 자연철학자들은 신화의 시대를 벗어나 과학의 시대를 열었다는 점에서 의의가 크다. 이들은 세상의 본질이 무엇인지, 즉 자연적인 것이 무엇인지를 규명함으로써 진리를 추구하려고 하였다. 그래서 이들은 앎을 추구하고 사랑한다는 의미에서 철학이라고 하였다. BC 5세기경에는 페리클레스 이후 아테네의 민주적 풍토, 해상무역 등을 배경으로 소피스트들이 등장하였다. 소피스트들은 자연에 대한 관심을 인간에 대한 연구로 전환시켰다.

---

7) 서울대 공저(2006), 『정치학의 이해』, pp.40~45; 박현모(2001), 『현대정치학』 등 참조

(2) 상대적 진리, 주관적인 것이 곧 진리임을 주장

이들은 보편타당한 객관적 진리란 존재하지 않으며 모든 것은 주관에 따라 다르게 나타날 수 있다고 있다고 하였다. 예컨대 프로타고라스는 인간은 만물의 척도라고 하였고, 안티폰은 법률이 자연적인 것이 아니라 자기 자신에 유리한 것, 즉 자연적 욕구에 따르는 것이 자연에 따른 것이라고 하였고, 트라시마쿠스나 칼리크레스는 강자의 이익이나 강자의 권리가 정의이자 자연적 이치라고 하였다.

02 소크라테스(Socrates)의 정치사상

1. 희소가치를 둘러싼 갈등의 심화로 인해 위기에 빠진 아테네 민주주의 비판

(1) 권력과 부를 둘러싼 기존세력과 신흥세력 간의 갈등과 대립

소크라테스는 아테네 민주주의가 기존의 귀족세력과 신흥계급들 간의 갈등으로 혼란에 빠져 있던 시기에 활동하였다. 소크라테스는 기존의 귀족세력이 중심이었던 민주주의가 신흥계급에 의해 황폐화되어 가는 모습을 보면서 여러 가지 비판을 쏟아내었다.

(2) 아테네 민주주의에 대한 비판

① 아테네 민주주의 운영 방식

마라톤의 승리 2년 뒤에 민중이 궐기하여 처음으로 '도편추방제'를 실시하였다. 민주주의는 그리스어의 'demokratia'를 번역한 것인데, 이 말은 demos(인민)와 kratos(지배)가 합성된 것으로 '인민의 지배'를 뜻한다. '인민의 지배'를 실현하기 위하여 바로 그 다음해 테레시노스 아르콘(참주) 때에는 데모스 사람들에 의해 예비 선출된 500명 중에서 각 부족별로 9명의 아르콘이 추첨을 통해 선출되었다. 이와 같은 제도는 참주제 실시 이후에 처음으로 이루어진 것이며, 그 이전에는 제한된 계층만이 아르콘으로 선출될 수 있었다. 또한 아테네의 민회에서는 국가의 주요정책을 '다수결'로 결정하였고, 민회를 운영하는 평의회위원을 비롯한 대부분의 관직을 '추첨'으로 선출하였다. 이렇게 독특한 정치제도를 운영했던 고대 아테네는 인류 역사상 가장 역동적이고 독창적인 문명을 만들어 냈다.

② 소크라테스의 비판

소크라테스는 민주정치의 나쁜 점을 거리낌 없이 폭로하고 특히 관리 선출방식에 반대하면서 다음과 같은 주장을 하였다. "아들의 마술(馬術) 선생을 정하려는 아버지도 가능한 한 실력이 뛰어난 사람을 찾는데, 하물며 나라의 운명을 맡기는 관리를 추첨으로 뽑고도 태연한 것은 우스운 일이다."

(3) 아테네 민주주의 위기 극복을 위한 방안

그는 선장의 비유를 들어 정치가의 지혜를 강조하였다. 그가 제시한 아테네 민주주의의 위기 극복 방안은 지혜로운 사람이 정치를 하는 것이었다.

2. 소피스트에 대한 비판

(1) 귀납적인 상기술

소피스트들의 상대주의와 회의주의에 대해 귀납적인 상기술로 객관적인 진리와 가치를 회복하고자 한 것이 소크라테스였다.

(2) 지덕일치설

그는 매일 배워 지식이 쌓이는 만큼 덕도 쌓아가는 것이라고 하여 지덕일치설을 주장하였다. 즉 지식이 늘어가는 만큼 객관적인 진리와 가치에 가까워질 수 있다는 것이다.

(3) 정치가를 선장에 비유

이런 주장을 근거로 소피스트가 주도하는 그리스 민주주의에 대해 비유를 통해 비판하였다. 정치가는 배의 선장이며, 소피스트들은 선원이며, 정치의 술은 조타술이며, 배에 타고 있는 사람은 군중이라고 비유하면서 국가라는 배가 좌초하지 않고 순항을 계속하기 위해서는 지혜 있는 사람이 키잡이가 되어 통치를 담당해야 한다고 주장하였다.

3. 마술교사의 비유: 추첨제, 윤번제 방식으로 공직을 수행하는 것에 대한 비판

그는 "아들의 마술(馬術) 선생을 정하려는 아버지도 가능한 한 실력이 뛰어난 사람을 찾는데, 하물며 나라의 운명을 맡기는 관리를 추첨으로 뽑고도 태연한 것은 우스운 일이다."라는 비판을 하였다. 또한 그는 선장의 비유를 들어 정치가의 지혜를 강조하였다. 하지만 그는 신성모독과 청년들을 현혹한다는 죄목으로 사형판결을 받게 된다. 그가 직접 남긴 저서는 없다. 다만 그의 제자 플라톤, 아리스토텔레스 등에 의해 소크라테스의 일화가 소개되고 있다.

4. 국가관: 국가는 객관적인 규범질서 ⇨ 국민들은 국가에 복종

소크라테스는 국가를 객관적인 규범질서로 보았다. 따라서 시민들은 초개인적 국가에 도덕적, 법률적으로 복종할 의무가 있음을 주장하였다. 이를 위해 국가 목적에 맞는 선량한 시민교육을 중시하였다. 이런 소크라테스의 입장은 유물사관에서 보면 정치적 귀족주의라고 할 수 있다.

03 플라톤(Platon)의 정치사상

1. 아테네 민주주의의 위기와 소크라테스의 죽음으로 인한 충격

아테네의 타락에 대한 비판활동으로 인해 소크라테스는 신성모독과 청년들을 현혹한다는 죄목으로 사형판결을 받게 된다.

2. 정치철학을 최초로 주장

플라톤은 아테네 민주정의 위기를 극복하고 정의로운 공동체로서 폴리스의 모습을 제시하였다. 그리고 정의로운 공동체가 되기 위해 필요한 시민덕성과 정치제도를 제시하였다.

(1) **정치는 이성적이어야 한다**: 이성을 통해 기력과 욕망을 통제

정치철학을 최초로 강조한 것이 플라톤이었다. 플라톤은 정치와 철학을 불가분의 관계로 파악하였다. 즉 정치에 있어 철학의 중요성을 강조하였다. 그 이유는 철학에서 중시하는 이성을 통해 기력과 욕망을 통제할 수 있다고 보기 때문이다.

(2) **이성의 정치 ⇨ 바람직한 폴리스**

이런 이성의 역할이 바람직한 폴리스를 만들 수 있다고 생각한 것이다. 이와 같은 생각을 뒷받침하기 위해 '이데아'라는 개념을 설정해서 무엇이 정의로운지에 대해 제시하고자 하였다. 이런 측면에서 플라톤에게 정치란 이데아라는 절대적 진리에 도달하게 하는 것이다.

3. 정의로운 국가란 어떤 국가인가?

(1) **플라톤의 초기 국가론**: 이성에 의한 정치 = 철인 정치 = 바람직한 폴리스 = 이데아

플라톤의 초기 국가론은 한마디로 이상국가론이다. 이런 이상국가의 본질이 무엇인지를 설명하고, 이 설명을 통해 각 개인들의 본질이 무엇인지를 밝히기 위해 이데아를 제시한다. 이데아는 간단히 말하면 본질, 기능을 의미하는 것이다. 이런 이데아가 잘 실현되면 가장 정의로운 상태의 국가가 달성된다. 플라톤이 생각한 정의로운 폴리스, 바람직한 폴리스는 이데아의 상태를 의미한다. 그에 따르면 이런 폴리스는 이성에 의해 기력, 욕망을 통제함으로써 달성될 수 있는 조화로운 정치공동체였다. 이런 그의 국가론은 국가유기체설에 입각하고 있다.

(2) 정의란 무엇인가?

플라톤이 제시한 바람직한 폴리스는 정의로운 정치공동체이다. 이 때 정의란 한 사회를 결속시키고, 각자의 본성 및 능력에 따라 자신이 해야 할 역할을 발견하게 해주는 조화로운 상태를 의미한다. 플라톤에 따르면 정의란 "사회 구성원들에게 각자의 고유한 역할을 주는 것"이다. 국가의 정의는 국가를 구성하는 각 계급들이 고유한 역할과 임무를 잘 수행할 때 실현되는 것이다. 만약 용기만 있고 지혜가 없는 수호자계급이 통치를 담당하거나 통치자계급이 생산을 담당하는 국가는 정의로운 것이 아닌 것이다.

(3) 정의로운 국가

폴리스는 각자의 역할을 부여하고, 각자는 자신의 역할을 충실히 이행할 경우 정의로운 폴리스가 된다. 예컨대 욕망의 특성이 강한 생산자계급은 생산역할을, 기개의 특성이 강한 수호자계급은 국방역할을, 이성의 특성이 강한 통치자계급은 통치 역할을 수행하는 것이다. 이런 설명을 위해 플라톤은 다음과 같이 사회를 구성하였다.

⊙ **플라톤의 사회구성**

구분	특성	덕목	역할
통치자계급	이성	지혜	정치
수호자계급	감정	용기	국방
생산자계급	욕망(의지)	절제	노동

(4) 정의로운 국가에서 최선의 정치는 무엇인가? ⇨ 철인정치

그는 이런 정의론을 근거로 '철인정치'를 주장하였다. 철인은 이데아에 대한 정열, 허위에 대한 증오, 탁월한 지적 능력, 욕망을 제어할 수 있는 무오류의 인간을 의미한다.

(5) 정의로운 국가를 위해 바람직한 시민덕성은 무엇인가? ⇨ 지혜, 용기, 절제

폴리스는 각자의 역할을 부여하고, 각자는 자신의 역할을 충실히 이행할 경우 정의로운 폴리스가 된다. 인간은 불완전한 존재이기 때문에 공동체 내의 구성원들은 서로를 위해서 각자 역할을 맡아 충실히 이행하여야 한다. 각 계급의 덕성이 조화를 이룰 때 정의로운 폴리스가 된다. 이를 위해서 플라톤은 정치사회화를 통해 각 계급의 덕성을 함양할 것을 강조한다. 통치자계급의 덕성은 지혜, 수호자계급의 덕성은 용기, 생산자계급의 덕성은 절제이다.

4. 현실적인 차선의 정치

(1) 법률에 의한 정치 ≪ 정치가론과 법률국가론

① 법률 강조

철인정치는 현실적으로 불가능한 것이었다. 그 결과 플라톤은 이성으로 욕망을 통제할 수 있는 현실적인 방법으로 법률을 강조하였다. 그는 『정치가』에서 법률은 자의보다 우월하며 법률을 가진 국가는 이상국가(유토피아)를 모방한 차선의 국가라고 하여 법률을 강조하였다.

② 법률에 의한 정치 = 차선의 정치

법률(nomos)은 철인정치를 지상에서 실현시킬 수 있는 차선의 정치이며 지도 원리이다. 즉 이성에 의한 욕망의 통제가 절제인데, 이것을 제도화한 것이 '법'이다.

③ 법률에 의한 정치에서 요구되는 시민덕성

이 지도 원리에 따른 시민덕성은 준법정신에 기초한 상호 절제와 자제이다.

(2) 정치체제: 혼합국가

① 정치체제의 분류

플라톤은 법과 지배자의 수에 따라 다음과 같이 정치체제를 분류하였다.

플라톤의 정치체제 분류

구분	유법지배	무법지배
일인지배	군주제	참주제
소수지배	귀족제	과두제
다수지배	민주제	폭민제(우민정)

② 혼합국가(혼합군주제): 페르시아의 군주제적 원리와 아테네의 민주적 원리의 조화

이런 법률에서 제시되는 법치국가의 중요한 조직원리는 '혼합국가'이다. 그는 어떤 정치체제이든 극단적인 원리를 추구할 때 멸망하게 된다고 보고, '정치의 안정'을 위해 혼합국가론을 주장했다. 그가 주장한 혼합국가론은 페르시아의 군주제적 원리와 아테네의 민주적 원리를 적절히 조화시키는 '비례적 평등'을 강조하는 것이다.

5. 평가: 엘리트주의, 전체주의

칼 포퍼(K. Popper)는 플라톤의 정치사상을 '열린사회의 적'으로 규정했다. 그 이유는 플라톤 사상이 함의하고 있는 엘리트주의, 전체주의적 성향 때문이었다. 이런 현대적 평가 이외에도 플라톤의 정치사상에 대한 평가를 개략적으로 살펴보면 다음과 같다.

(1) 이상국가를 강조한 플라톤은 최초의 정치철학을 수립하였다.

(2) 개인보다는 전체(정치공동체, 국가) 우선의 정치사상이다.

(3) 정치를 관념이나 윤리와 구별하지 않았다.

04 아리스토텔레스(Aristoteles)

1. 플라톤의 주장에 대한 비판과 계승

(1) 구체적인 현실 강조: 금욕, 이데아에 대해 부정 ⇨ 행복한(좋은) 폴리스 강조

플라톤의 제자였던 아리스토텔레스는 스승의 비현실적인 주장을 비판하고 극복하고자 하였다. 파워엘리트와 친교를 했던 아리스토텔레스는 뛰어난 논리로 플라톤이 강조한 금욕이나 이데아에 대해 부정하였다. 대신 그는 각 개인은 행복을 추구하는 목적을 가지고 있다고 보고, 이 목적을 실현시켜줄 수 있는 것이 바로 폴리스라고 하였다.

(2) 변혁보다는 조화와 중용 추구(시민덕성) ⇨ 정의로운 공동체

그는 플라톤처럼 학문을 통해 사회변혁의 의지를 강하게 표하지는 않았다. 그는 주어진 질서를 받아들여 그 조화를 달성하는 것을 중심과제로 보았다. 이런 측면에서 바람직한 정치공동체를 만들기 위해 정의를 설명하고, 정의로운 공동체를 만들기 위한 시민덕성, 원리, 제도들을 제시하였다.

(3) 플라톤의 주장 계승 및 발전: 법률, 혼합국가

① 플라톤의 아이디어
아리스토텔레스 정치사상의 이해는 플라톤의 사상적 변화에서 살펴보아야 한다. 『국가』에서 나타났던 플라톤의 초기와 중기의 이상국가론은 후기 저작인 『정치가』와 『법률』에서 '차선의 국가'로서 혼합정치로 변화하였다. 아리스토텔레스 사상은 플라톤 사상의 변화 지점에서 시작된다.

② 발전적 계승

㉠ 법은 본성이다. 그래서 시민덕성으로 준법이 필요하다.

㉡ 바람직한 민주정은 공화정이다.

2. 개체(개인)와 공동체의 관계

(1) 인간은 사회적 · 정치적 존재이며 법을 본성으로 함

(2) 불완전한 개체의 한계를 보완해주는 공동체

그는 정의를 설명하기 이전에 폴리스와 시민의 관계를 먼저 설명하였다. 인간은 불완전하기 때문에 자급자족적인 존재가 될 수 없다. 즉 인간에게는 항상 결핍된 현상이 발생한다. 이 결핍된 현상은 자급자족적인 폴리스만이 해결할 수 있다. 따라서 불완전한 인간은 폴리스를 통해서 결핍을 보완하고 완성되는 것이다. 이런 점에서 정의는 인간의 이상을 실현해줄 수 있는 폴리스 안에서 불완전한 개인의 결핍이 보완될 때 실현될 수 있는 것이다.

3. 정의관

(1) 불완전한 인간

아리스토텔레스의 정의관은 '인간은 본래 정치적 동물이다'라는 인간관에서 시작된다. 인간은 완성되었을 때 동물 중에서 가장 뛰어난 존재이지만 법과 정의가 없으면 가장 나쁜 동물로 전락하고 만다는 것이 그의 생각이었다.

(2) 국가생활에 필요한 정의[8)]

플라톤은 '분업과 협조'를 통한 조화를 정의로 보았다. 하지만 아리스토텔레스는 실현 가능한 정의로서 법(nomos)과 국가생활을 제시하였다.

① 정의란 무엇인가? ⇨ 정의는 규범적인 것, 공정을 실현하는 것

㉠ 일반적 정의와 특수적 정의

그는 정의를 일반적인 것과 특수적인 것으로 구별하였다. 그에 따르면 정의는 일반적인 것으로 국가의 법(nomos)[9)]을 따르는 것이며, 특수적인 것으로 공정(justice)을 실현하는 것을 의미한다.

㉡ 정의의 내용은 공정성을 의미한다. ≪각자의 몫은 각자에게

② 일반적 의미로서 정의

일반적 의미로서 정의란 국가의 법에 따르는 것이다.

③ 공정의 실현을 의미하는 특수적 정의

㉠ 의미 : 공정(justice)을 실현하는 것을 의미한다.

㉡ 공정의 내용에는 평균적 정의와 비례적 정의가 있음

공정은 두 가지 의미를 포함하고 있다. 각자의 기여도에 따라 차등적으로 배분하는 비례적 공정(배분적 정의)과 산술적으로 동일한 양을 배분하는 평균적 공정(평균적 정의)로 나눠진다.

㉢ 평균적 정의

평균적 공정(평균적 정의)은 모든 개인에게 동일하게 분배하는 균분적 정의, 산술적 정의를 말한다.

㉣ 비례적 정의

비례적 공정(비례적 정의)은 능력에 따른 분배로 정치적 정의를 말한다. 정치적 정의란 국가에 대한 구성원으로서 시민의 권리를 행사하는 것을 의미하는 것으로 보다 많은 사람이 참여함으로써 얻게 되는 정의를 말한다.

㉤ 평균적 정의와 비례적 정의가 조화를 이룰 때 바람직한 폴리스가 된다.

그에 따르면 이런 비례적 공정과 평균적 공정이 극대화를 피하고 서로 조화를 이루어 실현될 때 선한 국가생활이 된다.

---

8) 결핍을 주장하는 A와 B가 있다고 하자. 이 문제를 어떻게 해결할 것인가? 일단 폴리스가 있어야 하고, 폴리스의 결정에 힘이 있어야 한다. 만약 그렇지 않을 경우 A와 B는 결핍을 해결할 수 없다. 다음으로 필요한 것은 구체적으로 폴리스는 A와 B에게 어떻게 결핍을 보완해주는 것이 공정한 것인가 하는 문제가 정의의 본질이라고 할 수 있다.

9) 일종의 관습법

(3) **국가생활에 필요한 덕성**: 규범화된 정의를 지키는 것 ⇨ 준법정신 / 중용

아리스토텔레스가 강조한 시민덕성은 준법정신이며 또한 조화로운 공정을 지향하는 태도로서의 중용인 것이다.

4. 국가론

(1) **국가의 기원**: 자연창조설

아리스토텔레스에게 국가는 본질적으로 자연의 창조물로서 가족과 개인에 우선한다. 또한 자연적 창조물이면서 노예제도를 바탕으로 성립한 자급자족적 윤리공동체이다. 그는 플라톤과 마찬가지로 정의의 구현체로서 국가의 역할을 중요한 것으로 보았지만 가족이나 사유재산제도의 폐지는 반대하였다. 그는 오히려 가족제도의 중요성을 강조하고 사유재산제도를 인정했다.

(2) **바람직한 국가**: 혼합적 입헌국가

① 문제제기
민주화의 과정에서 독재자가 사라지면 대중 지배의 시대가 등장할 수 있다. 이 경우 대중의 지배는 점차 선동적으로 변해간다. 포퓰리즘(populism)이 지배적인 정치적 현상이 되면 민주주의는 중우정의 형태로 타락하게 되고 결국에는 무정부 상태가 된다. 아리스토텔레스도 민주주의의 이러한 문제점을 인식하고 이에 대한 다음과 같은 해결방안을 제시하였다.

② 법치가 실현되는 국가: 혼합입헌국가
플라톤과 달리 경험적 세계를 존중하는 아리스토텔레스가 중시한 국가는 '혼합적 입헌국가'이다. 이 국가는 '가능한 최선의 생활을 목표로 하는 대등한 인간 상호간의 공동체'이다.
국가에 내포된 세 가지 의미는 다음과 같다.

㉠ 일반적 이익에 바탕을 둔다.
㉡ 법치를 실현한다.
㉢ 자발적인 인민(신민)정부로서 시민의 도덕적 개선을 목적으로 한다.

③ 정치체제 분류
그에 따르면 법과 정의에서 이탈하면 가장 나쁜 동물이 되는 것이 인간이다. 따라서 국가 제도 역시 법과 정의를 존중하느냐, 존중하지 않느냐에 따라 국가를 다음과 같이 나눌 수 있다고 하였다.

⊙ 아리스토텔레스의 정치체제 분류

구분	준법성	자의성
일인지배	군주제	폭군정
소수지배	귀족정	과두정
다수지배	입헌혼합정체(공화정)	민주정

④ 혼합정체[10](공화정, POLITEIA): 귀족정과 민주정의 혼합, 소수지배 + 다수지배 ⇨ 중용의 상태
아리스토텔레스는 가장 이상적인 정치체제로서 군주정을 들고 있다. 하지만 그에게 중요한 것은 실현 가능한 차선의 국가이다. 그 차선의 국가는 혼합적 입헌국가로서 과두정과 민주정을 혼합한 것이었다. 요컨대 혼합적 입헌국가는 과두정이나 민주정의 어느 한쪽이 극단적으로 지배하지 않는 중용의 안정된 정치체제를 말한다.

5. 평가

(1) 경험 정치학: 현실 세계에 정당한 가치 부여

아리스토텔레스는 자연과학의 방법을 정치학에 적용하여 폴리스의 제도를 비교 및 분석하였다. 플라톤은 보편적인 진리, 즉 이데아 탐구를 통해 '이데아 안의 현실'을 추구했다. 하지만 아리스토텔레스는 감각적인 경험을 존중하고 현실세계에 정당한 가치를 부여하였다.

(2) 조화와 중용 강조

플라톤은 개혁을 강조하였지만 아리스토텔레스는 경험적으로 주어진 질서를 수용하고 그 조화를 달성하는 것을 중심 과제로 제시하였다. 이런 그의 주장은 현대사회의 균형이론 등에 영향을 주었다. 아리스토텔레스는 정치를 목적 개념이 아닌 수단 개념으로 파악하였다. 이런 정치는 양극의 균형이나 중용을 중시할 것을 강조한다.

10) 혼합정체는 공화정의 가장 대표적인 정치체제이며, 이런 혼합정체에 대표적인 사례가 아리스토텔레스의 폴리테이아와 로마의 레스-푸블리카이다. 또한 대의제 민주주의도 마찬가지이다.

Ⅱ 중세정치사상[11)]

- 중세는 무엇으로 정치를 하였는가?
- 중세의 어떤 가치가 근세에 영향을 미쳤는가?
- 교육적 시사점
  세상을 지배하는 정치적 원리가 역사적으로 어떻게 변화되어 왔는지를 이해하고, 종교가 정치적 지배에서 어떤 식으로 이용되었는지, 어떤 문제를 야기하였는지 이해한다.

01 중세질서의 특징

1. 지배 주체: 제국 및 교회

로마의 유산인 제국관념이 게르만 세계로 연결되었다. 이 제국은 기독교라는 보편주의적 이데올로기와 접속된다. 그 이유는 제국의 입장에서 광역사회를 유지, 조절하는 정치적 기능을 하는 조직이 필요했고, 이런 역할을 교회가 수행했기 때문이다. 그 결과 중세는 기독교적 동질성을 바탕으로 하게 되었다.

2. 신분제: 봉건제

중세에는 근대적 의미의 국민이나 국가가 없었다. 중세는 기독교 사상이 지배하였기 때문이다. 모든 지상의 국가는 신의 뜻을 위해 존재하는 것이었고, 사람들도 국민이 아닌 기독교인으로서의 정체성을 가져야만 했다. 공동체는 영주에 대한 농노의 충성체제인 봉건제로 구성되었다.

3. 유기체 사상(목적론적 세계관)

각 개체는 자기 속에 세계를 품고 있는 소우주이다. 세계 전체는 각 개체를 품고 있는 대우주이다. 대우주로서 세계 전체와 개체를 구성하는 원리는 동일하다. 이 사상은 개체를 우주의 속성을 품고 있는 우주의 일부로 보는 목적론적 세계관이다.

02 아우구스티누스와 아퀴나스의 정치사상

1. 국가는 신의 뜻을 실현하기 위한 도구

중세는 교회가 세속을 지배하고 있는 상황이었으며, 이 가운데 국가와 정치는 신의 뜻을 실현하는 것으로 취급되었다. 법의 지배라는 관념도 등장했지만 그 내용은 신의 법이 항상 중심이 되었다. 대표적인 사상가는 아우구스티누스와 아퀴나스이다.

---

11) 서울대 공저(2006), 『정치학의 이해』, pp.47～50; 울만, 『중세 유럽의 정치사상』 등 참조

2. 아우구스티누스 : 국가권력은 필요악

아우구스티누스에 따르면 인간의 진정한 행복은 이성이 아닌 신앙을 통해 가능하다. 따라서 인간의 이성으로 만들어진 국가권력은 필요악으로 최소한의 질서와 평화를 유지함으로써 인류의 멸망을 막는 기능을 수행할 뿐이며 궁극적으로 진정한 정의와 행복을 실현시킬 수는 없다.

3. 아퀴나스 : 이성을 강조하고, 자연법을 주장

아퀴나스는 '인간은 신을 닮은 속성을 지니고 있으며, 그 속성이 이성'이라고 하였다. 따라서 그는 아우구스티누스와는 달리 인간의 국가와 정치는 필요악이 아니라 실제적이고 긍정적인 선이 될 수 있음을 주장하였다. 그리고 인간은 이성을 통해 어떤 법이 신의 뜻에 부합하는지, 즉 자연법이 무엇인지 알고 행동할 수 있다고 하였다.

03 중세사상의 맹아

1. 근대의 자유 관념이 싹트기 시작함 : 충성관계이자 물질적 쌍무관계

폴리스는 공동체가 개인에 우선하였지만, 중세에는 국가권력과는 다른 사적 영역이 확립되기 시작한다. 영주와 농노 간의 관계는 일방적 충성의 관계가 아니라 물질적 쌍무관계이다. 물적 보상이 전제되지 않은 상태에서 충성은 보장되지 않는다. 이런 점에서 사적 계약관계의 싹이 존재하였다.

2. 법의 지배의 관념 및 저항권

법의 지배의 관념을 보여주는 대표적인 사례가 「마그나카르타」(1215)이다. 마그나카르타는 법의 지배를 지키는 한도 내에서만 왕이 될 수 있도록 왕권을 제한하였다. 왕의 권리를 제한하고, 신하의 조건적 복종을 전제로 한다는 점에서 저항권의 맹아로서의 모습을 보여주는 것이다.

3. 자연법 사상

III 근대정치사상[12]

■ **르네상스, 종교개혁 ⇨ 인간의 자각과 부상 ⇨ 개인의 가치가 부각**

신 중심의 중세 봉건 사회가 서서히 쇠퇴하면서 르네상스, 종교개혁의 움직임이 시작되었다. 이런 르네상스, 종교개혁, 로마법의 재발견은 근대정치의 기초를 다지게 하였다는 점에서 이 시기는 정치학의 대변천의 시기였다. 르네상스, 종교개혁은 중세의 갖가지 속박에서 사람을 해방시켜 최상의 지위를 부여하였다. 인간에게 최상의 지위를 부여한 것은 그 당시로는 획기적인 사건이었으며 이를 계기로 개인과 국가와의 관계가 중요한 정치학의 내용으로 등장하게 되었다는 점에서 르네상스와 종교개혁은 현대 정치의 기초를 세운 엄청난 사건인 것이다.

■ **개인의 권리 인정과 근대민족국가의 탄생**

개인의 가치가 부각되면서 정치공동체는 두 가지의 길로 나서게 된다. 첫 번째는 가정, 지역 혹은 종교로부터 개인을 분리하고 권리를 부여하는 것이었고, 두 번째는 권력의 중심으로 민족국가를 두는 것이었다. 이와 같이 근대국가는 분리와 통일을 함께 추구하면서 발달해왔다. 교황 중심의 정치가 무너지면서 절대군주가 중앙집권 정치를 통해 왕권을 획득했지만 이와 동시에 개인과 기존에 있던 계급들도 자신들의 특권과 이익을 공고히 하는 과정에서 권리라는 새로운 개념이 탄생하였다.

■ **시민혁명 ⇨ 개인의 자유 및 권리 보장을 위한 국가**

시민혁명을 계기로 절대왕권이 무너진 이후에도 국가의 2가지 방향, 즉 개인의 권리 인정과 민족중심의 국가통일을 동시에 추진하였다. 이와 같은 개인의 권리와 국가의 권한이 병존하는 현대국가의 구조도 근대국가 이후 지속되어온 것이다. 따라서 근대 이후 정치학의 주요 내용은 개인의 권리와 국가를 둘러싸고 전개되었다. 예컨대 개인은 어떤 권리를 당연히 누릴 수 있는가? 국가는 어떻게, 어느 정도 개인에게 간섭할 수 있는가? 개인의 공적 의무는 무엇인가? 개인의 공적 참여는 어느 정도까지 할 수 있는가? 등이다.

■ **근대정치사상의 출발점은 마키아벨리즘과 사회계약론, 자유주의**

이런 근대정치사상의 출발점은 마키아벨리즘과 사회계약론, 자유주의 등이다.

■ **교육적 시사점**

개인의 자유와 권리를 정당화시키는 근거가 무엇인지, 국가가 왜 존재해야 하는지에 대한 정당성은 무엇인지, 국가는 어떤 국가여야 하는지에 대해 이해한다.

01 마키아벨리(Machiavelli, 1469~1527)[13] : 근대정치사상의 시작

1. 마키아벨리즘의 배경

(1) 혼란스러운 시대적 배경 속의 정치사상

마키아벨리즘이라고 하면 수단과 방법을 가리지 않고 자신의 이익을 관철시키려는 술수로 취급하는 경우가 있다. 하지만 이런 부정적인 이미지로만 마키아벨리의 사상을 이해하는 것은 바람직하지 않다. 그의 사상을 올바로 이해하려면 그가 살았던 혼란스러운 시대적 배경 속에서 이뤄질 때 가능할 것이다.

12) 서울대 공저(2006), 『정치학의 이해』, pp.51~59; 루소, 『사회계약론』; 박현모(2001), 『현대정치학』

13) 강정인(2001), 「마키아벨리의 정치사상－로마사 논고를 중심으로」, 『사상』 2001년 여름호, pp.219~242

⑵ **서유럽국가의 상황**: 근대국가의 형성기, 절대주의 국가로 발전해가고 있던 시기

① 절대주의 국가로 발전해가고 있던 시기
그가 살았던 시기는 유럽에서 근대국가가 만들어져 가는 시기로 영국 내의 장미전쟁과 영국과 프랑스 간의 백년전쟁을 지나 절대주의 국가로 발전해가고 있던 시대이다.

② 자국의 운명은 국가의 이해관계에 따라 좌우될 수 있다는 점을 이해
국가들은 자국의 운명이 그들 자신의 손안에 있으며 순전히 국가의 이해관계에 따라 좌우될 수 있다는 점을 이해하고 그 이해관계에 따라 행동하였다.

③ 상인계급의 지지를 통한 중앙집권적인 절대군주제가 성장
또한 군주는 신흥 상인계급의 지지를 받으면서 확대되었고 이로 인해 느슨하고 분산적인 권력체제로서 봉건제도가 무너지고 중앙집권적인 절대군주제가 성장하였다.

⑶ **이탈리아의 상황**

① 5개의 국가로 분열된 상황
서유럽의 국가들이 이렇게 절대주의 국가를 형성해가면서 민족의 단위를 통합해가고 있던 것에 비해서 당시 르네상스의 발상지인 이탈리아는 5개의 국가로 분열되어 있었다.

② 분열과 부패로 인한 지체상태
분열된 이탈리아는 서유럽국가들이 통합과 자본주의 양식의 발달에 따라 발전해가는 것과는 다르게 정치적 분열과 부패로 지체상태를 면하고 있지 못했다.

③ 주변강국들의 영토 확장을 위한 각축장이면서 분열로 인한 혼란과 무질서의 상황

㉠ 로마교황청의 이탈리아 분열 조장
로마의 교황청은 이탈리아를 통합하기보다는 이탈리아의 강화가 자신들의 영향력의 약화를 가져올 것으로 여겨 외국군대의 지원을 요청하고 있었다.

㉡ 주변 강국들의 영토 확장을 위한 각축장
마키아벨리가 살던 이탈리아의 피렌체는 르네상스의 시기였고, 그 중심에 서 있는 도시였다. 하지만 그가 살았던 이탈리아는 주변 강국들의 영토 확장을 위한 각축장이었으며, 외세와 결탁한 나폴리, 밀라노, 피렌체, 교황청 등으로 분열하여 상호간에 다투는 혼란과 무질서의 상황이었다.

④ 머나먼 통일: 통일되지 않은 상태에서 혼란을 거듭하는 이탈리아
반면 통일되지 않은 상태에서 혼란을 거듭하던 이탈리아는 1494년 프랑스의 샤를 8세의 피렌체 침공으로 메디치 정권이 붕괴하기도 하였다. 마키아벨리 사상의 출발점은 바로 이러한 역사적 지점에서 시작된다.

2. 현실주의적 정치관: 이탈리아를 통일하기 위해서 어떻게 해야 하는가?

(1) 현실주의 관점

정치를 있는 그대로 이해하고 그 속에서 나타나는 권력관계를 정확하게 포착하여 권력의 흐름과 움직임을 이해하고자 하였다.

(2) 인간관

① 인간은 이기적인 존재이면서 불완전한 존재
마키아벨리는 인간은 자신의 욕망을 무한히 확장하는 이기적인 존재이면서 불완전한 존재로 보았다. 따라서 인간은 겉으로 드러난 언행과 달리 그들의 행동을 결정하는 기준은 지상국의 가치인 권력이나 물질적 행복인 것이다.

② 인간의 본성을 제압할 강력한 힘이 필요
그는 이런 악한 인간의 본성을 고려하여 인간 내면에 자리 잡고 있는 공격적 본성 등을 제압할 필요가 있다고 하였다. 이런 점을 감안하면 인간은 강력한 국가에 의한 질서가 실현될 때 선한 존재가 될 수 있을 것으로 보았다. 따라서 이런 관점의 인간은 교육을 통해 개선 가능한 존재가 아니라 통제가 필요한 존재일 뿐이다. 인간의 보편적 속성은 국가와 정치에도 영향을 줄 수밖에 없다.

(3) 강력한 군주와 정치적 술책 ⇨ 통일된 국가

① 강력한 군주의 필요성
당시의 시대적 혼란상을 극복하기 위해서 필요했던 것은 강력한 군주였다. 국가가 없이는 개인도 없다고 생각한 그는 이탈리아 반도의 정치적 통일과 근대국가론의 발전을 위해 정치적 덕목을 지닌 강력한 군주가 정치를 해야 한다고 생각하였다. 이런 국가 생존을 위한 정치를 다수의 대중에게 기대할 수가 없다고 생각했기 때문이다.

② 타락한 교회와 용병들의 사악함을 누를 수 있는 권력과 정치적 술책이 필요

㉠ 통일을 방해하는 것들을 누를 수 있는 권력이 필요
교회의 비도덕적인 윤리 속에서 탈피하기 위해서 그리고 국가와 왕을 방어하고 있는 용병들의 사악함으로부터 이탈리아를 통일로 이끌기 위해서는 이들을 억누를 수 있는 권력이 필요했다.

㉡ 정치적 술책이 필요

③ 혁명적 임무를 완수하기 위해서 권력은 윤리로부터 자유로워야만 함
권력은 종교로부터 그리고 도덕으로부터 자유로워야만 했다. 그래야 이탈리아를 둘러싼 환경을 탈피하여 통일을 달성할 수 있다. 또한 국가의 통합이라는 혁명적인 임무를 위해서는 어떠한 선험적인 제약도 불필요했고 무가치했다. 오직 국가의 통합이라는 결과로만 도덕적으로 평가될 수 있었다.

(4) 군주의 덕성: 사자의 포악함과 여우의 간교함

비록 도덕적 종교적 견지에서 볼 때 악한 것이라고 하더라도 권력획득·유지·확장에 도움이 되는 것이라면 국가차원에서는 선한 것으로 파악하였다. 따라서 윤리적 수단으로 목적을 달성하지 못할 경우 비

윤리적인 방법 동원도 가능하게 된다. 그에게 정치는 운명과의 투쟁이었고, 운명보다는 정치기술을 동원하여 인간성을 변용시킬 수 있는 정치적 덕목을 중시하였다. 그는 정치적 덕목을 사자와 여우가 갖는 힘이라고 비유하였다.

(5) **국가관**: 국가지상주의

그에 따르면 인간은 국가 내에서만 그 존재 이유와 목적을 찾을 수 있다. 국가가 안전과 질서를 제공해 주기 때문이다. 국가가 존재하지 않는다면 무질서와 공포에서 각 개인은 존재할 수가 없다. 개인에게 존재 이유와 목적을 제공하는 국가는 그 자체가 존엄하다는 국가지상주의를 주장하였다. 따라서 국가의 법은 절대적이다. 이런 그의 국가관은 국가주의적 국가관의 바탕이 되었다.

3. 공화주의자 마키아벨리

사상적으로 그는 공화주의자이다. 그가 나중에 쓴 『로마사 논고』에서 그는 공화주의시대의 로마를 동경하고 있다.

4. 시사점

마키아벨리의 정치사상은 신이 아닌 국가의 현실적 필요성을 제시하였다. 그리고 국가의 막강한 힘을 인정하였다. 이제 우리의 고민은 다시 시작된다. 막강한 힘을 가진 국가를 어떻게 정당화하고 감시와 견제를 할 것인지 말이다.

02 사회계약론의 특징

1. 근대시민계급의 정치사상

근대에 들어오면서 전제군주의 자의적 지배에 대해 신흥시민계급은 자유로운 생활을 보장받고 싶었다. 사회계약론은 이런 시민들의 희망을 정당화하는 과정에서 등장하였다. 사회계약론은 17~18세기에 절대군주의 지배를 옹호하는 왕권신수설에 대항하여 나타난 정치사상으로 권력의 원천을 국민의 동의에서 찾고 사회를 강조하는 근대시민계급의 정치사상이다.

2. 계몽사상의 영향으로 '자유'라는 가치를 강조

여러 계몽사상가들이 주장한 사회계약론의 공통점은 자연상태라는 개념에서 사회계약이라는 가상적 양상을 도출하고 있으며, 국가권력의 본질과 내재적 한계를 밝히고, 정치적으로는 국가에 예속된 인간 해방을 주장하였다는 것이다.

3. 사회계약론의 공통된 내용

(1) 천부인권론

인간은 신성불가침의 천부인권을 지니고 있으며 국가의 목적은 이를 잘 보장해 주는 데 있다.

(2) 사회우선론[14)]

천부인권을 가진 인간들의 현실생활의 기반이 되는 사회가 국가보다 우선한다는 것이다.

(3) 권력제한론

천부인권과 사회우선론에 따라 국가의 권력은 제한되어야 한다.

(4) 저항권 사상

4. 현실적으로 사회계약(만장일치로 계약이 성립)이 존재한다고 볼 수 있는가?

(1) 핵심가정

정치 권위체가 한 사회의 구성원 모두에게 보편적 권위체로 존재하기 위해서는 모든 구성원으로부터 '동의'를 얻어야 한다.

(2) 현실적으로 국민(시민)들은 만장일치로 계약을 한 적이 없음

국가의 존재에 정당성을 부여하는 사회계약론의 경우 치명적인 약점이 있다. 계약은 합의를 통해서 이뤄지는 것인데 현실적으로 국가의 구성원들은 합의를 한 적이 없다. 국가의 구성원이라는 지위를 운명으로 받아들이고 있을 뿐이다.

(3) 만장일치를 명시적 동의로 가정할 경우

자유로운 상태에서 만장일치가 불가능하다는 점에서 현실적으로 국가라는 정치사회는 성립할 수 없다.

(4) 만장일치를 묵시적 동의로 가정할 경우

어떤 정치체제에 대해서도 동의한 것으로 간주될 수 있다. 그 결과 전체주의도 옹호하는 결과를 초래할 수 있다.

---

14) 사회계약론 당시에는 사회와 국가는 분리된 것이 아니다. 사회계약은 곧 정치사회인 국가를 만드는 계약이다. 사회와 국가의 본격적인 분리는 19세기 말이 되어서야 등장한다. 따라서 사회우선론은 지금의 시각에서 사용되는 표현법으로 이해할 필요가 있다.

5. 사회계약론의 영향

(1) 시민혁명에 영향

이런 사회계약론은 루소의 사회계약론 출현 이후 시민혁명의 정치이론으로 정착되었다. 특히 로크와 루소의 사상은 영국의 시민혁명과 미국의 독립운동, 프랑스 혁명의 사상적 기초를 제공하였으며 오늘날 민주주의의 양대 흐름인 직접민주제와 대의제의 기본원리를 제시하고 있다.

(2) 각국의 헌법에 영향

① 프랑스 인권 선언 제2조: 모든 정치적 단결의 목적은 소멸될 수 없는 인간의 자연권을 보전하는 것이다. 이들 권리는 자유, 소유권, 안전 및 압제에 대한 저항이다.

② 대한민국 헌법 제10조: 모든 국민은 인간으로서의 존엄과 가치를 가지며, 행복을 추구할 권리를 가진다. 국가는 개인이 가지는 불가침의 기본적 인권을 확인하고 이를 보장할 의무를 진다.

6. 대표적인 사회계약론자 및 사회계약론의 영향

사회계약론의 대표적인 사상가들은 홉스(리바이어던), 로크(통치론), 루소(사회계약론)이다. 이런 사회계약론은 사회의 기본구조를 만드는 사고실험으로 시민혁명의 사상적 배경이 되었다. 특히 로크와 루소의 사상은 영국의 시민혁명과 미국의 독립운동, 프랑스 혁명의 사상적 기초를 각각 제공하였다. 또한 이들의 사상은 오늘날 민주주의의 정치체제에 영향을 주고 있다.

03 홉스(Hobbes, 1588～1679)[15]: 물리력을 독점한 국가의 탄생

1. 시대적 배경: 극심한 경쟁과 갈등의 시대, 왕권확대의 시대

당시 영국은 내란기를 거치면서 왕권의 확대를 도모하던 시기였다. 이때 홉스는 국가주권의 절대성을 강화시킴으로써 사회적 문제를 해결코자 한다.

2. 인간관: 자신의 보존을 위해 합리적인 활동을 전개하는 원자적이고 고립적인 존재

인간은 인간에 대한 늑대이다. 인간은 공동체에 대한 헌신이나 충성과 같은 감정이 없으며, 사회성을 타고나지 않은 원자적 인간이다.

3. 자연상태

자연상태는 본래 평등하게 태어난 인간이 오직 자신의 생명을 유지하기 위한 만인 대 만인의 투쟁 상태이다. 홉스에 따르면 자연상태에서의 인간은 모두 평등하다. 평등한 인간은 누구나 기대와 희망을 품고

15) 서울대 공저(2006), 『정치학의 이해』, pp.54～55; 고봉진(2014), "사회계약론의 역사적 의의" 등 참조

이 목적을 달성하기 위해 노력한다. 하지만 재화의 희소성 때문에 경쟁은 불가피해지고, 타인에 대해 적대적 감정을 품고 '자기보존'에 여념이 없게 된다. 그 결과 자연상태에서는 평등상태를 제어할 수 없기 때문에 '만인의 만인에 대한 투쟁상태'로 빠져든다.

4. 자연권 : 생명과 신체를 보존할 권리

이런 전쟁과 같은 자연상태에서 인간은 자신의 생명보전을 위해 권력을 행사할 수 있는 자연권을 보유하고 있다. 주요 내용은 생명과 신체를 보존할 권리이다.

5. 자연법 : 자연권의 실현을 위한 도구

자연법의 핵심적 내용은 평화를 추구해야 한다는 것이다. 즉 자연상태에서 존재의 보존을 당위로 본다. 하지만 만인에 대한 만인의 투쟁상태에서 자연법은 자연권에 선행할 수 없다. 그 결과 자연법은 만인의 만인에 대한 투쟁상태를 종결시킬 수가 없다.

(1) 자연법의 제1원칙 : 평화를 추구하라!

홉스는 자기보존에 대한 자신의 이론을 구성하기 위해 '자연법과 자연권'을 제시한다. 홉스가 주장하는 제1의 자연법은 '모든 사람은 달성될 가망이 있는 한 평화를 얻기 위해 노력해야 한다. 평화를 달성하는 일이 불가능할 경우에는 전쟁에서 승리하기 위한 어떤 수단이라도 사용해도 좋다.'이다. 이 원칙에서 앞부분은 평화를 추구하라는 자연법의 기본을 나타내고 있으며, 뒷 부분은 모든 수단을 동원하여 자신을 방어하라는 자연권을 의미한다.

(2) 자연법의 제2원칙 : 자연권을 포기하는 것

그런데 자기보존에 대한 자연권을 그대로 가지고 있으면, 평화추구라는 제1의 자연법을 지킬 수 없다. 자기보존에 대한 자연권을 포기해야만 평화를 달성할 수 있다. 따라서 자연법의 제2원칙은 자기보존의 자연권을 타인에게 양도하는 것이다.

6. 사회계약 : 신약 ⇨ 모든 개인의 자연권을 지상의 신에게 양도, 맹약

(1) 자연법의 제3원칙 : 신의계약을 맺었으면 지켜야 한다.

홉스는 평화를 추구하기 위해 자기보존의 자연권을 포기한 후 자연권을 타인에게 양도할 것을 명제로 제시한다. 즉, 신의계약을 맺었으면 지켜야 한다는 것이다.

(2) 사회계약의 필요성 : 평등한 자연상태에서는 자연법으로 평화를 유지할 수 없다.

모든 인간이 평등한 자연상태에서는 자연법으로 평화를 유지할 수 없다. 홉스에 따르면, 인류의 평화를 위해 자연상태의 모든 인간은 자기보존의 자연권을 타인에게 양도하는 방식으로 포기해야 한다. 모든 인간이 평등한 자연상태에서는 평화를 유지할 수 없다. 홉스는 "자연상태에는 권력도 법도 없다. 무엇보다 나쁜 것은 타인의 폭력에 의해 죽을 수 있다는 공포가 계속되는 것이다. 그곳에서의 삶은 고독하며 가난하고 험악하고 진안하고 짧다. …… 인간이 국가 속에서 스스로를 구속하고 억압하는 이유는 자연상태의 비참한 전쟁상태로부터 벗어나기 위한 것이다. 이를 위해 한 사람 또는 합의체를 임명하여 자신들의 인격을 위임하고, 그 위임받은 자가 공공의 평화와 안정을 위해 스스로 어떤 행위를 하든 또는 국민에게 어떤 행위를 하게 되든, 모든 것을 그의 단 하나의 판단에 맡겨야 한다."라고 설명하고 있다.

(3) **사회계약**: 신의계약, 복종과 보호를 바꾸다.

① 사회계약 ⇨ 정치사회(국가) ⇨ 주권 양도 ⇨ 리바이어던

사회계약을 통해 정치사회(국가)를 만들고, 주권을 양도하는 계약을 맺게 된다.

㉠ 만인의 만인에 대한 투쟁상태를 극복하기 위한 국가 창출

㉡ 주권은 절대적이고 불가분적이며 무오류성을 지님[16] : 국가주권

그에 따르면, 평화를 유지하기 위해서 인간은 자연상태를 통제할 수 있는 주권자를 세우고, 그에게 모든 권력과 힘을 양도하여 그로 하여금 주권적 권력을 행사하게 하는 사회계약(신의계약)을 맺게 된다는 것이다. 이에 대해 홉스는 "인간을 외적의 침입과 상호간의 상해로부터 방어할 수 있는 국가를 수립하는 유일한 방법은 …… 그들 모두의 권력과 힘을 한 사람 또는 한 집단의 사람들에게 수여해서 그들 모두의 의사를 단일의 의사로 하는 것이다. …… 그리고 그러한 범위 안에서 만인은 그들의 의사를 그의 의사에, 그리고 그들의 판단을 그의 판단에 복종시키는 것이다. …… 이와 같이 하나의 인격으로 통일된 다수는 국가, 라틴어로 'CIVITAS'라고 불린다. …… 이러한 인격을 획득하는 사람은 …… 주권을 소유한다고 말해지고 있다."라고 설명한다.

② 지상의 신인 리바이어던(전제군주[17])의 탄생

㉠ 주권자는 신민의 평화와 안전을 위하여 힘과 수단을 사용할 수 있다.

㉡ 리바이어던에 복종할 의무 발생 ⇨ 복종과 보호의무를 바꿈

또한 신민은 이런 주권자인 리바이어던에게 복종해야 한다. 이런 리바이어던을 만든 목적은 인민의 평화와 안전이다. 인민은 리바이어던에 절대적으로 복종해야 한다. 복종의 목적은 보호를 얻기 위함이다. 즉 홉스는 자유를 보호받기 위해 국가가 필요하다는 주장을 정당화하였다.

③ 실정법의 강조

사회계약을 통해 주권자가 탄생하고, 이 주권자는 법을 만들어 자연법이 해결하지 못한 자연상태를 해결해 준다. 그리고 이 실정법은 자연상태의 문제점을 해결해 주고, 자연법이 해결하지 못한 점을 해결하기 때문에 정당하다. 홉스는 "자연상태는 인간이 견딜 수 없을 만큼 참담한 상태이다. 인간 행동의 동기는 자기 이익과 공포이며, 권력 추구이다. …… 인간의 결합은 동의나 화합 이상의 것이며,

---

16) "주권자의 어떤 행위도 백성의 권리를 침해하지 않는 것으로 간주한다. 입법권과 사법권, 전쟁선포권도 모두 주권자의 것이다. 주권은 분할할 수도 없고 견제를 받아서도 안 된다. 주권자의 명예는 백성 전체의 명예보다 위대하다. 주권자 앞에서 백성은 태양 앞의 별빛과 같다." - 토마스 홉스, 『리바이어던』

17) 군주와 전제군주의 차이점을 이해할 필요가 있다. 전제군주는 모든 권력을 독점하는 군주를 말한다.

…… 하나의 동일한 사람으로서의 진정한 결합이다. 계약에 의해 이러한 결합이 이루어져 다수가 한 사람으로 통합되면 …… 그것이 주권자의 탄생이며, 주권자는 법과 자신의 막강한 힘으로 국가의 질서를 유지하게 된다. …… 선한 법을 제정하는 것은 주권자의 소관이다. 법은 주권자에 의해 만들어지며, 그렇게 모두에게 인정받는 법을 부정의(不正義)하다고 말할 수 없다."라고 하였다.

7. **저항권의 인정 여부**: 상반되는 해석 존재

홉스의 저항권 인정에 대한 부분에서는 상반되는 해석이 존재한다.

(1) **저항권을 부정하는 입장**

신의계약과 전제군주의 주권 행사를 고려해보았을 때 리바이어던 내지는 국가에 대한 저항권은 인정할 수 없다.

(2) **저항권을 인정하는 입장**: 소극적 저항권

자발적으로 자신의 권리를 포기하는 것이지만 절대로 폐기될 수 없는 것이 생명권이며, 이 생명을 빼앗으려는 자들에 대해 저항할 권리는 누구라도 포기할 수 없다는 홉스의 주장을 근거로 저항권을 인정하기도 한다. 하지만 이런 주장은 리바이어던의 권한을 제약하는 의미의 저항권은 아니라는 해석도 있다.

04 **로크**(Locke, 1632~1704)[18]: 국가의 의무와 한계를 정하다.

1. **시대적 배경**

영국의 내란이 종결되고 명예혁명을 거쳐 입헌군주제가 성립되는 시기였다. 따라서 군주가 강력한 권한을 보유할 수 있다는 명분이 사라지고 새로운 정치적 원리인 입헌군주제에서 의회에 강력한 권리를 부여하고자 하였다.

2. **인간관**: 이성적이면서도 타인의 자연권을 침해할 수 있는 존재

자립적이고 자율적인 인간, 즉 이성적인 인간. 하지만 불완전한 존재

3. **자연권**: 생명, 신체, 재산을 보존할 권리

18) 서울대 공저(2006), 『정치학의 이해』, pp.55~58; 박현모(2001), 『현대정치학』; 고봉진(2014), "사회계약론의 역사적 의의" 등 참조

4. 자연상태: 자유롭고 평등하지만 자연권 보장이 불안정한 상태

(1) 자연상태의 의미

자연상태는 사람들이 타인의 허락이나 의지에 구애받지 않고, 자연법의 테두리 안에서 스스로 생각하는 바에 따라서 자신의 행동을 규율하고 자신의 소유물과 인신을 처분할 수 있는 완전한 자유의 상태를 말한다. 또한 자연상태에서 인간은 모두 평등하고 독립된 존재이다. 따라서 어느 누구도 다른 사람의 생명, 신체, 재산을 침해해서는 안 된다는 자연법이 지배하고 있다. 로크는 "자연상태란 사람들이 타인의 허락을 구하거나 그의 의지에 구애받지 않고 자연법의 테두리 안에서 스스로 타당하다고 생각하는 바에 따라 자신의 행동을 규율하고 자신의 소유물과 인신을 처분할 수 있는 완전한 자유의 상태이다. 그것은 또한 평등의 상태이기도 한데, 거기서 모든 권력과 권한은 호혜적이다."라고 설명하였다.

(2) 생명 · 신체 · 재산소유의 자유를 평등하게 누릴 수 있는 상태

로크의 자연상태는 자유롭고 평등한 상태로 사람들은 자연법의 범위 안에서 자기 행동을 스스로 규율하고 활동할 수 있는 자유와 재산을 소유할 자유를 가지는 상태이다.

(3) 자연상태의 결함: 사법권 부재 ⇨ 권리 침해 ⇨ 사법권 및 국가의 필요성 제시

인간이 불완전하기 때문에 다른 사람의 자연권(생명, 신체, 재산)을 침해할 수 있다. 하지만 자연상태에는 권리를 침해당했을 때 적용할 수 있는 실정법이 없고, 구제를 청구할 수 있는 재판관이 없고, 이를 집행할 수 있는 권력이 없다는 점이다. 그 결과 자연상태는 언제라도 홉스가 말한 자연상태로 변할 가능성이 존재한다. 이런 상황에 대해 로크는 "자연상태에서는 모든 사람이 평등하고 독립적이다. 그리고 누구도 다른 사람의 생명, 건강, 자유, 또는 소유물을 해칠 수 없도록 모든 사람을 규율하는 자연법이 있다. …… 그러나 자연상태에서는 이들의 향유가 불안하고 끊임없는 위험에 노출되어 있기 때문에 서로 단결해서 …… 국가를 형성하게 된다."라고 설명하였다.

5. 자연법: 자연권의 침해를 규제하는 원리

인간은 누구나 소유의 권리를 가진다. 만약 누군가 타인의 소유를 침해할 경우 그 침해에 상응하는 대가를 치러야 한다. 이것이 로크의 자연법이다. 자연법은 타인의 권리를 침해하면 안 되고, 침해할 경우 그에 따른 벌을 받는 것을 말한다. 이 때 벌은 여러 사람이 모두 함께 타인의 권리를 침해하는 자에 대해 응징하는 것도 포함한다.

6. 사회계약 : 신탁계약

(1) 자연상태에서의 인간이 사회로 들어가는 사회계약을 체결하는 이유 : 안전한 소유 보장

자연상태에서의 인간이 사회로 들어가는 사회계약을 체결하는 이유는 자신들의 생명, 자유, 재산을 보존하기 위함이다. 그중에서도 시민사회의 주된 목적은 재산의 보존이다. 자신들의 생명, 자유, 재산이라는 자연권을 보다 안정적으로 향유하기 위해서는 개인이 가지고 있는 자력구제권을 포기하고 그것을 계약에 따라 국가에 일임하게 된다. 이러한 점을 로크는 "인간은 태어날 때부터 모두 자유롭고 평등하며 독립되어 있으므로, 어느 누구도 자기 자신의 동의 없이 이러한 상태로부터 추방되어 다른 사람의 정치권력에 예속될 수는 없다. 인간이 이 세상에 태어나면서부터 갖게 되는 자연적인 자유를 포기하고 시민사회의 구속을 받게 되는 유일한 길은 다른 사람과 결합하여 하나의 공동사회(공동체)를 형성하는 데 동의하는 것이다. 이렇게 하는 목적은 각각 자신의 소유물을 안전하게 향유하며, 또한 그 공동사회에 속하지 않은 자에 의한 침해에 대하여 더 공고한 안정성을 보장받음으로써 서로 안락하고 안정된 평화로운 생활을 보내려는 데 있다."라고 설명하였다.

(2) 정치사회(국가)의 탄생

국가라는 정치사회의 형성은 사회계약에 의해 이뤄졌지만 정부의 구성은 신탁에 의해 이뤄진다. 자연법의 위반행위를 처벌할 수 있는 권력을 포기하여 그것을 공동체에게 양도할 때 정치사회(시민사회, 국가)가 존재하게 된다. 그런데 만약 국가라는 정치사회가 소유를 보장해 주지 않을 경우 어떻게 해야 할까? 즉 어떻게 국가를 감시하고 통제할 것인가에 대해 로크는 제한정부와 저항권으로 답을 했다.

(3) 제한정부론

① 입법권을 통한 자유

로크는 사람들은 사회에 들어갈 때, 그들이 자연상태에서 가졌던 평등, 자유 및 집행권을 사회의 선이 요구하는 바에 따라 입법부가 처리할 수 있도록 사회의 수중에 양도한다고 하였다.

② 제한적 성격의 의회주권 : 저항권 행사를 통해 입법권을 변경할 수 있음

로크의 주장은 주권을 의회에 위임하는 것이다. 로크는 "입법권이 정당하게 행사돼 만들어진 법률, 그리고 이 법률에 의한 통치라면 '자유롭다'는 말을 쓸 수 있다"고 했다. 따라서 로크의 주권은 입법권을 그 핵심으로 한다. 입법부에 인민들을 위해서 법률을 제정할 권한을 위임한다. 국가라는 정치사회의 형성은 사회계약에 의해 이뤄졌지만 정부(의회)의 구성은 신탁에 의해 이뤄진다. 그리고 사회계약에 의하여 창설된 공동체의 운영은 의회로 대표되는 다수의 결정에 따른다. 하지만 입법권을 배제·변경시킬 수 있는 최고 권력을 국민에게 남겨 놓은 제한적 성격의 것이다. 만약 국민의 자연권을 보장해 주지 않을 경우 의회를 바꿀 수 있는 저항권을 국민이 보유하고 있기 때문이다. 로크는 이런 점을 "…… 만일 입법부가 야망, 공포, 어리석음, 또는 부패 …… 등으로 인해 (국민의 생명, 자유, 재산을 지켜야 하는)근본적인 규칙을 위반하게 되면 국민이 그들에게 양도해주었던 권력을 상실하게 되고 이는 다시 국민에게 귀속된다."라고 설명하였다.

③ 정부의 목적: 자연권 보호

홉스는 정부가 합법적으로 어느 정도 막강한 권한을 행사할 수 있는지를 제시했다면, 로크는 합법적으로 정부의 목적을 자연권을 더욱 안전하게 보장하는 것으로 제시하였다.

7. 정부와 저항권

(1) 저항권의 의의

로크의 말대로 소유의 보장과 자유가 입법권에 달려있다면, '입법권은 과연 언제나 정당할 수 있을까?' 라는 질문을 할 수 있다. 이 질문에 대한 로크의 답이 저항권이다. 저항권은 사회계약을 깨어 권리를 침해하고 자유를 억압할 가능성에 대비한 기제로서의 의의가 있다.

(2) 정치사회와 정부의 구별: 자연상태로 돌아갈 수 없고, 바꿀 수 있는 것은 정부다.

로크의 주권은 입법권을 그 내용으로 하지만 입법권을 배제・변경시킬 수 있는 최고 권력을 국민에 남겨 놓은 제한적 성격의 것이다. 입법권이 개인의 자연권(재산권)을 침해하는 경우에는 저항권을 행사하여 입법권을 변경할 수 있다.

(3) 저항권의 대상은 정부

이런 점에서 정치사회가 해체되는 것과 정부가 해체되는 것은 구별된다. 정치사회의 해체는 국가가 자연상태로 돌아가거나 소멸되는 것이지만, 정부의 해체는 입법부가 바뀌거나 입법부나 군주가 신탁에 반하는 행동을 하는 경우이다. 이와 같은 해체로 사회계약은 무효가 되고 국민들은 저항권 행사를 통해 위임한 권한 반환을 청구할 수 있다.

05 루소(Rousseau, 1712~1778): 일반의지를 추구하는 공화국의 건설[19)]

1. 사회적 배경: 사회 불평등 상황

시민혁명에 의해 프랑스 절대군주제도가 붕괴되면서 무질서와 파괴가 발생한 시기였다. 또한 사회불평등이 만연한 상태였다. 이런 사회적 상태를 탈피하기 위해 자연상태의 고찰 등을 통해서 사회악의 제거에 관심을 가진다.

2. 인간관

루소는 자연상태에서 인간을 동정심과 자애를 가진 순진한 인간이라고 하였다.

---

19) 서울대 공저(2006), 『정치학의 이해』, pp.58~60; 박현모(2001), 『현대정치학』; 고봉진(2014), "사회계약론의 역사적 의의"; 루소, 『사회계약론』 등 참조

3. 자연상태

(1) 자연상태의 모습: 이상적인 상태

① 루소의 자연상태는 홉스와 로크의 자연상태와 극과 극을 이룬다. 루소의 자연상태는 사유재산도 없으며, 전쟁도, 동맹도 없다. 사람들이 동물적 자연인으로 완전히 고립되어 생활하는 상태이며, 자유롭고 평등하며 천진한 상태이다.

② 루소의 설명
자연상태에서 한 인간이 다른 인간이 따온 과일이나 죽인 짐승, 숨어 살던 동굴을 가로챌 수는 있을 것이다. 그러나 그가 그 인간을 어떻게 복종시킬 수 있을까? 그리고 아무것도 소유하지 않은 사람들 간에 어떤 종속관계의 속박이 있을 수 있겠는가?

(2) 특징

① 개인들의 평화적 상태, 선도 악도 존재하지 않고 지배와 복종관계도 없는 무지의 행복상태

② 가장 이상적이고 평등한 상태

③ 자연적 자유를 누리는 상태
자연적 자유는 타인의 의지에 구속받지 않을 자유를 말한다.

④ 자연적 불평등이 존재하지만 사회적 불평등은 없는 상태

4. 자연권: 타인의 의지에 종속되지 않는 상태

루소의 자연권은 자연상태에서 인간의 독립된 생활이 보장되는 권리라고 볼 수 있다. 즉 불평등으로 인한 억압과 속박을 받지 않을 수 있는 권리, 자유를 박탈당하지 않고 살아갈 수 있는 권리라고 볼 수 있다. 이 자연권을 통해 루소는 자유의 원형을 제시하고 있다.

5. 사회의 불평등 상태와 홉스 · 로크에 대한 비판

(1) 사회상태: 불평등한 상태 ⇨ 인간을 타락시킴, 자연적 자유[20]의 구속

① 사회상태의 출현은 자연스러운 현상
인간이 자연상태에서 사회를 만드는 것은 자연스러운 현상이며, 본성이다.

② 불평등한 사회상태로 인한 자연적 자유의 상실
루소는 사회상태로 들어오면서 인간은 법으로 소유권을 설정하고, 그 결과 가진 자와 가지지 못한 자 사이에 강자와 약자의 관계가 형성되고, 궁극적으로 주인과 노예라는 지배와 복종의 관계가 생긴다고 주장하였다. 즉 소유권 제도는 부자와 가난한 자를 나누는 정도로 그치는 것이 아니라 권력관계로 변한다. 그 결과 인간은 자유를 상실하게 된다.

---

20) 타인의 의지에 구속되지 않을 자유

③ 기존의 사회계약론에 대한 비판

㉠ 자연상태에 대한 비판
루소에 따르면 홉스와 로크의 자연상태는 사회의 타락하고 불평등한 모습을 자연상태에 투영시킨 것에 불과하다. 즉 홉스와 로크의 자연상태는 사회의 이기적인 사적 영역이라고 보는 것이 타당하다는 것이다. 따라서 홉스와 로크는 사회인을 자연인으로 가정한 것이다.

㉡ 홉스의 자유는 강력한 주권자에 의해 침해될 수 있는 불완전한 자유에 불과하다.

㉢ 소유가 중심이 되는 자연권에 대한 비판
홉스가 말한 만인의 만인에 대한 투쟁상태는 자연상태에서 벌어지는 일이 아니라 불평등한 사회상태에서 벌어진다고 하였다. 그리고 이러한 불평등은 소유를 제도화하는 로크의 주장들이 만들어내는 비극적 상황이라고 하였다. 결국 이러한 논리들은 인간의 사회적 불평등을 옹호하는 논리에 불과한 것이라고 비판하였다. 루소는 "어떤 토지에 울타리를 두르고 '이것은 내 것이다.'라고 선언하는 일을 생각해내고, 그것을 그대로 믿을 만큼 단순한 사람들을 찾아낸 최초의 사람은 정치사회(국가)의 창립자였다. 말뚝을 뽑아내고, 개천을 메우며 '이런 사기꾼이 하는 말 따위는 듣지 않도록 조심해라. 열매는 모든 사람의 것이며 토지는 개인의 것이 아니라는 점을 잊는다면 너희들은 파멸이다!'라고 동포들에게 외친 자가 있다고 한다면, 그 사람이 얼마나 많은 범죄와 전쟁과 살인, 그리고 얼마나 많은 비참함과 공포를 인류에게서 없애주겠는가?"라는 주장을 했다.

④ 새로운 사회계약의 필요성 주장
루소는 기존의 부조리한 사회질서 및 제도로 인한 사회불평등을 해결하자는 주장을 하였다. 새로운 사회는 모든 사람과 결합을 맺고, 자기 자신 외에는 복종하지 않으며, 자연적 자유를 누리는 것처럼 자유로울 것을 보장하는 사회를 말한다.

6. 새로운 사회건설을 위한 사회계약의 의미 및 내용

(1) 일반의지를 가진 시민들의 사회계약

① 일반의지: 공동선(공공선), 헌법정신이 되는 것
일반의지란 공동의 힘으로 모든 개인과 각 연대자의 이익(les biens)을 방어하고 보호하며, 그에 따라 각자는 전체에 결합됨에도 오직 자신에게만 복종하여 전처럼 자유롭게 남게 되는 연대 형태를 추구하려는 의지를 말한다. 일반의지는 정치공동체를 지도하는 최고 원리라는 성격을 가진다.

② 일반의지를 가진 사람들이 모여 사회계약 체결
사회계약의 체결과정은 '일반의지를 지닌 사람들(정치집단) ⇨ 사회계약 체결 ⇨ 일반의지 표출 ⇨ 공화국과 시민'으로 전개된다.

③ 사회계약의 본질
루소는 새로운 사회계약의 본질은 "우리는 저마다 신체와 모든 힘을 공동의 것으로 삼아 일반의지의 최고의 지도 아래 둔다. 그리고 우리는 구성원 하나하나를 전체와 나누어질 수 없는 일부로서 받아들인다."라고 하였다.

④ 일반의지에 따른 통치

모든 사람의 힘과 신체를 공동의 것으로 삼고, 이를 일반의지의 최고 지도 아래에 둔다. 이 경우 사회는 구성원들을 전체에서 분리될 수 없는 일부로 받아들이게 된다. 만약 누군가 일반의지를 거부하게 되면 사회 전체는 그에게 복종을 강요하게 된다.

(2) 공화국과 시민의 탄생

① 사회계약으로 공화국의 탄생

일반의지를 가진 사람들이 체결한 사회계약으로 사람들은 공화국과 법에 의해 인간의 존엄과 행복추구, 자유와 소유를 보장받는 정치공동체인 공화국의 시민이 된다. 사회계약을 통해 자연인이 시민으로 바뀐 것이다. 시민은 모든 사적인 권리를 포기하고 자신의 권리를 정치공동체인 공화국에 맡긴다. 하지만 자신의 권리와 주권을 포기한 것은 아니다. 정치공동체가 제공하는 권리와 법을 통해 자유를 보장받게 된다.

② 자연적 자유를 가진 자연인에서 시민적 자유를 가진 시민으로의 변화

㉠ 법을 통해 공화국의 시민으로서 평등하게 보장받는 자유: 권리뿐만 아니라 의무를 제시

사회계약을 통해 자연인은 시민이 되었다. 시민적 자유란 자연적 자유를 포기하고 대신에 법을 통해 공화국의 시민으로서 평등하게 보장받는 자유를 말한다. 시민은 타인에게 복종하지 않는다. 시민은 오직 일반의지에 근거해서 만든 법에 대해서만 복종하며, 모든 시민은 동일한 자유와 권리를 누리게 된다. 결론적으로 루소에 따르면 인간은 법 테두리 안에서 자연적 자유와 같은 시민적 자유를 누리게 된다.

㉡ 경제적 평등을 전제로 한 정치적 자유와 평등

누구나 시민으로서 공동선에 근거하여 자유롭게 자신의 의견을 제시하고 다수결에 참여할 수 있다. 즉 정치적 자유와 평등이 보장된다. 이런 정치적 자유와 평등은 어느 정도의 경제적 평등을 요구한다.

(3) 일반의지에 근거한 주권과 법의 성격: 권력과 주권은 인민으로부터 나온다.

① 인민주권

일반의지를 가진 사람들이 하나의 집합적 존재로서의 주권자라는 집단을 형성한다. 주권은 개개인들의 결합으로서 인민에게 있다. 그리고 주권은 바로 일반의지의 행사이다. 그래서 주권은 분할할 수 없고, 양도할 수 없다.

② 공동선을 추구하는 법: 법에 종속된 인민은 그것의 제정자가 되어야 한다.

사회계약은 일반의지를 가진 사람들이 하나의 집합적 존재로서의 주권자가 되는 집단을 형성하고, 집단으로의 인민은 일반의지에 따라 법을 만든다. 개별의지나 전체의지는 차별을 만들어 낼 수 있는 것이라면, 일반의지는 평등을 추구하는 것이다. 그래서 일반의지에 따라 만든 법은 공공의 이익과 행복을 추구하며 궁극적으로 시민적 자유를 보장해 주는 법이 된다. 이 법을 통해 불평등을 제거하고, 개인이 다른 개인을 억압하거나 구속하는 것을 제어할 수 있다.

7. 직접 민주주의

(1) 통치계약이 아님

홉스와 로크의 사회계약은 사회를 형성하는 계약과 정부를 만드는 통치계약으로 구분된다. 하지만 루소의 경우에는 사회계약에 의해 수립된 정치사회는 통치자와 피치자의 구분 없이 자치적으로 통치하기 때문에 사회계약만이 있을 뿐이다.

(2) 자기지배의 원리: 직접민주제의 주장으로 연결

① 시민들 각자는 동등, 평등, 자신의 의사는 타인이 대표할 수 없음

② 주권행사는 직접, 대표는 대리자
그는 일반의지에 근거를 둔 주권은 법인체로서 인민에게만 귀속되는 것이며 정부는 인민의 의사가 명하는 바에 따라 위임된 권한만을 갖는 일종의 대리자에 불과하다. 그에 따르면 정부를 만드는 계약은 사회계약이 아니다. 그는 자유와 평등을 지키기 위해서 홉스의 절대주의적 국가론, 몽테스키외의 입헌왕정에 반대하고, 로크의 의회를 없애야 한다고 생각했다. 이처럼 루소는 급진적인 민주주의와 국민주권을 주장했다.

8. 저항권 인정 여부

일반의지에 근거한 공화국에 대한 저항권 행사는 부인된다. 하지만 공공선을 인정하지 않는 체제에 대해 저항권은 인정된다.

9. 시민덕성의 강조: 도덕적 자유

루소는 공화국의 유지와 발전을 위해서는 시민종교와 같은 신념과 공화국 시민으로서 공공선을 지향하는 덕성을 요구하였다. 이런 도덕성을 도덕적 자유라고 보았다.

06 사회계약론에 대한 비판(보수주의)[21]

1. 역사적 배경: 경험론, 실증적 입장의 대두

17~18세기의 사회계약론은 평등한 개인 간의 수평적 계약으로 이는 인간본성에 토대를 두고 정치사회의 원칙을 설명하면서 자연권의 침해를 금지하는 평화의 원칙이었다. 그러나 18세기 영국은 명예혁명을 거친 후 입헌군주제가 인정됨에 따라 새로운 정치이론이 요청되었고, 이 때 경험주의의 발전은 사회계약론에 대한 비판을 가져왔다.
사회계약론 비판자들은 사회는 고립적인 개인의 계약에 의해 형성된 것이 아니며, 인간은 사회적 소산으로 본질상 사회의 영향을 고려하지 않고는 전혀 존재할 수 없다고 주장했다. 따라서 이들은 사회계약은 하나의 허구에 지나지 않는다고 비판을 하였다.

---

21) 이화용(1987), "흄의 사회계약론 비판에 관한 하나의 비판적 검토"; 신희섭(2004), 『수험정치학』 등 참조

2. 흄

(1) 감정우월론

흄은 이성보다 감정을 중요시하여 이성은 감정의 노예적 지위를 가지며 감정이 설정하는 목적을 실현하는 수단에 불과하다고 하였다. 그는 사회계약론자들의 이성에 대한 과신을 맹렬하게 비판하고 사회계약을 추상적인 이성의 산물이라고 비판하였다.

(2) 관습의 지배

흄은 역사적 산물로서 관습을 중시하였다. 인간은 개인으로서 심리적 관습에 지배되고, 사회적으로는 역사적 관습에 지배된다고 하였다. 이런 관습은 이성의 산물이 아니라 감정의 축적물이라고 하였다. 따라서 인간행동의 결정은 이성에 의해서가 아니라 인간 심리에 기초해서 공리적으로 결정된다는 것이다.

3. 버크 : 전통 강조

버크는 국가사회가 계약의 산물이 아니라고 하였다. 자연상태에서 사회상태로의 이전은 이성에 의해 형성된 것이 아니라 역사적으로 생성되는 것이라고 하였다. 그에 따르면 역사의 주체는 이성이 아닌 전통일 뿐이다.

4. 꽁트 : 실증으로 사회계약론을 반박

꽁트는 자연권, 사회계약은 공상적 개념으로 구질서를 파괴하는 데는 유용하나 신질서를 구성하는 데는 무용지물이라고 주장했다. 그에 따르면 사회적 결합은 사회를 구성하는 제 요소 간의 연대를 통해 질서를 유지하고 동시에 그 자체를 생성, 발전하는 유기적 결합이다.

Ⅳ 자유주의 사상의 전개[22)]

■ **개인과 국가와의 관계 ⇨ 고전적 자유주의**

근대 시민사회는 개인의 발견을 통해 개인과 국가와의 관계를 가장 중요한 요소로 부각시켰다. 이런 개인의 발견과 근대국가를 성립시킨 주역은 도시의 상층과 중간층을 구성한 부르주아 계층이었다. 그들의 가장 큰 관심은 어떻게 개인의 자유를 국가의 침해로부터 보호할 수 있는지에 관한 것이었다. 이러한 부르주아 계층의 고민을 정치적으로 체계화한 것이 고전적 자유주의이다.

■ **고전적 자유주의 ⇨ 경제적 자유주의(자유방임)와 정치적 자유주의(입헌주의)**

고전적 자유주의는 부르주아의 경제적 자유를 정당화시킴과 동시에 시민혁명 결과로 나타난 국민국가를 정당화시켜 대중의 지지와 복종을 유도하게 된다. 이런 고전적 자유주의는 부르주아의 경제적 자유를 보장하기 위해 국가와 사회를 분리시키고 국가의 기능을 야경국가로 극소화시켰다. 이런 고전적 자유주의는 경제적 자유주의와 정치적 자유주의로 나눠 설명할 수 있다.

■ **경제적 자유주의의 문제점**

이런 정치적 자유주의와 경제적 자유주의를 바탕으로 한 국가는 사적 자치 및 자본주의의 모순으로 인해 새로운 변화를 겪게 되었다. 시민이 독점한 정치적 권리도 차티스트 운동 등을 계기로 대중들이 행사할 수 있게 되었고, 시민이 독점한 시장은 국가가 개입을 통해 규제해야만 하는 상황에 직면하게 된 것이다. 이런 상황에서 정치적 자유주의는 실질적 법치주의, 실질적 민주주의 관점에서 큰 변화가 나타났지만, 경제적 자유주의를 강조하는 측에서는 국가의 이런 사적 영역과 시장에 대한 개입에 대해서 탐탁지 않게 여겼다.

■ **후기공리주의와 고전적 신자유주의 ⇨ 적극적 자유 ⇨ 적극국가(사회복지국가)**

이런 상황변화로 자유주의는 벤담, 밀, 그린 등을 거치면서 소극적 자유에서 적극적 자유 개념이 등장하게 되었고, 적극국가(사회복지국가)가 시대적 흐름을 주도하게 되었다. 하지만 국가가 시장에 개입하여 재분배를 하는 것에 하이예크 등은 반대하였다. 그의 주장에 따르면 시장의 결과가 가장 객관적으로 정의로운 것이기 때문에 국가가 다시 재분배를 하는 것은 곧 정의를 훼손하는 것이라고 주장하였다. 하지만 이런 주장에도 불구하고 공산주의와의 경쟁 과정에서 자유주의는 민주주의와 결합하고, 대의제 민주주의에 따라 적극국가의 흐름을 상당기간 유지하였다.

■ **신자유주의**

이런 자유주의 흐름은 1970년대부터 찾아온 경기침체의 흐름에서 큰 변화를 겪게 되었다. 그 결과 현대자유주의는 하이예크의 영향을 받은 신자유주의가 주도하게 되었다. 신자유주의는 경기침체의 책임을 국가의 개입으로 돌리고 다시 자유방임을 주장하였다. 그 결과 복지는 해체되고 시장은 막강한 권력을 가지게 되었다. 이와 같은 신자유주의 이외에도 노직과 같은 자유지상주의도 등장하였다. 그는 세금을 거둬 정부가 하는 복지정책에 반대하였다.

■ **'평등적 자유주의자'인 '존 롤즈'**

이런 신자유주의 등의 흐름에 대해 반대한 이가 '평등적 자유주의자'인 '존 롤즈'이다. 그의 주장은 결과를 중시하는 공리주의와 복지국가의 해체를 정당화하려는 신자유주의에 대한 비판적 주장이었다.

■ **자유주의의 다양한 스펙트럼**

살펴본 바와 같이 자유주의의 역사적 발전과정에서 나타난 다양한 스펙트럼을 정치적 자유주의와 경제적 자유주의로 나눠 살펴보았지만 실제로는 그 스펙트럼이 훨씬 다양하다. 따라서 정치적 자유주의와 경제적 자유주의로 나눠 그 흐름을 말한 것은 큰 흐름에서 자유주의를 파악한 것이라는 점을 알려둔다.

■ **교육적 시사점**

자유주의의 속성이 무엇인지를 이해하고, 자유주의가 우리 사회에 미친 긍정적인 점과 부정적인 점이 무엇인지 구별한다. 그리고 부정적인 점을 어떻게 극복할 것인지 방안을 제시해 본다.

---

22) 서울대 공저(2006), 『정치학의 이해』, pp.67~70; 박현모(2004), 『마인드맵으로 본 정치학』, pp.548~559 등 참조

01 고전적 자유주의의 시작

1. 자유주의의 출현과 의의: 개인의 자유와 권리의 인정

(1) 공동체 중심의 사회에서 개인 중심의 사회로 전환

인간을 국가와 사회의 억압으로부터 구원하고 그로부터 독립시킨 사상이 근대자유주의이다. 이런 자유주의는 과거 정치사상과 이론이 국가와 사회의 공동체에 초점을 맞추고 그 속에서 공적인 것에 대해서 집착함으로서 개인의 권리와 가치보다는 의무와 복종을 가져온 것에 대한 비판이었다. 따라서 자유주의는 전통을 중시하는 고대와 중세로부터 개인의 권리와 자유를 인정하는 근대를 열었다는 역사적 평가를 얻을 수 있다.

(2) 의미의 다양성

하지만 자유주의는 포괄적 의미에서 하나로 개념화될 수 있을지 몰라도 그 의미는 시대마다 그리고 이를 어떻게 이해하고 무엇을 정당화하는가에 따라서 다양하게 나타난다.

2. 자유주의의 특성: 개인, 이성, 자율성, 독자성과 다양성

(1) 자유주의의 핵심개념

자유주의의 핵심개념은 개인의 자유와 자율성, 그리고 인간의 존엄성이다.

(2) 인간(개인)의 존엄성 우선성

유기체적인 사회나 집단보다 개인에 우선성을 두고 가중치를 부여한다.

(3) 개인의 우선성(우월성)의 근거: 독자성, 보편적 이성의 보유

개인의 우선성(우월성)의 근거는 개체성과 보편적 이성에서 기인한다.

① 개체의 독자성
개체는 사회의 부속물이 아니라 독자적 가치를 추구하는 존재이다. 과거 사회의 유기적 구성물로서 개체는 사회적 기능을 수행하는 것에 불과했다. 그러나 자유주의는 독자적인 개인의 존재 가능성을 지지한다.

② 보편적 이성의 보유
두 번째 근거는 보편적 이성이다. 개인들이 독자적 사고와 판단을 할 수 있는 이성을 지니고 있기 때문에 개체성, 자율성, 자유 등을 인정해줄 수 있다. 이런 이성적 능력이 없다면 사회의 부속물로 살 수밖에 없게 된다.

(4) 다양성과 관용의 인정: 다양성 ⇨ 갈등 ⇨ 관용

① 개인의 인정은 다양성의 인정
개인의 자유와 가치를 인정하게 된다면 개인들의 다양성에 대한 인정은 당연스러운 일이다.

② 다양성의 인정은 갈등 유발
문제는 사회에서 다양한 개인들은 서로 다른 가치와 이해관계로 경쟁하고 충돌과 대립을 하게 될 것이다. 이런 다양성과 갈등 속에서 개인이 사회라는 틀 속에서 공존하는 방법이 필요하다.

③ 갈등을 해결하기 위한 덕목: 관용

㉠ 관용의 의미
갈등을 해결하기 위한 자유주의의 해답이 관용이다. 관용은 '타인의 평등한 권리를 침해하지 않는 한 비록 그것이 마음에 들지 않고 동의할 수 없는 것이라고 하더라도 어떠한 행위나 신념도 받아들여야 할 의무'이다. 따라서 관용은 공적인 일이나 사적인 일에서 특정한 신념이나 견해를 절대시하지 않는 것이다.

㉡ 자유주의와 다원주의를 결합하는 요인
관용으로 인해서 개인들 그리고 조금 더 넓혀서 이해를 공유하는 개인들의 집합체인 집단이나 결사체의 다양성을 인정하게 되었고 이는 자유주의와 다원주의가 결합되는 요인이 된다.

(5) 정치관 및 사회발전관

이 정치 이데올로기는 집단에 의한 통제보다는 개인의 자발성을 우선시하고 개인의 자유를 보편적 가치로 인식하며, 그것에 기초하여 사회 제도를 구현하고자 한다. 이는 인간 개개인은 각자 자기완성 능력을 갖추고 있다는 인간관, 원리적으로 개인의 자유와 모순되지 않아야 정치 제도가 존재할 수 있다는 정치관, 개인의 자발성 보장이야말로 사회 발전의 조건이라는 사회관 등을 전제하고 있다.

3. 고전적 자유주의

(1) 고전적 자유주의 등장배경과 의미

① 등장배경: 계몽주의의 발달, 시민의 성장과 각성
근대는 개인과 국가를 정치과정의 가장 중요한 요소로 부각시켰다. 이런 개인의 발견과 근대국가의 성립과정에서 주역을 담당한 것은 도시의 상층과 중간층을 구성하는 부르주아 계층이었다. 그들의 가장 큰 관심은 어떻게 개인의 자유를 국가의 침해로부터 보호하고 예방할 수 있는가 하는 것이었다. 이러한 부르주아 계층의 고민을 정치적으로 체계화한 것이 고전적 자유주의이다.

② 고전적 자유주의 의미

고전적 자유주의는 국가 기능의 극소화를 주장하게 되며 이른바 야경국가론까지 내세우게 된다. 이들에 따르면 개인의 자유는 '자연적'이며 타고난 것이다. 자유를 제한하는 어떠한 조치도 시민들의 동의를 받아야 한다. 따라서 정부의 정당성은 개인의 삶에 개입하기보다는 그들의 생명, 자유, 재산을 위협하지 않는 것에 달려 있다. 이것은 사회와 국가를 이원화하고 국가의 정치활동이 작을수록 시민의 자유가 신장될 수 있다는 입장을 의미한다.

(2) **정치적 자유주의**: 누구에게나 자유를 평등하게 보장해 주는 제도와 절차를 선택할 자유

① 의미

정치적 자유주의는 절대주의에 대한 시민계급의 저항에 뿌리를 두고 있다. 사적 자치를 위해 시민의 자발적인 참여에 기본을 두고, 시민 개개인의 선거에 의하여 정부를 선택하는 결정을 지향하는 가치이다.

② 정부의 규제로부터의 자유라는 의미에서 시작

자유주의라는 용어는 19세기 초 영국에서 처음으로 사용되었고 특히 이때는 정치적 의미로 사용됨으로써 자유주의의 출발은 정치적 자유주의에서라고 할 수 있다. 이런 전통적인 영국의 자유주의는 비교적 단순한 자유의 개념에서 출발하였는데, 그것은 바로 정부의 규제로부터의 자유라고 할 수 있다.

③ 국가의 필요성 ⇨ 생명, 자유, 재산 보장

그러나 영국의 자유주의자들은 이 같은 자유주의를 무정부적 극단으로까지 몰고 가지는 않았다. 그들에 따르면 국가란 국내적으로 법과 질서를 지키고 국외적으로 외세로부터의 방위와 재산의 보전을 도모하는 데 필수적인 제도로 생각했었다. 로크는 이들 정부의 역할과 관련하여 '생명, 자유, 재산'이라는 3대 원칙을 내세웠다.

④ 보편적 권리 보장을 위해 바람직한 제도를 선택할 수 있는 자유

이처럼 정치적 자유주의의 이론적 선구자들은 인간의 보편적 권리를 인정하고, 다양한 정치적 자유를 보장할 수 있는 국가, 즉 어떤 제도가 바람직한 것인지에 대하여 주장하였다. 이런 점을 고려할 때 정치적 자유주의는 개인의 자유를 국가와 제도로부터 어떻게 보장할 것인지에 대한 입장이라고 할 수 있다.

(3) **경제적 자유주의**: 자유방임의 실현, 사회의 경제적 기능은 시장에게 달라.

① 의미

경제적 자유주의는 새롭게 등장한 신흥자본가 계급 혹은 시민들의 사적 소유권을 확보하고 이러한 소유권의 질서를 시장을 통해서 교환하고자 하는 이념을 말한다. 이 같은 이념의 지향은 경제적 측면에서 자유방임을 강조하는 입장이다.

② 정치적 자유주의 + 자유방임이라는 고전적인 경제학설 ⇨ 경제적 자유주의

정치적 자유주의는 자유방임이라는 고전적인 경제학설과 자연스럽게 결합됨으로써 소위 경제적 자유주의가 대두하게 된다. 로크의 사유재산 보호에 대한 자연권 사상은 경제적 자유주의의 중요한 기반을 형성하게 된다.

③ 경제적 자유주의자 맨더빌과 스미스

경제적 자유주의는 맨더빌과 스미스에 의해서 발전된다.

㉠ 맨더빌 : 사회적 규범 ⇨ 사적 이해 억압

맨더빌은 사회적 규범이 사적인 이해를 지양하고 공공선을 위해서 사적 이해를 희생시키는 억압 수단으로 파악했다.

㉡ 스미스 : 시장 ⇨ 복지 증진, 윤리적 경제

스미스는 국가권력을 통해서 사회의 복지증진이 불가능하고 이는 시장에 의존해야 된다고 주장했다. 하지만 스미스는 맨더빌과 달리 도덕과 경제의 엄격한 분리를 거부하였다. 그는 경제적 영역에서 시장을 우선시했지만 사회적인 부분의 고려가 없는 냉혹한 이기적 개인주의자는 아니었다.

(4) 경제적 자유주의의 문제점[23)]

칼 베커는 다음과 같이 자유와 평등을 중심으로 현대 민주주의의 문제점을 설명하고 있다.
이 문제는 결국 경제적 자유주의가 야기하는 문제라고 할 수 있다.

이 강연에서 본인은 이상적으로 고안된 민주주의와 현재 진행 중인 민주주의 사이에 나타난 심각한 불일치에 대해 근본적인 원인을 살펴보고자 한다. 포괄적으로 살펴본다면 그 본질적인 이유는, 18세기에 형성되었으며, 그 당시에는 타당하다고 인정받았던 자유의 사상이 기본적인 면에 있어서 우리가 우리 자신을 발견하는 현 상황에 그대로 적용될 수 없었기 때문이다. 18세기에 있어서 인간이 괴로움을 당한 가장 명백한 억압은 개인의 자유 행동에 대한 정부의 속박으로부터 나왔다. 그러므로 자유라는 말은 자연히 그런 속박으로부터의 해방이라는 의미로 받아들여지게 되었다. 경제적인 분야에서 볼 때, 이것은 개인의 직업 선택, 재산의 취득과 처분에 관한 제약, 그리고 개인 용역의 구매 및 판매 문제에 있어서 개인에 대한 정부의 속박을 배제하는 것을 의미하였다. 그러나 오늘 기술 사회의 증대하는 복잡성의 결과로 개인의 경제적인 활동에 있어 정부의 속박으로부터 개인의 해방은 새로운 억압을 조성시켰다. 그러므로 다수 국민을 위한 자유는 오히려 경쟁적 기업 활동에 대한 정부의 규제력 강화에 의해서만 성취될 수 있다. 전통적인 자유의 사상이 더 이상 적용되기 힘든 부분은 바로 경제적인 영역에서이다. 따라서 이상으로서 민주주의와 현존하는 민주주의 사이의 불일치가 가장 심하고, 가장 환멸적이고, 또 가장 위험스런 것도 바로 경제적인 영역에서이다.

23) 칼 베커, 『현대민주주의』

02 (고전적) 공리주의[24) : 사회적 쾌락을 극대화시키는 정치

1. (고전적) 공리주의의 대두

(1) 산업사회, 자본주의 경제 발전 ⇨ 심각한 사회적 갈등 발생 ⇨ 도덕원리 필요

영국은 17세기 후반 이후 시민혁명에 이은 18~19세기 산업 혁명을 통해 빠르게 산업사회로 진입하였고, 자본주의 경제가 발전하게 되었다. 그 결과 사회와 개인 간의 갈등과 함께 개인들 간의 이해관계의 갈등이 심화되면서 이들 갈등을 조정하고 해결할 수 있는 도덕을 요구하게 되었다. 사회와 개인 간 갈등은 영국의 전통과 관습적 제도와 자본가 계급의 경제적 자유 사이의 갈등이었다. 영국 자본가 계급은 토지와 노동의 자유로운 거래를 통해 대규모 공장을 운영하고 막대한 이윤을 창출하고 싶어 했다. 개인들 간의 갈등은 주로 자본가와 노동자 사이에 자연권을 둘러싼 이익 배분과 착취의 문제였다.

(2) 공리주의의 등장 배경

① 이기적 개인들의 사회 속 공존 모색
공리주의는 개인의 이익과 사회 전체의 이익을 조화시키고, 각자의 이익을 추구하는 행위를 도덕적으로, 법적으로 정당화하고자 했다.

② 급진적인 자유주의 운동: 새로운 형태의 자유주의 ⇨ 공리주의
19세기 말경 영국의 일부 자유주의자들은 보다 더 광범위한 자유의 개념으로 보다 급진적인 자유주의 운동을 전개하게 되는데 이러한 새로운 형태의 자유주의가 공리주의이다.

③ 지주인 귀족들에 대한 시민계급 저항
공리주의는 자유주의의 확대가 지주과두제를 옹호하는 결과를 가져온 데 대한 비판으로 나타났다. 즉 제한된 선거구와 부패한 선거제도는 지주들의 부와 권력의 독점을 가져왔다. 이에 대한 비판으로 공리주의는 시민에 의한 정치개혁을 강조하였다.

④ 자본가 계급의 경제적 활동 정당화 목적

(3) (고전적) 공리주의의 특징

① 결과주의: 결과로 도덕적 가치를 판단

② 쾌락주의(행복주의)와 효용의 원칙
밀은 "어떤 종류의 쾌락이 다른 것들보다 더 바람직하고 가치 있다고 하는 사실을 인정하는 것은 효용의 원칙과도 잘 조화된다."라고 하였다.

(4) (고전적) 공리주의의 인간관

인간이면 누구나 태어날 때부터 쾌락을 추구하고 고통을 피하고자 하는 경향을 가진다.
이들은 자연법 이론과 보수주의를 거부하면서 개인주의와 자유주의의 관념에 입각해서 인간의 목적을 행복으로 전환하고 이를 추구하기 위한 개인들의 공리적인 만족을 중시한다.

24) 박현모(2004), 『마인드맵으로 본 정치학』, pp.548~559,; 박우룡(2008), "사회적 다원주의에서 개혁적 다원주의로" 등 참조

2. 벤담(Bentham, 1748~1832)의 정치사상: 양적 쾌락주의

(1) 공리성의 원칙: 최대다수의 최대행복 ⇨ 도덕과 입법의 원리로 제시함

벤담은 자연법을 부정하면서 공리성의 원칙을 전면에 내세우게 된다. 공리성의 원칙이란 인간은 고통과 쾌락에 지배되기 때문에 고통은 최소화하고 쾌락은 극대화하려 한다는 점을 의미한다. 이를 근거로 벤담은 최대다수의 최대행복이라는 목표를 설정하였다.

(2) 최대다수의 최대행복이 실현되기 위해 필요한 내용

① 주요 내용
이런 목표는 생계수단의 제공, 풍요의 제공, 풍요의 창출, 평등의 선호 및 안전 유지 등과 같은 구체적인 내용으로 구성된다.

② '안전'의 중요성 부각
주요 내용 중 가장 중요한 것은 안전이다. 만약 재산과 생명의 안전이 보장되지 않으면 개인은 열심히 일하지 않고 부를 창출하기 위해서도 노력하지 않는다는 것이다. 또한 안전을 보장하지 않으면 각자의 평등만을 주장하고 결과적으로 만인 대 만인의 투쟁상태와 사회질서의 파괴를 초래하게 된다는 것이다. 이런 그의 주장은 사회의 평등보다는 안전을 보장받아야만 하는 자본가계급의 안전과 자유를 중시하는 것이다.

(3) 국가의 역할과 법치주의: 사회질서 유지를 위한 국가 기능 강조

국가는 이런 안전을 침해하지 않도록 하기 위해서 견제되어야 한다는 점을 강조한다. 법치주의를 엄격하게 확립해야 하며, 비밀투표, 정치 지도자들 간의 경쟁, 선거, 권력분립, 표현의 자유를 통해서만 공동체의 일반적 이익이 추구될 수 있다고 하였다.

3. 존 스튜어트 밀(John Stuart Mill, 1806~1873)의 정치사상

(1) 벤담에 대한 비판

① 질적 쾌락주의: 정상적인 인간은 더 높은 수준의 쾌락을 원한다.
밀은 인민주권의 이상을 실현하고자 하였다. 이 논의를 위해 밀은 쾌락을 양적 쾌락과 질적 쾌락으로 구분하여 질적 쾌락의 가치를 강조하였다. 밀에 따르면 인간은 가치 있는 목적을 위해서는 고난에 찬, 그리고 불쾌한 것도 감수하는 태도를 갖는다고 주장한다. 그리고 만족한 돼지보다 불만족을 느끼는 인간이 더 나으며, 만족한 바보보다 불만족을 느끼는 소크라테스가 더 낫다고 주장하였다.

② 대의제 민주주의 강조
왕이나 귀족, 일부 귀족들의 의회, 관습과 제도 등에 의한 정치가 아니라 자신의 삶의 조건을 스스로 결정할 수 있는 민주주의의 필요성을 제기하였다. 그리고 이런 민주주의는 높은 도덕성과 뛰어난 지혜를 가진 대표가 해야 하며, 이 대표는 모든 사람을 대표하는 대의제 민주주의여야 한다는 점을 주장했다. 이를 위해 보통·평등(수의 차등 인정) 선거제도 도입을 주장했다.

③ 표현의 자유와 교육을 강조

(2) 자유론[25]

① 위해 원칙: 타인에게 해를 끼치지 않는 한 개인의 자유는 최대한 보장되어야 함

밀은 "'자유'라고 불릴 만한 가치가 있는 유일한 자유는, 우리들이 다른 사람의 행복을 빼앗으려고 하지 않는 한, 또는 행복을 얻으려는 다른 사람의 노력을 방해하지 않는 한, 우리들이 좋아하는 방식으로 우리들 자신의 행복을 추구하는 자유이다."라고 하였다. 그래서 정부는 타인에게 피해를 주지 않는 한 자유를 최대한 보장해야 한다고 주장하였다. 개인들은 자신의 신체와 정신에 관해 절대적 권리를 누리며 이에 대한 국가의 간섭은 시민을 보호하는 것을 목적으로 한다고 하였다. 따라서 개인의 자유에 대한 간섭과 규제는 특정 행위가 타인들에게 해를 끼치는 경우에만 정당화된다.

> 대의 민주주의가 이상적인 최선의 정부 형태이다. 그것은 개인을 가장 효과적으로 보호하고 개인들로 하여금 존엄하고 자립적이면서 동시에 다른 공동체 구성원들의 이해에 동정적이 될 수 있도록 많은 능력들을 계발(啓發)하고 행사하도록 해주기 때문이다.

② 표현의 자유 강조

표현의 자유는 비판에 근거한 것으로 민주주의와 정치발전에 기여하는 것이다. 따라서 표현의 자유는 삶의 조건과 관련되는 기존의 전통과 제도의 불합리성을 비판할 수 있는 자유이다. 당시 자본가 계급은 영국의 전통과 관습에 대한 비판을 통해 제도적 변화를 정치를 통해 달성하고자 하였다. 정치는 삶의 조건을 결정하는 것이기 때문이다. 그래서 밀은 표현의 자유를 대단히 강조했다. 현재 표현의 자유는 정치적 약자가 자신의 정치적 견해를 주장할 수 있는 중요한 자유이며 민주주의를 위한 전제가 되는 자유이다.

(3) 대의제 민주주의: 민주주의의 가장 이상적인 형태로 대의제 민주주의 주장

정부는 인민 모두의 정부여야 한다고 밀은 주장하였다. 이런 차원에서 그는 대의제 민주주의야 말로 진정한 의미에서 인민 모두의 정부라고 하였다. 질적 쾌락을 강조한 밀은 정부가 개인의 자유를 함부로 침해하지 말아야 한다는 것을 주장함과 동시에 인민 모두의 정부가 될 수 있는 대의제 민주주의를 강조하였다. 밀의 정치사상은 인민 모두의 정부가 되어야 한다는 주장을 했다는 점에서 근대자유주의 이론의 일대 전환점을 형성하였다.

(4) 대의제 민주주의 성공을 위한 대표의 자질 강조

① 지적·도덕적 소양

밀은 대의제 민주주의를 위해 보통선거를 강조함과 동시에 시민덕성을 강조하였다. 그 결과 보통선거는 지지하지만 표의 수를 달리 부여하는 차등적 선거에 동의하였다.

② 높은 수준의 지식과 도덕성을 겸비한 대표

---

25) "인간사회에서 누구든, 개인이든, 집단이든, 다른 사람의 행동의 자유를 침해할 수 있는 경우는 오직 한 가지, 자기 보호를 위해 필요할 때뿐이다. 다른 사람에게 해를 끼치는 것을 막기 위해서라면, 국가가 그 사람의 의지에 반해서 권력을 사용하는 것도 정당하다. 이 단 하나의 경우 말고는, 문명사회에서 구성원의 자유를 침해하는 그 어떤 권력행사도 정당화할 수 없다." - 존 스튜어트 밀, 『자유론』

(5) 보통선거 및 복수투표제(수의 차등 인정) 주장

밀은 대의제 민주주의를 위해 보통선거를 강조함과 동시에 표의 수를 달리 부여하는 차등적 선거에 동의하였다. 민주적 정치과정을 도덕적 자기실현으로 인식하였고, 주기적 투표는 단순한 개인적 이익에 대한 관심이 아니라 공적인 일에 대한 능동적 사고과정의 결과로 보았다. 따라서 이런 투표를 한 사람들은 지적 능력과 도덕적 소양을 지녀야 한다. 이런 점에서 밀의 견해에 따르면 차등선거는 불가피하다고 볼 수 있다. 실제로 밀은 모든 개인의 정치적 의견이 동일할 수 없다는 생각에서 복수투표제를 제안하였다. 예컨대 뛰어난 학식을 보유하고 있는 자는 4표 이상의 투표권을 가지고, 평범한 시민은 1표, 그보다 조금 나으면 2표를 행사할 수 있도록 한다는 것이다.

(6) 비례대표제 도입 주장

대표성을 높이기 위해 개인 본위의 비례대표제 실시, 기명투표제 실시 등과 같은 제도개혁을 주장하였다.

(7) 대의정부

자유와 이성의 보호 발전을 위해서 대의정부는 필수적이다. 밀은 이를 위해 뛰어난 소수로 구성된 입법위원회 설치 등과 같은 제도개혁을 주장하였다.

(8) 교육을 강조하며 적극국가관의 단초 제공 ⇨ 고전적 신자유주의에 기초 제공

① 교육의 중요성 강조
밀은 다시 선거와 대의제, 그리고 표현의 자유를 위한 전제조건으로 교육을 강조하였다. 사교육이 중심이었던 상황에서 밀은 국가의 교육적 역할을 주문하였다.

② 복지를 위해 국가의 개입을 정당화시키는 단초 제공
질적 쾌락 증진을 위한 사회적 복지의 제공은 결국 국가의 필요성을 불러일으킨다. 이런 '적극국가관'은 밀에 의해서 최초로 형성된 것이다. 국가는 사회적 공리를 제공하기 위해서 조세 및 규제정책을 사용하여 포괄적 복지를 제공해야 한다. 그 결과 자유는 국가로부터의 자유가 아니라 국가가 기본적 생존조건의 담보 속에서 각 개인의 잠재력과 도덕적 능력을 개발하고 실현하려는 의지와 조건으로 이해되기 시작하였다. 또한 자유의 문제를 국가 대 개인에서 개인 대 개인의 문제로 전환될 여지를 제공해준다. 이런 그의 사상은 고전적 신자유주의에 기초를 제공하였다.

4. 그린(Thomas Hill Green, 1836~1882)의 적극적 자유

(1) 적극적 자유: 무엇을 할 수 있는 자유

① 사회 속에 참여를 통해 인격의 발전과 개성의 확보를 할 수 있는 자유
그린은 법적 제한의 결여를 자유로 파악하는 소극적 자유가 아닌 적극적 자유의 개념을 제시한다. 그는 사회생활에 대한 전적인 참여를 통한 인격의 발전과 개성의 확보를 적극적 자유라고 주장한다. 왜냐하면 개인은 사회와 동떨어진 것이 아니라 사회와 화합할 수 있는 의존적 관계이기 때문이다.

다만 전체주의와 같이 사회가 자신의 목적 달성을 위해서 개인을 희생시켜서는 안 된다. 따라서 그는 이런 자유를 법으로 제한하는 것은 '사회적 선(善)'을 침해하는 행위라고 하였다.

② 참여를 통해 자신을 실현할 수 있는 기회를 요구할 수 있는 자유
실제적인 자유를 누리기 위해서는 강제가 없는 상태를 뛰어 넘어 스스로 목표를 설정하고 그것을 성취할 수 있는 기회를 누릴 수 있어야 한다는 것이다. 만약 기회가 없다면 그런 기회를 적극적으로 주장하고 요구할 수 있어야 한다는 것을 말한다. 이런 맥락에서 등장한 것이 그린의 적극적 자유이다.

(2) **적극적 국가**: 공공복리를 위해 개인의 자유를 통제하고 조정하는 국가

적극적 자유 보장은 공공복리와 관련된 것이고, 공공복리에 반하는 개인의 자유를 통제하고 조정함으로써 가능할 것이다. 적극적 국가란 개인의 자유를 보장하는 동시에 사회적 자유의 실현인 공공복리를 위해서 개인의 자유를 통제하고 조정하는 국가이다. 이런 국가는 개인과 사회를 존중하여 '개인의 자유와 인격완성'과 사회적 선이 만들어지는 것을 방해하는 장애물을 제거하는 적극적인 기관이다. 이를 통해서 당시에 심각했던 빈부격차의 문제와 중산층의 몰락문제에 대응하려 했다.

03 고전적 신자유주의(Neo - Liberalism)[26]: 비판적 자유주의

1. 등장 배경

(1) 자유주의의 폐해로 인한 사회불평등 심화

고전적 신자유주의는 홉하우스와 홉슨으로 대표된다. 소극적 자유는 국가로부터의 자유로 국가의 개입과 간섭을 받지 않겠다는 것을 말한다. 근대 부르주아들이 강조했던 자유는 이런 소극적 의미를 지닌 것이었다. 하지만 소극적 자유보장이 사회규범인 이유로 빈부격차가 심화된 상황에서 굶어죽거나 병들어 죽어가는 경우에 국가가 개입하지 않는다면 어떻게 되는 것인가?

(2) 대중 민주주의 시대의 도래와 복지국가의 수요가 증대하는 상황

당시는 대중 민주주의 시대의 도래와 복지국가의 수요가 증대하는 상황이었다.

(3) 사회주의 사상의 도전과 기존의 자유주의에 대한 비판이 증가하는 상황

이런 상황에서 사회주의 사상의 도전과 기존의 개인주의에 근거한 자유주의에 대한 비판이 증가하였다.

---

26) 박우룡(2008), "사회적 다원주의에서 개혁적 다원주의로"; 강제명(2003), 『정치학』, pp.50~52 등 참조

2. 고전적 신자유주의의 내용

(1) 자유주의와 사회주의에 대한 비판을 통한 제3의 길

이런 주장들 이후에도 자본주의의 모순은 쉽게 해결되지 않았다. 이런 상황에서 사회주의의 주장은 더욱 급속도로 퍼져나가고 있었다. 이런 와중에 개인의 자유주의와 집단적 사회주의를 비판하면서 등장한 것이 고전적 신자유주의(Neo-Liberalism)이다. 이들은 개인의 자유주의와 집단적 사회주의를 비판하면서 그린의 적극적 자유 개념을 계승하였다.

(2) 개인과 사회와의 화합가능성을 모색

이들은 그린의 '적극적 자유'의 개념을 계승하여 개인과 사회와의 화합가능성을 모색하고자 하였다. 개인과 사회와의 관계 속에서 개인의 자유는 공동선, 사회복지, 사회적 조화를 위해서 일면 제한될 수 있다. 즉 자유는 가치 있는 것을 행하고 즐길 수 있는 '적극적' 능력이다. 공동선은 집단에 대한 헌신이 아니라 개인의 자유를 통해서 실현될 수 있다. 국가는 정책을 통해 개인 이익의 편향성을 제거하고 공동선을 추구함으로써 자유의 신장에 기여할 수 있다.

(3) 자유 확대를 위한 수단으로서의 국가

이들의 사상 속에서 국가는 모든 영토 내의 모든 국민에게 영향을 미치는 포괄적 존재이다. 국가의 기능은 표준적이고 상식적이며 일반적 성격을 띠기 때문에 비인격적일 수 있고 그래서 사회적 기초를 유지하고 강화할 수 있게 해준다. 따라서 국가는 자유 확대를 위한 합리적 수단으로 직접적으로 개인과 연결된다.

3. 홉하우스(L. T. Hobhouse, 1864~1929)와 홉슨(J. A. Hobson, 1858~1940)

(1) 홉하우스의 주장

홉하우스는 복지와 개혁을 위해 국가의 개입과 제도 개선을 주장한다.

(2) 홉슨의 주장

홉슨은 사회유기체적인 시각으로의 시각변경과 누진적 조세제도를 통한 포괄적 부의 재분배를 통해서 독점 자본주의적 시장실패를 치유하고자 하였다.

4. 케인즈 주의를 토대로 적극국가(복지국가, 행정국가)의 발전

근대의 자유주의 흐름은 양차대전과 대공황을 맞으면서 전체주의와 사회주의의 도전에 직면하게 된다. 이런 상황은 자유주의와 민주주의를 결합시키면서 자유 민주주의를 확고하게 만든다. 또한 경제적 자유주의에 대한 비판과 수정 속에서 사회적 평등을 강조하는 복지적 자유주의와 수정 민주주의가 주류적 경향을 이룬다. 또한 케인즈 주의의 열풍 속에서 국가의 적극적 복지정책과 경제적 개입이 정당화된다.

04 현대적 자유주의[27)]

1. 배경: 1970년대 경기침체 이후부터 신자유주의의 부상

자유방임적인 경제적 자유주의, 소극적 자유주의의 흐름은 명맥을 유지해오다 1970년대의 경기침체에 대한 비판을 제기하면서 1980년대 다시 부흥하기 시작했다. 이런 흐름에 대해 롤즈와 같은 평등주의적 자유주의자 혹은 정치적 자유주의자가 등장하였다. 이런 상황 속에서 자유주의는 좌파적 견해를 가진 자유주의와 우파적 견해를 가진 자유주의로 분화되기도 하였다. 하지만 1990년대 사회주의와의 대립이 사라지면서 이제 자유주의에 대적할 만한 이론체제를 찾아보기 어렵게 되었다. 그 결과 경제적 자유주의의 흐름 속에 있던 신우파 자유주의 혹은 신자유주의가 주류적 경향이 되었다.

2. 벌린(Isaiah Berlin, 1909~1997)의 '자유의 두 개념': 소극적 자유 강조

벌린은 1958년 옥스퍼드 대학교 교수 취임에서 '자유의 두 개념'이라는 강연을 하였다. 이 강연에서 그의 주장의 골자는 서양 사상사에서 간섭과 방해의 부재라는 '소극적 자유'와 공동체에의 참여를 통한 자아의 실현이라는 의미의 '적극적 자유'라는 두 가지 개념으로 정의되어 왔는데 그중 진정한 자유는 '소극적 자유'라는 것이다. 그는 적극적 자유가 개인에 대한 통제와 억압을 정당화하기 때문이라고 주장한다.

3. 신자유주의(Neo-Liberalism): 신우파 중의 하나

(1) 하이예크(Friedrich Hayek, 1899~1992): 고전적 신자유주의에 대한 비판

① 신자유주의의 사상적 아버지

신자유주의는 신우파 중의 하나의 분파이다. 하이예크는 이런 경향이 발전하는 데 가교 역할을 하였다. 그는 자유 민주주의 이론과 신자유주의의 사상적 아버지로 불리고 있다.

② 계획경제, 사회주의, 케인즈 이론에 대한 비판

그는 일찍부터 자유주의 입장에서 계획경제에 반대하였다. 그는 사회주의뿐만 아니라 복지국가의 이론적 배경이 되었던 케인즈 이론에 대해서도 비판적이었다.

③ 레이거노믹스와 대처리즘의 이론적 배경

그의 이론은 1970년대 경기침체를 비판하는 데 사용되었으며, 1980년대 레이거노믹스와 대처리즘의 이론적 배경이 되었다.

(2) 주요 내용: 시장의 효율성과 우월성을 주장, 국가의 개입과 확대를 반대

① 국가의 개입과 확대 반대

신자유주의는 시장의 효율성과 우월성을 주장하면서 사회적 시민권의 확대를 반대한다. 또한 국가의 과도한 개입이 비효율의 원천이라고 공격하면서 국가의 개입과 확대를 반대한다.

---

27) 신희섭(2004), 『수험정치학』; 홍익표 · 진시원(2009), 『세계화 시대의 정치학』; 강제명(2003), 『정치학』 등 참조

② 국가 개입 반대 이유: 시장의 실패보다 정부의 실패가 더 심각한 결과를 초래
그 이유는 시장의 실패보다 정부의 실패가 더 심각한 결과를 초래한다고 보기 때문이다. 따라서 그들은 국가보다는 시장이 개인의 존엄성을 인정한 유일한 도덕적 기제가 될 수 있다고 주장한다.

4. 신보수주의: 신우파의 또 다른 분류

(1) 신자유주의의 경제관을 공유

신우파의 또 다른 분류는 신보수주의이다. 신보수주의는 신자유주의의 경제관을 공유한다.

(2) 사회문제에 대해 보수적 시각

다만 마약, 동성애, 낙태 등의 사회문제에 있어서는 이것을 거부하는 보수적 시각을 지니고 있다.

(3) 가족과 공동체의 윤리 중시

이런 사회문제의 해결을 위해 가족과 공동체의 윤리 등에 의존한다는 점에서 개인을 중시하는 신자유주의와 다르다.

5. 공공선택학파: 불필요한 예산 증대 ⇨ 사회적 비용 증가 ⇨ 정부에 대한 감시 필요

(1) 합리적 선택이론 중 하나

① 의의
경제학의 합리적 선택이론은 사회과학 전반에 많이 쓰이고 있다. 이런 현상은 정치학에서도 마찬가지다. 공공선택이론도 합리적 선택이론의 대표적 사례이다. 그 이후 합리적 선택이론은 끊임없이 모형을 개발하면서 지금도 진화 중이다.

② 초기 합리적 선택이론의 민주주의와 시장경제에 대한 서술

㉠ 민주 정치에서는 시민의 자발적인 참여에 기본을 두고, 시민 개개인의 선거에 의하여 정부를 선택하는 결정이 이루어진다.

㉡ 시장 경제에서는 시민 개개인이 경제 주체로서 소비와 저축, 생산과 투자에 관한 의사 결정을 하게 된다.

(2) 주요 내용

이들은 정치인과 관료들이 공약을 남발하고 예산을 증액하는 등의 정책을 사용함으로써 불필요한 정부의 확대가 일어났다고 본다. 따라서 이런 예산의 증대는 결국 필요 이상의 세금 징수와 사회적 비용부담으로 나타날 것이다. 그러므로 개인의 권리보호를 위해서 정부에 대한 제약이 필요하다고 본다.

6. 자유시장주의

(1) 사유재산에 기반을 둔 권리와 자율적 선택의 절대성을 강조

노직(R. Nozick)으로 대표되는 자유시장주의는 사유재산에 기반을 둔 권리와 자율적 선택의 절대성을 강조한다. 따라서 이에 대한 국가의 개입을 거부한다.

(2) 바람직한 정부는 개인의 사유재산을 보호해주는 최소정부

그에 따르면 바람직한 정부는 개인의 사유재산을 보호해주는 최소정부이다. 따라서 이 역할을 넘는 국가의 재분배 정책은 정당화될 수 없다.

7. 신자유주의에 대한 비판

(1) 시민적 공화주의(신아테네적 공화주의, 공동체주의적 공화주의, 공동체주의)

신자유주의의 흐름은 개인에 대한 지나친 강조라는 점에서 시민적 공화주의로부터 공격을 받게 된다. 여기에 대표적인 학자가 맥킨타이어이다. 이런 시민적 공화주의의 논리는 공화주의에 기반하고 있는데 공화주의자들도 개인의 공적 덕성의 부족을 비판하고 있다.

(2) 평등주의적 자유주의

평등주의적 자유주의는 신자유주의가 경제적 자유를 강조하여 공적인 부분의 자율성을 상실하도록 한다고 비판하였다. 대표적인 학자가 롤즈이다.

(3) 하버마스의 비판

하버마스와 같은 심의 민주주의자들도 사적 영역(시장) 확대의 위험성을 경고하고 있다.

05 롤즈(John Rawls, 1921~2002)의 정치적(평등적) 자유주의[28]

1. 공리주의에 대한 비판 : 결과만을 중시하는 벤담식의 공리주의 비판

자유주의의 심화로 부의 편중과 빈부격차가 심화되는 미국사회에서 공리주의에 대해 비판하고 정치제도 개혁을 주장한 대표적인 학자가 롤즈였다. 그는 결과만을 중시하는 벤담식의 최대다수 최대행복은 정의를 실현할 수 없다고 비판하였다. 그에 따르면 과정이 정당하지 않으면 결과는 정당할 수 없다는 것이었다.

28) 홍익표・진시원(2009), 『세계화 시대의 정치학』; 박현모(2004), pp.560~563, 『마인드맵으로 본 정치학』; 주동률(2004), "롤즈와 평등주의", 인문논총 제53집, pp.103~145 등 참조

2. 평등주의적 자유주의

(1) 사회계약론은 불평등을 고려하지 않음

자유주의적 국가론의 이론적 기초가 되는 사회계약론은 사회적 불평등에 대한 개선에 대해서는 특별한 관심을 가지지 않았으며, 이러한 문제 때문에 자유주의적 국가론은 처음부터 실패의 여지를 안고 출발하였다.

(2) 자유주의 관점에서 평등 개념 수용

롤즈는 자유주의적 전통선상에서 자유주의가 갖는 문제점을 극복하기 위하여 자유주의적 관점에서 사회주의가 갖는 '평등' 개념을 받아들이게 된다.

(3) 벤담의 공리주의는 평등을 확보할 수 없음

이런 평등이 확보되기 위해서는 과정이 정당해야 한다고 주장한다. 따라서 개인의 자유에 근거한 결과만을 중시하는 벤담식의 최대다수 최대행복은 정의를 실현할 수 없다고 비판하였다.

(4) 합리적 선택이론을 활용: 흥정론

롤즈는 정의 원칙을 직관적으로 호소하지 않고 사회계약론이라는 방법을 통하여 입증하려 하였다. 사회계약론은 20세기에 들어오면서 경제학에서 흥정론 또는 합리적 선택이론으로 수정되어 발전되어 왔다. 롤즈는 이런 흥정론을 도입하여 합리적인 개인들이 자신의 이익을 극대화하기 위해 자유롭고 평등하게 흥정에 참여하게 하여 사회구성원리를 도출할 수 있다고 하였다.

(5) 원초적 상태와 두 가지 정의의 원칙 제시

그는 자유주의 국가에서 최대한의 평등을 유지하면서도 현실적인 불평등을 개선하기 위한 목적으로 두 가지 정의의 원칙을 제시하고, 이 원칙들의 타당성을 원초적 상태로 증명하고자 하였다.

3. 공정한 계약을 위한 조건: 무지의 베일을 한 원초적 상태

(1) 공정한 절차

정의는 구성원들이 공정한 절차를 통해 합의할 때 확보된다. 사회 구성원들이 공정한 절차를 거쳐 일정한 정의 원칙에 합의를 한다면, 그러한 정의 원칙은 정의로운 것이 될 것이다. 그렇다면 롤즈가 말하는 공정한 절차란 어떤 경우에 가능할까? 롤즈는 사회 구성원들이 자유롭고 평등한 상태에서 출발한 합의에 도달해야 한다고 본다. 그래서 그가 고안해 낸 것이 바로 '원초적 입장'이다. 이것은 합의를 위한 최초의 출발점이 공정한 상태가 되게 하기 위한 것이다. 여기서 구성원들은 '무지의 베일'을 쓰고 있기 때문에 서로 선천적 능력이나 지위 등을 전혀 모른다고 가정된다. 만약 선천적 능력이나 지위 등을 알고 있다면 뛰어난 사람들은 자신에게 유리한 정의 원칙을 선택하려고 할 것이다. 즉 롤즈는 공정한 절차를 통해 정의가 실현될 수 있음을 주장하고 있다.

(2) 무지의 베일에 놓인 원초적 상태

합의가 공정하다는 것을 설명하기 위해 롤즈는 원초적 상태를 가정하였다. 원초적 상태에서 각 개인이 취하는 원초적 입장은 공정하다. 원초적 입장이 공정한 이유는 참여하는 개인들이 자유롭고 평등한 사람들이며, 더욱이 자신의 사회적 지위나 타고난 재능 등을 전혀 알 수 없도록 장치되었기 때문이다. 따라서 원초적 입장은 원초적 상태에서 합의된 어떤 원칙도 정의로운 것이 될 수 있도록 공정한 절차를 설정하기 위한 것이다. 이는 모든 개인이 무지의 베일 상황에 놓여있다는 것을 의미한다. 그것은 사람들이 합의에 이르지 못하게 되고 자신들의 사회적·자연적 여건을 자신들에 유리하게 하도록 하는 특수한 우연성의 결과들을 무효화시키기 위해 필요한 조건이다.
무지의 베일에 가려져 있는 당사자는 어떤 종류의 특정 사실을 알지 못한다고 가정된다. 모든 개인은 세대, 지위, 계층, 문명 및 문화 수준 등과 같이 개인과 그 개인을 둘러싼 사회적 상황에 대한 어떤 정보도 가지고 있지 않다.
이런 상태에서 사람들은 어떤 정의의 원칙에 합의하게 될 것인가? 다음 내용을 살펴보자.

4. 정의의 원칙: 원초적 상태에서 사람들이 선택하게 될 정의의 원칙

롤즈는 정의의 두 가지 원리를 제시하고 있다. 한 가지는 기본적인 시민권과 관련된 것이고, 다른 하나는 사회적, 경제적 불평등과 관련된 것이다.

(1) 제1원칙: 최대의 평등한 자유 원칙, 정치적 자유의 평등

그의 제1원칙은 '최대의 평등한 자유 원칙'이다. 이 원칙은 모든 사람이 가능한 한 가장 광범위한 자유에 대하여 평등한 권리를 가진다는 것이다. 이 원칙은 자유주의 국가 이념의 기초이기도 하다.

(2) 제2원칙: 차등의 원칙, 정당한 불평등의 조건 = 기회균등의 원칙 + 최소극대화의 원칙

① 기회균등의 원칙

기회균등의 원칙은 사회적 내지 경제적 불평등은 모든 사람들에게 이익이 되는 경우에만 허용되며, 모든 사회적 지위는 누구에게나 개방되어야 한다는 것이다. 롤즈는 사회적·경제적 불평등은 그 불평등이 모든 사람에게 이익이 되리라는 기대감을 갖게 하는 것이어야 하고, 그 불평등이 모든 사람에게 개방된 직위와 직책에 결부되는 것이어야 한다는 두 가지 조건을 만족시켜야 한다고 주장했다. 이것과 관련된 복지제도는 예컨대 보편적 복지와 관련되는 것이다.

② 최소극대화의 원칙

최소극대화의 원칙은 최소수혜자에게 최대의 이익이 돌아가도록 하는 원칙을 말한다. 말 그대로 가장 작은 것을 크게 만드는 방향으로 합의하는 것을 말한다. 롤즈에 따르면 최소수혜자에게 최대의 이익이 될 때, 이러한 차등(불평등)은 정의로운 것으로 정당화될 수 있다고 한다. 예컨대 이 원칙과 관련되는 복지정책은 선별적 복지제도이다.

5. 롤즈 이론에 대한 평가

(1) 제1원칙이 제2원칙보다 항상 우선

① 제1원칙과 제2원칙의 관계
롤즈의 제1원칙은 제2원칙보다 항상 우선한다. 제1원칙은 모든 사람에게 평등한 자유권을 보장하므로 평등의 원칙이다. 제2원칙은 불평등의 경우를 인정하므로 차등의 원칙이라 부른다.

② 제2원칙의 기회균등의 원칙과 최소극대화의 원칙의 관계
이 경우에도 기회균등의 원칙이 최소극대화의 원칙보다 우선한다.

③ 현실적인 불평등을 개선하기 위한 목적하에서만 용인되는 차등의 원칙
전통적인 자유주의하에서는 현실적으로 존재하는 정치적・경제적・사회적 관계를 무시하고 개인의 선택권과 자율성을 최고의 가치로 받아들인다. 그 결과로 나타나는 불평등의 문제를 전통적인 자유주의는 설명할 수가 없었다. 하지만 롤즈의 두 원칙은 자유주의 국가에서 최대한의 평등을 유지하면서도 현실적인 불평등을 개선하기 위한 목적하에서만 용인되는 차등의 원칙을 밝히고 있다. 롤즈는 이러한 두 가지 원칙을 통하여 서구의 자유주의와 민주주의의 이상을 통합하려 하였다.

(2) 복지국가의 주장에 강력한 윤리적 당위성을 제공

롤즈 이론은 복지국가의 주장에 강력한 윤리적 당위성을 제공하였다. 특히 그의 핵심적 주장인 최소극대화의 원칙은 사회적 약자를 보호하기 위한 정부개입을 옹호하는 논리가 되었다.

(3) 자유지상주의의 반격: 재산권을 침해하는 것이 부정의

① 국가의 재분배 역할 반대
자유지상주의자인 노직은 국가가 일부의 시민들로 하여금 다른 사람들을 돕게 할 목적으로 국가의 강제적 장치를 사용하는 것에 대해서는 반대하였다.

② 노력을 통한 재산형성이 정의로운 것, 국가의 재분배는 부정의한 것
또한 스스로 노력해서 재산을 형성한 것 자체가 정의인 것이지 재산 분배가 정의일 수는 없다고 주장하였다. 따라서 국가가 세금을 거두는 것은 약탈이며, 복지의 문제는 기부에 의해 가능하다고 하였다.

③ 국가가 시장에 개입하는 것은 전체주의를 초래
또한 하이예크와 같은 신자유주의 역시 강제력을 지닌 국가가 사회적 정의라는 이름으로 개입하게 되면 자율적인 시장 질서를 보존하는 것은 불가능하며 전체주의의 등장을 가져올 수 있는 위험한 것이라 하였다.

6. 공동체주의로부터의 비판

롤즈 류의 자유주의와 공동체주의 논쟁에서 두 가지 문제가 핵심 쟁점이 되었다. 첫째, 다양한 사회 문제를 해결할 때 무엇을 기준으로 할 것이냐? 둘째, 선의 판단 기준이 무엇이냐? 하는 것이었다. 아래의 표는 다음과 같은 쟁점을 중심으로 정리한 것이다.

⊙ **자유주의와 공동체주의 논쟁 주요 내용**

구분	자유주의	공동체주의
대표적 학자	롤즈(1970년대)	왈쩌, 맥킨타이어(1980년대)
쟁점	어떤 가치로 현대사회의 문제를 해결할 것이냐? 문제해결에 있어서 공동체 가치를 우선시할 것이냐? 현대 사회의 특징인 다양한 가치를 우선시해서 해결할 것이냐?	
기본 주장 내용	공리주의를 비판하고, 사회구성원리로서 정의론을 주장	자유 민주주의를 비판하고, 공동체, 공동선, 시민성 등을 주장
상호 간의 비판 내용	개인의 권리가 사회가치보다 우선하며, 공동체 주의는 전체주의나 보수화를 초래할 수 있다.	개인의 권리 역시 공유된 가치체계 내에 존재하는 것으로 인간, 자유, 권리는 사회성을 가지고 있는 것이다.

V 공화주의 사상의 전개[29)]

- **민주공화국이란 무슨 뜻인가?**
- **공화주의와 공동체주의는 어떻게 다른 것인가?**
- **교육적 시사점**

  헌법 교육이나 민주주의 교육에서 자유주의를 전제로 한 내용들만 배워왔다. 공화주의를 통해 자유의 의미, 정의의 의미, 법 앞의 평등의 참다운 의미를 알 수 있다. 왜냐하면 공화주의가 말하는 자유, 정의, 법 앞의 평등의 의미가 자유주의적 민주주의 의미보다 훨씬 포괄적 의미이기 때문이다. 또한 더불어 산다는 의미, 모두가 잘 산다는 의미가 무엇인지를 통해 연대와 박애의 가치가 무엇인지를 이해할 수 있다.

01 공화주의 개념적 특성

1. 공화주의 의미의 모색

(1) 정치교육의 문제점: 공화주의의 실질적 의미 서술 결여

우리나라 정치교육에서 민주주의와 공화주의에 대한 교육은 제대로 이뤄지지 않고 있다. 민주주의는 자유 민주주의를 전제로 한 대의제 민주주의만을 편향적으로 배워왔다. 그 가운데 공화주의는 어디 있는지도 알 수 없는 상태이다. 공화주의를 검색해 보면 고등학생을 위한 사전부터 우리나라의 대부분 사전

29) 오승호(2015), “공화주의적 헌법교육”; 곽준혁, “공화주의”(2008), “왜 그리고 어떤 공화주의인가”(2008) 등 참고

에는 공화국(군주를 부인하는 국가)의 의미로 설명되어 있다. 하지만 이것은 공화주의의 실질적 의미를 수용하지 않고 공화주의로 인한 결과물, 즉 공화국만 수용한 결과이다.

(2) 공화주의에 대한 오해

공화주의는 사상이 될 수 없다는 무지의 말을 하는 이들도 있다. 하지만 공화주의는 프랑스를 비롯한 유럽의 다수 국가들이 역사적으로 축적해 온 사상이자 가치이다. 우리가 공화주의를 공화국과 동의어로 인식하고 정치형태로 이해하게 된 것은 우리 역사에서 성립된 사상적 개념이 아니기 때문이다. 서구의 사상을 수용하는 과정에서 형식적 의미인 공화국을 공화주의로 오해하고 수용한 결과이다. 다시 말하면 역사적 배경을 고려하지 않아 실질적 의미를 모르고 비군주제라는 형식적 의미만 수입한 결과 공화주의에 대한 오해가 발생한 것이다.

2. 공화주의 의미의 복잡성 및 다양성

(1) 공화주의의 실질적 의미 : 모두를 위한 나라

"군주가 없다", "왕의 목을 베었다." 등과 관련된 공화주의와 관련된 맥락은 무엇일까? 이 맥락을 알아야 하는 이유는 공화주의의 실질적 의미를 파악하기 위해서이다. 왕이 없다는 것은 구속이 사라졌다는 의미이고, 구속이 사라졌다는 말은 자유와 평등을 갖게 되었다는 말이다. 그 결과 정치공동체는 더 이상 왕을 위한 나라가 아니고 모두를 위한 나라가 되었다.

(2) 공화주의에 대한 다양한 접근

"모두를 위한 나라가 공화국"이다. 그렇다면 "모두를 위한 것"은 무엇일까? 이 질문에 대한 답을 찾기 위해 2,600여 년 전부터 오랫동안 논쟁을 해왔다. 따라서 공화주의의 실질적 정의를 넘어서서 그 내용을 채울 수 있는 다양한 측면의 연구들이 전개되고 있다. 한동안 공화주의는 정치공동체 내부에 있는 각각의 사회부문들이 정치과정 속에서 적극적으로 자기 역할을 담당할 수 있는 정치제도[30], 독재나 군주국에 반대하는 입장, 공동체의 이익을 우선시하는 시민 덕성을 강조하는 전통[31]으로 이해되었다.

① 헌법적 차원 : 군주제를 부인하는 정치체제
헌법적 차원에서 공화주의는 군주제의 창설을 금지하고, 비민주공화국을 부인하는 입장으로 널리 알려져 있다.

② 법치주의적 전통을 강조하는 공화주의
또 다른 의미로 공화주의에서 강조한 법치주의만이 공화주의의 특징으로 소개되기도 하였다.

---

30) 혼합정
31) 이 덕분에 우리나라에 공화주의와 공동체주의가 수입되었을 때 거의 구별하지 않고 유사한 뜻으로 사용해왔다. 하지만 그 이후 연구가 진행되었고, 마이클 샌델이 한국에서 본인이 공동체주의의 대표자로 불리는 점을 불쾌하게 생각했던 점 등을 통해 공화주의와 공동체주의 혼용은 서서히 해소되어 가는 중이라고 할 수 있다. 왜냐하면 공동체주의로 불렸던 주장들은 자유주의 맥락에서 등장한 주장들이기 때문이다.

③ 혼합정과 대의제에 초점을 맞춘 공화주의

④ 참여를 강조하는 공화주의

(3) 공화주의의 실질적 의미에 대한 연구가 활발히 전개

하지만 공화주의의 실질적 의미를 복원시키고자 하는 다양한 흐름이 전개되면서 정치제도나 그에 대한 입장, 시민덕성이라는 추상적 개념으로 공화주의를 설명할 수 없게 되었다.

3. 공화주의의 의미

(1) 어원적 의미의 공화주의 및 성격

① 레스 푸블리카(res publica, 공적인 일)

공화주의를 이해하기 위해서는 그 어원부터 살펴보는 것이 타당할 것이다. 로마인들이 사용했던 '레스 푸블리카(res publica)'라는 말을 번역한 것이다. 이 말을 문자 그대로 보자면 '레스 프리바타(res privata)', 즉 사사로운 일에 대립되는 공적인 일이라는 말이다. 공화국은 라틴어의 res publica를 번역한 것인데, 이 말은 res(일)와 publica(공공의 또는 인민 모두의)가 합성된 것으로 '공공의 일'을 뜻한다. '공공의 일'은 인민 모두에 관계되므로 다수이든 소수이든 인민의 일부에 지나지 않는 사람들이 자의적으로 처리해서는 안 되는 것이다. 자의적 권력을 억제하려 했던 로마의 공화정은 아테네의 민주정과 권력 구조가 달랐다. 아테네의 정치권력은 민회에 집중되어 있었지만, 로마의 정치권력은 집정관, 원로원 및 민회의 세 기관으로 분산되어 있었다. 그리스인이었던 폴리비우스(Polybius)는 로마의 정치체제를 보고 깜짝 놀랐다. 민주정이라는 단일요소의 순수정(simple government)이었던 아테네와 달리 로마는 민주정, 귀족정 및 군주정의 요소가 뒤섞인 혼합정(mixed government)이었던 것이다. 집정관은 군주정의 요소이고, 원로원은 귀족정의 요소이며, 민회는 민주정의 요소였다. 이들은 서로 견제와 균형을 이루어 로마는 오랫동안 안정과 번영을 누렸던 것이다. 그리스인들은 폴리스(polis)와 오이코스(oikos)라는 표현을 사용했다. 이처럼 공화주의는 '공적인 일, 혹은 공적인 것'에서 연유한다. 이 때 통치는 한두 사람이 아니라 시민 모두의 공적인 일이라는 뜻이다. 앞서 살펴본 바와 같이 공적인 일을 위해서 참여하는 시민들에게 높은 시민덕성을 요구한다.

(2) 모두를 위한 나라: 직접정(다수정)? 또는 혼합정?

그리스, 로마 등의 고대 공화주의는 독재에 대해 상당한 경계심을 보였으며, 공화국 내의 각 계급들이 자신들의 이익을 최대한 표현하고 확보하는 과정 속에 법률 등의 제도를 구성하며 합의했다. 이런 점에서 공화주의란 각자의 자유와 차이를 보장하고 인정하되 극단적 사치와 빈곤을 경계하며 모두가 함께 잘 살 수 있는 공동선을 추구하는 사상이라고 할 수 있다.

(3) 정치사상이자 정체의 의미를 지닌 공화주의

공화주의는 정치사상임과 동시에 정체를 의미하는 개념이다. 정체로만 오해한 것은 우리나라 헌법학자들의 해석이 공화주의의 의미를 주도해왔고, 공화주의의 실질적 의미는 뒤늦게 우리 사회에 알려졌기 때문이다. 정리하면 공화주의의 실질적 의미는 '모두의 이익을 보장해야 한다'는 것이고, 형식적 의미가 군주제를 부인하는 정체를 의미하는 것이다.

(4) 공화주의의 의미

모리치와 비롤리 같은 학자조차 두리뭉실하게 넘어가는 공화주의를 정의한다는 것이 쉬운 일은 아닌 것 같다. 다만 공화주의 관련 논문을 쓰고, 강의를 하면서 계속 업데이트 된 공화주의의 정의를 제시해 보고자 한다. 공화주의는 공화국의 이상에 영감을 준 일련의 사상을 지칭하는 말이다. 여기서 '공화국의 이상'은 일종의 유토피아를 의미한다. '일련의 사상'이라는 말은 고대 그리스부터 현대에 이르기까지 워낙 다양한 이론들이 존재한다는 말이다. 그렇다면 구체적인 방법이나 디테일한 부분을 쳐내고, 실질적 의미와 공화국의 이상으로 공화주의를 정의해 본다면, 공화주의란 주권자인 시민들이 법과 공동선에 기반을 둔 정치공동체를 만들기 위한 사상이라고 정의해 볼 수 있다. 여기에서 '공동선'은 무엇일까? 직역을 하면 모두가 좋다는 말이다. 모두가 좋다는 말을 정치적으로 풀이하면 모두가 자유롭고 평등하다는 말이다. 공화주의자 루소의 말에 따르면 타인의 구속과 억압이 없는 상태가 되는 것이다. 물론 이 정의에 대한 해석과 이상적인 공동체를 만들기 위한 방법은 여러 가지일 것이다. 예컨대 아리스토텔레스는 타락한 민주정에 대한 대안으로 공화정을 제시하였다. 이 때 공화정의 내용은 혼합정과 법치가 결합된 형태였다. 그렇다면 공화주의는 '모두가 잘 사는 나라', '모두가 행복하지 않은 나라', '모두의 자유와 평등이 보장되지 않는 나라' 등이 되면 바로 작동하면서 그 상황을 만들어 낸 것들에 대해 태클을 걸게 된다. 그리고 태클을 걸 때마다 보따리에서 구슬 꺼내듯 하나씩 해결 방안을 꺼낸다. 바로 이렇게 꺼낸 해결 방안들이 지금의 다양한 공화주의를 만들어 냈고, 공화주의를 이해하는 데 어려움을 제공하는 것이다. 그래서 간단히 정리한다. 공화주의의 가장 추상적이면서 실질적 의미는 '주권자인 시민들이 법과 공동선에 기반을 둔 정치공동체를 만들기 위한 사상'이다. 그리고 이 의미에 따라 공화주의에 따른 다양한 해결 방안을 제시한 다양한 공화주의 이론이 있다. 다양한 해결 방안은 '공화주의의 주요 내용'에서 서술하도록 하겠다. 우선 다양한 공화주의가 어떻게 전개되어 왔는지 살펴보자. 이 흐름 속에서 공화주의의 주요 내용들이 만들어지기 때문이다.

4. 공화주의의 역사적 전개

고대 그리스와 로마에서 시작된 공화주의는 현대까지 다양한 방향으로 전개되었다. 마키아벨리 이전을 고전적 공화주의라고 부른다. 마키아벨리는 로마 공화정을 토대로 민주공화주의를 제시하였다. 이후 루소의 민주적 공화주의가 대표적이다. 미국의 경우에는 미연방을 건설하는 과정에서 매디슨에 의해 공화주의가 제시되었다. 그는 민주주의가 아닌 대의제를 공화주의로 규정하였다. 이것은 미국의 독특한 해석이었다. 현대에 와서는 아리스토텔레스의 전통을 계승하는 신아테네적 공화주의와 로마공화국과 마키아벨리즘의 전통을 계승한 신로마적 공화주의로 전개되고 있다.

02 고전적 공화주의

(1) 그리스: 아리스토텔레스의 공화주의(참여, 덕성: 준법정신)

① 정치공동체와 개인은 필연적 연관성을 지님

아리스토텔레스의 공화주의는 정치공동체와 인간의 필연적 연관성을 전제로 한 정치사상이다. 아리스토텔레스(Aristoteles)에 따르면 인간의 본성과 자아는 자기 지배와 법의 지배 원리가 작동하는 폴리스 내에서 사회, 정치적 활동의 결합 속에서만 발전하고 실현가능한 것이라고 하였다(김상현 · 김희용, 2010:210-211).

② 자기지배의 원리: 참여

자유와 지배는 불가분의 관계로 파악된다. 지배는 타자에 의한 지배가 아닌 자기지배를 의미하며 자유롭게 된다는 것은 독립된 개인이 아닌 정치 공동체 내의 공적 활동에 참여하는 시민을 말한다. 바람직한 공화국은 덕과 능력에 의거하여 관직이 배분되고 시민들이 그들의 능력을 최대한 발휘할 수 있는 기회가 자유롭고 완전하게 보장되는 정치공동체를 말한다.

③ 법치주의 ⇨ 준법정신을 비롯한 시민덕성 강조

지혜와 합의를 결합시키려는 공화주의적 노력은 '법에 의한 지배'로 연결된다. 소수에 의한 덕과 지혜의 지배가 초래할 수 있는 다수의 불만을 완화하기 위해서 '권력의 비인격화'가 필요하기 때문이다. 또한 시민의 덕을 함양하기 위한 규범이 요구됨에 따라 입법은 공화주의 정치사상의 중요한 주제가 되었다.

④ 혼합정으로서 공화정을 강조

(2) 로마: 키케로(Cicero)의 공화주의(권력균형, 법치)

① 모두를 위한 나라

키케로의 주장에 근거한 공화국이라는 말은 공적인 일이라는 의미를 담고 있다. '공공의 일'은 인민 모두에 관계되므로 다수이든 소수이든 인민의 일부에 지나지 않는 사람들이 자의적으로 처리해서는 안 되는 것이다.

② 계급 간 균형 중요성

㉠ 견제와 균형

따라서 공화국은 모든 다양한 계급의 참여로 서로 견제와 균형을 이룰 때 가능하다. 로마의 정치 권력은 집정관, 원로원 및 민회의 세 기관으로 분산되어 있었다.

㉡ 혼합정: 대의제

로마의 공화정은 민주정이라는 단일요소의 순수정(simple government)이었던 아테네와 달리 민주정, 귀족정 및 군주정의 요소가 뒤섞인 혼합정(mixed government)이었다. 집정관은 군주정의 요소이고, 원로원은 귀족정의 요소이며, 민회는 민주정의 요소였다. 이들은 서로 견제와 균형을 이루어 로마는 오랫동안 안정과 번영을 누렸던 것이다.

③ 대표와 시민의 자유를 보장하는 헌정을 중시

㉠ 덕을 지닌 시민의 참여 중시

키케로(Cicero)는 공화국의 가치는 덕성을 갖춘 시민들의 적극적인 정치참여에 있는 것으로 봄과 동시에 덕을 상실한 인민의 정치참여는 국가의 위기로 보았다(김상현 · 김희용, 2010:212). 대신에 능력이 있다면 계급이나 집안을 불문하고 공식적으로 공직에 참여할 수 있는 길을 제시하였다. 그 결과 많은 시민들이 공동체에 참여하고 사익보다는 공공선에 복무할 수 있다는 점을 강조하였다. 또한 공직에 참여하는 자들은 시민들의 자유와 모두의 공공선을 안전하게 지켜야 할 의무가 있음을 강조하였다(Cicero, 1993:62).

㉡ 절차와 헌정적 제도, 법과 제도의 지배 중시

이와 같이 키케로는 시민의 자유를 보장하는 절차와 헌정적 제도를 중시함과 동시에 제한적인 참여를 강조하였다. 또한 자유는 인민을 먼저 생각하는 법과 제도의 지배를 받는 것으로 가능하다고 설명하였다(오승호, 2015:6).

(3) 마키아벨리의 민주공화주의

① 혼합정

마키아벨리는 공화주의의 올바른 실현을 혼합정 특히 인민 중심의 혼합정에서 찾는다. 그러나 그것이 민주정은 아니었다. 마키아벨리의 혼합정은 인민이 중심이기는 하나 민주정은 아닌 민주공화정으로 불린다.

② 민주적 공화정: 군주정과 민주정

마키아벨리는 로마를 민주적 공화정의 형태로 보았고, 스파르타와 베네치아를 귀족적 공화정이라고 보았다. 그에 따르면 민주정은 아테네처럼 오직 민중에 의해 지배되는 정치체제이다. 그는 민주정의 실패를 주장하면서 순수 민주주의가 아닌 혼합정의 성격을 지닌 공화정을 옹호한다. 그가 말한 민주적 공화정은 인민을 지배자로 만든다는 의미가 아니다. 인민을 정치에 참여시켜 지배욕을 가진 귀족층을 제어한다는 의미이다.

(4) 루소(Rousseau)의 민주적 공화주의

① 사회적 불평등 ⇨ 지배를 받지 않을 자유 상실

루소는 계몽주의에 내재하는 엘리트주의를 비판하고 민주적 공화주의의 가능성을 추구하였다. 루소는 근대 학문과 예술의 발달은 도덕의 발전을 가져오지 못하고 오히려 개인의 이익만을 추구하는 타락한 인간을 출현시켰다고 보았다. 그 결과 자연상태의 평등은 인간이 자기완성을 추구하는 과정에서 사회적 불평등으로 변환된다.

② 민주적 공화주의(공동선+민주정)

㉠ 자기 지배: 참여의 강조

루소는 주권을 분리될 수도 없고, 양도할 수도 없다고 하였다. 그리고 타인이 자신을 대표할 수 없다고 하였다. 오직 공동선, 즉 일반의지를 가진 정치집단인 인민이 주권을 행사할 수 있다. 즉 루소는 사회적 불평등을 해소하기 위해서는 자치가 필요하다는 점을 강조하였다. 그 결과 루소는 자유와 정치적 의무를 결합시킨 민주적 자치를 궁극적인 해결책으로 제시하고, 자기입법에 의해 제정된 법을 준수할 것을 주장하였다. 루소는 이런 자치의 실현을 위해 시민들에게 헌법을 사랑하고 그것에 충성할 것을 강조하였다.

㉡ 일반의지에 근거를 둔 법을 강조

자신의 권리와 자유는 일반의지에 맡기고, 일반의지로 운영되는 공화국은 법으로 시민들의 경제적 조건의 평등과 정치적 자유를 보장한다. 더 이상 누군가에게 자신의 표를 빼앗기지도, 매수당하지도 않게 된다.

㉢ 시민덕성 강조

(5) **현대의 공화주의**(오승호, 2015:6-7)

① 현대 공화주의의 흐름

현대의 공화주의는 아리스토텔레스와 키케로를 중심으로 고대 그리스와 로마의 공화주의 전통에 대한 두 가지 흐름으로 대별할 수 있다(Laborde, C., et al., 2008:22-23). 전자는 '신아테네적(Neo-Athenian) 공화주의'로 불리며, 후자는 '신로마적(Neo-Roman) 공화주의'로 불린다. 그런데 이 흐름은 1960년대부터 시작된 미국 학계를 중심으로 논의된 것이다.

② 신아테네적 공화주의[32]: 시민적 공화주의, 공동체주의적 공화주의, 공동체 강조

㉠ 아렌트(Arendt)의 영향 ⇨ 포콕(Pocock)

'신아테네적 공화주의'는 인간의 행복과 같은 자아실현이 참여를 통해 가능하기 때문에 참여를 본질적인 선이라고 보는 입장이다. 이 입장은 아렌트의 영향을 많이 받은 포콕에 의해서 전면적으로 등장하였다.

㉡ 강조 내용: 정치적 주체, 참여 ⇨ 자기 지배, 시민사회의 역할 강조

이런 입장에서 공화주의를 전개한 것은 매킨타이어(Macintyre), 샌델(Sandel), 테일러(Taylor), 바버(Baber) 등이다. 이들은 대체적으로 시민적 공간, 참여적 정치를 강조하는 학자들이다(김상현 · 김회용, 2010:213). 신아테네적 공화주의는 공동체주의로 불렸던 시민적 공화주의를 지칭하는 것이다. 특히 샌델의 경우는 현대 사회의 문제해결을 위해 시민사회의 역할을 강조하였다.

32) 아직 현대 공화주의의 유형을 분류하는 공식적인 개념은 없다. 저자와 책들마다 다양한 표현들로 설명된다. 이 책에서는 전통적 관점을 계승하고 있는 역사적 관점에서 간단하게 정리한 것이다. 하지만 공화주의의 명칭과 스펙트럼은 매우 다양하다는 점을 기억해야 한다.

③ 신로마적 공화주의: 법을 통한 비지배의 자유 강조

㉠ 스키너(Skinner)와 패팃(Pettit)에 의해 부각

한편 '신로마적 공화주의'는 진정한 자유가 직접 참여를 통한 자치에서 실현된다고 보는 신아테네적 공화주의와 달리 마키아벨리와 그 당시 이론가들에 대해 설명했던 스키너와 패팃에 의해 부각된 것이다.

㉡ 스키너: 법과 제도하의 자유 강조

스키너는 시민의 자유를 지켜줄 수 있는 법과 제도하의 자유를 강조하면서 마키아벨리를 자유주의 이전에 새로운 자유의 개념을 제시한 대표적 인물로 보았다(Skinner, 1991:193).

㉢ 패팃: 비지배의 자유

패팃은 '비지배(non-domination)'라는 개념으로 자유를 재구성하였다(김홍탁 · 한석지, 2014:26). 패팃은 로마 공화주의가 민주주의적 토대에 근거하여 수립된 정부이면서 독재, 파당, 선동가에 의해 발생하는 공화국의 문제에 가장 적절하게 대처할 수 있는 정부로 제도화되었다고 평가하면서, 권력의 민주주의적 분산, 법의 지배, 공직선거, 공직자의 자격제한과 임기제, 시민의 공직 순환 참여 등을 예로 들고 있다(Pettit, 1998:83).

03 공화주의의 주요 내용[33]

지금까지 살펴본 내용을 토대로 공화주의의 주요 내용에 대해 살펴보고자 한다.

1. 공화주의적 자유

(1) 공화주의적 자유의 의미: 비지배의 자유

자유는 공화주의의 핵심적인 개념이다. 이 자유에서 파생된 개념들이 평등, 정의, 비르투와 같은 개념들이다. 공화주의 자유는 루소가 말한 '타인의 의지에 종속되거나 억압되지 않은 상태'를 말한다. 이런 공화주의적 자유는 자유주의의 자유나 민주주의의 자유와는 다른 의미이다.

(2) 자유주의의 자유: 소극적 자유, 국가로부터의 자유

자유주의의 자유는 '타인의 구속이나 간섭이 없는 상태'를 말한다. 이것은 현재 자유가 침해되고 있는 상황을 전제로 하는 것이다. 자유 침해의 위험이나 가능성의 상황은 여기에 포함되지 않는다. 예컨대 정당방위적 상황을 넘어 긴급피난적 상황까지만 포함된다고 할까? 그런데 공화주의적 자유는 자유 침해의 위험이나 가능성의 상황까지 고려한다.

---

33) 공화주의와 관련되는 2편의 논문을 쓰면서 참고한 글들과 최근 업데이트 한 모리치오 비롤리의 『공화주의』(2006)의 지혜를 더하여 구성하였다.

(3) 민주주의의 자유: 법을 통한 자유, 국가에 의한 자유

민주주의의 자유는 자기가 만든 법에 스스로 복종하는 것을 말한다. 하지만 공화주의의 자유는 타인의 의지에 종속될 위험으로부터 보호되는 것을 말한다. 민주주의와 공화주의는 모두 시민참여를 중시한다. 민주주의는 참여를 제도화하는 것을 목적으로 삼는다. 그런데 공화주의에서 시민참여는 수단적 의의를 가진다. 예컨대 루소가 말한 일반의지에 기한 법을 만든다고 하자. 민주주의는 시민 참여를 통해 입법을 했고, 그 입법은 타인의 의지에 종속될 위험이 있어도 자기가 만든 법이므로 지켜야 한다. 그런데 공화주의는 그렇지 않다. 시민 참여를 통해 타인의 의지에 종속되지 않은 입법을 한다.

2. 공화주의적 평등: 조건의 평등

자유를 모든 사람에게 보장한다고 하는 것, 바로 공화주의적 평등을 의미한다. 타인의 의지에 종속되는 것은 정치・사회・문화 등 모든 영역에서 가능하다. 따라서 공화주의적 평등은 모든 영역에서 법으로 평등한 조건을 보장받는다는 것이다. 예컨대 마키아벨리는 "어느 시민도 가난 때문에 공적 명예로부터 배제되거나 불명예를 겪게 되어서는 안 된다"고 하였다. 루소도 불운한 상황에서도 자신을 타인에게 팔지 않도록 일할 권리와 사회적 조건들이 보장되어야 한다고 하였다.

3. 공화주의적 정의: 법 앞의 평등과 정의

공화주의적 정의는 모든 시민을 동등하게 보호하는 것을 말한다. 법을 무서워하지 않고, 법 위에 군림하는 시민들을 특별하게 보호한다는 것은 공화주의적 차원에서 용납할 수 없는 것이다.

4. 비르투와 애국: 시민덕성

공화주의의 시민덕성인 비르투는 공동선을 지켜내고자 하는 시민들의 가치와 태도를 말한다. 주의할 것은 공동선을 지켜낸다는 것을 자기희생이나 헌신으로 이해하여서는 안 된다는 것이다. 공동선에 대한 봉사는 공화국을 위해 희생과 헌신을 한다는 것이 아니라 자신의 자유를 지키고 누리기 위해 공화국의 자유를 지킨다는 것이다. 예컨대 자신의 기본권을 지키고 누리기 위해 헌법에서 규정하고 있는 기본권을 지킨다는 것이다. 만약 공화국이 부패하고 시민들의 자유를 침해한다면 자신의 자유도 보장받을 수 없다. 따라서 비르투는 개인의 자유를 지키기 위해 모두의 자유를 지키겠다는 가치와 태도이다. 여기에서 공화주의는 다양성을 적극적으로 포용할 수 있는 사상이라는 점을 알 수 있다. 이런 점에서 공동체주의와 다르다.

비르투는 공화국에 대한 애국과 밀접한 관련성이 있다. 그런데 여기에서 의미하는 애국은 민족주의적・국가주의적 애국심이 아니다. 공동선에 대한 애국, 공동선을 추구하는 공화국에 대한 애국, 보편적 가치를 추구하는 헌법에 대한 애국을 말한다. 더 자세한 내용을 알고 싶다면 필자가 쓴 헌법애국주의에 관한 논문을 참고하기 바란다.

5. 공동선: 모두에게 좋은 것

공동체주의와 공화주의는 공통적으로 공동선을 강조한다. 이런 이유와 공동체를 함께 강조했다는 점 때문에 국내에서는 공화주의와 공동체주의를 유사한 것으로 내지는 공화주의를 공동체주의 중의 하나로 오해했을 가능성이 크다. 하지만 그 내용이 전혀 다르다. 앞에서도 기술했지만 공동체주의는 특정 사회의 기본가치, 즉 하나의 특정 사회적 가치를 공동선으로 본다. 하지만 공화주의가 말하는 공동선은 '모두에게 좋은 것'이다. 이 말은 '모두가 자유를 누리는 것'으로 대체할 수 있다. 즉 다양한 가치를 존중하는 것이 공화주의가 말하는 '모두에게 좋은 것'이 되는 것이다. 따라서 공화주의는 개인적 인권을 전제로 공동선을 추구한다. 그런데 이 말이 과연 실현가능한 말일까? 공화주의자들은 이 말을 인정한다. 그래서 공화주의자들은 하나의 가치로 공동선을 실현할 수 있다는 것을 인정하지 않는다. 개인적 인권을 전제로 하기에 다양한 가치의 갈등은 필연적인 상황이다. 이 필연적인 상황을 인정하고 갈등을 해결해 나가는 화합의 과정을 인정하는 것이 공화주의이다. 이 화합의 과정을 통해 공동선은 끊임없이 변화하고 발전해 나갈 수 있는 것이다.

6. 법의 지배를 강조: 비지배의 자유를 실현하는 법치

위에서 살펴본 바와 같이 자유주의는 자유를 침해하는 자들을 막기 위해 법을 강조하지만, 공화주의는 타인의지에 구속되지 않는 것을 법에 의해 보장받는다. 공화국은 법의 지배를 통해 자유를 누릴 수 있는 정치공동체이다. 아리스토텔레스가 말한 폴리테이아는 공동선과 법치에 기반하는 정당한 정치체제를 말하고, 로마의 레스 푸블리카는 법치를 통해 자유가 보장되는 공화국을 말한다. 그렇다면 공화국의 법의 지배는 어떻게 구현되는 것일까? 예컨대 근로기준법은 사용자의 의지에 구속되도록 법을 만든다면 이것은 공화주의의 법의 지배가 아니다.

7. 정치체제

(1) 자기 통치와 시민 참여

(2) 혼합정

혼합정을 강조한 이유는 의사결정의 신속성, 다양한 의견과 정치적 자원을 활용할 수 있다는 점, 독재나 특정 정파의 독과점적 시도를 막아낼 수 있다는 혼합정의 기능 때문이다. 이를 위해 대회의제나 확대공적 회의제가 시행되기도 하였다. 이런 회의제로 공화제의 내용 중에 하나가 대의제가 되었다고 볼 수 있다.

(3) 대의제 원리

회의제가 대의제라고 했을 때 주의해야 할 것이 있다. 이 때 대의제는 모든 시민을 대표하는 것이어야 한다. 일부 시민만을 대표하는 것은 가짜 대의제이다. 시민 혁명 이후에 제한 선거나 차등 선거를 실시하던 대의제의 경우는 여기서 말하는 모든 시민을 대표한다고 말을 하더라도 대의제라고 볼 수 없다. 이런 대의제 원리를 전제로 했을 때 '대의제적 자기 지배', 내지는 '대의제적 자기 통치'가 나온다. 현실적으로 본다면 바로 대의제 민주주의, 혼합 민주주의가 되는 것이다.

04 공화주의와 공동체주의 비교

1. 전제조건

국내에 공화주의와 공동체주의가 수입될 때 개념적 혼란이 있었다. 그 이유로 초기에 공동체주의를 번역하신 분들은 넓은 의미의 공동체주의라는 명명과 함께 여기에 공화주의를 포함시키는 경향이 있다. 하지만 샌델이나 비롤리의 주장처럼 공화주의와 공동체주의는 다르다. 최근 국내 문헌 중에서도 이 둘을 구별하려는 시도가 보인다. 지금껏 논의해 온 것은 공동체주의와 구별되는 공화주의를 제시한 것이다. 지금부터 서술하려는 것도 마찬가지다. 넓은 의미의 공동체주의라는 표현은 잊어버리시기 바란다. 공화주의와 공동체주의의 비교를 효율적으로 하기 위해 우선 자유주의와 공동체주의의 논쟁부터 공화주의까지의 논쟁 과정을 간단히 정리한 다음 비교해 보도록 한다.

2. 자유주의와 공동체주의의 논쟁: 보편적 가치 VS 공동체의 가치

1980년대 들어오면서 개인주의와 이기주의로 인한 사회 문제, 가치상대주의의 사회 문제 등이 대두하면서 사회통합을 위해 어떻게 해야 하는지를 둘러싸고 자유주의와 공동체주의 사이에 논쟁이 벌어졌다. 공동체주의는 개인주의적이고 합리주의적인 자유주의에 대한 비판의 사조로서 도덕적 사회의 와해와 이기주의 팽배 등의 현상에 대한 불만을 이론적으로 표출한 것이다. 개인이 사회적 의무와 도덕적 책임에 의해서 제약받지 않고, 자신의 이익과 권리만을 고려하도록 허용되는 사회는 도덕적인 공백 속에서 와해된다. '권리의 정치'는 '공동선의 정치'에 의해 대체되어야 한다고 주장하였다. 이와 같이 공동체주의는 사회의 기본가치를 내세우면서 공동선을 주장했다. 즉 하나의 사회적 가치를 통해 사회문제를 해결하고 사회를 통합시키기 위한 주장을 했다. 이에 대해 자유주의는 다원화된 사회에서 하나의 가치, 즉 공동선으로 사회문제를 해결하는 것이 가능한지에 대한 비판을 제기했다. 자유주의는 특정 사회의 공유가치 기준에 기초하여 가치를 정당화한다기보다 모든 사회에 보편적 가치 기준이 존재한다는 믿음을 가지고 있다. 사회적 일체감의 관점에서 자아의 본질을 정의한다기보다 합리적 선택의 관점에서 자아의 본질을 정의한다. 그리고 개인을 강조하는 자유주의와 공동체를 강조하는 공동체주의는 평행선을 달리며 그 합의점을 찾지 못했다. 이 와중에 혜성처럼 공화주의가 등장한다.

3. 공화주의의 중재

공화주의는 개인, 자유, 공동선을 조화시키는 주장을 제시하면서 자유주의와 공동체주의의 논쟁을 중재하게 된다. 공화주의는 개인의 자유와 권리를 지키기 위해 공동선을 추구해야 한다는 논리를 편 것이다. 공화주의의 이런 주장은 개인과 공동체를 중심에 두고 대립했던 자유주의와 공동체주의 사이의 논쟁에 종식을 선언하게 된다.

4. 공화주의와 공동체주의의 차이점

(1) 공통점

공화주의와 공동체주의는 모두 공동체를 강조하고, 공동선을 중시한다. 또한 시민덕성과 애국심을 공통적으로 강조한다. 하지만 형식적 용어만 동일할 뿐이지 실질적 의미는 다르다.

(2) 차이점

① 공화국의 정치체제 및 제도, 운영방식 측면
공화국의 정치체제 및 운영 등과 관련해서 공화주의는 그 방법을 다양하게 제시하고 있지만, 주장은 거의 찾아볼 수 없다. 공통점에서 본 것처럼 공동체주의는 주로 윤리적 · 가치적 측면에서 자신들의 주장을 내세우고 있다.

② 정치공동체의 목적으로서 공동선
공화주의는 앞서 살펴본 것처럼 공동선은 모든 국민의 자유와 권리를 보호하는 것이 궁극적 목적이다. 예컨대 루소에 따르면 개인의 생명, 신체, 소유, 재산 등이 된다. 하지만 공동체주의가 말하는 공동선은 사회의 기본 가치, 즉 특정 사회의 하나의 가치를 말한다. 예컨대 공화주의는 다문화주의의 입장에 서게 되지만, 공동체주의는 동화주의 입장에 서게 된다.

③ 갈등과 합의
공동체주의는 구성원들이 하나의 가치에 합의하는 것을 중시한다. 하지만 공화주의는 하나의 가치에 합의한다는 것을 기대하지 않는다. 이들은 갈등을 인정하고 토론을 통한 화해의 과정을 중시한다.

④ 시민덕성: 공동체에 속한다는 것과 애국
공동체주의에서 공동체에 속한다는 것은 특정한 사회적 가치, 문화 전통 등을 공유한다는 의미이다. 따라서 공동체주의의 구성원들은 하나로 합의된 사회적 기본 가치와 전통에 대한 신념을 가지게 되고, 그 특정한 사회에 대해 애국한다는 것이다. 즉 민족주의적 · 국가주의적 애국을 말한다.
반면에 공화주의는 공화국에 속한다는 의미이다. 법에 복종하며 다양한 시민적 자유와 권리를 행사하며 공화국에 산다는 것이다. 즉 모든 시민은 정의에 따라 동등하게 자유와 권리를 누리며 산다는 것이다. 공화주의는 위에서 살펴본 바와 같이 개인의 인간적 존엄성과 인간 존재의 사회적 성격을 모두 인정한다. 개인의 자유는 '시민사회의 제도들'을 적극적으로 유지하려는 노력에 의해 보장될 수 있다. 시민들은 시민사회 속에서 상호 존중의 가치를 배우고, 자신과 타인의 권리에 대한 인식뿐만 아니라 시민적 책임 의식도 함양하게 된다. 예컨대 히틀러의 나치즘은 공동체주의에서는 정당화될 수 있지만, 공화주의에서는 허용될 수 없는 일이다.

5. 논쟁에 대한 평가

자유주의와 공동체주의는 대립적 양상을 펼치기도 했지만 극과 극은 통한다고 했던가? 양자가 전체주의에서 만나기도 한다. 극단적인 자유주의 국가의 자유주의를 하나의 가치로 합의한다면 자유주의가 공동체주의가 된다. 그리고 공동체주의의 가치가 자유주의가 된다. 그리고 다양한 가치와 인권에 대한 존중은 무너지고, 헌법은 파괴된다. 공화주의는 이런 극과 극의 만남을 오히려 방해하고 조율한다고 볼 수 있다. 그래서 필자는 공화주의를 공부하면서 '조율사'와 같다는 생각을 했다. 균형과 조화를 강조한다는 것은 다양성을 인정하는 데서 비롯되는 가치다. 그런데 경제적 자유주의는 매번 시장의 균형과 조화를 강조하면서 그들의 행동은 전체주의나 정치적·사회적 폭력으로 그 민낯을 드러냈었다. 예컨대 국가자본주의를 생각해 보자. 오히려 무너진 균형과 조화를 실현한 것은 공화주의였다. 사회가 굴러가려면 개인도, 공동체도 모두 필요하다. 이 양 바퀴가 잘 굴러갈 수 있도록 균형을 잡아주는 것이 공화주의다. 그래서 공화주의는 '조율'이다.

VI 정치이데올로기 의미 및 특징

01 이데올로기 의미[34)]

칼 프리드리히(K. Friedlich)는 정치적 신념을 제시하고 이를 정치적 행동으로 연결시키려는 관념체계를 '정치적 이데올로기'라고 하였다.

02 이데올로기 특징

이데올로기의 특징은 다음과 같다. 첫째, 이데올로기는 과학발전과 인간능력에 대한 자신감을 고려하여 대중의 정치 참여 동기를 제고시키기 위한 목적으로 지나친 유토피아적인 내용을 지닌다. 둘째, 광범위한 확산을 위하여 그 내용을 단순화하고 적과 동지를 구별하는 흑백논리의 성격이 강하다. 셋째, 이데올로기는 의식적으로 체계화됨으로써 언제나 엘리트에 의해 만들어지고 엘리트에 의한 대중의 조작이라는 수단적 성격이 강하다.

03 대중들의 의식 지배

이런 특징들 때문에 정치적 이데올로기는 대중을 선동하여 집단행동을 촉진하는 역할을 담당하였다. 예컨대 민주주의의 보편화로 사라졌지만 전체주의가 대표적이었다.

34) 간단하게 정리했지만 사실은 굉장히 복잡한 논쟁이 포함되어 있는 주제이다. 여기에서 간단하게 정리한 이유는 현재 이데올로기 논쟁은 거의 없기 때문이다. 하지만 막스와 그람시의 다른 점을 이해한다는 점에서 의미가 있는 정도이다.

Chapter 03

국가론

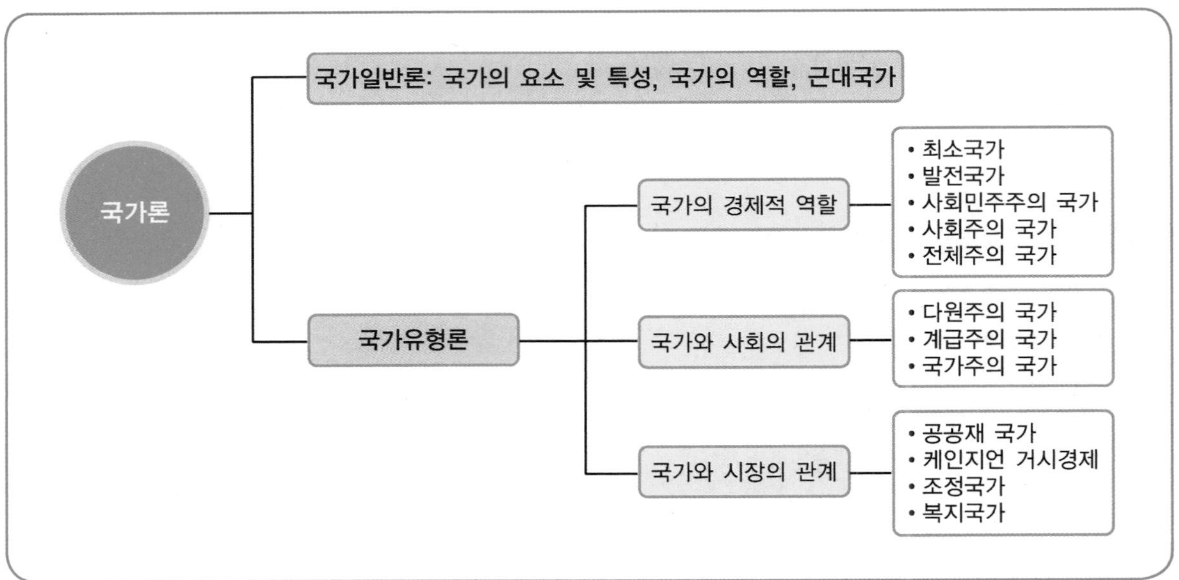

I 국가에 대한 이해

- 국가란 무엇인가?
- 국가, 사회, 정부는 어떻게 다른가?
- 국가는 어떤 요소로 성립하는가?
- 교육적 시사점
  국가의 속성 이해를 통해 유사한 개념들과 구별할 수 있다.

01 국가의 개념적 특성

국가는 정치학자들에 따라서 국가에 대한 다양한 정의가 존재할 뿐만 아니라 쉽게 정의내리기 어려운 개념이다. 그래서 국가라는 어원을 살펴보고 일반적으로 통용되는 국가의 의미를 살펴보는 것이 적절할 것이다.

1. 국가의 어원

국가를 의미하는 'state'는 'status', 즉 지배자나 군주의 신분적 지위에서 파생되었다. 이런 의미의 국가는 르네상스 시기의 이탈리아에서 처음 사용되었다. 마키아벨리는 그의 저서 『군주론』에서 'stato'라는 라틴어를 처음 사용하였다. 이런 국가라는 용어가 유럽 전역에서 보편적으로 사용되기 시작한 것은 19세기부터였다.

2. 국가의 사전적 정의

국가라는 말은 한마디로 정의하기 어려울 만큼 동양과 서양에서 다양한 의미로 설명되지만, 『정치학 대사전』(박영사)의 정의에 따르면 국가는 "일정한 지역 위에 정부라는 조직을 가지는 국민단체이며 통치권의 주체라고 볼 수 있고, 또 일정한 지역을 독점적인 지배범위로 하고 그 지역에서 최고권력에 의하여 결합된 인류의 집단"이다.

3. 국가와 구별개념

(1) 국가와 사회: 일원론 ⇨ 이원론(국가와 사회구별) ⇨ 다원론(국가/시장/시민사회)

국가와 사회의 구별은 19세기 초 이후부터의 일이다. 이 때 처음으로 국가와 사회를 개념적으로 명확히 구별하고 국가를 사회생활의 하나의 형태로서 또는 일반 사회 내에 있어서 하나의 기능자 또는 하나의 조직체로서 이해하여 국가를 포괄적인 전체사회가 아닌 사회 내의 일부분으로 보았다.
국가는 사회의 일부분으로서 일반사회 내에 지속적으로 존재하는 하나의 기능체 또는 조직체를 의미하는 것이다. 사회는 모든 인간과 집단을 포괄하는 개념이고, 정치는 사회 안의 현상을 가리키는 개념이다.

국가는 이런 정치가 제도화된 것이다. 이런 정의에서 국가는 정치 그 자체가 아니며, 정부 및 사회와 동일한 의미도 아니다.

(2) 국가와 정부

일반적으로 국가와 정부를 혼동하는 경우가 많다. 애국심은 국가에 대한 것인가? 정부에 대한 것인가? 이 질문은 명백히 답할 수 있음에도 불구하고 동일한 질문으로 오해하는 경우도 있다.

(3) 공공부문을 지칭하는 정치체와 고위공직자와 공무원의 집합체

정부와 국가는 뚜렷이 구별되어야 한다. 정치와 행정기구를 포괄하는 공공부문의 제도적 총체를 국가라고 한다면 정치체의 권위적인 결정을 담당하는 고위공직자와 공무원의 집합체를 정부라고 한다.

(4) 광의의 정부와 협의의 정부

광의의 정부에는 입법·사법 및 행정의 모든 조직과 기간이 포함된다. 좁게 말할 때는 내각이나 행정기관만을 지칭하는 경우도 있다.

(5) 국가와 정부의 관계: 정부의 기능 ⇨ 국가의 존속과 발전, 목적과 정책 실현

국가와의 관계에서 정부는 국가라는 존재를 지속하고, 국가를 위한 기능을 수행하며, 국가의 목적과 정책을 실현하는 중요한 기구이다.

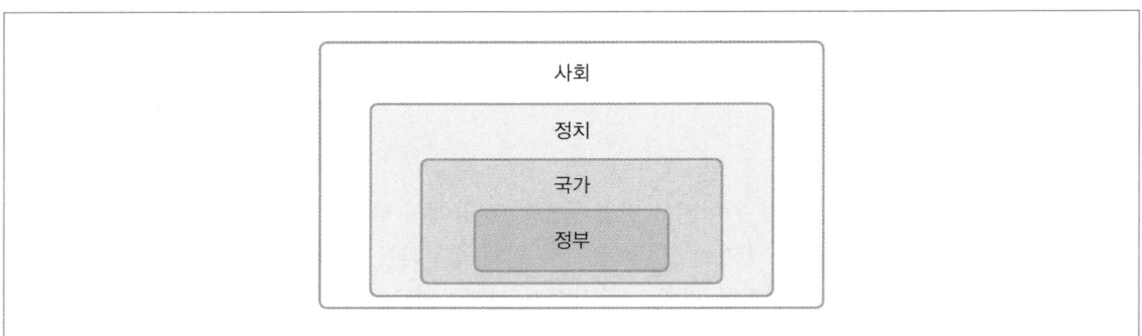

4. 국가의 4요소

예리네크의 정의에 따라 법학적 입장에서 국가의 3요소는 국민, 영토, 주권으로 제시하는 것이 일반적이다. 하지만 현재 국가는 국민, 영토, 주권, 정부(통치기구)로 구성되었다고 보는 것이 타당할 것이다.

(1) 국민

국민은 국가의 제1구성요소이다. 국민은 국가의 통치권하에서 국적을 가진 사람을 말한다.

(2) 영토

영토는 국민이 정착하여 안주할 수 있는 공간을 의미한다. 법적 의미에서 영토는 육지뿐만 아니라 영해, 영공을 모두 포함하는 것이다.

(3) 정부

국민, 영토 이외에도 정치적 요소인 정부도 국가의 불가결한 요소이다. 국민이 영토만을 점유한다고 해서 국가가 성립하는 것은 아니다. 국민의 집단의지를 형성하고 그것을 국가정책으로 전환하여 공동이익을 증진시킬 수 있는 기관이 필요하다. 이런 기능을 수행하는 기관이 곧 정부이다. 통치기구의 의미로 정부는 의회, 행정부, 사법부로 구성된다.

(4) 주권: 대내적 최고성과 대외적 독립성

주권은 국가의 의지를 전체 국민과 집단에 대해 강요할 수 있는 포괄적 권한을 포함하는 국가의 최고권이다. 주권론의 창시자는 보댕(Bodin)이다. 그는 16세기에 주권을 '영구적이며 불가분적이며 불가양적인 국가의 최고권'이라고 정의했다. 이런 주권의 성질은 대내적 최고성과 대외적 독립성이라는 두 가지 성질을 지닌다. 현재 이런 주권의 소재는 국민에게 있다고 보는 '국민주권론'이 일반적인 주장이다.

02 국가와 사회집단과의 차이

1. 영구성, 포괄성, 임의 탈퇴 · 가입이 불가능, 독점적 강제력

국가의 특징은 포괄적인 정치제도로 국가라는 일정 영역에 속하는 사람들은 모두가 국가의 구성원이며, 국가의 명령과 집행에 복종해야 하며, 그 목적이 전면적이고 총체적이다. 또한 가입과 탈퇴의 임의성이 배제되거나 어렵고 구성원에 대하여 합법적으로 제정된 법과 명령을 강압적으로 집행할 수 있는 권력을 보유한다.

2. 정당성을 인정받은 국가

국가가 행사하는 권력이나 명령은 반드시 일반 국민들의 동의를 받아야 하며, 일정한 합의 절차에 의해서만 정당성을 획득할 수 있다. 하지만 정당성이 없는 국가, 비윤리적인 국가, 헌법을 침해하는 국가 등은 시민의 비판과 저항에 직면하게 된다.

03 부당한 국가권력에 대한 시민의 대응

1. 핵심적인 정치권력으로서 국가권력의 의의

분배를 조정하고 확정짓는 최종 권한은 일반적으로 국가가 결정한다. 그리고 이 결정에 국민들은 복종한다. 복종하게 되는 이유는 국가가 가지고 있는 정치권력 때문이다.

이 권력은 폭력이 될 수도 있고 권위가 될 수도 있다. 폭력은 주권자의 동의를 받지 않는 벌거벗은 권력을 말하고, 권위란 국민의 자발적 동의와 지지를 받는 권력을 말한다. 만약 국가라는 정치권력이 정당성을 상실할 경우 국민들이 저항하는 것은 자연권이다.

2. 부당한 국가권력에 대한 저항

(1) 저항권

① 저항권 행사의 의미: 국민의 기본권을 침해하는 불법적인 국가권력의 행사에 대하여 그 복종을 거부하거나 실력 행사를 통해 저항할 수 있는 권리를 말한다.

② 저항권 행사의 요건과 방법: 저항권 행사의 요건으로는 국가권력의 불법명백성(민주적 기본질서 부인), 최후수단성, 보충성 등이 있다. 성공가능성 여부에 대해서는 논란이 있다. 저항권행사의 방법은 평화적 방법이 원칙이다. 다만 예외적인 경우 폭력적 방법도 허용된다.

③ 저항권 사례
우리 헌법 전문(前文)에는 "…… 불의에 항거한 4·19 민주 이념을 계승"한다고 하고 있다. 이는 1960년 당시의 '4·19'가 헌법을 수호하기 위한 국민들의 기본권 행사였다는 것을 간접적으로 표현한 것이라 볼 수 있다. 1987년 개헌에 관한 논의를 할 때에 이러한 권리를 기본권의 하나로 헌법에 명문화하여야 한다는 주장과, 이 권리를 인정한다 하여도 이는 자연법상의 권리이므로 헌법조문에는 포함시킬 수 없다는 주장이 엇갈렸으나, 결국 위와 같은 표현을 헌법 전문에 포함시키는 것으로 합의가 이루어졌다.

(2) 시민불복종 운동

① 의미: 시민불복종운동은 정부나 정부정책, 개별법령 혹은 점령국이나 점령국의 통치정책 등에 대하여 적극적인 폭력과 같은 저항수단을 사용하지 않고, 복종하기를 거부하는 것을 말한다. 시민불복종을 언급한 대표적인 사상가로는 토마스 아퀴나스, 존 로크, 소로우, 간디 등이다.

② 시민불복종에 대한 목적 및 성격
저항권 사상에서 비롯된 시민불복종은 주로 부당한 정책거부 및 법과 제도 개혁 등을 주장하기 위해 행해지는 의식적인 법률위반행위이다. 이 행위는 주장의 정당성을 알리기 위한다는 점에서 비폭력성, 도덕적 정당성을 지니고 있다. 이런 점에서 시민불복종은 개혁을 위한 도덕적 모범을 지향하는 것이다. 시민불복종의 대표적 사례로는 베트남 전쟁 반대, 흑인 인권 운동, 양심적 병역거부, 낙선운동 등이다.

③ 시민불복종 사례

소로우(H. D. Thoreau)는 자신이 내는 세금이 노예 제도를 유지하고 부도덕한 멕시코 전쟁을 수행하는 재원으로 사용된다는 이유로 납세 거부 운동을 전개하였고, 이 운동에 관한 책을 저술하였다. 소로우의 저서를 읽고 감동을 받은 인도의 간디도 비폭력 운동을 전개하였다. 우리나라에서는 1986년부터 4년여에 걸쳐 전개된 TV 시청료 거부 운동, 그리고 2000년 4월의 국회의원 선거를 앞두고 시민단체들이 전개한 낙선 운동이 이러한 운동의 예로 일컬어지고 있다.

저항권과 시민불복종권의 비교

저항권	기본권 보장을 포함한 헌법질서가 침해받거나 위협받는 경우에 행사
시민불복종권	헌법적 질서가 부정되거나 위협받는 경우뿐만 아니라 단순히 정의에 반하는 법령이나 정책에 대해서도 행사할 수 있는 권리

04 국가의 기원 및 근대국가

1. 국가의 기원

(1) 다양한 학설: 중심이론은 사회계약론

국가의 기원이 ① 가족에 있다고 보는 가족설, ② 지배계급이 피지배계급을 착취, 억압하기 위한 수단이 국가의 기원이라고 주장하는 계급설, ③ 힘이 강한 집단이 힘이 약한 집단을 정복하는 과정에 국가의 기원이 있다고 주장하는 정복설 등이 있다. 하지만 현재 국가의 기원을 설명하는 중심 이론은 사회계약론이다. 사회계약론은 사람들이 자신의 권리를 보장받기 위해 스스로 계약을 맺어 국가를 창설하였다고 주장한다.

(2) 자연창조설

① 고대 그리스

아리스토텔레스는 폴리스를 자연의 질서와 법칙에 부응하는 정치적 유기체로서 자연적 산물로 보았다.

② 헤겔의 국가론: 자연창조설로 복귀

국가는 개인의 자의적 의지에 따른 계약의 산물이 아니다. 국가는 신의 자유의지가 구현된 것으로 객체화된 정신이자 절대정신이 구현된 유기체이다.

(3) 사회계약론: 인간창조설

현재 국가의 기원을 설명하는 중심 이론은 사회계약론이다. 사회계약론은 사람들이 자신의 권리를 보장받기 위해 스스로 계약을 맺어 국가를 창설하였다고 주장한다. 사회계약론의 의의 중 하나가 국가에 정당성을 제공하는 것이었다. 이 정당성을 근거로 근대국가에서 현대국가로 발전하게 되었다.

① 홉스의 절대적 국가론

국가란 사람들의 동의를 지속시키고 인간의 평화와 안전을 지키기 위해 인간이 만든 인공적 동물이다.

'리바이어던'이라 불리는 국가의 공동의 힘으로 시민을 외부적 공격으로부터 보호하고 방어한다. 한편 이 국가에 대해 시민들은 절대적으로 복종해야 하는 의무를 갖는다.

② 로크의 제한적 국가론
로크는 인간의 불완전성으로 인해 자연상태에서 인간의 생명, 자유, 재산을 포함하는 자연권으로서의 '재산'을 보호하기 위해 계약에 따라 사회를 만들고, 동의에 의해 주권 밑에 국가를 만든다고 보았다.

③ 루소의 강제적 국가론
루소는 사회계약론의 도덕적 측면을 강조하여 국가를 위한 계약이 공공선의 실현을 위해 일반의지를 만들고, 일반의지의 명령에 따라 각자는 자신의 인격과 모든 권리를 국가에 위임한다고 하였다.

(4) 마르크스 국가론

마르크스는 국가에 대해 일관된 입장을 가지고 있지 않다. 그는 지배계급의 직접적인 통치수단으로, 때로는 모든 계급을 초월한 보편적 실재로, 혹은 절대적으로 강화될 것으로 전망했지만 궁극적으로 소멸될 것으로 본다.

2. 근대국가

(1) 근대국가의 기본원리

① 사회계약의 원리: 정치가 이루어지는 사회, 정치사회로서의 국가라는 것이 자연발생적으로 존재하는 것이 아니라 사회구성원들의 동의나 계약에 의해 존재하게 되었다.

② 법의 지배의 원리: 지배와 복종이라는 정치적 관계가 단순히 힘과 능력에 의한 일방적인 관계가 아니라 법이라는 객관적이고 중립적인 근거에 의한 관계라는 것이다. 이로써 국가(권력)를 중립적이고 비인격적인 것으로 인식하도록 하였다.

(2) 근대국가의 형태적 특징

① 물리적 힘(강제력)의 합법적 독점
물리적 강제력은 다른 사회권력들과 분리된 국가가 합법적으로 독점하도록 하였다. 이는 정치적 지배층(국가권력)과 경제적 지배층(사회권력)들과 분리시킨 것을 의미한다. 그 이유는 자본주의는 물리적 힘, 사적 폭력의 행사를 배제하는 '시장가격기구'에 의해 운영되기 때문이다.

② 사회의 특수한 공적 권력체
국가는 사회 구성원 모두로부터 분리된 특수한 공적 권력체의 형태로써 출현하였다.

③ 사회로부터 위임된 권력으로서의 형태
국가권력의 정통성은 시민들로부터 위임받은 권력을 시민들의 요구에 부합하게 행사할 때 인정된다.

④ 비인격적·법적 지배체제로서의 형태성
국가에 위임되는 권력의 내용, 권력행사방식 등이 법에 따라서 이뤄지도록 하였다.

⑤ 정치와 경제, 국가와 시민사회의 형태적 분리

경제영역은 사적 자치를 보장하는 비정치적 영역이 되었다. 정치 영역은 국가와 국가에 영향을 미치기 위한 정당과 같은 자발적인 정치적 결사를 조직하여 활동하는 국가 주위의 정치영역으로 구성되었다. 시민사회는 이런 정치영역과 경제영역을 매개하는 기능을 수행하면서 사회구성원들의 다양한 사회적 · 문화적 활동이 이루어지는 사회영역을 말한다.

⑥ 자본주의 국가성과 민족국가성

근대국가의 특징은 자본주의국가성과 민족국가성을 중요한 특질로 한다. 자본주의적 관계가 발전되면서 형성된 자본주의적 국내시장은 민족국가를 토대로 형성되었기 때문이다. 따라서 민족국가의 성립은 자본주의적 내국시장의 성립을 크게 촉진하였고, 반대로 자본주의 발전이 근대적 민족국가를 성립시키는 데 기여하였다. 현재 민족국가라는 표현보다 시민공동체, 시민국가라는 표현을 많이 쓴다. 이것은 시민권의 확대와 사회의 민주적 개혁 등을 통해 나타난 결과이다. 또한 자본주의적 발전에 의해 물질적인 뒷받침을 받은 결과이기도 하다. 하지만 시민적인 것은 민족사회를 토대로 발전된 것이다. 마찬가지로 시민적 문화도 그 민족사회가 지니고 있었던 인민적 풍습과 문화 등을 소재로 하여 발전된 것이다.

(3) 근대국가의 기능[35)]

이상에서 살펴본 형태성을 지닌 국가는 다음과 같은 기능을 수행한다.

① 정치적 기능

㉠ 첫째, 국가는 사법(私法) 체계를 강권적으로 보장한다. 자본주의 사회에서는 계급갈등이 동반된다. 이런 계급갈등이 자본주의적 질서를 파괴하는 것을 방지하기 위해 사법(私法)체계를 국가가 강권적으로 보호하지 않으면 안 되는 이유이다. 이는 사적 소유권을 보장하기 위한 기능이다.

㉡ 둘째, 국가는 사회적 갈등을 규제한다. 사회적 갈등을 규제하는 방법은 억압적으로 민중을 배제시키는 방법이 있고, 소득보장 등과 같은 정책을 통해 민중을 체제로 통합시키는 방법이 있다. 이런 국가의 사회갈등규제방식과 자본축적전략은 밀접한 관계가 있다. 주로 억압적 방식은 비민주주의 체제, 신자유주의적 체제의 자본축적전략이다. 반면에 양보적 민주통합정책은 주로 민주주의 체제, 케인즈 주의, 스웨덴 사민주의 체제 등의 자본축적전략이다.

② 경제적 기능

㉠ 첫째, 화폐유통과정을 보호하는 것이다. 자본주의 질서가 안정되고 발전하기 위해서는 화폐유통과정을 보호할 필요가 있다.

㉡ 둘째, 자본주의 발전을 위해 국가는 물질적 조건(통신, 전기, 수도, 철도), 비물질적 조건(교육, 기술지원) 등을 창출한다.

㉢ 셋째, 노동력의 재생산을 위해 국가가 개입한다. 예컨대 근로기준법의 시행, 국가적 사회복지제도의 도입 등을 통해서이다.

35) 서울대 공저(2006), 『정치학의 이해』, pp.164~184 참조

㉣ 넷째, 국가는 사회적 총자본의 축적을 위한 전략을 강구한다. 예컨대 케인즈 주의는 국가의 개입을 최대화하는 전략이라고 한다면, 신자유주의의 전략은 국가개입을 최소화하기 위한 전략이다.

③ 이데올로기적 기능

㉠ 첫째, 근대국가 형태성의 물신화를 추구한다. 즉 국가가 가장 적합하고 이상적인 형태, 국가는 자연스러운 형태라는 점을 구성원들이 인식할 수 있도록 한다.

㉡ 둘째, 소유적 개인주의(사유재산권)와 자유 시장 경제 이데올로기에 정당성을 부여한다.

㉢ 셋째, 인권을 보호하는 것은 법이라고 하는 법 이데올로기를 만들어 낸다.

㉣ 넷째, 국가는 초계급적, 중립적인 국가라는 관념을 만들어 낸다. 즉 국가활동은 사회구성원 모두의 이해관계를 공평하게 반영하거나 조정하는 기관이라는 이데올로기이다.

3. 국가의 본질: 목적이냐? 도구이냐?

국가의 본질은 국가가 목적 그 자체냐, 혹은 국가는 도구에 불과한 것이냐에 따라 다양한 시각으로 설명된다. 마르크스에 따르면 지배계급이 피지배계급을 착취하는 도구로 본다. 반면에 20세기 초에는 전체주의가 등장하면서 개인이 국가를 위해 존재한다고 하면서 국가를 목적 그 자체로 보았다. 하지만 현재 국가의 목적은 인간의 존엄성을 실현하기 위한 수단으로 보는 것이 일반적이다. 따라서 국가에 대한 평가는 '민주공화국'의 이상을 얼마나 잘 실현했느냐 하는 것에 따라 달라진다.

Ⅱ 국가 유형 및 이론

- 국가는 어떤 역할을 하는가?
- 국가는 중립적인가? 자율적인가?
- 교육적 시사점
  국가의 역할과 기능에 대해 이해할 수 있다.

01 의의: 국가의 유형화

근대 이후 성립한 서구의 근대국가는 다양한 유형으로 전개되었다. 그 이유는 시대적 상황이 달랐고, 각국이 직면하는 문제가 다르기 때문이었다. 세계 각국은 시대적 상황이나 직면한 문제를 해결하기 위해 지향해야 하는 가치에 따라 국가를 운영하였다. 이런 운영과정에서 등장한 국가의 기능이나 모습은 다르게 전개되었다. 이런 현상을 두고 국가에 대한 여러 가지 논쟁이 전개되었다. 본 교재에서는 규범적 측면의 유형, 실증적 측면의 유형 등으로 나눠 살펴보는데 정치교육을 위해 필요한 범위 내에서 다뤄보고자 한다.

02 국가의 경제적 역할에 따른 구분(국가와 시장의 경계)

1. 최소국가

(1) 최소국가 의미: 야경국가, 자유방임국가, 신자유주의국가, 공공재 국가

최소국가론은 국가와 시장의 분업을 전제로 국가는 시장경제의 외적 조건만을 확보하는 기능을 담당해야 한다는 입장을 말한다. 이런 최소국가론은 국방과 치안만을 담당하는 야경국가, 자유방임국가, 신자유주의국가 등이 해당한다. 그리고 공공재 국가도 최소국가론을 전제로 한다.

(2) 주요 기능: 법과 질서를 유지하며, 외부의 공격에 대한 방어(치안, 국방, 사법)

최소국가는 계약의 자유를 보장하며, 중립적 차원에서의 법과 질서를 유지하며, 외부의 공격에 대해 방어하는 것 등이다. 따라서 국가는 시장경제의 외적 조건만을 확보하는 일만 하면 된다. 또한 기업의 더 많은 경제활동을 보장하기 위해 사회복지 개입을 최소화함과 동시에 노동보호규제를 완화하기도 한다. 다만 법과 질서 유지 차원에서 강한 국가를 요구하고 있다. 또한 외부의 침략으로부터 자국을 보호하는 안보역할을 수행한다.

(3) 고전적 자유주의, 보호적 민주주의 옹호

최소국가는 타인으로부터 한 개인의 자유와 권리를 보장하는 핵심적 기능을 하는 것이다. 따라서 최소국가는 보호적 민주주의를 지지한다.

(4) 공적 영역과 사적 영역 구분

최소국가는 공적 영역과 사적 영역을 명확하게 구분하여 사적 영역에 간섭하지 않는다. 사적 영역의 책임은 개인에게 있다.

2. 발전국가: 국가주도적 발전전략

(1) 발전국가의 의의

발전국가는 성공적인 경제성장이 국가의 적극적 경제 개입에 의해 가능하다고 보는 입장이다. 또한 발전국가는 산업화가 늦은 국가가 산업성장과 경제발전을 촉진시키고자 하는 목적을 달성하기 위해 등장한 국가 유형이다.

(2) 발전국가의 역사: 중상주의 ⇨ 후발산업화 국가 ⇨ 동아시아 발전국가

발전국가 이론은 중상주의 시대의 절대주의 국가에서 시작된다. 절대주의 국가는 국부를 증진하기 위해 신대륙의 항로를 개척하여 무역을 확대하고, 보호무역주의 정책을 시행하였다. 다음으로는 19세기 들면서 영국보다 뒤늦게 산업화한 프랑스, 독일, 미국, 일본 등과 같은 후발산업화 국가이다. 후발산업화 국가들은 영국의 자유무역주의에 반대하고 보호무역을 정책을 쓰면서 국가 주도적 발전 전략을 취하였다. 그 다음으로는 1960년대 이후 가장 현대적인 중상주의적 발전 전략을 취하는 나라들이 동아시아 발전국가이다. 이들을 가리켜 '후후발 산업화 국가' 또는 '신중상주의 국가'라고도 한다. 이들은 경제발전계획을 수립하고, 핵심산업에 전략적으로 자원을 할당하고 압축 경제 성장을 도모한 국가들이다. 이 과정은 사회와 시장의 영향력을 차단한 권위주의적 · 관료주의적인 발전 방식이었다.

(3) 발전국가의 사례

① 20세기 초 일본의 자이부츠 기업과 정부의 협력 관계, 2차 대전 이후 통상산업성의 역할

② 국가이익 수호자로서의 프랑스 관료제

③ 독일, 오스트리아의 파트너십 국가

④ 국가주도 및 중상주의 전략의 동아시아 발전국가

3. 사회 민주주의 국가(케인지언 복지국가)

(1) 사회 민주주의 국가의 의미 및 특성

① 사회 민주주의 국가의 의미

사회 민주주의 국가는 새로운 사회의 구조를 만들기 위해 공정, 평등, 사회정의와 같은 원칙을 세워 사회에 적극적으로 개입하고, 각종 재분배 정책을 통해 사회적 약자들을 보호하는 분배를 중시하는 국가를 말한다.

② 사상적 배경

사회 민주주의 국가는 적극적 자유를 중시하는 현대 자유주의자(비판적 자유주의자)들의 이상을 반영하고 있다.

③ 사회 민주주의 국가의 핵심적 특징

㉠ 케인즈 주의

케인즈는 가격의 경직성으로 인해 시장의 자동조정기능이 불안정하다고 주장하면서 신고전학파 경제학에 대해 비판하였다. 그리고 시장이 자동조정기능의 불안정으로 인한 시장실패를 해결하기 위해 국가 개입의 필요성에 대한 당위를 주장하였다.

㉡ 사회복지

불평등을 정당화했던 신고전학파 경제학을 비판하고 케인즈 주의 경제학을 수용하여 불평등을 완화하고자 하였다. 그 결과 사회 민주주의 국가는 최소국가의 역할을 넘어 시장이 만들어 낸 불균형과 불공정을 시정하여 빈곤과 사회적 불평등을 해결하기 위한 적극적 역할을 하였다.

④ 다른 국가와의 비교

㉠ 발전국가와의 비교

발전국가와 사회 민주주의 국가는 시장과 사회에 적극적으로 개입한다는 공통점이 있다. 하지만 발전국가는 경제성장을 목적으로 경제에 개입을 하지만 사회 민주주의 국가는 사회적 약자를 보

호하고 시장의 실패를 교정하여 공정한 분배를 위해 사회에 적극적으로 개입하는 국가이다. 즉 발전국가는 성장을 중시한다면 사회 민주주의 국가는 분배를 중시하는 국가이다.

㉡ 최소국가와의 비교
최소국가는 국가를 필요악으로 여기며 사회(시장)에 개입해서는 안 된다는 소극적 관점을 가지고 있다. 반면에 사회 민주주의 국가는 사회정의를 통한 자유를 실현하고 증진시키기 위해 사회(시장)에 개입할 수 있다는 적극적 관점을 가지고 있다.

4. 사회주의 국가(집단화 국가)

(1) 의미

사회주의 국가론은 시장경제가 불평등과 부정의를 창출하기 때문에 국가가 근본적으로 통제해야 한다고 보는 입장이다. 이 입장은 시장경제의 비인간적인 측면, 즉 시장경제질서는 사회적 빈부격차를 심화시켜 불평등을 초래함과 동시에 인간의 기본적 신념체계마저 파괴한다는 점을 전제로 하고 있다. 따라서 사유재산제를 폐지하여 생산수단을 사회구성원들이 공동으로 소유할 것을 강조한다. 예를 들면 소련과 동유럽 공산주의 국가들이다.

(2) 특징

① 공동소유

② 중앙집권적인 계획경제 실시
기본적으로 사유재산제가 폐지되면 강력한 국가 없이도 사회구성원들이 자발적으로 경제활동을 조직하고 통제할 수 있을 것으로 보았지만, 현실의 사회주의 국가는 중앙집권적인 계획경제를 실시하였다.

5. 전체주의 국가

(1) 의미

전체주의 국가는 국가와 사회를 일원화하여 가장 극단적이고 광범위한 형태의 사회적 개입을 행하는 국가를 말한다. 대표적인 사례는 히틀러의 독일, 스탈린이 통치하던 소련이다.

(2) 특징

① 국가와 사회의 일원화로 사적 영역이 없어지고, 개인의 정체성 상실

② 이데올로기 조작: 이탈리아의 파시즘, 독일의 나치즘

③ 광범위한 감시와 폭력을 통한 통제

03 정치경제 모형

1. 문제제기

(1) 발전모델을 대처할 방안은 무엇인가?

한국의 눈부신 경제성장은 기본적으로 발전국가모델에 근거하고 있다. 문제는 민주화가 되면서 발전국가 모델을 대신할 국가발전모델이 필요하게 된 것이다. 국내의 이런 상황이 발생하면서 국가의 정치경제 모형이 소개되었고, 활발한 연구가 있었다.

(2) 정부는 어느 정도 개입할 것이냐? 어떤 부분에 개입할 것이냐?

정치경제모형과 관련된 핵심적 문제는 정부의 개입은 어디까지, 어느 정도 할 것인지 여부이다. 정부가 시장에 개입할 것이냐? 원천적으로 정부와 시장을 분리시킬 것이냐?에 대한 논쟁은 지속적으로 진행 중이다. 정부와 시장이 원천적으로 분리된다는 것은 현실적으로 불가능하다. 예컨대 정부의 규제 철폐를 외치고, 자유주의의 극단을 주장했던 신자유주의의 경우에도 적절한 거시경제정책의 개입을 인정한다.

2. 정치경제모형 예시 ≪2008년 기출

(1) 의의

국가와 시장 간의 관계, 성장과 재분배 간의 관계를 네 개의 정치모형으로 단순화한 것이다.

(2) 정치경제 모형

구분		자원배분과 조정의 주체	
		국가	시장
정책 우선순위	성장	발전국가 모형	자유주의 모형
	재분배	사회주의 모형	사회 민주주의 모형

(3) 발전국가 모형의 특징

① 효율적, 독립적, 자율적인 관료 조직이 정책을 주도한다.
② 유치산업을 보호하고 성장산업을 지원하는 정책을 쓴다.
③ 신중상주의와 보호주의적 무역정책을 추진한다.

(4) 자유주의 모형의 특징

① 개인의 자유를 강조하고, 공공지출과 복지정책을 축소한다.
② 자유시장경제가 효율성, 성장, 번영을 가져다준다고 믿는다.
③ 탈규제, 공기업 민영화, 포괄적 세금인하정책을 시행한다.

04 국가와 사회의 관계 양식에 따른 구분: 대등한 관계? 종속적 관계?

1. 문제의식

국가와 사회의 관계를 통한 국가구분의 의의는 국가가 사회보다 우위에 있는지 아니면 국가는 사회 안에 위치하는 영역인지, 국가가 사회 안의 영역이라고 한다면 자율성은 가지고 있는지 여부 등을 둘러싼 논쟁의 결과물이라고 할 수 있다. 여기에서 살펴보는 것은 이 논쟁의 핵심적인 내용과 더불어 다원주의 국가관의 경우에는 국가의 기능적인 측면까지 포함해서 살펴보고자 한다.

2. 다원주의 국가론

(1) 다원주의 국가론의 의미

자유주의 국가이론이 20세기에 오면서 다원주의 국가이론으로 발전되었다. 다원주의 국가론은 사회에서 경쟁하는 집단들과 개인들 사이에서 공정한 심판자(중재자)로서 행동하는 국가를 말한다. 이런 다원주의 국가론은 국가 중립성의 가정에 기초하기 때문이다. 하지만 국가 중립성의 가정이 옳은 것인지에 대해서는 여전히 논쟁의 대상이다. 또한 다원주의 내부의 논쟁 중 하나는 국가라는 개념의 추상성에 관한 것이다. 이런 이유로 다원주의자들은 '정부'라는 개념을 주로 연구 대상으로 삼는다. 대표적인 학자로는 라스키, 맥키버 그리고 신다원주의 학자로 불리는 로버트 달, 린드블룸, 갈브레이드 등이 있다. 특히 신다원주의 학자들은 다원주의에 대한 비판을 수용하여 다원주의 국가론을 발전시키려는 노력을 하였다.

(2) 다원주의 국가론의 특징

① 공정한 심판자(중재자)로서의 국가

② 균등하고 넓게 분산된 권력

③ 이익집단을 통한 정치참여
이익 집단들 상호 간에는 수평적 관계이며, 사람들은 다양한 집단에 가입해서 멤버십을 가진다고 가정한다.

④ 정치과정에서 이익의 조화로운 실현이 자연스럽게 실현된다.

⑤ 국가는 중립적이다.

⑥ 권력은 이익집단이 보유한다.

(3) 다원주의 국가론에 대한 비판과 신다원주의 학자들의 노력

① 국가주의 국가론은 다원주의 국가론이 국가가 단순히 이익표출을 반영하는 심판자가 아니라 사회적 갈등 자체를 적극적으로 조정하고 규제할 수 있는 능력이 있다는 점을 간과하고 있다고 비판하였다.

② 계급국가론은 다원주의 국가론이 다양한 이익집단들의 불평등한 계급적 구조에 따라 구분된다는 점을 무시하고 있다고 비판하였다.

③ 신다원주의 학자들의 노력

㉠ 대기업 집단의 특권적 지위 인정

㉡ 독자적인 이익을 추구하는 정부관료제를 강력한 이익집단으로 인정

3. 계급주의 국가론 : 종속적 관계

(1) 다원주의 국가론에 대한 비판과 동시에 마르크스 국가론의 한계를 극복하려고 함

계급주의 국가론은 다원주의 국가론에 대한 비판과 동시에 마르크스 국가론의 취약성을 이론적으로 극복하는 과정에서 등장하였다.

(2) 계급주의 국가론의 주요 관점

계급주의 국가론에 따르면 국가는 특정계급이 다른 계급을 지배하는 도구로 간주하는 마르크스의 입장을 근본적으로 따르고 있다. 이 입장은 국가의 자율성이라는 측면에서 도구주의와 구조주의, 헤게모니이론으로 나눠진다.

① **도구주의** : 지배계급의 도구로서의 국가

도구주의에 따르면 국가는 자본가들이 행사하는 사회적 압력의 산물이기 때문에 자율적이지 않다고 한다.

② **구조주의** : 상대적 자율성을 지닌 국가

반면 구조주의는 국가가 계급투쟁을 완화하고 자본주의 체제를 완화하기 위해 자본가의 과도한 요구나 단기적 이익 등을 누르기도 하는 어느 정도의 자율성을 확보하고 있다고 한다.

③ **헤게모니 이론** : 피지배자로부터 능동적인 동의를 얻어 만든 지배계급의 도구로서의 국가

㉠ **시민사회 내에 지배규범이 피지배계급을 지배하고 있음**

그람시에 의해 주장된 헤게모니 이론에 따르면 부르주아적 가치와 규범이 피지배계급을 지배하고 있다고 한다.

㉡ **헤게모니의 의미** : 도덕적 우월성

이때 헤게모니란 한 사회의 지배적인 가치문화를 구성하는 제도, 이데올로기, 관습, 행위자 등에 의해 복합적으로 표현된다.

㉢ **시민사회의 상황** : 지배적 헤게모니가 관철된 곳

이런 부르주아의 헤게모니가 관철된 곳이 시민사회이다. 따라서 시민사회는 마르크스가 말한 것처럼 하부구조가 아닌 상부구조인 것이다.

㉣ **헤게모니를 장악하기 위한 도구로서 교회**

국가는 지배계급의 권력 확대를 위해 교회, 언론, 학교를 1차적 도구로 사용하며 피지배집단이 조직화되지 않도록 하는 강제기구가 된다. 이런 국가는 지배계급이 자신의 지배를 정당화시킬 뿐만 아니라 피지배계급으로부터 능동적인 동의를 얻게 만드는 총체적 복합체가 된다.

4. 국가주의 국가론

(1) 베버의 관점 수용

베버에 따르면 국가는 관료조직에 의한 권위적 지배체제로, 일정한 영토 안에서 합리적인 물리적 강제력을 요구하는 인간공동체라고 규정하였다. 이런 차원에서 국가를 절대적인 지배권을 향유하는 초계급적인 실체로 간주하였다. 이와 같이 국가가 갖는 규제 체제와 이에 대한 정통성의 개념으로 접근한 베버는 국가의 핵심적 특징으로 관료제의 합법적 지배를 제시하였다.

(2) 국가중심적 시각

다원주의와 계급주의와는 달리 베버주의를 비롯한 국가 중심적 국가론은 국가가 사회와 독립되어 있다는 점을 전제로 한다. 따라서 국가는 사회의 어느 특정집단이나 계급의 이해가 아닌 스스로 목표를 설정하고 그것을 실현할 수 있는 능력을 지닌 자율적 존재로 파악한다.

(3) 상대적 자율성과 상대적 능력

국가 중심적 시각에 따르면 국가는 특정 사회세력과 무관하게 자신의 독자적 이익과 선호하는 가치에 따라 국익이라는 명목하에 그것을 실행할 수 있는 능력을 지닌 조직체이다. 이와 같은 국가 중심적 국가론의 대표적인 시각이 베버리안이다. 베버는 국가의 공공성과 합법적인 강제력을 중시하면서 국가를 사회의 공동선과 국가 자신의 이익을 능동적으로 추구하는 자율적인 행위자일 뿐만 아니라 초계급적인 행위자로 규정한다.

(4) 사례 : 발전국가, 조합주의 국가

이와 같이 고도의 자율성을 지닌 대표적인 국가 유형이 발전국가이다. 동아시아 경제발전에서 나타난 발전국가는 고도의 자율성과 강한 능력을 지닌 국가로, 사회가 지향할 목표를 수립하고 그 달성을 위한 정책을 집행하였다. 발전국가가 지닌 의미는 경제발전이 세계경제의 종속적 구조가 아니라 국가의 역량에 따라 가능하다는 점을 보여줬다는 점이다.
또한 계급갈등을 해소하기 위해 국가가 이익집단을 위계적으로 조직하고 통제하는 조합주의적 국가 역시 국가 중심적 시각에 기반하는 것으로 볼 수 있다.

05 국가와 시장의 관계

1. 문제의식

근대에 오면서 국가와 시장은 역할 분업이 이뤄졌다. 하지만 20세기에 오면서 시장이 야기한 자본주의의 문제점은 국가, 즉 사회 자체를 위기에 빠뜨리는 상황을 야기하기도 하였다. 이 상황에 대처하기 위해서 국가는 다시 시장에 개입하게 되었다. 이후 국가와 시장은 어떤 관계여야 하는지에 대한 논쟁이 계속되고 있다.

2. 공공재 국가

(1) 의미 : 최소국가론을 전제

공공재 국가론은 최소국가론을 전제로 경제에 대한 국가개입을 일정하게 인정하는 견해이다. 예컨대 영국의 야경국가, 21세기 신자유주의 국가가 여기에 해당한다.

(2) 기능 : 공공재 공급 기능 + 야경국가 기능

공공재 국가의 주요 기능은 공공재를 공급하고, 계약의 자유를 보장하며, 중립적 차원에서의 법과 질서를 유지하며, 외부의 공격에 대해 방해하는 것 등이다. 따라서 국가는 시장경제의 외적 조건만을 확보하는 일만 하면 된다. 또한 기업의 더 많은 경제활동을 보장하기 위해 사회복지 개입을 최소화함과 동시에 노동보호규제를 완화하기도 한다. 다만 법과 질서 유지 차원에서 강한 국가를 요구하고 있다. 또한 외부의 침략으로부터 자국을 보호하는 안보역할을 수행한다.

(3) 공공재 국가에 대한 평가

① 자유주의의 대표적인 국가론 : 자본주의 유지와 발전에 기여
이와 같은 입장은 자본주의 시장경제질서의 유지와 발전을 위해 국가가 할 수 있는 최저수준의 역할을 제시하고 있다는 점에서 의의가 있다.

② 자본주의가 유발하는 경제 문제 해결 능력 부족
하지만 계급갈등, 자본주의 모순, 경기변동 문제 등을 해결하기 위한 국가의 가장 기본적인 기능 등을 도외시하고 있다.

③ 국가는 시장의 잔여 영역 정도
공공재 국가는 국가기능을 시장경제의 보완물이나 교정물 정도로 보고, 정치를 시장의 잔여 영역 정도로 여긴다.

3. 케인지언 거시경제조정국가

(1) 의미 : 시장실패를 교정하기 위한 국가 ⇨ 시장제한

케인지언적 거시경제조정국가는 공공재 국가의 연장선상에서 시장에 개입하는 국가의 역할을 더욱 강조하는 입장이다. 즉 이 입장은 국가를 시장 활동을 적극적으로 규제하거나 촉진시키는 도구로 본다. 케인지언적 거시경제조정국가론은 고전학파의 완전경쟁시장모델을 일정하게 수정함과 동시에 시장실패를 교정하는 국가의 역할을 강조한다. 이 주장에서 국가는 시장을 규율함과 동시에 촉진시키는 도구이다.

(2) 주요 기능 : 경기조절 기능 및 공정한 경쟁을 확보하기 위한 역할 수행

시장은 불완전하여 실패를 초래할 수 있으며 경기불황을 초래할 수 있기 때문에 국가는 경기변동으로 발생할 수 있는 경제문제를 해결하기 위해 시장에 개입하는 것이 불가피하다는 입장이다. 또한 국가는 반독점법 등을 시행하여 시장의 공정한 경쟁을 확보하기 위한 역할을 수행해야 한다.

(3) 평가

신고전주의 경제학의 완전경쟁모델을 일정하게 수정한 것이다. 하지만 이 국가론은 국가개입에 의해 시장경제의 법칙들을 유지시키는 것을 중시하는 것이다.

4. 복지국가(사회권익국가)

(1) 의미 : 사회정의 및 분배정의를 강조하는 국가

현대 사회 민주주의자 및 사회적 자유주의자들이 주장하는 것으로 복지국가론, 재분배국가론, 사회권익국가, 적극국가론 등으로 불리기도 한다. 이 입장은 시장의 결과를 사회 정의 구현과 같은 규범적 목표에 적응시켜야 함을 강조한다. 이 입장에 따르면 국가의 정통성은 분배문제해결을 통해 확보된다는 것이다. 따라서 '분배정의' 내지 '분배적 평등'을 실현하는 데에 있어 국가의 적극적인 역할을 강조한다.

(2) 복지국가 ⇦ 적극적 자유 및 적극 국가와 관련 개념

이와 같은 국가론은 시민권의 확장과 함께 설명될 수 있다. 마샬(T. H. Marshall)에 따르면 18세기에 등장한 표현의 자유, 종교의 자유, 재산권의 보장 등과 같은 시민권이, 19세기에 정치적 시민권으로, 20세기에는 사회적 시민권으로 확장되면서 등장한 것이 복지국가라고 하였다. 하지만 이런 분배국가가 시장경제체제의 해체나 자본주의의 수정이나 포기를 의미하는 것은 아니다. 오히려 자본주의 발전을 위해 국가의 경제개입을 강조하는 것으로 볼 수 있다. 따라서 이런 국가의 개입이 실패할 경우 그 개입을 축소시키는 방향이 나타날 수도 있다.

Chapter

04 정치권력론

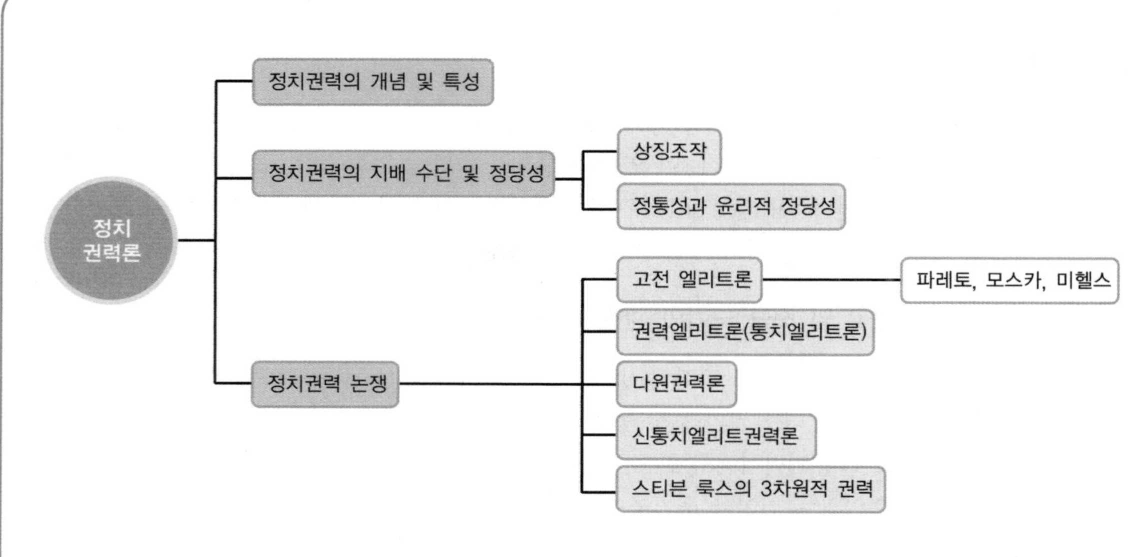

1. 국가는 분배를 결정하는 대표적인 권력이다.
2. 민주주의 국가의 권력은 정당성을 갖추어야 한다.
3. 일상에서도 권력관계가 형성된다.
4. 실질적으로 정치권력은 누가 가지고 있는가?
5. 정치권력을 어떻게 견제하고 감시할 것인가?

I 정치권력의 개념 및 특성

- 정치권력을 견제해야 하는 이유는 무엇일까? 어떻게 견제해야 할까?
- 교육적 시사점
  정치권력은 우리 삶에 어떤 영향을 미치고, 어떻게 작동하고 있을까?

01 정치권력의 개념

1. 정치권력의 의미

(1) 정치적 가치: 권력은 하고 싶은 것을 마음먹은 대로 가능하게 하는 것

사람들은 권력을 왜 가지고 싶어 할까? 사람들이 만약 권력을 가지고 싶어 한다면 권력은 일종의 가치가 된다. 그리고 가치인 권력을 가지게 되면 자신이 원하는 바대로 결정하거나 무엇인가를 얻을 수 있다. 따라서 권력이란 하나의 가치임과 동시에 어떤 가치를 얻을 수 있는 유용한 도구이다.

(2) 정치권력의 정의[36)]

① 베버의 정의: 자신의 의지를 관철시킬 수 있는 힘
이런 권력에 대해 합의된 정의는 존재하지 않는다. 권력은 일반적으로 의지를 관철할 수 있는 힘으로서 정의된다. 정치학에서 대표적인 정의로 인용되는 것이 베버의 정의이다. 베버(Weber)는 이런 관점에서 권력이란 어떤 사회적 관계 속에서 한 행위자가 다른 사람의 저항에도 불구하고 자신의 의지를 관철시킬 수 있는 힘이라고 정의했다. 현실적으로 살펴보면 정치권력은 분배를 조정하고 확정할 수 있는 힘을 말한다.

② 권력의 세 가지 개념적 요소: 갈등, 힘, 순응
바크라크와 바라츠(Bachrach & Baratz)는 이러한 관점에서 권력의 세 가지 개념적 요소를 제시한다. 권력은 첫째, 개인·집단들 상호간에 존재하는 이익 혹은 가치를 둘러싼 갈등을 전제로 하는 것, 둘째, 특정 개인·집단이 보유하고 있는 힘, 셋째, 힘에 순응하는 행위를 야기하는 것이라고 하였다.

③ 정치권력의 의미에 대한 정리
이런 정의들을 정리해 보면 권력은 다른 사람의 행동을 변화시킬 수 있는 힘이며, 지배와 복종의 관계를 만들어 낸다.

36) 정치권력의 주체는 누구인가라고 물으면 무엇이라고 대답을 해야 할까? 고등학교 교과서는 거의 국가만을 언급하고 있다. 정치 개론서에는 언급 자체가 없다. 실제적으로 현대 사회에서 정치권력의 주체는 국가만이 아니다. 시장과 시민사회도 정치권력의 주체가 될 수 있다는 점을 이해하고 정치현상을 이해하기를 권한다.

2. 국가권력

(1) 정치권력의 대표적 형태

이런 정치권력은 여러 권력의 한 유형이지만 여타의 사회적 관계를 지배할 수 있는 포괄적이고 집중적인 성격을 보인다. 이런 점에서 국가권력이 정치권력의 핵심이라고 할 수 있다.

(2) 사회권력과 다른 점

메리엄(Merriam)은 권력의 일반성, 집중성, 강제성, 잔존성에 의해 사회권력과 정치권력을 구분하였다.

① 일반성
일반성이란 사회권력과 달리 국가 영토 내에서 포괄적으로 행사된다는 점을 말한다.

② 집중성
집중성이란 정치권력이 하나의 정점으로 통합, 집중, 지속화되는 경향을 말한다.

③ 강제성
강제성이란 물리적인 수단에 의존하여 정치권력에 불복할 경우 처벌하고 강제할 수 있다는 점을 말한다.

④ 잔존성
잔존성이란 사회적 갈등이 존재하는 이상 정치권력은 잔존할 수밖에 없다는 것이다.

3. 정치권력의 본질

그렇다면 지배와 복종으로 나타나는 정치권력 현상의 본질은 무엇일까? 이에 대한 설명으로 권력실체설과 권력관계설이 있다.

(1) 권력실체설: 권력은 지배할 수 있는 힘, 가치박탈과 복종을 강제할 수 있는 힘

권력실체설은 권력은 하나의 실체이고, 타인이나 집단을 지배하기 위하여 지배자가 소유하는 물건으로 여기는 입장이다. 즉 권력을 쟁취하거나 보유한 사람(엘리트)과 그렇지 못한 사람(대중)의 관계로 이 관계를 치자와 피치자의 관계로 보는 입장이다. 이런 권력실체설은 권력을 보유하는 주체의 강제력을 강조한다. 이 입장의 대표적인 학자로는 홉스, 헤겔, 막스, 레닌, 히틀러, 스탈린 등이다.

(2) 권력관계설: 치자와 피치자 간의 상호작용 내지는 관계 ≪피치자의 동의를 확보

한편 권력관계설은 권력을 치자(엘리트)와 피치자(대중) 간의 상호작용 내지는 관계로 보는 입장이다. 민주주의 사회에서 정치권력은 피치자(대중)의 동의를 확보해야만 한다. 이런 동의를 통해서 정치권력이 원만하게 성립하고 지속될 수 있다는 점을 주장하는 것이 권력관계설이다. 따라서 권력관계설은 피치자의 동의를 강조한다. 이 입장을 취하는 대표적인 경우가 사회계약론, 현대적 입장이다.

(3) 절충설: 정치권력은 강제성과 동의와 지지에 의한 것

권력실체설과 권력관계설은 서로 대립하는 입장으로만 볼 수는 없다. 왜냐하면 강제에 의한 동의, 심리적 강제 등에서처럼 강제와 동의는 심층적으로 연관되어 있기 때문이다. 이런 점을 감안하여 프리드리히는 "권력이란 지도자와 피지도자가 어떠한 공통목적을 달성하기 위하여 일부는 강제에 의하여 일부는 동의에 의하여 상호간에 서로 결합된 인간관계이다."라고 권력의 본질을 정의했다.

4. 정치권력의 원천 및 양태: 정치권력은 어디에서 기인하는 것인가?

지배와 복종의 관계를 만들어 내는 권력은 물리적 힘(폭력), 경제적 부, 전문적 지식 및 조직, 사회적 지위 등을 원천으로 한다. 이런 원천을 통해서 나타나는 권력의 대표적인 양태는 강제력, 영향력, 권위이다.

(1) 강제력(물리적인 힘)과 권력

정치공동체의 구성원으로 하여금 권력에 의한 결정을 받아들이게 하는 가장 대표적인 방법이 강제력이다. 강제력 가운데 가장 직접적인 강제력은 신체에 가해지는 물리적인 힘이다. 물리적인 힘은 권력 자체라기보다는 권력의 궁극적 기초이며 수단이다. 특히 마르크스주의자들은 권력의 강제적 속성을 강조하며 정당한 권력도 합법적인 폭력을 의미한다고 주장한다. 국가는 물리적인 폭력의 합법적 독점을 통하여 권력을 행사한다.

(2) 경제적 부와 권력

그러나 물리적 힘에 의한 강제력만이 사람이나 집단 그리고 국가 간의 권력관계를 결정하는 것은 아니다. 칼 막스(Karl Marx)와 같은 사상가는 경제적 부의 힘이 오히려 더 근본적인 권력의 원천이라고 보았다. 그래서 그는 경제적 부를 소유한 사람들을 지배계급이라고 보았으며, 국가의 권력은 이들에 의하여 장악되고 있다고 주장하였다.

(3) 사회적 영향력과 권력

현대 사회에서 사람들이 추구하는 가치는 매우 다양하여 물리적 힘이나 경제적 부만으로 다른 사람이나 집단행동의 결과를 변화시킬 수는 없다. 개인적 명성, 학력과 같은 사회적 지위나 신분에 의해 이뤄지는 심리적 강제력이 작동되기도 한다. 이러한 심리적 강제력을 영향력이라 한다.

달(Dahl)은 권력을 복종하지 않을 경우 가혹한 손실을 입힐 수 있는 특별한 영향력이라고 정의함으로써 권력을 영향력의 특수한 형태로 보았다. 바크라크는 영향력을 비강압적이고 설득력 있는 권력이라고 정의함으로써 오히려 영향력을 권력의 특정한 형태로 보았다.

(4) 사회적 인정과 권위

권위는 사회적으로 인정받은 정당화된 권력을 말한다. 권위는 직접적인 강제나 분명한 보상의 유인책이 없는데도 특정인이나 특정집단, 혹은 국가의 권력행사를 아무런 저항 없이 자발적으로 받아들이려는 일반 사람들의 마음상태로부터 발생한다. 라스웰은 권위가 없는 국가권력을 '벌거벗은 권력', 즉 폭력이라고 하였다.

02 정치권력의 자기운동(속성) 및 특성

1. 정치권력의 자기 운동: 확장, 집중, 지속 운동

(1) 확장, 집중, 지속 운동

권력은 상대방을 제압하고 강제할 수 있는 힘이다. 이 힘은 근본적으로 이기적 속성에 따라 움직일 수밖에 없다. 구체적으로 말하자면 이기적 속성은 자신을 보존하기 위해 권력을 강화하고 지속하게끔 한다.
첫째, 권력은 자기보존의 차원에서 확장운동을 한다. 예컨대 공권력이 없는 평등한 상황에서 상호 불신과 공포는 힘에 의한 자기보존을 통해서만 극복될 수 있기 때문이다. '공포'는 자연상태에서 나타나는 가장 일반적인 감정인데 이러한 공포 때문에 겸허하게 자신의 한계 내에서 안락을 즐기려는 사람들조차 자신을 보호하기 위해 힘을 증대시키게 된다.
둘째, 권력을 강화하기 위해서 집중운동을 한다. 예컨대 조직이 커지면서 다수가 정책형성에 참여할 수 없다. 또한 정당의 규모와 복잡성의 증대는 정당의 활동에 전념할 지도자를 요청하게 된다. 이 과정에서 중앙집권적 현상이 생기고, 과두제가 형성된다.
셋째, 권력을 유지하기 위해서 지속운동을 한다. 권력을 지속하기 위해서 부정선거를 자행하고, 장기집권을 미화하기도 한다.

(2) 정치권력의 자기 운동으로 인한 문제점과 해결 방안

이런 권력의 운동을 제어하지 않을 경우 다수에게 심각한 피해를 주는 문제를 일으킬 수 있다. 우선 확장운동은 권력의 절대화를 초래하기 때문에 권력제한이 요청된다. 다음으로 집중운동은 권력의 과두제화를 초래하기 때문에 분산이 요청된다. 마지막으로 권력의 지속운동은 권력의 영구화를 초래하기 때문에 변경할 수 있는 제도 등이 필요하다.

(3) 사례 분석: 권력의 자기 운동과 해결 방안

① 카이사르는 국내 계급투쟁을 해소하고 광대한 로마 세계를 효율적으로 통치하기 위해서는 의사결정기관이 600여 명으로 구성된 공화정보다 단 한 사람으로 이루어진 제정이 더 적합하다고 생각했다. 기원전 44년 '딕타토르 페르페투아'가 된 카이사르는 지난 450년 동안 존속된 공화정에서 6개월로 제한되었던 단독 행정직의 권한을 무기한 누리며 금융, 행정, 사법, 보직 등 여러 분야에 걸쳐 대폭적인 개혁을 추진할 수 있게 되었다.

② 분석
집중운동과 지속운동이 나타나고 있다. 따라서 분산 및 변경 방안이 필요하다.

2. 정치권력이 사회권력과 다른 특징: 권력의 일반성, 집중성, 잔존성, 강제성

정치권력은 여타의 사회적 관계를 지배할 수 있는 포괄적이고 집중적인 성격을 보인다. 이런 점에서 메리엄(Merriam)은 권력의 일반성, 집중성, 잔존성, 강제성에 의해 사회권력과 정치권력을 구분하였다. 일반성이란 사회권력과 달리 국가 영토 내에서 포괄적으로 행사된다는 점을 말한다. 집중성이란 정치권력이 하나의 정점으로 통합, 집중, 지속화되는 경향을 말한다. 강제성이란 물리적인 수단에 의존하여 정치권력에 불복할 경우 처벌하고 강제할 수 있다는 점을 말한다. 잔존성이란 사회적 갈등이 존재하는 이상 정치권력은 잔존할 수밖에 없다는 것이다.

Ⅱ 정치권력의 정당성 및 지배수단

- 정치권력은 어떤 경우에 정당한가?
- 정치권력은 자신의 정당성을 어떻게 확보하는가?
- 교육적 시사점
  정치권력의 정당성은 형식적 정당성뿐만 아니라 윤리적 정당성을 요한다는 점, 정치권력이 정당성을 획득하기 위해 어떤 수단을 사용하는지에 대해 파악할 수 있다.

01 정치권력의 정당성 문제

1. **정통성**(사회적 정당성, 베버)

베버는 정치권력이 사회적으로 타당성을 인정받는 이유를 세 가지로 설명하였다. 베버에 따르면 권력이 정당성을 갖는 형태가 권위이다. 전통적 지배 · 카리스마적 지배 · 합법적 지배가 그것이다. 전통문화든, 리더의 비범한 자질이든, 근대적 법률이든 권력은 이런 권위를 갖출 때에만 사회적으로 승인되고 지속된다. 흥미로운 것은 베버가 합법적 지배에 바탕을 둔 카리스마적 지배, 즉 근대적 법률 · 관료제에 기반을 둔 카리스마적 지배를 현대 민주주의의 특징으로 파악했다는 점이다.

(1) **전통적 지배**(전통적 권위)

① 의미 및 특징

전통적 권위는 역사적으로 확립된 관습과 전통에 기초한다. 관습에 의해 정당성에 대한 아무런 의심 없이 전통적 지배는 이뤄진다. 그래서 복종은 일종의 자연적 질서가 된다.

② 사례 : 가부장제, 군주제 등

예컨대 황제의 후계지명이나 일본 천황의 지위 세습 등이다. 전통적 권위가 어떻게 작동하는지는 동학농민운동을 비롯한 우리나라의 민란의 실패를 통해 알 수 있다.

③ 한계

점진적 사회변화에서는 권위를 유지할 수 있지만, 사회가 급변하는 경우에는 권위를 유지하기 어렵다.

(2) **카리스마적 지배**(카리스마적 권위)

① 의미 및 특징

카리스마는 인민 다수로부터 열광적인 지지를 이끌어낼 있을 정도의 뛰어난 자질을 말한다. 카리스마적 지배란 뛰어난 개인적 자질로 생겨나는 권위에 의한 지배를 말한다. 관습과 전통을 무시한다는 측면에서 전통적 권위와 대조된다. 카리스마적 지배는 주로 혁명기에 등장한다. 베버에 따르면 카리스마적 지배는 형식 및 규칙과 거리가 먼 비합리적인 지배이며, 비합리적인 지배이기 때문에 혁명적이라고 하였다. 하지만 카리스마적 지배에서 카리스마는 지배자가 가진 것이 아니라 사람들이 인식한 것이라고 할 수 있다. 따라서 카리스마적 지도자는 평범하며, 선동과 상황이 그가 카리스마를 가지고 있다고 인식하게 만든 것이다.

② 사례 : 예수, 나폴레옹, 간디, 마틴 루터 킹, 히틀러, 각종 개인 숭배

③ 문제점

㉠ 무제한의 권력 행사와 무조건적 복종

카리스마적 권위는 공식적인 규칙 혹은 절차에 구속되지 않는다. 일반적으로 사람들에게 무조건의 복종을 요구한다.

㉡ 지배의 불안정성

특정한 개인에게 의존하는 지배이기 때문에 본질적으로 불안정하다. 나폴레옹과 같은 역사적 사례에서 보다시피 수명이 짧다. 따라서 일상화의 과정에 따라 전통적 지배나 합법적 지배로 전환될 필요가 있다.

④ 현대적인 상황에서 카리스마적 지배

카리스마적 지배를 지지하고 유지되기를 원하는 정치공동체의 사람들은 합법적 지배나 전통적 지배로의 전환을 모색하게 된다. 베버는 현대에 와서 카리스마적 지배는 선거를 통해 실현되는 '지도자 민주주의'와 결합된다고 보았다. 이런 결합의 과정에서 카리스마적 지배는 점차 안정화되고, 교육과 규율을 통해 객관화된다. 또한 제한 정부(limited government)의 실현을 추구하는 현대의 영향 속에서 카리스마적 영향력은 합리성에 의해 제한되는 것이다.

(3) **합법적 지배**(합법적 권위, 법적-합리적 권위)

① 의미 및 특징

㉠ 권위의 원천은 법이다.

합법적 지배는 법규화된 법적 질서 및 법 절차에 따를 경우에 생겨나는 정당성에 기반을 둔 지배를 말한다. 따라서 이 지배의 원천은 법이며, 합법적 지배는 합목적적 규칙과 질서에 따라 도덕적 의무를 지게 된다.

㉡ 탈인격적, 탈개인적 지배다.

오늘날에 따르면 법치주의에 의한 지배를 말한다. 복종은 통치자가 아닌 규칙과 절차에 근거하여 이뤄지는 것이다. 권위는 사람이 아닌 규칙과 절차에 따라 역할이나 지위에 따라 부여된다. 즉 법

규화된 질서관료들은 공식적인 합법성을 가지고 있기 때문에 피지배자들을 복종시킬 수 있다. 합법적 지배는 역사적 측면에서 시민계급의 투쟁의 산물이다. 절대 군주와 그 관료들의 횡포로 인한 인권 침해로부터 탈피하여 안정적이며 명문화된 법에 의한 지배를 선호하게 되었다.

ⓒ 관료제하의 지배다.
합법적 지배는 근대 관료제의 지배에서 찾아볼 수 있다. 정해진 법규와 규칙에 따라 공무원, 정치적 공무원, 판사 들은 자신들의 일을 수행하고 있다.

② 사례 : 행정법이 발달한 독일

③ 장점

㉠ 개인의 권리 보호와 권력 남용을 방지할 수 있다.
합법적 권위는 입헌주의와 법치주의에 따라 제한 정부를 유지한다. 이런 합법적 권위에 비해 전통적 권위와 카리스마적 권위는 권력을 남용하여 개인의 권리를 침해하거나 부정의한 상황을 초래할 위험성이 크다. 따라서 합법적 지배는 개인의 권리를 보호하고 자유 민주주의의 본질적 요소로서 기능을 한다.

㉡ 효율성 제고
합법적 지배는 합리적인 업무 분업을 통해 효율성을 높인다.

④ 합법적 지배와 관료제가 초래하는 부정적인 측면
베버는 효율성을 높이기 위한 관료제의 확산이 비인간적인 사회적 환경을 초래할 것이라고 우려하였다.

2. 윤리적 정당성

(1) 의미

정치권력이 정통성을 지니고 있다고 해서 도덕성까지 가지는 것은 아니다. 정치권력 스스로 무엇을 해야 할지, 할 수 없는지에 대한 성찰이 필요하다. 이런 논의가 바로 권력의 윤리적 정당성 문제이다.

(2) 정치권력의 윤리적 정당성에 대한 판단 기준

어떤 권력이 윤리적 정당성을 지니는지 여부는 권력의 한계가 있는지, 국민들의 안전과 질서를 추구하는지, 정의와 법원칙에 충실하게 권력행사를 하는지 등을 통해서 판단할 수 있다.

3. 정통성과 윤리적 정당성의 관계

정치권력의 정당성은 정치권력을 획득하는 절차나 형식뿐만 아니라 정치권력의 도덕성 또한 갖추어야 한다. 다음 대화를 읽고 확인해 보자.

> 갑(甲): 과거 정권은 국가 안보, 경제 성장을 내세워 국민의 자유와 권리를 공공연히 제약하였고, 정권의 정당성을 확립하지 못한 권위주의적인 통치를 하였습니다.
> 을(乙): 과거 정권은 당시의 헌법과 법률이 정한 절차에 따라 개헌하였고, 그에 따라 치러진 선거를 통해 집권하였으므로 정당성을 확보하지 못했다는 주장은 타당하지 않습니다.
> 갑(甲): 권력의 정당성은 단지 법이 정한 절차를 거쳤다고 확보되는 것이 아니라, 윤리적 정당성이라는 요건까지 갖추었을 때 확보되는 것이지요.

02 정치권력의 지배수단(정당성 확보 방안)

1. 설득적 방법과 강제적 방법

정치적 지배의 수단에는 설득적 방법과 강제적 방법이 있다.

(1) 설득적 방법

설득적 방법은 강제가 아닌 피지배자의 이성과 감성에 호소하여 복종을 얻어내는 수단이다. 이성에 호소하여 합리적으로 설득하는 것이 가장 이상적인 방법이지만, 대중의 전통·관습을 의식적으로 재편성하여 지배하는 방법, 인간의 명예심과 허영심 등을 이용한 포상 등과 같이 가치부여를 통한 설득 방법 등이 있다.

(2) 강제적 방법

강제적 방법으로는 세무사찰, 파면 등과 같은 가치박탈, 협박과 같은 심리적 폭력, 물리적 폭력 등과 같은 것이 있다. 설득은 피지배자의 자율적인 복종과 지지를 유도한다는 점에서, 강제는 타율적인 지지와 복종을 이끌어 낸다는 점에서 의의가 있다.

2. 상징조작

(1) 의의

정치권력은 여러 가지 필요성에 따라 다수의 심리를 이용하여 통제하려고 한다. 메리암(C. E. Merriam)은 인간의 심리를 이용한 정치권력의 상징 조작 수법에 대해 설명하고 있다. 그에 따르면 인간은 동일화를 추구하는 공감 심리가 있고, 자신의 체제를 합리화하여 질서에 귀속되고자 하는 심리를 가지고 있다. 이런 심리를 이용한 정치권력의 상징 조작 수법이 미란다와 크레덴다이다.

(2) 미란다(miranda): 감탄할 만한, 미화, 감정적·비합리적

미란다는 동일화의 심리를 이용하는 것으로, 예컨대 국기, 당기, 국가, 제복, 건축물, 조각상 등을 이용하여 다수가 공감을 가지도록 하는 수법이다.

(3) **크레덴다**(credenda): 신조체계를 통한 설득, 이성적·합리적

크레덴다는 질서귀속심리를 이용하는 것으로, 예컨대 예식, 정치적 이데올로기, 상징체계, 사회 계약론에 의한 복종, 왕권신수설에 의한 합법성 등을 이용하여 다수가 현재 질서를 합리적으로 수용하도록 하는 수법이다.

Ⅲ 정치권력 논쟁

- **세상은 소수의 엘리트가 지배하는가? 다수의 대중이 지배하는가?**
- **현재 우리가 살고 있는 세상은 민주주의 사회인가?**
- **교육적 시사점**
  정치권력이 어떻게 작동되는지를 이해하고, 정치권력에 대한 감시와 견제를 어떻게 해야 하는지에 대해 방법을 모색할 수 있다.

01 고전 엘리트론: 파레토, 모스카, 미헬스

1. 개요: 민주주의 낙관론 비판

고전적 엘리트론은 18세기에 대두된 민주주의적 낙관론에 대한 비관적 의문에서 출발하여, 마르크스의 '계급 없는 사회'를 비판하였다. 고전적 엘리트론은 마르크스 등이 주장한 인민 지배의 가능성을 비판하는 차원에서 제기되었다. 이들은 민주주의와 사회주의 이념에 담긴 평등주의적 가치를 비판하며, 소수 엘리트에 의한 지배가 바람직하다고 주장한다. 인간을 감정이나 본능에 따라 비논리적으로 행동하는 존재로 보거나, 일반 대중을 자치 능력이 없어 엘리트에 의해 지도받아야 하는 존재로 간주한다. 그리고 엘리트 지배의 근거를 정치·사회·경제 상황과 필요, 국민의 선택, 정치제도, 정치문화 등이 아닌 엘리트의 재능과 심리적인 특성에서 찾는다. 그래서 이들은 어느 사회에서나 지배하는 엘리트가 존재해왔으며, 미래에도 그럴 것이라고 주장을 한다. 따라서 이들에 따르면 민주주의란 인민의 지배가 아니라 정치 엘리트의 지배일 뿐이다. 주요이론은 다음과 같다.

2. **파레토**(Paleto)의 **통치엘리트론**(엘리트 순환론)

(1) **사회구성의 모습**: 엘리트(통치엘리트와 비통치엘리트)와 비엘리트(대중)로 구성

① 엘리트의 의미: 등급 중에 상위권에 속하는 자들
분야별로 가장 우수한 엘리트와 그 나머지인 비엘리트로 구성되며 다시 엘리트는 통치엘리트와 비통치엘리트로 나누어진다. 인간의 성공여부를 통해 등급을 나눌 수 있고, 등급 중에 상위권에 속하는 자들을 엘리트라고 하였다. 그는 역사를 엘리트와 비엘리트의 관계, 심리학적으로 엘리트가 어떻게 구성되는가로 보았다.

② 엘리트 유형: 통합의 재능을 지닌 여우형과 신념과 완력을 지닌 사자형

그는 엘리트를 통합의 재능을 지닌 여우형과 신념과 완력을 지닌 사자형으로 구분하였다. 그에 따르면 정치적 안정은 두 유형의 엘리트가 순환적으로 충원될 때 이뤄지지만 이런 순환이 발생하기란 어렵다고 하였다.

(2) 엘리트 순환론

① 인류의 역사는 소수 엘리트 사이의 투쟁의 역사

파레토(Paleto)는 인류의 역사를 소수 엘리트 사이의 투쟁의 역사로 보았다.

② 투쟁의 과정에서 엘리트가 순환

이 투쟁과정에서 엘리트는 순환된다. 엘리트의 순환은 개인이 엘리트층과 비엘리트층과의 사이를 왕래하거나 또는 엘리트층의 내부에서 서로 전혀 다른 유형의 엘리트가 교체된다는 것을 의미한다. 엘리트층은 쇠퇴하는 경향이 있으며 비엘리트층에는 우수한 엘리트 후보를 산출하는 경향이 있기 때문에 역사란 귀족계급의 묘지와 같다고 하였다.

③ 순환의 목적

이 같은 순환의 목적은 구 엘리트의 몰락으로 인한 사회 전체의 파괴를 방지하는 데 있으며 그 순환과정은 몰락한 구 엘리트가 비엘리트층으로 강등하고 비엘리트층 내의 우수한 자는 엘리트층으로 승진하는 절차를 의미한다.

3. 모스카(Mosca)의 지배계급론

(1) 사회구성의 모습: 정치계급(지배계급 − 하위엘리트 − 대중)

모스카는 사회가 '지배계급−하위엘리트−대중'으로 구성되어 있다고 설명한다. 이 중 정치계급은 지배계급 및 하위엘리트이다. 지배계급은 소수이면서도 모든 정치권력을 독점하고 정치적 기능을 수행하며 권력으로 인한 모든 이익을 점유하는 반면에 피지배계급은 다수이면서도 때로는 합법적인 수단으로 때로는 폭력적이거나 자의적인 수단에 의한 지배계급의 통제를 받는다.

(2) 소수 지배의 불가피성 강조: 조직화된 소수가 조직화되지 못한 다수를 지배

모스카(Mosca)는 모든 사회에서 조직화된 소수가 조직화되지 못한 다수를 지배하는 현상은 항상 존재한다고 하였다. 조직화된 소수는 초자연적 신념이나 합리적으로 보이는 개념들을 통해서 정치권력의 행사를 합법화하고 도덕화한다고 하였다.

4. 미헬스(Michels)의 과두제 철칙

(1) 과두제의 철칙

미헬스는 소수가 다수를 지배하는 것은 모든 조직에서 필연적이라는 과두제의 철칙을 주장하였다. 그는 국가, 정당, 노조, 교회 등 비교적 규모가 크고 복잡한 조직일수록 소수의 지도자가 권력을 장악하여 효과적인 집행을 시도한다고 주장하였다. 이런 그의 주장은 당시 평등을 주장하며 사회주의 정당을 운영하고 있던 사회주의자들에게도 크나큰 충격으로 받아들여졌다.

(2) 근대사회 조직론 : 대규모 조직과 관료제의 문제점

① 대규모 조직의 효율적 운영의 필요성 ⇨ 과두지배 현상
과두지배 현상은 조직이 매우 크다는 점에서 비롯된다. 매우 큰 조직을 효율적으로 운영하기 위해서는, 구성원 전부가 참여하여 의사결정하고 집행을 한다는 것은 행정적으로 기술적으로 불가능하다는 점 때문이다. 특히 외부적인 적과 싸워야 되는 상황에서라면 더욱 소수에 의한 조직운영이 정당화된다. 따라서 조직의 거대화는 일반대중을 조직의 부품처럼 소외시키고 무능화시키게 되는 것이다.

② 대중을 소외시킴
이로 인해 일반대중은 중요한 회합에 참여하여 정보를 이용할 기회를 접하기 어려우며, 권력분배에도 무관심하게 되며, 소수의 지도자에 대한 존경과 감사를 하고, 강한 지도력에 목말라하게 된다.

③ 소수 엘리트의 독점적 지배
반면에 지도자인 소수 엘리트는 지식 정보를 독점하고, 정치적 기술을 습득하고 활용함과 동시에 공적 커뮤니케이션을 장악하여 그 영향력을 확대한다. 이런 가운데 정치적 지도자들은 국민에 대한 헌신과 봉사라는 사명감을 버리고 자신의 권력 유지를 우선시하는 심리적 변화를 겪는다. 일단 지도자가 되면 자신의 권력을 유지하기 위해 배타적으로 행동하기 때문에 새로운 지도자의 충원은 기대하기 어려워진다. 이와 같은 지도자에 대해 대중은 조직과 동일시하는 현상을 보이게 된다. 예컨대 모 그룹의 회장은 모 그룹이 아님에도 불구하고 대중들은 동일한 것으로 보는 시각이 있다. 마찬가지로 대통령이 국가는 아닌데 대중들은 대통령과 국가를 동일한 것으로 보기도 한다.

(3) 과두제 형성의 원인

앞서 살펴본 내용을 토대로 과두제 형성의 원인을 요약해 보면 다음과 같다.

① 첫째, 거대한 조직에서 민주주의란 구조적으로 불가능하여 다수의견을 수렴할 길이 없으므로 대표자와 전문가의 존재는 불가피하다.

② 둘째, 대중보다 우수한 자들이 지도자로 부상하여 엘리트를 형성한다.

③ 셋째, 대중의 무능과 정치적 무관심 때문에 대중은 지배받으려는 내재적 욕구를 가진다.

02 권력엘리트론(통치엘리트론)

1. 개요

(1) 다원주의, 경쟁적 엘리트 민주주의론 미국에서 전개

1942년 슘페터에서 비롯되어 1950년대 달(Dahl) 등에 의해 '다원주의[37]'의 초기단계가 마련되었다. 이 초기 단계의 다원주의는 '엘리트 민주주의'를 내포하고 있다. 초기 엘리트 민주주의는 고전적 민주주의 이론을 비판적으로 검토하여 현실적으로 제시된 수정 민주주의 이론이다. 그러나 이들은 시민들의 제한적 정치참여, 사회조직의 다원화 및 복수 엘리트 간의 경쟁에 의하여 현실적으로 민주주의가 가능하다는 주장을 하였지만 경험적 정치이론 수준에 이르지는 못하였다.

(2) 1960년대 미국에서 공동체 권력구조 논쟁: 다원권력론과 반다원주의의 논쟁

1960년대 미국에서 공동체 권력구조 논쟁이 벌어졌다. 이것은 다원권력론과 반다원주의의 논쟁이었다. 헌터(Hunter), 밀즈(Mills) 등은 엘리트 민주주의론의 다원성에 대해 경험적 연구를 통해 권력엘리트 이론을 제시하였다. 이들의 핵심적 주장은 "권력은 고도로 집중되어 있다."는 것이다.

(3) 헌터(Hunter), 밀즈(Mills) 등의 권력엘리트론: 미국은 권력엘리트가 통치하는 비민주적 사회

권력엘리트론은 고전 엘리트론과 마찬가지로 모든 정치사회는 소수의 지배 엘리트들이 다수의 대중을 규제·통제한다고 한다. 이 주장에 따르면 권력엘리트는 피라미드형의 권력구조에서 최고의 정점을 차지하고 있는 집단을 말한다. 이들의 연구에 문제점이 있지만 독창적인 방법을 통해 권력이론의 신기원을 이뤘다는 평가를 받는다.

2. 헌터(Hunter): 경제엘리트가 사회를 지배

(1) 연구방법 및 결과: 명성방법(평판적 접근법)을 사용

헌터는 명성방법(평판적 접근법)을 사용하여 조지아주 애틀랜타시의 권력구조를 조사한 후에 지역 권력구조의 최상층에는 경제엘리트가 존재한다는 것을 증명하였다. 그는 이런 논의를 발전시켜 미국 권력 구조의 최상층을 경제계 인물이 차지하고 있다고 주장했다.

(2) 사회구성의 모습

권력엘리트는 계서적으로 구조화되어 있으며 응집적 피라미드식 권력구조 꼭대기에는 경제엘리트가 자리잡고 있고, 이들이 대부분의 중요 정책을 배후에서 조종하며, 자기네들만의 공동이익을 위해 응집적으로 뭉쳐 있고, 정부는 어디까지나 제2차적 수준의 기관으로서 정책집행을 위한 도구에 지나지 않는다는 것이다.

---

37) 다원주의는 집단 간의 경쟁을 통해 이뤄지는 민주주의 유형을 말한다.

(3) 권력엘리트에 대한 비판

권력엘리트들이 자기 집단의 이해관계 이외의 다른 수많은 이익에 대해 무책임했다는 점을 지적하고 엘리트 지배의 문제점을 주장했다. 그에 의하면 자본주의 윤리가 널리 퍼진 사회의 현실은 필연적으로 소득과 경제적 권력의 엄청난 불평등을 낳고, 그래서 결국 경제엘리트에 의해서 지배되는 정치체계를 초래케 하며, 그곳에서는 지배자와 피지배자 간의 엄청난 갭이 존재할 수밖에 없으며, 따라서 민주주의는 활력을 잃을 위험에 처하게 될 수밖에 없는 것이었다.

3. 밀즈(Mills)

(1) 파워엘리트(철의 삼각형) : 3자로 구성된 파워엘리트

밀즈(Mills)는 지위방법을 사용하여 미국사회를 실증분석한 후 권력과 사회적 가치를 독점적으로 차지하는 집단을 파워엘리트라 정의하였다. 그에 따르면 중앙집권화와 조직화가 가장 잘 된 기업체, 정부 내의 행정 관료 기구 및 군부 관료 기구의 정상급 지위를 차지하고 이들 세 부류의 지도자들이 '파워엘리트'이다. 3자로 구성된 파워엘리트는 3위1체가 되어서 상호 밀접한 관계로 얽혀져 있고, 직위도 교체해 가면서 향유하고 있으며 오늘날 미국의 중요한 국가정책을 결정하며, 타 집단들은 이들 권력엘리트에 의해서 결정된 정책에 적응하는 역할밖에 못하고 있다는 것이다. 그에 따르면 정치과정에서 '대통령을 둘러싼 정치집단, 대기업, 군부'로 구성된 응집적인 권력 엘리트(power elite)가 다수 국민을 배제한 채 국가를 지배하는 것이 민주주의 현실이다. 그도 헌터와 마찬가지로 사회를 방대한 피라미드로 이해하고 있으며, 그 정상에 권력엘리트들이 자리 잡고 있는데, 이들은 파워엘리트의 명령과 지시만을 받고 움직이는 사람들이라는 것이다.

(2) 사회구성의 모습 : 파워엘리트 – 중간수준의 권력 – 대중

밀즈에 따르면 사회구조는 '파워엘리트(권력엘리트) – 중간수준의 권력(국회의원, 주 및 지방정부의 관리들, 노조지도자, 이익집단의 지도자 등) – 대중'으로 구성되어 있다고 제시하였다. 밀즈는 대중들의 관심과 집중이 중간수준의 권력에 집중한 나머지 파워엘리트로 정치권력이 집중되어 있는 현상을 보지 못하고 있다고 비판하였다.

(3) 권력엘리트에 대한 비판

밀즈는 권력엘리트가 무책임하고 부도덕하다는 주장을 하고 있다. 그에 의하면 권력엘리트들은 자기네들끼리 일체감과 공동이익을 갖고, 그들 간에는 갈등이 없으며 그리고 그들은 사회의 여러 경쟁적인 다양한 이익을 대변하지 않는다는 것이다. 그의 견해를 보면 그들의 단합은 호선(cooptation), 엘리트 간의 순환 및 계급적 동질성에 기인한다는 것이다.

(4) 미국 사회에 대한 비판

① 대중의 무관심과 무지에 대한 비판
밀즈는 대중들의 관심과 집중이 중간수준의 권력에 집중한 나머지 파워엘리트로 부와 사회적 지위가 집중되는 현상을 보지 못하고 있다고 비판하였다.

② 미국의 비민주성과 통치의 정치권력의 강제성에 대한 비판

03 다원권력론: 정치엘리트는 여러 엘리트 지배 그룹 중의 하나에 불과

1. 다원주의 이론가들의 노력

(1) 대표적 학자들

다원주의 이론의 윤곽이 드러난 것은 1950년대 후반부터 달(Dahl), 폴즈비, 울핑거 등의 노력에 의한 것이었다.

(2) 권력엘리트론이 주장하는 단일한 엘리트 집단이 지배한다는 것에 대해 부정

이들은 밀즈와 헌터의 권력엘리트론을 비판하면서 다원주의 원리에 충실하게 정치권력이 분산되어 있음을 설명하였다. 다원주의자들은 소수 엘리트가 정치과정을 지배한다는 현실과 논리를 수용하지만, 민주주의 사회에서 사회적・정치적 주요문제를 통제하는 단일한 엘리트 집단이 지배한다는 것에 대해 부정하였다.

2. 달(Dahl)의 'Who Governs?'

(1) 권력엘리트론에 대한 비판

① 권력을 분산될 수 없는 것으로 인식하는 것: 독점되는 것으로 인식하는 것
권력엘리트론자들이 "권력을 단일의 견고하고 쪼갤 수 없는 덩어리로 간주하는 오류(The lump of power fallacy)"를 범했다고 주장한다. 권력엘리트론자들에 의하면 권력이란 덩어리는 한 행위자에서 다른 행위자로 전달될 수는 있으나 공유될 수는 없는 것으로 간주된다. 그래서 한쪽이 권력을 전유하면 그 반대쪽은 전혀 권력을 갖지 않게 되고 권력의 분배도 한 가지 방식으로만 분배된다. 달은 권력엘리트론자들이 이러한 오류를 범함으로써 권력을 소유한 '권력엘리트'가 미국의 권력을 독점하고 있는 것으로 생각하고 있다고 비판한다.

② 정치권력의 강제성만을 강조하고 합법성 무시
달은 권력엘리트론자들이 정치권력의 강제성만을 강조하고 합법성을 다루지 않는다고 비판하였다.

③ 복종은 가치박탈로 인한 두려움이 아니라 이익을 얻기 위한 행위
그는 권력에 대한 복종은 가치박탈에 대한 두려움 때문이 아니라 복종자의 이익에도 부합하기 때문이라고 하면서 권력의 합법성을 강조하였다.

⑵ **다원주의**: 미국의 정치권력은 독점이 아닌 분산적·경쟁적 구조, 선거경쟁 ⇨ 정치엘리트

달(Dahl)은 연구를 통해 미국의 정치권력이 소수 엘리트에 집중되어 있지 않고 다양한 집단에게 분산되어 있다고 주장하였다. 즉 그의 주장에 따르면 엘리트는 경쟁적 집단과 이익집단의 지도적 인물들로 구성되어 있지만 분열되어 있고, 이들 간의 선거 경쟁이 민주적인 지배를 보장한다고 하였다. 그에게 민주주의는 정치 평등, 대중 참여, 자유 등의 가치와 원칙을 추구하는 정치체제가 아닌 하나의 정치적 방법으로 간주된다. 이 관점은 시장경제원리를 응용하여 정치 관계를 기업가로서의 정치가와 소비자로서의 투표자 관계로 설명하는 이론을 발전시킨다.

⑶ **정치엘리트 개념**: 정책결정에 참여하여 관철시킬 수 있는 엘리트

달은 밀즈 등이 권력의 범위, 잠재적 자원과 실재적 자원 그리고 권력배분 등에 대한 구체적이고 명확한 기준을 결여한 채 권력엘리트를 규정하였다고 비판하였다. 그는 정치엘리트를 정치자원을 가진 사람 가운데서도 정책형성과정에 참여할 의사와 자기가 원하는 정책을 관철시킬 수 있는 능력까지도 가지고 있는 자 혹은 집단이라고 정의하였다.

⑷ **정치엘리트의 권력행사 범위를 공공분야로 축소**: 축조주의, 실제적 권력

권력의 개념을 잠재적 권력과 실제적 권력으로 구분한 달은 권력엘리트가 미칠 수 있는 분야는 공공분야에 불과하며, 이 또한 각 엘리트 집단이 나름대로의 자율성을 가지고 있다고 본다. 이런 점에서 그는 권력에 대해서 공공이익 개념과 정당화 개념이 함께 다뤄져야 한다고 주장한다.

3. 정치권력의 성격 및 행사방식: 일차원적 권력론, 실제적 행사, 명시적인 권력행위

달은 권력에 대하여 'A로 하여금 별다른 일이 없었다면 하지 않았을 무엇인가를 B가 하도록 만드는 A의 성공적인 시도'[38]라 주장했다. 이러한 주장은 일차적 권력의 시각에서 가장 핵심적인 것은 권력의 실제적 행사라는 것을 나타내고 있음을 알 수 있다. 즉 권력이란 이해관계자 간에 누군가가 다른 누군가에게 실제적으로 행사한 영향력, 바로 그것을 권력이라 지칭하고 있는 것이다.

38) Robert A. Dahl, "The Concept of Power", *Behavioral Science* 2, 1957, pp.201~205

04 신통치엘리트권력론

1. 다원권력론에 대한 비판: 명시적인 권력행위의 중요성을 지나치게 강조

신통치엘리트권력론은 다원권력론(1차원적 권력론)이 권력의 양면성을 간과하였음을 비판하면서 비가시적 권력(implicit power)을 강조하였다. 바크라크와 바라츠에 따르면 다원주의자들은 의사결정이나 거부권 행사와 같은 명시적인 권력행위의 중요성을 지나치게 강조한다고 지적하였다. 그 결과 다원주의자들이 주장하는 권력론은 실질적으로 정치권력이 의사결정의 폭을 자신들에게 유리한 쟁점들로만 한정지을 수 있다는 점을 고려하지 못한다고 비판하였다.

2. 신통치엘리트권력론 의미: 결정과 비결정

달을 포함한 1차원적 권력이론이 실제적으로 행사되는 권력만을 대상으로 연구를 해야 한다고 주장했다면, 바크라크와 바라츠는 정책결정에 직접 참여하거나 참여하지 않고도 힘, 권위, 영향력 등으로 정책을 자기가 원하는 방향으로 유도하고 확정할 수 있는 것이 권력엘리트라는 점을 강조하였다. 즉 비결정 개념을 강조하였다. 결론적으로 바크라크와 바라츠는 만족스러운 권력분석은 1차원적 권력에 대한 분석뿐만 아니라 비결정 모두를 고려해야 한다고 주장하였다.

3. 권력의 양면성: 결정적 권력과 비결정적 권력

(1) 결정(decision)과 비(무)결정(non-decision)

① 결정과 비결정의 의미

바크라크와 바라츠는 결정은 명시적인 의사결정을 내리는 1차원적 권력을 의미하고, 비결정은 의사결정의 폭을 자신들에게 유리한 쟁점들로만 한정지을 수 있는 것을 의미한다고 하였다.

② 권력의 양면성으로서 결정과 비결정

바크라크와 바라츠는 권력은 결정과 비결정(무결정)이라는 양면성을 보유하고 있는데 다원론자들이 이런 권력의 모습을 간과하였다고 비판하였다. 권력엘리트는 정책결정에 직접 참여하거나(결정), 참여하지 않고도 힘·권위·영향력 등에 의해 정책을 자기가 원하는 방향으로 인도하고 유지할 수 있다(비결정)고 주장한다. 이들에 따르면 권력은 그리고 비가시적 권력인 '비결정'을 가시적 권력인 '결정'보다 더 중시하였다.

(2) 2차원적 권력: 사안의 선택과 배제를 결정할 수 있는 권력

2차원적 권력은 어떤 사항을 논의하고 논의하지 않을 것인지를 결정하는, 다시 말해서 사안의 선택과 배제를 결정할 수 있는 권력을 말한다. 이 권력은 구조와 관련되기 때문에 구조적 권력이라고 할 수 있다.

(3) 권력의 두 얼굴 ⇨ 순응하게 만드는 모든 행위 자체가 권력

① 위협을 통해 복종을 확보해 나가는 얼굴

이 얼굴은 다원권력론이 이야기하는 의미, 즉 체제의 위협을 통해 복종을 확보해 나가는 것을 의미한다.

② 명시적인 위협을 가하지 않은 채 상대방의 행동을 변경하도록 만드는 것(영향력)
두 번째 얼굴은 명시적인 위협을 가하지 않은 채 상대방의 행동을 변경하도록 만드는 것(영향력)을 말한다. 이 설명에 따르면 A와 B 사이에 합의가 일어나지 않았다 하더라도 B가 A에 순응하고 있다면 그것조차 권력이라 정의하고 있는 것이다.

③ 상대방을 순응하게 만드는 모든 행위 자체가 권력
강압에 의해 상대방이 순종하였건, 스스로 누군가의 요구가 합당하였기에 순응하였건 간에 상대방을 순응하게 만드는 모든 행위 자체를 권력이라 규정지은 것이다. 또한 권력의 두 얼굴은 공개적으로 사용되는 가시적인 권력과 은연중에 내밀히 사용되는 비가시적 권력을 의미한다.

4. 비(무)결정성에 대한 행태 분석

(1) 비결정[39]의 의미 : 사안의 선택과 배제를 결정할 수 있는 의제설정권력

비결정이란 의사결정의 폭을 제한하여 권력으로 하여금 의도적으로 한정된 쟁점들에 대해서만 의사결정을 하도록 유도하는 것을 말한다. 즉, '의사결정자의 가치나 이해관계에 대해 잠재적이거나 명시적으로 도전하지 못하도록 억압하거나 좌절시키는 결과를 초래하는 일종의 결정'[40]이라 정리할 수 있는데 이러한 비결정을 통하여 갈등을 의제설정 단계에서 선별해버려 권력을 지배적으로 획득하고 있는 엘리트집단이 선호하는 의사결정이 이루어질 수 있도록 유도한다는 것이다. 따라서 비결정은 '의제설정권력'을 의미하는 것이다. 비결정권력에 비춰볼 때 대중들의 정치적 무감각은 권력엘리트의 조작에 의한 것으로 볼 수 있다.

(2) 편견의 동원화 ⇨ 공론화되지 못하는 결과 초래

이런 비결정에 대해 바크라크는 샤트슈나이더의 "편견의 동원화"란 아이디어를 고려하여 연구를 발전시켰다. 샤트슈나이더는 권력의 중심에서 갈등이 노출됨에 따라 결정세력들은 자기 측의 잠재적 동맹세력을 필요로 한다는 견해를 제시했다. 그래서 만연된 가치관, 신념, 의식 및 제도적 절차 등의 동원화가 존재하게 되는데, 이들은 조직적이고 체계적으로 그리고 일관되게 작동하면서 어떤 특정 그룹에게 배타적으로 유익하게 작용한다는 것이다.[41] 이런 편견의 동원화는 극단적 형태를 취하는 경우도 있는데 이 경우 지배적 가치는 폭력주의적 잔인성을 띠게 된다. 결국 편견의 동원화의 결과로 특정한 요구들은 비합리주의적인 것으로 간주되어지고 논의의 대상에서조차 멀어지기도 한다. 이러한 방식으로 비결정성은 발생하게 되고 그래서 어떤 요구들은 정상적인 정치적 채널을 통과하지도 못한다.

---

39) 무결정이라는 표현을 사용하기도 한다(서울대, 『정치학의 이해』). 하지만 다수적인 표현은 '비결정'이다.
40) *Ibid.*, p.36
41) Peter Bachrach & Morton S. Baratz, *Power and Poverty: Theory and Practice*(New York: Oxford University Press, 1970), p.43

(3) 사례

예컨대 성희롱을 문제제기한 여성은 정숙하지 못하거나 이익 등을 위해 남성에게 접근한다는 사회적 편견을 동원하거나 아예 공론화되지 못하도록 실무자들이 중간에서 의제를 차단시키는 경우 등이 있다. 이와 같이 국민대중의 욕구나 이해관계는 사회적 편견이나 구조적인 제약 등에 의해 자유롭게 표출되지 못하고 있다. 대중의 욕구나 이해관계는 지배집단에 의해 선택되고 배제될 수 있을 뿐이다.

5. 대중의 정치적 무관심에 대한 평가: 권력엘리트의 조작에 의한 것

바크라크와 바라츠는 권력엘리트가 선거에서 표를 얻기 위해서라도 정치에 무감각한 대중의 뜻을 존중할 수밖에 없다는 다원주의자들의 민주주의 이론에 대해서도 비판하였다. 바크라크와 바라츠에 따르면 대중들이 정치에 무감각하게 된 것은 권력엘리트의 조작에 의한 것이며, 이런 조작을 통해 권력엘리트들이 원하는 방향으로 정치를 이끌어 나간다고 하였다.

05 스티븐 룩스(S. Lukes)의 3차원적 권력

1. 신통치엘리트론에 대한 비판: 행태적인 측면에만 주목했다는 비판

(1) 행태적 접근에서 벗어나지 못함

스티븐 룩스는 바크라크와 바라츠의 구조적 권력개념이 실제적이고 관찰 가능한 갈등만을 고려한 나머지 체제의 편견의 문제, 즉 비가시적 권력의 본질에 접근해가지 못했다고 비판한다.

(2) 무행동에 주목할 필요성 주장

편견은 체제의 차원에서만 작동하는 것이 아니며, 정형화된 집단 행태와 제도들의 관행에 의해서도 유지되는데, 이러한 행태와 관행은 엘리트의 무행동에 의해 표출될 수도 있음을 간과했다는 것이다.

2. 반결정주의 권력론: 무행동

(1) 무행동의 개념화

헬드(Held) 등은 무행동의 개념을 '반결정론적 권력'으로 개념화하였다. 이들은 자유 민주주의 체제에서 사람들이 권력소유의 비대칭문제를 당연한 것으로 받아들이는 이유는 권력이 사회 전체의 이익을 위하여 행사된다는 믿음 때문이라고 한다.

(2) 행태주의 분석에 대한 비판: 선호와 행동의 불일치 및 왜곡 가능성 존재

개인의 이익과 욕구는 반드시 일치하고, 또한 개인의 선호와 일치하지 않는 객관적 이익이란 존재할 수 없다고 하는 행태주의 분석을 비판한다. 그리고 선호는 잘못 판단할 수 있으며, 이데올로기적 왜곡, 사회·정치적 제도의 영향으로 인하여 자신의 이익에 반하는 행동을 하기도 한다.

(3) 진정한 권력 행사의 증거는 무행동

대표적인 사례는 예컨대 소리 없는 권력인 거대기업의 영향력이다. 기업 이익을 보호하는 것은 효과적인 정책결정을 위하여 당연한 것이라고 정책결정자들이 전제하고 있기 때문에 기업은 구태여 정치적 참여를 시도할 필요가 없다. 자본주의사회에서는 국가가 기업의 자본축적에 구조적으로 의존하고 있기 때문에 정치권력은 기업에 특혜를 베풀지 않을 수 없다는 것이다.

3. 무행동의 성격: 엘리트의 무행동 ⇨ 권력이 원하는 대로 대중이 반응

(1) 3차원적 권력, 애초에 갈등을 차단하는 무행동 권력

애초부터 권력을 둘러싼 갈등이 밖으로 논의되지 못하게 막고, 대중은 피지배 상태를 의식하지 못한다.

(2) 구성적 권력: 인간의 사고와 행위를 주조

3차원적인 권력은 이데올로기나 사회화 그리고 교육 등을 통하여 사회구성원들의 인지적 차원을 통제할 수 있는 것을 말한다. 이 권력은 인간의 사고와 행위를 주조한다는 측면에서 구성적 권력이라고 할 수 있다.

(3) 심리적 억압방식을 활용하는 정치권력: 대중은 피지배 상태를 의식하지 못함

스티븐 룩스는 바크라크와 바라츠와 같이 경험적으로 관찰 가능한 권력에 집중함으로써 간과할 수 있는 권력행사방식, 즉 심리적 억압 방식에 주목하였다. 즉 그에 따르면 대중들의 선호나 소망 등에 영향을 미치고, 이에 영향을 받은 대중들은 권력엘리트가 원하지 않는 이슈를 애초에 제기할 수 없게 된다는 것이다. 따라서 권력을 행사하는 이들과 다른 이해관계를 갖고 있으면서 배제당하는 사람들이 자신들의 이해관계가 무엇인지 인식하지 못하고, 그 결과에 대한 이해관계를 표현하지도 못하는 상황을 함께 고려해야 한다고 주장하였다.

(4) 가장 효과적이고 교활한 권력 행사

이데올로기에 의한 지배와 같이 개인의 이익과 취향의 형성에 영향을 미치는 제3의 권력이 존재하며, 일상생활을 억압하는 이 지배 권력은 보이지 않게 작동하고 있다. 권력의 행사가 꼭 가시적이지 않더라도 인간의 가치관, 욕구를 통제함으로써 이루어질 수 있다는 것이다. 사회화과정, 사회기조 조성 등을 통하여 사고통제를 이루어 낼 수 있다면 순응과 불응 자체를 통제할 수 있게 된다. 그 결과 애초에 갈등이 표출되지 않는 '무행동'이 나타난다.

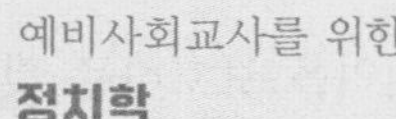

제2부는 정치공동체의 민주주의 발전, 즉 정치발전의 목표를 정리해 보고자 한다.
제2부의 관련 내용은 다음과 같다.

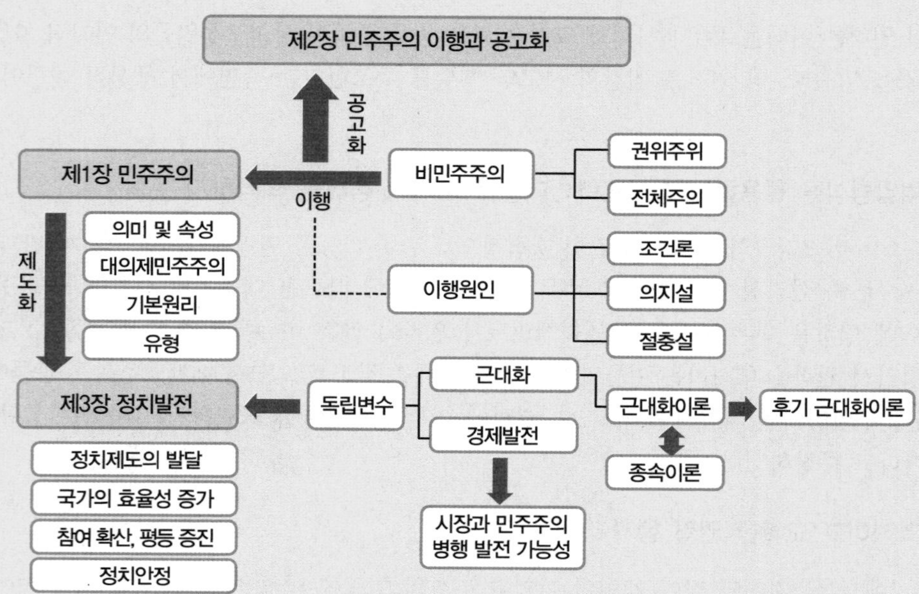

Part

02

민주주의와 정치발전

예비사회교사를 위한 정치학

Chapter 01

민주주의론

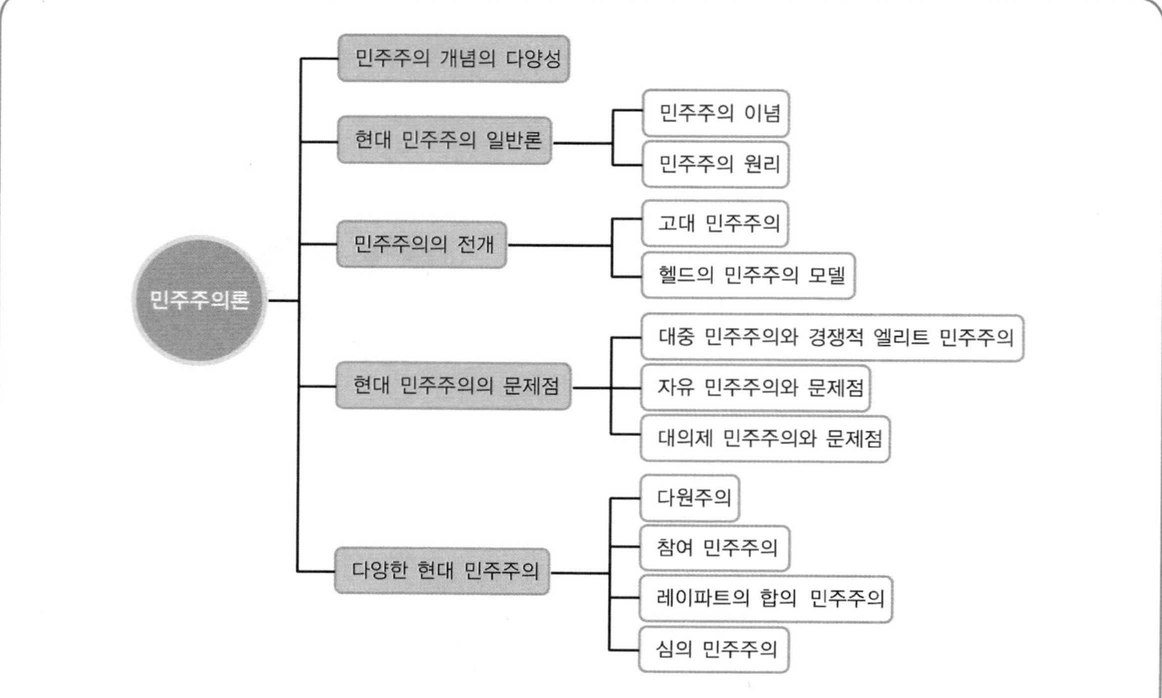

1. 국가의 탄생 ⇨ 정치권력의 정당화 필요 ⇨ 민주주의에 따른 정치권력의 제도화

정치공동체가 탄생한 이후 정치는 국가 내의 갈등을 해결하는 수단이 되었다. 하지만 분쟁 해결은 정치권력을 통해 확정될 수 있었다. 그 결과 정치권력을 누가 가지느냐, 어떻게 가지고 행사되어야 하느냐가 무엇보다 중요한 주제가 되었다. 마키아벨리나 홉스의 주장에 입각한 막강한 권력을 지닌 국가가 등장하면서부터 정치권력을 어떻게 형성하고 견제하느냐 하는 것은 정치학적으로 매우 중요한 논쟁적 주제가 되었다. 이 논쟁과정에서 핵심적으로 등장한 내용이 바로 민주주의에 따른 정치권력의 제도화인 것이다. 그렇다면 민주주의란 무엇인가?

2. 어원적 의미의 민주주의 : 인민의 지배나 권력, 인민은 제한된 다수를 의미

어원적으로 볼 때 민주주의란 '인민의 지배나 권력'을 의미한다. 그러나 '누가 인민인지, 지배할 자질과 능력이 있는 자가 따로 있는지'에 대한 질문이 제기된다. 그 이유는 여성이나 미성년자, 노예에 대한 참정권 배제의 역사에서 볼 수 있듯이 민주주의가 언제나 평등을 보장한 것은 아니다. 제한된 다수가 인민이었다. 즉, '통치할 자질과 능력'이 있는 사람들과 그렇지 못한 사람들을 구별하고 통치할 자질과 능력을 갖춘 사람에게만, 또한 제한된 다수에게만 개방되어 왔다. 이런 정의에도 불구하고 역사적으로 민주주의가 전개된 모습을 보면 '어원적 의미의 민주주의'처럼 단순 · 명료하게 전개되지 못했다. 그 결과 민주주의의 모습과 유형은 매우 다양한 형태로 전개되었다.

3. 다양한 의미의 민주주의 ⇨ 개념의 모호성 및 복잡성 ⇨ 민주주의 개념에 대한 혼란
민주주의라는 근대시민혁명과 더불어 부활한 민주주의는 21세기 현재 모든 정치가와 이론가들이 옹호하는 정치제도로서, 그리고 지지하는 이념으로서 자리 잡게 되었다. 하지만 칼 베커(K. Becker)가 지적하듯이 민주주의는 '개념의 여행용 가방'처럼 그 포괄성 때문에 특정된 구체적 의미를 가질 수 없고, 이러한 모호성의 맹점 때문에 비민주적 지배(전체주의, 권위주의, 전제주의)가 민주주의의 이름으로 정당화되기도 하였다. 헬드(Held)에 따르면 현대인은 민주주의가 현재 진행 중인 역사에 살고 있으며, 그 결과 우리가 지향해야 하는 민주주의가 무엇인지 혼란스럽게 한다는 것이다. 이를 위해 민주주의를 역사적으로 고찰하면서 민주주의의 성격을 추론해볼 수 있을 것이다.

4. 대중 민주주의, 대의제에서 대의제 민주주의로, 자유주의에서 자유 민주주의로
이념으로서 자유주의와 제도로서 대의제는 시민혁명 이후부터 20세기 이전까지 중요한 정치질서의 근간이었다. 하지만 민주주의와 사회주의의 위협을 받으면서 이 정치질서는 수정될 수밖에 없었다. 그 결과 보통선거권이 도입되었다. 이렇게 등장한 것이 자유 민주주의와 대의제 민주주의이다.

5. 중우정의 위험을 지닌 대중 민주주의 ⇨ 대의제 민주주의 정당화
대중사회의 등장은 다수의 의미를 질적으로 변화시켰다. 대중은 중우(衆愚)로 취급되었다. 한편 민주주의를 다수 정체나 중우정으로 이해한 자유주의는 민주주의가 소수의 자유를 침해할 수 있는 체제로 인식했다. 소수의 자유를 침해하지 않을 수 있는 실현가능한 체제로서 자유주의는 대의제를 선호한 것이다. 그 결과 대중사회에서 다수지배는 선거기간에만 주권을 갖는 소극적 참여를 의미할 뿐이므로 민주주의는 다수의 지배가 아닌 소수의 지배를 다수가 합리화하는 절차에 불과한 것으로 남게 되었다.

6. '실현 가능한 민주주의 = 대의제 민주주의'라는 신화 탄생
고전적 아이디어는 근대 국가에서 경쟁적 엘리트 민주주의(대의제 민주주의)로 이어졌다. 그리고 광범위한 영토 등을 고려할 때 직접 민주주의 이상은 실현 불가능한 이상이라는 생각이 굳어지면서 소위 '실현 가능한 민주주의 = 대의제 민주주의'라는 신화를 만들었다.

7. 대중 민주주의 ⇨ 엘리트의 지배를 정당화하는 과정과 절차로 대체
고전이론가들이 주장하는 민주주의의 이상과 규범성은 현대 대의 민주주의의 정착에 이르러 엘리트의 지배를 정당화하는 과정과 절차로 대체된 것이다.

8. 형식적 민주주의로서 대의제 민주주의, 실질적 민주주의로서 자유 민주주의 보편화
이런 역사적 흐름에서 현대의 주류적인 민주주의는 자유 민주주의와 대의제 민주주의이다. 즉, 자유 민주주의와 대의제 민주주의는 현대의 다양한 민주주의의 전제가 되었다. 하지만 다원주의, 사회 민주주의 등 다양한 모습의 민주주의가 전개되고 있다.

9. 자유 민주주의와 대의제 민주주의의 한계에 대한 비판
자유 민주주의와 대의제 민주주의는 정치적 주체로서 대중을 정치적으로 소외시키고 사회불평등을 심화시켰다는 비판에 직면하고 있다. 그 결과 참여 민주주의, 심의 민주주의 등과 같은 다양한 형태의 민주주의가 제시되고 있다. 이런 주장들은 자유 민주주의와 대의제 민주주의를 보완하는 차원에서 전개되고 있다.

I 민주주의 개념의 다양성

- 오랜 역사 동안 민주주의에 부정적인 시각이 많았음에도 불구하고 현대 사회에서 민주주의를 다시 부활시킨 이유가 무엇일까?
- 민주주의의 실질적 의미는 무엇인가?
- 교육적 시사점
  민주주의를 교육한다는 것은 어떤 내용을 어떻게 가르친다는 것일까?

01 민주주의 개념의 복잡 · 다양성

1. 민주주의의 의미 모색: 인민에 의한 지배 ⇦ 자유와 평등, 참여

(1) 민주주의에 대한 하나의 합의된 개념은 부존재

존 듀이(J. Dewey)는 민주주의를 "국가의 권력이 특정한 개인이나 집단에게 있는 것이 아니라 국민 전체에게 합법적으로 부여되어 있는 정치이념 또는 정치제도"라고 하였다. 이 정의가 널리 사용되고 있지만 안타깝게도 민주주의에 대한 하나의 합의된 개념은 존재하지 않는다. 하지만 민주주의가 무엇인지에 대한 정의를 포기할 수는 없다. 왜냐하면 민주주의와 비민주주의적인 것을 구별해야 하기 때문이다. 이런 점을 감안할 때 민주주의를 정의 내리기 위해서는 그 어원부터 살펴보는 것이 바람직할 것이다.

(2) 어원적 의미: 인민의 지배

그리스어의 Demos(인민, 민중)와 Kratos(권력, 지배)라는 말이 결합되어 생긴 것으로서, 인민의 지배나 권력을 의미한다. 즉 정치공동체의 특징을 누가 결정하는가를 기준으로 한다고 할 때 민주주의는 다수 인민(시민)에게 결정권이 있다는 것이다. 이와 같이 민주주의를 어원적으로 분석했을 때 그 의미는 인민에 의한 지배이다. 현대 사회의 민주주의는 대체적으로 모든 개인의 인격적 평등을 전제하며, 각자에게 최대한의 자율성을 보장해 주는 질서, 자유와 평등이라는 이념을 통하여 인간의 존엄성을 구체화시키는 질서, 자유와 평등에 기초한 국민의 자기지배의 정치질서라고 한다.

2. 링컨의 연설: 국민의, 국민에 의한, 국민을 위한 정치

링컨은 게티스버그 연설에서 "국민의, 국민에 의한, 국민을 위한 정치는 결코 지구상에서 멸망하지 않는다."라고 민주주의의 고전적 정의를 내렸다. 그의 정의에서 'of the people'은 주권이 인민에게 있다는 국민주권의 원리를 표명하여 민주주의의 근원을 나타내었고, 'by the people'은 국민이 정치에 참여하는 주권의 운영방침과 제도를 시사하는 것으로 국민자치의 원리를 선언하여 민주주의의 수단을 밝혔으며, 'for the people'은 국가의 권력과 그 행사가 국민의 복지와 인권의 보장에 목적을 두고 있다는 '제도의 결과와 복지' 원리를 의미하며, 이는 민주주의의 목적을 천명하고 있다.

3. 민주주의의 실질적 의미

민주주의는 오랫동안 부정적인 의미로 적대시되어 온 정치방식이다. 그럼에도 불구하고 현대에 오면서 민주주의는 다시 부활했다. 그 부활의 바탕에는 그리스 민주주의가 있다. 인민이 통치한다는 것, 그리고 그리스 공화주의의 의미를 고려할 때 민주주의는 실질적으로 어떤 의미를 가지는 것일까? 다양한 제도와 이미지, 모조품은 세상에 존재할 수 있다.

가장 이데아적인, 아니면 개념에 가까운 민주주의는 "다수의 대중이 자신의 삶의 조건을 스스로 결정하는 정치적 방식"이라는 것이다. 정치란 희소한 가치의 분배를 결정하는 방식이라고 하였다. 이 분배는 삶의 조건이다. 그런데 소수가 아니라 다수의 삶의 조건이다. 예컨대 대통령을 선출하는 것은 그들의 삶의 조건과 밀접한 관련성이 있다. 국회의원을 선출한다는 것은 그들의 삶의 조건과 밀접한 관련성이 있다. 선출된 대통령과 국회의원은 다수 국민들의 삶의 조건을 결정하는 대표가 되는 것이다.

4. 민주주의의 분류 기준

(1) 다양한 분류 기준이 존재

링컨의 연설에서 나타난 민주주의는 비민주의체제와 구별되는 정치형태나 제도로서의 민주주의, 구성원들에게 비전과 전망을 제시하는 이념이나 공동체 구성원리로서의 민주주의, 시민들의 덕성을 제시하는 생활양식으로서의 민주주의 등과 같이 다양하게 논의된다.

(2) 레자이의 분류 ⇨ 규범적, 경험적, 규범적 · 경험적, 이데올로기적

복잡 다양한 민주주의 개념을 둘러싼 논의를 통해 레자이는 민주주의를 몇 가지로 분류하였다. 레자이에 따르면 규범적 민주주의, 경험적 민주주의, 규범적 · 경험적 민주주의, 이데올로기적 민주주의 개념들로 분류할 수 있다고 한다.

(3) 정리 : 이념으로서의 민주주의와 제도로서의 민주주의

일반적으로 민주주의는 이념으로서의 민주주의와 제도로서의 민주주의로 크게 대별해서 살펴볼 수 있다. 또는 형식적 민주주의와 실질적 민주주의로 대별해볼 수 있다.

5. 민주주의를 분류하는 대표적 기준 : 이념으로서의 민주주의와 제도로서의 민주주의

민주주의의 역사적 전개에서 그 본질은 두 가지 측면에서 파악될 수 있다. 하나는 이념으로서의 민주주의이고, 나머지 하나는 제도로서의 민주주의이다.

(1) 이념으로서의 민주주의(규범으로서의 민주주의)

① 의미 : 민주주의가 추구하는 이념

이 입장을 취하는 사람들은 민주주의를 현실적인 정부형태나 정치제도로 보지 않고, 민주주의가 달성해야 할 도덕적 가치, 궁극적 이상, 지향하는 목표와 관련지어 민주주의의 개념을 규정한다. 고대민주주의, 중세 민주주의, 사회계약론 등에서 나타난다. 대표적 학자들은 로크, 루소, 제퍼슨, 밀 등 고전적 민주주의자들이다. 이 입장은 민주시민의식, 행동양식 등을 강조하게 된다.

② 아테네 민주주의: 평등

민주주의의 이상과 목표는 고대 그리스 아테네의 직접 민주정에서 잘 표현된다. 특히 페리클레스의 유명한 추도 연설은 이를 잘 반영하고 있다. 그는 아테네의 정치적 장점과 중요성을 권력이 소수가 아닌 전체 인민의 손에 있으며, 개인적 분쟁에서 법 앞에의 평등, 능력에 의한 공직의 임명, 사생활에서 자유로움과 관용, 그리고 각 개인의 공공업무에 대한 지식과 관심이라고 하였다. 이런 측면에서 아테네 민주정의 특징은 전체 인민에 의한 지배, 법 앞에 평등, 능력주의, 사생활의 자유, 시민덕성 등으로 정리할 수 있다.

③ 중세의 민주주의: 신 앞의 평등

중세의 기독교 영향으로 군주의 지배는 자연법에 따를 때 정당성을 얻을 수 있었다. 법 앞에서의 평등은 신 앞에서의 평등으로 대체되었다. 모든 인간은 신 앞에서 존엄하며 양도할 수 없는 권리를 갖는다는 보편적 평등 개념이 뿌리내렸다.

④ 사회계약론: 개인의 자유와 평등

근대 민주주의에서의 자유나 평등개념은 개인주의에 기반을 둔 자유주의에 의해 전개되었다. 사회계약론자들은 개인의 자유와 국가권력의 극대화라는 긴장관계 속에서 주로 자유주의 이론이 전개되었다. 이런 이론은 홉스, 로크, 벤담 등이 주장한 보호 민주주의(방어적 민주주의)에서 현재의 자유 민주주의로 발전하였다. 또 다른 흐름으로는 루소의 공화주의적 자유의 영향을 받아 나타난 발전적 민주주의도 있었다. 하지만 루소의 입장은 소수적 견해로 크게 주목받지 못했다. 발전적 민주주의가 주목받은 것은 현대의 민주주의가 문제점을 드러내면서부터였다.

(2) **제도로서의 민주주의**: 엘리트 민주주의, 대의제적 위임 + 선거 ⇨ 대의제 민주주의

① 고전적 민주주의에 대한 비판적 시각: 대중 ≠ 시민

㉠ 대중은 동원의 대상일 뿐 정치적 주체가 될 수 없음

산업혁명과 선거권의 확대로 19세기 말과 20세기 전반기에 정치의 주체로 등장한 대중은 고전적 민주주의론에서 가정하고 있는 성숙하고 합리적인 시민이 아니라 본능에 따라 움직이는 정치적 동원의 대상으로 되었다.

㉡ 대중은 공공선을 달성할 수 없음

정치의 주체로서 대중의 등장은 '공공선'의 붕괴를 가져왔다. 그 결과 정치적 결정에 있어서 다수의 의미가 약해지면서 다수의 뜻, 인민의 의사 또는 일반의지라는 개념의 존재나 존엄성은 상실되어 버렸다. 특히 자유주의 이념의 표본이었던 바이마르 헌법이 붕괴됨으로써 고전적 민주주의에 대한 비관적 견해가 정치이론의 주류를 이루게 되었다.

② 의미: 제도나 방식

현실주의 혹은 경험주의적 입장은 고전적 민주주의 개념과는 달리 정치제도, 구조, 형태를 중시한다. 민주주의를 정치제도나 절차로 인식하는 경우는 경험적으로 인식하는 경우이다. 이런 차원의 민주주의를 주장한 대표적 학자들로는 슘페터, 달, 샤트슈나이더, 립셋 등이다. 이들은 민주주의를 하나의 정

치현실로 보고, 그것에 대한 체계적 분석이나 설명에 의하여 그 개념이 구성되어야 한다고 주장한다.

> 민주주의란 일반 시민이 정치 지도자에 대하여 비교적 높은 통제력을 발휘할 수 있는 정치 체제이다.
> – 달(R. Dahl)

③ 막스 베버(M. Weber, 1864~1920)의 실용적 민주주의 ≪관료제적 문제 해결

㉠ 수단적 의미의 민주주의

베버는 독일의 당면 과제를 해결할 수 있는 제도적 장치로서 민주주의를 이해했다. 베버는 민주적 선거과정과 의회 민주주의를 통해 정치가들이 훈련과 단련을 계속할 수 있다고 보았다. 또한 그는 합리화로 인해 나타난 관료제 국가화를 극복할 수 있는 대안적 기제로서 민주주의라는 방법을 선택한 것이다.

㉡ 지배의 정당화 기제로서 민주주의 및 책임윤리

민주주의란 보통선거에 의해 국민이 정치지도자를 뽑고 그로부터 나오는 지배의 정당성에 기반을 두어 정치지도자는 통치를 한다. 또한 민주주의 형식화에 따른 관객 민주주의의 도래를 염려하여 정치가의 책임윤리를 강조한다.

④ 슘페터(J. Schumpeter, 1883~1950)의 경쟁적 엘리트 민주주의론

㉠ 민주주의는 정치가/대표를 승인하는 방식

슘페터는 다수의 지배라는 고전적 민주주의관을 부정하고 '정치가의 지배'라는 민주주의의 현대적 의미를 제시한 이론가이다. 그는 민주주의 의미를 인민의 실제적인 지배가 아니라, 다만 인민의 지배자가 되고자 하는 정치가들을 인민이 승인하거나 부인할 기회를 가지고 있다는 데서 찾았다.

㉡ 민주주의와 비민주주의의 구별 기준 ⇨ 경쟁 여부

슘페터에 따르면 선거민의 표를 획득하는 데 있어서 지도자들이 자유롭게 경쟁할 수 있는가의 여부로 민주주의와 비민주주의는 구별된다.

02 민주주의를 둘러싼 논쟁

민주주의를 둘러싼 논쟁은 크게 두 가지 측면으로 나눠볼 수 있다.

첫째, 민주주의가 지향해야 하는 이념적인 측면과 관련된 논쟁이다. 이 논쟁은 주로 자유 민주주의와 사회 민주주의를 중심으로 전개된다.

둘째, 민주주의를 '인민(demos)에 의한 지배'로 해석할 때의 논쟁이다. 이 경우는 참여의 주체 및 방법, 참여의 영역을 중심으로 전개된다.

1. 이념적 논쟁과 민주주의

대표적인 이념적 갈등은 자유주의와 사회주의였다. 1990년대 사회주의가 붕괴되면서 후쿠야마는 자유주의의 승리로 역사는 종언되었다는 평가를 하였다. 이런 그의 주장은 낙관론적인 주장이 아닐까? 아니

면 사회진화론을 경쟁 원리로만 이해한 것일까? 빨리 변하지 않지만 사회는 변한다. 그리고 살아남기 위해서 변종은 지금도 자라고 있다. 자유주의는 민주주의를 선택해서 살아남았다. 사회주의도 자유주의와 결합하면서 사회 민주주의로 살아남았다. 역사적 종언이 아니라 오히려 사회진화론적인 변화가 지속되고 있는 것은 아닐까?

(1) **자유 민주주의**: 개인의 자유 중시

자유 민주주의는 자유주의와 민주주의가 결합된 정치원리 및 정부형태이다. 인간의 존엄성을 바탕으로 하여 개인의 자유와 권리를 보장하는 헌법을 세우고 민주적 절차 아래 다수에 의해 선출된 대표자들이 국민주권주의와 입헌주의의 틀 내에서 의사결정을 하는 체제이다.

(2) **사회 민주주의**: 공동체의 복지 중시

사회 민주주의는 고전적인 사회주의에서 갈라져 나온 것으로, 참정권의 확대로 민주주의가 발달한 정치 변화에 따라 혁명 대신 의회 민주주의 정치를 통해 점진적인 방법으로써 자본주의 체제 자체를 부정하지 않는 대신에 사회주의와 비슷하게 '개량'을 실현하고자 하는 정치원리를 말한다.

이런 사회 민주주의는 공산주의와 달리 사회주의와 법치국가적 민주주의 간의 통합을 추구하는 정치원리를 말한다.

2. '인민에 의한 지배'를 어떻게 해석할 것이냐?

민주주의를 '인민에 의한 지배'로 해석할 때 인민의 범위와 지배 영역을 둘러싸고 논쟁이 전개된다.

(1) **참여의 주체 및 방법**: 직접 민주주의? 간접 민주주의? ⇨ 혼합 민주주의

① 논쟁의 주요 내용: 인민의 범위, 어느 수준까지 참여할 수 있느냐?

'통치할 자격이 있는 인민의 범위는 어디까지인가? 나아가 인민의 참여형태 및 참여를 위한 조건(평등)의 수준은 어느 정도여야 하는가?'이다. 예컨대 덕성이 있는 시민이어야 하고, 참여는 선거에 국한된다거나 그 이상이어야 한다는 논쟁이다. 이 논쟁은 '인민의 의사가 반영되는 통치형태'로서 정치적 결정에 초점을 두는 입장과 참여에 초점을 두는 입장으로 대별된다. 현재 논쟁은 전자가 초점을 두는 결정은 참여를 통해서 이뤄진다는 측면에서 참여에 대한 두 가지 입장을 중심으로 전개된다. 참여에 대한 두 가지 입장이 직접 민주주의와 간접 민주주의이다. 직접 민주주의란 모든 사회 영역에서 이루어지는 집단적 의사결정 과정에서 관련된 모든 인민이 직접 참여하는 통치체제를 말한다. 간접 민주주의(대의제 민주주의)는 대표를 통한 자기지배가 이루어지는 체제를 의미한다.

② 대의제 민주주의: 보통·평등 선거 ⇨ 대표, 선거참여에 국한

대의제 민주주의는 오늘날 실현 가능한 민주주의로 취급되고 있다. 근현대 사상가들에게 있어 민주주의의 이상적 모델은 고대 아테네 폴리스였으며, 폴리스 민주주의는 직접 민주주의였다. 그런데 근대국민국가라는 단위에서 함께 모일 수 있는 시간과 공간의 제약을 극복할 수 있는지가 제기된다. 또한 현대 사회 문제에 대한 전문성, 사회의 불평등 정도, 대중 민주주의의 대중의 문제점은 직접 민주주의를 실현 불가능한 것으로 인식하게 만든다.

③ 직접 민주주의: 직접 참여, 자기 지배 ⇨ 직접 결정

민주주의를 '자기 지배'로 이해하는 것은 고전적 공화주의에서 강조하는 '자유' 개념과 관련된다. 자유롭다는 것은 스스로의 판단에 따라 삶을 영위하는 것을 의미한다. 그런데 정치적 공동체 속의 인간은 공동체가 정하는 규범의 제약을 받을 수밖에 없다. 따라서 공적 규범을 결정하는 것에 참여하여 자신의 선호를 동등한 자격으로 표출하는 것은 자유를 위한 당연한 전제가 되는 것이다. 이런 점에서 직접 민주주의는 모든 개인들을 평등하고 자율적인 행위자로 인정하는 것이며, 공적 결정에 있어서 대화와 토론을 통한 갈등의 해결과 공동체의 통합을 달성하고 개인의 삶의 질을 개선하려는 것이라고 할 수 있다.

(2) 지배(참여)의 영역: 국가영역에 참여로 한정? 모든 영역으로 확장?

① 논쟁의 주요 내용

지배의 영역 문제이다. 즉 다시 말하면 정치적인 것의 의미나 범위와 관련되는 문제이다. 이 논쟁은 국가나 정치의 영역에 한정되어야 한다는 입장과 국가 이외의 다른 결사체나 조직들에까지 확장되어야 한다는 입장으로 대별된다. 정치적인 것에 국한되는 것인지, 아니면 국가들 간의 관계, 경제, 가정이나 개인적인 것까지 지배의 영역으로 보고 참여할 것인지 하는 것이다. 이런 관점에서 대립되는 것이 형식적(절차적) 민주주의와 실질적 민주주의이다. 실질적 민주주의는 이념, 가치, 지향점으로서의 민주주의에 초점을 두고, 민주주의를 인민의 의사가 반영되는 통치체제이자, 그것이 적용되는 영역을 국가의 영역에 한정하려 하지 않는 관점을 지닌다.

② 절차적(형식적) 민주주의: 대의제 민주주의, 자유 민주주의와 밀접한 관련성을 가짐

㉠ 기본권 보장을 위한 규범 및 제도 중시: 선거제도와 대의제 중시

절차적 민주주의는 제도, 절차, 현실로서의 민주주의에 초점을 두고, 권력분립과 선거와 같은 대의제도를 중시하는 입장이다. 그 결과 민주주의를 정의할 때 보통·평등 선거권, 집단의 경쟁과 의견 형성 과정을 통한 자유로운 선거, 진정한 대안의 존재, 다수결의 원리 및 소수 권리 보장 등을 강조한다. 그리고 이를 효율적으로 보장하기 위한 여론형성의 자유, 언론 및 표현의 자유, 집회·결사의 자유 등을 보장하는 데 초점을 맞춘다.

㉡ 시민의 이익 수호를 위한 제도 중심적인 민주주의

절차적 민주주의의 관점은 근대 군주로부터 시민들이 자신들의 이익을 수호하기 위한 정치적 보호망을 제도화하기 위해 등장한 선거제도 등의 제도 중심적인 민주주의를 중시하는 입장이다. 이 민주주의는 어떠한 추상적인 목적 그 차제가 아니라 하나의 정치방식이며 일정한 목적을 이루기 위한 제도상의 협정일 뿐이다.

㉢ 자유를 강조하는 민주주의: 자유 민주주의

그 결과 자유와 평등의 갈등관계를 염두에 둘 때 여기서는 자유를 강조하고 평등을 상대적으로 소홀히 함으로써 실질적인 불평등을 조장하였다. 한편 자유 민주주의 정치체제가 민주주의의 방식과 절차만을 강조하고 선거를 통해 제도화되는 과정에서 인민의 주권행사는 단지 어떠한 지배를 선택할 것이냐는 문제로 변질되었다.

③ 실질적 민주주의: 효과적 참여를 위한 참여제도 및 조건의 평등, 시민적 자질 등에 초점

㉠ 민주주의의 목적에 주목

실질적 민주주의는 민주주의를 절차적으로 정의할 때 그것이 과연 민주주의를 보장할 수 있는지에 대한 회의적인 입장에서 출발한다. 이런 측면에서 실질적 민주주의는 경제적 평등, 실업, 복지 환경, 소수인종 등에 대한 적극적 정책으로 표출되고 있다.

㉡ 목적 달성을 중시하는 민주주의

실질적 민주주의는 민주주의란 제도와 문화의 문제일 뿐만 아니라 내용이 중요함을 강조하였다. 이는 민주주의라는 체제가 인민의 자유와 평등을 보장해 주는지를 핵심으로 하는 것이다.

㉢ 모든 영역에서의 참여 보장

민주주의가 자기 지배로서의 자유와 이를 위한 평등을 요구한다면, 그것은 형식적 절차의 제도화만으로 이루어지지 않으며, 국가의 영역에서만이 아니라 시장과 시민사회의 모든 영역에서 민주주의 원리가 관철되어야 한다고 한다.

3. 정리

(1) 자유 민주주의와 대의제 민주주의로의 발전

현재 정치 개론서 및 교과서의 대부분이 민주주의를 말할 때 자유 민주주의와 대의제 민주주의를 기본으로 한다는 사실을 염두에 두고 읽어야 한다.

① 정치체제로서 민주주의는 지배양식을 의미: 자기지배 ⇨ 절차/실질 ⇨ 직접·간접

민주주의를 정치체제로서 정의해본다면 지배양식이다. 이 지배양식은 인민의 자기지배라 정의할 수 있다. 이런 지배의 핵심적인 내용은 공동체의 결정이 인민의 의사에 따라 이루어져야 하며, 인민의 제한 없는 직·간접적인 참여, 참여를 통한 결정의 결과가 인민의 복지를 추구하는 것으로 한다.

② 절차적 민주주의와 실질적 민주주의 초점 비교

이런 민주주의를 정의할 때 절차적 민주주의와 실질적 민주주의가 있다. 절차적 민주주의는 인민 의사의 반응성이 나타나는 선거와 대의제도에 초점을 둔다. 반면 실질적 민주주의는 최종적 통제를 인민이 할 수 있어야 하기 때문에 효과적 참여를 위한 참여제도 및 조건의 평등, 시민적 자질 등에 초점을 둔다.

③ 인민의 지배가 관철되는 방식으로 대의제와 직접 민주주의 ⇨ 혼합 민주주의

인민의 지배가 관철되는 방식으로 대의제와 직접 민주주의가 있다. 본래적 의미, 이상적 의미의 민주주의는 직접 민주주의였으나, 근대 이후 국가의 규모, 전문성이 필요한 쟁점, 시민덕성, 평등성이라는 조건이 충족되지 않는다는 점에서 자유주의적인 대의제 형식과 결부되면서 대의제 민주주의로 발전해 왔다.

(2) 자유 민주주의와 대의제 민주주의로 발전되어 온 이유

① 자유주의의 민주주의 및 사회주의에 대한 경계
민주주의는 플라톤 이래로 중우정(포퓰리즘), 다수전제를 야기할 수 있는 체제로 논의되어 왔다. 근대 사회에서 자유주의자들에게는 민주주의의 문제점이 중요한 문제였다. 민주주의는 다수 지배체제로서 소수의 자유를 침해할 수 있는 체제이기 때문이다.

② 대의제를 선호하는 자유주의
자유주의자들은 소수의 자유를 침해하지 않을 수 있는 실현가능한 체제로서 대의제를 선호한 것이다. 그 결과 다수 지배라는 형식을 유지하면서도 폴리스 민주주의와 다른 지배체제를 대안으로 제시하여야 한다. 이렇게 제시된 것이 자유주의적이고 절차적으로 정의된 자유 민주주의, 대의제 민주주의이다. 이를 지지하는 학자들은 민주주의가 실제 작동할 수 있는 형식과 제도를 강조한다.

Ⅱ 현대 민주주의 일반론

- 민주주의와 비민주주의를 구별하는 기준은 무엇일까?
- 민주주의 이념과 원리는 무엇일까?
- 교육적 시사점
  민주주의 속성 발견을 통해 민주주의 개념 및 탐구학습을 실행할 수 있다.

01 민주주의 정치체제와 비민주적 정치체제

1. 민주주의의 속성

(1) 민주주의를 식별하는 지표(Maciver)

자유 민주주의와 대의제 민주주의를 기준으로 맥키버(Maciver)는 참 민주주의와 거짓 민주주의를 식별하는 지표로 다음과 같은 5가지를 제시하였다.

① 언론의 자유 보장
첫째, 언론의 자유를 보장하느냐 하는 것이다. 정부의 시책에 대하여 시민이 자유롭게 또는 전적으로 반대의사를 표명한다 할지라도 그전과 다름없이 심신의 안전을 보장받을 수 있는가?

② 집회 및 결사의 자유 보장
둘째, 집회 및 결사의 자유를 보장하느냐 하는 것이다. 정부의 시책에 반대하는 정책을 표방하는 조직을 자유롭게 조직할 수가 있는가?

③ 투표의 자유 보장

셋째, 투표의 자유를 보장하느냐 하는 것이다. 집권당에 대하여 자유롭게 반대투표를 할 수 있는가?

④ 정권의 평화적 교체 가능성 보장

넷째, 정권의 평화적 교체 가능성을 보장하느냐 하는 것이다. 투표에 의한 평화적 정권교체가 보장되는가?

⑤ 선거제도의 보장

다섯째, 민주적 선거절차를 보장하느냐 하는 것이다. 주기적 선거가 입헌화되어 있는가?

(2) 달(Dahl)이 제시한 민주주의 속성: 최소강령적 정의

로버트 달에 따르면 민주주의는 다음과 같은 제도를 구비해야 한다고 주장하였다. 이는 공직자 선출을 위한 선거제도, 자유롭고 평등한 선거, 보통선거, 공무담임권의 보장, 표현의 자유, 참여와 대안선택을 위한 정보의 공개청구, 자주적인 결사체 형성의 보장 등이다.

2. 비민주적인 정치체제

(1) 전체주의 체제 의미 및 특징

① 일원주의

전체주의 체제는 다원성을 인정하는 민주주의 정치체제와 같이 국가와 사회를 구별하지 않고 오히려 국가와 사회를 획일화시킨다.

② 특징

그 특징을 구체적으로 살펴보면 ㉠ 이데올로기로 그 사회를 규율하고, 이데올로기로 대중을 동원한다. 또한 ㉡ 강력한 규율과 강한 지배 정당이 ㉢ 테러적 경찰에 의해 주민을 통제하고, ㉣ 매스미디어를 통제한다. 공사영역이 분리되지 않은 상태에서 ㉤ 경제 역시 중앙집권적으로 통제한다.

③ 사례: 『동물농장』 일부

> 동물들은 공포에 질려 아무 말도 못하고 창고로 슬금슬금 돌아왔다. 개들도 재빨리 뛰어 돌아왔다. …… 나폴레옹은 개들을 이끌고 높은 단상으로 올라갔다. 그는 앞으로 일요일 회합은 중지한다고 선언했다. 그런 회합은 불필요하고 시간 낭비라고 말했다. 앞으로 농장의 운영에 관한 모든 문제는 자신이 의장직을 맡고 있는 돼지들의 특별위원회에서 결정하겠다는 것이었다. 이 회의는 비밀회의로 하며 결정된 사항은 후에 다른 동물들에게 전달한다는 것이었다.

(2) 권위주의 체제 의미 및 특징

① 제한적 다원주의

이와는 달리 권위주의는 겉으로는 민주주의를 표방하여도 민주주의 제도가 실질적으로 작동하지 않는 국가이다. 국가와 사회를 일원화하기보다는 제한적 다원주의로 사회를 통제한다. 예컨대 다양한 정당은 있으나 국가를 대변하는 한 개의 정당과 어용 정당으로 구성하는 것이다.

② 특징

권위주의는 다원주의 속성을 지닌 민주주의를 표방하기 때문에 전체주의적 이데올로기를 내세우기보다 ㉠ 정치가의 신념을 강조한다. 그리고 완전히 일원화된 사회가 아니기 때문에 ㉡ 전체주의에 비해 전국적·조직적 정치동원은 할 수 없다. 그 대신에 ㉢ 지도자와 소수집단에게 권력을 집중시키고 제도를 이용하여 한계가 불분명한 권력을 행사한다. 이와 같은 권위주의 정치체제에서는 민주적인 정치제도를 마련해 놓아도 그 제도는 선언적 의미에 그치고 만다.

02 민주주의의 이념

1. 인간의 존엄성

인간의 존엄성은 인간은 누구나 인간이라는 그 자체만으로도 존중되어야 하며, 다른 사람에게 예속되거나 다른 사람을 위한 수단이 아닌 목적 자체임을 의미한다.

2. 자유와 평등

(1) 자유와 평등의 의미

① 자유의 의미 및 유형: 구속과 강제가 없는 상태 ⇨ 소극적 자유 ⇨ 적극적 자유

자유는 외부의 구속과 강제를 받지 않고 자신의 의지에 따라 선택하고 행동할 수 있는 것을 말한다. 이런 자유의 의미는 시대를 거쳐 발전되어 왔다. 근대에 자유주의가 등장하면서 나타난 자유는 소극적 자유였다. 소극적 자유는 국가로부터의 간섭을 받지 않을 자유를 의미하는 것이었다. 이후 등장한 자유는 적극적 자유이다. 적극적 자유는 인간다운 삶을 살아가기 위한 조건을 보장받을 수 있는 자유로 국가에 의한 자유를 의미한다. 또한 공동체나 국가 운영에 참여할 수 있는 자유 역시 적극적 자유의 의미에 포함될 수 있다.

② 평등의 의미 및 유형: 법 앞의 평등 ⇨ 사회경제적 평등, 기회의 평등 ⇨ 비례적 평등

평등은 불합리한 차별을 받지 않고 균등한 기회 속에서 능력에 따라 대우를 받을 수 있는 것을 의미한다. 이런 평등의 유형에는 형식적 평등과 실질적 평등이 있다. 형식적 평등은 선천적·후천적 차이를 고려하지 않고 동등하게 대우하는 것을 의미한다. 실질적 평등은 선천적·후천적 차이를 인정하면서 모든 사람들을 동등하게 대우해주고 기회를 균등하게 부여하는 것을 의미한다.

(2) 자유와 평등의 관계

① 수직적 추진력과 수평적 추진력, 조화와 균형의 문제

"평등은 자유의 최고의 친구이자 최악의 적이다."라는 사르토리(Sartori)의 말은 자유와 평등의 미묘한 상호관계를 잘 나타내고 있다. 자유가 수직적 추진력을 갖는 데 비해 평등은 수평적 추진력을 가진다. 또한 자유는 자연발생적인 능력의 차이를 인정하고 자신의 주장을 인정하는 것이라면 평등은 동등함에 바탕을 두고 통합과 조율을 강조하는 것이다. 그 결과 자유를 절대시하면 평등이 부정된다.

또한 평등을 절대시하면 자유가 부정된다. 따라서 두 이념을 어떻게 조화시켜야 하는지 여부가 중요하다.

② 칼 베커의 설명[42)]

이 문제는 경제적 자유주의가 야기하는 문제점을 지적한 글이다. 한편으로는 자유와 평등의 관계를 엿볼 수 있는 글이기도 하다.

> 이 강연에서 본인은 이상적으로 고안된 민주주의와 현재 진행 중인 민주주의 사이에 나타난 심각한 불일치에 대해 근본적인 원인을 살펴보고자 한다. 포괄적으로 살펴본다면 그 본질적인 이유는, 18세기에 형성되었으며, 그 당시에는 타당하다고 인정받았던 자유의 사상이 기본적인 면에 있어서 우리가 우리 자신을 발견하는 현 상황에 그대로 적용될 수 없었기 때문이다. 18세기에 있어서 인간이 괴로움을 당한 가장 명백한 억압은 개인의 자유행동에 대한 정부의 속박으로부터 나왔다. 그러므로 자유라는 말은 자연히 그런 속박으로부터의 해방이라는 의미로 받아들여지게 되었다. 경제적인 분야에서 볼 때, '이것은 개인의 직업 선택, 재산의 취득과 처분에 관한 제약, 그리고 개인 용역의 구매 및 판매 문제에 있어서 개인에 대한 정부의 속박을 배제하는 것을 의미하였다. 그러나 오늘 기술 사회의 증대하는 복잡성의 결과로 개인의 경제적인 활동에 있어 정부의 속박으로부터 개인의 해방은 새로운 억압을 조성시켰다. 그러므로 다수 국민을 위한 자유는 오히려 경쟁적 기업 활동에 대한 정부의 규제력 강화에 의해서만 성취될 수 있다. 전통적인 자유의 사상이 더 이상 적용되기 힘든 부분은 바로 경제적인 영역에서이다. 따라서 이상으로서 민주주의와 현존하는 민주주의 사이의 불일치가 가장 심하고, 가장 환멸적이고, 또 가장 위험스런 것도 바로 경제적인 영역에서이다.

03 민주주의 원리

1. 국민주권의 원리

(1) 국민주권론의 의의

① 민주주의 원칙 ⇨ 누가 어떻게 행사하느냐?

민주주의는 모든 권력이 국민으로부터 나오는 것이다. 이를 가장 쉽게 표현한 것은 인민에 의한, 인민을 위한, 인민의 정치이다. 이러한 정의는 또한 국민주권의 내용으로서 민주주의 목적(자유와 평등 중 무엇을 강조할 것인가)과 방식, 대의기구의 민주적 구성 원칙을 잘 설명하고 있다.

② 주권론은 국민주권론으로 발전

국가의 주권, 혹은 통치권이 누구에게 있는가에 대한 논의가 주권론이다. 주권론은 역사적으로 군주주권, 시민(부르주아)주권, 국민주권으로 발전해왔다.

③ 민주적 정당성

국민주권은 국가의 주권은 국민에게 있고, 모든 국가권력의 성립과 행사는 국민의 동의를 바탕으로 해야 정당성을 인정받을 수 있다는 것을 의미한다. 이런 정당성을 민주적 정당성이라고 부르기도 한다. 다만 국민주권에서 국민의 범위에 대해 역사적으로 변천이 있어 왔으나, 오늘날 국민주권이 보통선

42) 칼 베커, '현대 민주주의'

거와 평등선거에 머무는 것이 아니라, 국민 다수의 주권을 실질적으로 보장하고 있는가에 대한 논란이 제기되고 있다.

(2) 국민주권론의 전개

① 시민혁명과 봉건제 붕괴

중세 말의 절대군주는 상공인들에게 물품세와 통행세 등을 징수하는 한편, 봉건제의 붕괴를 막기 위해 상업과 시장에 대한 통제를 포기하지 않았다. 이에 상공인들은 도시하층민과 농민의 도움을 받아 시장경제를 억압하고 있는 봉건제를 무너뜨렸다.

② 근대국민(민족)국가와 시민(부르주아)주권

시민혁명에 성공한 상공인들은 절대군주의 상비군을 국민군으로, 신분제 의회를 국민의회로 전환함으로써 근대국민국가를 만들었다. 근대국민국가 초기에 상공인들은 선거권과 피선거권을 가진 반면, 노동자, 도시빈민, 농민, 몰락한 봉건계급은 같은 국민이지만 선거권과 피선거권을 부여받지 못했다. 따라서 그 당시 상공인, 즉 시민의 대표를 국민의 대표로 의제하는 것이었다.

③ 시민권의 확대와 국민주권

근대국민국가가 발전함에 따라 선거권과 피선거권, 즉 시민권의 주체가 확대됐다. 근대국민국가는 영토전쟁을 수행하는 동안 징병제를 채택하는데, 이때 병역의무의 대가로 시민권이 주어졌다. 또한 공장제 생산방식의 채택으로 양산된 도시노동자들이 참정권 확대 투쟁에 나섰다. 특히 양차 대전은 공장제 생산방식과 노동계급의 급속한 확대를 가져왔다. 그 결과 대부분의 민주주의 국가는 노동계급의 반발을 완화하고자 모든 국민에게 시민권을 부여했다.

그 결과 일정한 연령에 도달한 모든 국민은 유권자로서 보통선거와 평등선거, 비밀선거와 자유선거를 누리게 되었다. 또한 대중 민주주의 시대가 전개되었다.

(3) 국민주권의 실현

① 국민주권과 인민주권의 의의

하지만 국민주권에서 말하는 주권은 어디에 있을까? 주권 혹은 통치권이 선거권과 피선거권을 지닌 이들 개별 국민에게 있을까? 아니면 추상적인 전체 국민에게 있는 것일까?

㉠ 국민주권

추상적인 전체국민에게 주권 및 통치권이 있는 것으로 보는 입장이 국민(nation)주권이다. 시이예스가 주장한 국민주권론은 형식적 의미의 국민주권으로 대중 민주주의 이전부터 현재까지 그 명맥을 유지하고 있다.

㉡ 인민주권

반면에 주권이 전체 유권자 집단에게 있는 것으로 보는 입장이 인민(peuple)주권이다. 루소가 주장한 인민주권론은 사회주의 국가로 이어졌으나 제대로 실현되지 못하였다. 하지만 현대의 민주주의가 국민 다수의 주권을 실질적으로 보장하고 있는지에 대한 문제 제기가 이뤄지면서 인민주권은 실질적 국민주권으로서의 의미로 사용되고 있다.

② 국민주권과 인민주권의 비교

오늘날 시에예스가 주장한 국민주권이나 루소가 주장한 인민주권 모두 모든 국민을 주권자로 보지만 그 지위와 주권의 행사방법이 다르다.

㉠ 국민주권: 간접선거, 차등선거, 대의제, 간접 민주주의

국민주권에 따르면 주권 혹은 통치권은 선거권과 피선거권을 지닌 이들 개별 국민이 아닌, 추상적인 전체 국민에게 있다. 또한 현실에 있어서는 국회와 대통령 등 대의기구가 통치권을 행사하나 이들은 자신을 뽑아 준 유권자의 의사에 구속당하지 않는다. 이와 같이 국민주권은 대의제, 간접 민주주의를 강조한다.

㉡ 인민주권: 보통, 평등선거, 대리, 직접 민주주의

인민주권에 따르면 유권자는 누구나 주권을 보유하고 있으며 그 지분이 동일하므로 보통선거와 평등선거를 전제로 한다. 유권자가 모든 통치권을 일상적으로 행사하기 때문에, 전체 유권자를 정점으로 하여 모든 국가권력기구가 통일적으로 구성된다. 따라서 인민주권은 권력통합에 가깝다. 따라서 유권자는 언제든지 대표자를 해임할 수 있으며, 대표단의 결정과 다른 결정을 함으로써 대표의 결정을 무효로 할 수 있다.

③ 현대의 국민주권: 국민주권에 인민주권의 요소를 받아들임

㉠ 간접 민주주의 입장에서 직접 민주주의 요소 도입: 국민투표, 국민발안, 국민소환

인민주권은 국민투표(선거 이외의 국정상 중요한 사항에 관하여 국민이 행하는 투표), 국민발(창)안(국민이 직접 헌법 개정안이나 중요한 법률안 등을 제출할 수 있는 제도), 국민소환(선거에 의해 선출된 공무원을 임기가 완료되기 전에 파면시키는 제도) 등과 같은 직접 민주주의를 강조한다.

㉡ 혼합 민주주의: 대의제 민주주의

현재 대부분의 민주주의 국가에서는 국민주권에 인민주권의 요소를 받아들임으로써 상호보완적 관계로 보는 것이 일반적이다. 그 결과 나타난 것이 혼합 민주주의(대의제 민주주의)이다. 즉, 대의제를 기본으로 하되 국민투표, 국민발안, 국민소환 등을 채택하고 있다.

㉦ **국민주권과 인민주권 비교**

국민주권	인민주권
부르주아 주권	유권자 주권
제한, 차등 선거	보통, 평등 선거
대의제, 간접 민주주의	직접 민주주의
자유위임, 무기속 위임, 수탁자모델	기속위임, 대리모델

2. 대의제(대표의 원리)

(1) 대의제의 의미

대의제란 다양한 시민들의 개별의사 존중을 전제로 하면서 대표가 자신이 독립된 판단과 의사에 따라 공공선을 결정하는 데 참여하고, 대표에 의한 결정을 구성원 전체의 의사로 보는 것을 의미한다. 민주적 관점에서 대표의 원리란 다원적인 시민 의사가 통합되는 과정이기도 한 것이다.

(2) 대의제의 유래

대의제란 중세의 군주제에서 비롯되었으며, 민주주의 사상과 결합되면서 근대 민주주의 원리의 하나로 자리 잡은 것이다.

(3) 대의제의 의의: 간접 민주주의

① 인구, 영토 등이 확장 ⇨ 민주주의가 변질 ⇨ 대표
오늘날 직접 민주주의가 현실적으로 곤란하기 때문에 대의기구를 통한 간접 민주주의가 불가피하다. 모든 시민이 모일 수 없는 광범위한 영토의 민족국가에서 서로 이질적인 구성원이 자신의 의사를 대표할 사람을 통해서 통치할 수 있도록 함으로써 민주주의를 시간적・공간적 제약으로부터 벗어날 수 있도록 하였다.

② 민주주의의 본래적 의미는 변질 ⇨ 유권자와 대표의 관계 설정

㉠ 입법자를 선출할 수 있는 제도가 민주주의
그 결과 민주주의의 본래적 의미는 변질된다. 제퍼슨(Jefferson)이 지적하듯이 시민은 행정부를 스스로 운영할 수는 없으나 그것을 운영할 수 있는 사람을 선출할 수는 있고, 스스로 법을 만들 수는 없으나 입법자를 선출할 수 있는 제도가 민주주의인 것이다.

㉡ 직접 민주주의에 대한 비판: 시민은 허구, 사회적 비용 많이 소모, 절대적 선(善) 아님
직접 민주주의가 상정하는 민주주의적 소양을 지닌 완전한 시민은 허구이며, 실재하는 유권자는 독재자를 선택하는 등 민주주의를 스스로 부정할 수 있기 때문에 직접 민주주의만을 최고선으로 볼 수 없다. 직접 민주주의 제도를 전반적으로 정착화하는 사회적 비용도 무시할 수 없다. 따라서 대부분의 나라는 대의제를 기본으로 하면서 직접 민주주의를 동시에 채택하고 있다.

(4) 대의제의 원리에 필요한 제도적 장치들

① 권력분립 제도
권력분립이 오늘날의 입법・사법・행정의 3권분립 형태로 제시된 것은 몽테스키외의 주장에서 시작되었다. 권력분립은 권력의 속성에 의해 시민의 자유가 침해될 가능성을 차단하기 위한 것이다.

② 복수정당제
대의제하에서 사회에 존재하는 다양한 선호가 표출되고 반영되기 위해서는 엘리트들 간의 경쟁이 필수적이다. 공정한 선거제도가 있더라도 시민의 선호를 반영할 수 있는 대표가 존재하지 못한다면 이 체제에서 시민의 자기지배라는 주장은 허구에 불과하다. 따라서 복수정당 제도가 요구되는 것이다.

③ 선거제도

선거는 시민의 자유의지에 따라 대표자를 뽑는 행위로 시민이 정치에 참여하는 행위이자, 시민의 의사를 집약하는 것이다.

(5) **대의제에 대한 평가**: 대의제와 민주주의

① 민주정에 대비되는 공화정의 원리로 인식

대의제는 근대까지 민주정에 대비되는 마키아벨리나 메디슨적 의미의 공화정 원리로 제시된 것이다. 이러한 대의제는 근대 정치체제의 주요한 공적 결정에 있어서 인민의 참여를 배제한다는 데서 민주주의와 차별성을 지닌다.

근대 자유주의자들은 대의제를 광범위한 영토를 갖는 근대국가에서 민주주의가 불가능해짐에 따라 이루어진 불가피한 선택으로 보기보다 오히려 고대 민주정과는 본질적으로 다른 보다 우수한 정치체제라고 보았다.

② 대의제의 한계: 대표성, 책임성의 부족

민주주의의 본래적 의미에서 본다면, 대의제는 민주주의와 결부되는 것이 아니며, 과두지배와 관련되는 제도이다.

대의제는 선거를 통해 대표성을 확보하고, 주기적 선거를 통해 책임성을 확보할 수 있다고 한다. 그러나 사회의 불평등이 심화된 상황에서 그리고 의제가 통제되어 있는 경우 실질적인 의미의 경쟁은 보장되지 않으며, 사후적 책임성을 확보하는 기제로서 선거는 너무나 불충분하다.

3. 권력분립원리

(1) **권력분립의 의미**: 견제와 균형, 불간섭

권력분립원리는 국가권력을 복수의 국가 기관에 분산시켜 상호간의 견제와 균형을 통해 권력의 남용을 방지하고 기본권을 보장하는 것을 의미한다. 이는 대표의 수평적 책임성을 확보하기 위한 방법으로 누구도 대표성을 독점할 수 없게 함으로써 정치권력의 절대화를 막고 개인의 자유를 확보할 수 있도록 한다.

① 권력의 분할과 분배

권력분립의 원리는 권력의 분할과 분배 및 다른 국가기관의 권력을 행사하는 것에 대한 금지를 내용으로 한다.

② 권력 상호간의 견제와 균형

권력분립의 원리는 권력을 분배받은 국가기관 상호간의 견제와 균형을 내용으로 한다.

(2) **권력분립의 목적**

① 권력집중의 방지

사법권과 입법권이 한 사람의 수중에 장악될 경우에는 시민의 생명과 자유에 대한 권력 행사가 자의적으로 이루어질 것이다. 왜냐하면 재판관이 곧 입법자가 될 것이기 때문이다. 그리고 사법권과 집행권이 한 사람의 수중에 장악될 경우에는 재판관은 압제자의 힘을 가질 수가 있을 것이다. 이러한 일을 막기 위해서는 헌법에서 각 국가 기관들이 고유의 권한을 가지는 한편, 서로 견제하여 균형을 이루도록 하는 장치를 마련하여야 할 것이다. 이런 장치가 바로 권력분립의 원리이다. 권력분립의 원리는 수평적 책임기제라고 부르기도 한다.

권력분립의 원리는 권력집중을 통한 권력의 남용(횡포)으로부터, 기본권이 침해된 역사적 경험에 대한 반성으로부터 나왔다. 로크는 입법권과 집행권으로 권력분립을 제시하였지만, 몽테스키외는 입법권, 집행권, 사법권 셋으로 분리하여 제시하였다. 현재는 삼권분립이 일반적이다.

② 국민의 기본권 보장

권력분립의 원리는 권력의 분리를 통하여 권력을 통제함으로써 기본권을 보장하려는 데 근본목적이 있다.

4. 법치주의: 국가를 통제하기 위한 원리

(1) 의미: 자의적 권력 행사 방지 ⇨ 기본권 보장

'법에 의한 지배'를 의미하는 법치주의란 국회가 법을 정립하고 행정과 사법 등의 국가작용은 이 법에 따라 행하여지도록 함으로써 국민의 기본권을 보장하려는 국가 작용의 원리를 말한다. 이러한 법치주의의 원리는 역사적으로 자의적 권력행사로부터 국민의 자유와 권리를 보장하기 위한 원리에서 비롯되었으며, 현대에 이르러서는 국가 형성의 구조적 원리이자 헌정상의 대원칙으로서 자리 잡고 있다. 법치주의란 자의적 지배가 아닌 법에 의한 지배를 의미한다. 법치주의에 따라 시민의 권리를 보호하고, 통치체제의 운영과 행사 방식을 법률로 정한다.

(2) 국민의 자유와 권리보장을 위한 법치주의: 법 앞의 평등

① 법의 지배의 원리에서 시작

법치주의 사상은 연혁적으로 영국에서 '법의 지배(Rule of Law)'의 원리에서 비롯되었다. 17세기 에드워드 쿡(Edward Coke)은 왕권과의 항쟁과정에서 "국왕이라 하더라도 신(神)과 법(法) 밑에 있다."[43]라고 주장하며 보통법(Common Law)의 군주대권과 의회 제정법에 대한 우위성을 주장하였다. 이러한 법의 지배원리는 명예혁명 이후에는 의회주권이 확립됨에 따라 의회가 제정한 법률에 국가권력의 행사가 근거하도록 요청되었으며, 정치적 자유의 행사를 통하여 오늘에 이르기까지 헌정상의 대원칙으로 자리 잡았다.

② 국민의 기본권 보장을 위한 절차적 원리이자, 전제로서 발전

영미법에서 발전된 '법의 지배' 원리는 절대군주의 자의적 권력행사로부터 국민의 자유와 권리가 침해되는 것을 막고 국민의 대표기관인 국회에서 제정된 법률에 의해서만 통치하게 하려는 데 그 의의가 있다. 이러한 법치주의의 원칙에 따라 국왕의 권력을 제한하는 법률로서는 1215년의 마그나카르타

43) "Rex non debt esse sub homine sed sub deo et lege(The King is under no man but under God and law)"는 신부 출신으로 헨리 3세 때 중앙재판소 재판관을 지낸 Henry de Bracton이 한 말을 E. Coke이 인용한 것이다.

(Magna Charta Libertatum)를 비롯하여, 1628년의 권리청원(Petition of Rights), 1689년의 권리장전(Bill of Rights) 등이 있으며, 그러한 법률들은 모두 국왕의 절대권력을 제한함으로써 시민의 자유를 보장하기 위한 것이었다. 법의 지배의 정신은 오늘날에도 이어져 법치주의는 국민의 기본권 보장을 위한 절차적 원리이자, 전제로서 기능을 하고 있다.

(3) 국가의 구조적 원리로서 법치주의

① 법에 근거한 통치권 행사

구조적 원리로서의 법치주의는 국민의 기본권을 침해하지 못하도록 선재하는 국가권력을 제한하는 것이 아니라, 법에 근거하여 국가권력을 발동하고, 자유 · 평등 · 정의 등을 실현시킬 수 있도록 국가권력의 기능적 · 조직적 형태를 정해주는 국가의 구조적 원리로 기능하는 것을 말한다. 국가의 모든 행정은 법률에 따라서 행하여져야 하고(행정의 합법률성의 원칙), 기본권의 제한은 법률에 의해서만 가능하고(기본권 제한의 법률유보), 그리고 행정명령은 법률에 근거해서만 만들어지고 그 법률에 저촉되지 아니하는 한에 있어서만 효력을 가질 수 있다는 원칙(법률우위의 원칙) 등으로 나타났다.

② 형식적 법치주의(법적용의 평등)에서 실질적 법치주의(법적용의 평등 + 법 내용의 평등)로 발전

구조적 원리로서 법치주의가 제대로 기능을 하려면, 법률의 내용과 관계없이 법률의 형식만 갖추면 되는 것이 아니라 사회적 정의 · 평화 · 안전을 실현하기 위한 정당하고 올바른 법이 요구되며, 이러한 법에 따라 국가는 사회질서를 형성하여 실질적 법치국가, 정의국가를 이루어야 한다.

③ 다른 원리들과의 관계

㉠ 갈등 및 상호보완관계

법치주의는 국민주권의 원리, 민주주의 원리, 사회국가 원리와 같은 다른 헌정상의 원칙의 전제가 되는 원리이자 상호 결합되어 기능하는 원리이기도 하다. 법치주의는 국민주권의 실현을 목적으로 하고 있으며, 법치주의를 통한 기본권 보장이 전제되어야 국민주권의 실현이 가능하다.

㉡ 민주주의와의 관계

또한 민주주의와의 관계에 있어서는 국가 형성의 원리상 상호 전제 · 보완의 관계로서, 법치주의에 따른 안정성 · 명확성 · 계속성을 전제로 역동적 정치 생활의 규칙과 질서가 정립되고, 민주주의에 따라 역동적 정치 과정에 의해 정당한 법의 구체적 내용이 형성되고 미래 지향적으로 발전하게 하고 있다.

㉢ 사회국가 원리와의 관계

또한 법치주의를 법적 안정성의 유지만을 목적으로 하는 형식적 법치주의가 아닌, 인간의 존엄이라든지 실질적 평등과 같은 정의의 실천을 내용으로 하는 정당한 법에 의한 합법적 지배를 의미하는 실질적 법치주의로 이해한다면, 사회적 정의 · 안전 · 통합을 내용으로 하는 사회국가 원리와도 조화를 이루고 있다.

5. 다수결 원리

(1) 다수결의 의미

민주주의를 운영함에 있어서 국민들의 다양한 의사를 통합해 가는 의사결정 방법이 다수결이다. 다수결은 성원 간의 다양한 의견이나 이해관계의 대립을 조정·통합하여 주권자로서의 국민의 통일적 의견을 형성할 수 있는 방법이다. 즉, 다수결주의는 인민주권의 원리를 구체화하는 경우에 다수의 판단에 정치적 결정을 맡기는 것을 의미한다. 이런 다수결의 원리는 '모든 사람은 평등하다'는 원칙하에서 어떤 집단 의사 결정을 하고자 할 때, 질보다 양을 기초하여 다수의 판단에 따르는 것을 말한다. 그리고 다수결의 결과에 대해 모든 국민은 승복해야 한다.

(2) 다수결이 정당한 이유: 민주주의의 운영원리로 채택된 이유

민주주의의 운영원리로 채택된 이유는 다음과 같다.

① 다수결은 더 많은 사람이 더 적은 사람에게 패배할 가능성을 차단하는 결정규칙이다.

② 다수의 판단 및 실수가 소수의 판단 및 실수보다 잘못될 가능성이 적다.

③ 다수결은 결사체 전체의 효용을 극대화할 수 있다. 공공선의 판단은 결국 공리적일 수밖에 없기 때문이다.

④ 다수결은 결과의 불확실성과 다수의 유동성을 전제로 하기 때문이다. 즉 다수결이 정당한 것은 그것이 사전에 결정되지 않기 때문이다. 그래서 사후에 번복되지 않으며 소수가 다수가 될 수 있다.

(3) 다수결의 전제조건

이런 다수결은 자유로운 토론을 통해 자신의 판단에 따라 결정하는 것이 보장되어야 한다. 따라서 다수결의 전제조건을 살펴보면 다음과 같다.

① 성원의 평등성: 다수결에 참여한 모든 구성원들에게는 동등한 표결권을 보장해 주어야 한다.

② 성원의 자율성: 스스로 판단하여 결정할 수 있어야 한다.

③ 토론과 설득: 다수결의 결정이 존중받기 위해서는 충분한 토론 및 설득의 과정이 보장되어야 한다.

④ 상대주의, 소수의견존중: 활발한 토론이 되기 위해서는 의견의 상대성을 인정하고 소수의 의견도 존중받아야 한다. 따라서 비판을 허용하고, 다른 의견에 대해 관용적인 태도를 지녀야 한다. 또한 여러 사람이 만족하는 최선의 결과를 얻어내기 위해 타협하는 태도가 필요하다.

(4) 다수결의 한계: 투표의 역설, 모든 시민들의 선호를 제대로 반영할 수 없다.

① 투표의 역설, 순환다수의 문제 ⇨ 일관성 없음

㉠ 투표의 역설 의미: 의사진행 조작 ⇨ 투표자의 실제 선호 ≠ 투표결과

다수결 투표에서 흔히 발견되는 문제점 중의 하나가 투표의 역설(voting paradox)이다. 이는 대안의 비교순서가 달라짐에 따라 표결의 결과가 달라지는 현상으로 일종의 '의사진행순서조작(agenda manipulation)'에 따라 투표자의 실제 선호와는 다른 투표결과가 나타난다는 것이다.

ⓛ 다봉제일 때 의미, 단봉제일 때는 의미가 없음

이러한 투표의 역설은 일부 투표자들의 선호가 불안정한 다봉제(선호의 봉우리가 복수)일 때 발생하며, 모든 투표자의 선호가 안정적인 단봉제(선호의 봉우리가 단수)하에서는 발생하지 않는다.

투표자	후보에 대한 선호도
갑	A > B > C
을	C > A > B
병	B > C > A

⇩

투표 대상	지지도	당선된 후보
A vs B	A(갑, 을) : B(병)	A
A vs C	C(을, 병) : A(갑)	C
C vs B	B(갑, 병) : C(을)	B

위의 표와 같이 다수결 투표 제도에 의한 사회 선호 순서가 이행성을 충족하지 못하는 경우가 나타나면 결국 균형에 이르지 못하고 순환하는 현상이 나타난다.[44]

② 애로우의 불가능성 정리: 국민들의 선호 ≠ 투표결과

㉠ 문제제기: 국민들의 선호가 잘 반영되는 좋은 투표 제도는 어떤 제도인가?

애로우(K. J. Arrow)의 '불가능성 정리'(1951)란, 투표의 역설로 인하여 빚어지는 현상이므로 '투표의 역설(모순)'이라고도 하며 투표행위가 그 역설적 현상으로 인하여 바람직한 사회적 선택을 확보해주지 못하다는 이론이다. 즉, 어떠한 사회적(집단적) 의사결정도 민주적(비독재적)인 동시에 효율적(합리적)이기가 불가능하다는 현상'을 의미한다. 투표의 역설 문제는 민주주의 국가에서 해결할 수 없다. 애로우는 투표의 역설 문제가 해결되는 것은 오직 독재국가에서만 가능하다고 한다.

ⓛ 윤리적인 사회적 선택을 위해 필요한 애로우 5가지 전제조건

이를 설명하기 위해 그는 개인의 선택을 충분히 반영할 수 있는 윤리적인 사회적 선택의 다섯 가지 전제조건(가능성 정리의 공준)을 제시하였다. 애로우에 따르면 이러한 5가지 전제조건을 모두 충족시켜주는 집단적 선택규칙은 존재하지 않는다.

44) 일반적으로 자신의 투표가 투표결과에 영향을 미친다고 판단하지만 그렇지 않다는 것을 보여준다. 예컨대 갑이라는 사람은 대선후보 중에 A를 지지한다. B와 C는 후보 단일화를 통해 C가 결정되었다. 후보가 된 C는 A와 대선을 치르고, 갑은 A를 지지하였다. 선거 결과 A가 대통령이 되었다. 갑은 선거 결과를 보고 자신이 지지한 A가 누구와 선거를 치러도 이길 수 있다는 확신과 함께 자신의 표가 승리에 영향을 미쳤다는 점을 확신한다. 이 확신이 잘못되었다는 점을 보여주는 것이 '투표의 역설'이다.

- 첫째, 파레토 원리는 모두가 A보다 B를 원하면 사회적 선택도 A가 아닌 B가 되어야 한다는 의미다.
- 둘째, 이행성 원리는 A>B이고 B>C이면 A>C가 되어야 한다는 의미다.
- 셋째, 독립성 원리는 A와 B를 비교할 때 이들과 무관한 대안(C)의 존재는 이들의 비교에 아무런 영향을 주지 말아야 한다는 의미다. 즉, 무관한 선택대안으로부터 영향을 받지 않고 결정되어야 한다는 의미다.
- 넷째, 비독재성 원리는 한 사람에 의한 사회적 의사결정은 안 된다는 의미다.
- 다섯째, 선호의 비제한성 원리의 원리는 모든 사회적 상태를 비교 평가할 수 있어야 하고, 개개인의 가능한 모든 선호들이 충분히 고려되고 이들 선호의 우선순위에 대해서도 아무런 제한이 없어야 하며, 자신의 선호에 일치하는 대안을 선택할 수 있는 자유가 보장되어야 한다는 의미다.

ⓒ 애로우의 결론

현재의 선호집합적 민주주의하에서 국민들의 완벽한 선호가 반영되는 선거제도는 불가능하다. 전체주의에서나 가능한 일이다. 선호를 제대로 반영하기 위해서는 어떤 사전 절차가 중요할까? 이것에 대한 방안을 제시한 것이 심의 민주주의이다.

③ 가치의 문제 적용의 한계

가치의 문제를 다수결로 해결할 수 있을까? 다수의 판단이 반드시 옳은 것은 아니기 때문에 다수결은 의사 결정이 지연되거나 불가능할 때 최후의 수단으로 사용되어야 하며, 선과 악 등 가치이념을 결정하는 원리로 삼아서는 안 된다.

④ 다수독재: 소수 배제 또는 중우정, 포퓰리즘(대중선동), 비민주주의 체제

다수결의 원리는 다수 국민의 결정을 국민 전체의 합의로 인정하여 모든 국민이 여기에 복종함을 의미한다. 그러나 다수결에도 여러 가지 문제점이 있을 수 있다. 예를 들어, 잘못된 의견이 다수에 의해 지지를 받을 경우 민주주의는 다수의 횡포나 중우 정치로 전락하고 만다. 주로 비민주주의 체제의 등장과 지속 과정에서 주로 나타난다.

다수결에 의한 승자독식체제는 특정 다수 집단의 지지를 받는 소수가 계속 지배하는 상태를 만들 수 있다. 그 결과 소수집단은 지속적으로 소외될 수 있다. 또한 잘못된 의견이 다수에 의해 지지를 받는 대신, 올바른 의견이 소수의견이라 하여 배척받게 될 경우, 즉 무분별하게 다수결의 원리를 적용하게 되면 '다수의 횡포', '중우 정치', '폭민 정치' 등이 나타나기 때문에 소수의 의견을 존중하여 토론과 설득의 과정이 전제된 후 적용하여야 한다.

⑤ 특정 다수 지배의 고착화로 인한 사회적 갈등

민주적인 절차와 방법에 의해 특정 다수가 오랜 시간 지배하게 될 경우 소수 집단의 불만은 커지게 된다. 이 불만은 사회적 갈등으로 이어지고, 결국 정치적 불안정을 초래할 수 있다. 소수의 권리를 확보해 주고 정치적 불안정을 해소하기 위해 등장한 방법이 협의 민주주의이다.

6. 입헌주의 원리

(1) 의미

정치공동체의 구성원의 자유와 평등을 제대로 구현하기 위해 그들의 총의를 모아 공동체의 근본규범으로서의 헌법을 형성하고 이 헌법을 정점으로 법질서가 마련되어 이 법질서에 의해 공동체가 구성되고 운영되어야 한다는 정치사상이 입헌주의이다.

① 헌법에 의한 지배: 헌법으로 기본권과 통치권의 행사 및 한계를 규율함

② 법치주의의 전제: 헌법에 위반되는 자의적 지배 금지 및 통치권에 대한 제한

③ 질서와 조화를 위해 통치권, 생활 및 하위법률의 규율[45)]

④ 공동체의 구성 원리

(2) 입헌주의의 요소

입헌주의는 자유주의와 민주주의적 가치를 헌법이라는 객관화된 규범을 통해 실현하고자 한다는 점에서 다른 정치사상들과 구별된다.

① 자유주의
입헌주의가 전제하고 있는 것은 무엇에도 양보할 수 없는 최고의 가치인 인간으로서의 존엄을 가지는 개인의 자유와 평등이다.

② 민주주의
자유롭고 독립되며 평등한 개인들이 그들의 자유와 권리를 최대한 향유하기 위하여 그들의 관계를 규율하는 규칙을 그들 스스로의 의사에 의해 형성하고 그들의 의사에 따라 구현하는 제도를 갖추는 것을 요청하는 민주주의가 그 기본적인 요소가 된다.

(3) 입헌주의 목적을 달성하기 위한 방식

입헌주의를 지향하는 국가공동체에서 헌법은 공동체의 질서를 유지하기 위한 최고의 규범이다. 입헌주의를 전제로 하는 헌법은 개인의 자유와 권리를 최대한 보장하는 데 최고의 가치를 부여하고 있는데 이 목적을 달성하기 위해 입헌주의는 기본적으로 세 가지 방식을 원론적으로 채택하게 된다.

① 법치주의
국가가 행사할 수 있는 권력이 어떠한 것이며 그 권력을 행사하기 위해서는 어떠한 조건이 충족되고 어떤 절차를 거쳐야 하는지를 헌법에 명문으로 직접 규정하거나 일정한 범위를 정하여 법률에 위임하는 것이다. 이 방식을 궁극적으로 구현하는 헌법적 원리가 법치주의이다.

② 기본권 보장
기본적 인권을 국가의 권력남용에 대항할 수 있는 특별한 권리로 헌법에 의하여 보장한다. 기본적 인권을 헌법에 실정화한 것은 자의적인 권력의 행사로부터 개인의 자율성을 확보하는 것이 공동체

45) 헌법재판의 근거가 된다.

형성의 기본목적임을 분명히 한 것일 뿐만 아니라 공동체의 존립 이유를 밝혀주는 주요한 헌법상의 증거이기도 하다.

③ 권력분립의 원칙

권력분립의 원칙은 국가권력의 실질적 행사자는 결국 인간인 것이고 권력자로서의 인간은 주어진 권력을 남용할 가능성이 높다는 판단하에 국가권력을 그 기능적 역할에 따라 구분하여 분할된 기관에 배분하고 이들 기관간의 견제와 균형을 통해 권력남용의 위험성을 억제하도록 하는 방법이다.

7. 지방자치 : 권력의 분산과 풀뿌리 민주주의

지방자치란 중앙 정부에 모든 권력을 집중시키지 않고 지방정부에도 상당한 권력을 부여하여, 상호 견제를 통해 권력의 남용을 방지하려는 원리를 말한다. 지방자치는 지역의 특수한 사정을 반영하고, 중앙정부의 부담을 경감시키며, 주민의 복지를 증진하고, 주민의 자치적 역량을 강화시키는 기능을 한다. 이런 측면에서 지방자치는 풀뿌리 민주주의, 민주주의 학교 등으로 불리기도 한다.

Ⅲ 민주주의의 전개

- 민주주의의 역사적 전개를 통해 현재 민주주의가 어떤 모습인지를 이해한다.
- 최초의 민주주의 이후 현재 민주주의에 어떤 원칙들과 새로운 제도들이 포함되었는지 파악한다.
- 교육적 시사점
  민주주의의 어제와 현재를 이해하고, 미래를 예측해 보는 계기가 된다.

01 고대 민주주의(아테네 민주주의)

1. 아테네 민주주의의 의의

(1) 직접 민주주의 ⇨ 시민들의 직접 참여를 통한 공적인 의사결정

아테네의 민주주의는 시민들의 직접 참여를 통해 공적인 결정이 이뤄지는 직접 민주주의였다. 아테네 민주주의의 모습은 페리클레스의 추도연설에 잘 나타난다. 페리클레스는 “우리의 정치체제는 이웃나라의 관행과 전혀 다릅니다. 남의 것을 본뜬 것이 아니고, 오히려 남들이 우리의 체제를 본뜹니다. 몇몇 사람이 통치의 책임을 맡는 게 아니라 모두 골고루 나누어 맡으므로, 이를 데모크라티아(민주주의)라고 부릅니다. 개인끼리 다툼이 있으면 모두에게 평등한 법으로 해결하며, 출신을 따지지 않고 오직 능력에 따라 공직자를 선출합니다. 이 나라에 뭔가 기여를 할 수 있는 사람이라면, 아무리 가난하다고 해서 인생을 헛되이 살고 끝나는 일이 없습니다. …… 실로 우리는 전 헬라스(그리스)의 모범입니다.”라고 아테네 민주주의를 찬양했다.

(2) 아테네 민주주의 운영 방식과 의의

아테네 민주주의에 관한 연구들에 따르면 고대 아테네의 민주주의는 직접 통치 원리에 충실했다. 무엇보다 고대 아테네에서는 정치적으로 중요한 사안에 대한 결정을 내리는 권한을 가진 민회(Ecclesia)를 정치적 권리를 가진 시민(demos)전체로 구성하였다. 또한 민주정의 황금기엔 민회가 수행하지 않는 기능을 수행하는 대부분의 공직을 추첨을 통해 충원했다. 예컨대 민회의 의제를 준비하고 결정을 실행하는 책임을 맡았던 500인 평의회(Boule)도 시민들 중 추첨으로 충원했으며, 임기는 1년으로 중임 횟수는 제한되었다. 그리고 500인 평의회를 지도하는 50인 위원회는 500인 평의회가 윤번제로 1년 임기의 10분의 1씩 맡았다. 이처럼 고대 아테네에서는 시민이 직접 공직을 맡아, 시민(demos)의 지배(kratia)라는 민주주의의 의미 그대로 시민의 직접 통치를 실현하였다. 오늘날 대의 민주주의 국가 가운데 일부는 국민투표, 국민발안, 국민소환과 같은 직접 민주주의 제도를 일부 혹은 전부 실행하고 있다. 그럼에도 시민의 직접 통치라는 관점에서 대의 민주주의는 직접 민주주의와 거리가 멀다.

2. 아테네 민주주의의 정치원리 및 제도

(1) 다수의 지배원리

모든 시민이 참여하는 민회가 도시의 지배자로 행동한다. 모든 시민인 다수는 부유한 소수와 가난한 다수로 나누지 않는다. 시민들은 토론을 통해 정치적 의제를 다뤘다.

(2) 자유와 자기지배, 준법정신

시민들은 자유와 자기지배 원리에 따라 공적인 활동을 하였고, 법을 준수하였다.

(3) 민회

아테네 민주주의의 핵심적 주권체이다. 일 년에 최소 40회 이상을 소집했으며 다수결로 결정하였는데 주요 안건의 경우 6,000명의 정족수를 필요로 한다.

(4) 집정관

민회가 수행하지 않는 대부분의 기능은 추첨을 통해 선출된 집정관에게 위임되었다. 집정관은 민회와 시민법정의 감시를 받았으며, 관리자이자 집행자의 역할만을 수행하였다.

(5) 평의회 및 평의회 운영위원회

민회에서 토론할 의제를 준비하고 결정된 사안을 실행했다. 평의회는 민회의 의제 및 의안을 협의하고 민회 소집권을 가지고 있다. 평의회 운영위원회는 평의회와 민의회의 업무 및 대외적 업무를 담당하였다.

(6) 시민법정

각 부족에서 추첨에 의해 선발된 배심원들 중 지명을 통해 구성된다. 시민법정은 주로 정치적인 성격의 재판을 담당하였고, 형사사건은 귀족회의에서 판결하였다.

⑺ 장군

10개의 각 부족에서 전문적 능력이 인정되는 각 1명을 선거로 선출한다.

3. 아테네 민주주의에 대한 긍정적 평가

⑴ 참여확보를 위한 제도 보유

시민들이 공적인 결정에 직접 참여할 수 있는 제도를 확보하고 있었다. 그래서 많은 시민들이 참여를 확보할 수 있었다.

⑵ 국가의 부패방지와 건전성 유지를 위한 제도 보유

국가의 부패방지와 건전성 유지를 위한 도키마시아(인물평가) 제도와 감사제도 등을 운영하였다.

4. 아테네 민주주의의 한계

⑴ 제한적 민주주의

여성, 노예, 외국인들은 제외되는 제한적 민주주의였다. 즉 고대 그리스 민주주의는 여성과 노예 그리고 대다수의 해외 거류민들에게서 정치적 시민권을 박탈함으로써 지나치게 편협하고 제한적인 성격을 보여주고 있다.

⑵ 노예경제를 바탕으로 하는 민주주의

노예 노동력을 생산양식으로 하는 민주주의였다. 시민들이 만약 일을 했다면 공적참여를 할 수 있을까 하는 물음을 던져볼 수 있다.

⑶ 지역과 재산으로 인한 참여의 제한

실제로 참여가 광범위하게 이뤄지지 않았다. 먼 지역에 거주하는 시민, 가난한 시민들의 경우에는 현실적으로 참여하기 어려웠다.

⑷ 분파주의를 극복할 수 있는 제도의 미비

고대 아테네는 인류 역사상 가장 역동적이고 독창적인 문명을 만들어 냈다. 그렇지만 아테네의 민주정은 파벌싸움을 극복할 수 없는 단점을 가지고 있었다. 대부분의 경우 정치적 다수파가 자신들의 분파이익을 추구하고자 소수파나 정적들을 희생시켰던 것이다. 그래서 언제나 소란과 분쟁이 그치지 않았다. 분파주의가 만연하는데 아테네 민주주의는 당파적 논쟁과 대립을 다룰 수 있는 제도적 장치들을 갖추는 데 성공하지 못했다.

(5) 중우정의 위험성: 비능률적 통치

민회 참석자와 소수 지도자에 대한 추종자들의 밀착된 관계가 형성되기도 하였다. 즉 중우정의 문제점이 나타나면서 비능률적 통치가 초래되었다.

(6) 배타적 태도

아테네 민주주의의 성공은 제국에로의 팽창과 밀접하게 연관되어 있었다. 이 과정에서 아테네 민주주의는 다른 국가들에 대해 지나치게 배타적이었고 우월적인 자세를 취했다.

02 헬드(Held)의 민주주의 모델[46)]

헬드(David Held)는 고대 아테네 민주주의 이후부터 전개된 민주주의 모델을 제시하였다.

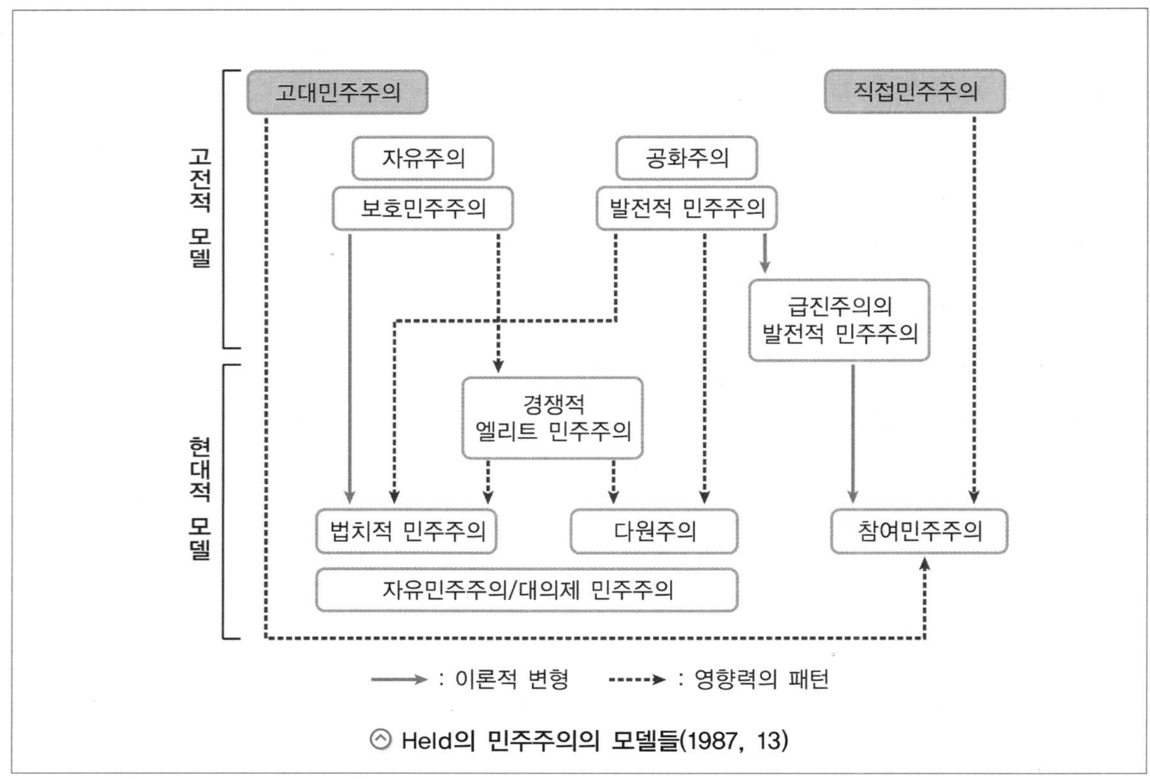

⊙ Held의 민주주의의 모델들(1987, 13)

1. 고대 민주주의

고대 그리스 민주주의는 직접적 민주주의이며, 평등, 자유, 법과 정의를 존중하는 것을 정치적 이상과 목표로 삼는다.

46) 오승호, 2006, pp.8~9 인용

2. 근대민주주의

헬드의 분류에서 나타나고 있는 근대의 민주주의는 로크와 루소를 축으로 하는 자유주의와 공화주의의 모델에서 출발하고 있다.

(1) 자유주의 모델

① 보호적 민주주의에서 자유 민주주의로

② 전개 흐름

자유주의 모델은 마키아벨리, 홉스, 로크, 몽테스키외의 아이디어를 거쳐 메디슨, 벤담, 밀을 통해 발전되어 간다. 신체, 생명, 재산 등과 같은 자연권 보호를 강조한 로크 등의 민주주의를 헬드는 보호적 민주주의라고 불렀다. 이런 보호적 민주주의는 현재 자유 민주주의의 뿌리이다.

(2) 공화주의 모델

① 고대 그리스 민주주의에서 루소의 발전적 민주주의로, 다시 현대 참여 민주주의로

② 전개 흐름

루소가 강조한 공화주의 모델은 그리스 민주주의, 특히 아리스토텔레스의 고전적 공화주의의 영향을 받은 것이다. 아리스토텔레스에 의해 체계화된 '고전적 공화주의'는 개인과 정치공동체, 자유와 지배를 불가분의 관계로 파악한다. 개인은 정치공동체와 분리될 수 없다. 개인의 실현은 정치공동체 안에서 실현되고, 이런 개인의 실현이 가능할 때 정치공동체도 발전할 수 있다. 지배는 타자에 의한 지배가 아니라 자유로운 개인의 자기지배를 말한다. 자유로운 개인일 때 정치공동체 내의 공적 활동에 자유롭게 참여하는 시민이 될 수 있다. 이런 고전적 공화주의의 영향을 받은 발전적 민주주의는 민주주의가 개인의 발전 측면에서 수단이라는 측면을 지향하였다. 특히 발전적 민주주의의 경우에는 평등개념을 바탕으로 민주주의 체제라면 자기 발전과 자기실현의 권리를 향유할 수 있어야 한다는 것을 강조하고 있다. 이런 발전적 민주주의는 현재 전개되고 있는 참여 민주주의로 발전하였다.

3. 민주주의의 현대적 변형

(1) 다원주의와 참여 민주주의로 크게 대별

헬드의 분류에서 민주주의의 현대적 변형은 베버나 슘페터가 주장한 경쟁적 엘리트 민주주의에 기원을 둔 다원주의와 보다 급진적인 민주주의 모델에 기원하는 참여 민주주의로 크게 나누어 볼 수 있다.

(2) 민주주의 전개의 복잡한 양상

60~70년대의 이러한 변형은 80년대 이후에 복잡한 양상을 띠게 된다. 즉 ① 신자유주의의 최소국가론에 기반한 민주주의 모델(법치적 민주주의), ② 다원주의 모델에 시민사회론을 가미한 입헌적 민주주의(정치적 자유주의의 참여 민주주의), ③ 신자유주의와 신보수주의에 영향을 준 법치적 민주주의, ④ 루소가 주장한 참여와 토론뿐만 아니라 평등까지 포함시켰던 급진주의의 발전적 민주주의와 ⑤ 직접 민주주의의 영향을 받은 참여 민주주의, 정치적 자유주의와 공화주의를 절충한 절차적 민주주의 등으로 나타난다.

(3) 헬드의 현대적 변형에서 마지막 모습은 법치적 민주주의와 참여 민주주의

하지만 민주주의 변형과정에서 헬드의 현대적 변형에서 마지막 모습은 법치적 민주주의와 참여 민주주의이다(Held, 1987, 271~295). 법치적 민주주의의 경우에는 자유주의 전통에 서서 정부개입을 비판하고 개인의 자유와 분배문제를 법에 의해 해결할 것을 주장한다. 반면에 참여 민주주의의 경우에는 고대 그리스의 공화주의와 직접민주제적인 내용을 핵심으로 한다. 민주주의 모델의 현대적 변형은 주로 1960년대와 1970년대 발생했는데 1980년대 이후에 훨씬 더 복잡한 양상을 띠게 된다.

(4) 민주주의 유형 정리[47)]

① 법치 민주주의
모든 사람들이 법률제정, 일반정책의 결정, 법의 적용, 정부행정에 참여해야 한다는 의미로 모든 사람을 법으로 통치해야 한다.

② 직접 민주주의
모든 사람은 중요한 정책결정, 즉 일반 법률의 제정과 일반 정책업무의 결정에 직접 참여하여야 한다.

③ 책임 민주주의
지배자는 피지배자에게 책임을 져야 한다. 즉 지배자는 피지배자에게 자기 행위를 정당화할 의무를 지며 피지배자에 의해 교체될 수 있어야 한다.

④ 대의·책임 민주주의: 지배자는 피지배자의 대표들에게 책임을 져야 한다.

⑤ 대의 민주주의: 지배자는 피지배자에 의해 선택되어야 한다.

⑥ 선거·대의 민주주의: 지배자는 피지배자의 대표들에 의해 선택되어야 한다.

⑦ 책임 민주주의: 지배자는 피지배자의 이익을 위해 행동해야 한다.

(5) 민주주의 4대 원칙

① 책임 민주주의

② 대의 민주주의(간접 민주주의 아닌 직접 민주주의를 보완한 간접 민주주의)

③ 법치 민주주의

④ 참여 민주주의

47) Held 1993, p.11

Ⅳ 현대 민주주의의 문제점

- 현대 민주주의의 문제와 그 원인은 무엇일까?
- 문제점을 극복하기 위해 어떤 방안들이 모색되고 있을까?
- 교육적 시사점
  현대 민주주의의 문제점을 이해하고, 이를 극복하기 위한 방안을 모색한다.

01 대중과 엘리트에 대한 상반된 시각

1. 대중 민주주의

(1) 대중사회와 대중

① 대중의 부상

시민혁명 이후 계속되어 온 선거권의 확대와 근대화로 인한 사회경제적 발전은 대중의 정치・경제・사회적 지위를 향상시켰고, 그 결과 정치적 객체의 급격한 팽창과 그에 따른 행정국가화 현상이 심화되어, 의회의 대표성 및 정당의 기능이 약화되고 대중이 자신의 이익을 추구하기 위한 압력단체의 중요성이 부각되었다.

② 대중의 수동성과 정치적 무관심

대량생산, 대량소비, 도시화, 인구 유동 등으로 공동체 의식을 상실하고, 원자화・획일화・아노미화되어 정서적이고 수동적인 대중으로 변화하였다. 또한 기술 및 문화의 발달로 인한 대중의 소비문화에 대한 욕구를 증대시키고, 매스컴과 대중조작의 가능성은 증대하였다. 그 결과 정치적 무관심의 경향이 나타나기도 하였다.

③ 대중의 양면성

이와 같이 선거권의 확대로 인한 대중의 정치참여 통로 확산, 관료제, 분업화된 경제조직 발달로 인한 인간의 원자화, 수동화 현상, 과학기술과 대중문화의 발달로 인한 정치적 무관심의 증대가 결합하여 대중을 만들어냈다. 대중은 정상적 심리상태로부터 이탈하여 비합리적인 충동적 성향을 지닌 군중의 성격과 합리적・이성적이며 비판적인 공중의 성격을 동시에 가진다. 이런 점을 감안할 때 대중민주주의는 정치적 주체로서의 대중과 정치적 무관심을 지닌 대중의 모순된 현실 위에 서 있다. 이런 대중의 모순에서 대중 민주주의의 문제점을 다음과 같이 도출할 수 있다.

(2) 대중 민주주의의 문제점

대중 민주주의 문제점은 다음과 같다.

① 관객 민주주의

대중 민주주의하에서 개인은 수혜를 받는 대상이다. 그 결과 개인은 소비적・수동적이 되기 쉽다. 수동적인 개인에게 정치는 더 이상 참여의 문제가 아니라 축제행사처럼 객관적인 흥미의 대상이 된다.

② 대중조작의 가능성

파시즘[48]에서 표출되듯이 교묘한 여론조작과 대중조종을 통해 형식적으로 합의에 의한 지배형태를 취하면서 실제적으로는 민주주의와 거리가 먼 동조성에 의한 지배를 확립한다.

③ 관료제적 민주주의

현대국가는 효율성을 강조하였고, 그 결과 행정부의 권한이 집중·비대화되는 현상이 나타났다. 이런 행정국가의 현상은 국민에 의해 선출된 대표로서 합의를 중시하는 의회의 기능을 위축시키고 형식화한다. 정책결정은 주로 소수의 행정관리에 의해 아래로 이뤄진다. 그 결과 아래로부터의 결정은 형식화되어 버리고 위로부터 정책은 결정된다. 이상에서 살펴본 바와 같이 대중 민주주의는 대중의 비이성적 판단과 정치엘리트의 대중조작 등을 통한 권력독점화로 견제와 균형을 중시하는 권력분립, 시민에 의한 지배라는 민주주의 본질이 훼손될 가능성이 존재한다. 따라서 대중 민주주의 앞에 놓인 과제를 살펴보면 다음과 같다.

(3) 대중 민주주의 과제: 시민덕성 보유

현대 대중 사회에서 민주주의를 위해서는 우선 권력의 집중화 현상이 발생하지 않도록 해야 한다. 이를 위해서 행정부-입법부-사법부 간의 견제와 균형이 제대로 이뤄질 수 있도록 제도개선을 해야 한다. 다음으로는 통치권에 제대로 비판하고 견제할 수 있도록 대중들은 비합리성을 지양하고 극복할 수 있는 시민의식과 공공철학을 가져야 한다.

2. 현대사회에 대한 또 따른 진단으로서의 경쟁적 엘리트 민주주의

현대 민주주의에 가장 큰 영향을 미쳤다고 평가되는 것은 베버와 슘페터이다. 베버와 슘페터는 현대사회에 대한 진단을 통해 엘리트 민주주의의 불가피성을 제시하였다.

(1) 베버의 진단: 지도자 민주주의

① 관료제의 모순 극복을 위한 정치인 선출

베버는 근대의 합리성이 관료제를 야기하고 이러한 관료제는 직접 민주주의의 이상을 불가능하게 만든다고 보았다. 그에 따르면 효율성과 안정을 위해 관료화된 소수가 합법적인 물리적 강제력을 국가를 지배하게 된다. 그리고 이런 국가를 견제하는 것은 직업 정치인의 몫이 된다. 왜냐하면 감정적인 대중은 공적인 판단을 할 수 없다고 보기 때문이다.

48) 파시즘은 민족주의, 국가주의, 전체주의, 권위주의, 국수주의적인 정치 이데올로기이자 협동조합주의 경제 사상이다. 개인보다 집단이나 국가를 우선의 가치로 두고, 각 개인을 집단이나 국가의 구성요소로 본다. 그 결과 개인을 정치나 경제적 동원 대상으로 취급한다.

② 정치인 선출제도로서의 민주주의

베버는 관료제 모순을 극복하기 위해 정치인을 선출하는 것을 민주주의로 보았다. 그리고 선거는 지배를 정당화하는 기제에 불과한 것으로 보았다. 베버는 국민투표를 통해 카리스마적 지도자, 즉 로마의 시저와 같은 정치가의 출현이 필요하다고 보았다. 이런 베버의 희망은 당시 독일의 정치 상황을 극복하기 위한 소망에서 비롯된 것이라고 할 수 있다. 베버는 정치가의 덕목으로 준법 정신 등이 아니라 열정, 책임감, 균형을 가장 중요한 지도자의 자질로 강조하였다.

③ 평가: 이와 같이 베버는 민주주의의 규범적 측면을 무시하고 있다.

(2) 슘페터의 진단

① 민주주의

슘페터는 "민주주의란 정치적 결정에 도달하기 위하여 사람들이 국민들의 지지표를 얻기 위한 경쟁에 의해 결정권을 획득하게끔 보장하는 제도적 장치"라고 하였다.

슘페터는 현실적으로 모두의 의견을 반영한 공공선은 존재하지 않는다고 주장하였다. 이런 상황에서 슘페터에게 가장 현실적이고 효율적인 방법이 엘리트 민주주의인 것이다. 왜냐하면 그는 비이성적인 대중들의 의견을 모두 취합해서 정책을 결정하는 것은 불가능한 것으로 보기 때문이다.

② 특징

슘페터는 대중이 입법적, 행정적 결정을 내릴 수 없다고 본다. 그래서 그는 입법적, 행정적 결정을 내릴 수 있는 능력을 가진 정치엘리트를 선출하는 것에 초점을 맞추고, 엘리트들 간의 경쟁을 중요하게 생각하였다. 이런 측면에서 슘페터의 민주주의는 엘리트들의 경쟁으로 규정된다. 정치엘리트와 정당 간의 경쟁을 보장하고, 그 결과 강력한 집행부를 가진 의회제 정부를 강조하였다. 또한 관료제와 더불어 입헌주의에 의한 권력의 제한을 요구하였다.

02 자유 민주주의와 문제점

1. 자유 민주주의의 의미 및 특징

(1) 자유주의와 민주주의의 결합

근대에 형성된 민주주의는 대체로 자유주의와 민주주의가 결합된 자유 민주주의이다. 그래서 민주주의 정치제도는 자유 민주주의 체제로 불리게 되었다. 이 민주주의의 전형은 미국과 영국의 정치체제다. 구체적으로는 영미형의 다원주의적(다수제적) 민주주의, 북유럽의 복지국가적 민주주의, 스위스의 합의제 민주주의 등이 있다[49].

---

49) 영미형의 자유 민주주의와 북유럽의 사회 민주주의로 구분하는 경우가 있다. 북유럽의 사회 민주주의도 궁극적으로 자유주의에 들어간다는 사실에 유념할 필요가 있다. 일반적인 맥락에서 사용되는 자유 민주주의에서 자유주의는 영미형의 자유 민주주의에서 강조하는 자유주의보다 훨씬 큰 의미를 내포하고 있다. 북유럽의 사회 민주주의는 개량된 자유주의로 이해하면 적절할 것이다.

민주주의를 '다수의 자기지배'라는 개념으로 간략하게 규정할 경우 민주주의는 기본적으로 평등을 전제한다. 아리스토텔레스에 따르면 평등에서 자유가 나온다. 따라서 평등은 자유를 가능하게 한다. 모두가 평등할 경우 자유는 개인에게 맡겨지고, 이에 따라 개인의 선택은 자유로서 존중받게 된다. 이런 논리는 정치적 자유와 연결된다. 따라서 민주주의와 자유주의가 결합하여 발전하는 것은 자연스러운 결과라고 할 수 있다. 하지만 민주주의와 자유주의의 이런 친화성에도 불구하고 이들은 각각 별개의 차원을 가진다. 민주주의는 평등을 본질적 개념으로 삼아 인민의 자기 지배를 위한 참여의 확대를 당연시한다. 하지만 자유주의는 자유를 우선시하고, 개인의 독자성과 자율성을 본질적 내용으로 한다는 점에서 가치중립적이고 다양성을 중시한다. 그래서 가치중립적 입장에서 기회의 평등을 강조한다.

(2) 자유주의와 법치주의를 더 강조하는 민주주의

① 자유 민주주의는 '자유'를 보다 더 강조하는 자유주의와 '평등'을 상대적으로 강조하는 민주주의 결합 이념이다. 이런 측면에서 자유 민주주의는 개인을 더 강조한다. 하지만 사회적 민주주의는 사회를 더 강조하는 민주주의이다. 자유 민주주의는 이념적으로는 자유주의와 민주주의를 주 내용으로 한다. 국가권력의 제한과 절차를 중시하는 자유 민주주의는 법치주의와 대의제 민주주의를 근간으로 한다.

② 자유 민주주의 기본원리
자유 민주 사회의 기본원리는 민주주의와 시장 경제이다. 전자(前者)는 정치적 의사 결정에 있어서 공정성을 추구하는 합리주의이며, 후자(後者)는 경제적 의사 결정에 있어서 효율성을 추구하는 합리주의이다.

(3) 자유 민주주의의 핵심 내용

① 헌법에 기초한 입헌 정부

② 개인을 전제로 한 시민적 자유와 권리의 보장

③ 권력분립에 따른 견제와 균형을 추구하는 제도

④ 일인일표, 일표일가의 원칙을 존중하는 주기적이고 정기적인 선거

⑤ 정치적 다원주의

⑥ 정부로부터 간섭받지 않는 사회집단들의 독립성

⑦ 시장 원리에 따른 사기업 경제 및 생산수단의 사유화

(4) 자유주의적 요소

① 개인의 자유 보호를 목적으로 한다.
자유주의의 목적은 개인의 자유를 보호하는 것이다. 헌법과 통치형태 등과 같은 법적·정치적 제도는 개인의 자유 보장을 위한 목적으로 설계된다.

② 정치권력의 부당한 개입으로부터 개인의 자유 보장
자유 보호라는 목적을 달성하기 위해 법의 지배(법치주의), 권력분립과 같은 법적 제도화를 도모한다.

③ 자유 보장을 위한 제한정부

자유 보장을 위해 제한정부를 필요로 한다. 제한 정부는 통치자로부터 인민들을 보호하고, 다수의 폭정으로부터 소수를 보호한다.

④ 법치주의

자유 보장을 위해 정부의 권한은 법에 의해 통제되고 제한된다.

(5) 민주주의적 요소

① 투표권과 주기적이고 경쟁적인 선거제도

민주주의는 인민에 의한 지배를 의미한다. 이런 의미에 충실하기 위해서는 만인의 법적 평등과 정치적 평등이 보장되어야 하며, 평등한 권리를 가진 시민들의 다수결에 의한 결정과 자치가 보장되어야 한다. 그러나 자유 민주주의에서 민주주의의 핵심적 요소는 투표권과 주기적이고 경쟁적인 선거제도이다.

② 평등한 정치적 자유 보장

투표 및 선거제도를 위해 표현의 자유, 정당가입과 활동의 자유, 공무담임권과 같은 정치적 자유, 보통·평등선거원칙 등을 보장하고 있다.

2. 자유 민주주의의 원리로서 자유와 평등

앞서 살펴본 바와 같이 자유와 평등은 양립하기 어려운 미묘한 관계가 있다. 그 이유는 평등이 지닌 양면적 의미 때문이다. 평등은 같음(sameness)과 공정(justice)이라는 두 가지 의미를 지닌다. 같음의 의미로서 평등을 해석할 때 자유와 평등의 관계는 멀어진다. 자유와 평등이 가까워지기 위해서는 공정이라는 의미로 평등이 이해될 때이다. 따라서 자유 민주주의는 자유와 공정이라는 의미의 평등을 이념으로 하는 것이다.

3. 자유주의와 민주주의의 갈등

(1) 자유주의와 민주주의가 결합한 이유

① 마르크시즘에 대한 공동 대응을 위해 필요

자유 민주주의는 개인을 강조하는 자유주의와 사회를 강조하는 민주주의가 마르크시즘과 구분 짓는 과정에서 필요에 의해 서로 결합된 것이다.

② 개인의 자유를 강조하는 자유주의와 민주주의라는 집단 정치 간의 타협

자유주의는 누가 정치권력을 가지는지는 중요하지 않다. 중요한 것은 정치권력을 가진 자가 누구이든 권력을 제한하고 개인의 자유를 어떻게 보호받을 것인지 여부가 자유주의의 중요한 관심사다. 반면에 민주주의는 인민에 의한 권력 행사를 중시한다. 따라서 자유 민주주의는 민주주의 정부의 권위와 민주주의 정부의 권력행사에 대한 제한을 통합시키려는 시도에 의해 구상된 것이다.

(2) 자유주의와 민주주의의 비교

① 국가권력을 제한할 것이냐? 국가권력에 참여할 것이냐?
자유주의는 개인주의를 전제로 하기 때문에 국가권력을 제한하는 기술에 관심을 둔다. 하지만 민주주의는 인민의 권력을 국가에 접목시키는 것에 관심을 둔다. 즉 자유주의자들은 국가의 형태에 관심을 기울이지만, 민주주의자들은 국가가 제시하는 규범의 내용에 관심을 기울인다.

② 형식이 중요하냐? 실질이 중요하냐?
이런 관심의 차이점 때문에 자유주의자들은 사회적 질서를 만드는 방법과 관련되는 절차적 민주주의를 강조한다. 하지만 민주주의자들은 방법보다는 국가로부터 나타나는 결과나 실질을 중시한다.

③ 개인의 자유를 중시할 것이냐? 정치공동체 구성원들의 평등과 참여를 중시할 것이냐?
이런 측면에서 보면 자유주의는 개인의 자발성을 전제로 국가의 권력을 어떻게 통제할 것인가와 관련된 절차나 국가의 형태에 관심을 둔다. 하지만 민주주의는 대중을 국가권력에 포함시키는 것, 복지, 평등, 사회적 단합 등에 관심을 둔다.

구분	자유주의	민주주의
강조되는 신념	자유	평등
국가와 관계	국가권력 제한, 국가의 형태 관심	인민의 권력과 국가권력 접목, 국가 규범에 관심
절차 대 결과	절차 중시	결과나 실질 중시

4. 자유 민주주의의 성립조건

(1) 절차적·형식적 민주주의 신호

① 권력분립(삼권분립)
권력의 절대화를 막고, 권력 상호간의 견제와 균형의 원리가 실현되어야 한다.

② 대의정치 및 의회주의
견제와 균형의 원리는 권력의 절대화와 부패를 막을 수 있지만, 자칫 정부의 정책 추진력을 약화시키고 행정의 무사안일주의로 흐르게 할 위험이 있다. 이 위험을 제거하기 위해서는 민중의 직접 참여보다는 선거라는 절차를 통해 대표를 뽑고, 경쟁적인 의회의 장에서 대표들의 전문성을 살리는 대의정치의 실현이 필요하다.

(2) 사회 경제적 조건: 경제발전

사회경제적 조건은 자유경쟁시장(자본주의)이 경제적인 부를 창출하는 것을 말한다. 자유경쟁시장이 경제적인 부를 창출할 때 자유 민주주의는 성공할 수 있다. 이런 주장은 근대화론에서 살펴볼 수 있다. 근대화론에 따르면 경제적 여유와 정치적 안정은 상관관계가 있다.

(3) 사회 문화적 조건 : 동질성과 일체감

사회문화적 조건은 중산층의 역할과 함께 국민들의 동질성과 국가적 일체감 등을 의미한다. 이는 극단적인 평등 요구나 과격한 행동을 자제할 수 있는 중용을 지닌 알몬드 등의 시민문화에서 강조된다.

5. 자유 민주주의의 문제점

(1) 불평등과 양극화

현재 자유 민주주의는 사회적 불평등과 양극화를 심화시키고 있다는 비판에 직면하고 있다. 이는 자유 민주주의가 내포하고 있는 내재적 모순 때문이다.

(2) 경제적 자유와 자본주의

자유 민주주의는 자유를 더 강조하는 민주주의이다. 특히 경제적 자유주의가 지나치게 강조되는 신자유주의 국면에서 자유 민주주의가 내재적 모순은 더욱 극명하게 드러나고 있다.

(3) 민주주의 공고화의 어려움

03 대의제 민주주의와 문제점

1. 대의제 민주주의 의미

(1) 대표를 통한 (자기)지배

대의제 민주주의란 선거라는 수단을 통해 시민들의 집단적 의사를 확인하고 집단적 의사를 시민들의 대표를 통해 실현하는 것을 말한다.

(2) 현실적으로 실현 가능한 민주주의

방대한 영토와 대규모의 인구로 구성된 국가, 이질적인 국가, 다양한 이익의 충돌과 갈등이 발생하는 국가에서 직접 민주주의를 실현하기란 어렵다. 그 결과 대표를 통한 인민지배가 필연적인 것으로 설명된다. 왜냐하면 전문성을 지닌 대표가 공적인 문제를 신속하게 처리하여 시간과 비용을 절감할 수 있다고 보기 때문이다.

(3) 대의제 민주주의가 되는 역사적 흐름

매디슨(Madison)은 미국헌법의 제정 시기에 대의제의 정치체제를 창안한 선각자 가운데 한 사람이다. 그는 대의제를 공화정(republic)으로 여기고 민주정과 구별하였다. 민주정과 대의제의 차이는 "고대 민주정부에서 인민의 대표가 통치로부터 완전히 배제되었던 데 있는 것이 아니라, 근대 공화정부에서 집단으로서 인민의 참여가 완전히 배제된다."는 데에 있다고 보았다. 이렇게 근대 대의제는 아테네의 민주주의와 무관하게 발전되었다. 그런데 19세기를 거치면서 대의제는 점차 변화의 조류에 휩싸였다. 이 조류는 바로 선거권의 확대로서 보통 선거권에 이르러 절정을 이루었다. 이러한 변화는 대의제가 새로운 정치체제로 진화하고 있다는 믿음을 불러일으켰다.

2. 대의제 민주주의가 실현되기 위한 조건

(1) **민주적 참여에 의한 정부의 구성**: 보통평등선거권, 정치적 자유 보장

(2) 민주적 책임성의 확보

① 수직적 책임성 확보(선거)
미래 선택적 투표나 과거 평가적 투표 모두 책임을 확보하기에는 부족하다.

② 수평적 책임성 확보(권력분립)

㉠ 권력을 분립하고 지지기반과 선출 방식을 달리함으로써 누구도 대표성을 독점할 수 없게 함으로써 대표기구 간에 상호견제와 균형을 가능하게 하는 것이다.

㉡ 수평적 책임성을 확보하기 위해서는 의회의 정책형성과 정부감독기능을 강화해야 할 것이고, 독립적인 사법부의 심사기능을 강화해야 하며, 독립적인 책임성 확보기관을 마련하는 제도 마련이 필요하다.

3. **대의제 민주주의의 전개 및 공화정과의 관계**: 공화정으로 인식한 대의제가 대의 민주주의로 발전

(1) 민주정과 공화정의 정치원리의 혼합

대의제 민주주의는 공화정으로 건설된 대의제가 대의 민주주의로 발전한 것이다. 여기에는 민주정의 정치원리와 공화정의 정치원리가 혼합되어 있다. 공화국은 라틴어의 'res publica'를 번역한 것인데, 이 말은 'res(일)'와 'publica(공공의 또는 인민 모두의)'가 합성된 것으로 '공공의 일'을 뜻한다. '공공의 일'은 인민 모두에 관계되므로 다수이든 소수이든 인민의 일부에 지나지 않는 사람들이 자의적으로 처리해서는 안 되는 것이다. 따라서 공화국은 모든 다양한 계급의 참여로 서로 견제와 균형을 이룰 때 가능하다. 로마의 정치권력은 집정관, 원로원 및 민회의 세 기관으로 분산되어 있었다. 그리스인이었던 폴리비우스(Polybius)는 로마의 정치체제를 보고 깜짝 놀랐다. 민주정이라는 단일요소의 순수정(simple government)이었던 아테네와 달리 로마는 민주정, 귀족정 및 군주정의 요소가 뒤섞인 혼합정(mixed government)이었던 것이다. 집정관은 군주정의 요소이고, 원로원은 귀족정의 요소이며, 민회는 민주정의 요소였다. 이들은 서로 견제와 균형을 이루어 로마는 오랫동안 안정과 번영을 누렸던 것이다.

(2) 매디슨(미국)은 대의제를 공화정으로 인식

그런데 메디슨은 대의제를 공화정으로 여기고 민주정과 구별하였다. 그는 근대 공화정부에서는 집단으로서의 인민의 참여가 배제되었다고 설명하였다. 이런 그의 설명에 따르면 근대 대의제는 인민의 참여를 중시하는 아테네의 민주주의와 무관하게 발전되었다.

(3) 20세기 보통선거 도입으로 대의제 민주주의로 진화

그런데 19세기를 거치면서 대의제는 점차 변화의 조류에 휩싸였다. 이 조류는 바로 선거권의 확대로서 보통 선거권에 이르러 절정을 이루었다. 이후 대의제는 대의제 민주주의로의 진화하였다.

4. 대의제 민주주의 성격

(1) 다수결을 전제로 한 선호집합적 민주주의

선호집합적 민주주의란 투표 결과를 전체 국민의사로 간주하는 것을 의미한다. 이는 평등한 시민들의 자유로운 선택과 그 결과로 나타난 집단적 선택의 결과가 일치한다고 간주하는 것이다. 하지만 다수결에 의한 결정에서 개인적 의사와 집단적 의사가 반드시 일치할 수가 없다.

(2) **엘리트 민주주의**: 전문가 민주주의

대의제 민주주의는 대표를 통한 인민의 지배로 이는 엘리트 민주주의를 반영한 제도이다.

5. 대의제 민주주의 문제점

(1) **선호집합적 민주주의 측면**: 투표의 역설, 공동선 실현 어려움

대의제 민주주의에서 투표나 선거를 통해 표출된 결과는 전체 국민의 의사로 간주된다. 이런 집단적 국민의사는 합리적 선택에 의해서 이뤄졌다는 점을 가정한다. 이런 대의제 민주주의의 속성을 선호집합적 민주주의라고 한다. 하지만 다수결이 지닌 문제점으로 인해 선호집합적 민주주의의 가정은 적절하지 않다. 실제로 만장일치에 의한 결정이 아니고선 다수결의 결과가 모든 국민의 선호를 직접적으로 정확하게 반영할 수 없다. 따라서 전체주의 국가가 아니고서는 민주주의 국가에서 모든 국민의 선호가 결집된 투표나 선거의 결과가 나온다는 것은 불가능하다. 따라서 대의제 민주주의에서 표출된 다수결의 결과가 민주적 정당성을 지닌 것으로 보기는 어렵다.

(2) **대표 측면**: 대표의 도덕적 해이와 공공선 실현 실패

국민의 대리인으로서 대표는 성실하게 국민의 이익을 대변하지 않는 경우가 발생할 수 있다(대표실패). 오히려 사회적으로 강력한 이익집단의 의견을 대변하고 그들의 이익을 위해 봉사하는 경우가 많다. 그 결과 시민과 대표 간의 거리는 멀어지고, 의회와 같은 공론장은 소수 특정 이익집단의 토론장이 되면서 공공선이 결여된 결정이 공론장에서 이뤄진다. 이런 대표들의 행태를 유지하기 위해 국민들을 기만하거나 선동하여 다수 독재를 꾀하기도 한다. 따라서 투표나 선거를 통해 표출된 국민의 의사가 과연 집단적인 합리적 선택이 될 수 있는지에 대해 의문이 제기된다.

(3) **특정 다수 지배의 고착화**: 배제의 정치

특정 다수 지배의 고착화는 정치권력으로부터 소외받은 소수를 만들어내게 된다. 이 경우 소수는 분리와 독립을 고려할 수밖에 없을 것이다.

V 다양한 현대 민주주의

- 각 민주주의는 어떤 맥락에서 등장하여 어떤 특징들을 가지고 있을까?
- 대의제 민주주의를 대신할 민주주의는 어떤 민주주의일까?
- 교육적 시사점
  특정 형태의 민주주의만 교육했을 때의 한계를 이해하고, 현재 대의제 민주주의 문제를 극복하기 위해 어떤 방안들이 제시되고 있는지에 대해 이해한다.

01 다원주의적 민주주의(= 다원주의)50)

1. 다원주의적 민주주의의 의의: 이익집단을 통한 대중의 역할

(1) 미국식 민주주의

다원주의적 민주주의의 정초는 다원주의와 미국의 역사라고 할 수 있다. 다원주의적 민주주의는 인민의 권리를 보장함과 동시에 지배자의 권리를 보장하는 방안을 가지고 발전하였다. 여기에 기여한 인물은 대표적으로 제임스 매디슨(James Madison)과 로버트 달(Robert Dahl)이다.

(2) 제임스 매디슨(James Madison)과 로버트 달(Robert Dahl)

① 제임스 매디슨적 민주주의
다원주의를 최초로 체계적으로 발전시킨 사람은 제임스 매디슨(James Madison)이다. 그는 '이익과 집단'의 다양성과 그 필요성에 대해 강조하였다. 매디슨은 미국의 안정과 질서를 위해 권력분립, 양원제, 연방주의에 기초하여 다양한 집단들 및 단체들의 경쟁과 이런 경쟁을 보장하는 정부를 강조하였다.

② 로버트 달의 다두정
로버트 달의 다두정을 주요 내용으로 한다. 달은 린드블룸과 함께 고대 아테네 민주주의와 현재의 민주주의는 다르다는 의미로 다두정(Polyarchy, 다두체제)라는 표현을 사용했다. 즉 '모든 시민에 의한 통치(rule by the people)'가 아니라 '다수의 통치(rule by the many)'를 의미하는 것이 다두정이다.

---

50) 이 용어도 다양한 맥락에서 다양한 의미로 쓰이고 있는 편이다. 문제는 다원주의 = 다원주의적 민주주의 = 다두정, 다원주의 + 민주주의 = 다두정 = 다원주의적 민주주의, 다원주의적 관점 중의 하나가 다두정이고, 이 다두정이 다시 좁은 의미의 다원주의와 절차적 민주주로 표현하는 경향이 있다. 필자의 『Jump-up 정치교육』(2017)에서는 세 번째 경향으로 정리하였다. 그러나 여러 가지 사정을 고려할 때 본 교재에서는 로버트 달의 민주주의론에 따라 정리하는 것이 바람직할 것 같다. 그의 입장에 따르면 두 번째 입장이 될 것이다.

(3) 1950년대 미국의 소수 지배 상황을 어떻게 민주주의로 설명할 것이냐?

다원주의적 민주주의가 등장하게 된 핵심적인 질문은 "소수가 지배하는데 어떻게 다수가 정치참여의 주체가 되는가"에 대한 질문에 대해 어떻게 답을 할 것인지가 문제가 되었다. 민주주의 이론에 따르면 정치의 주체는 대중이며, 정치가는 국가나 사회의 심부름꾼이다. 하지만 엘리트 이론가들은 소수의 지배와 다수의 피지배를 어떻게 합리화할 것인지를 고민했다. 이런 소수의 지배와 다수의 정치참여의 딜레마를 집단 이론가들이 실현가능한 민주주의로 제시한 것이 다원주의적 민주주의이다. 이런 관점에서 달은 경험적 관점에서 민주주의란 "일반 시민이 정치 지도자에 대하여 비교적 높은 통제력을 발휘할 수 있는 정치 체제이다."라고 하였다.

(4) 소수의 지배와 다수의 정치참여라는 모순되는 명제들의 결합

달은 이익집단을 통해 자신의 권익을 주장하고 정치에 영향력을 행사하려는 대중의 역할에 대해 설명하면서 민주주의와 이익집단의 양립가능성을 통해 다수의 정치참여와 소수의 지배를 적절하게 결합하여 다원주의적 민주주의, 즉 다두정을 제시하였다. 이런 그의 주장은 이익집단을 혐오하는 매디슨의 주장[51] 대신에 이익집단을 자연적 본성으로 당연시하는 토크빌의 주장과 절차적 민주주의를 바탕으로 하고 있다. 파벌이 민주적 결사체들을 크게 위협하는 것은 아니며, 오히려 정치적 안정의 구조적 차원이자 민주주의의 핵심적인 표현이라고 주장한다. 이에 따르면 다양한 경쟁적 이해관계의 존재란 민주적 균형의 기초이며, 공공정책을 바람직스럽게 발전시키는 토대가 된다. 즉, 정책 형성 및 의사 결정 과정에 필요한 정책 결정권은 널리 분산되어 있는 것이다.

2. 다원주의적 민주주의의 의미 및 특성

(1) 다두정의 의미 : 현실적 · 실천적 의미로서의 민주주의

달은 다두정을 '다원주의와 민주주의가 결합된 상대적으로 민주화된 국민국가'라고 하였다. 즉 다두정이란 이익집단의 자율적인 경쟁과 선거라는 절차를 통해 이뤄지는 민주주의를 말한다. 그리고 달은 현대 국민국가에서 실현 가능한 민주주의는 다원주의적 민주주의(다두정)이라고 주장하였다.

(2) 다두정의 요소

① 다원주의

여기서 다원주의는 조직체계와 관련된 의미로 상대적으로 자율적이며, 경쟁적인 조직이 다수 존재하는 것을 말한다. '이익대표체계'에서 깊이 있게 다뤄질 내용이다.

② 민주주의

여기서 말하는 민주주의는 앞에서 살펴본 정치적 자유와 경쟁적 선거제도를 주 내용으로 하는 민주주의의 최소강령적 정의를 말한다. 구체적으로 살펴보면 공직자 선출을 위한 선거제도, 자유롭고 평

51) 미국 연방 구성 당시에, 사회에 존재하는 집단들이 각각 정치적 의견을 갖지 않을 경우에 정치적 안정과 질서가 불가능할 것이라고 생각한 매디슨(J. Madison)의 견해에 기초하고 있다.

등한 선거, 보통선거, 공무담임권의 보장, 표현의 자유, 참여와 대안선택을 위한 정보의 공개청구, 자주적인 결사체 형성의 보장 등이다. 즉 민주주의란 포괄적이고 효과적인 정치 참여의 보장, 평등한 투표권과 정치적 안건에 대한 최종결정권을 보유하는 것, 충분한 정보와 자신이 추구하는 이익을 인식하고 있는 시민에 의한 의사결정의 보장을 의미한다.

③ 국민국가

국민국가란 민주주의가 실현될 수 있는 현존하는 정치단위를 말한다.

3. 다원주의적 민주주의의 특징(작동조건)

(1) 이익집단의 실질적인 역할을 강조하는 민주주의: 이익집단을 통한 참여

① 정치의 주체는 이익집단이다.

달(Dahl)은 현대 국가에서 대중의 직접 지배는 불가능하지만 이익집단의 기능을 통해 직접지배와 같은 우수한 정치적 효과를 기대할 수 있다고 주장하였다. 그 이유는 자율적인 이익집단은 각 집단이 추구하는 정책의 쟁점과 영역에서 자신의 이익을 실현하기 위해 정치과정에서 경쟁한다. 이런 경쟁과정에서 각 이익집단들은 자신들을 지지하는 서로 다른 다수를 형성할 수 있다고 보기 때문이다. 이런 측면에서 달은 민주주의란 "복잡한 구조의 이익집단 정치 속에서 다양한 소수파들이 정치지도자의 선택과 영향력 행사를 위해 경쟁적으로 지배하는 일련의 제도적 장치"라고 하였다.

② 다두정의 전제조건: 자율성, 수평적 관계

이 관점은 분화된 현대 사회의 특성을 반영하고 있다. 사회 내에 다양한 집단이 존재하고, 이 집단들이 상대적으로 자율적이며, 정치과정에서 대체로 균등한 영향력을 행사할 수 있다고 가정한다. 또한 사회 내의 집단들이 자신들의 이익을 실현시킬 수 있는 권력과 자원을 보유하고 있다고 전제한다. 이러한 전제하에 정치 과정에 경쟁과 협상이라는 시장 원리를 적용하고, 절차상으로는 그 과정에 모든 집단이 참여할 수 있다고 생각한다. 정치를 모든 집단이 실질적으로 동등한 기회를 갖는 집단적 협상 절차로 간주하는 것이다. 그러나 이 관점은 현실에서 집단이 보유한 자원의 불평등으로 인해 정치적 불평등이 야기된다는 비판을 받는다.

(2) 통치(민주주의)의 근거: 절차적 민주주의, 유권자 동의에 부합하는 통치, 반응성

① 경쟁적 선거제도

민주주의에 근거한 통치는 유권자의 가치에 근거를 두는 것이며, 투표권 행사를 통한 사회구성원의 동의가 민주주의의 존립 근거가 된다.

② 경쟁적 관계

미국 연방 구성 당시, 사회에 존재하는 집단들이 각각 정치적 의견을 갖지 않을 경우에 정치적 안정과 질서가 불가능할 것이라고 생각한 매디슨(J. Madison)의 견해에 기초하고 있다. 파벌이 민주적 결사체들을 크게 위협하는 것은 아니며, 오히려 정치적 안정의 구조적 차원이자 민주주의의 핵심적인 표현이라고 주장한다. 이에 따르면 다양한 경쟁적 이해관계의 존재란 민주적 균형의 기초이며, 공공정책을 바람직스럽게 발전시키는 토대가 된다.

(3) 공공정책 결정방식과 정부의 역할: 중립적 정부

① 공공정책 결정방식
이익집단은 민주주의의 토대이자 공공정책의 결정 방식을 이해하는 열쇠이다. 왜냐하면 자유로운 결사체로서 이익집단의 경쟁은 부당한 간섭과 규제로부터 개인을 보호하며, 정부의 반응성을 제고시키기 때문이다. 공공정책은 상이한 견해와 이해관계를 대표하고 있는 다양한 집단들 간의 협상과 흥정을 통해 이루어지며, 정부는 이러한 과정을 매개하고 중재하는 공정한 심판자이다. 달(R. Dahl)은 다두제(polyarchy)라는 개념을 통해 미국 사회에서 다양한 집단들 간의 자유로운 경쟁이 정치권력의 폭넓은 분산과 균형을 가져왔음을 해명하였다.

② 정부의 역할
정부의 기본 목적이란 어떤 한 파벌(faction)이 다른 파벌의 자유를 침해하지 못하도록 하면서, 다른 한편으로 파벌들이 그들의 정치적 이익을 자유롭게 증진시킬 수 있도록 보호하는 것이다. 그래서 정부는 중립자로서 이익집단의 공정한 경쟁이 이뤄질 수 있도록 감시하고, 경쟁의 결과를 실행하는 역할을 한다.

4. 다원주의적 민주주의에 대한 비판

(1) 소수의 재산을 보호하기 위해 민주주의를 제약한다.

(2) 강력한 이익집단들에 의해 정부 과부화가 초래되고, 정부의 통치능력을 저하시킨다.

(3) 집단 간의 정치권력의 불평등을 초래하고 있다.

(4) 개별이익만 존재한다는 가정에 따라 공동선을 간과하고 있다.

02 참여 민주주의[52)]

참여 민주주의는 결정 절차를 확장시키는 측면에서 또는 실질적 민주주의 차원에서 지배 범위를 확장시키는 측면 등 다양한 접근이 가능하다. 여기에서는 지배 영역이 확장되어가는 차원에서 참여 민주주의를 살펴보도록 하겠다.

1. 참여 민주주의의 등장배경: 대의제 민주주의의 문제점 극복

참여 민주주의는 대의제 민주주의의 실패에서 등장하였다. 대의제가 가진 엘리트주의, 전문가 정치는 사회적 갈등을 해결하지 못하고, 대표는 자신들의 이익을 위한 정치로 변질시켰다. 즉 참여민주주의는 대표실패와 대표의 도덕적 해이를 원인으로 강조되기 시작하였다.

52) 참여 민주주의와 관련해서 국가로의 참여, 시민사회로의 참여 등 다양한 스펙트럼의 참여 민주주의 주장이 존재한다. 여기에서는 참여 민주주의의 어의적 의미와 실질적 의미로서의 민주주의라는 측면에서 살펴보도록 한다.

2. 참여 민주주의의 의의: 참여 민주주의는 대의제 민주주의의 실패에서 등장하였다. 대의제가 가진 엘리트주의, 전문가 정치는 사회적 갈등을 해결하지 못하고, 대표는 자신들의 이익을 위한 정치로 변질시켰다. 즉 참여 민주주의는 대표실패와 대표의 도덕적 해이를 원인으로 강조되기 시작하였다.

(1) 최대강령적 정의로서 참여 민주주의

참여 민주주의는 민주주의가 공고화되어 내포적으로 심화되어 가는 수준의 민주주의로 국내에서는 실질적 민주주의의 내용으로 제시되었다.

(2) 민주화 과정

오늘날 민주주의는 외연적 확산이라는 점에서 성공을 거두고 있다. 하지만 내포적 심화라는 측면에서 보면 민주화는 지체 또는 역전의 조짐을 보이고 있다. 민주화의 과정은 권위주의 정권의 해체 ⇨ 민주주의로의 이행 ⇨ 민주주의 정착 또는 공고화 ⇨ 내포적 심화라고 할 수 있다. 민주주의 정착은 민주주의가 제도적인 면과 정치문화적인 면에서 확립되는 것을 지칭한다.

(3) 민주주의의 내포적 심화

① 내포적 심화의 의미
민주주의의 내포적 심화는 확립된 절차적 민주주의가 실질적 차원에서 모든 삶의 영역이 민주화되는 것을 말한다. 즉 사회적으로 소외된 모든 계층의 정치적 평등뿐만 아니라 사회·경제적 평등이 확보되고, 공식적인 영역뿐만 아니라 직장, 학교, 병원 등 일상적인 삶의 영역으로 민주주의가 확산되는 것을 말한다.

② 내포적 심화의 주요 내용
따라서 내포적 심화의 핵심적인 내용은 평등과 참여의 요소를 강화시키는 것이다. 이런 점에서 참여 민주주의는 자유 민주주의 및 대의제 민주주의의 결함과 폐해를 극복하여 민주주의의 내포적 심화를 가져다주는 한 요소이다.

3. 참여 민주주의의 의미 및 전제조건

(1) 의미

참여 민주주의란 정치공동체에서 자신의 이익확보 및 자아실현을 위해서 정치에의 적극적인 참여를 강조하는 것이다. 자유와 자기 계발에 대한 평등한 권리는 시민들이 자신들의 정치적 효능감을 제고하며 집단적 문제와 통치 과정에 지속적 관심을 가지고 정치적 의사 결정에 직접 참여하는 사회에서만 보장될 수 있다.

(2) 전제조건

참여 민주주의는 민주주의 본래 이념이나 목적을 다시 활성화시키려는 과제를 실현하고자 한다. 이런 참여 민주주의는 현재의 사회적·경제적 불평등을 크게 감소시키는 것을 전제조건으로 한다.

03 레이파트(레이프하트, Lijphart)의 다수제 민주주의 모델과 합의제 민주주의 모델[53)]

1. 민주주의 유형 분류

레이파트는 36개의 민주주의 국가를 제도적 기준으로 크게 두 개의 유형으로 구분하였다. 다수제(majoritarian) 민주주의 모델과 합의제(consensus) 민주주의 모델이 그것이다. 다수제 민주주의 모델의 대표적인 국가로는 영국과 식민지 경험 국가들, 미국을 비롯한 대통령제를 채택한 국가들이 있다. 합의제 민주주의모델의 대표적인 국가로는 스위스, 네덜란드, 벨기에 등이 있다. 이 유형을 분류하는 연구의 시작은 인민에 의한, 그리고 인민을 위한 정부로 민주주의를 정의한다고 했을 때 '시민들 사이에 서로 다른 의견이 존재할 경우 누가 정부를 구성하여야 하며, 정부는 누구의 이해를 만족시켜야 하는가?'는 질문에서 시작되었다(강신구, 2012:42). 여기에서 다수제 민주주의 모델은 인민의 과반수 이상의 이해를, 합의제 민주주의 모델은 가능한 많은 인민의 이해를 만족시키려 하는 제도로 발전되었다고 답하였다. 이 두 개의 민주주의 유형은 10개의 제도적 특징에서 구별되고, 다시 2개의 차원으로 나뉜다. 그가 분류한 내용을 표로 정리하면 다음과 같다.

◎ 다수제 민주주의 모델과 합의제 민주주의 모델

구분 기준		다수제 민주주의 모델	합의제 민주주의 모델
행정부-정당 차원	선거제도	다수결주의, 불비례적선거제	비례성이 높은 선거제
	정당체제	양당제(상대적으로 소수 정당들)	다당제(과반수 획득 정당 부재)
	행정부 구성	과반수를 확보한 단일 정당이 구성한 내각으로의 권력 집중	다수 정당 연합에 의한 행정권 공유 및 분산
	입법부와 행정부 관계	입법부에 대한 행정부의 우위	행정부와 입법부 간의 균형
	이익집단체제	무한 자유 경쟁체제의 이익집단 다원주의(pluralism)	타협과 조정을 목표로 하는 코포라티즘적 이익집단 체제
연방제(federal)-단일제(unitary) 차원	권력의 집중 여부	중앙집권적 단일(방)제 정부	지방분권적 연방제
	입법권의 집중 여부	단원제(unicameral) 의회에 입법권의 집중	서로 다른 선거기반을 가지며 대등한 권력을 가진 양원제(bicameral)로의 분할
	헌법 개정 수월성	단순 다수에 의해 개정될 수 있는 연성 헌법	특별 다수에 의해서만 개정될 수 있는 경성헌법
	헌법재판 여부	법률의 헌법 합치성에 대해 입법부가 최종 결정, 사법적 검토 부재	대법원이나 헌법재판소에 의해 법률의 헌법 합치성 검토
	중앙은행의 독립성	행정부에 종속	행정부로부터 독립

53) Arend Lijphart(1999), 『Patterns of Democracy』: 강신구(2012). "어떤 민주주의인가?", 한국정당학회보 제11권 제3호를 참조하여 재구성함

2. 합의제 민주주의의 유용성: 다수지배의 고착화로 인한 문제점 해결, 포괄의 정치

(1) 다수지배의 고착화 ⇨ 상시적으로 차별받는 집단의 고착화 ⇨ 사회통합 저해, 사회 불안

동질적인 집단으로 구성된 정치공동체에서 다수결에 의한 다수지배현상에 비해 이질적인 집단으로 구성된 정치공동체에서 다수결에 의한 다수지배현상은 특별한 문제를 야기할 수 있다. 예컨대 민족, 종교, 언어 등이 다양한 정치공동체의 경우 특정집단이 권력과 가치들을 독점하는 것이 구조화되고 그로 인한 차별이 상시적으로 존재할 경우 그 정치공동체는 어떤 운명을 맞이하게 될까? 상시적으로 소외받을 수밖에 없는 집단의 경우 정치공동체로부터 이탈하고 싶은 욕구를 느낄 수밖에 없을 것이다. 이런 욕구가 실천될 경우 그 정치공동체는 혼란을 거듭하면서 국력도 약하게 되면서 안보 위협을 받게 될 수도 있고 급기야 정치공동체의 해체와 같은 파국을 맞이할 수도 있다.

(2) 합의제 민주주의의 의의: 다수의 상시적 지배와 특정집단의 소외 극복에 도움

이와 같은 현상은 다양한 문화적 배경을 가진 집단들이 존재하는 정치공동체에서 특정 집단이 다수로서 지배하고, 나머지 집단들이 정치로부터 소외될 경우 나타날 수 있는 것이다. 이와 같은 문제점을 극복하기 위한 아이디어가 될 수 있는 것이 협의 민주주의라고 할 수 있다. 예컨대 다문화 사회나, 다인종, 다민족 사회의 갈등을 해결할 때 협의 민주주의가 유용할 수 있다.

3. 합의제 민주주의의 의미

협의 민주주의는 다수지배 현상의 고착화를 완화하고 정치적으로 소외받는 이질적 집단들이 정치공동체에서 이탈하는 것을 완화하기 위한 방안이다.

4. 합의제 민주주의의 주요 내용

이 방안의 구체적인 내용으로는 연방주의나 분권화를 도입하여 각 집단의 자치를 보장하고, 소수자의 거부권을 인정하고, 비례대표제를 적극적으로 도입하고, 대연정을 통해 권력을 분점하고, 다당제를 보장한다. 다음 표의 합의 모델이 바로 협의민주주의이다.

04 심의(토의/협의/절차) 민주주의

1. 등장 배경

우리나라는 1990년대 들어서면서 대의제 민주주의의 위기를 극복하기 위한 대안으로 숙의 민주주의(deliberative democracy) 논의가 매우 활발하게 전개되어 왔다. 이 논의에 따르면, 대의제 민주주의는 투표나 대의제 같은 제도를 통하여 우리의 선호(preferences)나 이익을 집합적 의사결정에 결집하는 데에서 민주주의의 이상을 찾는다. 대의제에서는 '대표에 의한 결정'이 곧 그 결정의 정당성을 의미하므로, 대표를 선출한 대중으로서의 시민은 그 결정에 복종하여야 한다. 그러나 숙의 민주주의 이론가들은 민주적 정당성의 본질이 진정한 숙의에 참여하는 모든 개인의 능력 또는 기회에 있다고 본다. 숙의에 참여하는 개인들은 그 결정이 그들에게 정당화될 때에만 받아들여야 한다. 숙의 민주주의 이론에서는 민주주의의 본질을 투표나 이익결집, 헌정상의 권리, 자치 등이 아닌 숙의라고 본다.

2. 심의 민주주의의 유용성: 선호집합적 민주주의로 인한 문제 해결

(1) **다양한 가치와 이해 갈등이 발생하는 현대사회**: 다양한 선호로 인한 갈등

현대사회는 다양한 가치와 선호로 인해 갈등이 심화되고 있다.

(2) **대의제 민주주의를 통한 다양한 선호 반영 실패**

이런 상황에서 대의제 민주주의는 선호집합적 민주주의를 가정하고 있지만 현실에서 모든 국민들의 다양한 선호와 욕구를 제대로 반영하지 못한다. 다양한 가치 갈등으로 인해 정치가 불안해져도 선호 집합적 민주주의는 국민들의 다양한 선호와 욕구를 집약하지 못하게 된다.

(3) **선호반영 실패로 정책의 정당성이나 집행에서 어려움 발생**

이로 인해 표결로 나타난 시민의 의사를 대표가 수행하여도 그 정당성을 인정받기 어렵게 된다. 그 정당성을 인정받지 못하게 되면 시민들의 다양한 반대에 직면하면서 정책 수행을 제대로 할 수 없고, 문제해결도 어려워진다.

(4) **선호를 실질적으로 반영함으로써 정책의 수행 능력 향상 방안으로 제시**

따라서 국민들의 선호를 집약하여 다수의 의사를 형성하고 그 의사에 따라 대표는 정책 등을 수행함으로써 문제해결능력을 높일 필요가 있다. 이런 필요성으로 등장한 것이 심의 민주주의이다.

3. 심의 민주주의의 개념적 특성

(1) **심의 민주주의의 의미**: 토의 또는 심의를 의사결정의 핵심으로 보는 민주주의

심의 민주주의는 "개인의 합리적 선택 ⇨ 시민들의 심의 ⇨ 합리적 선택"이라는 과정으로 대체하자는 것이다. 심의 민주주의는 시민들이 대화와 토론 등과 같은 의사소통을 통해 상호간에 선호를 계속 변화시켜 가면서 집단적 의사를 형성하는 민주주의를 말한다.

(2) **심의 민주주의의 가치**: 문제해결 능력이나 정책수행 능력 향상에 기여

이런 심의 민주주의는 시민들의 다양한 선호를 조정하여 다수의 의사를 형성하기 때문에 사회 문제에 대한 해결 능력을 높이고, 심의결과에 따른 대표의 직무 수행에 정당성을 제공할 수 있다는 점에서 의의가 있다.

① 선호집합적 민주주의로 나타난 잘못된 집단적 선택을 바로 잡을 수 있다.

② 선택한 대안 내지는 문제해결 방식의 민주적 정당성 및 공동선을 획득할 수 있다.

③ 대의제 민주주의가 겪고 있는 갈등 조정의 딜레마를 극복하는 데 기여할 수 있다.

④ 대표와 시민 간의 거리를 좁힘으로써 결정된 대안의 민주적 정당성을 높여줄 수 있다.

⑤ 공동선을 지향하는 정치 발전을 기대할 수 있다.

4. **심의 민주주의의 원리**: 심의를 통한 의사결정 원리 강조

심의 민주주의는 심의를 통한 집합 선호의 변화를 통해 민주주의의 자기지배 원리를 실현하고자 하는 민주주의이다. 심의 민주주의는 다수결 원리를 내포하지만 단순한 투표를 넘어서는 심의를 통한 의사결정 원리를 강조하는 민주주의이다. 심의 민주주의는 시민들 간의 의사소통을 통해 개인들이 자신의 선호를 계속 변화시켜 가면서 합의된 집단적 의사를 형성하려는 것으로 시민이 직접 심의에 참여하는 직접적이고 참여적인 민주주의라고 할 수 있다.

5. **심의 민주주의를 위한 조건**: 참여(평등, 자유) ⇨ 심의(이성)

심의 민주주의는 시민이 다른 시민에게 이성에 근거한 주장을 함으로써 문제를 제기하고, 의견의 불일치를 해결하며, 갈등을 극복할 수 있는 해결 방안을 찾으려 한다. 따라서 평등한 시민들의 자유로운 심의가 이뤄져야 한다. 이를 위한 조건으로 학자들마다 다양한 조건을 제시하였다. 여기서는 3가지 조건을 살펴보겠다.

⑴ **평등의 조건**: 심의과정에 참여할 수 있는 조건 보장

심의 민주주의가 실현되기 위해서는 우선 심의과정에 참여하기 위해 필요한 평등이 보장되어야 한다. 예컨대 참여를 하고 싶은데 정보가 부족하다거나 경제적인 이유로 참여할 수 없다면 일부의 참여에 의한 심의가 될 것이다.

⑵ **자유의 조건**: 정치적 자유의 보장

종교, 사상의 자유와 같은 자유가 심의의 장에서 보장되어야 한다. 심의를 통해 자신들의 선호를 바꿔 나가면서 집단의사를 형성하는 것이 심의 민주주의이다. 그런데 사상의 자유나 표현의 자유 등이 보장되지 않을 경우 선호변경을 통해 다수의사를 형성해 나간다는 심의 민주주의의 취지에 반하게 된다.

⑶ **이성의 조건**

심의과정에서 자신들의 선호나 가치를 주장할 때 반드시 그 근거를 함께 제시하는 이성의 조건을 구비해야 한다. 선호변경의 과정은 강제가 아니라 설득의 과정이기 때문이다.

6. 심의 민주주의 한계: 시민덕성, 물리적 조건

이와 같은 심의 민주주의에 대해 다음과 같은 문제점을 지적할 수 있다. 심의과정에서 제일 중요한 것 중의 하나가 시민덕성이다. 그런데 지식, 가치, 태도 측면의 시민덕성이 제대로 갖춰져 있지 않을 경우 심의 민주주의는 결과 도출, 지속성, 공동선 실현의 어려움에 직면한다. 그리고 시민덕성과는 상관없이 심의 민주주의를 위해서는 물리적 제도적 여건의 부족 문제에 직면할 수 있다.

(1) 결과도출의 어려움

심의 결과를 쉽게 도출할 수 없다.

(2) 지대추구행위와 무임승차문제

참가자의 지대추구행위와 무임승차문제가 발생할 수 있다.

(3) 특정세력의 공론장 지배현상 및 특권화 현상

강자가 심의과정을 지배할 수 있다. 편협한 무리들이 합의과정을 지배하고 참가자들을 특권화시킬 수 있다.

(4) 심의공간과 시간의 한계

다수가 모여 심의할 수 있는 물리적 공간의 제약이 문제점으로 지적되기도 한다.

7. 심의 민주주의 사례

(1) 2019년 기출

최근 신고리 5·6호기 공론화위원회는 신고리 5·6호기의 공사 재개를 선택하였고, 정부는 이를 수용하여 공사 재개를 결정하였다. 시민참여단은 찬성과 반대의 입장을 견지하고 있는 각각의 단체들로부터 정보를 제공받았으며, 이를 가지고 많은 논의의 과정을 거친 후 결정을 내릴 수 있었다. 상당수의 참가자들이 이러한 과정에서 자신의 의견을 바꾸게 된 것으로 알려졌다.

이러한 의사 결정 과정은 민주주의의 한 유형인 심의 민주주의의 현실적인 적용의 사례로 이해될 수 있다. 이는 공공의 이익을 정의하는 데 있어 담론과 논의의 필요성을 강조한다. 베셋(J. Bessette)이 1980년에 소개한 심의 민주주의에서는 자유롭고 평등한 시민들의 공적인 논의와 토론을 정당한 정치적 의사 결정이나 자치의 핵심 요소로 본다. 또한 정치적 정당성의 확보는 투표나 다수결 같은 제도에 달려 있는 것이 아니라, 공적 결정에 대해 옹호 가능한 이유와 설명을 제시하는 데 달려 있다고 한다. 피쉬킨(J. Fishkin)은 다양한 국가에서 심의 민주주의의 실천 이행을 설계하여 제시하기도 한다.

(2) 2010년 기출

① 2004년 캐나다 브리티시컬럼비아주의 정부는 선거제도 개혁을 위한 시민의회(Citzen's Assembly)를 구성하였다. 주정부는 시민의회에 새로운 선거제도를 마련해 줄 것을 요청하였다. 주정부는 '자유롭고 평등한 시민들 간의 토론을 통한 의사결정'을 보장하기 위하여 무작위 추출로 선발된 160명의 시민으로 시민의회를 구성하였다. 시민의회는 50회의 공청회를 개최하였고, 총 3,000여 명의 시민들이 참석하여 활발한 토론을 전개하였다. 시민의회는 공청회 결과를 토대로 여섯 차례의 주말 내부 토론을 통해 단기이양식 투표제를 새로운 선거제도로 추천하였다.

② 2001년 2월 호주 국립방송은 전체 국민을 대상으로 무작위 선발된 사람들을 캔버라에 집결시켜 3일 동안 '토착 원주민과의 화해 정책'에 관한 토론을 실시하였다. 토론 결과 원주민들의 불이익을 인식한 사람이 51%에서 82%로, 원주민과의 화해가 호주가 직면한 중요한 이슈임을 인식한 사람이 31%에서 63%로, 원주민들에 대한 사과가 필요하다는 의견이 46%에서 68%로 급증하였다.

(3) 2012년 기출

○○시의회는 행정자치국장으로부터 행정체제 개편 방안을 보고받고, 보다 폭넓은 시민의 공감대를 구축한 후 관련 정책을 추진할 것을 요구하였다. ○○○ 의원은 과거 향토 축제 폐지 당시에도 여론조사를 했지만 공정성과 객관성에 논란이 생겼다며 논란을 사전에 없애려면 즉흥적 여론조사 말고 주민 참여와 토론에 근거한 공론조사 합의회의, 시민배심원제 등을 적극적으로 검토해 볼 만하다고 제안했다. 우리나라에서 합의회의는 1998년 유네스코 한국위원회가 주최한 '유전자식품의 안전성과 생명윤리에 관한 협의회의'가 처음이며, 시민배심원제는 2004년 울산광역시 북구 음식물자원화시설 건립 과정에서 발생한 행정 갈등에 최초로 적용되었다.

02 민주주의 이행과 공고화 54)

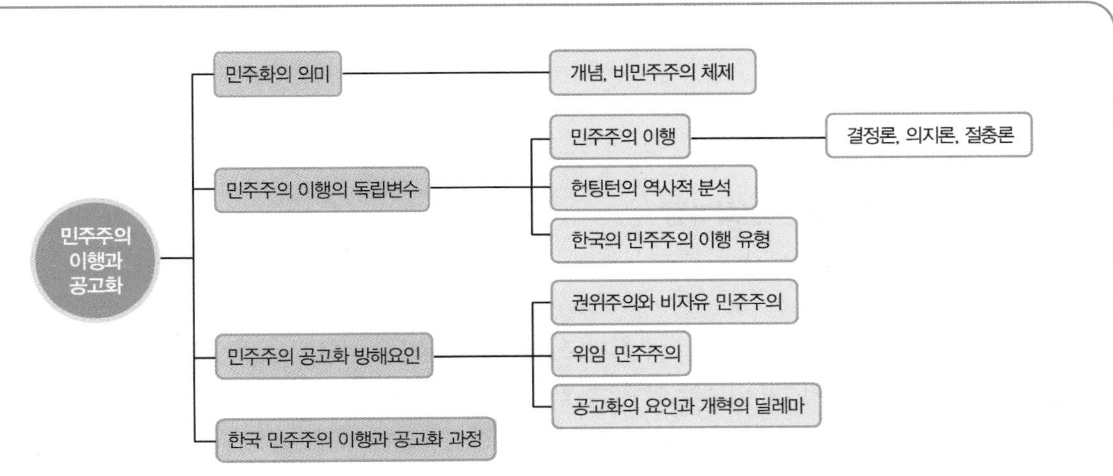

1. **비민주주의 체제 ⇨ 자유화와 민주화의 단계 ⇨ 민주주의 체제 이행 ⇨ 이행기 ⇨ 공고화**
   오도넬 등에 의하면 비민주주의 체제에서 민주주의 체제로 이행하는 과정은 자유화와 민주화의 단계로 이루어지며, 민주화는 다시 이행기와 공고화기로 구분이 된다고 한다.

2. **비민주주의 체제와 구별하기 위한 기준은 민주주의 최소 강령적 정의**
   비민주주의 체제는 전체주의나 권위주의 체제를 의미한다. 이런 체제와 구별되는 민주주의 체제를 말하기 위해서 민주주의에 대한 명확하고 구체적인 정의가 더 시도되어야 한다. 이런 필요성에 따라 제시되는 것이 '민주주의의 최소강령적 정의'이다. 최소강령적 정의의 대표적인 것이 로버트 달이나 맥키버의 정의이다. 최소강령적 정의의 민주주의는 '누가 권력을 차지하는가에 대한 불확실한 결론을 보장하는 게임의 규칙을 제도화하는 것'이다.

3. **민주주의 이행은 최소강령적 정의의 민주주의 달성을 의미**
   민주주의 이행은 비민주적 체제를 퇴장시키고 최소강령적 정의의 민주주의를 달성하는 것이다. 이 단계의 주된 과제는 독재자의 권력을 퇴장시키고 경쟁적인 선거를 통해 민주정부를 구성하는 것이다.

4. **민주주의 공고화 및 비자유 민주주의**
   이행된 민주주의가 전복되지 않기 위해서는 민주주의가 정치공동체의 생활양식으로서, 규범으로서 내면화되어야 한다. 이런 내면화의 단계가 바로 민주주의 공고화 단계이다. 민주주의 공고화는 민주주의를 건설하는 과정으로, 민주적 절차와 규범의 제도화, 내면화, 습관화, 일상화를 지향한다. 이런 공고화를 달성하지 못한 상황이 민주주의와 권위주의가 공존하는 비자유 민주주의이다.

54) 서울대 공저(2006), 『정치학의 이해』, pp.314~324; 강제명(2003), 『정치학』; 최장집(2010), 『민주화 이후의 민주주의』; 김우태 외 공저(2000), 『정치학의 이해』 등을 참조하여 구성

I 민주화에 대한 이해

- 민주화는 어떤 과정을 통해 이뤄지는가?
- 어떤 조건이 구비되었을 때 민주화가 되었다고 할 수 있는가?
- 교육적 시사점
  세계 각국의 민주화 정도를 파악할 수 있다.

01 민주화의 의미 분석

1. 장기간 복잡하게 진행되는 변화과정

민주화란 비민주주의 체제에서 민주주의 체제(democratic form of government)로 교체되는 과정이다(Linz and Stepan, 1996).

민주화는 비민주주의 체제에서 민주주의 체제로 교체되는 순간을 의미하는 것이 아니다. 민주화는 '비민주주의 체제의 해체 ⇨ 민주주의로의 이행 ⇨ 민주주의 정착 또는 공고화 ⇨ 내포적 심화'와 같은 과정을 포함하는 의미이다. 따라서 민주화는 꽤 오랜 시간을 거쳐 복잡하게 진행되는 변화과정이다.

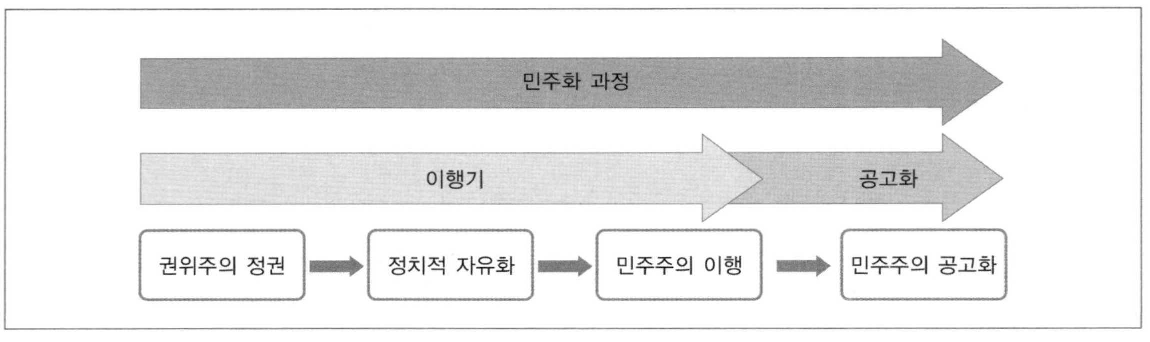

2. 비민주주의 체제에서 민주주의 체제로 변화

권위주의 체제는 대표적인 비민주주의 체제이다. 비민주주의 체제에는 권위주의 체제 이외에도 일당체계(one party system), 군주제의 무정당 정치체제, 일인독재체제, 군부독재체제 등이 있다. 여기서 말하는 민주주의 체제가 무엇인지 정의하기 어렵다. 앞서 민주주의론에서 언급한 의미들을 참고로 정리하면 민주주의 체제란 로버트 달의 최소강령적 정의부터 그 이상의 수준을 내용으로 한다. 즉 형식적 민주주의부터 실질적 민주주의 사이를 의미하는 것이 민주주의 체제이다. 따라서 민주주의 체제란 정치적 자유가 평등하게 보장되고, 공정하고 경쟁적인 선거제도라는 형식을 최소한의 내용으로 하면서, 확고한 민주적 정치문화 보유, 경제적 번영과 높은 수준의 복지 실현, 참여의 보장 및 제도화 구현, 민주주의에 대한 확고한 신념 등을 포함하는 최대한의 내용까지를 포함한다. 즉 형식적 민주주의부터 실질적 민주주의와 같이 다양한 수준의 민주주의 유형들을 내포하고 있는 의미이다.

02 민주화 단계

1. 의미

민주화는 크게 두 단계로 나뉜다. 첫 번째 단계는 민주주의 이행이요, 두 번째 단계는 민주주의 공고화이다. 민주주의 이행은 비민주주의 체제에서 정치적 자유의 확산이 전개되면서 이뤄진다. 그리고 민주주의 공고화를 이루기 위해서는 반드시 비민주주의 체제에서 민주주의 체제로 전환하는 민주주의 이행이 선행한다. 따라서 민주화는 크게 민주주의 이행, 민주주의 공고화라는 과정으로 구성된다.

2. 이행기

민주화는 두 단계, 즉 이행기와 공고화로 나뉜다. 자유화는 권위주의하의 정치적 자유화의 제한이 약화되는 것이고 민주화는 권위주의 해체와 민주정부 수립에서 민주제도의 공고화에 이르는 단계이다. 정치적 자유화는 제한된 경쟁이 이뤄지는 권위주의하에서 제한된 정치적 자유를 획득하는 단계이다.[55] 민주적 이행기는 권위주의하의 위기발생에서부터 자유롭고 공정한 선거를 통한 민주정부 수립까지의 과정이다. 이 단계에서는 민주적 제도의 지속성의 여부가 아직 불확실하다.[56]

3. 공고화

민주주의의 공고화는 민주적 제도・규칙 등이 '사회에서 유일한 게임'이 되는 과정이다. 린쯔와 슈테판은 민주적 공고화를 세 가지 차원에서 설명한다. 첫째, 행태적으로, 어떤 중요한 정치행위자도 민주정부를 전복하려는 시도를 하지 않는다. 둘째, 태도적으로, 대대수의 국민들이 심한 정치・경제적 위기 속에서도 민주주의가 가장 적합한 제도라 믿는다. 셋째, 헌법적으로, 모든 정치 행위자들이 민주적 절차・제도・법률에 의한 갈등 해소를 모색한다.[57] 따라서 민주주의 공고화는 일반적으로 민주주의가 그 사회의 유일한 게임의 규칙이 된 상황에 도달하는 기나긴 과정을 일컫는다.[58]

55) Guillermo O'Donnell and Philippe Schmitter, *Transition from Authoritarian Rule : Tentative Conclusions about Uncertain Democracies*(Johns Hopkins University Press, 1986), p.7

56) Mainwaring, O'Donnell, and Valenzuela eds. *Issues in Democratic Consolidation*(University of Notre Dame Press, 1992), p.2

57) Juan Linz and Alfred Stepan, *Problems of Democratic Transition and Consolidation*(Johns Hopkins University Press, 1996), pp.5~6

58) "Democracy is the only game in town." Przeworski 1991, 26; Bratton and van de Walle 1997, 235; Diamond 1996, 5; Linz and Stepan 1996, 15 참조

II 민주주의의 이행(기)에 대한 분석

■ 민주주의 이행은 어떤 원인으로 이뤄지는가? 민주주의 이행의 독립변수는 무엇인가?

■ 교육적 시사점
민주주의 이행 원인을 파악하고, 한국의 이행 원인을 탐구해 본다.

01 민주주의의 이행

1. 민주주의 이행의 의미

민주주의 이행이란, 말 그대로 민주주의가 아닌 것으로부터 민주주의로 전환되는 것이다. 따라서 민주주의 이행을 논하기에 앞서 민주주의를 어떻게 정의할 것인가의 문제가 제기된다.

2. 최소강령적 정의로서 민주주의 : 선거제도 중심의 절차적 요건

민주주의 이행을 연구하는 학자들은 민주주의의 절차적 요건을 최소정의로 수용한다. 대표적인 경우가 로버트 달이다. 달은 절차적 측면에서 민주주의가 갖추어야 할 요건으로 선출된 공직자, 자유롭고 공정한 선거, 포괄적인 투표권, 대안적 정보, 결사체의 자율성을 들고 있다.

3. 민주주의 이행의 과정

민주주의 이행의 과정은 개인이나 집단의 정치적 자유의 폭이 확대되고, 일반 민중들의 요구에 지배엘리트가 반응하면서 새로운 선거제도에 의해 그들의 대표를 선출하게 된다. 그렇다면 이런 민주주의 이행은 어떻게 이뤄지는 것일까? 그 원인에 대한 분석을 살펴보면 다음과 같다.

02 민주주의 이행에 대한 분석[59)]

1. 결정론적 이론 : 조건을 강조하는 입장

전제조건적 이론은 민주주의로 이행하기 위해서는 객관적 전제조건이 충족되어야 한다는 입장이다. 이 이론들은 주로 전제조건적 입장이다.

(1) 근대화론과 정치문화론

① 립셋의 근대화론
립셋은 사회·경제적 근대화가 전제되어야 한다고 주장한다. 사회경제적 근대화의 내용은 도시화, 산업화, 경제적 부, 교육이다. 그에 따르면 도시화, 산업화는 유연하고 유동적인 사회구조를 만들 뿐만 아니라 사회의 다원화를 유도한다. 또한 경제적 부의 증가는 민주주의의 기반으로의 중산층을 양산한다. 또한 교육이 활성화됨으로써 시민 성장을 가져온다.

② 알몬드와 버바의 정치문화론 : 알몬드와 버바는 민주적인 정치문화가 전제조건이라고 한다.

③ 근대화론 및 정치문화론에 대한 평가
전제조건이 민주주의의 성립을 설명하기보다는 오히려 민주주의의 결과일 가능성이 높다. 또한 동일한 전제조건을 가지고 있는 국가들 모두가 민주주의로 이행하지는 않았다.

(2) 경제위기 이론

경제위기 이론은 민주주의로의 이행이 구 권위주의 정권의 성공에서 비롯된 성공의 위기와 실패에서 비롯된 실패의 위기에서 비롯된 것으로 본다.

① 성공의 위기 : 경제적 성공 ⇨ 권위주의의 퇴장
성공의 위기 이론은 권위주의가 기존의 역사적 임무를 완성했기 때문에 퇴장을 강요받는다고 설명한다. 예컨대 한국, 스페인, 대만 등의 경우는 권위주의가 성공적으로 그에 부과한 역사적 임무를 완성했기 때문에 민주화가 일어난 것으로 본다.

② 실패의 위기 : 경제적 실패 ⇨ 권위주의의 퇴장
실패의 위기 이론은 권위주의가 자신에게 부과된 근대화의 임무에 실패할 경우에 민주화가 시작된 것으로 본다. 예컨대 남미와 동구의 권위주의 체제는 산업화의 심화와 이상주의 사회 건설에 실패했기 때문에 민주화가 일어난 것으로 본다.

③ 평가
경제적인 성공과 실패로 곧 민주주의로 이행한다고 보기는 어렵다. 또한 성공의 위기와 같이 권위주의 정권이 반드시 퇴장한다고 볼 수 없다. 따라서 경제의 성공과 실패가 민주주의 이행의 필수적 전제조건이 될 수 없다.

---

59) 서울대 공저(2006), 『정치학의 이해』; 임혁백(1994), 『시장, 국가, 민주주의』; 강문구(1992), "지배연합, 저항연합 그리고 민주화 한국 사회의 민주화, 사회변혁 그리고 피지배연합", pp.321~346; 김영태(2006), "한국민주주의 이행과 공고화 과정 분석"; 지병근(2008), "민주주의 이행: 민주화 이론의 한국적 수용", 기획서 패널, pp.267~286 등 참조

(3) 계급프로젝트 이론

① 대표적 주장
무어(Moore)는 "부르주아 없이 민주주의 없다."고 하였다. 이런 점에서 슘페터는 '민주주의는 자본주의의 산물'이라고 하였다. 이런 점에서 무어와 슘페터는 민주주의를 부르주아의 계급프로젝트로 이해하였다.

② 비판
이런 주장들은 특정 계급이 전략적인 선택 이전에 고착화된 정치적 성향을 가졌다고 가정을 하고 있다. 하지만 실제 민주화에서는 계급이 민주화에 대한 손익계산에 따라 민주화를 지지하기도 하고 저항하기도 하였다.

(4) 세계체제 결정론

종속이론가들은 주변과 중심으로 구성된 세계자본주의 체제에서 주변부는 중심부에 종속되어 있다고 한다. 이들은 이런 종속의 상태에서 주변부가 탈피할 때 민주화의 실현이 가능하다고 본다.

(5) 결정론의 한계

결정론은 특정 전제조건이 없이는 민주주의로 이행은 불가능하다는 입장이다. 인간의 의지와 결단의 영향력을 무시하고 있다. 이런 측면에서 의지론이 제기된다.

2. 의지론(O'Donnell, Schmitter, Przeworski 등) : 정치세력의 의지와 행위 ⇨ 민주주의

(1) 내용

슈미터, 오도넬 등은 인간의 주체적 선택 및 의지의 산물을 민주주의로 본다. 즉, 민주주의를 정치행위자의 전략적 선택행위의 결과로 본다.

구분		체제 내 세력	
		강경파	온건파
반대 세력	급진파	① 재권위주의 또는 민중혁명	③ 개혁적 민주화
	온건파	② 권위주의의 현상유지 또는 완화된 권위주의	④ 타협적 민주화(한국)

위의 표의 내용을 정리해 보면 다음과 같다.
①은 승자독식의 원리가 적용된다. 그 결과 민중의 무장봉기가 성공하든지 아니면 재권위주의가 강화된다.
②는 회유와 매수를 통한 권위주의의 현상 유지 혹은 부분적 양보를 통한 권위주의의 계속적 지배가 나타난다.
③은 지배적 엘리트의 평화적 퇴장을 보장하고 정치지배구조의 해체와 경제 및 사회체제의 개혁을 수반한다. 하지만 기득권세력의 반발로 정착되기 어렵다는 한계를 가지고 있으나 일단 정착되면 타협적 민주화에 비해 민주화가 용이하다.

④는 갈등하는 엘리트들이 민주적 경쟁의 결과에 상관없이 서로 생사가 걸린 이익을 보장한다는 협약을 체결하여 민주주의로 이행하게 된다. 하지만 협약이 가지는 비민주적 성격 때문에 민주주의를 정착시키는 데 어려움이 있다.

(2) 평가

하지만 인간의 선택에도 불구하고 여건이나 상황이 충족되지 않으면 민주주의 이행은 어려울 것이다. 따라서 결정론과 의지론을 절충하여 민주주의 이행을 분석하는 것이 바람직할 것이다.

3. 절충론: 주체와 전개과정양상을 고려한 분석

절충론은 아래의 표와 같이 주체와 전개과정양상을 고려하여 민주주의 이행을 분석하고 있다.

구분		전개양식	
		타협적	대결적
주도 세력	중간층	① 점진적 민주화	③ 변혁적 민주화
	노동자	② 개혁적 민주화	④ 전투적 민주화

표에서 나타난 민주주의 이행의 구체적인 내용은 다음과 같다.

①은 점진적 민주화이다. 권위주의 체제가 정치경제적으로 위기에 직면하고 민주화를 주도하는 세력으로 중간층과 일부 온건 노동자, 상층지배세력의 일부가 서로 연대했을 때 나타나는 현상으로, 선거 등의 방식으로 민주화를 지향한다.

②는 개혁적 민주화이다. 주도세력은 노동자 계급과 같은 하층이 중심이고 여기에 진보적 지식인이 가담한다. 그 과정은 노동자 계급으로 하여금 평화적인 시위나 타협적인 정치개혁으로 나아가게 한다. 예컨대 체코나 폴란드의 민주주의 이행이 대표적이다.

③은 변혁적 민주화이다. 주도세력은 중간층에 의해 이루어지고 있다. 하지만 기존의 권위주의 체제에 대해 대결적인 양상으로 민주화를 추진하는 모습을 보인다. 투쟁과정은 기존의 권위주의 체제를 붕괴시키지만, 혁명적 방법이 아닌 민주화의 전반적인 상황 속에서 포섭하는 특징을 띤다.

④는 전투적 민주화이다. 주로 노동자 계급이 기존 권위주의체제의 억압에 맞서 혁명적인 방법으로 그 정권을 붕괴시키고 새로운 민주적인 정치체제를 수립하는 경우이다.

4. 민주주의 이행 유형

헌팅턴은 이 논의를 통해 권위주의 체제에서 민주주의 체제로의 이행과정을 첫째, 위로부터의 추진(집권세력주도모형), 둘째, 아래로부터의 추진, 셋째, 타협을 통한 절충모형(민중주도형 타협모형)으로 설명하였다.

03 한국의 민주주의 이행 유형[60)]

이상에서 살펴본 이론 및 분석들 중 어느 한 가지 입장만으로 한국의 민주주의 이행 유형을 설명할 수는 없다. 따라서 다양한 측면에서 분석해 보면 다음과 같다.

1. 성공의 위기에 의한 민주화

결정론적 관점에서 본다면 대표적인 것이 성공의 위기일 것이다. 권위주의 정권은 근대화라는 역사적 과업을 완수했고 그로 인해 퇴장을 요구받았다고 볼 수 있다.

2. 엘리트 간의 협약에 의한 민주화

한국의 민주화를 설명하는 데 가장 적절한 입장으로 보인다. 1987년 6・29 선언은 제도적 야당과 집권세력 내의 온건파 사이의 협약으로 장기화된 대치상태에서 차선의 해결책으로 제시된 것이다.

3. 헌팅턴 주장에 따른 분석: 집권세력주도형의 민주화 과정

헌팅턴은 권위주의 체제에서 민주주의 체제로의 이행과정을 위로부터의 추진(집권세력주도모형), 아래로부터의 추진, 타협을 통한 절충모형(민중주도형 타협모형)으로 설명하였다. 1987년 6・29 선언은 6월 항쟁에서 나타난 국민의 민주화 요구를 권위주의가 수용함으로써 극적인 타협을 이룬 것으로 볼 수 있다. 또한 문민정부의 개혁시도에 적용해 보면 최고지도자의 각성과 자기부정에 의한 집권세력주도형의 민주화 과정으로 볼 수 있다.

4. 한국 민주주의 이행의 핵심적 요인: 교육, 학생과 노동자의 희생과 노력

살펴본 바와 같이 한국의 민주주의 이행에 대해 다양한 해석이 이뤄질 수 있다. 경제성장에 바탕을 두고 있다는 성공위기설, 정치엘리트 상호간의 전략과 협약에 이뤄졌다고 보는 타협적 민주화와 협약에 의한 민주화설 등이다. 또한 헌팅턴에 따르면 1992년 이후부터 집권세력주도형의 민주화과정으로 볼 수 있다. 하지만 가장 핵심적인 요인은 교육의 힘이었으며, 주체로는 학생과 노동자의 희생과 노력이었다.

5. 민주주의 공고화 과제: 민주주의 공고화가 지연되고 있는 상황

이와 같이 한국은 민주주의로 이행되었고, 갑작스러운 민주주의가 사망하지도 않았다. 그나마 한국의 민주주의는 민주주의를 발전시킨 모범적인 사례로 여겨진다. 하지만 평화로운 정권교체가 이뤄진다고 해서 민주주의가 공고화되었다고 보기는 어렵다. 여전히 우리 사회에는 민주주의를 위협하는 권위주의적 잔재가 많이 남아 있다. 따라서 지속적인 개혁을 통해서 권위주의의 잔재를 걷어내고 민주주의를 공고

60) 최장집(2010), 『민주화 이후의 민주주의』

화시켜 내포적 심화를 해 나가야 한다. 그 과정에서 많은 사회적 비용과 고통을 감수하고 있는 중이다. 이런 비용에도 불구하고 공고화가 필요한 이유는 민주주의가 사망하는 일을 막는 방안이기 때문이다. 이런 공고화는 우리나라 이외에도 뒤늦게 민주주의로 이행한 모든 국가들의 중요한 과제이다. 민주주의 이행만으로 민주주의가 지속적으로 생존하거나 발전하는 것이 아니기 때문이다. 어느 경우에는 비민주주의 체제로 돌아가는 경우도 있고, 또 권위주의와 민주주의의 혼합 체제를 유지하는 경우도 있다. 만약 민주주의가 포기할 수 없는 제도이자 규범이라고 한다면 비민주주의 체제로 돌아가지 않도록 민주주의를 생활양식으로 정착시키는 노력이 필요하다. 이런 민주주의의 정착화와 관련되는 논의가 민주주의 공고화이다.

III 민주주의 공고화 과제

- 민주주의 공고화는 왜 필요할까?
- 민주주의 이행 후에도 왜 권위주의적 양상이 보일까?
- 민주주의 공고화를 위해서는 어떤 노력이 필요할까?
- 교육적 시사점
  민주주의 공고화 과정에 나타나는 갈등 양상을 이해하고, 민주주의 지지를 위해 무엇을 해야 하는지에 대해서 탐구한다.

01 민주주의 공고화 의의 및 요건

1. 민주주의 공고화의 의의

(1) 최소강령에서 최대강령으로, 형식적(절차적) 민주주의에서 실질적 민주주의가 되는 것

민주주의 공고화에 대한 논의는 선거제도를 중심으로 하는 최소강령적 정의와 민주주의에 대한 신념 및 태도의 형성을 강조하는 최대 강령적 정의 사이에서 전개되었다. 이는 형식적 민주주의라는 최소의 요건과 실질적 민주주의라는 최대 요건 사이와 거의 유사한 의미이다.

① 최소강령적 입장

최소강령적 시각을 취하는 대표적 학자들이 린쯔와 스테판, 쉐보르스키와 같은 이들이다. 이 중 린쯔와 스테판(Linz & Stepan)에 의하면 민주주의 공고화란, '모든 주요 행위자들이 권력을 획득하는 데 민주적 방식 외의 방법은 존재하지 않는다고 생각하며, 어떤 제도나 집단도 민주적으로 선출된 정책 결정자들에 대해 거부권을 주장하지 않는 수준에 이른 것'으로 민주주의가 '정치의 유일한 게임'이 된 상태를 의미한다(임성학, 2003:194~195).

② 최대강령적 입장

민주주의 공고화의 최대 강령적 시각을 취하는 대표적인 학자가 다이아몬드(Diamond)이다. 다이아몬드는 정치 엘리트뿐만 아니라 대중 모두의 민주주의에 대한 신념화, 습관화, 내면화가 민주주의 공고화의 중요한 요소라고 본다. 민주주의에 대한 단순한 행동적, 태도적, 헌법적 차원에 더하여 일반 대중의 민주적 신념이 필수적이며 정치와 시민사회에서 민주주의 실천과 같은 정치문화의 성숙을 공고화의 중요한 요소로 보는 것이다(이경자, 2012:105).

③ 민주주의 공고화

이상의 논의를 정리해 보면 민주주의 공고화란 이행과 구분되는 것으로 일단 성립된 민주적 정부체계를 진전시키고 강화, 유지, 재확립 등을 통해 민주주의가 안정적으로 확립되어 제도화, 내면화, 일상화되는 과정과 상태를 말한다. 이와 같이 민주주의가 공고화되기 위해서는 정치적 규범과 규칙들이 정치행위자들 간에 합의되고 정당화되면서 내면화되어야 할 필요가 있다. 예컨대 군부의 쿠데타와 같은 비정상적인 주체와 방법으로 민주주의가 전복되는 일이 없는 경우를 말한다. 또한 정치인과 국민들은 모두 민주주의에 대한 신념을 가지고 있어야 한다. 민주주의 정착은 민주주의가 제도적인 면과 정치문화적인 면에서 확립되는 것을 지칭한다. 민주주의의 내포적 심화는 확립된 절차적 민주주의가 실질적 차원에서 모든 삶의 영역이 민주화되는 것을 말한다. 즉 사회적으로 소외된 모든 계층의 정치적 평등뿐만 아니라 사회·경제적 평등이 확보되고, 공식적인 영역뿐만 아니라 직장, 학교, 병원 등 일상적인 삶의 영역으로 민주주의가 확산되는 것을 말한다.

(2) **지속적 정치발전을 위한 민주주의 공고화**: 시민덕성, 제도화 ⇨ 정치발전

한 나라의 민주주의가 그 어떤 도전이나 시련을 극복하고 하나의 정치양식으로 존속하기 위해 무엇보다 중요한 것은 현실정치 공간에서 확고부동한 메커니즘으로 정착되어 있어야 한다는 점이다. 민주주의가 공고하게 정착돼 있지 못하면 정당성의 위기를 초래하기 쉽고 제도로서의 효율성도 상실하게 될 것이기 때문이다. 따라서 민주주의의 공고화란 한마디로 선거제도, 정당제도, 의회제도 등과 같은 제도적 장치들이 민주화의 단계를 넘어 제도화의 단계로 이행하는 것을 의미한다. 그리고 그것은 실로 오랜 기간에 걸쳐 점진적으로 이루어지는 것이 특징이다. 따라서 정치 발전의 지표로 민주주의를 설정한다면 거기에는 반드시 제도화가 이루어져야 할 것이다. 또한 공고화는 시민들이 민주주의를 생활양식으로, 규범으로 수용하여 내면화하는 것을 필요로 한다. 이런 점을 고려하여 다음 장의 정치발전론은 민주주의를 지표로 성숙된 시민의식과 민주주의를 발전시킬 과제와 관련되는 제도발전을 중심으로 살펴보게 될 것이다.

(3) **다양한 수준의 민주주의 공고화**: 동적 개념

민주주의 공고화는 '특정 순간'의 의미가 아니라 동적이고 과정이라는 것을 알 수 있다. 그래서 그 과정에서 여러 수준의 민주주의 공고화 모습을 현상적으로 확인할 수 있다.

2. **민주주의 공고화가 필요한 이유**: 민주주의 전복 및 퇴보 방지

민주주의로의 이행이 비민주적인 정치체제를 퇴장시키는 것이라면 공고화는 민주주의 정치체제를 건설하는 과정이라고 할 수 있다. 민주주의로의 이행이 종결되었을 때 공고화의 과정으로 진입하지만 이행에서 공고화로 가는 과정이 그리 순탄한 것만은 아니다. 즉 민주주의 이행 이후 민주주의가 소멸하거나 계속 지연된 상태에 머무르기도 한다. 이와 같은 민주주의의 전복 및 퇴보를 방지하기 위해서 민주주의 공고화가 필요하다.

3. 민주주의 공고화 요건

민주주의 이행에 관한 연구가 1980년대 유행이었다면, 민주주의 공고화에 관한 연구는 1990년대에 활발하게 전개되었다. 이 연구들은 주로 민주주의 공고화를 위한 요건, 즉 촉진 요인을 주요 내용으로 하였다. 이 내용과 관련된 연구들은 매우 많았고, 제시하고 있는 요건도 매우 많다. 본 교재에서는 본 교재의 구조와 목적에 부합하는 만큼 제도적 측면, 정치 문화적 측면, 경제적 측면 등으로 나눠 살펴 보도록 하겠다.

(1) 제도적 측면

정치 참여의 제도화, 법의 지배, 군부 쿠데타와 같은 비정상적인 정권교체를 막을 수 있는 제도, 정당 등 제도의 공고화, 정통성과 효율성을 지닌 국가 등을 내용으로 한다.

(2) 경제적 번영

계급 간의 갈등을 유발하지 않아 쿠데타나 혁명 등과 같은 상황을 유발하지 않고 복지국가로 이행할 수 있다는 점을 감안해 본다면 민주주의의 공고화를 촉진시킬 수 있다.

(3) 정치문화적 측면

① 사회적 갈등을 최소화시킬 수 있는 정체성 형성
종족을 강조하거나 종교적 갈등이 심화되면 다원성이 부정되면서 민주주의를 가로막을 수 있다.

② 민주주의에 대한 신념이 확고한 정치문화 공고화
민주정치 실현을 위한 정치문화가 형성되어야 민주주의가 공고화될 수 있다. 이러한 정치문화는 대중과 정치인, 기업가 등 사회구성원 모두에게 요구되는 신념과 태도이다.

02 민주주의 공고화의 어려움

1. 공고화 조건의 다양성으로 인한 어려움

앞서 살펴본 바와 같이 민주주의가 공고화되는 것은 선거제도의 정착만으로 되지 않는다. 다양한 조건들이 충족되어야 민주의 공고화를 달성할 수 있다. 민주주의 공고화 조건의 달성은 장시간에 걸쳐 부분적으로 달성해가며 누적되어 가는 것이 일반적인 패턴이라고 할 수 있다. 예컨대 민주주의 공고화가 되었다고 생각하는 미국, 유럽 등을 생각해 보자. 이들 국가는 수 세기에 걸친 민주주의의 부침을 통해 공고화에 이르렀다. 즉 서구의 민주주의 공고화도 짧은 시간에 이뤄진 것은 아니었다. 신생 민주주의 국가를 포함하여 많은 민주주의 국가들은 현재 어떤 수준의 민주주의를 구현하고 있을까? 아직은 높은 수준의 민주주의를 이루고 있다고 하기 어렵다. 그렇다면 여전히 다수의 민주주의 국가들은 공고화를 이루지 못하고, 그 과정에 있다고 할 수 있다.

2. 공고화를 위한 개혁과 눈물의 계곡

공고화를 위한 과정은 많은 변화를 포함한다. 민주주의를 공고화시키기 위해서는 공고화를 위한 개혁을 지속적으로 해 나가야 하기 때문이다. 즉 개혁을 통해서 효과적인 국가를 만들어 가야하고, 이런 개혁이 이뤄질 때 경제성장도 가져올 수 있다. 또한 민주적인 제도 등의 도입을 통해서 민주적 규범이 관습화되고 생활화될 필요가 있기 때문이다. 예컨대 정경유착의 관행, 권위주의적인 정치문화, 공무원들의 권위주의적 행정 운영, 사회에 만연된 부정 청탁과 비리, 대통령을 마치 아버지나 군주처럼 인식하는 정치문화 등이 하루아침에 변화할 수 없다. 개혁을 하고자 하면 곳곳에서 저항과 반발은 일어난다. 이와 같이 공고화의 과정은 크고 작은 사회적 갈등과 손실을 야기하는 험난한 과정이다. 이 과정을 거치지 못하면 민주주의는 전복되거나 낮은 수준의 민주주의에 머무른다. 그리고 공고화가 지연된 상태는 계속된다.

3. 개혁의 딜레마: 무임승차자 문제, 집행의 딜레마, 좌우로부터의 공격

공고화를 위한 개혁은 딜레마에 빠지곤 한다. 첫째, 개혁의 주체가 개혁의 대상이 되는 경우이다. 둘째, 무임승차자 문제가 발생할 수 있다. 개혁에 참여하지 않아도 그 대가를 누릴 수 있다. 참여의 부족은 개혁을 더디게 하거나 개혁을 좌초시킨다. 셋째, 개혁은 보수 진영과 진보 진영 양쪽으로부터 공격받을 수 있다. 그 결과 개혁은 좌초되기도 한다.

03 헌팅턴(S. Huntington)의 역사적 분석[61]과 민주주의 공고화 연구

1. 분석 방법 및 결과

(1) 분석 기준

헌팅턴은 민주화는 공개적이며 경쟁적인 선거보장, 개인의 자유 신장, 정치안정과 정부형태의 민주성에 의해 평가될 수 있다고 하였다.

(2) 역사적 분석

역사적인 흐름에서 전 세계에 나타났던 세 번의 민주화 물결을 분석하였다. 그리고 역행적 물결은 민주주의의 전복, 민주주의의 추세가 약화되거나 새로운 권위주의 국가의 등장을 말한다.

2. 세 번의 물결

(1) 제1의 물결(1828년~1926년) 및 역행적인 물결(1922년~1942년)

제1의 물결은 미국의 독립과 프랑스 혁명의 영향으로 1828년부터 1926년까지 서유럽과 북미, 호주 등지에서 100여 년에 걸쳐 진행된 민주화다. 이 물결은 1920년대부터 제2차 세계대전 시기까지의 나치즘, 파시즘, 군국주의가 민주주의 체제를 전복시킨 제1의 역행적인 물결(1922년~1942년)로 종결되었다.

61) 헌팅턴(2011), 강문구·이재영 옮김, 『제3의 물결: 20세기 후반의 민주화』, 인간사랑

⑵ 제2의 물결(1943년~1962년) 및 역행적인 물결(1958년~1975년)

제2의 물결은 제2차 세계대전 종결과 함께 패전국들(일부 서구국가들)이 민주화되고, 제국주의 열강들로부터 해방된 신생 독립국들이 민주주의 체제를 출범시킨 것을 가리킨다. 그러나 남미 등지에서 군부 쿠데타 등으로 많은 민주주의 국가들이 권위주의 체제(관료적 권위주의 체제)로 변질된다. 바로 제2의 역행적인 물결이다.

⑶ 제3의 물결(1970년대 중반~1990년대 후반)과 절반의 역물결

① 의의

'민주화'는 20세기 후반의 세계를 특징짓는 키워드 중 하나이다. 제3의 물결이 등장한 배경으로는 권위주의 체제의 정통성이 쇠퇴했다는 점, 경제성장으로 민주주의의 토양이 생겼다는 점, 외부행위자(바티칸, 유럽연합, 미국, 소련) 등이 민주화를 촉진하게 되었다는 점, 다른 국가들의 민주화에 자극을 받았다는 점 등을 들고 있다. 최근 일어난 '아랍의 봄'은 제4의 물결로 비유하기도 한다.

② 의미

1970년대부터 전개된 민주화의 흐름에 대해 헌팅턴은 민주화의 "제3의 물결(the third wave)"이라고 하였다(Huntington, 1991). 제3의 물결은 1974년 스페인과 포르투갈에서 독재체제가 민주화되면서 시작되었다. 1980년대부터 1990년대 초반까지 남미 각국, 한국, 타이완, 필리핀 등의 아시아 국가들, 동유럽과 구소련 국가들을 비롯한 세계 각지에서 권위주의 체제가 붕괴되고 민주주의를 향한 민중들의 투쟁이 거대한 물결처럼 펴져 나갔다. 1974년부터 1990년까지 30개가 넘는 국가들이 권위주의 지배에서 벗어나 민주주의로 이행했다. 우리나라도 이 물결을 탔고, 마침내 "동아시아에서 일본 다음으로 강력한 민주주의"라는 평가를 받기에 이르렀다(Diamond and Shin, 2a:1).

③ 특징

실제로 1987년 6월의 민주화운동 이후 한국은 엄청난 변화를 겪었으며 빠른 속도로 민주주의 사회로 이행하였다. 권위주의 체제에서 민주주의 체제로 이행한 것이다. 이런 제3의 물결은 주로 20세기 후반에 나타난 민주화 물결을 말한다. 제3물결의 민주주의로의 이행에서 공통적으로 나타난 특징은 민주화 세력의 온건파가 주도했으며, 비교적 유혈사태가 적었다는 것이다.

④ 절반의 성공과 절반의 실패

민주주의 공고화의 세계적인 흐름과 양상을 보면 절반의 성공과 절반의 실패 양상이 나타났다고 볼 수 있다.

3. 민주주의 공고화 연구의 2가지 흐름

민주주의 공고화 연구의 흐름은 초기 흐름과 최근의 흐름이 다른 양상을 보인다. 그 이유는 상황이 달라진 이유 때문이다.

⑴ 초기 경향: 신생 민주주의의 전복 위험 해결방안 연구

1990년대 민주주의 공고화 연구의 경향은 민주주의의 제3물결에서 신생 민주주의 국가들이 제1물결 및 제2

물결과 같이 역행하지 않도록 그 이유를 분석하고 민주주의 공고화의 요건과 방안들을 제시하는 것이었다.

(2) 최근 경향: 민주주의 지연 내지는 낮은 수준의 민주주의 문제 연구

최근 민주주의 공고화 연구의 경향은 민주주의의 수준을 분석하고, 민주주의 공고화가 지연되거나 낮은 수준의 민주주의가 등장한 이유를 분석하는 경향을 보인다.

04 신생 민주주의 국가의 결손 민주주의

1. 신생 민주주의 국가의 상황: 민주주의의 지연

신생 민주주의 국가의 경우에는 민주주의 전복의 위험이 있거나 아니면 장시간 민주주의가 답보하고 있는 상태에 놓여 있다. 이러한 신생 민주주의 국가의 상황에 대한 주요 설명의 도구로 사용되는 대표적인 것이 '결손 민주주의'이다. 이 개념을 가지고 여러 나라의 민주주의 공고화 수준을 분석하여 해결책을 모색한다. 이런 결손 민주주의의 대표적인 사례가 '위임 민주주의'이다. 이것은 결손 민주주의의 한 유형으로, 정부가 의회를 우회하고 사법부에 영향력을 행사하는 체제이다. 위임 민주주의는 현재 민주공고화의 지연 양상에서도 대표적인 현상이다.

2. 결손 민주주의

(1) 의미

결손 민주주의(defective democracy)는 볼프강 메르켈이라는 독일의 비교 정치학자가 제시한 개념으로, 민주주의와 독재체제 사이에 존재하는 다양한 제한적 민주주의 체제를 통칭하여 말하는 것이다. 이것은 민주적 선거제도가 실시되고 민주주의의 다른 요소들도 존재하기는 하지만 여러 방해 요인들로 인해 민주주의가 원활하게 작동하기를 멈춘 정치체제를 말한다.

(2) 의의

결손 민주주의는 한 국가의 민주주의 공고화 수준을 분석하고, 민주주의의 수준과 지연 이유에 대한 해답을 제시하기 위한 분석 도구로서의 의의를 가진다.

(3) 결손 민주주의의 내용[62)]

결손 민주주의는 세 가지 측면을 내용으로 한다. 첫째, 유보된 영역 민주주의이다. 이는 군부에게 민주적으로 선출된 대표의 통제를 받지 않는 영역을 허용한다는 것이다. 둘째, 비자유주의적 민주주의이다. 행정부에 의해 시민권이 제한·침해되고, 행정부가 의회와 사법부 위에 군림하는 것을 의미한다. 셋째, 배제적 민주주의이다. 종족이나 인종, 성, 재산, 교육, 정치 신념의 기준에 의해 정치권력의 접근이 제한되는 것을 말한다.

62) 임혁백(2000), 세계화시대의 민주주의, 서울: 나남출판, pp.267~269

05 비자유 민주주의 체제

1. 문제 상황 : 민주주의와 권위주의 혼종

러시아 푸틴의 장기집권, 미국의 트럼프의 등장, 프랑스의 사르코지의 등장 및 최근 마크롱의 등장, 일본 아베 정권의 권력의 사유화 현상, 군인들에 의해 빈번하게 발생하는 쿠데타로 정권이 교체되는 태국, 우리나라의 최근 10년 등 '전 세계의 민주주의는 안녕하십니까'라는 질문을 받기에 충분한 상황이다. 이에 대해 어떤 사람들은 전 세계의 민주주의가 아프다고 하는 사람도 있고, 또 어떤 연구자들은 민주주의의 질이 낮아졌다고 비판하는 경우도 있다. 이런 논의들 속에 최근 민주주의 공고화에 대한 연구들이 활발하게 전개되었다. 이러한 연구들을 통해 '민주주의의 공고화가 지연되고 있는, 낮은 수준의 나쁜, 질이 떨어지는, 불완전한 민주주의'가 성행하는 모습을 볼 수 있게 되었다. 예컨대 위임 민주주의, 비자유적 자유주의, 경쟁적 권위주의(Levitsky · Way 2002, 2010), 선거 권위주의(Diamond 2002; Schedler 2006) 등으로 다양하게 불리고 있다.[63] 결론적으로 말하면 권위주의가 독재로 회귀하지 않으면서 민주주의인 것처럼 존재하고, 민주주의는 공고화가 되지 못한 상태로 고착되는 현상들이 등장하고 있다는 것이다. 최대강령적 의미의 민주주의 공고화가 실현되지 못한 상태에서 권위주의와 민주주의가 혼재하고 있다. 권위주의적 양상은 민주주의가 공고화되어가는 것을 방해한다. 문제는 이 방해 현상을 일시적으로 보아야 하는지, 아니면 이 양상 자체가 고착된 것으로 보아야 하는지 하는 것이다.

2. 비자유 민주주의(illiberal democracy)

(1) 의미

비자유 민주주의는 선거제도를 포함한 민주적인 절차와 제도는 시행하고 있지만, 국민의 기본권이 심각하게 제약받는 민주주의를 말한다. 예컨대 러시아의 블라디미르 푸틴 대통령, 터키의 레제프 타이이프 에르도안 대통령, 헝가리의 빅토르 오르반 총리가 대표적인 예다.

(2) 특징

이 나라들의 특징은 형식적으로 민주주의이지만 모든 권력은 1인에게 집중되어 있다. 그리고 실질적으로 여러 가지 자유가 통제되는 민주주의이다.

---

63) 이 용어들이 학문적으로 정리가 완전하게 되어 있다고 보기 어렵다. 다만 이런 용어들을 통해 어떤 상황을 말하는 것인지에 대해 이해할 수 있어야 한다.

3. 위임 민주주의[64)]

(1) 의의

오도넬(1994)은 많은 신생 민주주의에서 투표에 의해 통치의 위임을 받은 정부가 선출된 후 유권자에 책임을 지지 않음으로써 민주주의의 제도화가 지연되고 있는 현상을 위임 민주주의라고 하였다. 오도넬은 수평적 책임을 민주주의의 정의에 포함시키지 않고, 민주주의로 정의한다. 수평적 책임은 공직자 또는 타 정부 기관의 불법행위나 태만에 대해 필요한 조치를 취할 법적 권한과 의지 및 능력을 가지고 있는 정부기관들이 존재할 때 가능하다(O'Donnell 1998, 112~126). 이러한 수평적 책임은 선진 민주주의의 한 가지 특징으로 존재하지만 대통령제를 채택한 신생 민주국가에서는 아주 약하거나 결여되어 있는 것이 일반적 현상이다. 물론 의원내각제에서도 나타날 수 있지만 주로 대통령제에서 많이 나타난다. 따라서 위임 민주주의는 수평적 책임이 결여된 질적 수준이 낮은 형태의 민주주의로 본다.[65)] 하지만 수평적 책임의 결여는 국민에 대한 수직적 책임의 결여로 연결된다. 따라서 위임 민주주의는 수평적 책임성뿐만 아니라 수직적 책임성의 결여가 있는 민주주의라고 할 수 있다.

(2) 주요 내용

① 대통령제 국가에서 의회와 사법부 등과 같은 다른 통치권을 장애물로 여기는 현상

대통령제 국가에서 대통령은 국가 이익의 주된 수호자로 인식된다. 그 결과 국가의 이익은 대통령이 규정하며, 대통령은 스스로 적절하다고 판단되는 대로 통치할 수 있는 권위를 부여받고 있다. 반면 의회나 사법부 같은 대통령이 행사하도록 위임받고 있는 완전한 권위에 불필요한 장애물로 여겨진다. 그래서 정부는 의회에 대해서는 우회하고, 법원에 대해서는 간섭하는 경향을 보인다.

② 포고령의 정치

국가 이익을 대표하는 것이 오직 대통령만이라고 인식할 경우 대통령은 사회적 합의가 어려운 상황에서 기술 관료적으로 해결하려고 한다. 즉 민주적 결정과정을 회피해 국민들의 일방적 희생을 강요하는 포고령에 의해 문제를 해결하려고 한다. 그 결과 경제개혁을 포함한 중요한 결정이 대의기구 밖에서 일어난다.

③ 민주주의를 위협

위임 민주주의의 만연은 신생 민주주의의 대의성을 약화시키고 정치의 희화화와 민주주의에 대한 냉소적 태도를 증대시킴으로써 신생 민주주의의 기초를 무너뜨릴 수 있다(임혁백, 2000:45).

---

64) Guillermo O'Donnell and Philippe Schmitter(1986), Transition from Authoritarian Rule: Tentative Conclusions about Uncertain Democracies, Johns Hopkins University Press.
65) 오창헌(2012), 민주주의의 공고화: 개념적, 방법론적 고찰, 대한정치학회보 10(2), pp.97~120

4. 경쟁적 권위주의, 선거권위주의

(1) 경쟁적 권위주의

경쟁적 권위주의는 형식적으로 선거제도의 경쟁과 자유선거를 인정하지만, 실제로는 헌법적 가치와 법치주의, 시민권의 보장, 공정한 정치경쟁의 보장 등이 인정되지 않는 경우를 말한다. 역시 외형적으로는 민주주의처럼 보이지만 사실은 위장된 민주주의이다. 2011년 '통일시대 국가이념'을 주제로 한 세미나에서 박형중 통일연구원 연구위원은 "1970년~2005년 남북 유럽에서 100개 이상의 권위주의 정권이 붕괴했으나 20개만 민주주의로 갔다"고 하면서 "북한의 새로운 권위주의는 안정되고 존속할 수 있다"고 하였다. 그리고 폐쇄적 권위주의의 위기가 발생한다면 북한의 정치체제는 형식적으로나마 민주주의 절차와 제도가 존재하지만 경쟁적 권위주의로 진화하게 될 것이라고 하였다. 그리고 이런 체제가 상당 기간 지속될 것이라고 전망하였다.

(2) 선거권위주의

선거권위주의는 최소강령의 조건에 해당하는 선거와 같은 민주주의 제도를 도입하였지만, 권위주의 속성이 강한 정치체제를 말한다. 예컨대 1993년 캄보디아의 경우는 총선을 실시하면서 민주주의의 첫 걸음을 시작했다. 하지만 민주화가 되지 못한 상태로 권위주의 속성이 강하게 유지되어 왔다. 정치적 자유는 침해당하고, 언론의 자유도 탄압의 대상이었다. 법에 따른 법의 지배도 찾아보기 어려웠다. 즉 민주주의 공고화에 필요한 많은 요건들이 구비되거나 진전된 경험이 없었다는 것이다. 오히려 선거와 권위주의가 결합하는 체제의 정착 과정이 있었다고 볼 수밖에 없다. 급기야 2018년 선거를 통해서는 선거권위주의가 완성되었다는 평가를 받았다.

(3) 위장된 민주주의

이상에서 살펴본 경쟁적 권위주의와 선거권위주의는 '선거'를 통해 민주주의를 표방하고 있지만 이것은 위장된 가짜 민주주의이다. 선거는 권력의 정당성의 근거로만 의미를 가지고 있을 뿐 실제로는 헌법적 가치와 법치주의, 시민의 기본권, 공정한 정치 경쟁이 보장되지 않는 권위주의 체제의 속성이 고착화된 가짜 민주주의라고 할 것이다.

Ⅳ 한국 민주주의 이행과 공고화 과정

- 한국 민주주의 이행 원인은 무엇인가?
- 한국 민주주의 공고화를 위한 과제는 무엇인가?

01 해방정국

1. 해방 직후 건국준비위원회 발족

제2차 세계대전의 종전과 더불어 일제 식민 통치를 벗어나면서 한국은 해방공간에 진입하게 되었다. 해방공간은 민중의 자발적이고 폭발적인 동원이 이뤄지는 시기였다. 해방 공간에서 정치적 스펙트럼은 사회주의 계열에서 민족주의 계열까지 다양하게 나타났고 국내의 정치세력이 외세와 갈등 또는 제휴를 통해 권력투쟁을 벌이는 양상이 전개되었다. 해방 직후 여운형(사회주의계)은 친일세력을 제외하고 안재홍(민족주의계, 좌파) 등과 함께 조선건국동맹을 모체로 전국적 규모의 자발적인 최초의 정치조직인 건국준비위원회를 발족하였다. 건국준비위원회는 치안대를 설치하고 북한 지역을 포함하여 전국에 145개의 지부를 조직하였으며, 자주독립 국가의 건설, 민주주의 정권의 수립, 국내 질서의 자주적 유지를 통한 대중생활의 확보 등을 강령으로 내걸었다.

2. 조선 인민 공화국 선포

1945년 9월에는 남한 지역에 미군이 진주한다는 소식을 접하고 미국과의 유리한 협상을 위해 국가의 모습을 갖춘 조선 인민 공화국을 선포하였다. 조선 인민 공화국은 이승만을 주석, 여운형을 부주석으로 임명하였지만, 박헌영을 중심으로 한 조선 공산당 계열이 실권을 장악하고 있어 우익 인사들의 외면을 초래하였다. 또한 미군정도 조선 인민 공화국을 부정하였다. 이외에도 정부의 수립과 임시정부의 정통성을 지지하기 위한 한국민주당, 독립 촉성 중앙 협의회, 한국독립당, 국민당, 조선 인민당, 민족 자주 연맹 등의 단체 등이 형성되었다.

3. 미군과 소련의 분할통치: 신탁통치

1945년 12월에 38도선을 경계로 한반도는 미군과 소련군에 의해 분할통치되었다. 이런 가운데 미국・영국・소련의 3국 외상은 모스크바에서 회의를 열어 한국에 임시 민주 정부를 수립하기 위하여 미・영・중・소 4개국의 신탁 통치를 하기로 결정하였다.

4. 신탁통치반대운동

이와 같은 신탁통치가 국내에 전해지자 김구, 이승만 등을 중심으로 전국적으로 신탁 통치 반대 운동이 치열하게 전개되었다. 하지만 처음에는 함께 반탁 운동에 참가했던 공산주의자들은 소련의 사주를 받아 모스크바 3국 외상 회의의 결정을 받아들이기로 하고, 그 결과 우익과 좌익이 극렬하게 대립하게 되어 자주독립의 통일 국가를 수립하지 못하고 민족 분단의 길로 가게 되었다. 이러한 분단을 극복하기 위한 민족 인사들의 좌우 합작 운동과 김구, 김규식을 중심으로 행해진 남북 협상은 실패하게 된다.

5. 미국과 소련에 의한 냉전체제에 편입

이와 같이 정치적 구심점이 없었던 해방공간에서는 미국과 소련을 중심으로 한 냉전으로 인해 반공과 친공이라는 대립축이 형성되었다. 이와 같은 대립 축은 미소군정의 등장과 좌우이데올로기의 대립적 투쟁으로 분단국가를 형성하는 극한으로 발전하게 된다. 행방정국에서 첫 번째 시기는 좌파세력이 우세하였고, 두 번째 시기는 신탁정치 상황에서 우파의 힘이 상승하였고, 세 번째 시기는 우파의 헤게모니가 확립되었다. 한편 북한에서는 좌파의 헤게모니가 확립되었다. 이와 같은 일련의 과정을 통해 남한은 우파의 독점권력이, 북한에서는 좌파의 독점권력이 등장함으로써 분단국가가 가시화되었다.

02 친일세력 중심의 이승만 정부

1. 남한 단독으로 1948년 대한민국 정부 수립

3년간의 신탁통치를 끝내고 1948년 8월 15일 대한민국 정부수립을 대내외에 선포하고 초대 대통령으로 이승만이 취임하게 되었다. 유엔 감시단으로부터 대한민국 정부수립 보고를 받은 유엔 총회는 한국의 유일한 합법적 정부로 대한민국을 승인하였다.

2. 친일청산을 위한 반민특위 활동 좌절

초대 대통령에 오른 이승만은 친일파 청산 및 부패 척결을 요구하는 국민들의 요구에 미온적으로 대처하고 거듭되는 실정으로 그 인기는 점차 하락하였다. 대한민국 정부가 수립되기 전 친일잔재 청산을 위한 특별법이 제정된 바 있으나 일제치하의 관료들과 동맹을 맺고 있던 미군정의 거부에 의해 좌절된 적이 있었다. 이 법의 목적은 건국 이후 1948년 다시 의회에서 반민족행위처벌법의 제정으로 실현할 수 있게 되었다. 이 법의 제정으로 의회는 '반민특위'를 구성하였다. 1949년부터 반민특위는 본격적인 활동을 하게 되었지만 이승만의 비협조와 방해로 인해 성과를 제대로 내지 못하고 와해되었다.

3. 농지개혁

또한 1949년 농지를 농민에게 적절히 분배함으로써 농가경제의 자립과 농업생산력의 증진으로 농민생활의 향상과 국민경제의 균형 발전을 기하기 위해 농지개혁법을 실시하였지만 6·25 전쟁으로 중단되었다.

4. 6 · 25 전쟁

6 · 25 전쟁 직전 5월 30일 선거에서 이승만 정권은 참패함으로써 정치적 위기를 맞게 되었다. 또한 한국전쟁 중 이승만 정부의 실정은 국민들의 불신을 가중시켰다. 하지만 한국전쟁은 정치적 위기에 처한 이승만이 국민들의 애국심을 고양시키고 반대파를 숙청함으로써 자신의 권력기반을 확립하는 데 활용되었다. 제2대 국회의원 선거의 참패로 재선될 가능성이 극히 희박하게 된 이승만은 자유당을 창당하고 장기권력체제를 위한 기반을 마련하였다.

5. 부산정치파동 : 발췌개헌

전쟁 중이던 1952년 부산 정치파동을 일으켜 대통령 직선제를 실시하는 것을 골자로 하는 발췌개헌을 하였다.

6. 사사오입개헌

그리고 1954년에는 장기 집권을 위해 초대 대통령에 한해서만 중임 제한을 철폐하는 것을 골자로 하는 사사오입개헌을 하였다. 이를 계기로 이승만의 자유당과 손을 잡았던 보수 정치인들마저 이승만과 헤어져 민주당을 창당하고 그와 대립하였다.

7. 민주당의 등장

1956년 제3대 대통령 선거 당시 민주당은 '못살겠다. 갈아보자'라는 구호와 신익희와 장면을 정 · 부통령 후보로 내세워 정권교체를 시도하였다. 그러나 선거를 앞두고 신익희가 갑자기 사망하여 진보당의 조봉암이 대통령 후보로 나서게 되었다. 조봉암은 이승만에 맞서 30%의 지지율을 얻으며 이승만의 장기 집권을 위협하였다. 그러자 이승만은 진보당을 해산시키고 조봉암을 처형함으로써 정적 반대 세력에 대한 탄압을 강화하여 자신의 권력을 유지하려고 하였다.

8. 3 · 15 부정선거와 4 · 19 혁명

1960년 3월 15일 제4대 대통령 및 제5대 부통령을 뽑는 선거가 치러졌다. 이는 이승만의 자유당 정부가 국가권력을 총동원해 기획한 유례 없는 부정선거였다. 야당 후보자 및 유권자에 대한 경찰 및 정치 깡패의 폭력이 빈발하였으며 야당 참관인들이 거의 퇴장한 가운데 공개적인 부정 투표가 자행되었다. 선거결과 이승만은 총 유권자의 88.7%의 지지로, 이기붕은 79%의 지지로 당선되었다. 이와 같이 이승만 정부는 민주주의를 경험해 보지 않는 대한민국 상황에서 주기적 선거를 자신들에게 유리한 방향으로 제도를 바꿔가며 치르고 저항세력에 대해서 폭력적으로 억압하였다. 하지만 선거 당일 경상남도 마산에서는 시민과 학생들이 부정선거를 규탄하였고 경찰은 발포를 명령받고 실탄과 최루탄을 비무장 상태의 민간인들에게 사격을 가하였다. 이로 인해 사상자가 발생하였지만 이승만 대통령은 이러한 사태를 공산주의

자가 사주한 폭력으로 간주하고 수습하고자 하였다. 하지만 4월 11일 마산 앞바다에서 오른쪽 눈에 최루탄이 박힌 김주열의 시신이 떠올랐다. 이를 계기로 마산 시민들은 더욱 분노하여 과격한 시위를 일으켰다. 그러나 이승만 정부는 여전히 공산주의자들에 의해 조종된 시위라고 규정짓고 용공조작을 통해 폭력적으로 진압하려고 하였다. 이런 1·2차에 걸친 마산의 시위는 전국 각지의 시민들과 학생들의 시위를 촉발시켰고 4월 19일에는 서울에서만 10만 명 이상의 시민과 학생들이 시위에 참여하였다. 이런 시위가 전국적으로 확산되면서 정부의 폭력적 진압에 따른 사상자도 늘어났다. 이런 사태를 해결하기 위해 이승만은 부정선거 관련자 해직, 선거법 개정 등의 미봉책을 내세웠다. 그리고 자유당의 총재직을 사퇴하고 이기붕을 모든 공직에서 사퇴시켜 권력을 유지하려고 하였지만 이승만을 지지했던 미국 정부 역시 이승만의 퇴진을 요구하며 압력을 가했고 4월 25일 전국 교수단이 궐기하여 시위를 벌임으로써 4월 26일 다시 한 번 대대적인 시위가 전개되었다. 결국 4월 26일 카리스마에 근거한 권위주의 정치체제를 유지했던 이승만은 퇴진 의사를 밝히고 대통령직에서 하야하여 하와이로 망명하였다.

9. 이승만 정권에 대한 평가

4·19로 마감된 이승만 정권은 다음과 같은 문제점이 있었다. 첫째, 남한 내의 좌우 갈등은 이승만 정권의 수립으로 좌파는 완전 궤멸되었고 냉전반공체제가 확립되었다. 냉전반공체제의 확립은 이념적 획일화를 가져오는 계기가 되었다. 둘째, 냉전반공체제의 확립은 협소화된 엘리트 중심 지배체제를 가져왔다. 이와 같은 지배체제는 이념적 획일주의와 사회의 모든 자원을 독점 분배하는 국가관료체제를 강화하면서 강력한 중앙집중화 현상을 야기하였다. 산업이 발달하지 못해 경제적 토대가 부족한 상황에서, 문제를 해결할 수 있는 사회적 기반이 부족한 상황에서 국가는 냉전반공주의 체제를 확립하고 모든 자원을 독점 분배하여 국가 관료체제를 강화시키면서 강력한 중앙집중화를 실시하였다. 셋째, 냉전반공체제는 남북의 대립국면으로 고착화되면서 남한에는 보수양당체제를 출현케 하였다. 이와 같이 여당과 야당은 이념적으로 동일한 지평 위에서 경쟁하게 되었다. 이런 정당은 대중들의 자발적 참여를 통해 조직된 것이 아니라 정치엘리트가 중심이 되어 만들어졌다. 따라서 정당은 대중적 이익보다는 엘리트 중심적 성격이 두드러졌다. 넷째, 이승만 정권이 추진한 반공정책과 농지개혁 등과 같은 중흥정책은 반대파를 숙청하는 데 이용되었다. 다섯째, 절대빈곤에서 벗어나지 못한 상황에서 6·25 전쟁은 인플레이션과 식량난, 각종 생필품의 부족, 실업자 증가, 의료시설 낙후 등과 같은 문제를 야기하면서 대한민국을 초토화시켰다. 당시 대한민국은 자급자족이 어려운 절대빈곤의 후진농업국이었다. 이로 인해 한국은 해외원조에 의존하는 상황이었다. 이와 같은 해외원조 상황은 대한민국의 정부가 재량권을 가지고 정책 등을 결정하는 데 한계가 되었다. 여섯째, 조숙한 민주주의의 특징을 보였다. 선거권 인정과 민주주의는 일치하지 않는다. 제도는 민주적이었지만 민주적인 가치와 신념 등은 결여된 민주주의였다. 당시의 정치참여는 서구와 같이 광범위한 사회집단과 계급의 정치적 참여가 확대되면서 보통선거권이 도입되었지만, 한국은 이런 과정이 없었고 권위주의 정권에 의한 수동적인 동원이었다. 또한 우리의 헌법은 민주주의적인 경험과 이념의 발전을 반영한 것이 아니라 서구의 헌법을 한 번에 바로 수용하였다는 점에서 한국 현실과 괴리된 것이었다.

03 정치적으로 실패한 장면 정권

1. 허정 과도 정부

이승만 정부가 무너지고 난 후 당시 외무장관이던 허정을 내각 수반으로 하는 과도 정부가 수립되었다. 허정 과도 정부는 야당의 주장과 국민의 여론에 따라 내각제와 양원제를 주요 내용으로 헌법을 개정하였다. 이에 따라 시행된 선거에서 민주당이 크게 승리하여 정권을 장악하였다.

2. 민주당 정권 수립: 장면 정부

민주당 정권은 형식상의 국가 대표인 대통령으로 윤보선을, 실질적인 국가원수인 국무총리로 장면을 선출하여 내각을 조직함으로써 제2공화국을 출범시켰다. 4·19 혁명 이후 시민사회의 활동이 활발하게 전개되었다. 학생들은 학원 민주화를 요구하고, 노동자들은 노동 운동을 활발하게 전개하였다. 혁신계열의 정치인들은 민족 자주 통일 협의회를 구성하였고, 학생들도 민족 통일 전국 학생 연맹을 통해 남북 학생 회담을 개최할 것을 제의하기도 하였다. 1961년 5월에는 통일 촉진 궐기 대회가 열리기도 하였다. 그러나 민주당 정부는 이런 국민들의 요구에 소극적인 태도를 보이면서, 오히려 당내 파벌 간에 정치적 갈등과 다툼에 골몰하였다.

3. 민주당의 분열과 무능

이런 민주당의 분열은 장면 내각의 정치적 기반을 약화시켜 과감한 정책 실행을 어렵게 하였다. 그 결과 장면 내각은 이승만 정권 당시 각종 부정이나 비리 축재자에 대해서 단호한 조치를 내리지 못하고 이런 상황에 분노한 학생들과 시민들은 시위를 계속하였다. 하지만 장면 내각 역시 각종 법률을 만들어 이러한 시위나 사회 운동을 억압하였다.

4. 5·16 군사 쿠데타

이런 사회적 혼란 상황에서 5·16 군사정변이 발생함으로써 4·19 혁명은 그 결실을 맺지 못하고 막을 내리고 말았다.

5. 장면 정부: 제2공화국에 대한 평가

장면 정권 붕괴의 원인은 5·16 군사 쿠데타이지만, 그 이면에는 다음과 같은 문제점이 있었다.

첫째, 협소한 엘리트주의의 이념적 한계에서 비롯된 정치력의 부재이다. 장면 정권의 지지세력은 4·19 혁명의 주도세력인 학생과 이에 호응한 일반 시민 집단이었다. 그러나 장면 정권은 부정부패에 관련된 자유당 인사, 군·경찰의 주요 간부, 부정 축재자들에 대한 처벌에 대해 소극적인 태도를 보였고 이로 인하여 기존의 지지 세력의 지지를 확보하지 못하였다. 그 결과 장면 정권은 사회적 지지기반이 매우 취약했기 때문에 민간사회에 대한 정치적 통제력이 약하였다. 둘째, 민주당 내부의 분열로 강력한 리더십을 발휘하지 못하였다. 민주당 내부의 신·구파는 권력배분을 둘러싸고 사사건건 대립하였다. 그 결과 민주당은 분당이라는 파국을 맞이하게 되었다. 이로 인해 절대다수의 의석을 차지 못한 민주당은 강력한 리더십을 발휘하지 못하고, 장면 정권은 정치적으로 매우 불안정한 상태가 되었다. 셋째, 정치적 불안정성과 사회적 지지 기반의 미약으로 인해 장면 정권은 폭발적인 국민의 정치참여와 요구에 부응할 수 있는 정책을 제대로 수행할 수 있는 능력이 없었다.
넷째, 장면 정권은 군을 제대로 통제하지 못하였다.
결론적으로 4월 항쟁을 계기로 하여 집권한 장면 정권은 4월 항쟁의 정신 및 목적을 충실히 이행해야 했다. 그러나 장면 정권은 민간사회의 폭발적 정치참여에 효과적으로 대처하지 못하고 투입의 과잉에 따른 체제하중을 감당하지 못하고 정치 불안정에 시달려야 했다. 이는 장면 정권의 이념적 한계, 내부의 분열, 그리고 정책수행 능력의 결여에서 비롯된 것이었다. 그 결과적 현상으로 나타난 장면 정권의 비능률성과 리더십의 빈곤은 최종적으로 군부의 정치개입을 유인하는 요소로 작용하였다.

04 본격적인 발전국가, 과대성장된 국가의 박정희 정권

1. 5·16 군사 쿠데타 이후 국가재건최고회의를 구성하여 군정 실시

(1) 경제개발과 사회안정 강조

1961년 5월 16일 박정희, 김종필 등 일부 군인들은 정변을 일으켜 민주당 정부를 무너뜨리고 정권을 장악하였다. 이들은 군사혁명 위원회의 이름으로 전국에 비상 계엄령을 선포하고 박정희가 의장을 맡은 국가 재건 최고 회의를 구성하여 군정을 실시하였다. 군정을 실시한 이들은 정변을 혁명으로 선전하고 혁명 공약을 발표하였다. 군사정부는 반공을 국시로 내걸고 경제개발과 사회안정을 중요한 국가 과제로 선정하였다.

(2) 사회정화 정책, 농촌지원정책, 정치활동 및 언론활동 제한

이에 따라 부정 축재자를 처벌하고 치안을 강화하고 농어촌 부채를 줄이고 농산물 가격을 안정시키는 정책을 펼치기도 하였다. 이와 같이 정통성을 결여한 군정은 국민들의 지지를 끌어내기 위한 각종 정책을 실시하였다. 한편 군정은 '특수 범죄 처벌 특별법'과 '반공법' 등을 공포하여 저항세력에 대한 탄압을 강화하였다. 국회를 해산하고 정당과 사회 단체들을 해산시켰으며 정치인들의 활동을 금지시켰다. 또한 비판적인 언론은 없애고 언론인들을 구속하는 언론 탄압을 하였다.

2. 민주공화당을 만들어 정치에 참여

군정은 민간 정부로 정권을 이양하고 군대로 복귀하겠다고 했지만 그 공언을 깨고 민주공화당을 만들어 정치세력을 형성하였다. 이어서 미국 대통령제에 가까운 강력한 대통령 중심제와 단원제 국회를 골격으로 하는 헌법개정을 단행하였고, 개정된 헌법에 따라 실시된 대통령 선거에서 박정희가 당선됨으로써 제3공화국이 시작되었다. 박정희 정권의 탄생으로 발전국가의 주도세력이 형성되었다. 또한 박정희 정권은 군인엘리트 세력들을 주축으로 사회를 효과적으로 통치하기 위해 많은 관료기구를 설치하였다. 그 결과 박정희 정권은 이승만 정권보다 훨씬 과대성장된 국가의 모습을 지니게 되었다.

3. 경제성장을 위한 계획 및 자금 마련

2년 7개월간의 과정을 통해 탄생한 박정희 정권은 태생적으로 정통성 없는 정권의 정당성을 경제성장을 통해 해소하고자 하였다. 동시에 대외적으로 반공・친미・친일의 성격을 분명히 하였다. 이런 박정희 정권의 기본기조는 일련의 경제개발계획, 한일국교정상화, 월남파병 등으로 구체화되었다. 당시 경제개발 정책과 대외정책은 밀접한 관련을 가지면서 전개되었는데, 한일국교정상화와 월남파병은 경제개발에 필수 요소인 자본의 형성 및 투자유치에 크게 기여하였다.

(1) 한일국교정상화

경제개발을 위한 자금 마련에 고민하던 박정희 정부는 1962년 한일 비밀회담을 하고 1964년부터 한일국교정상을 공식화하고자 하였다. 한일회담에서 한국의 국민들은 일제의 침략과 식민지배에 대한 사죄와 배상을 강력히 요구하였지만 정부는 애초부터 차관 도입에 초점을 맞추고 회담을 진행하였다. 이렇게 회담이 굴욕적으로 전개되면서 학생과 시민, 언론들은 분노하게 되었고 이는 전국적인 궐기로 이어졌다. 학생들은 한일회담 반대에서 더 나아가 1964년 6월 3일 정권퇴진을 요구하는 6・3 시위를 전개하였다. 이에 대해 정부는 비상계엄을 선포하고 집회 및 시위 금지, 언론에 대한 사전 검열 실시, 무기한 휴교령, 통행 금지, 영장 없는 압수・수색・체포・구속 등의 조치를 취하여 저항운동을 억압하였는데 이 때 중앙정보부가 조작하였던 대표적 사건이 '인혁당 사건'이었다. 이 사건은 반체제 세력에게는 위협을, 국민들에게는 반공의식을 고취하기 위해 조작된 것이었다. 중앙정보부에 따르면 인혁당이 대한민국을 전복하려는 북한의 노선에 따라 움직이는 반국가단체로 사회 각계각층의 인사들을 포섭, 당조직을 확장해왔다고 하였다. 1965년 6월 22일 박정희 정부는 전국의 시위가 계속 벌어지고 있는 상황에서 전국 대학과 고등학교 등에 방학・휴교 조치를 내리고 한・일 협정을 공식으로 조인하였다. 그리고 8월 14일 한・일 협정은 야당이 불참한 가운데 의회에서 비준안이 통과되었다. 박정희 정부는 무장한 군인을 대학에 진입시키고 서울 지역에 위수령을 발동하여 군대 병력을 주둔시키기도 하였다. 한・일 국교 정상화의 결과 동북아시아에서는 사회주의 세력에 대한 한・미・일 삼각 공동안보체제가 형성되었다.

(2) 월남파병

박정희 정부는 경제개발 소요 자금을 마련하기 위해 미국의 요청을 수용하여 베트남전에 한국군을 파견하였다. 한국은 거대한 전쟁 특수를 통해 경제의 고속 성장의 밑바탕을 마련할 수 있었다. 이런 베트남전을 통해 한・미 군사적・정치적 동맹은 더욱 강화되었다. 베트남전과 일본으로부터의 차관도입을 통해 박정희 정권은 제2차 경제개발계획을 추진할 수 있었다.

4. 3선개헌

(1) 재선 성공

1967년 5월 3일 제6대 대통령 선거에서 박정희는 윤보선을 누르고 득표율 51%로 대통령에 당선되었다. 이 선거에서 나타난 국민들의 투표성향을 보면 4년 전의 여촌야도 현상이 무너졌다. 도시의 지식층과 노동자층에서도 공화당의 성과에 대한 지지를 보이는 현상이 나타났으며 호남 푸대접론이 나올 만큼 호남에서 여당은 열세를 보였다. 과거에는 여야의 지지분포가 남북으로 나타났지만 이 투표성향에서부터 동서현상이 나타났다.

(2) **3선개헌안 통과**

선거 이후 당선된 박정희는 국회의원 총선거에서 민주공화당을 전폭적으로 지지함으로써 절대다수의 의석을 확보하였다. 그 결과 헌법 개정을 통과시킬 수 있는 의석을 확보한 박정희 정부는 1969년 경제발전의 지속과 국가 안정을 구실로 국민의 반대에도 불구하고 대통령을 세 번까지 할 수 있는 3선 개헌을 날치기로 통과시켰다. 이로써 장기 집권의 기반을 마련한 박정희 정부는 경제 제일주의와 민족적 민주주의라는 이데올로기를 내세우고 국민교육헌장을 제정하고 각종 슬로건과 구호를 내걸면서 국가에 대한 충성과 복종을 강요하였다.

5. 동서의 화해무드로 인한 위기감

(1) **베트남에서 미군 철수**

1970년대로 들어서면서 국제사회의 정세가 급변하기 시작하였다. 미국은 엄청난 자원을 투입하고서도 베트남 전쟁에서 승리하지 못하였다. 그러나 1968년 이른바 68혁명이 일어나면서 대대적인 반전운동이 전 세계적으로 벌어졌다. 미국은 닉슨 독트린을 선언하고 베트남에서 미군을 철수시키고, 주한 미군 병력의 감축을 결정하였다. 또한 데탕트 정책을 추구하면서 중국과 수교를 맺었다. 이로써 국제사회의 냉전체제는 화해국면에 접어들게 되었다. 이런 상황은 박정희 정권이 반공주의와 국가 안보를 명분으로 한 권위주의 정치체제를 유지하기 어려운 국면을 초래하였다. 또한 미군의 일부 철수는 박정희 정권의 위기감을 증폭시켰다.

(2) **힘들게 3선에 성공**

1971년 4월 27일 박정희와 김대중이 치른 7대 대선은 박정희의 위기감을 한층 가중시켰다. 2선의 박정희 대통령과 40대 기수 중의 한 사람인 김대중의 한판대결은 과거 어느 선거에 비해 여야 간의 정책대결로 이루어졌으며, 김대중이 리드하는 흐름으로 전개되었다. 하지만 선거 운동과정에서 공화당은 지역감정을 유발하고 근소한 차이로 박정희가 당선되었다. 이 선거에서 나타난 특징적인 현상은 지역주의, 여촌야도의 부활, 군소정당의 몰락, 투표의 동서 현상 등이었다. 하지만 1971년 5월 25일의 8대 총선은 기존의 선거결과와 다른 중대선거현상이 나타났다. 여야와 국민 모두 놀랄 정도로 야당인 신민당이 204석 중에서 89석을 차지하게 되었다. 반면에 공화당 113석, 기타 정당이 2석을 차지하였다. 신민당은 이로써 개헌저지선인 69석에서 무려 20석을 더 확보할 수 있었다.

6. 유신체제

(1) 유신선언

재집권한 박정희 정권은 1971년 12월에 증가하는 시위와 학생 운동에 대처하기 위해 국가 비상사태를 선언하고 초헌법적인 비상대권을 행사하게 되었다. 또한 1972년 7・4 남북공동성명을 발표하고 유신적 개혁을 통해 한반도 평화, 이산가족의 상봉, 조국평화통일을 달성해 나가야 한다고 역설하였다. 이어 박정희 정권은 국가 안보와 사회 질서를 최우선적인 과제로 내세움과 동시에 지속적인 경제 성장을 위해 강력하고도 안정된 정부가 필요하다는 주장을 내세워 1972년 10월 이른바 10월 유신을 선언하고 유신헌법을 공포함으로써 유신체제를 구축하였다.

(2) 유신헌법

유신헌법은 권력분립, 권력 간 견제와 균형, 경쟁적 선거제도라는 자유 민주주의의 기본원칙을 전면 부정하고, 대통령의 권한을 강화하고 반대세력에 대해 억압하며, 국민주권 및 기본권을 상당히 약화시키는 것을 내용으로 하였다. 첫째, 국민의 자유와 권리의 본질적 내용을 침해할 수 없다는 기존의 헌법 조항이 삭제되고, 개별적 법률유보조항이 신설되고, 국가안전보장을 위하여 필요한 경우에는 법률로써 국민의 기본권을 제한할 수 있도록 하였다. 둘째, 입법부의 행정부에 대한 감시 및 견제 기능은 완전히 제거되고 대통령의 권한은 대폭 확대・강화시켰다. 국회의 국정감사권은 폐지되고 회기는 단축되었다.

(3) 통일주체국민회의를 활용하여 대통령에게 모든 권력을 집중시킴

국회의원의 1/3을 대통령이 추천하고 통일주체국민회의에서 선출하게 함으로써 의회의 국민대표성을 약화시켰다. 여야 후보가 동반 당선될 수 있도록 한 선거구에서 2명의 국회의원을 선출하는 중선구제를 채택함으로써 여당의 국회 장악을 용이하게 하였다. 또한 법관임명권을 대통령에게, 그리고 위헌판결권을 대법원에서 헌법위원회로 이관함으로써 사법부의 독립성을 박탈하였다. 대신에 대통령은 필요하다고 인정할 경우 국가 중요 정책을 국민투표에 회부할 수 있고, 국가의 안정보장 혹은 공공의 안녕질서가 중대한 위협을 받거나 받을 우려가 있다고 판단될 때 긴급조치권과 같은 비상권한을 행사할 수 있도록 하였다. 그리고 대통령의 임기를 6년으로 연장시키고 중임제한규정을 철폐하였으며, 통일주체 국민회의에서 대통령을 선출하도록 함으로써 박정희의 영구집권을 가능하게 하였다. 이와 같이 유신헌법은 모든 정치권력을 대통령 1인에게 집중시켜, 권력을 인격화 내지 사인화시켰다. 또한 국민의 대통령 선출권 등을 폐지함으로써 민주주의의 절차와 형식을 파괴한 헌법이었다.

(4) 권위주의 체제와 독재

이와 같은 유신체제가 추구하는 한국적 민주주의의 궁극적 목표는 효율의 극대화를 전제로 한 국가안보와 경제 성장이었다. 이로 인해 민주주의적 정치과정은 국력의 낭비로 간주하여 모든 정치활동을 배척하는 위임 민주주의 현상을 보였다. 또한 이러한 통치구조에 도전하거나 반항하는 집단을 폭력적으로 제압하는 관료기구들을 마련하였다. 이와 같은 관료기구들은 유신체제를 지탱하는 중추적 역할을 수행하였다. 이와 같이 유신체제는 권위주의 체제에서 점차 전체주의로 근접하였다. 반공이데올로기를 통해 시민들을 탈정치화시키고, 어용집단을 활용하여 이익대표체계를 국가차원에서 통제하고, 각종 법률과 권한을 이용하여 폭력적인 경찰권을 행사하였다.

7. 박정희 정권에 대한 저항

(1) 민청학련사건

1972년 유신이 선언된 이후로 그 반대 투쟁이 전국으로 확산되었다. 1973년 재야 인사와 학생들은 유신헌법의 개정 운동에 나섰다. 그러자 박정희 정권은 민청학련을 불법단체로 발표하면서 긴급조치 제4호를 발동하였다. 그리고 중앙정보부는 민청학련의 배후로 인혁당 재건위를 지목하고 1975년 4월 8일 국가 보안법 위반 등의 혐의로 인혁당 사건 관련자와 민청학련 관련자 등 23명을 구속하였다. 이 사건이 제2차 인혁당 사건, 민청학련 사건이었다. 이 사건 관련자들 중 8명은 사형선고를 받고 20시간 만에 사형 집행을 받는 일이 일어났다. 1976년 3월 1일 명동사건은 3・1 운동 기념 기도회에 윤보선・김대중・함석헌・정일형 등 20명의 지도급 인사들이 참여하여 구국선언을 한 것이다. 이 사건은 외신에도 보도되었고 유신체제에 대한 최대 위협적 사건이었다.

(2) 중대선거

이와 같은 사회적 분위기에 힘입어 1978년 12월 12일 10대 총선에서 야당이 승리하게 되었다. 이 선거에서 신민당은 32.8%의 득표를 차지하여 공화당의 31.7%보다 1.1% 앞섬으로써 헌정사상 처음으로 야당이 여당의 득표를 앞서는 이변이 일어났다. 하지만 통일주체국민회의에서 국회의원 1/3을 대통령으로부터 추천받아 선출되는 유신헌법 체제에서 신민당은 1.1%의 앞선 투표율에도 불구하고 의석 3분의 1도 차지하지 못하였다.

(3) YH 무역사건

1979년 8월 9일 새벽 YH 무역 여성노동자 170명이 회사운영 정상화와 근로자의 생존권 보장을 요구하면서 당시 제1야당인 신민당사 4층을 점거하고 농성에 들어갔다. 하지만 정부의 진압과정에서 한 노동자(김경숙)가 사망하였다. 70년대는 젊은 노동자 전태일의 죽음으로 시작하여 김경숙의 죽음으로 막을 내리게 되었다. 이 사건은 김영삼 의원 제명, 부마항쟁으로 이어지면서 유신체제 몰락을 촉발하는 중요한 계기가 되었다. 이와 같이 노동자들 역시 유신체제에 저항했던 중요한 투쟁세력이었다. 민주주의를 열망하는 민중의 끊임없는 저항과 독재 체제에 대한 도전 속에서 10・26 사태가 일어나 유신체제는 막을 내리게 되었다.

8. 평가

박정희 정권은 발전국가 모델, 과대 국가 현상, 권위주의 체제, 위임 민주주의 현상, 재벌과 농민을 지지기반으로 하는 것 등으로 특징지을 수 있다. 첫째, 발전국가적 특성이다. 박정희 정권은 정당성 확보를 위해 경제발전을 최우선 과제로 삼았다. 이를 위해 박정희 정권은 국가가 주도적으로 경제전략을 수립하고 수입대체산업에서 수출지향적 산업정책으로 전환하였다. 또한 제한된 자원과 부족한 기술 수준으로 최대한의 효과를 얻기 위하여 박정희 정권에서 택한 전략은 거점개발방식이었다. 하지만 박정희 정권에서 경제관료는 일본과는 달리 자율성을 누리지 못했으며, 오히려 가장 강조된 기구는 안보기구였다. 둘째, 박정희 정권에서는 국가안보와 경제성장을 위해 관료제가 비약적으로 발전하는 과대성장국가화 현상이 나타났다. 박정희 정권의 관료제는 정권의 정책 목표에 봉사하고 정책결정과 수행을 독점적으로 행사하였다. 이와 같이 관료들을 중심으로 이뤄진 박정희 정권의 발전전략은 권위주의 체제에서만 작동되는 것으로 볼 수 있다. 셋째, 박정희 정권의 효율성은 권위주의 정치체제에 의해 이뤄진 것이다. 대중을 반공이데올로기로 동원하고, 폭력적인 경찰력을 통해서 사회를 통제하였다. 정당이나 이익집단의 다원성은 제한하고 조종하려고 하였다. 민주적인 정치과정은 국가 발전에 장애가 되는 것으로 취급하였다. 표현의 자유 등은 언제나 국가안보를 명분으로 제한되었다. 넷째, 박정희 정권은 이승만 정부와는 달리 권위주의적 경제성장을 통해 광범위한 지지기반을 창출하였다. 특히 대기업과 같은 재벌은 국가목표를 위탁받은 수탁자로서 경제계획을 충실히 수행하는 자였다. 이와 같이 정권과 재벌의 융합은 재벌을 한국사회의 지배계급으로 등장시킨 계기가 되었다. 도시 중산층은 1967년 선거와 같이 경제성장의 공을 인정하여 박정희 정권에 지지를 보내기도 하였지만, 1971년 선거에서와 같이 권위주의 정치체제로 가는 것을 반대하고 야당의 손을 들어주는 등 유동적인 정치태도를 보였다. 농민들은 정부에 광범위하게 동원되어 강력한 지지자가 되었지만 산업노동자들은 정권의 성장정책에 도전하며 민주주의를 지지하는 세력으로 변하였다.

05 80년 봄을 짓밟은 전두환 정권

1. 10 · 26 사건과 12 · 12 쿠데타

10 · 26 사건 이후 발생한 사회적 혼란을 극복하기 위해 계엄령이 선포되었고, 통일 주체 국민회의에서는 최규하를 대통령으로 선출하였다. 최규하의 과도기적 정부는 계엄포고령 완화와 유신체제에 저항하다 구속 수감된 학생과 민주인사를 석방시키고, 야당지도자와 회담하면서 국가 위기를 타개하기 위한 방안을 찾기 위해 노력하였다. 하지만 박정희가 키워 온 신군부는 유신헌법의 조기철폐를 주장하는 노장파 군부의 입장을 무시하고 12월 12일 대규모 병력을 동원하여 기습적인 쿠데타를 일으켜 정치적 실권을 장악하였다.

2. 1980년 5 · 17 비상계엄 조치

1980년 봄부터 민주화의 열기는 더욱 거세졌고 5월 초부터 서울에서는 계엄철폐, 유신세력 척결 등을 요구하는 집회가 열리기 시작하였다. 바로 프라하의 봄에서 연유하는 서울의 봄이다. 학생, 정치권, 민주화 운동세력 등이 새로운 정치사회건설에 관심을 쏟고 있는 동안 신군부 세력은 정권을 차지하기 위한 계획을 진행하고 있었다. 정권을 노리던 신군부는 학생대표, 김대중, 김종필 등과 같은 정치인을 체포하고 5월 17일을 기하여 비상계엄을 전국적으로 확대하였다. 이렇게 서울의 봄은 신군부의 장갑차에 의해 소멸하였다.

3. 광주민주화 운동

이런 비상계엄의 확대로 광주는 상황이 급변하였다. 연일 시위를 하던 광주의 학생들과 시민들은 5월 16일 정부의 답변을 기다리며 해산을 한 상태였다. 그러나 17일 비상계엄의 전국 확대로 시위를 주도한 사람들을 연행하는 사태가 발생하였다. 18일 아침 교내로 들어가려던 전남대학교 학생 200여 명이 계엄군에 맞서 시위를 벌였고 이날 계엄군의 과잉 진압으로 많은 희생자가 발생하였다. 19일과 20일을 거치며 시위에 참가하는 사람들은 점점 늘어났고 계엄군의 진압은 점점 가혹해졌다. 20일 밤에는 시민들이 시청건물을 장악하였는데 계엄군은 시민들을 향해 조준 사격을 가하기 시작하였다. 이를 계기로 시민들 사이에 무장의 필요성이 제기되었고, 일부 시민들은 무기를 탈취하였다. 21일부터는 무장한 시민군과 계엄군 사이에 총격전이 벌어졌다. 이 과정에서 많은 사상자가 발생하였다. 계엄군은 작전상 외곽으로 철수하였다. 그리고 계엄사령부는 광주의 상황을 불온세력의 준동으로 왜곡 보도한 후 다른 지역과 차단하고 봉쇄하였다. 그리고 26일날 계엄군과 공수부대는 26일 새벽부터 탱크를 앞세우고 무려 진압 작전을 개시하였고 27일 5·18 민주화운동은 종료되었다.

4. 국가보위비상대책위원회와 국가보위입법회의 설치

신군부는 5·18 민주화운동을 무력으로 진압한 뒤 5월 31일에 자신들의 정권장악을 위한 '국가보위비상대책위원회'와 '국가보위입법회의'를 마련하였다. 국보위는 전두환을 위원장으로 선출하고 사실상의 최고 기관으로서 입법·사법·행정 등을 포함하여 국정전반을 통제하였다. 그 과정에서 권력 확보와 집권의 정당성 창출을 위하여 대규모 숙청과 기구개편을 단행하면서 신군부의 권력창출에 걸림돌이 되는 요소를 하나씩 제거해 나갔다. 이후 최규하 대통령을 하야시키고 전군주요지휘관회의에서 전두환을 국가원수로 추대하기로 결의하고서, 전두환의 전역식을 치렀다.

5. 통일주체국민회의에서 전두환 선출

그 후 전두환은 통일주체국민회의에 단독으로 출마하여 총 투표자 2,525명 가운데 기권 1명을 제외한 만장일치로 제11대 대통령으로 선출되었다. 또한 10대 국회를 해산하고 11대 국회가 발조하기 전까지 국가보위입법회의는 권력 장악과 유지를 위해 200여 건의 법률을 통과시켰다. 대통령이 된 전두환은 개헌을 추진하여 대통령 간접선거 및 7년 단임제 등을 내용으로 하는 헌법을 개정하고, 민주 정의당을 창당하여 정치적 기반으로 삼았다.

6. 전두환 정부의 정책

이와 같은 전두환 정부의 권력구조는 유신체제에 버금가는 강력한 대통령 중심체제였다. 모든 권력은 대통령이 자의적으로 통제할 수 있었고, 정부는 정당에 대하여 간섭하고 통제할 수 있었다. 전두환 정부 역시 안보이데올로기를 활용하였고 폭력적인 경찰력으로 사회를 통제하였다. 특히 사회정화라는 명목으로 정치적 반대 세력의 정치활동을 금지하고 많은 공무원들과 언론인을 강제로 해직시켰다. 언론과 방송을 강제적으로 통폐합하였다. 전두환 정권은 기업을 구조 조정하고 경제안정화 정책을 추진하였다. 당시 1980년대 초 한국경제는 중화학공업화에 대한 국가의 지나친 개입과 과잉투자, 그리고 세계적인 경제공황으로 인하여 심각한 경제위기에 직면한 상황이었다. 경제안정화 정책의 주요 내용은 긴축재정, 임금통제, 통화량 관리였다.

7. 전두환 정부 후반에 치러진 해금 조치

1980년부터 3년간의 폭력적 통치를 했던 전두환 정권은 어느 정도 정치체제가 다져지자 1983년 하반기부터 유화정책으로 선회하였다. 전두환 정권은 민주화 운동으로 구속 수감된 사람들을 석방 사면하고, 정치 규제자들을 단계적으로 해금하고, 제적된 학생들을 복교 조치하고, 학원에 상주한 경찰을 철수시키고, 해직 교수들을 복직시키고, 시위 주도 학생 구속을 유보하는 등의 학원 자율화 조치, 해외 여행 자유화, 통행 금지 해제, 중・고생의 교복 자율화 등과 같은 유화책을 시행하였다. 이와 같은 유화정책으로 주춤하던 진보적 사회세력의 민주화 운동은 다시 활기를 띠게 되었다.

8. 1987년 6월 항쟁

(1) 개헌을 위한 범국민 서명 운동 전개

정치활동 금지에서 풀려난 재야 정치인들은 신한민주당을 결성하고 1985년 2월 12일에 실시된 제12대 국회의원선거에서 제1야당으로 등장하였다. 그리고 하반기부터 신민당과 민주화 운동 세력들은 대통령 직선제를 골자로 하는 개헌운동을 전개하였다. 1986년부터는 군사 독재 정권 퇴진을 촉구하고 민주 헌법 쟁취를 위한 범국민 서명운동이 전개되었다. 그해 10월 28일 전국 29개 대학생 2천여 명이 건국대학교에 모여 '전국 반외세・반독재 애국투쟁연합' 발대식을 가졌다. 이 발대식에서 몇몇 학생이 분신과 투신하고 농성이 장기화되자 정부는 6,500명의 경찰을 투입하여 진압하였다. 그 결과 1,522명이 연행되고 1,295명으로 구속 송치했으나 877명이 기소유예로 석방되고 38명이 구속 기소되었다.

(2) 부천 경찰서 성고문 사건, 박종철 고문 치사 사건, 이한열 열사 사망 등

이후 부천 경찰서 성고문 사건과 박종철 고문 치사 사건 등이 일어나면서 전두환 정권에 대한 국민의 저항은 더욱 커졌다. 하지만 전두환은 4・13 호헌조치를 통해 대통령 직선제 개헌 논의를 거부하였다. 1987년 5월 18일 광주 민주화 운동을 기념하기 위해 모인 민주화 운동세력은 대통령 직선제로의 개헌과 5・18 민주화 운동의 진상을 밝히고 책임자 처벌을 요구하였다. 그리고 5월 27일에는 야당세력 및 범진보세력이 연합하여 민주헌법쟁취국민운동본부가 발족하게 되었다. 그리고 1987년 6월 9일 연세대학교 학생이었던 이한열이 경찰이 쏜 최루탄에 맞아 사망하였다.

(3) 6월 항쟁의 시작

이후 1987년 6월 10일 전국 22개 도시에서 수십만 명이 참가한 가운데 고문 살인 은폐 조작 규탄 및 민주 헌법 쟁취 범국민 대회가 열렸고 이후 28일까지 19일 동안 거의 매일 전국 30여 개 시・군에서 시위가 벌어졌다. 6월 26일 민주 헌법 쟁취 국민운동본부의 주도하에 열린 민주헌법 쟁취 국민 평화 대행진은 100만 명 이상의 인파가 참여하여 6월 민주화 운동의 절정을 이루어내었다. 이후 1987년 6월 29일 노태우 당시 민정당 대표 위원의 6·29 선언이 발표되었다. 이 선언의 내용으로는 대통령 직선제 수용, 대통령 선거법 개정, 김대중의 사면 복권 및 정치사범 석방, 국민의 기본권 신장 등이었다. 이후 국민의 기대와 열망 속에 치러졌던 제13대 대통령 선거에서 노태우가 대통령으로 당선됨으로써 진정한 의미의 군정 종식은 이뤄지지 않았다.

9. 평가

전두환 정권 역시 권위주의적이고, 발전국가적이고, 위임 민주주의적이었다는 점에서 유신체제와 크게 다르지 않았다. 정권의 정당성 확보를 위해 여전히 안보이데올로기를 활용하였고, 사회를 폭력적인 경찰을 통해 통제하였고, 경제 성장에 치중하였다. 이 외에도 프로 스포츠 활성화, 에로 영화 번성, 서울 올림픽 유치 등을 통해 정치적 무관심을 야기하려고도 하였다. 또 하나의 전두환 정권의 부정적인 유산은 권력과 언론의 유착관계이다. 60년대까지는 비교적 자율적이었지만 유신체제에서 그 비판적 기능이 봉쇄당하였다. 그리고 80년대에는 국가권력과의 유착이 심화되었다. 언론은 이런 유착관계에서 국가의 정당화를 위한 적극적인 역할을 하였고, 일부 언론은 거대 자본으로 성장하기도 하였다.

06 민주화 이행을 완수하지 못한 노태우 정권

1. 6·29 선언

6월 항쟁으로 6·29 선언이 있은 후 7월과 8월에는 노동자 투쟁이 있었다. 10월에는 현행헌법이 의회에서 가결되었다. 6월 항쟁 이후 10월 헌법 개정까지 정치엘리트 간의 협약에 의해 이뤄졌다고 할 수 있다.

2. 대통령 단일화 후보 선출 실패로 노태우 대통령 당선

1987년 12월 16일 국민의 엄청난 기대와 열기 속에 16년 7개월여 만에 직선제 대통령 선거가 1노 3김의 대결구도로 치러졌다. 하지만 고질적인 지역감정, 김영삼과 김대중의 대립으로 후보 단일화 실패, 6·29 선언을 통해 조성된 노태우의 이미지 등으로 인하여 노태우가 대통령으로 당선되었다. 13대 대선은 학생들과 시민들의 민주적 열망과 희생으로 쟁취한 것이었지만 '구로구청사건' 등 선거부정이 난무한 선거였으며, 두 김 씨의 대립이 결과적으로 군사정권에 정권을 헌납한 꼴이 되어, 두 김 씨와 그를 둘러싼 정치세력은 국민의 차가운 비판을 피할 수 없게 되었다. 결국 많은 국민들이 염원했던 진정한 민주문민 정부의 실현은 다시금 늦춰질 수밖에 없었다. 이렇게 성립한 노태우 정권은 전두환 정권보다는 적었지만 핵심세력으로 군관계자가 요직을 차지하였다. 그리고 노태우 자신의 한계와 지역정당 정치구조에서 TK세력에 의존할 수밖에 없었다.

3. 여소야대 정국

1988년 4월 26일 실시된 13대 총선은 71년 이후 17년 만에 부활된 소선구제로 실시되었다. 선거결과는 우리나라 선거사상 하나의 이변으로 기록될 만한 중대선거현상이 나타났다. 야당이 의석수나 득표율에서 모두 여당을 앞선 것이다. 의정 사상 처음으로 집권당이 원내의석의 과반수에 미달하는 여소야대의 현상을 가져오고, 제1야당인 민주당과 제2야당인 평민당이 자리바꿈을 하게 되었으며 3김이 모두 원내 구성에 성공하였다. 이러한 선거 결과의 원인은 여당에 대한 국민의 견제심리, 5공에 대한 비판심리 등이 작용한 것으로 볼 수 있다. 그러나 13대 총선에서도 지역감정이 표의 향방을 결정했다.

4. 5공 청문회 실시

여소 야대의 선거결과로 야당은 5공 청산에 대한 국민적 염원을 반영하여 5공 비리 청문회를 이끌어냈다. 5공 청문회는 1989년 11월 3일부터 1990년 1월 22일까지 시행되었다. 이 청문회에는 전두환 전 대통령과 5공 핵심인물들이 모두 불려나왔다. 이를 통해 5공 정권의 비리가 폭로되었고 전두환은 1989년 11월 23일 대국민 사과문을 발표하고 정치자금 139억 원과 연희동 사저 등을 국가에 헌납한다고 밝히고 강원도 백담사로 들어갔다. 이런 청문회 과정에서 노태우 정권 참여자들의 비리도 밝혀졌지만 그 처벌은 미미하였다. 그 가운데 야권공조체제가 흔들리면서 5공 청산 작업도 큰 성과 없이 지지부진해졌다.

5. 3당 합당의 결과로 민자당 탄생

여대야소와 청문회 등을 통해 정치적 위기를 느낀 노 대통령은 김영삼, 김종필 등과 협의를 하고 1990년 1월 22일 3당 합당을 이뤄냄으로써 하루아침에 여소야대를 여대야소로 뒤바꿔 놓았다. 이렇게 만들어진 정당이 민자당이다. 민자당은 '한 지붕 세 가족'이라는 세평대로 사사건건 계파별로 집안싸움을 벌이며 심각한 대립을 하기도 했지만 국회에서는 다수의 힘으로 변칙과 날치기를 저질러 여야의 물리적인 대치 상태를 유발하기도 하였다.

6. 평가

노태우 정부는 국정 목표를 민족자존, 민주화합, 균형발전, 통일번영으로 설정하였다. 또한 올림픽을 성공적으로 개최하여 국위를 선양하였으며, 국제연합(UN)에 남북한이 동시 가입하고, 동구 공산주의 국가 및 소련·중국과의 관계를 재정립하는 북방 외교를 펼쳤다. 그리고 지방 자치제의 부분적 실시가 이루어지기도 하였다. 그 외에도 토지 공개혁 등을 통해 민주적인 경제질서를 마련하기 위해 노력하려고 하였다. 하지만 여대야소로 정권 중반기 이후 제대로 통치 능력을 발휘할 수 없었다. 이와 같이 국민들의 민주화 요구와 여소야대 정국으로 인한 정치적 어려움을 겪던 노태우는 민주당의 김영삼, 신민주공화당의 김종필과 3당 통합을 발표하고, 민주 자유당을 만들었다. 이로 인하여 여당은 다수 의석을 차지하였으나 민주주의의 정착과는 거리가 멀었으며, 노태우 정부 역시 부정과 비리로 국민적 지지를 확보하지는 못하였다. 결론적으로 노태우 정권은 민주적 선거과정을 통해 정권의 평화적 이양을 가능하게 하였고, 권위주의 정치체제에서 민주주의 정치체제로, 군사정권에서 민간 정권으로 이행하는 과도기적 성격을 지닌 정부라 할 수 있다. 초기에는 민주화 세력의 요구에 부응하는 노력과 시도가 있었지만 민주화를 열망한 다수의 사회 개혁세력은 배제되고 보수 중심의 지배 연합 세력이 형성되면서 민주적 개혁은 제대로 이뤄지지 못하였다.

07 민주주의 이행을 완료한 김영삼 정권

1. 문민정부 탄생

노태우 정권은 제대로 민주주의 이행을 완료하지 못하고 종결되었다. 민주주의의 이행의 완료는 14대 대선에서 당선된 김영삼 정권에 의해 종결된다. 제14대 대통령 선거는 민자당의 김영삼과 민주당의 김대중, 국민당의 정주영의 삼선 구도로 치러졌다. 하지만 김영삼 측은 지역주의와 색깔론의 공세를 펴 국민들의 안보이데올로기를 자극하였다. 그 결과 김대중은 다시 간첩 사건에 휘말리게 되었고 자신의 지지기반이었던 서울과 수도권 지역에서도 예상 미만의 득표를 하게 되었다.

2. 문민정부 정책

(1) 금융실명제

이렇게 성립한 김영삼 정권은 문민정부를 표방하면서 깨끗한 정부, 튼튼한 경제, 건강한 사회, 통일된 조국 건설을 국정 지표로 설정하였다. 이러한 목표의 일환으로 공직자의 재산 등록과 '금융 실명제' 등을 법제화하여 경제 개혁에 노력하였다.

(2) 지방자치제 전면 실시

그뿐만 아니라 그동안 유보되었던 지방 자치제를 전면적으로 실시하였다.

(3) 하나회 해체

또한 신군부의 기반이자 군대 내의 사조직인 하나회를 해체시켰다.

(4) 역사 바로 세우기: 5·18 민주화 운동의 명예회복

신군부 세력에 의한 12·12 사태를 쿠데타적 사건으로 규정하고 광주에서 일어난 5·18 민주화 운동의 희생자들에 대한 추모식을 거행하여 이들의 명예를 회복시키고 역사 바로 세우기를 시도하였다. 이를 계기로 전직 대통령인 노태우와 전두환은 구속·기소되었다.

(5) 경제협력개발기구 가입

그리고 경제적 세계화의 흐름에 맞춰 시장 개방 정책을 추진하면서 서방 선진국들의 '경제 협력 개발 기구(OECD)'에 가입하였다. 하지만 김영삼 정권은 민주화를 위해 노력하였지만 경제개혁은 실패하거나 미미한 수준이었다.

3. 외환위기

이로 인해 1997년 말에 국제 경제 여건의 악화와 외환 부족으로 인해 외환위기를 맞게 된다. 이런 외환위기는 정경유착, 관료들과 기업 간의 밀착관계, 관료들의 병폐, 기업의 불법대출과 특혜로 인한 무분별한 투자, 사회 전체의 소비지향적 분위기 등의 영향으로 인한 것이지만 무엇보다 김영삼 정권의 무능함에서 비롯된 것이라 할 수 있다. 외환위기로 인한 엄청난 실업과 살인적인 물가, 금리, 환율 등으로 국민들은 엄청난 고통을 겪게 되었다.

4. 평가

김영삼 정권을 계기로 형식적 제반 조건의 구비로 민주주의 이행이 비로소 완료되었다고 볼 수 있다. 하지만 김영삼 정권은 여전히 반공이데올로기에 근거한 보수주의, 권위주의적 정치문화에서 크게 벗어나지 못하였다.

08 경제 위기 속의 김대중 정권, 최초의 정권 교체

1. 국민의 정부 탄생

(1) 3자 경쟁구도에서 김대중 승리

경제위기 상황에서 15대 대통령 선거는 국민회의 김대중, 한나라당 이회창, 그리고 국민신당 이인제 등을 중심축으로 하는 3자 경쟁구도로 치러졌다. 15대 대통령 선거는 한국 선거 사상 최초로 후보자 간 TV 토론이 실시되었다는 점에서 큰 방향을 일으켰다. TV 토론회는 각 후보의 특색 있는 정책과 각오를 들을 수 있다는 점에서 긍정적이었지만 상대 후보자들에 대한 폭로전과 흑색선전이 전개되어 서로 간의 이미지에 상처를 주기도 하는 부작용이 있었다. 이와 같은 3자 경쟁구도에서 1997년 12월 18일 치러진 선거는 김대중의 승리로 끝났다. 김대중 승리의 원동력은 지역연합, 김영삼의 실정, 색깔론과 안보이데올로기의 영향력 감소 등이라 할 수 있다.

(2) 최초의 여・야 평화적 정권교체

김대중 정권의 탄생은 건국 이후 50년 만에 최초로 여・야 간 평화적 정권교체라는 점에서 의의가 있다.

2. 주요정책과 사건

(1) 전직 대통령 사면

지역연합을 통해 소수 정권으로 출범한 김대중 정권은 전두환, 노태우 등의 사면 등을 실시하여 국민적 화합을 강조하였다.

(2) 민주주의와 시장 경제의 병행 발전 강조

이런 김대중 정권은 민주주의와 시장 경제의 병행 발전을 천명하고, 이를 위해 국정 전반의 개혁, 경제난국의 극복, 국민 화합의 실현, 법과 질서의 수호, 남북 교류와 협력 등의 국가적 과제를 제시하였다.

(3) 외환위기 극복

(4) 햇볕 정책 추진과 남북정상회담(6·15 남북공동선언)

남북 간의 평화 정착을 위한 적극적인 햇볕 정책을 추진하였으며, 2000년 6월 15일 역사적인 남북 정상회담을 실현하여 6·15 남북공동선언이 발표되었다. 이어 남북 경제 협력의 활성화와 이산가족의 상봉을 실현하는 등 평화 통일의 발판을 마련하는 데 노력하였다. 하지만 이런 남북 간의 관계진전이 순탄했던 것만은 아니었다.

(5) 연평해전 승리

1999년 6월 15일 6·25 전쟁 이후 남북 정규군인 간의 최초 교전이었던 연평해전 같은 사건도 있었다. 연평해전에서 북한의 선제 사격에도 불구하고 우리 해군은 교전규칙에 따라 단호하게 대처함으로써 완벽한 승리를 하였다. 이는 우리 군이 대북군사력에서 대해 질적으로 우수하다는 점을 보여주는 계기가 되었다.

3. 평가

김대중 정권의 가장 큰 업적은 평화통일을 위한 기반을 구축하였다는 점이라 할 수 있다. 하지만 북한의 핵문제에 대한 입장, 6자 회담에서의 한국의 역할을 두고 이에 대한 비판도 제기되기도 하였다. 대북관계의 업적 이외에도 김대중 정권은 외환위기를 극복하였다는 평가를 받았지만 IMF체제를 통해 신자유주의적 구조조정을 실시했다는 비판으로부터도 자유로울 수 없다. 또한 시민사회의 활성화에도 기여하였지만 노동세력 등은 여전히 배제시켰다. 그리고 국민들 간의 동서화합을 강조하였지만 지역주의를 극복하지는 못하였다. 김대중 정권은 한국의 민주주의가 오랜 진통과 우회를 거치면서 꾸준하게 진행되고 있음을 보여준다.

09 정리: 보수적 민주화, 제도화 지연, 민주주의 공고화를 위한 개혁 실패

카리스마적 권위주의에 근거한 이승만 정권은 준경쟁적 민주주의, 결손 민주주의, 과대국가현상, 조숙한 민주주의 등과 같은 문제점을 드러내면서 4·19 혁명을 계기로 종결되었다. 당시에 고착화된 남북대립, 반공이데올로기, 협소한 이념에 근거한 보수적 정치엘리트의 지배, 중앙집중현상, 관료제 등은 이후에도 한국의 민주주의 발전과정에 영향을 끼쳤다. 4·19 혁명을 계기로 등장한 장면 정권은 민주주의의 시행과 경제적 빈곤을 탈출하기 위한 노력을 했지만 그 정치적 능력의 부족으로 국민들로부터 지지를 받지 못하였다. 4·19로부터 표출된 시민들의 의지를 소화해 내지 못한 장면 정권은 급기야 5·16 쿠데타로 종결되었다. 5 · 16 군사정변의 주역들은 군사혁명위원회를 통해 비상계엄을 선포하고 국가재건최고회의를 통해 군정을 실시하였다. 군정이 끝난 후 군에 복귀하겠다는 약속을 지키지 않은 군부세력은 민주공화당을 창당하고 정치에 참여하여 박정희 정권을 창출하였다. 이렇게 창출된 박정희 정권은 발전국가, 권위주의, 위임 민주주의 현상, 과대 민주주의 국가 현상 등을 보이면서 점차 전체주의화 되는 경향을 보였다. 3선 개헌과 유신을 통해 국가안보와 경제성장을 강조하면서 정치, 언론, 사회, 문화 등을 전면적으로 통제하였다. 이 과정에서 국민들의 자유 축소, 정치인들의 정치활동 규제, 언론의 자율성 봉쇄 등이 발생하였다. 하지만 유신체제로 인한 제왕적 대통령제 역시 시민, 학생, 노동자, 재야 정치세력 등의 저항과 10 · 26 사태를 계기로 종결되었다. 이로 인해 서울의 봄은 도래하였지만 박정희에 의해 성장한 전두환 노태우 등의 신군부세력은 12 · 12 사태, 5 · 17 비상계엄 등을 실시하고 5 · 18 광주민주화 운동을 진압한 후 막강권력을 보유한 국보위를 통해 정권을 찬탈하게 된다. 전두환은 유신정권에서 만들었던 통일주체국민회의에서 대통령으로 선출되었다. 전두환 정권 역시 박정희 정권과 크게 다르지 않았고 막강한 권력을 지닌 대통령제였다. 이런 독재권력에 대해 시민, 학생, 노동자, 재야 정치인 등으로 대변되는 민주화 세력은 극렬하게 저항하였고 그 결과 6 · 29 선언을 도출하게 된다. 이를 계기로 민주주의적 절차와 형식은 도입되었지만 헌법개정의 과정은 보수적인 성향을 지닌 정치엘리트의 협약에 의해 추진되었다. 87년 민주화 항쟁 이후 대선에서 김대중 김영삼이 단일화에 실패하면서 노태우가 당선되었다. 노태우 정권은 87년 민주화 항쟁에서 드러난 국민적 요구를 반영하여 개혁을 시도하는 듯했지만 제대로 수행하지 못하고 민주화 이행을 완료하지 못하고 종결되었다. 이와 같이 한국의 민주화 이행에 기여한 주요 원인들은 학생과 노동자들의 주도, 경제적 성공으로 인한 권위주의의 위기, 협약에 의한 민주주의, 국민들의 교육 수준 향상 등이라 할 수 있다. 노태우 등과의 3당 합당에 성공한 김영삼은 노태우의 뒤를 이어 대통령에 당선되었다. 김영삼 정권은 군사정권에서 민간정권으로 이행, 군부 통제 등을 통해 민주주의의 이행을 완료하고, OECD에 가입하고 경제개방을 추진하였다. 하지만 금융실명제, 토지공개혁 등 수많은 개혁과제를 제대로 수행하지 않고 오히려 무능력으로 외환위기를 초래하였다. 이런 초유의 사태에 소수 지역 연합정권으로 등장한 것이 김대중 정권이었다. 김대중 정권은 한반도 평화 통일 정착에 치중하여 남북정상회담을 열고, 외환위기를 극복하고, 국민대화합을 강조하고, 시장경제질서를 확립하고자 했지만 신자유주의의 패러다임에 종속되어 버리는 결과를 야기하기도 하였다. 평소 김대중의 지론은 민족경제론이었으나 그는 이를 포기하고 신자유주의를 불가피하게 선택하였다.

김대중 정권의 종결로 3김 시대가 끝나면서 등장한 것이 노무현 정권이다. 노무현 정권은 3김 시대의 정치적 문제를 청산하고 민주주의를 확장시키기 위하여 정치, 사회, 경제, 문화, 언론 모든 영역에서 개혁을 시도하고 김대중 정권의 한반도 평화정책을 계승하여 2차 남북정상회담을 열기도 하였지만 소수파의 한계, 좌우 양측의 공격으로 인한 개혁딜레마, 언론의 공세 등에 빠지게 되었다. 결국 민주주의의 실질화와 사회적 개혁을 열망했던 지지자들의 큰 기대에 부응하지 못하고 종결되었다.

Chapter 03 정치발전론과 제3세계국가의 정치[66)]

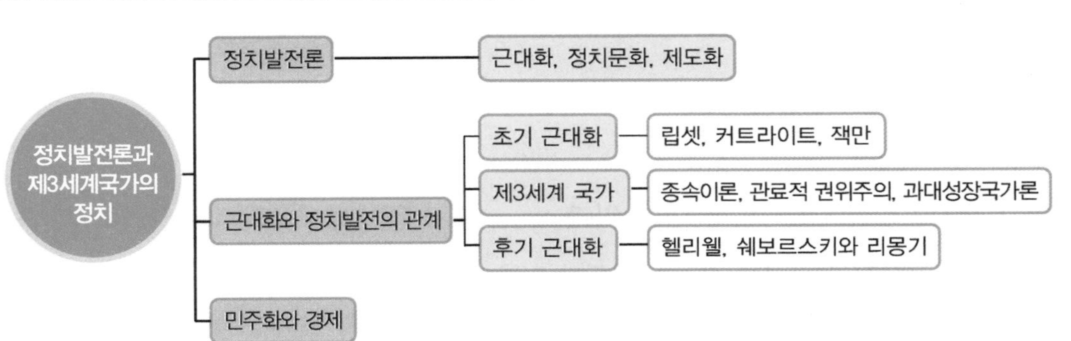

1. 민주화는 곧 정치발전의 과정이다.

2. 정치발전의 주요 내용은 민주화를 전제로 한 체제의 능력향상, 제도화, 그리고 정치문화의 발전이다.

3. 정치발전 연구는 신생독립국가의 정치 및 경제 발전을 위해 시작되었고, 근대화 이론을 이식하였다.

4. 서구의 근대화 이론의 예측과는 다르게 경제 및 정치 발전에 실패하였고, 종속이론이 이들의 실패를 설명하였다.

5. 제3물결로 인해 종속이론은 힘을 잃고, 근대화 이론이 다시 부활하였다.

66) 서울대 공저(2006), 『정치학의 이해』, pp.297~313; 강제명(2003), 『정치학』; 박현모(2004), pp.50~62, 『마인드맵으로 본 정치학』; 마인섭(2002), "경제발전과 정치발전의 상관관계" 등을 참조하여 재구성

I 정치발전에 대한 이해

- 정치발전의 속성은 무엇인가?
- 정치발전의 궁극적 목적은 무엇인가?
- 정치발전에 어떤 요인들이 영향을 주는가?
- 교육적 시사점
  정치발전의 의미 및 영향을 미치는 요인을 이해하고, 정치발전을 위해 어떤 노력과 정치문화가 필요한지를 이해할 수 있다.

01 초기 정치발전론으로서의 근대화 이론

1. 미국을 중심으로 한 서구 정치학계를 주도한 이론

정치발전론은 제2차 세계대전 직후 미국을 중심으로 한 서구 정치학계를 주도한 이론이었다. 이러한 정치발전론은 경제적으로 이미 발전된 상태였던 서구 국가들의 경험에 근거한 것이었다. 이들 서구국가들은 정치적 근대화와 경제적 근대화를 통해 이미 대의제 민주주의와 자유 민주주의를 발전시키고 있었다.

2. 서구의 근대화 성공 경험을 신생독립국가들에 적용하기 위한 이론

이들은 이런 자신들의 경험을 토대로 제2차 세계대전 이후 독립을 하게 된 신생국가들에 대하여도 정치발전을 위해서는 자신들의 경험을 따라야 한다고 강조한다. 즉 자본주의 시장경제를 기반으로 하여 경제성장을 이루게 되면 자연스럽게 자유 민주주의 체제가 확립되고 정치가 발전한다는 것이다. 즉 서구의 성공 경험에 비추어 보면 중세 이후 근대사회로 들어선 서구에서 산업혁명과 그로 인한 공업화 과정이 뒤따랐고, 자본주의 시장경제를 기반으로 경제적 성장이 먼저 일어났다. 이러한 경제성장을 이끌었던 시민계급(부르주아)이 중심이 되어 정치적 참여를 요구하게 되었고, 이들의 요구가 받아들여져 자유 민주주의 체제가 확립된 것이 서구의 경험이다.

3. 근대화 이론

이상에서 살펴본 바와 같이 정치발전론은 서구의 근대화 경험을 토대로 전개되었다. 따라서 정치발전론을 주도하였던 것은 파슨즈를 비롯한 많은 근대화 이론가들이다. 근대화 이론가들의 핵심적인 내용은 인간사회가 전통적인 상태로부터 근대적인 상태로 움직인다는 것이다. 근대화 이론가들은 '전통성'과 '근대성'의 서로 대칭적인 개념을 사용하여 인간사회의 변화상태를 설명하려고 하였다. 즉 전통사회는 서구의 산업화, 근대화 이전의 사회처럼 농업을 기반으로 하여 아직 산업화나 공업화가 진행되지 않은 뒤떨어진 사회를 가리키는 용어였다. 반대로 근대사회는 서구에서 산업혁명과 그로 인한 공업화가 진행하면서 등장한 전통사회보다는 더욱 발전되고 진보된 바람직한 사회라는 개념으로 이해되었다. 따라서 근대화 이론가들은 사회가 전통으로부터 근대로 변화되어야 바람직한 것이라고 주장하였다.

정치적인 영역에서 전통성과 근대성 역시도 산업화를 통한 근대화를 경험한 서구의 경험을 중심으로 확립되었다. 그래서 서구국가들의 자유 민주주의 체제가 확립되지 못한 사회는 정치적으로 근대화되지 못한 사회라는 인식이 근대화 이론가들에 의해 자리 잡게 되었다. 이런 관점에서 정치발전은 서구의 근대화된 사회에서 나타나는 정치체제와 제도가 확립되는 것을 의미하는 것이다.

이런 점을 감안할 때 정치발전론의 내용들을 이해하기 위해서는 근대화에 대한 이해가 필요하다.

4. 근대화

(1) 근대화의 개념

일반적으로 사용되는 근대화라는 말은 크게 보아서 '역사적 범주로서의 근대화'와 '국가발전의 전략으로서의 근대화'라는 두 가지 의미로 살펴볼 수 있다.

① 역사적 범주로서의 근대화(광의 개념)

㉠ 근대화의 의미

역사적 범주로서의 근대화는 이념, 사회, 경제, 문화, 정치적인 측면에서 전통적인 것에서 근대적인 것으로 대치되거나 바뀌어가는 역사적 현상을 말한다.

㉡ 근대화의 주요 내용

공동체 이념에 매몰되어 있던 개인의 개성이 존중되고(㉠ 이념적 측면), 신분제도가 해체되고 법 앞의 평등원리가 확산되며(㉡ 제도적 측면), 공장을 세우고 기계기술을 도입하여 공업화와 산업화를 달성하려고 하였다(㉢ 경제적 측면). 거대조직의 출현으로 분업화가 이뤄지면서 전문성이 향상되고 사회는 더욱 분화되었다(㉣ 사회적 측면). 또한 교육의 보급과 매스커뮤니케이션의 발달 등으로 인간의 지식은 급증하고 환경과 사회에 대한 인간의 이해와 통제 능력은 더욱 커졌다(㉤ 지적 측면). 그 결과 문화적인 측면에서는 가치와 문화의 세속화와 합리적 규범이 확산되었다(㉥ 사회문화적 측면). 정치적인 측면에서는 다원적인 정치집단이 생겨나고 정부의 기능이 확대되면서 국가의 법적·행정적·정치적 기구들의 권한이 점차 확대되는 사회로 이행하였다(㉦ 정치적 측면).

㉢ **근대화의 지표**

지적 측면	문자 해독률 발달, 매스컴 등의 발달, 교양 및 지식수준 상승
사회·경제적 측면	국민총생산, 도시화, 공업화 및 산업구조의 고도화
문화·심리적 측면	개인주의, 참여정신, 평등이념의 도입, 개성의 중시
정치적 측면	다원적 정치집단이 정치과정에 참여

② 국가발전의 전략으로서의 근대화(협의 개념)

국가발전의 전략으로서의 근대화는 산업화에 대한 국가 차원의 대응을 가리키는 것이다. 즉 전통적 이념과 사회제도와 경제체제를 더 이상 지속할 수 없는 상황에서, 공동체의 구성원들이 그들이 처한 상황적 조건에서 강구한 나름대로의 전략이 바로 근대화인 것이다.

(2) 근대화의 의미적 특성

① 사회 전반이 변화되어 가는 과정: 공업화, 서구선진국화, 도시화, 대중화, 민주화
이상에서 살펴본 근대화에 대해 헌팅턴은 "근대화란 정치, 경제, 사회, 문화 등 모든 부문에 있어 전면적이고 구조적인 변화가 진행되어 가는 과정"이라고 하였다. 즉 근대화는 정치적 측면에 국한되지 않는 사회 전반의 변화를 포괄한다. 예컨대 근대화는 공업화, 서구선진국화, 도시화, 대중화, 민주화를 포함하는 개념이다.

② 협의: 근대화 = 산업화
하지만 협의적 의미의 근대화는 산업화에 따른 사회전반적인 변화만을 의미한다.

(3) 파슨즈의 근대화: 합리성의 증대

파슨즈에 따르면 사회발전이란 "전통적 요소가 없어지고, 합리적이고 근대적인 요소가 확대되는 것"을 뜻한다. 즉 전통사회의 특징인 감정성, 집단지향성, 특수성, 귀속중심, 기능적 미분화 등의 요소에 '합리성이 침투'됨으로써 문화체계가 점차 가치중립, 개인지향성, 보편성, 업적중심, 기능적 세분화의 방향으로 변화해갈 때 발전된 사회로 볼 수 있다는 것이다.

⊙ 전통사회와 근대사회

구분	행위기준	우선순위	가치적용	평가척도	역할분화
전통사회	감정성	집단지향	특수성	신분중심	미분화
근대사회	감정중립	개인지향	보편성	업적중심	세분화

이와 같이 근대화 이론가들은 더 좋은 정치로의 전환이라는 의미의 정치발전이란 사실상 파슨즈가 말한 바와 같이 '전통사회의 요소가 없어지고 근대적인 요소가 확대되는 과정'으로 보았다.

02 정치발전의 개념적 특성[67)]

1. 정치발전의 의의: 정치 사회의 바람직한 방향

정치발전은 정치변동[68)]의 일부분으로 정치체제의 변화와 성장을 의미한다. 이는 정치 체제가 안정적이면서도 바람직한 방향으로 변동하는 현상을 의미한다. 그렇다면 바람직한 방향이란 무엇일까? 지금부터 그 구체적인 내용을 살펴보고자 한다.

67) 박현모(2001), 『현대정치학』 참조
68) 정치변동은 정치발전과 정치퇴보를 포함한 개념이다.

2. 정치발전의 주요 요소 발견

(1) 파이(Pye)의 정치발전의 징후 ⇨ 평등성, 체계의 능력, 그리고 구조적 분화

파이(Pye)는 정치발전에 대한 여러 학자들의 견해를 정리하여 정치발전의 징후를 다음과 같이 제시하였다.

① 평등성
평등성은 평등을 지향하는 일반적인 태도를 말한다. 구체적으로 일반대중의 정치참여가 증대하고, 법적용이 보편화되고, 업적위주의 엘리트 충원이 이루어지는 것을 말한다.

② 체계의 능력
체계의 능력은 '정치체계 능력의 증대'를 말한다. 이는 알몬드가 주장한 정부의 정책수행의 효율성 증대를 의미한다.

③ 체계의 구조적 분화
체계의 구조적 분화는 '분화와 전문화'를 말한다. 즉 체계 내의 제도와 구조 그리고 기능이 분화되고 그것의 정치적 역할이 전문화되어 가는 과정을 말한다.

(2) 정치발전의 속성

파이는 정치발전의 속성을 효율성 측면과 평등성 측면으로 크게 나눠 정리하였다. 효율성 측면은 국가 및 사회의 효율성을 염두에 둔 것 같으며, 평등성 측면은 민주주의를 염두에 둔 것으로 보인다. 또한 정치발전은 '정치안정'을 목표로 삼는다. 파이가 말하는 증후군과 여러 학자 및 연구자들의 주장에서 정치발전의 속성을 정리해 보면 국가 및 사회의 효율성, 민주주의의 공고화, 정치안정을 주요 속성으로 정리할 수 있다.

3. 정치발전의 의미 및 내용

(1) 정치발전의 의미

앞서 살펴본 내용을 종합해 볼 때 정치발전은 정치안정을 목표로 민주화와 제도화를 이뤄내는 것이다. 즉 정치발전이란 민주주의가 공고화되면서 체계의 능력이 발전하고, 민주주의와 체계에 대한 동의와 지지, 신념 및 태도 등과 같은 확고한 정치문화가 형성되고, 법과 원칙에 따라 권리가 공정하게 보장되고 질서가 확립되어 민주정치체제가 정치 안정에 도달하는 것을 말한다.
정치의 궁극적인 목적은 정치공동체의 안정과 발전에 기여할 수 있는 정치발전이다. 정치발전이란 인간의 궁극적 이상을 효율적이면서 공정하게 이룰 수 있는 조건과 제도를 개선해 나가는 것을 의미한다. 즉 정치가 발전하기 위해서는 시민덕성(정치문화)이 발달해야 하고, 분배를 둘러싼 각종 문제를 해결할 수 있는 제도가 발달해야 한다. 이런 제도에는 이익집단, 정당, 선거제도, 정부형태, 통치구조 등이 있다.

(2) 정치발전의 내용 요소

① 민주주의의 공고화: 참여의 확장, 자유와 권리의 보장, 제도화
민주주의 제도가 제도화되고, 이 제도에 대한 사회구성원 모두의 확고한 정치문화가 형성되는 경우를 말한다.

② 정치안정: 제도화와 정치문화
정치안정을 기계적으로 해석한다면 갈등이 없는 상태라고 할 수 있을 것이다. 어떤 사회든 정치적 갈등이 없는 사회는 없다. 그렇다면 실질적 의미의 정치안정이란 갈등이 있어도 정치제도 등을 통해 해결할 수 있는 안정된 상태라고 이해해야 할 것이다.

③ 효율성: 체제의 능력
국가를 운영하는 가장 대표적인 체제는 정치체제와 경제체제이다. 정치체제가 국가를 의미하는 정치사회의 영역이라면 경제체제는 시장 내지는 사회의 영역이다. 효율성은 바로 이 체제의 능력 문제이다. 따라서 효율성은 국가의 능력에 좌우되어 있다. 예컨대 안보와 경제적 능력, 행정의 효율성 등이 될 것이다.

④ 법의 지배
정치적 혼란을 극복하는 데 있어서 법은 반드시 필요한 요소이다. 법을 통한 권리의 보장과 질서의 확립은 정치적 불안을 극복하고 정치를 발전시키고 안정시키는 데 반드시 필요하다.

03 정치발전의 독립변수

정치발전의 독립변수에 대한 논의는 앞서 정리한 정치발전의 속성을 토대로 근대화론과 같은 결정론적 관점을 포함한 효율성 측면과 정치안정의 측면으로 나눠 살펴볼 수 있다. 결정론적 관점은 경제의 산업화, 사회관계의 합리화, 문화의 세속화 등으로 나타나는 근대화가 정치발전에 호의적인 환경을 제공한다는 근대화론이 핵심이다. 이에 반해 제2차 세계대전 이후 라틴아메리카의 사례에서 잘 살펴볼 수 있듯이, 급속한 근대화가 오히려 정치 쇠퇴를 가져올 수 있다는 견해가 있다. 이런 견해들과 관련되는 것이 정치안정 측면의 접근이다.

1. 효율성 측면

(1) 도이치(Deutsch)의 사회적 동원

도이치(Deutsch)에 따르면 사회적 동원과정(전통에서 근대로 완전히 바뀌는 일련의 변동과정)에서 나타나는 부수현상이 정치발전이다. 그는 일련의 사회적 동원과정에서 국민의 기대가 상승되고 정치적 요구와 이익표명이 높아가며, 정치적 참여 능력이 증대하는 등 정치발전이 마련될 수 있다고 보았다. 그는 사회적 동원의 지표로서 기계, 기술, 의료, 소비재, 정보 매스미디어 등의 현대적 생활 수단, 주거 이동의 정도, 매스미디어에의 접근 및 노출 정도, 도시화, 비농업 인구비율, 문자해독률, 1인당 국민소득 등을 제시했다.

(2) 러너의 커뮤니케이션 결정론

러너는 사회변동과정을 커뮤니케이션 발전과정으로 보고, 커뮤니케이션이 정치적 발전의 결정적 변수라고 설명한다. 즉 근대화로 인한 도시화의 진행과 문자해독률의 증가 및 매스미디어의 보급이 국민들의 정치의식을 고양시키고, 나아가 정치참여가 증대된다는 것이다.[69]

(3) 립셋(Lipset)의 경제발전 결정론

립셋(Lipset)은 경제발전이 정치발전의 가장 중요한 요소라고 주장하였다. 그에 따르면 경제발전은 도시화, 매스미디어를 촉진시키고, 문자해독률과 교육수준을 향상시켜 관용과 합리적 능력을 갖춘 민주시민을 배양한다. 또한 경제발전은 중산층의 폭을 두텁게 한다. 그 결과 참여와 타협을 중시하는 민주정치의 제도화가 이뤄진다고 주장한다.

(4) 합리성의 증대

파슨즈는 전통사회에서 근대사회로 전환되는 과정에서 나타나는 '합리성의 증대'를 정치발전의 기준으로 간주했다.

(5) 정치체계의 능력 증대

① 정치체계의 물적·인적·문화적 자원을 조달·배분하는 능력을 말하며, 경제력과 문화수준 등의 고도화를 뜻한다.

② 구조적인 분화와 세속화
알몬드(Almond)에 의하면 정치발전은 정치체제가 구조적인 분화와 문화적인 세속화를 통하여 체제능력을 신장시켜가는 과정이라고 한다. 여기서 구조적 분화란 역할의 분화를 의미하는데, 이것은 하위체제의 전문화를 촉진하고 자율성도 제고함으로써 체계 능력의 향상에 기여한다는 것이다. 문화적 세속화란 구성원의 태도, 신념, 가치관이 근대화되어 운명주의나 귀속성향을 지향하고 성취의식과 업적주의를 지향하게 되는 가치관의 변화를 지칭한다. 체계의 능력이란 체제의 문제해결 능력을 의미하는 것이다. 이 능력은 환경 적응 능력, 목표달성 능력, 통합 능력, 유형유지 능력 등으로 구분되거나 정책수단에 따라 추출, 규제, 상징조작, 동원 능력으로 구분된다.

③ 조직의 능력
다이아먼트(Diament)는 하나의 정치체제가 새로운 목표와 요구 및 새로운 타입의 조직의 결성을 성공적, 지속적으로 유지해갈 수 있는 능력을 보다 많이 획득하는 과정이라고 하였다.

(6) 국가의 효율성

① 정치발전의 의미
오르간스키(Organski)는 리스토우의 경제발전 5단계설[70]의 영향을 받아 '정치발전단계론'을 제시했

69) 일종의 커뮤니케이션 결정론이다.
70) 리스토우의 5단계 : 리스토우는 경제발전의 단계를 전통사회 ⇨ 도약을 위한 준비단계 ⇨ 도약단계 ⇨ 성숙단계 ⇨ 대중소비단계로 구분했다.

다. 그는 알몬드 논의에 기초하여 정치발전을 "국가의 인적·물적 자원을 정부가 국가목적을 위해 이용하는 경우, 그 효율성이 증대되는 것"으로 가리킨다. 그는 국가 효율성이 증대해가는 정치발전의 단계가 모두 다르지만 그 지향점에 있어서는 유사하다고 주장한다.

② 정치발전의 제 단계

㉠ 제1단계 초기통합의 정치(the politics of primitive unification)

초기통합의 정치단계는 국가가 봉건적인 여러 요소들에서 벗어나 중앙집권적인 통일국가 건설과 국민형성작업을 실현하는 것을 말한다. 이는 16세기 경의 유럽국가들이 봉건제를 청산하고 근대적인 통일국가를 건설한 단계를 가리킨다.

㉡ 제2단계 산업화의 정치(the politics of industrialization)

산업화의 정치단계는 경제발전과 산업혁명의 단계로서 경제적 근대화가 주요 과제이다. 이 단계는 자본주의 경제질서의 구축을 통해 국가가 자본축적을 적극적으로 추진하는 단계를 의미한다.

㉢ 제3단계 국민복지의 정치(the politics of national welfare)

국민복지의 정치단계는 산업화와 자본축적이 일정수준에 이르렀을 경우 국가가 사회보장제도를 확충하면서 사회복지정책을 추구하는 단계를 말한다. 완전히 산업화된 국가로서 정부기능은 원만한 경제정책으로 국민의 생활수준 향상과 소외된 계층의 복지증진을 추구하는 데 역점을 둔다. 국민복지의 정치 아래에서의 대중은 노동조합운동을 통해서 획득한 새로운 경제권력과 참정권의 확대로 획득한 새로운 정치권력을 행사하기 시작한다.

㉣ 제4단계 풍요의 정치(the politics of abundance)

풍요의 정치단계는 새로운 산업혁명, 자동화 혁명에 의해 대량생산과 대량소비가 이루어지는 단계를 의미한다. 미국, 일본 등 선진국가가 이 단계에 도달하였고, 나머지 국가는 아직 이 단계까지 진입하지 못하고 있는 실정이다.

③ 비판

오르간스키의 정치발전 단계론은 유럽국가의 발전경로를 준거로 삼았기 때문에 제3세계의 정치발전 문제에 대한 설명력과 적실성은 대단히 빈약하다. 또한 모든 나라가 오르간스키의 단계를 거쳐 발전하는 것은 아니며, 발전단계에서 민주주의가 후퇴하는 상황이 나타날 수도 있다. 무엇보다 국가발전과 정치발전을 동일시함으로써 개념적인 혼란을 야기하고 있다.

2. 정치안정 측면

남미국가 등의 사례에서 보듯이 정치적으로 안정되지 않은 상태에서 정치발전을 기대하기란 어려울 것이다. 따라서 정치발전을 위해서는 정치적 안정을 확보하는 것이 중요하다. 정치적 안정이란 정치적 혼란 없이 체제를 유지하고 발전적인 방향으로 사회를 이끌어 나가는 것으로 정권·정부를 효율적으로 유지하고 정치발전 및 경제발전에도 중요한 역할을 한다. 또한 '조직과 절차가 가치와 안정성을 얻는 과정'을 의미하는 제도화가 정치발전에 중요한 의미를 갖는다.

(1) 립셋의 정치발전: 정치체계의 효율성과 정통성 ⇨ 정치안정 ⇨ 정치발전

립셋은 "어떤 민주국가의 안정성은 비단 경제적 발전에만 달려 있는 것이 아니라 정치체계의 효율성과 정통성에 의존한다."고 하였다. 즉, 립셋은 경제적 발전과 더불어 정치가 안정되어야 민주국가가 안정될 수 있다고 보았다.

① 정치체계의 효율성과 정통성

이 때 정치체계의 효율성과 정통성을 확보할 때 정치가 안정될 수 있다고 하였다. 효율성이란 국민 대부분과 대기업 또는 군대와 같은 강력한 집단, 이익집단 등이 정치에 기대하고 있는 바를 충족시키는 정도를 의미하며, 정통성이란 현 정치체제의 적합성에 대한 신념을 지속시킬 수 있는 능력을 의미한다. 이런 효율성과 정통성이 모두 플러스 반응을 보일 때 정치사회는 안정적이며, 모두 마이너스 반응을 보일 때 가장 불안정한 것으로 볼 수 있다.

⊙ 정치체계의 효율성과 정통성

		효율성	
		+	−
정통성	+	체계A(+/+)	체계B(+/−)
	−	체계C(−/+)	체계D(−/−)

② 그렇다면 정통성과 효율성은 어떻게 확보할 수 있을까?

정통성을 확보하기 위한 방안으로는 권력의 정당성과 자주성 확보, 민주주의 정치제도의 확립을 들고 있다. 예컨대 권력은 공정한 선거에 의해 창출되고, 정당은 대표성을 확보해 나가야 하고, 지방자치 등이 실현되어야 한다. 이런 점에서 립셋은 정통성을 확보하기 위해서는 공정한 선거, 정당의 발전 및 지방자치 실현과 같은 민주적인 정치제도의 실현을 강조하였다. 또한 효율성 확보방안으로 효율적 행정의 수립, 분배 문제의 해결, 경제성장 등을 들고 있다.

(2) 헌팅턴의 정치발전: 정치제도화와 정치참여 ⇨ 정치발전 ⇨ 정치안정

① 제도화: 정치적 안정을 위한 독립변수

정치적 안정은 정치제도화와 정치참여에 의해 결정된다고 주장한 이가 헌팅턴이다. 예컨대 정치조직과 제도가 도입되어도 그 조직과 제도가 가치와 안정을 획득하지 못하면 제도화가 되기 어려울 것이다. 그런데 이와 같은 가치와 안정의 획득은 정치참여에 의해서 가능한 일이다. 따라서 헌팅턴은 정치제도화와 정치참여 간의 변증법적 관계를 설명하면서 이 양자가 정치체계의 안정을 결정한다고 한 것이다.

② 정치발전의 의미

헌팅턴은 "정치발전이란 정치조직과 절차가 제도화되어 가는 과정"이라고 하였다. 이때 제도화란 특정의 정치질서가 가치와 안정을 획득하는 과정을 의미한다. 제도화란 특정의 정치질서가 가치와 안정을 획득하여 영속적인 메커니즘으로 정착되는 것을 의미한다. 이와 같이 정치질서가 제도화되면 모든 정치행위가 법적・제도적 틀 속에서 이뤄지고, 정치적 기능들이 한 체계 안에서 자율적으로 행해진다.

③ 제도화 수준 여부를 판단하는 변수: 복합성, 적응성, 일관성, 자율성

제도화의 수준 여부를 적응성(adaptability), 복잡성(complexity), 자율성(autonomy), 응집성(coherence) 등과 같은 네 가지 요소를 기준으로 평가해 볼 수 있다. 적응성은 환경에 적응하는 것을 의미하고 복잡(합)성은 분화되는 것을 의미하고, 자율성은 외부의 간섭을 받지 않고 스스로 결정하는 것을 의미하고, 응집성은 일치와 단결성을 말한다. 이런 변수를 제시했던 헌팅턴은 특히 급격한 사회변동으로 과도한 참여와 동원을 억제하기 위해 투입과정을 강조하였는데 특히 정당을 강조하였다.

④ 평가

이 견해는 안정을 지나치게 강조하는 경향이 있다는 비판을 받기도 한다.

04 정치의 위기: 정치발전을 위한 극복 대상

1. 정치발전과 정치의 위기

정치발전이란 정치안정을 목표로 국민의 정치참여를 증가시키면서 정치체제가 구조적 분화를 통해 능력을 갖추고 또한 규범적으로는 국민의 자유로운 자아실현을 보장하며, 정치체제에 대한 일체성과 충성심의 고양으로 정통성을 얻는 것이라고 할 수 있다. 이런 정치발전의 과정이 순탄할 수 없다. 정치발전을 이룩해 가는 과정에서 여러 가지 위기를 맞이하게 된다. 이것이 '정치의 위기'이다.

'정치의 위기'는 정치체제가 존속을 위협받는 상황을 의미한다. 정치의 위기는 정치체제가 정치발전을 이룩해 나가는 과정에서 겪게 되는 난관이다. 이런 위기들을 극복할 때 정치발전을 이룰 수 있다고 여겨진다.

2. 유형

(1) 일체성의 위기(the identity crisis): 정체성의 약화

정치공동체 구성원 간에 공통된 일체성을 형성하는 과정에서 나타나는 위기이다. 일체성의 위기는 가장 우선적이고 근본적인 위기이다. 일체성의 위기는 한 정치공동체가 그 집단적 자아에 대한 환경적, 심리적 정의를 무조건 받아들였던 것이 새로운 역사적 조건하에서 그 이상 더 받아들여질 수 없을 때 나타난다. 일체성의 위기는 정치체제의 기본형태가 실제로 변화할 때마다 그 정치체제가 불가피하게 경험해야 하는 성장의 한 국면이라고 할 수 있다.

(2) 정통(당)성의 위기(the legitimacy crisis): 국민의 동의와 지지 약화

정통성의 위기는 국가와 정부가 권력행사에 대한 정통성을 획득함으로써 정치적 권위를 확보하고, 국가와 정부의 적절한 책임의 내용에 대한 일반적 동의를 확보하는 과정에서 발생하는 위기이다.

립셋에 의하면 정통성이란 현 정치체제가 그 사회에 가장 적합하다는 신념을 낳게 하여 그 신념을 지속케 하는 체제의 능력을 의미한다. 즉 정통성의 위기는 정치체제나 정부의 권위에 대한 국민의 거부 성향이 생길 때 나타나는 것으로서 정부의 헌법 구조와 기능 수행의 붕괴라는 형태를 띠게 되며, 일체성이나 참여, 침투 혹은 배분 등의 위기가 궁극적으로는 정통성의 위기로 귀착된다.

⑶ **침투의 위기**(the penetration crisis) : 정부의 영향력 약화

침투의 위기는 정부가 사회 저변에까지 파고들어가 국가 통치의 기본 방향과 정책 내용을 국민들의 일상생활 속에 심어주는 과정에서 발생하는 위기를 말한다. 중요한 개발정책을 수행하기 위해서 정부는 부락 수준까지 침투할 수 있어야 하며, 국민들의 일상생활에까지 관여할 수 있게 되어야 한다. 그러나 침투의 위기는 통치력 혹은 행정력이 사회 저변까지 미치지 못하게 됨으로써 정책의 효과적인 수행이 어려울 경우에 나타나는 정부 능력의 위기이다.

⑷ **참여의 위기**(the participation crisis) : 정치적 무관심의 증가

참여의 위기는 정부가 점차 효율적으로 운영됨에 따라 보다 많은 요구가 쇄도하게 되고, 정부정책에 보다 많은 영향력을 행사하기 위하여 조직화된 이익집단과 같은 보다 강력한 참여자가 정치체계에 개입하게 되는 과정에서 발생하는 위기를 의미한다. 근대화는 정치참여에 대한 압력을 발생시킨다. 근대화과정에서 대중이 권력에 접근하려고 하거나 정치적 엘리트의 정책결정에 영향을 미치려고 함에 따라 위기가 발생한다.

⑸ **통합의 위기**(the Integration crisis) : 분열과 해체의 증가

통합의 위기는 이익집단과 사회세력 상호간에는 유대관계나 일체감이 부족하기 때문에 발생하는 과도한 경쟁과 갈등으로부터의 위기를 말한다. 대부분의 발전과정에 있는 사회에서는 상이한 이익집단이 많이 있을 수 있지만 그들이 상호연관을 맺는 일은 거의 없다. 이들은 기껏해야 개별적으로 정부에 대해 요구를 하게 된다. 정부는 이러한 모든 요구를 동시에 상대해야 되는데 정부 자체도 잘 통합되어 있지 못하기 때문에 그들의 모든 요구를 만족시켜주지 못하여 결과적으로 전체 정치체계가 통합이 잘 이루어지지 않는다.

⑹ **분배의 위기**(the distribution crisis) : 경제적 불평등 심화

모든 통치문제는 분배의 문제라고 할 수 있는데 그것은 정치를 '가치의 권위적인 배분'으로 규정한 이스턴의 정의가 잘 말해준다. 분배의 위기는 사회의 재화 · 명예 · 지위 등과 같은 제반 가치를 사회의 구성원들에게 적절히 분배하기 위해 정치권력을 어떻게 행사하는가를 결정하는 과정에서 발생하는 위기를 말한다. 물질적 혜택에 대한 대중적 요구가 증대하여 생활수준 향상과 그 밖의 물질적 · 심리적 욕구를 정부가 극대화시켜 줄 수 있다고 보는 국민의 기대와 신뢰감에서 분배의 위기가 비롯된다.

Ⅱ 정치발전론의 전개

■ 근대화(자본주의적 발전)와 정치 발전의 관계를 보는 다양한 시각

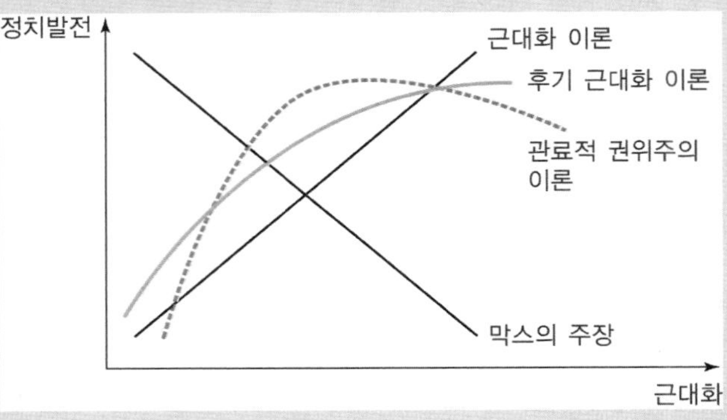

■ 교육적 시사점

정치발전론에 대한 고정관념이나 편견을 극복하는 데 기여할 수 있다. 또한 국제사회가 현실적으로 정치발전에 어떤 영향을 미칠 수 있는지 이해할 수 있다.

01 초기 근대화 이론의 전개와 한계

1. 근대화 이론의 요지: 근대화와 정치발전은 서로 비례

마르크스는 근대화와 정치발전이 서로 반비례의 관계에 있다고 설명하였다. 하지만 근대화 이론은 그와 달랐다. 근대화 이론은 서구 중심적 시각에서 제시된 정치발전 이론이다. 전통사회로부터 근대사회로의 전환으로부터 경제발전의 사회적 기초의 확립, 경제발전, 정치적 민주주의의 등장에 이르는 단선적 혹은 단계적 발전모형이 근대화 이론의 요지이다. 즉 민주주의라는 정치적 형태가 등장하기에는 일정의 사회경제적, 문화적인 전제조건들이 성숙되어야 한다는 것이다. 이와 같은 근대화 이론에 따르면 근대화와 정치발전은 서로 비례한다.

2. 립셋의 연구

립셋은 근대화 이론의 입장을 대표하며, 특히 그의 이론은 경제발전과 정치발전의 정의 상관관계가 있음을 설명한다.

(1) 연구대상 및 범위

유럽과 영어사용권의 28개 국가와 중남미의 20개 국가 등 총 48개 국가들을 통계분석의 기법으로 비교하였다. 유럽과 영어사용권의 국가들을 안정적 민주주의 그리고 불안정한 민주주의와 독재로 구분하고, 중남미의 국가들을 민주주의와 불안정한 독재 그리고 안정적 독재 체제로 구분하였다.

(2) 정치발전을 설명하는 독립변수

정치발전을 설명하는 독립변수로는 ① 부(wealth : 1인당 소득, 의사 수, 자동차 보유율, 전화 보급률, 라디오 보급률, 신문 보급률), ② 산업화(industrialization : 농업종사 중 남성비율, 1인당 에너지 소비량), ③ 교육(education : 문자해독률, 초등학교 및 그 이상의 고등교육등록률), 그리고 ④ 도시화(urbanization : 인구 2만, 10만 이상의 도시와 도시메트로폴리탄 지역의 비율)를 사용하였다.

구분	부			교육		
	1인당 국민소득 (달러)	의사 1인당 인구 (1,000명)	자동차 1대당 인구	문자해독률 (%)	인구 1,000명당 초등학생 수	인구 1,000명당 대학생 수
서구의 민주국가	695	0.86	17	96	134	4.2
서구의 독재국가	308	1.4	143	85	121	3.5
남미의 민주국가	171	2.1	99	74	101	2.0
남미의 독재국가	119	4.4	274	46	72	1.3

■ 자료 : S. M. Lipset, Political Man(1960). (국가 분류는 일부 수정하고, 교육 자료는 일부 생략함. 2007년 기출 자료로 제시)

(3) 연구기법

통계분석의 기법은 비교적 단순하여 통계의 평균수치를 각 정치체제의 집단별로 비교하였다.

(4) 분석 및 결론

립셋은 근대화 이론의 고전적인 명제가 된 "경제가 발전할수록 민주주의를 지지할 가능성이 크다"는 결론을 얻었다. 그러나 이 연구는 두 변수 사이의 부합관계는 확인하였으나 사실상 인과관계를 밝힌 것으로 보기는 어렵다.

3. 커트라이트의 상관관계 연구

(1) 연구대상 및 범위

커트라이트는 1940년에서 1961년 기간의 북미, 남미, 아시아와 유럽의 77개 국가를 대상으로 비교연구하였다.

(2) 변수관계 및 분석

립셋의 범주화한 민주주의 변수와 평균 수치를 사용한 사회경제발전의 변수들이 상관관계를 밝히기에는 너무 단순하다고 비판하고, 정치발전(또는 민주주의), 경제발전, 그리고 커뮤니케이션 변수들을 모두 계량적 수치로 측정하고, 평균 비교를 넘어 상관관계분석을 처음 시도하였다.

(3) 결론

이 연구로 커트라이트는 정치발전이 경제발전과 커뮤니케이션의 발전과 상관관계가 있음을 확인하였다.

4. 잭만(Jackman)의 근대화 이론 검증(1973년)

(1) 연구대상 및 범위

근대화 이론에 따르면 정치발전은 근대화의 산물이며 근대화는 정치발전을 가져오는 중요한 요인으로 설명하였다. 특히 경제발전은 정치발전에 주요 요인으로 제시되었다. 초기 근대화 이론은 경제발전과 정치발전의 비례적 관계로 설명되는 직선형의 가설을 제시하였다. 이에 대해 잭만은 비공산권 60개국을 대상으로 조사하여 근대화 이론에 대한 검증하였다.

(2) 변수

그가 활용한 정치발전의 측정지표는 투표결과, 정당투표, 제도의 경쟁성, 선거의 규칙성, 언론의 자유 등이다. 경제발전 지표는 에너지 소비량이다.

(3) 결론

그는 직선과 곡선관계를 모두 분석하였다. 그 결과 경제발전과 정치발전 사이에는 곡선의 상관관계가 더 유의미하다고 결론 내렸다.

5. 근대화 이론의 쇠퇴

(1) 제3세계국가의 근대화와 정치발전에 대한 기대

근대화 이론을 검증한 잭만의 연구는 제3세계국가의 권위주의 시대에 이뤄졌다. 세계 제2차 대전이 끝난 후에 미국 등은 경제적 원조를 통해 제3세계국가들의 근대화를 추진하였다. 독립 후 제3세계국가들의 경제발전과 민주주의는 전후 그들의 희망이었고 동시에 미국을 비롯한 자유진영의 기대이기도 하였다.

(2) 서구의 기대에도 불구하고 제3세계국가의 권위주의 체제와 정치적 불안정

그러나 1960년대 이 국가들의 정치와 경제는 희망을 찾을 수 없었다. 경제는 침체하였고 정치는 군부쿠데타와 권위주의 체제의 등장이 일반적인 현상이었다. 1962년의 아르헨티나, 1963년의 도미니카 공화국, 에콰도르와 온두라스, 1964년의 브라질 등을 시작으로 1970년대에는 중남미의 20개 국가 중 12개 국가에 군부권위주의 정권이 수립되었다. 콜롬비아와 베네수엘라 등 나머지 국가들도 민주주의라기보다는 엘리트 과두정치체제였다. 한국, 대만, 싱가포르, 홍콩과 필리핀 등 동아시아 국가들에도 권위주의 정권이 들어섰다. 사하라 남부의 아프리카와 중동에서의 권위주의 체제와 동유럽의 공산주의 체제에 이르기까지 60년대와 70년대는 가히 권위주의의 시대였다고 할 수 있다.

6. 정치발전론에 대한 평가(근대화 이론에 대한 평가)

정치발전론에 대한 다양한 학자들의 견해를 일괄적으로 평가하기는 어렵다. 하지만 지금까지 살펴본 정치발전에 관한 이론은 다음과 같은 문제점을 지닌 것으로 평가된다.

(1) 사회진화론적 가정의 문제점

기존의 정치발전론은 '사회진화론적 가정'에 입각해 있다. 오늘의 후진국의 모습은 어제의 선진국들의 모습이며, 오늘의 선진국은 내일의 후진국의 모습이라는 낙관적이고 단선론적 발전관을 의미한다. 하지만 이런 정치발전론은 신생국의 역사적・정치적 경험과 일치하지 않는다. 또한 정치적 갈등을 부정적으로만 보는 한계가 있다.

(2) 자기민족중심주의의 문제점

기존의 정치발전론은 '자기민족 중심주의'이다. 정치발전론자들은 발전의 기준을 서구의 민주주의 확립과 관련되는 제도 및 정치문화를 기준으로 제3세계국가(신생국)의 정치를 평가한 것이다. 이런 정치발전관은 제3세계국가의 가치와 제도가 가지고 있는 고유한 의미를 무시하고, 서구의 가치와 제도를 우선적으로 수용해야 한다는 '문화제국주의'를 낳을 수 있다.

(3) 정태적 접근방법의 문제점

헌팅턴이 정치발전으로 강조한 '제도화'에서 보듯이, 기존의 정치발전론은 질서와 안정을 옹호하는 보수적이고 정태적인 접근방법이다. 서구의 자유 민주주의적 시각에서 제3세계국가의 정치현상을 다루고 있으며, 특히 현상유지를 중시함으로써 대중의 희생하에 지배엘리트의 이익을 옹호하는 결과를 가져왔다.

7. 근대화 이론에 대한 비판 및 도전: 근대화 이론으로는 설명할 수 없는 상황에 직면

더욱이 상대적으로 성공적인 경제발전을 달성한 국가일수록 권위주의체제가 더욱 더 안정적으로 유지되었다는 사실은 근대화 이론의 지위를 붕괴시키기에 충분하였고, 대안의 이론들은 이들 비서구 후발산업화 지역에서의 민주주의의 가능성에 대해 비관적이었다.

즉, 근대화 이론에 따른다면 제3세계국가에서는 민주주의가 정착하고 정치가 발전해야 하지만 오히려 그 반대였다. 권위주의적 정치체제가 들어서는 일이 발생한 것이다. 정치와 경제가 절망적인 상황에서 권위주의 체제는 당연한 일이 될 수도 있다. 그런데 경제가 발전했는데 권위주의 체제가 안정적으로 유지되는 현상도 나타난 것이다. 정리해 보면 1960년대부터 1980년대 중반까지 상대적으로 성공적인 경제발전을 이룩한 나라들에서 권위주의 정치체제의 등장이 보다 일반적인 현상이었다.

이로 인해 1970년대부터 종속이론과 그 후예들은 근대화 이론에 대해 신랄하게 비판하였다. 마르크스의 영향을 받은 종속이론과 그 후예들은 제3세계국가들의 입장에서 정치와 경제에 대해 독자적인 분석과 원인을 제시하였다.

02 제3세계국가의 정치에 관한 이론: 종속이론, 세계체제론

1. 제3세계국가의 근대화와 정치

(1) 외생적 근대화

자생적으로 근대화를 시작한 서구선진국의 경우에는 정치세력 간의 갈등이나 경제적 계급들 간의 갈등 등과 같은 사회·정치·경제적 문제들을 해결할 수 있는 적응력을 기반으로 부작용을 해결할 수 있었다. 하지만 외생적으로 근대화를 시작한 제3세계국가들은 갑작스런 변화에 적응할 시간적 여유를 갖지 못하고 사회적 갈등을 축적해나갔다.

(2) 제3세계국가들의 갈등 원인

이와 같은 제3세계의 갈등은 외생적 근대화, 급속한 경제발전을 주도하려는 정부, 국민들의 요구수준에 부응하지 못하는 정부 등과 같은 측면에서 찾아볼 수 있다.

① 외부적 원인에 대한 책임 전가로 개혁 지연현상
제3세계국가들의 경우 외생적으로 근대화를 시작했기 때문에 사회적 변동으로 인한 부작용의 책임을 외부에 전가하는 경향이 있다. 이런 경향은 국내적 단결을 유지하기 쉽지만 내부적 개혁을 지연시키는 문제점이 있다. 이와 같이 해결해야 할 문제를 제도적으로 해결하지 못하다 보니 정치변동은 폭력적인 방법을 수반하여 단절적으로 전개되는 경우가 많았다.

② 정부 주도의 경제성장과 행정의 과대성장
제3세계의 국가들은 시장을 통해 자립적으로 경제발전을 할 수 있는 경제적 능력과 기술수준을 보유하지 못한 상태에서 경제발전을 기대하기 어려운 실정이었다. 이런 실정에서 제3세계국가들의 정부는 선진국의 경제수준을 따라잡겠다는 정치적 의지를 앞세워 민간주도형이 아닌 정부가 경제에 적극 개입하는 정부주도형 내지는 중앙집권적 경제를 추진하였다. 그 결과 경제적 효율성을 높여 높은 수준의 경제성장을 이룬 나라도 많지만 동시에 행정의 과대성장과 중앙 집권화로 인한 부작용에 직면하기도 하였다.

③ 선진국의 문화와 정치 전파로 인한 국민의 기대수준 상승과 정치의 불안정성
교통통신의 발달로 인해 제3세계국가들의 국민들은 선진국의 문화와 정치를 쉽게 접하게 되었다. 이런 선진국의 복지국가 이념이나 소비문화를 접한 제3세계국민들이 자국 정부에 대한 기대수준도 높아질 수밖에 없었다. 이런 국민들의 기대수준을 정부가 감당하지 못할 때 대항세력이 생기거나 정부에 대한 비판적인 태도가 팽배하게 될 것이다. 이로 인해 사회적 불안감과 갈등이 증폭되면서 폭력적인 쿠데타와 같은 정치변동이 빈번하게 발생할 수밖에 없었을 것이다.

(3) 제3세계국가의 권위주의 체제와 정치적 불안정: 빈번한 군부쿠데타

제2차 세계대전 이후 독립한 제3세계국가들에게 경제발전과 정치발전(민주주의)은 희망 그 자체였다. 하지만 1960년대에 접어들면서 그들의 희망은 곧 절망으로 바뀌었다. 경제는 침체하였고 정치는 군부쿠데타와 권위주의체제의 등장이 일반적인 현상이었다. 1962년의 아르헨티나, 1963년의 도미니카 공화국, 에

콰도르와 온두라스, 1964년의 브라질 등을 시작으로 1970년대에는 중남미의 20개 국가 중 12개 국가에 군부권위주의 정권이 수립되었다. 콜롬비아와 베네수엘라 등 나머지 국가들도 민주주의라기보다는 엘리트 과두정치체제였다. 한국, 대만, 싱가포르, 홍콩과 필리핀 등 동아시아 국가들에도 권위주의 정권이 들어섰다. 사하라남부의 아프리카와 중동에서의 권위주의체제와 동유럽의 공산주의체제에 이르기까지 60년대와 70년대는 가히 권위주의의 시대였다고 할 수 있다. 더욱이 상대적으로 성공적인 경제발전을 달성한 국가일수록 권위주의체제가 더욱 더 안정적으로 유지되었다는 사실은 근대화 이론의 패러다임적 지위를 붕괴시키기에 충분하였고, 종속이론들과 그 후예들의 주장은 이들 비서구 후발산업화 지역에서의 민주주의의 가능성에 대해 비관적이었다.

2. 종속이론

(1) 종속이론의 의의

① 종속이론은 특정 이론이 아니라 제3세계 연구들을 망라하는 총체적 개념

1950년대부터 '누구를 위한 근대화인가?'의 물음에 부정적인 대답을 진지하게 검토한 사람들이 있었다. 이 사람들은 인종도, 국적도, 민족도 달랐다. 또한 마르크스주의의 영향을 받았지만 하나의 이론을 공유하지도 않아 하나의 학파를 형성하지도 못했다. 그럼에도 불구하고 '종속이론'이라는 하나의 이름으로 불리게 되었다. 종속이론은 고전적 마르크스주의와는 달리 1950년대와 1960년대에 라틴아메리카로부터 파생되어 그 후 세계자본주의체제의 핵심적 특징으로서 발전과 저발전에 대한 좀 더 일반적 관점이 되었다. 여기에서는 종속이론과 관련된 기본적인 내용들을 정리하고 종속이론의 연장선상에 있는 세계체제론에 대해 살펴보도록 하겠다.

② 제3세계국가의 관점에서 연구: 미발전이 아니라 저발전의 원인을 탐구

㉠ 근대화 이론에 대한 비판: 식민지 경험의 유무 ⇨ 발전경로의 차이

종속이론이란 50, 60년대에 마르크시즘의 영향을 받아 라틴아메리카에서 발전한 이론으로 선진국과 후진국 사이의 구조적인 지배-예속 관계를 밝히고 거기에서 벗어나는 길을 모색하려 한 이론이다. 근대화 이론이 미국과 서구국가들의 관점에서 발전을 연구했다면 종속이론은 제3세계국가의 시각에서 발전을 보았다고 말할 수 있다. 미국과 서구의 국가들은 정치발전을 위해 근대화가 필요하다고 가정하나 이들 제3세계국가들은 서구국가들이 경험하지 않은 것을 경험했기 때문에 서구와 동일한 발전 경로를 따를 수 없다는 것이다. 즉 대부분의 제3세계국가들이 서구국가들의 식민지였던 것에 비하여 서구 국가들은 식민지의 경험을 하지 않았다.

㉡ 제3세계국가들의 발전경로는 저발전의 경로

그러므로 제3세계국가들의 후진성을 미개한 것으로 규정하는 것은 옳지 않고 식민주의의 침략을 받기 전에는 오히려 진보된 국가들이 식민지라는 역사적인 경험과 외국의 지배로 인해 발전의 경로가 바뀌었기 때문에 오늘날 경제적 후진의 경로를 걷게 되었음을 지적하고 있다. 그리하여 종속이론은 제3세계국가들의 저발전이란 긴 식민지 역사로 인해 형성된 산물임을 의미하는 '저발전의 발전'이라는 개념을 제시하였다.

③ 근대화 이론은 저발전을 강요하는 이론

종속이론은 서구 국가들의 자본·기술·제도 등이 제3세계국가들에 이식되면 발전할 수 있다는 근대화 이론을 비판하는 입장이다. 이 주장에 따르면 서구의 특수한 경험을 근거로 하는 근대화 이론을 각국의 특수한 사회적 여건을 무시하고 제3세계국가들에 적용하는 것은 타당하지 않다는 주장이다. 즉 서구 자본이 제3세계국가들에 이전을 통해 생산과 소득이 증가해도 제3세계국가들은 이자와 잉여를 서구 선진 국가들에게 이전하게 되기 때문에 근대화 이론은 제3세계국가들의 저발전을 강요한다는 것이다.

(2) 종속이론의 핵심개념

이와 같은 종속이론의 핵심개념은 종속, 중심과 주변, 저발전과 미발전이다.

① 종속

첫째, 종속이다. 종속은 자본이 경제후진국에 침투하여 국제자본주의 체제에 후진국 경제를 구조적으로 흡수·통합하여 자율성을 박탈시켜 불평등 현상을 야기하는 것을 의미한다.

② 중심과 주변

둘째, 중심과 주변이다. 국제자본주의 체제에는 중심과 주변이 존재한다. 즉 근대화 이론은 근대성 여부를 기준으로 제3세계의 저발전을 설명하지만 종속이론은 경제후진국의 저발전이 국제자본주의 체제의 불평등한 관계 및 구조 속에서 이해되어야 한다고 주장한다. 중심은 선진 자본주의 국가로서 자율적으로 성장하고 발전이 가능하지만, 주변은 경제적으로 후진적인 국가들로 중심부 국가의 발전에 영향을 받아 수동적으로 행동하는 영역을 말한다.

③ 저발전[71]과 미발전

셋째, 저발전과 미발전이다. 저발전과 미발전은 주변부 국가의 상황에 대한 설명이다. 중심 국가들의 발전 논리에 따르면 제3세계국가는 미발전이라고 할 수 있지만, 중심부 국가와 상황이 다른 제3세계국가의 발전과정에서는 저발전의 상태일 뿐이라는 것이다. 따라서 종속이론은 서구의 국가처럼 경제후진국들도 발전할 것이라는 단선적인 세계관을 부정한다. 이런 점에서 서구의 정치제도나 문화 등을 경제후진국에 이식하면 발전할 수 있다는 확산이론에 대해서도 부정적이다.

(3) 종속이론의 주요 명제

① 저발전과 발전은 자본주의 전개 과정의 상이한 두 측면이다.

근대자본주의의 생성과 발전은 일국적 차원에서 이루어진 것이 아니라 세계적 규모에서 이루어졌다. 따라서 발전과 저발전은 서로 분리된 현상이 아니라 세계자본주의 체계의 전개라는 동일한 역사적 과정의 상이한 두 측면인 것이다.

② 대외종속과 경제성장은 역의 상관관계에 있고 제3세계의 저발전의 원인은 내재적 요인이 아니라 외재적 요인 때문이다.

71) 저발전(underdevelopment)이란 아직 발전하지 않았지만 언젠가 발전할 어떤 상태가 아니다. 그것은 발전하지 못하는 것이고, 발전과 반대방향으로 나아가는 것이다. 저발전의 발전이란 발전과는 반대방향으로 나아가는 것이다.

③ 모든 국가는 동일한 발전 단계와 과정을 거쳐 근대화와 발전을 이룩할 수 없다.

④ 역사적인 맥락에서 볼 때 세계자본주의 체계의 이러한 중심, 주변 간의 지배, 종속 메커니즘의 기본 구조와 속성은 아무런 변함없이 지속되어 오고 있다. 다만 자본주의 세계경제질서는 시대에 따라 다소 유형의 차이를 보인다.

⑤ 세계자본주의 체계는 중심부와 주변부로 양분되거나 중심-반주변-주변으로 3분된다.

⑥ 국내 차원에서의 중심, 주변 간의 양극화 현상은 필연적으로 사회적, 정치적 위기를 조성하며 결과적으로 권위주의 체제의 출현을 초래한다.

⑦ 제3세계의 탈종속의 대안으로는 몇 가지 전략이 있다. 하나는 사회주의 혁명을 통해 국제자본주의와의 관계를 끊고 폐쇄적이고 자급자족적인 형태의 경제체제를 채택하는 방법이다. 다른 하나는 국가가 외세의 간섭에서 벗어나 주체적으로 발전을 모색하는 자율적인 국가발전 논리이다.

(4) 세계체제론

① 세계체제론의 의의

지구상의 모든 지역이 하나의 경제적 틀(체제)에 묶여 있다는 생각은 19세기부터 시작된 것이다. 그러나 그것이 보다 정교한 이론 형태로 나타나는 것은 1970년대 이후이다. 미국학자인 이매뉴얼 월러스틴(I. Wallerstein)이 16세기 이후 세계 경제의 발전을 '세계체제'라는 개념을 가지고 설명한 데서 비롯했다.

② 주요개념: 세계-체제(광역경제)와 세계체제(전 세계 경제)

그가 사용하는 세계-체제라는 용어는 약간의 설명이 필요하다. 그것에 세계라는 표현이 들어가기는 하나 전 세계를 모두 의미하는 것은 아니다. 단지 한 국가의 경계선을 넘어서는 광역 경제를 의미한다. 즉 일정 지역에서 독립적인 여러 국가들이 무역으로 긴밀하게 연결되는 경제체제를 말한다. 그래서 이 경우 그는 꼭 중간에 하이픈을 넣어 '세계-체제'라고 쓰고 그렇지 않고 전 세계를 포괄하는 체제를 하이픈 없는 '세계체제'로 구분해서 쓴다. 16~18세기는 전 세계가 하나의 경제체제로 묶이기 이전이니 당연히 세계-체제라는 표현을 쓸 수밖에 없다.

서유럽을 중심부로 16~18세기에 확립된 자본주의적 세계-체제는 1750년 이후의 산업혁명과 19세기의 제국주의 시대를 거치며 확대되어 19세기 말에는 아시아와 아프리카 등 전 세계를 포괄하는 말 그대로의 '세계체제'로 발전하게 된다.

③ 세계체제론의 주요 내용

㉠ 정치적으로는 독립 그러나 경제적으로 통합 ⇨ 주변은 중심에 종속

월러스틴은 16세기 이후부터의 세계 자본주의 성립과 발전과정을 분석한 결과 자본주의 체제가 정치적으로는 개별 국가로 나눠졌지만 경제적으로는 통합되어 왔다고 한다.

㉡ 반주변부의 역할 ⇨ 세계체제의 안정에 기여

이 주장의 가장 큰 특징은 반주변부를 설정하고 그 역할을 설명하고 있다는 점이다. 반주변부는 중심부로부터 착취당하지만 주변부를 착취하는 역할을 수행하여 중심과 주변의 양극화를 방지하여 세계체제를 안정화시킨다.

ⓒ 국가차원의 종속 극복은 어려움

이와 같은 세계체제에서 종속을 탈피할 수 있는 방안은 세계적인 차원에서 사회주의가 실현되지 않으면 국가 차원의 종속을 극복하는 것은 불가능하게 된다.

(5) 종속이론에 대한 평가

이상에서 살펴본 바와 같이 종속 이론은 전 세계적인 자본주의의 착취가 국제 관계에서 이루어지고 있음을 설명하였다. 하지만 종속이론에 대해 몇 가지 문제점이 지적되고 있다.

① 중심과 주변의 관계를 경제적 요인으로만 분석

종속이론은 중심과 주변의 관계를 경제적 요인으로만 분석했다는 점에서 문제가 있다. 중심과 주변의 상호작용은 경제적 요인뿐만 아니라 군사력의 차이, 전쟁, 정치 등에서 파악할 수 있기 때문이다. 이와 같은 경제 중심의 전체적 설명은 주변 내부에서 일어나는 정치적 갈등, 경제 및 문화적 여건 등을 경시하고 있다는 비판을 받게 된다.

② 저발전의 원인을 외재적 문제로만 돌림

종속이론의 근원적 문제점은 자본주의 사회의 진정한 모순인 내적 계급 모순을 경시하고, 문제의 원인을 지나치게 종속과 같은 외적인 요인에서 찾은 데 있다고 볼 수 있다.

③ 사회의 발전 방향의 모호성 및 단순성

종속이론의 여러 접근들을 보면 정치발전의 방향이 무엇인지 구체적으로 보이지 않는다. 중심과 주변의 관계에 대한 설명만으로 족하다는 느낌도 받는다. 하지만 일반적으로 종속이론은 사회의 발전 방향을 사회주의로 한정시켜 버림으로써 한 정치공동체의 발전목표를 경직화시켜 버리는 문제점을 야기한다는 비판을 받는다.

④ 신흥공업국(반주변의 발전)에 대한 설명의 어려움

종속이론은 현실적인 설명력에서도 비판을 받게 된다. 한국 등과 같은 신흥공업국들은 주변국가였음에도 고도성장을 하였기 때문이다. 즉, 이들에게 '저발전의 발전'을 적용하기 어렵다.

3. 관료적 권위주의론

(1) 관료적 권위주의론의 의의

① 근대화 이론에 배치되는 결론 : 근대화 ⇨ 권위주의

앞에서 보았던 립셋, 커트라이트 등은 "근대화는 정치발전(민주화)으로 직결된다"고 본 반면, 오도넬(O'Donnell)은 남미의 사례분석을 통해 "사회경제발전(근대화)이 오히려 억압적인 관료적 권위주의 체제(B-A)를 성립시켰다"는 상반된 결론을 도출하였다.

② 민중배제의 군부지배체제를 경험적 준거로 발전시킨 이론

오도넬의 관료적 권위주의론은 1960~1970년대 남미국가들에 있어 군사쿠데타를 통해 출현한 민중배제의 군부지배체제를 경험적 준거로 발전시킨 이론이다. 권위주의는 낮은 수준의 근대화 단계에 있던 남미국가의 비민주적 정치체제를 의미하는 것이고, 관료적이란 비교적 높은 수준의 근대화를

이룩한 권위주의 체제의 특징을 의미한다. 이 이론에 따르면 노동과 자본의 변증법적 상호작용이 관료적 권위주의 체제를 형성한다고 한다. 이런 결과는 남미 국가들의 역사적 분석에서 나온 것이다.

(2) 관료적 권위주의의 성립과정

이 주장에 따르면 탈식민지 이후 과두지배 체제 ⇨ 민중주의 체제 ⇨ 관료적 권위주의 체제로 전개된다는 것이다.

① 과두적 지배체제: 지주 경제

주변부 국가들은 과두지배 체제하에서 농산물과 광물 등을 수출하고 소비재를 수입하고 있었다. 남미의 전통사회에서 농·광업 지주세력들이 외세와 결탁한 정치체제로서, 수혜주의(patron-client 관계)를 특징으로 한다. 이 체제는 아직 민중부문이 활성화되지 않았기 때문에 융합적이지도 않고 배제적이지도 않다.

② 민중주의 체제

㉠ 민중주의 연합이 과두체제 붕괴

민중주의 체제는 민족자본가, 노동자, 농민, 도시중산층에 기반한 민중주의 연합이 과두체제를 무너뜨림으로써 등장한다.

㉡ 수입대체산업화 시기

시기적으로 민중주의 체제는 소비재의 수입을 대체하는 산업화 시기에 등장하였다. 산업화가 심화되면서 민중주의 연합 정부가 채택한 공공정책들로 파업확대, 정당 간의 심각한 대립으로 인한 혼란 등으로 극심한 정치경제적 위기가 발생하였다. 구체적으로 살펴보면 수입대체공업화(ISI), 경제민족주의, 외채 도입 등으로 산업, 소득, 인구가 집중되고, 정치적으로는 페론(Peron), 아옌데(Allende) 등의 집권으로 노조가 활성화되고 산업노동자와 중산층의 지지에 부응하는 대중지향적인 정책이 등장한다.

㉢ 수입대체산업화 단계를 지나 심화 단계로 진입하는 지점에서 사회·경제적 위기 발생

그러나 수입대체공업화에 의한 외연적 성장이 한계에 도달한 후기에는 경제적으로 산업화의 심화에 대한 요구가 대두하며, 기대욕구의 과대상승으로 인해 기업의 비효율성, 만성적 인플레, 외채의 증가 등과 파업의 확대, 정당체계의 교체 등 극심한 사회적 혼란이 진행된다.

③ 관료적 권위주의 체제

㉠ 군부·기술관료 및 중산층이 민중배제에 뜻을 함께 하고 쿠데타 연합을 구성

이런 사회경제적 위기 상황에서 군부·기술관료 및 중산층이 민중배제에 뜻을 함께 하고 쿠데타 연합을 구성하게 된다. 산업화가 심화된 상황에서 전문성을 가진 관료들의 역할은 더욱 증가하였다. 이들은 정치경제적 위기를 싫어하였고 민중부문의 정치화는 경제성장을 방해하는 것으로 인식하였다.

㉡ 관료적 권위주의체제(BA)를 성립

질서를 요구하는 군부와 능률을 중시하는 관료가 결합하여 쿠데타 연합을 형성하고 민중주의체제를 전복하고 억압적인 관료적 권위주의체제(BA)를 성립시킨다.

ⓒ 고도의 산업화 추진과 더불어 민중 배제 정책

이들은 해외독점자본과 결탁하여 수출주도형 개발전략을 채택하고 고도의 산업화를 추진하며, 경쟁적 선거제도를 폐지 또는 제한하고 야당과 노동운동, 학생운동을 탄압하고 순화하는 등 민중부문의 참여를 배제한다. 그러나 후기에는 국가와 외래자본의 연대에 민족자본가가 포섭됨으로써 삼자동맹을 형성하는 해빙의 단계를 거쳐 점차 융합적으로 변한다.

ⓔ 헤게모니를 확보하지 못하는 지배세력의 억압과 이에 대한 저항의 악순환만 반복

이와 같은 정치체제는 지배하지만 헤게모니를 확보하지 못하는 지배세력의 억압과 이에 대한 저항의 악순환만 반복되다가 결국 해체되는 한시적 성격을 지닌다. 이와 같은 체제가 붕괴되는 원인은 첫째, 권력승계가 제도화된 선거가 아닌 쿠데타 등과 같은 폭력을 통해 주로 이뤄져 정치체제가 항상 긴장된 상태였다. 둘째, 경제성장으로 확대된 중산층은 표현의 자유와 사회집단을 형성하는 것을 억압하는 것에 대해 불만을 가지게 되면서 체제에 대한 강도 높은 비판을 하였다. 셋째, 외세와 결탁한 자본가들에 대한 비판이 제기되면서 민족자본의 형성이 확대되었다. 넷째, 노동자들은 자유로운 노조결성과 단체행동의 권리를 요구하면서 집단적 일체감을 형성하였다.

(3) 관료적 권위주의론에 대한 평가

① 경제결정론적 시각

하지만 관료적 권위주의론의 경우 정치의 상대적 자율성을 무시하고 경제적 관점에서 과두체제-민주주의체제-관료적 권위주의체제가 성립한다는 것은 경제결정론적인 시각에 머물렀다는 점에서 비판을 받는다.

② 신흥공업국의 발전을 설명하지 못함

또한 관료적 권위주의론은 국가의 강력한 주도로 성공적인 경제성장을 달성한 한국, 대만 등 동아시아 국가들의 발전을 설명하지 못한다.

4. 과대성장국가론

(1) 과대성장국가론의 의의

알라비(Alabi)에 의해 주장된 과대성장국가론에 따르면 탈식민지화된 후진국은 식민지 치하의 정치엘리트와 국가기구가 독립국가로 된 이후에도 그대로 유지·강화되면서 관료기구가 비대하게 발전하게 되었다는 것이다. 이런 과대성장국가론의 주 연구대상이었던 국가는 파키스탄, 방글라데시 등과 같은 국가이다. 이런 국가들은 독립 이후에도 강제력과 폭력을 통해 직접 생산활동에 관여하여 물질적 기반을 확보함으로써 사회영역에 비해 과대성장하고 상당한 자율성을 누릴 수 있었다.

(2) 과대성장국가론의 특징

이러한 과대성장국가론의 특징은 다음과 같다.

① 국가가 사회(시장)에 비해 과대 성장
시장이나 사회에 비해 국가가 과대 성장하였다. 이는 식민지 시대의 국가형성을 근거로 하여 독립된 이후에도 과잉 발전된 국가기구의 유산을 물려받게 되었다는 것이다.

② 갈등 중재자로서 상대적 자율성을 지닌 국가
주변부 국가는 주변부 내부에서 토착지주와 산업자본가, 해외자본가들 사이의 심각한 갈등과 경쟁을 중재하는 역할을 수행하게 된다. 이 과정에서 국가는 그 역할을 강화시켜 나가면서 지배계급의 이익을 옹호하는 도구라기보다는 오히려 상대적 자율성을 누릴 수 있게 된다.

③ 국가가 생산수단을 소유하고 통제
아직 자본주의가 발전되지 못했기 때문에 국가가 직접 생산수단을 소유하고 통제하게 된다. 그 결과 국가의 자율성은 더욱 확대되었다.

④ 일체성과 정통성을 확보하기 위해 노력하는 국가
탈식민지사회의 경우 그 사회를 지배할 계급이 없고 국가의 정통성이 없는 상황이다. 이 상황에서 국가는 이데올로기를 확산시켜 국민형성과 국가통합을 강화시켜 나간다. 그 결과 국가의 자율성은 더욱 강화된다.

(3) 과대성장국가론에 대한 평가

이와 같은 과대성장국가론은 국가의 과대성장, 자율성, 경제적 역할들을 설명하였다는 점에서 의의가 있다. 하지만 과대성장이론은 다음과 같은 의문점과 오류를 지니고 있다.

① 사회적 물적 토대 없이 국가가 과대 성장할 수 있는지에 대한 의문
과대 성장된 국가가 기구들을 보유하는 것 자체는 물적 토대가 그만큼 성장하지 않고서는 불가능하다는 의문이 제기된다.

② 국가의 경제개입은 보편적 현상
또한 국가의 경제적 활동이나 개입은 현대국가들의 공통된 특징이지 제3세계국가들만의 특징으로 보기는 어렵다는 것이다.

③ 제3세계국가들만 상대적 자율성을 갖는다는 것은 오류
마지막으로 국가가 가지는 상대적 자율성은 선진국가들에게 없고 제3세계국가들만 가지는 경우로 설명하는 것은 오류라는 지적이다.

5. 제3세계국가이론의 한국의 권위주의정치체제에 적용가능성

(1) 제3세계국가이론의 적용 한계

한국 역시 남미국가들의 경우처럼 식민지에서 독립하여 오랫동안 권위주의 정치체제를 경험한 바 있다. 특히 한국의 권위주의 체제에서 나타난 발전국가를 설명함에 있어서 종속이론, 관료적 권위주의론, 과대성장국가론 등이 많이 활용되었다. 하지만 종속이론, 관료적 권위주의론, 과대성장국가론 등으로 한국의 권위주의정치체제를 온전하게 설명하는 것은 한계가 있다. 다만 부분적으로 설명가능할 뿐이다.

(2) 종속이론의 적용문제

① 적절한 부분: 종속적 발전

우선 종속이론의 경우 조선과 중국의 관계, 일본의 식민지 경험, 해방 이후 미국과의 관계, 유신체제 등의 종속적 발전을 분석하는 데 제한적 타당성을 지닌다.

② 산업화의 내용과 주도세력의 상이성

하지만 남미국가들은 경제적 위기 상황에서 외자도입에 의한 수입대체 산업화를 추진했었고, 한국은 수출지향적 산업화로 상당한 경제성장을 이뤘다. 남미국가들의 경우에는 다국적 기업이나 외국자본과 결탁한 매판자본 세력이 존재하였지만 한국의 경우에는 이런 자본들이 존재하지 않거나 미약한 상황에서 자율성을 지닌 국가 주도의 산업화를 추진하였다.

③ 미국의 대남미 전략과 대한반도 전략 차이

또한 미국의 대남미 전략은 주로 경제에 초점을 두었지만 한국에 대한 미국의 전략은 주로 군사와 안보에 초점을 두었다. 이와 같이 경제, 국가와 자본의 성격, 미국의 전략적인 측면에서 살펴볼 때 종속이론을 한국에 그대로 적용하는 것은 한계가 있다.

(3) 관료적 권위주의론

① 적절한 부분: 산업화 심화 시기에 권위주의 정치체제 성립

관료적 권위주의론을 한국에 적용할 경우 1960년대 이전은 소비재 산업의 시기로서 일종의 민중주의 체제, 1960년~1972년 시기는 정부가 적극적으로 외자를 도입하고 산업화의 기반을 구축하였다는 측면에서 관료적 권위주의 시기, 1972년 이후의 시기는 산업화의 심화와 그 과정에서 나타난 민중의 저항을 통제하기 위한 권위주의 정권의 성립시기로 설명할 수 있다. 하지만 관료적 권위주의론 역시 한국에 그대로 적용하는 것은 문제가 있다.

② 민중주의 체제에서 권위주의로, 권위주의에서 권위주의로

우선 남미국가의 관료적 권위주의는 민중주의 체제가 반영되어 나타났지만 한국의 경우는 기존의 권위주의 체제가 관료적 권위주의 성격을 강화시킨 것이라고 할 수 있다. 또한 1972년 이후의 유신체제는 산업화의 심화와 밀접한 관련성을 갖는 것은 아니라고 할 수 있다. 물론 중화학 공업을 육성하던 시기였음은 분명하지만 직접적으로는 7·4 남북공동성명과 같이 안보통일문제와 관련된다고 할 수 있다.

③ 실패의 위기 대 성공의 위기

마지막으로 유신체제는 경제적 위기 상황에서 발생한 것이 아니라 경제적 성장을 이룩하였다는 정치가의 보상심리와 장기집권에 대한 욕심의 결과라고 할 수 있다.

(4) 과대성장국가론

① 이승만 정권에 적용가능성과 한계

과대성장국가론을 한국에 적용할 경우 이승만이 대통령이었던 제1공화국 시절에 일제시대 관료, 경찰기구와 인원을 이어받고, 한국전쟁 이후에는 미국의 지원을 통해 국가기구가 비대하게 성장하여

모든 계급을 통제할 수 있는 과대성장국가가 되었다고 설명할 수 있다. 하지만 실질적으로 국가의 관료기구가 대폭 증가하여 강화된 것은 제3공화국 시기부터라고 할 수 있다.

② 제3공화국 이후 적용가능성
4·19 혁명을 거쳐 시민사회는 급팽창하였지만 5·16을 거치면서 국가는 과대성장하였고 시민사회는 위축되었기 때문이다. 따라서 과대성장국가론은 제3공화국 이후 권위주의 정치체제를 설명하는 데 적실성이 있다고 할 수 있다.

03 후기 근대화 이론(신근대화 이론)

1. 근대화 이론의 부활

(1) 갑작스러운 민주화의 물결: 제3물결

1980년대는 갑작스러운 민주화의 물결이 친 대변환의 시기였다. 1974년 포르투갈과 그리스 그리고 1975년의 스페인 등 남유럽에서 민주화가 시작될 때에도 이 물결이 중남미와 아시아 심지어 동유럽에 이르는 민주화의 세계적인 현상으로 발전하리라는 것을 예견한 학자들은 많지 않았다. 1978년 도미니카 공화국을 시작으로 1991년 아이티까지 쿠바를 제외한 중남미의 모든 국가들에서 권위주의 정권이 물러나고 민주적 선거와 경쟁이 도입되었다.
1987년 필리핀의 마르코스 정권의 붕괴를 시작으로 한국, 대만, 싱가포르 등 동아시아에도 민주정부가 수립되고, 태국, 미얀마, 말레이시아 등 동남아시아 및 인도와 파키스탄 등의 남아시아까지 민주화가 진행되었다. 일부 아프리카 국가들에서도 민주화가 일어났고, 80년대 후반기에는 구소련과 동유럽의 공산주의체제가 붕괴하면서 시장경제와 자유화의 실험이 시작되었다. 이러한 민주화의 갑작스런 물결에 의해 근대화 이론은 부활하게 되었다.

(2) 근대화 이론의 재검증

하지만 근대화 이론의 부활이 곧 근대화 이론의 무결성을 의미하는 것은 아니다. 민주화를 경험한 사례들을 살펴보았을 때 경제발전의 수준, 교육의 수준, 커뮤니케이션의 발달 등과 같은 변수와 민주주의의 등장 사이의 상관관계가 약한 사례들을 많이 발견할 수 있다. 반면에 브라질, 아르헨티나, 우루과이, 칠레 등 중남미 국가들과 한국, 대만, 싱가포르 등 동아시아의 신흥발전국에서의 민주화 과정과 심지어 헝가리, 폴란드, 유고슬라비아 등 동유럽에서의 경제발전의 수준이 높은 국가들에서의 체제전환의 과정들은 근대화 이론의 타당성을 높여주는 사례들이다. 따라서 근대화 이론이 부활한 이후 통계적 기법을 활용한 근대화 이론의 검정은 여전히 계속되고 있다.

(3) 주요 연구들

① 헌팅턴의 주장
헌팅턴은 경제발전과 정치발전 사이에 비직선형의 상관관계가 있다고 하였다. 그는 근대화 이론의 입장에서 근대화와 제도화의 상호작용적인 관계를 분석하여 급격한 근대화의 결과로 민주주의가 일

시적으로 쇠퇴하거나 몰락하는 경향이 있음을 설명하였다. 그러나 장기적으로는 민주주의가 부활할 것임을 주장하였다.

② 통계적 검정
앞서 살펴본 바와 같이 초기 근대화 이론은 1970년대~1980년대에 종속이론 등으로부터 신랄한 공격을 받았다. 1990년대에 들어서면서 근대화 이론에 대한 재검토가 활발하게 진행되었다. 즉, 후기 근대화 이론이 시작된 것이다. 그 결과 경제발전과 정치발전은 직선형이 아닌 N(U)자형, 즉 곡선의 상관관계가 있음을 주로 검정하였다. 대표적인 것으로는 헬리웰의 연구(1994), 쉐보르스키와 리몽기 등의 연구(1997)이다.

2. 헬리웰(Helliwell, 1994)의 연구

(1) 변수

민주주의의 지표로는 가스틸의 정치적 및 시민적 자유도를 통합한 지표를 제시하였다. 그리고 경제발전의 지표로 1인당 국민소득(GDP)을 제시하였다.

(2) 연구대상(표본)

1960년과 1985년 사이 전 세계 125개국을 OECD 국가들, 중동의 산유국, 아프리카, 그리고 남미 등 지역별로 통제하여 분석하였다.

(3) 결론

경제발전과 민주주의는 매우 강한 상관관계가 있음을 발견하였다. 하지만 지역별로 차이가 있었다. 예컨대 OECD 국가들과 중남미는 정(+)의 관계가 있는데, 아프리카와 중동은 부정(−)의 관계가 나타났다.

3. 쉐보르스키와 리몽기의 연구(1997)

(1) 의의

① 동태적 분석
쉐보르스키와 리몽기의 연구는 단순히 경제발전의 수준과 민주주의 정치체제 사이의 통계학적 상관관계를 분석한 것이 아니라 민주주의의 등장가능성(독재체제의 몰락가능성)과 민주주의의 안정적 유지가능성을 경제발전의 수준과 연관시켜 경제발전과 정치체제의 변화 사이의 관계를 보다 동태적으로 분석하였다.

② 기록적인 사례와 기간의 범위
이것은 단순히 수치의 크기 때문이 아니다. 역사적 상황이 매우 다른 기간 동안에 사회주의체제를 포함하여 서로 매우 다른 경제체제의 국가들까지 모두 포함한 분석이라는 점에서 경이로운 것이다.

(2) 연구대상(표본)

이들은 1955년부터 1990년의 41년간의 기간 동안 135국가의 224정권을 대상으로 분석하였다. 이들은 단순히 경제발전의 수준과 민주주의 및 정치발전 사이의 관계를 분석한 것이 아니라 민주주의의 등장 가능성과 민주주의의 안정적 유지 가능성을 경제발전의 수준과 연관시켜 동태적으로 분석하였다.

(3) 연구결과

① 경제발전과 민주주의 사이의 상관관계를 발견

㉠ 경제발전과 민주주의 사이에 강한 통계학적 상관관계는 발견하였으나 이 상관관계를 바로 인과관계, 즉 경제발전의 수준이 민주주의의 등장을 가능하게 한다고 결론짓는 것에는 비관적이다. 즉 민주주의로의 전환은 경제발전과 동태적인 결과이기보다는 경제발전과는 다른 독립적인 다른 여러 요인에 의해 일어나는 것이다.

㉡ 다만 일단 전환이 시작되면 경제발전의 수준이 높은 나라에서 민주주의가 더 안정적으로 정착할 가능성이 크다고 결론짓는다. 그리고 이러한 과정의 역사적인 사실들에 따르면 잘 사는 국가들일수록 민주주의 체제가 더 많다고 설명한다.

② 비직선 'U' 또는 역 'U'의 상관관계
쉐보르스키와 리몽기는 경제발전의 수준이 낮은 나라에서도, 경제적인 성과가 높은 나라들에서도 민주주의가 유지되기도 하고, 경제발전의 수준이 상대적으로 높은 나라들에서도 정권의 경제적 성과가 높은 경우 권위주의체제가 안정적으로 유지되기도 한다고 주장하였으며 이는 역사적인 사실이기도 하였다.

③ 직선과 비직선의 상관관계를 모두 검정하지는 못함
살펴본 바와 같이 경제발전과 정치발전에 관한 직선과 비직선의 상관관계는 모두 이 연구의 결과로 지지되지 못하였지만 그래도 직선보다는 비직선 'U' 또는 역 'U'의 상관관계에서 더 통계학적으로 그리고 이론적 함의가 있음을 발견한 것은 큰 연구성과이다.

(4) 분석

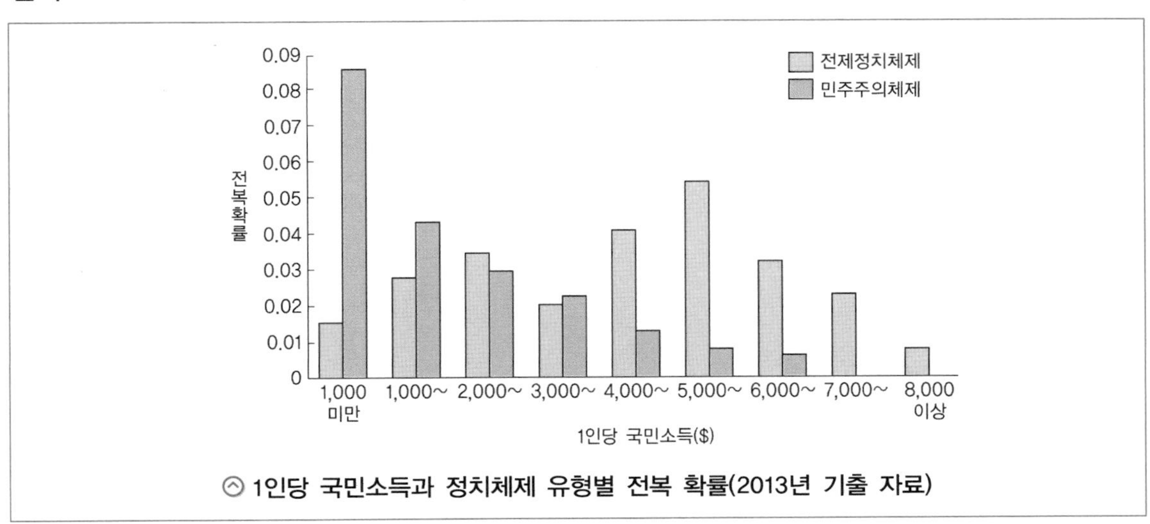

㉦ 1인당 국민소득과 정치체제 유형별 전복 확률(2013년 기출 자료)

① 민주주의의 전복가능성(민주주의의 유지 가능성)

민주주의의 경우 1인당 국민소득이 천불 미만일 때 전복될 확률이 매우 높았지만, 1인당 국민소득 천불을 넘어서는 순간 전복될 확률이 급격히 줄어들었고, 그 이후에는 소득이 증가할수록 서서히 전복될 확률이 줄어들어가는 현상을 확인할 수 있다.

② 전제정치의 전복가능성(전체정치의 유지 가능성)

전제정치체제는 1인당 국민소득 5천불이 되기 전까지 부침을 반복하고, 그 이후에는 전복될 확률이 서서히 줄어든다.

04 결론

1. 중남미의 실패와 동아시아의 성공

전후 경제발전과 민주주의의 등장 가능성에 대하여 집중적인 관심을 받은 지역은 중남미와 동아시아의 국가들이었다. 중남미의 정치경제적인 상황은 근대화 이론과 종속이론의 탄생배경이 되었다. 1960년대 이후 동아시아 일부 국가들의 비약적인 경제발전, 권위주의 정치체제의 등장과 몰락은 중남미의 경험을 반영한 여러 이론들을 검증할 수 있었다. 외형적으로 중남미의 정치와 경제는 동아시아보다 항상 한 발 앞서 나갔고, 한 발 뒤쳐진 동아시아는 중남미보다는 늘 성공적이었다.

2. 세계 각국에서 나타난 경제발전과 정치발전의 양상

(1) 일반적인 경향

경제발전의 수준과 민주주의 발전의 수준을 기준으로 현재 세계의 모든 국가들의 분포를 살펴보면 잘 사는 나라일수록 민주주의 정치체제를 유지하고 있는 것이 일반적인 경향으로 보인다. 예컨대 경제발전의 수준과 정치체제의 측면에서 현재 세계의 모습을 살펴보면 서유럽, 북미, 일본과 오스트리아와 뉴질랜드 등 경제발전의 수준이 높은 나라들은 중동의 산유국을 제외하고는 모두 민주주의 체제를 유지하고 있는 나라들이다. 반면 대부분의 저발전 국가들에서는 좀 덜 민주적이거나 비민주적 또는 권위주의 정치체제가 보다 더 일반적인 현상이다. 세계의 아주 작은 국가들을 제외하면 대체로 1인당 국민소득이 높은 나라에서는 권위주의 체제를 가진 나라들이 있지만 민주주의 체제를 안정적으로 유지하고 있는 나라들은 예외 없이 소득수준이 높다.

3. 근대화 이론과 종속이론의 불완전성

최근의 남미와 동아시아, 그리고 심지어 동유럽에서 상대적으로 높은 수준의 경제발전을 이룩한 나라들에서 민주화가 일찍 그리고 성공적으로 시작된 것을 보면 경제발전의 수준이 민주주의의 등장에 유리한 조건을 창출한다는 근대화 이론의 가설을 지지해 주는 것처럼 보인다. 그러나 이러한 관찰이 종속이론과 그 변형의 이론들이 주장했던 경제발전과 민주주의 사이의 역의 상관관계를 부정하고 근대화 이론의 궁극적인 승리를 뒷받침하는 경험적인 증거로 볼 수는 없을 것이다. 1960년대 이후 1980년대 중반까지 상대적으로 성공적인 경제발전을 이룩한 나라들에서 권위주의 정치체제의 등장이 보다 일반적인 현상이었다.

Ⅲ 정치발전을 위한 주요 과제

- 시장과 민주주의는 어떤 관계인가?
- 시장과 민주주의가 병행 · 발전할 수 있는 방안은 무엇인가?
- 민주주의와 법치주의가 상호 기여하기 위해 어떤 조건들이 필요한가?
- 교육적 시사점
  특정 이데올로기에 의한 주장이 기여할 수 있는 편견이나 고정관념을 극복하는 데 기여할 수 있다. 사회적 갈등을 해결하기 위해 필요한 다양한 생각들을 이해하고 활용할 수 있다. 특히 가치 수업 방안들을 적용할 수 있는 주제라고 할 수 있다.

01 경제성장과 민주주의의 관계

1. 역사적 배경

(1) 자유 민주주의는 자유주의와 민주주의의 우연적 결합이었다.

(2) 자유주의가 만든 자본주의는 불평등을 만들고, 불평등은 민주주의를 가져왔다.

19세기 자유주의(경제적 자유주의)의 확산은 자본주의의 번성을 가져왔다. 자본주의는 경제적 불평등 문제를 심각하게 야기하고, 이에 대한 반동으로 분배와 형평성을 강조하는 사회주의와 민주주의가 확산되었다. 자본주의는 생존을 위해 민주주의적 요소 및 사회주의적 요소를 수용하게 된다. 예컨대 노동권의 보장, 노동법, 사회보장법 등이었다. 그 결과 자본주의는 지구 역사 이래로 가장 눈부신 경제성장을 만들어냈다.

(3) 경제적 자유주의는 복지국가 전성시대가 끝나고 신자유주의로 부활하였다.

2차 대전 이후 1970년까지 경제는 눈부신 성장과 더불어 복지국가의 전성시대를 누렸다. 하지만 스태그플래이션과 같은 경기침체를 겪으면서 신자유주의는 민주주의 요소를 축소하고, 19세기 경제적 자유주의가 추구한 자본축적을 강화하고자 하였다.

(4) 자본축적 지향의 자유주의와 분배 및 형평을 지향하는 민주주의는 긴장관계다.

앞서 살펴본 바와 같이 어떤 시대는 자유주의가, 또 다른 시대는 민주주의의 힘이 더 세다. 시대적 맥락에 따라 자유주의와 민주주의의 힘의 크기는 변하고, 누가 더 큰 힘을 발휘하는지에 따라 다수의 삶은 긍정적 또는 부정적 영향을 받는다. 이런 영향은 변혁, 개혁, 혁신이라는 이름으로 정치・경제・사회・문화 등의 모든 영역에서 이뤄진다.

2. 민주주의와 경제 성장의 상관관계

(1) 민주주의는 경제성장에 긍정적 영향을 준다는 주장

① 민주주의는 경제성장을 유발한다.
민주주의에 의한 부의 재분배효과는 투자를 자극함으로써 생산의 증가를 가져오고, 생산의 증가는 소득의 증가로, 소득의 증가는 소비와 저축의 증가로 연결됨으로써 경제가 확장된다.

② 권위주의는 경제성장을 방해한다.
권위주의는 정경유착 및 불균형 성장 정책을 통해 사회적 불평등을 심화시킨다. 부패 및 자원의 낭비가 만연하며, 복잡한 경제문제에 적절하게 대응하지 못한 정부로 인해 경제성장을 지속적으로 하기 어렵다.

③ 민주주의와 경제 성장은 상호 보완관계이다.
일반적으로 경제적으로 부유한 사회에서 민주주의는 발전하였다. 하지만 경제성장이 언제나 민주주의를 가져오는 것은 아니다. 다만, 민주주의와 경제성장 사이에는 친화성이 존재한다고 할 수 있다.

(2) 민주주의는 경제성장에 부정적 영향을 준다는 주장

① 민주주의가 경제성장을 방해하고, 권위주의는 경제성장에 기여한다.
경제발전 초기에는 효율적인 자원 배분과 투입이 필요한 상황이다. 민주주의는 분배를 요구하는 과정에서 비효율성을 야기한다. 이런 상황은 경제발전이 어느 정도 이뤄진 상황에서도 마찬가지다. 따라서 경제가 지속적으로 성장하기 위해서는 국가의 자원을 효율적으로 관리하여 배분하고, 시민사회를 포함한 다수의 이익표출 행동을 강력하게 통제하는 권위주의 국가를 필요로 한다.

② 민주주의와 경제성장은 부정적 관계이다.

(3) 위의 두 주장은 여전히 논쟁 중이다.

① 권위주의 정치체제를 통한 경제 성장의 사례도 있지만, 경제성장으로 인해 권위주의 체제가 몰락하기도 하였다.

② 민주주의 자체가 경제성장을 도모한다는 통계적 증거도 없지만, 민주주의가 경제성장에 부정적인 영향을 미친다는 가설도 검증할 수 없다.

③ 권위주의가 초래하는 경제적 갈등으로 인한 사회적 비용이 민주주의를 유지하는 비용이 더 크다.

3. 민주주의와 경제발전 모델의 관계[72)]

(1) 경제발전이 민주주의를 발전시킨다는 입장(소득수준, 친화성)

① 내용

이 입장은 대체적으로 소득수준과 친화성의 관점에서 주로 제기된다. 쉐보르스키는 민주주의 국가로 이행한 나라 중 일정 소득 이상이 되면 민주주의가 전복될 확률이 거의 없다고 주장하였다. 다운스는 위에서 살펴본 정합론을 통해 시장과 정치를 모두 합리적 선택과 경쟁의 논리로 구성하면서 시장과 민주주의의 병행발전을 인정하는 입장이다. 이러한 병행 발전을 인정하는 대표적인 논리가 로버트 달의 다두정, 다원주의적 민주주의이다.

② 가정

경제발전이 민주주의를 발전시킨다. 예컨대 경제가 성장해서 모두의 호주머니에 돈이 들어가면 평등의 수준이 상승하고, 평등의 수준이 상승하면 민주주의도 상승한다는 것이다. 이런 현상은 후기 산업사회로 들어가는 순간에서 목격할 수 있는 모습이었다.

(2) 시장경제는 민주주의를 저해한다는 입장: 민주주의는 시장경제와 양립할 수 없다.

① 내용

이 입장은 부정합론과 맥을 같이한다. 마르크스 비판 이론 계열인 종속이론에서 주로 제기한다. 예컨대 경제 성장은 착취를 통해 제대로 분배되지 않고 자본가 계급의 이윤은 급격하게 늘어난다. 자본가계급은 자신들의 이윤을 유지하기 위해 정부를 자신들의 손아귀에 넣고 움직인다. 정부가 자본가계급의 손안에서 결정하고 집행하면 국민들의 불평등은 심화된다. 그 결과 민주주의는 퇴보한다는 것이다. 한편 반대쪽인 19세기 자유주의자들, 그리고 공공선택이론 학파, 시카고 학파, 버지니아 학파, 신자유주의자들은 '민주주의는 시장의 발전을 저해한다.'는 주장을 한다. 예컨대 민주주의는 평등을 요구하고, 평등의 요구는 자원의 분배로 이어진다. 이 자원의 분배에 정부가 역할을 한다. 그로 인해 자원배분의 왜곡과 불공정, 비효율이 생겨 시장의 발전을 저해한다는 주장이다.

② 가정

민주주의는 시장경제와 양립할 수 없다. 왜냐하면 민주주의는 시장발전을 저해할 수도 있고, 시장은 민주주의를 저해할 수 있기 때문이다.

③ 민주주의가 경제발전에 도움이 된다는 입장

민주주의로 인해 복지나 소득 주도 경제정책이 늘어나면 그로 인해 투자가 늘어나고, 국민소득이 증가한다는 것이 기본 논리이다. 이 논리에 따른 것은 사회적 민주주의와 케인지언적 시장주의가 대표적이다.

④ 민주주의가 경제발전에 해가 된다는 입장

대표적인 것이 발전국가이다. 발전국가는 국가가 경제 성장을 주도하고, 민주주의와 평등의 요구를 제한한다. 대표적인 것이 제한적 민주주의라고 할 수 있다.

---

72) 정영태(1998), 민주주의와 시장경제의 동시발전론에 대한 비판, 노동사회연구 21, pp.51~63

(3) 정리

위 입장들을 간단히 정리하면 다음 표와 같다.

정치체제	경제발전 모델	시장경제와 민주주의 일반화 진술
사회주의적 민주주의	사회주의 모델	시장경제는 민주주의를 저해한다.
권위주의, 제한적 절차적 민주주의	동아시아 모델	민주주의는 경제발전에 해가 된다.
사회적 민주주의, 참여 민주주의	케인즈주의, 복지국가의 모델, 이해관계자 중심의 자본주의	민주주의가 경제발전에 도움이 된다.
다두주의	신자유주의, 주식보유자 중심의 자본주의	경제발전이 민주주의를 발전시킨다.

02 민주주의와 자본주의의 관계

(1) 민주주의와 자본주의는 공생관계라는 주장

① 정합론

민주주의가 제공하는 각종 자유는 시장에서 필요로 하는 자유와 자연스럽게 연결된다. 소비자의 선호가 생산과 분배과정을 지배하는 것과 마찬가지로 민주주의하에서 인민의 선호가 정치과정을 지배하게 된다. 시장경제체제에서 이윤을 극대화하려면 생산자는 소비자들이 원하는 상품을 제공해야 한다. 자유시장에서는 소비자에게 주권이 있기 때문이다. 민주정치체제에서 권력을 획득하려면 정치인은 지지를 극대화해야 한다. 그러려면 국민이 원하는 정책을 제공해야 한다. 민주국가에서는 국민에게 주권이 있기 때문이다. 이처럼 주권을 가지고 있는 개개인의 합리적 선택에 기반하여 운영되기 때문에, 시장경제와 민주정치는 서로 견인한다는 것이다.

② 민주주의와 자본주의는 개인의 선택 원리가 동일하게 적용된다.

이 입장을 지지하는 대표적인 학자는 밀턴 프리드먼과 립셋이다. 프리드먼은 개인의 선택 원리가 경제시장이든 정치시장이든 동일하게 작동한다는 것을 근거로 민주주의가 자본주의를 위한 환경을 조성한다고 주장하였다.

③ 근대화 성공으로 인한 경제발전이 민주주의를 가져왔다.

대표적인 학자는 립셋이다. 그에 따르면 근대화 성공으로 인한 경제발전이 민주주의를 이끌어 냈다고 주장하였다.

④ 자본주의의 합리성에 영향을 받은 시민문화가 민주주의에 긍정적 영향을 주었다.

⑤ 자본주의의 문제점을 해결한 수정자본주의는 민주주의에 의한 것이었다.

(2) 민주주의와 자본주의는 긴장과 갈등, 그리고 대립적 관계라는 주장

① 부정합론

시장경제의 의사결정방식은 일불일표주의(一弗一票主義, one dollar one vote)이지만, 민주정치의 의사결정방식은 일인일표주의(一人一票主義, one person one vote)이다. 일불일표주의는 재산의 크기에 따라 표의 힘이 결정되지만, 일인일표주의는 재산의 크기와 무관하게 표의 힘이 결정된다. 상이한 방식으로 의사결정이 이루어지므로, 시장경제와 민주정치는 서로 충돌될 수밖에 없다는 것이다.부정합론에 근거할 때 시장이 야기하는 불평등은 민주주의를 악화시킬 수 있다. 또한 민주주의의 비효율성으로 인해 시장의 발전을 가로막을 수 있다.

② 경제적 불평등을 전제로 하는 자본주의는 정치적으로 평등한 민주주의를 해한다.

경제적 불평등은 다양한 정치적 자원들에 접근할 수 있는 기회를 상쇄함으로써 실질적으로 정치적 불평등을 야기한다.

③ 다수가 지배하는 민주주의와 국가 관료 및 부르주아 사이에 계급갈등이 존재한다.

노동계급 다수가 지배하는 민주주의가 되는 경우 분배의 평등을 위한 시장 개입과 자유 방임에 대한 제한은 불가피해질 것이다. 이 경우 노동계급 다수가 지배하는 민주주의 정부와 시장을 지지하는 국가 관료 및 부르주아 사이에 충돌이 발생할 것이다.

(3) 민주주의와 자본주의는 대립적이면서 공생하는 관계이다.

역사적으로 민주주의와 자본주의는 한편으로는 대립하기도 하였지만, 서로의 생존과 발전에 긍정적인 영향을 준 점을 부인할 수 없다. 따라서 민주주의와 자본주의는 대립적이면서 공생하는 관계이다. 즉 민주주의와 자본주의는 서로에게 우호적 조건이면서 비우호적 조건이 가능하기 때문이다. 따라서 자본주의와 민주주의의 관계는 필연적 관계라기보다는 다양한 조건의 맥락들 사이에서 우연으로 결정되는 것이다.

03 민주주의와 법치주의

1. 사례(2010) : 민주주의와 법치주의의 관계, 정치문화와 법문화의 관계를 정리해 보자.

예컨대, 국회에서의 이른바 '날치기 통과'를 보자. 국회법이 무시된 채, 여당은 토론을 생략하고 졸속으로 의안가결을 밀어붙이고, 야당은 이를 막기 위해 물리력을 동원하고 있다. 이 과정에서 국회의사당에 쇠사슬과 전기톱이 동원되기도 하였다. 헌법재판소는 이러한 의결행위가 국회의원들의 입법권을 침해한다고 결정한 바 있지만, 여전히 반복되고 있다. 여당과 야당, 심지어 국민들까지도 직전의 선거에서 만들어진 다수당-소수당의 구도를 무시하고 그때그때 극단적인 찬반진영으로 갈려 자신의 입장만을 관철시키려고 하는 것이다. 입법절차에 대한 국회 자체의 무시와 이로 빚어진 혼란은 전 사회적으로 퍼져 있는 법을 존중하지 않는 풍토의 한 원인이 되고 있다. 이런 현상을 볼 때 민주발전과 경제발전이 본래 양립 불가능한 것은 아닌가 하는 의구심마저 든다.

2. 문제 제기

민주주의와 법치주의의 관계는 한 마디로 정의하기 어려울 정도로 복잡하다. 물론 민주주의와 법치주의의 조화와 균형이 추구하는 방향이다. 이 말은 조화와 균형을 이루기가 어렵다는 말이다. 양자는 갈등적 관계에 놓일 때도 있다. 한편으로 양자는 상호보완적 관계를 가질 때도 있다. 크게 몇 가지 경우로 나눠 보겠지만 그 안에는 수많은 이야기들이 포함되어 있다는 점을 감안해 주기 바란다.

3. 상호 견제 및 보완관계

민주주의는 국가권력 차원의 정치적 의사결정이라고 한다면, 법치주의는 국가권력을 견제하고 권리를 보호하는 것을 궁극적인 목적으로 한다. 따라서 민주주의와 법치주의는 상호간 견제함과 동시에 상호간의 불완전성을 보완해 주는 관계이기도 하다. 예컨대 민주주의라는 이름으로 민주적 결정을 무시하고, 법을 무시하는 경우가 발생할 경우 법치주의가 이 문제를 해결한다. 법치주의라는 이름으로 불법하고 부당한 법률을 적용하고 유지하는 경우 민주주의는 새로운 법을 만들어 부당한 법 현실을 개선할 것이다. 그런데 민주주의와 법치주의가 상호 견제하고 보완해 주는 경우는 현실적으로 매우 어려운 일이다. 복잡한 갈등과 절차를 통해 이뤄지기 때문이다.

4. 민주적 의사결정을 법치주의로 보장

민주적 토론과 합의의 결과에 대해 승복하지 못하고 폭력으로 민주주의를 훼손시키는 경우가 많다. 민주주의를 힘과 물리력으로 지켜내는 것은 바람직하지 않다. 따라서 법치주의를 통해 힘과 물리력으로부터 민주주의를 지켜낼 수 있다.

5. 민주주의와 법치주의 간 갈등 양상

(1) 비자유 민주주의하의 법치주의 대 민주주의 갈등

비자유 민주주의 같은 권위주의 정부가 내세우는 민주주의는 위장된 것이며, 이 경우에 법치주의는 시민사회 영역의 민주주의를 탄압하는 수단과 도구가 된다.

(2) 경제적 자유주의를 보호하는 법치주의 대 민주주의 갈등

수도 이전에 관한 특별법이 다수의 국민들로부터 지지를 받고 의회에서 통과되었다. 그런데 법치주의는 소수의 자유와 주장을 근거로 작동하면서 헌법재판소가 수도 이전에 관한 특별법에 대해 헌법불합치 결정을 내렸다. 법치주의가 정치의 한 가운데로 들어온 경우이다. 이 경우도 민주주의와 법치주의가 갈등하는 것처럼 보이지만, 사실은 민주주의 영역의 가치의 갈등 상황이라는 점이다. 민주주의는 갈등과 경쟁의 장이다. 이 장의 결정이 '모두를 위한 결정'인지를 판단해주는 것이 법치주의가 되어야 한다. 이것이 공화주의적 법치주의의 중요한 의의이다. 그런데 법치주의가 특정 가치를 지향하는 쪽으로 기운다면 민주주의와 법치주의는 계속 갈등의 관계로 인식될 수밖에 없다.

(3) 대의제를 위한 법치주의 대 민주주의 간 갈등

대의제가 민주주의라는 이름을 달고 정당성을 위장해도 본질은 소수지배를 의미하는 대의제다. 이런 대의제의 법치주의는 소수 지배를 위한 통치의 도구로 이용된다. 이 경우 법률은 다수의 자유보다는 소수 지배와 소수의 권리를 위한 민중 억압적 도구로 사용된다. 소수 지배와 소수 권리는 밀착된 관계이기 때문이다. 예컨대 다수의 기업보다는 소수의 기업을 위한 법, 프랜차이즈 점주보다는 프랜차이즈 사업주에 유리한 법, 실질적인 노동악법이 되는 것을 말한다.

6. 민주공화국의 민주주의와 법치주의

역사적 전개과정에서 법치주의는 주로 민주주의의 약점을 보완하거나 견제하는 수단으로 다뤄졌다. 이런 점에서 법치주의는 공화주의의 핵심내용이 되기도 하였다. 여기서 말하고자 하는 공화주의는 소수 지배를 견제하고, 사회불평등을 해결하고자 하는 입장을 말한다. 이런 관점에서 구별할 것은 법치주의를 강조하는 자유주의와 비지배의 자유를 강조하는 공화주의의 법치주의가 동일하지 않다는 것이다. 자유주의는 개인의 자유를 침해하지 않는 소극적 자유를 위한 법치주의라고 한다면, 공화주의는 모두를 위한 자유, 즉 국가가 아니라 개인과 개인의 관계에서도 지배와 종속의 관계가 발생하지 않도록 하는 자유를 말한다. 예컨대 사업주의 갑질이 영업의 자유 내지는 경영의 자유로 보호될 여지가 있는 것이 자유주의의 법치주의라고 한다면, 공화주의의 법치주의 정신은 갑질로 인해 발생하는 을의 자유 침해가 없도록 법을 만들고 집행하는 것을 말한다. 여러분은 더 높은 수준의 자유와 법치주의는 어떤 사상적 입장이라고 생각하는가? 자유주의 관점에서 민주주의와 법치주의는 대립할 수 있지만, 공화주의를 내포한 민주공화국의 관점에서 법치주의는 실질적 민주주의의 내지는 민주주의의 발전을 위한 것이라고 할 수 있다.

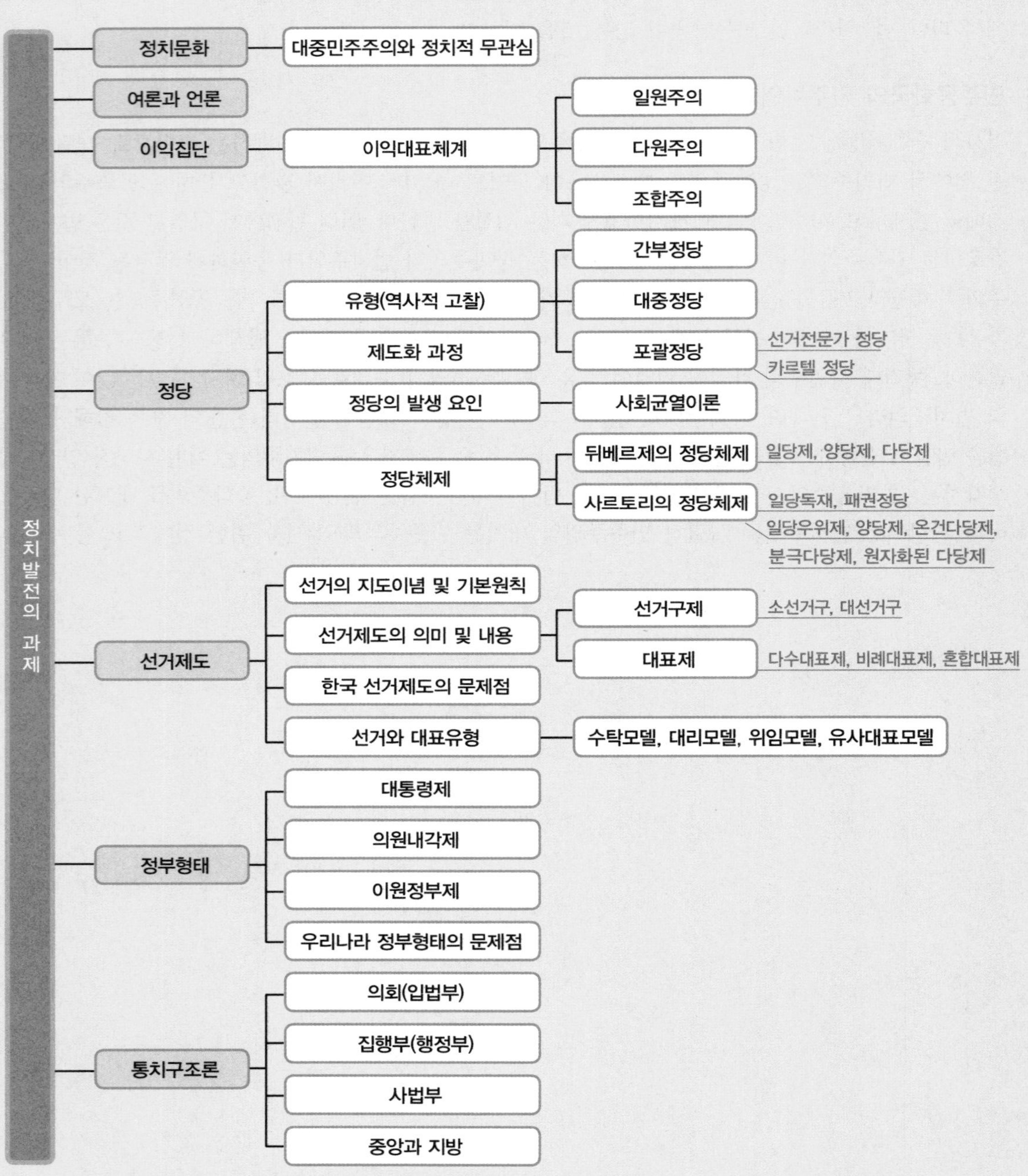
정치발전의 과제
정치문화
대중민주주의와 정치적 무관심
여론과 언론
이익집단
이익대표체계
일원주의
다원주의
조합주의
정당
유형(역사적 고찰)
간부정당
대중정당
포괄정당
선거전문가 정당
카르텔 정당
제도화 과정
정당의 발생 요인
사회균열이론
정당체제
뒤베르제의 정당체제
일당제, 양당제, 다당제
사르토리의 정당체제
일당독재, 패권정당
일당우위제, 양당제, 온건다당제,
분극다당제, 원자화된 다당제
선거제도
선거의 지도이념 및 기본원칙
선거제도의 의미 및 내용
선거구제
소선거구, 대선거구
대표제
다수대표제, 비례대표제, 혼합대표제
한국 선거제도의 문제점
선거와 대표유형
수탁모델, 대리모델, 위임모델, 유사대표모델
정부형태
대통령제
의원내각제
이원정부제
우리나라 정부형태의 문제점
통치구조론
의회(입법부)
집행부(행정부)
사법부
중앙과 지방

Part

03

정치발전의 과제

1. 정치발전은 민주주의의 발전이다.

정치는 다양한 위기를 겪게 된다. 정치적 갈등과 논쟁, 정치적 위기 등을 해결할 수 있는 민주시민의 역량과 민주주의 제도가 필요하다. 따라서 민주주의의 발전은 좋은 정치문화 및 정치제도가 발전되어 가는 동태적인 것이다.

2. 민주주의 발전을 위해서는 훌륭한 민주주의 시민을 필요로 한다.

민주시민성을 갖춘 시민은 정치문화가 발달한 시민을 말한다. 정치문화의 발달은 정치사회화를 통해서 주로 이뤄진다. 따라서 정치사회화에 영향을 끼치는 기제들의 발전은 정치문화의 발달에 중요한 변수가 된다.

3. 민주주의 발전을 위해서는 좋은 정치제도를 필요로 한다.

좋은 정치제도는 사람들의 삶과 정치문화에 많은 영향을 끼친다. 극단적으로 말하면 '좋은 제도가 없으면 좋은 인간도 없다'고 할 수 있다. 정치 문제와 위기를 효율적이면서도 공정하게 해결할 수 있는 제도가 필요하다. 정치과정(정치체계), 정부형태, 이익대표체계, 정당, 선거제도, 중앙과 지방의 권력분산 제도, 정치과정 등과 같은 정치제도는 사람들의 삶을 위해 끊임없이 개선되어야 할 것이다.

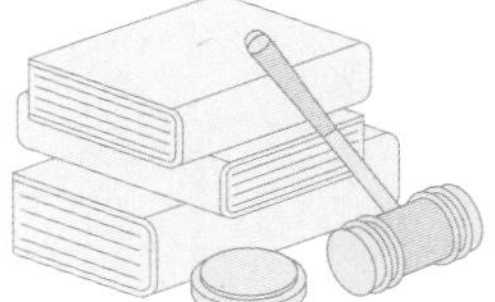

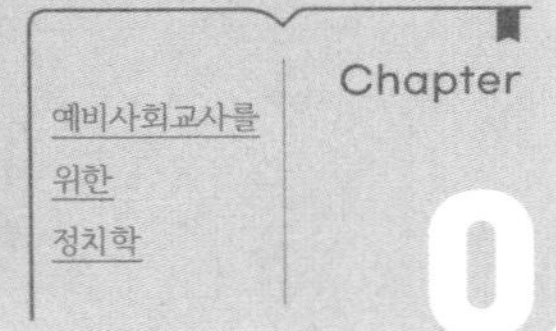

예비사회교사를 위한 정치학

Chapter 01

정치문화, 여론과 언론

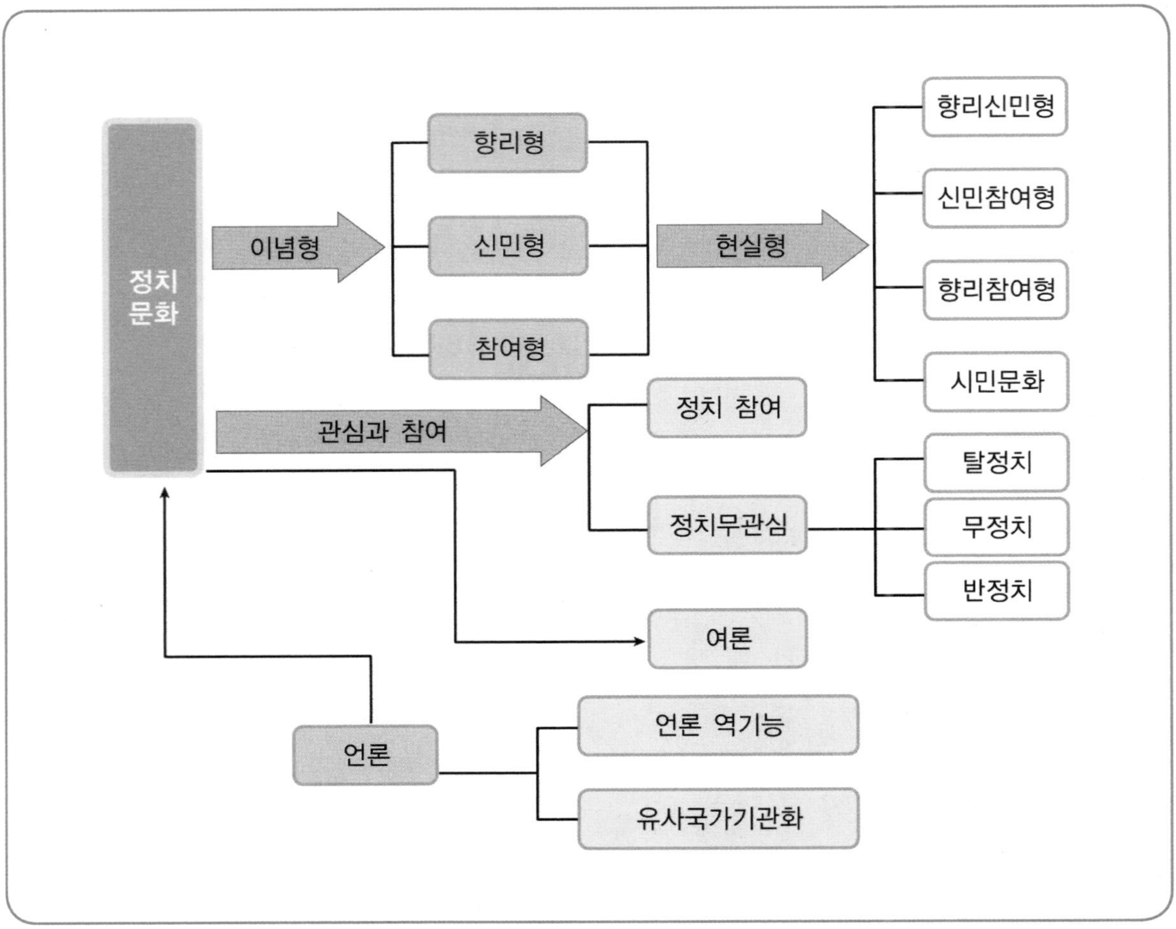

정치 문화
이념형
향리형
신민형
참여형
현실형
향리신민형
신민참여형
향리참여형
시민문화
관심과 참여
정치 참여
정치무관심
탈정치
무정치
반정치
여론
언론
언론 역기능
유사국가기관화

I 정치문화[73)]

■ 정치문화란 무엇인가?
■ 바람직한 정치문화의 역할은 무엇인가?
■ 교육적 시사점
정치교육은 정치주체를 길러내기 위한 교육인지 문화자본의 전수인지를 구별할 수 있어야 한다.

01 정치문화의 의의

1. 민주주의의 공고화 및 정치발전의 조건

앞서 살펴본 바와 같이 정치문화는 민주주의의 공고화를 위한 중요한 조건이다. 그래서 정치가 발전하기 위한 중요한 조건이기도 하다. 즉 민주주의에 대한 정치문화의 정착이 정치 발전을 가져오기 때문이다. 바람직한 정치문화는 민주주의가 공고화된 국가, 정치가 발전된 국가를 만드는 데 기여한다.

2. 정치문화의 상대성 : 절대적으로 좋은 정치문화란 없다.

근대화 이론의 차원에서 이뤄졌던 알몬드의 정치문화 연구는 서구의 정치문화적 시각에서 제3세계국가들의 정치문화를 분석하였다. 하지만 정치문화는 개인이 정치현상에 대해 가지는 정향이나 태도라고 했을때 그 시기나, 국가, 개인에 따라 편차가 나타나는 것은 당연한 일이다. 따라서 특정 시각으로 다른 시대나 국가의 정치문화를 분석하는 것은 무리한 분석이라고 할 수 있다. 이런 점을 감안할 때 역사와 문화가 전혀 다른 통치방식을 자신이 속한 정치사회의 정치문화를 기준으로 파악하는 것 역시 마찬가지라고 할 수 있다.

02 정치문화의 개념적 특성

1. 정치문화의 의미

정치문화는 한 정치공동체의 구성원들이 정치의 대상이나 운영에 대해 갖는 정신적 체계를 말한다고 할 수 있다. 즉 구성원들의 인지적・정서적・가치판단적인 인식 태도를 통해 정치현상에 대해 갖는 정향 및 태도라고 할 수 있다.

---

73) 서울대 공저(2006), 『정치학의 이해』, pp.81~89; 김우태 외 공저(2000), 『정치학의 이해』, pp.181~191; 박현모(2004), pp.63~72, 『마인드맵으로 본 정치학』; 이정희 외(2005), 『정치학이란』 등을 참조하여 구성

2. 정치문화를 구성하는 요소

정치문화는 정치적 대상 정치체계의 투입과 산출, 정치적 행위자로서의 자신에 대한 인지, 평가, 감정적 정향으로 구성된다.

(1) 인지적 정향

정치체계에 대한 인지적 정향은 어떤 대상에 대한 이해 정도를 말한다. 예컨대 정치체계가 무엇을 하는지, 정치주체가 무엇을 하는 사람인지에 대해서 이해하는 것을 말한다.

(2) 평가적 정향

평가적 정향은 어떤 대상에 대한 가치판단을 말한다. 예컨대 정치체계가 하는 일에 대한 가치판단, 정치주체에 대한 가치판단 등을 말한다.

(3) 감정적 정향

감정적 정향은 어떤 대상에 대한 호불호를 말한다. 예컨대 정치대상을 선호하는지, 정치주체로서 자신을 좋아하는지 등이다.

3. 정치문화의 대상: 정치주체로서의 자신과 정치체계

정치체계는 공적인 사안이 투입되어 그 사안을 해결하는 방안이 산출되는 과정을 말한다.

⊙ **정치주체 및 정치체계**

협의의 정치과정(주체로서의 정치참여)				객체로서의 수혜대상
• 투입(INPUT) : 요구와 지지 • 개인(투표, 시위) • 이익집단 • 정당	⇨	전환(CONVERSION): 통치기구 • 의회 • 정부 • 법원	⇨	• 산출(OUTPUT) : 정책, 결정 • 입법 • 집행 • 판결
↑ 환류(FEEDBACK): 선거 및 여론 ←				

03 알몬드 등의 연구

1. 연구 내용

알몬드(G. A. Almond)와 버바(S. Verba)는 다음의 지표를 사용하여 정치적 주체들의 정치적 대상에 대한 인지, 평가, 감정적 정향을 조사하여 나온 정치문화를 조사하였다. 이런 정치문화 지표는 정치적 주체로서의 인식과, 정치적 주체가 정치체계에 대해 가지게 되는 인지, 감정, 평가로 만들어진 것이다.

정치문화 지표

- **기준 1**: 국가나 정치 체계에 대해 국가의 구성원들이 가지고 있는 지식, 감정, 평가
- **기준 2**: 정치의 구조와 기능, 정치 엘리트, 정책제안 등에 대해 국가의 구성원들이 가지고 있는 지식, 감정, 평가
- **기준 3**: 정책 집행의 과정과 결과 및 영향에 대해 국가의 구성원들이 가지고 있는 지식, 감정, 평가
- **기준 4**: 정치 체계의 구성원으로서 자신 스스로에 대해 가지고 있는 지식, 감정, 평가

2. 정치문화의 이념형

알몬드(G. A. Almond)와 버바(S. Verba)는 정치문화 지표를 활용하여 조사한 후 3개의 기본적 유형으로 분류하였다.

(1) 향리형(지방형, 미분화형) 정치문화

향리형(지방형, 미분화형) 정치문화는 정치적 대상에 대해 관심이 없고, 인지, 감정, 평가 등의 지향이 거의 존재하지 않는 경우를 말한다. 이 유형은 정치적 역할이 미분화된 전근대적 전통사회에서 나타나며, 지역적인 정치의식과 소극적인 참여가 이루어지는 아프리카의 부족사회와 같은 전통적 정치체제가 이 문화에 속한다.

(2) 신민형 정치문화

신민형 정치문화는 정치체계에 대한 인지, 평가, 감정적 정향을 내용으로 하는 정치문화를 가지고 있지만 주로 국가에 대해 수동적이고 복종적인 경우를 말한다. 따라서 능동적인 측면과 관련되는 투입과정, 정치주체에 대해서는 정치문화가 발달하지 못한 경우이다. 즉, 중앙집권적 권위주의 사회의 문화에서 구성원들의 권력기구의 정책 집행과정에 대한 관심은 있으나 자신을 정치참여의 주체로 파악하려는 의지가 없는 경우가 '신민형'이다. 예컨대 절대왕정 등의 전통적·권위주의적 정치체제가 이에 해당한다.

(3) 참여형 정치문화

참여형 정치문화는 정치체계의 투입과 산출, 정치주체 측면 모두 능동적인 정향을 보이는 정치문화를 말한다. 즉, '참여형'은 정치적 대상에 대한 정향을 가짐과 동시에 자신을 정치의 주체라고 생각하는 민주적인 정치체제가 여기에 해당한다.

정치문화의 이념형

구분	정치 체계	투입 과정	산출 과정	정치 주체
향리형 정치 문화	−(0)	−(0)	−(0)	−(0)
신민형 정치 문화	+(1)	−(0)	+(1)	−(0)
참여형 정치 문화	+(1)	+(1)	+(1)	+(1)

이상에서 언급한 세 가지 정치문화는 이념형이다. 실제로 한 사회에서 나타나는 현실적인 정치문화는 세 가지 유형이 혼재되어 나타난다.

<table>
<tr><th>유형
구성비</th><th>민주주의적 산업사회</th><th>권위주의적 과도사회</th><th>민주주의적 전산업사회</th></tr>
<tr><td>100</td><td rowspan="7">참여형(參與型)</td><td>참여형</td><td>참여형</td></tr>
<tr><td>90</td><td rowspan="6">신민형</td><td rowspan="4">신민형</td></tr>
<tr><td>80</td></tr>
<tr><td>70</td></tr>
<tr><td>60</td></tr>
<tr><td>50</td><td rowspan="6">지방형</td></tr>
<tr><td>40</td></tr>
<tr><td>30</td><td rowspan="2">신민형(臣民型)</td><td rowspan="4">지방형</td></tr>
<tr><td>20</td></tr>
<tr><td>10</td><td rowspan="2">지방형(地方型)</td></tr>
<tr><td>0</td></tr>
</table>

04 현실적으로 나타나는 정치문화

정치공동체에서 현실적으로 나타나는 정치문화는 지방－신민형, 신민－참여형, 지방－참여형, 시민문화 등과 같이 혼합적 형태로 나타난다.

1. 지방－신민형 정치문화: 봉건사회에서 절대왕정으로 넘어가는 시기

지방－신민형 정치문화는 지방단위로 이뤄졌던 지방정치가 점점 중앙으로 집중되어 가는 변화 속에서 주로 발견되는 정치문화이다. 정치공동체 구성원들 중 상당수가 복잡한 정치제도나 권위에 대한 정치문화가 형성되지 못한 상태이다. 대신에 막연하게나마 전문화된 중앙정부의 구조와 역할을 인정하는 정치문화의 형태이다. 다만 정치권위에 대한 무조건적인 복종을 특징으로 하는 정치문화이다.

2. 신민－참여형 정치문화: 19세기부터 20세기에 걸쳐 독일·이탈리아

신민－참여형 정치문화는 절대적인 권력자(절대군주)를 중심으로 하는 정치에서 민주적인 정치로 변화해 가는 과정에서 주로 등장하는 정치문화이다. 정치공동체 구성원들 중 다수가 국가의식이나 일체감을 가지면서 중앙정부의 권위에 대한 복종과 정치적 과정에 적극 참여하려는 정치문화를 말한다.

3. 지방－참여형 정치문화: 현대의 개발도상국

지방－참여형 정치문화는 도시가 많이 발달하지 못한 개발도상국에서 나타나는 정치문화이다. 그 결과 지방형 정치문화가 그대로 존속하면서 다른 한편에서는 참여적 문화가 나타나고 있는 정치문화이다. 이런 이원화된 정치문화 현상으로 문화적 갈등이 생겨 정치적 불안정과 분열이 조성되기도 한다.

4. 시민문화

(1) 가장 바람직한 정치문화

알몬드는 참여형의 문화를 기초로 하여 향리형(미분화)－신민형의 문화가 적절하게 융합된 참여형 혼합 문화가 민주적 정치체제를 유지하는 데 가장 유효하다고 보았으며, 이를 시민문화라고 지칭했다.
가브리엘 알몬드(Gabriel Almond)에 의하면, 바람직한 시민문화(civic culture)는 전면적으로 정치적 지향성이 높은 참여형 정치문화와 신민(臣民)형 정치문화가 합친 것이라고 한다. 그저 "참여형 정치문화가 많으면 많을수록 좋다"가 아니었다.

(2) 정치적 안정 제공: 정치적 과열과 무관심 방지

정치공동체 구성원들 다수가 참여형이고 일부의 시민은 향리형이나 신민형이다. 참여형은 능동적이고 적극적인 이성적 참여자들이다. 이런 다수의 참여자들은 향리형이나 신민형에 대해서 배타적인 태도를 취하지 않고 함께 공존한다. 따라서 이런 정치공동체에서는 정치과열현상이 완화된다. 모든 사람들이 적극적이고 능동적으로 정치에 참여하게 될 경우 정치과열현상으로 정치사회가 불안정해질 수 있는데 신민형과 향리형 참여자들이 존재하기 때문에 이런 과열현상이 완화될 수 있기 때문이다.

(3) 균형적이고 합의를 중시하는 정치문화

정치가 안정된다는 말은 정치제도가 안정성을 유지할 수 있도록 정치적 주체들이 충실하게 자신들의 지위와 역할을 수행한다는 것을 의미한다. 민주주의적인 방식과 제도에 따라 극단적인 갈등과 혼란이 발생하지 않도록 하는 것이 시민문화이다. 이런 점에서 시민문화는 정치구조와 부합하는 것이다.
신민형과 향리형 정치문화가 참여형 정치문화로 대치되지 않고 결합되어 있다는 점에서 균형적인 정치문화로 평가된다. 따라서 시민문화가 존재하는 정치공동체에서는 갈등의 정치문화보다 합의의 정치문화가 잘 나타난다.

05 정치문화의 위기와 극복과제

1. 대중 민주주의가 처한 상황

(1) 대중 민주주의의 이중적 측면: 민주주의인가? 중우정인가? 주인인가? 객체인가?

대중 민주주의는 이중적 성격을 지닌 대중 때문에 모순적인 의미를 지닌다. 과연 대중 민주주의는 대중이 정치적 주인이 되는 민주주의인가? 아니면 대중의 정치적 무관심으로 나타난 부정적 현상이 대중 민주주의인가?

(2) 대중의 참여 확대로 인한 지위 향상

시민혁명 이후 계속되어 온 선거권의 확대와 산업화로 인한 눈부신 사회경제적 발전은 대중의 정치·경제·사회적 지위를 향상시켰고, 그 결과 정치적 객체의 급격한 팽창과 그에 따른 행정국가화 현상이 심화되어, 의회의 대표성 및 정당의 기능이 약화되고 대중이 자신의 이익을 추구하기 위해 구성하는 이익 집단의 중요성이 부각되었다.

(3) 대중의 정치적 무관심

선거권의 확대로 인해 대중의 정치참여 통로가 확산되었다. 반면에 이런 정치참여의 확산은 관료제, 분업화된 경제조직 발달로 인한 인간의 원자화, 수동화 현상, 과학기술과 대중문화의 발달로 인한 정치적 무관심의 증가가 결합하여 대중을 만들어냈다. 프롬은 현대사회가 처해 있는 병리적 현상에서 벗어나기 위해서는 객석으로 밀려난 대중이 링으로 올라와 경기의 주체가 돼야한다고 주장했다. 이른바 참여 민주주의의 활성화를 말한다. 거대하고 복잡해진 사회 속에서 고립되고 무기력해진 대중은 정치의 주체성도 포기했다. 대중에게 정치는 자기와는 상관없는 일이며 스포츠처럼 관중석에서 바라보며 즐기는 구경거리일 뿐이다. 정치 행사는 그들에게 누가 이기고 지는지 여부가 중요하지 않은 축제와 같다. '소유냐 삶이냐'에서 프롬은 이런 정치를 관객 민주주의(spectator democracy)라고 불렀다. 그는 현대사회의 위기 요인을 주권자인 대중의 관객화에서 찾았다. 이 지점에서 프롬은 "관객 민주주의에서 참여 민주주의로"라는 주장을 하게 된 것이다.

(4) 대중의 이중적 성격: 공중인가? 군중인가?

대중은 양(量)으로서 존재하는 것이며 두 가지 성격을 동시에 가진다. 하나는 비합리적 충동적 성향의 군중적 성격이며, 다른 하나는 합리적·이성적이며 비판적인 공중의 성격이다.
이런 이중적 성격 때문에 대중 민주주의는 정치적 주인으로의 전면적인 등장과 등장한 주인의 정치적 무관심이라는 모순된 현실에 직면하고 있다.

2. 대중 민주주의의 문제점

(1) **관객 민주주의**: 수혜자로서 소비적·수동적이 된 개인은 정치자체가 주관적인 참여의 문제가 아니라 축제행사처럼 객관적인 흥미의 대상이 된다.

(2) **동조성에 의한 지배**: 형식적으로 합의에 의한 지배형태를 취하지만 여론조작과 대중조종을 통해 실제적으로 민주주의와 거리가 먼 동조성에 의한 지배를 확립한다.

(3) **관료제적 민주주의**: 현대국가에서 효율성에 대한 강조는 행정부의 권한을 집중·비대화시키는 한편 합의를 이룩해가는 의회의 기능을 위축시키고 형식화한다. 소수의 행정관리에 의한 위로부터의 정책결정은 아래로부터의 정책결정을 형식적으로 만들어버린다.

3. 정치적 무관심

(1) 정치적 무관심에 대한 비판적인 글 ≪2009년 기출

① 프롬(E. Fromm), 『자유로부터의 도피』 중 일부

> 도시의 폭격으로 수천 명의 사상자가 발생했다는 발표가 있자, 곧이어 뻔뻔스럽게도 비누와 술의 광고가 뒤따른다. …… 어느 여배우의 아침 식사 버릇을 마치 중대한 과학적 또는 예술적인 사건을 보도할 때처럼 비중 있게 보도한다. 이리하여 우리들이 품는 감정과 비판적인 판단은 방해를 받게 되며 마침내 이 세계에서 일어나고 있는 사실에 대한 우리들의 태도는 아무런 활기도 찾아볼 수 없는 무관심한 성질의 것이 된다. 자유라는 이름하에서의 생활은 일체의 구조를 상실하게 된다. 즉 그 생활은 수없이 많은 단편으로 이루어져 있으며 각각 서로 분리되어 전체로서의 감각은 조금도 찾아볼 수 없다.

② 밀스(C. W. Mills), 『화이트 칼라』 중 일부

> 그들은 정치에 대해 제3자적 입장을 취하고 있다. 그들은 급진적인 것도 자유주의적인 것도 아니며 또한 보수주의적인 것도 반동적인 것도 아니다. 그들은 말하자면 비활동적인 것이다. 만일 '바보(idiot)'라는 그리스어의 뜻을 '사생활에 치우친 인간(privatized man)'으로 받아들인다면 미국시민은 지금 그와 같은 바보로 주로 구성되고 있다는 결론을 내려야 할 것이다.

(2) 정치적 무관심의 의미 및 유형

① 의미

정치적 무관심은 정치참여가 부족하거나 없는 현상을 설명하는 주요 개념이다. 정치적 무관심은 정치체제에 대해 적극적으로 충성이나 지지도 하지 않으며, 반항이나 부인도 하지 않는 경우를 말한다. 즉 정치참여태도가 결여되어 있는 상태를 말한다.

② 라스웰의 정치적 무관심 유형

라스웰은 정치적 무관심을 탈정치, 무정치, 반정치로 나눠 설명하였다.

㉠ 탈정치

탈정치는 정치에 참여하였으나 실망하여 정치에 대해 무관심을 보이는 경우이다.

㉡ 무정치

무정치는 다른 영역이나 분야에 적극적인 관심을 보이느라 정치에 대해서 관심이 없는 경우이다.

㉢ 반정치

반정치는 정치에 대한 혐오로 인해 관심을 보이지 않는 경우를 말한다.

(3) 정치적 무관심을 조장시키는 요인: 정치적 원심화

① 과거의 요인: 무지의 결과

과거에는 이런 정치적 무관심이 무지의 결과로 주로 나타났다. 하지만 현대의 정치적 무관심은 다른 양상을 보인다.

② 현대적 요인

현대의 정치적 무관심은 과거와 다른 양상을 보인다.

㉠ 거대하고 복잡한 정치과정으로 인해 정치적 무력감 내지는 소외감

우선 넓은 영토와 많은 국민을 요소로 하는 근대국민국가의 정치적 과정은 거대하고 복잡해졌다. 그 결과 한 개인이 정치적 참여를 통해 영향력을 행사하는 것은 어렵게 되었다. 그 결과로 정치적 무력감을 느낀 한 개인은 아노미를 경험하고 소외감을 느끼게 된다.

㉡ 소비대중사회의 영향

또한 소비대중사회가 되면서 정치 이외에 대중들의 관심과 흥미를 자극하는 관심사가 많아졌다.

㉢ 정치에 대한 실망과 불신

각종 정치스캔들로 인해 정치적 실망이 커지면서 정치적 무관심이 증가하고 있다.

㉣ 정치적으로 영향력 있는 자들의 정치로부터 원심적 동원

정치적 여론을 형성하는 오피니언 리더, 즉 정치가, 교육자, 언론, 관료 등이 대중들로 하여금 정치에서 멀어지도록 유도하기도 한다.

(4) 정치적 무관심에 대한 평가: 긍정적인가? 부정적인가?

① 긍정적 평가: 엘리트 민주주의 관점

정치적 무관심이 정치적 안정과 효율성을 높인다는 측면에서 긍정적인 평가를 내리는 경우도 있다.

② 부정적 평가: 민주주의의 본래적 의미를 중시하는 관점

민주주의 본래적 의의와 역사적 경험을 돌이켜 보았을 때 정치적 무관심은 전체주의의 등장과 민주주의의 후퇴를 초래하는 요인이 되기도 하였다.

(5) 과제

① 바람직한 정치문화 형성 필요

민주주의의 지속적인 발전을 위해서는 바람직한 정치문화를 통해 정치적 무관심을 극복하는 일이 필요하다.

② 참여 민주주의 활성화

바람직한 정치문화를 위해서는 정치주체의 자각과 이를 훈련시킬 수 있는 정치교육을 포함한 정치사회화의 장이 넓어야 할 것이다. 하지만 대의제 민주주의는 정치의 주체가 참여할 수 있는 공적인 장을 너무 협소하게 설정하는 경우가 있다. 이는 결국 정치교육의 소재나 내용도 좁게 설정될 수밖에 없다. 따라서 정치적 무관심을 극복하고 정치참여를 독려하기 위해서는 정치교육을 실시할 수 있는 참여 민주주의 제도를 활성화시키는 것이 필요하다.

4. 정치참여

(1) 정치참여의 의미와 기능

① 정치참여의 의미

정치참여란 선거와 투표 등을 포함하여 공공정책결정과정에 영향을 미치고자 하는 다양한 행위를 모두 포함하는 것이다.

② 정치참여의 순기능과 역기능

㉠ 순기능

정치참여는 대표들의 도덕적 해이나 관료들의 무책임성을 견제할 수 있는 중요한 방법이다. 또한 정치참여를 통해 표출되는 국민의 의사를 결집하여 국민들을 통합하는 기능을 수행한다.

㉡ 역기능

정치가나 정부에 의한 정치적 동원을 통한 정치참여 등은 정치적 불안을 초래하기도 하고, 공공선을 추구하지 않는 정치참여는 정책결정을 방해하기도 한다.

(2) 정치참여의 유형[74]

민주주의의 본래적 의미와 취지를 고려해 볼 때 정치참여제도를 국가가 마련하는 것은 중요한 의무이다. 이런 정치참여제도를 통한 정치참여를 인습적 정치참여라고 한다. 하지만 인습적 정치참여로 충분하지 않는 경우가 있다. 예컨대 국민들이 요구하는 수준의 참여제도를 구비하지 못한 경우, 제도를 통한 참여로 국민 자신들의 요구를 관철시키기 어렵다고 생각하는 경우 등이다. 이런 경우에는 인습적 정치참여보다는 제도화되어 있지 않은 비인습적 정치참여를 하게 된다.

구분	인습적	비인습적
자발적	민주적 정치참여 (투표, 정치토의, 선거운동, 정당가입 등)	청원, 합법적 시위나 파업, 불법시위나 파업, 암살, 게릴라 등
비자발적	동원적 정치참여 (투표, 정치토의, 선거운동, 정당가입 등)	부화뇌동성을 띤 청원이나 시위, 파업, 부화뇌동성을 띤 불법군중시위, 청부 암살, 청부깡패단의 횡포, 불법적 청부시위 등

5. 정치사회화의 역할

대중사회의 모순을 극복하고 바람직한 정치문화를 발달시키기 위해서는 정치사회화의 역할이 매우 중요하다. 정치사회화에 의해 정치문화가 형성되기 때문이다. 정치사회화를 담당하는 대표적인 기제로는 가정, 학교, 또래집단, 직장, 대중 매체, 정치엘리트 등이다. 이런 기제를 통해 정치사회화는 간접적으로, 직접적으로 이뤄진다. 간접적인 경우로는 개인 간 전수, 수습과정, 일반화의 인지 등이다. 직접적인 경우로는 모방, 예견적 정치사회화, 정치교육, 정치경험 등이다. 이런 사회화 과정을 통해 한 개인은 정치적 자아를 형성하게 된다.

74) 표의 내용은 거의 70년 전 이상의 것이다. 현재 적합하지 않은 내용도 있다는 점을 참고하기 바란다.

Ⅱ 여론과 언론[75)]

- 여론이 민주주의에 어떤 역할을 수행하게 될까?
- 여론과 정치문화는 어떤 관계가 있을까?
- 여론을 형성하는 데 언론의 바람직한 역할은 무엇일까?
- 교육적 시사점
  여론과 언론의 역할을 이해하고, 언론에 대한 비판적 관점의 수용적 태도를 함양한다.

01 여론

1. 의미

여론은 공적인 문제나 사회적 쟁점에 대해 형성되어 표출되는 국민들의 집합적 의견을 말한다. 여론은 투입기제일 뿐만 아니라 피드백으로서 대중이 정치적 압력을 행사하는 주요 수단 중의 하나이다.

2. 여론의 의의

(1) 정치문화의 수준 반영

여론의 수준은 정치문화의 수준을 반영한다. 높은 수준의 여론은 집단 지성이 반영되는 결과라고 할 수 있다. 정치문화의 수준이 발달하면 수준 높은 여론을 형성할 수 있다.

(2) 정책 투입 및 평가

여론 정치가 제대로 이뤄지는 경우에 여론은 정책의 방향과 결정에 반영된다.

(3) 정치권력에 대한 감시와 견제 기능

여론은 여론을 반영하지 않고 정치권력이 행사 내지는 불행사 되는지에 대해 비판할 수 있다. 또한 여론은 정치권력의 행사 및 불행사가 합법적으로, 정당하게 이뤄졌는지에 대한 평가를 통해 감시와 견제 기능을 한다.

(4) 여론의 활성화는 참여 민주주의에 기여

정보통신기술의 발달로 여론을 형성하고 전달되는 방식이 과거와 많이 변화되었다. 정보사회에 적합한 정치체계는 대중의 정치적 희망을 최대한 받아들이는 참여 민주주의로 전환될 것이고, 여론 역시 책임의식을 갖추고 활동하는 시민들에 의해 주도될 가능성이 커지는 경향이 있다.

---

75) 박현모(2004), pp.268~275, 『마인드맵으로 본 정치학』; 강제명(2003), 『정치학』; 서울대 공저(2006), 『정치학의 이해』; 최장집(2010), 『민주화 이후의 민주주의』 등을 참조하여 구성

(5) 정치 안정과 불안정을 초래

여론은 정치적 위기를 야기할 수도 있고 해결할 수도 있다.

(6) 표현의 자유: 민주주의 이행 및 공고화 여부 확인

여론 형성은 표현의 자유 보장에서 이뤄진다. 표현의 자유가 잘 보장되어 있는지는 민주화의 수준을 측정하는 기준이 되기도 한다.

(7) 정치사회화

여론이 정책에 반영되고 실현되는 과정은 국민들로 하여금 정치에 대한 이해를 높이고, 참여태도를 높일 수 있다.

3. 성공한 여론이 국민에게 주는 긍정적인 영향: 정치문화 및 태도 상승

여론에 대해 정치권이 제대로 수용하여 문제해결을 잘하는 경우에는 국민들의 사기를 진작시켜 정치에 대한 우호적인 태도를 가지게 된다.

4. 여론 정치가 실현되지 못하는 경우: 정치적 혐오 및 무관심 증가, 정치문화 하락

여론 정치는 여론이 잘 반영되는 정치를 말한다. 그런데 여론이 제대로 반영되지 못하는 경우 정치적 효능감이 낮아지고, 정치에 대한 불신과 무관심이 커진다.

5. 여론 형성에 긍정적－부정적 영향을 미치는 요인

(1) 가족, 동료, 친구 등의 영향

여론 형성에 영향을 미치는 것은 일상생활 속에서 접하는 가족, 동료, 친구 등의 영향을 많이 받는다.

(2) 정부, 학교, 회사, 종교단체, 오피니언 리더 등의 영향

또한 정부, 학교, 회사, 종교단체, 오피니언 리더 등의 영향을 받기도 한다.

(3) 대중매체

대중매체와 같은 커뮤니케이션은 여론을 형성하기도, 조작하기도 한다는 점에서 여론형성에 영향을 미치는 주요한 요인이다. 대중매체나 언론에 의한 여론형성 능력은 긍정적인 측면뿐만 아니라 이에 반하는 부정적인 측면을 동시에 지니는 양면성을 띠어 그 영향력 및 파급효과가 상당히 중요시되고 있다.

02 언론

1. 언론의 의의

(1) 대중 매체 중의 하나로 바람직한 여론 형성에 기여

여론 형성에 가장 크게 기여하는 것 중의 하나가 대중매체이다. 대중매체란 다수의 사람들에게 대량으로 정보를 동시에 전달하는 것을 통틀어서 지칭하는 개념이다. 대중매체는 많은 정보를 대중들에게 제공하고, 대중은 그 정보를 통해 여론을 형성하기도 한다. 이런 대중매체 중의 하나가 언론이다. 이와 같은 언론은 신문사, 방송사 등이 대표적이다.

(2) 권력에 대한 감시와 비판

오늘날 언론은 '제4부'라고 일컬어질 정도로 정치과정에서 매우 중요한 기능을 한다. 언론의 자유는 민주정치의 전제이며, 올바른 여론 형성을 위해 반드시 보장되어야 하는 것이다. 이런 언론은 자유만 가지는 것이 아니라 공정한 보도와 해설 및 비판을 통한 올바른 여론 형성, 권력에 대한 감시와 비판, 개인의 명예와 사생활의 보호, 공익을 우선시하는 책임도 진다.

(3) 제4부의 권력

'제4부의 권력'이란 언론기관이 준사법적 기능을 하는 경향을 두고 하는 말이다.

2. 언론의 자유와 책임

(1) 언론의 자유

언론은 정부, 시장, 기업 등의 간섭을 받지 않고 공정하고 객관적인 보도를 할 수 있는 자유를 가진다.

(2) 언론의 책임

① 공정하고 객관적인 보도

② 공공성·정치적 중립성 추구

③ 정부 및 기업에 대한 감시와 견제

3. 언론의 순기능과 역기능

(1) 순기능

언론은 정치권력에 대한 비판 기능, 바람직한 여론 형성, 공정하고 객관적인 정보 제공, 정치사회화, 이익표명과 결집, 각종 정책의 홍보 및 평가 기능 등을 수행한다.

(2) 역기능

하지만 언론의 역기능도 만만치 않다. 예컨대 대중조작, 대중을 선동함으로써 과잉참여와 정치적 과열상태 초래, 대량의 정보를 불특정 다수에게 동시에 반복하여 전달함으로써 옳고 그름에 대한 판단을 마비시키고 정치적 무관심을 초래한다. 영리를 위해 더 많은 독자나 시청자·청취자를 확보하기 위해 서로 경쟁하는 가운데 나타나는 선정적인 보도 및 상업성은 말초적 판단을 유발하기도 한다. 또한 정치권력이나 재벌과 결탁하여 여론을 조작하고 대중을 동원하기도 한다. 결론적으로 언론의 이러한 역기능은 대중들의 정부 및 시장에 대한 감시와 견제를 어렵게 하고 비판적 사고를 약화시킨다.

4. 언론을 보는 시각

(1) 세 가지 시각

언론에 대한 대표적인 세 가지 시각이 있다.

① 자유주의 시각: 권력에 대한 강력한 감시자이면서 비판자

② 권위주의 시각: 정치권력을 지원하고 국가정책을 홍보하는 역할

③ 유사국가기관 역할
언론을 유사국가기관화로 보는 시각이다. 이는 언론이 시장에 개입하고 검찰과 경찰의 역할까지 대체해 가면서 과도하게 영역을 확대하고 있는 것으로 본다. '세 번째 시각'은 국가의 공백상태를 반영해주는 시각이다. 국가를 신뢰하지 않는 국민들은 언론을 더 믿게 된다. 그리고 언론은 국가의 사법권과 같은 실질적인 통치권을 행사하게 된다. 문제는 언론이 절차와 제도를 통해 국민들의 동의를 통해 만들어진 정치권력이 아님에도 불구하고 정치권력을 실제로 행사하고 있다는 점이다. 따라서 국민들은 언론을 감시하고 비판적으로 언론을 접하지 않을 경우에 정치와 언론의 유착, 시장과 언론의 유착이 만들어 내는 정치적 패러다임에서 벗어나기 어렵게 된다.

(2) 세 가지 시각으로 한국 언론의 역사적 분석

권위주의 정권이 남긴 유산 중의 하나가 권력과 언론의 유착관계이다. 이런 관계가 구조적 형성된 과정을 살펴보면 다음과 같다.

① 비판적 언론의 시기
1950~60년대 언론은 이승만 체제부터 5·16 군사 쿠데타 이후에도 언론의 본연적 기능인 비판적 기능을 수행하였다. 예컨대 1959년 경향신문 폐간사건이 이를 보여준다. 하지만 언론의 비판적 기능은 유신체제를 거치면서 완전히 봉쇄되었다.

② 권위주의 정권의 홍보기구 역할
1980년대는 한국 언론의 기본적인 구조와 성격이 형성된 시기이다. 전두환 정권은 언론이 권위주의 국가의 정당화를 위해 적극적으로 동원하기 시작했다. 그 결과 언론은 정권의 정당성 결여를 보완해 주는 홍보기구의 역할을 하게 되었다.

③ 민주화 이후 유사국가기관화: 준사법적 기능

민주화 이후 언론은 유사국가기관화 되었다. 언론은 냉전 반공주의의 보루이자 기득 세력의 헤게모니를 지켜주는 중심적 역할을 수행하고 있다. 또한 권위주의 국가를 대신하고, 언어를 통한 사법적 판단을 선점하여 검찰, 경찰, 법원의 역할을 대체하고 있다. 또한 선거에 개입하고 시장을 옹호하는 역할을 하기도 한다.

5. 한국 언론의 문제점

(1) 민의 배제보도

(2) 정책적 정보 부족 및 정치인 중심의 인물 보도

(3) 불분명한 취재원과 추측기사를 남발, 정치기사를 가십화

불분명한 취재원과 추측기사를 남발하고, 해설을 통해 정치기사를 가십화 시키기도 한다.

(4) 유사국가기관화 현상: 사법적 권력, 제4부. 권력

(5) 정치적 무관심 초래, 비판의식 약화

1980년대 말 민주화 이후 한국 언론의 최대 특징은 언론의 유사국가기관화 현상이다. 과거 권위주의 체제의 문제점을 알게 된 국민들은 정부에 대해 신뢰보다는 불신감이 더욱 커지게 되었다. 이로 인해 국가의 권위와 기능이 위축되면서 공백상태가 되었다. 또한 시민사회 역시 아직 성숙되지 않은 상태였기 때문에 사회문제에 효과적으로 대처할 수 없었다. 이 때 언론은 국가를 감시하고 비판하면서 제4부의 권력으로 등장하게 되었다. 즉 언론은 국가고유의 기능들을 상당부분 자신의 것으로 만들어가면서 일종의 유사국가기관으로 변신하게 된 것이다.

02 이익집단[76)]과 시민사회

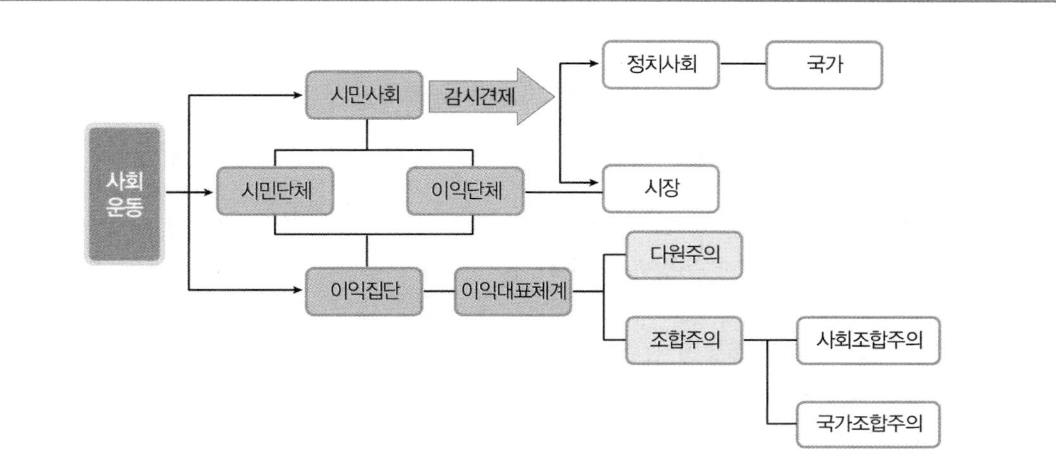

1. 근대에 시민사회는 사회 내 공론장의 의미로서 탄생하였다.

2. 시민사회는 혁명과 같은 사회운동 및 근대화에 영향을 끼쳤다.

3. 근대화는 사회를 분화시키고, 다양한 이익집단을 등장시켰다.

4. 이익집단들은 이익배분을 둘러싼 경쟁과 갈등을 촉발시켰고, 이익갈등을 해결할 수 있는 정치 제도가 요구되었다. 이 정치제도가 이익대표체계이다.

5. 현대에 와서 정치의 제도화는 이익배분과 관련된 문제를 효율적으로 해결하는 것에는 긍정적이었지만, 사회운동과 같은 참여나 공론장으로서 시민사회는 위축되었다.

6. 이익집단들이 자신들이 추구하는 이익 경쟁 및 확보에 몰두하고, 공동선을 포함한 비물질적 가치에 대해 소홀하게 되자 공론장으로서 시민사회가 이익집단과 별개로 다시 강조되었다.

7. 공론장으로서 시민사회의 부활은 국가와 사회라는 이분법적 시각에서 국가, 시장, 시민사회라는 3분법적 시각과 같은 인식을 전제로 한다.

76) 김우태 외 공저(2000), 『정치학의 이해』, pp.327~331; 서울대 공저(2006), 『정치학의 이해』, pp.266~271; 강제명(2003), 『정치학』; 박현모(2004), 『마인드맵으로 본 정치학』, pp.234~246; 신유섭(2008), "이익집단과 대의제민주주의" 등을 참조하여 구성

I 이익집단에 대한 이해

■ 이익집단, 이익단체, 시민단체, 정당은 어떻게 다른가?

■ 교육적 시사점

정치과정을 이해할 수 있다.

01 이익집단의 의미 및 유형

1. 이익집단의 의의: 분배의 문제 ⇨ 평등하게 분배 ⇨ 민주주의의 문제

(1) 정치공동체에서 이익을 어떻게 조정할 것이냐: 경쟁? 국가의 개입?

정치공동체에서 이익을 어떻게 조정할 것이냐 하는 문제는 매우 중요한 문제이다. 이런 조정을 결정하는 것이 정치과정이다. 이익집단은 이런 정치과정에 영향을 미쳐 자신들이 추구하는 특수하고 개별적 이익을 실현하려는 사회적, 정치적 집단이다. 예컨대 전경련, 대한의협, 대한 약사협, 노동단체, 농민단체 등이 있다. 이런 기능별, 직능별 단체 이외에도 총기규제나 낙태 등과 같은 이슈에 초점을 맞춰 자신들의 의견을 제시하는 집단들도 있다. 이런 점을 감안하면 특수이익에는 사적인 이익을 추구하는 집단도 있지만 공적인 것을 추구하는 촉진적 이익도 포함된다. 따라서 이익집단의 넓은 의미에서는 촉진적 이익을 추구하는 시민단체 등도 이익집단에 포함된다.

(2) 이익집단 간 갈등 해결의 문제는 민주주의의 문제

이런 집단들의 갈등을 조정하는 것은 정치의 문제이자 바로 민주주의의 문제인 것이다. 그 조정결과에 따라 정치공동체는 바람직한 방향으로 갈 수도 있고, 불평등이 심화되어 사회적 갈등과 혼란을 초래할 수 있기 때문이다.

2. 이익집단의 개념[77)]

(1) 이익집단의 의미

정치공동체에서 이익을 어떻게 조정할 것이냐 하는 문제는 매우 중요한 문제이다. 이런 조정을 결정하는 것이 정치과정이다. 이익집단은 정치과정에 영향을 미쳐 자신들이 추구하는 이익을 실현하려는 사회적, 정치적 집단이다. 이익집단은 정치과정의 역할을 고려하여 압력단체로 불리기도 한다.

77) 중고등학교 교과서의 경우 이익단체와 시민단체로 구분하여 서술한 시기도 있었지만 현재는 대부분이 이익집단과 시민단체로 나눠 서술하고 있다. 주요 정치학 개론서의 개념 정의를 살펴보면 이익집단과 시민단체를 구별할 필요가 없게 서술된 경우도 있고, 그렇지 않은 경우도 있었다. 이런 상황에서 제대로 된 설명도 없이 이익집단과 시민단체를 동위의 개념으로 제시하는 것은 적절하지 않다. 정치학 개론서의 입장들을 종합적 측면에서 간단히 정리해 보면 국가와 사회로 구분하는 인식, 국가·시장·시민사회로 구분하는 인식을 전제로 이익집단과 시민단체를 설명하고 있다. 만약 중고등학교 교과서가 동위적 용어로 이익집단과 시민단체를 쓰고 있다면 후자의 인식을 전제로 하고 있는 것이다. 그렇다면 이익집단의 의미는 이익단체의 의미로 한정된다. 이익집단의 의미가 줄어든 것이다. 이런 상황에서 텍스트를 읽을 때 이익집단이 이익단체와 시민단체를 포괄하는 넓은 의미의 것인지, 아니면 앞서 본바와 같이 좁은 의미로 보는 것인지를 구분할 필요가 있다.

(2) 이익집단의 유형 : 특수 이익 추구 집단과 촉진적 이익 추구 집단

① 이익집단으로는 전경련, 대한의협, 대한 약사협, 노동단체, 농민단체 등이 있다. 이런 기능별, 직능별 단체 이외에도 총기규제나 낙태 등과 같은 이슈에 초점을 맞춰 자신들의 의견을 제시하는 집단들도 있다. 이런 점을 감안하면 특수이익에는 사적인 이익을 추구하는 집단도 있지만 공적인 것을 추구하는 촉진적 이익도 포함된다.

② 특수이익추구집단의 사례

> '□□노총'은 노동자의 정치 · 사회 · 경제적 지위 향상과 번영된 민주 복지 사회의 건설 및 참된 사회정의 실현을 위해 적극적인 투쟁을 전개할 것이며, 강력한 정치 사회적 세력으로서의 역량을 확고히 구축해 나갈 것이다.
> —'□□노총' 선언 중에서

③ 촉진적 이익추구집단의 사례

> '△△연합'은 배달민족의 유일한 삶터인 금수강산을 오염으로부터 되찾고, 나아가 대안문명운동으로서의 녹색생명운동을 널리 펼쳐, 궁극적으로 자연과 인간이 하나 되어 살 수 있는 새로운 패러다임의 정립과 그에 바탕한 녹색대동세상 건설을 목적으로 합니다.
> —'△△연합' 단체 소개 중에서

(3) 이익집단의 특징

이익집단은 정치에 압력을 행사한다는 점에서 단순한 친목단체가 아니다. 또한 이익을 추구하며 선거를 통해 공직을 추구하지 않는 점에서 정당과 다르며, 정부기관과 달리 각종 정책에 책임을 지지 않는다.

(4) 구별개념

① 정당과의 구별
이익집단은 정권획득을 목적으로 하는 것이 아니기 때문에 정당과 구별된다. 정당과 이익집단은 양자 모두 정책결정과정에 영향력을 행사하고 여론 형성에 영향을 끼친다는 점에서는 공통점을 갖고 있다. 하지만 이념, 목표, 정책, 정치투쟁, 활동방식, 기반 등에서 정당과 이익집단은 다르다.

㉠ 첫째, 정당은 이념을 지향하는 반면에 이익집단은 이익을 지향한다.

㉡ 둘째, 정당은 목표가 정권획득과 정강의 실현이지만 이익집단은 이익추구가 목표이다.

㉢ 셋째, 정당은 정책을 형성하고 정책 결과에 대해서 정치적 책임을 진다. 하지만 이익집단은 정책 형성에 압력을 행사하고 정책 결과에 대해 정치적 책임을 지지 않는다.

㉣ 넷째, 정당은 정권을 획득하기 위한 정치투쟁을 하지만 이익집단은 이익 추구를 위해 집단 간 경쟁에 치중한다.

㉤ 다섯째, 정당은 공식적인 제도와 절차에 따라 직접적으로 정치적 활동을 하지만 이익집단은 친교, 청원, 광고 등을 통해 간접적으로 활동한다.

㉥ 여섯째, 정당은 국민을 기반으로 하지만 이익집단은 동질적인 이익을 추구하는 사람들을 기반으로 한다.

② 이익단체와 시민단체

㉠ 이익집단은 본래 시민단체를 아우르는 개념

이익집단은 본래 시민단체를 아우르는 개념이다. 시민단체는 일반적 이익을 추구한다는 점에서 이익집단에 포함해서 논의되기도 하였다.

㉡ 이익단체와 시민단체로 구별하는 경향: 이익의 차이

하지만 최근 시민사회의 의미가 부각되면서 시민단체는 시민사회의 내용으로 포함되었고, 이와 구별하기 위해서 특수 이익을 추구하는 이익단체를 이익집단으로 보고 설명되는 경우가 많아졌다. 이런 입장에 따르면 시민사회로 불리는 시민단체는 공적기관과 시장으로부터 상대적으로 자율적인 자발적으로 조직된 집단을 말한다. 이런 시민단체는 상대적으로 전체 공공의 이익을 추구하는 집단인 반면에 이익집단은 소수의 부분적이고 특수이익을 추구하는 집단이다.

02 이익집단의 등장 요인

1. 역사적 배경

(1) 대중이 정치의 주체로 등장

이익집단은 대중이 정치의 주체로 등장하면서 등장하였다. 국민의 다양한 이해와 요구가 증대하고, 참여적 정치문화가 확산되면서 이익집단이 등장하였다.

(2) 사회의 다원화 및 분업화 초래

이런 대중의 등장은 직업의 분화 및 전문화 등을 포함한 사회의 다원화를 가져왔다. 사회의 다원화로 인해 다양한 이익이 표출되었고, 개인적으로 이익을 확보하기 어렵다고 판단한 사람들이 모여 이익집단을 만들게 되었다.

(3) 정당과 의회의 대표실패

또한 정당이 과두제화 되면서 다양한 이익을 반영할 수 없었고, 의회 역시 다양한 이익을 반영하지 못하면서 대표원리가 변질되었다. 그 결과 이익집단을 통해 자신들의 이익을 표출하게 되었다.

(4) 이익집단의 정부에 대한 직접 압력의 필요성 증가

정부는 사회에 적극적으로 개입하면서 그 역할이 증가하였고, 이익집단 입장에서는 이런 정부를 통제할 필요성이 생겼다.

2. 이론적 검토

이런 배경으로 형성된 이익집단들은 어떤 계기를 통해 형성된 것일까? 이 물음에 대한 대표적인 두 가지 주장이 벤틀리와 트루만으로 대표되는 다원주의적 견해와 올슨의 집단이론이다. 트루만은 정치의 장을 완전경쟁시장처럼 이해하고 여러 통치집단에 중복가입과 조직화하지 않은 잠재된 집단의 기능에 주목하면서 집단들 사이에 형성되는 타협과 협력관계를 강조하였다. 반면에 올슨은 합리적 선택이론의 관점에서 집단형성의 계기를 설명하였다.

(1) 벤틀리와 트루만으로 대표되는 다원주의적 견해: 자연발생

국가이익보다 개인의 이익을 강조하는 다원론자들은 이익을 위해 사람들이 집단을 형성하는 것을 자연스러운 현상으로 보면서 자연발생설을 주장한다. 또한 트루만은 한 집단이 형성되면 이에 대항하는 다른 집단이 생겨난다는 파도이론, 사회의 급속한 변화 및 전문화와 다양한 이해관계의 출현이 집단의 확산을 가져온다는 확산이론을 근거로 자발적 결사체 이론을 주장하였다. 그는 이익집단의 활동을 정당하고 가치 있는 것이라고 주장하였는데 그 근거는 다양한 집단의 회원으로 가입된 중복회원과 잠재적 집단 등이 특정 이익이 과도하게 조직되는 것을 막을 수 있다고 보았기 때문이었다. 결론적으로 다원주의자들의 주장은 각 개인들의 공통적인 이해관계가 존재하면 자연적으로 조직이 결성된다는 것이다.

(2) 올슨의 합리적 선택이론

다원주의의 결론은 '이익이 있으면 집단이 형성된다'는 것이다. 이에 대해 올슨은 다원주의가 집단의 가입을 유도하고 탈퇴를 방지하는 유인과 강제를 고려하지 않았으며, 공식적인 제도 역할을 간과했다고 비판하였다.

① 집단 성립과 유지를 위한 유인과 강제 ⇨ 집단 성립

올슨은 다원주의적 견해에 대해 이익은 있지만 이익집단이 없는 경우를 제대로 분석하지 못했다고 비판한다. 합리적이고 이기적인 한 개인은 집단의 목표에 대해 동의하였다고 할지라도 강제나 유인을 받지 않고 비용을 감수하며 집단의 공통 이익을 추구하지는 않는다는 것이다. 예컨대 상품에 불만을 가진 소비자들이나 조세에 불만을 가진 납세자들이 공통이익을 갖고 있지만 조직을 갖고 있지 않다는 것이다. 이는 결국 무임승차자의 문제를 지적하는 것이다.

② 무정부주의적 오류

이런 주장을 하면서 올슨은 다원주의자들이 정부 등의 공식적인 제도 역할을 경시하였다는 것을 지적한다. 즉 다원주의 이론은 대규모 집단이 그 어떤 강제나 선택적 유인이 없어도 구성원들이 이익을 추구하기 위해 자발적으로 집단을 결성하고 운영하는 것으로 가정하는 것과 같은 무정부주의적 오류를 범했다는 것이다.

③ 결론

㉠ 집단에서 제공하는 이익은 공공재의 성격 ⇨ 무임승차자 문제 발생

올슨은 집단에서 제공하는 이익은 소비의 비배제성과 비경합성이 존재하는 공공재의 성격을 갖는다는 것이다. 따라서 합리적 인간은 가능한 한 집단에 가입하지 않고 이익만 누리려는 무임승차자가 된다는 것이다. 예컨대 어떤 상품의 하자로 인해 피해를 보상받기 위해 소비자단체가 생겨났다고 했을 때 어떤 소비자들은 그 단체가 노력하여 일궈 낸 피해보상의 혜택을 받고자 하지만 그 단체에 가입해서 시위하고 투서를 보내고 활동비를 지원하는 것과 같은 노력과 활동은 하지 않는다는 것이다. 이런 무임승차자의 문제는 집단이 크면 클수록 더 심각하게 발생한다. 내가 하지 않아도 다른 사람들이 대신할 것이라는 심리 때문이다.

ⓛ 집단 형성을 위해서는 유인과 강제가 필요

따라서 집단이 결성되기 위해서는 공통의 이해관계 이외에도 그 비용을 상쇄할 만한 유인을 제공하거나 공권력에 의한 강제적 방법이 필요하다는 것이 올슨의 주장이다.

03 이익집단의 활동과 기능

1. 이익집단의 활동

(1) 압력행사

여러 방법 등을 통해 이익집단은 자신들의 이익에 부합하지 않는 입법통과를 저지하려고 하거나, 행정부의 집행을 막으려고 하며, 사법부에 재판을 통해 자신들의 집단이익을 보호하려고 하고, 여론을 환기시켜 정책결정에 영향력을 미치려고 한다.

(2) 압력행사 방법

다양한 이익집단들이 압력을 행사하는 방법으로는 친교, 유력인사동원, 편지나 서신 보내기, 대표단 파견, 대중매체 등에 광고 등이 대표적이다. 하지만 이와 같은 압력방법이 난관에 직면할 경우 시위 등과 같은 직접적인 행동에 나선다.

2. 순기능

(1) 정부에 대한 감시와 견제

이익집단은 정책에 자신들의 이익을 반영하기 위해 압력을 행사한다. 이를 통해 정부와 정당을 감시하고 견제할 수 있다.

(2) 특정 집단에 일방적으로 유리한 극단적인 정책결정 방지

다양한 이익집단들의 이런 참여는 정책결정이 특정 집단을 위해 이뤄지는 극단적인 현상을 방지하도록 한다.

(3) 대표 기능

또한 이런 활동들이 시민사회의 독자적 영향력을 확보하는 데 기여한다.

(4) 정치사회화 기능

이와 같은 이익집단의 정치과정 참여는 참여 민주주의와 민주주의의 절차를 습득하게 하는 정치사회화 기능을 수행한다.

3. 역기능

(1) 사회갈등 초래

특수이익을 추구하는 과정에서 사회갈등을 초래한다.

(2) 공익에 반하는 정책결정 유도

다른 집단을 배제시키거나 비집단 세력을 소외시키고, 공익에 반하는 정책결정을 내리게 한다.

(3) 지나친 압력 행사로 정치과정이 왜곡됨

압력을 행사하는 과정에서 관료들을 지나치게 통제하려고 한다.

(4) 정치적 무책임

압력행사로 나온 결정에 대해 이익집단은 정치적으로 무책임하다.

Ⅱ 이익대표체계

- 다원주의의 특징은 무엇인가?
- 조합주의의 특징은 무엇인가?
- 교육적 시사점
  이익이 분배되는 현실 민주주의의 모습은 어떤 모습인지 이해할 수 있다.

01 이익대표체계에 대한 이해

1. 현실적 민주주의

가치의 조정과 분배는 정치의 핵심이고, 이를 위해 민주주의적 제도와 절차가 도입되었다. 이익집단 간의 경쟁과 갈등을 해결하는 것은 현실적 민주주의의 문제이다. 이런 현실적 민주주의 문제를 제도화하는 것이 이익대표체계이다. 이런 민주주의가 실제로 어떻게 작동하는지에 대한 논쟁이 계속되고 있다. '엘리트주의'에 의하면 지배를 위해 필요한 자원은 항상 불평등하게 배분된다. 따라서 모든 사회에서 소수 엘리트 집단이 다수 피치자 집단을 지배하는 현상이 나타난다. 물론 한 사회의 엘리트 집단은 영속적인 것이 아니다. 파레토(V. Pareto)는 엘리트 순환 이론에서 엘리트 집단은 피치자 집단으로부터 보충되거나 총체적으로 교체되는 과정을 겪기도 한다고 설명한다. 반면, 달(R. Dahl)을 포함한 다원주의 관점의 옹호론자들은 정치권력이 사회 집단에 균등하게 배분되어 있다고 주장하면서 엘리트주의를 비판한다. 이들에 의하면 다양한 이익을 대표하는 집단들이 상호 경쟁을 통해 정책 결정에 영향을 미치고 있다는 것이다. 그러나 이러한 주장도 '합리적선택이론'에 의한 비판에 직면한다. 예를 들어 올슨(M. Olson)은 환경, 인권 등과 같이 공익을 추구하는 사회 집단의 경우, 개인에게 자발적 참여와 활동의 동기를 부여할 수 있는 유인이 약하다고 주장한다. 왜냐하면 이들 집단이 추구하는 목표의 공공재적 특성으로 인해, 개인은 비용을 지불하지 않고도 혜택을 누리는 무임승차 기회를 부여받기 때문이다. 그 결과 이들 집단의 조직화 정도와 정책결정 과정에서의 영향력은 다른 집단에 비해 낮다.

2. 이익대표체계 유형

이익집단들이 정치과정에 압력을 가하고 자신들의 이익을 추구할 때 국가는 어떤 반응을 보이게 되고 이 반응에 따라 이익집단들의 활동이 이뤄지게 된다. 이와 같이 이익대표체계란 국가의 반응에 따라 나타나는 이익집단들의 활동양태를 의미한다. 이런 이익대표체계 유형은 국가와 이익집단 간의 역학관계에 따라 다양하게 나타날 수 있다. 이런 다양한 유형은 일원주의, 조합주의, 다원주의의 세 가지로 크게 유형화할 수 있다. 다원주의와 조합주의는 모두 이념형에 해당하는 것으로 현실적으로 나타나는 모습들은 훨씬 더 다양하게 나타났다.

(1) 일원주의

일원주의는 주로 전체주의 정치체제를 지닌 공산주의 국가에서 등장하였다.

(2) 다원주의

권력분립과 복수정당제, 그리고 경쟁적 선거제도 등을 내용으로 하는 자유 민주주의를 지향하는 다원주의는 집단들의 자유로운 활동과 균형에 따른 압력행사를 강조한다.

(3) 조합주의

조합주의는 행정부 우위현상이 나타난 현대 복지국가를 토대로 자율적인 국가와 사회 사이의 협력과정을 중시하는 것이라고 할 수 있다.

02 일원주의

슈미터에 따르면 일원주의는 각 분야에 하나씩 조직된 집단이 국가의 완전한 통제를 받으며 제어되는 이익대표체계를 말한다. 이와 같은 일원주의는 전체주의적인 공산 국가 등에서 발견되는 형태로 집단 간의 상호관계는 비경쟁적이고 위계적이며 철저한 당 통제를 받으며 그 보조기관으로서 역할을 한다.

03 다원주의

1. 다원주의의 의미: 이익집단 간 경쟁으로 분배를 결정

다원주의자들에 의해 주장된 다원주의는 자발적으로 조직된 이익집단들이 상호간의 자유로운 경쟁을 통해 자율적으로 각각의 이해관계를 실현하는 체계를 말한다. 이 체계는 수많은 자율적 집단들이 경쟁적으로 이익을 표출하는 집단 간 경쟁구조를 이루며 견제와 균형을 통해 정책결정에 참여하는 권력의 평형상태를 지향한다.

2. 역사적 배경

매디슨(Madison)은 '파벌의 해악'을 해소하기 위한 방안으로 이익집단의 정치를 지지하였다. 그는 자유로운 이익집단 정치가 강력한 파벌의 횡포를 막아낼 수 있는 견제세력을 만들어 내고, 집단들 간의 경쟁과정을 통한 정책은 공공이익에 부합될 것이라고 주장하면서 미국의 다원주의적 이익집단정치의 모델을 제공하였다.

3. 다원주의의 가설

(1) 가설

다양한 사회집단이 정부의 통제를 받지 않고 자발적·경쟁적으로 이익을 추구할 때 최선의 사회가 될 수 있다고 가정한다. 즉 수많은 이익집단 간의 자유로운 경쟁을 통한 견제와 균형으로 공공선에 도달할 수 있다는 입장이다.

(2) 이익집단과 국가의 관계: 상호 수평적 관계

다원주의는 국가를 특수한 목적을 지닌 집단들 중의 하나로 본다. 따라서 이익집단과 국가는 상호 수평적 대등관계를 유지한다.

(3) 정치의 의미

정치는 집단들 간의 경쟁과 대립이며, 정부의 정책은 집단 간의 이해가 상충하는 가운데 타협과 조정되면서 구체화되는 것으로 본다.

(4) 정부의 역할: 심판

상호대등한 관계에서 정부의 역할은 자율적 협상과 타협의 양식을 강조하고, 협상을 중재하는 심판자적 기능을 수행하는 것이다.

4. 다원주의의 특징

⑴ 이익집단과 국가의 관계: 상호 수평적 대등관계

이익집단과 국가는 상호 수평적 대등관계를 유지한다. 이 관계에서 정부의 역할은 자율적 협상과 타협의 양식을 강조하고, 협상을 중재하는 심판자적 기능을 수행하는 것이다.

⑵ 국가의 지위와 역할: 심판자

정부는 공정한 중립자로서 집단들이 자유롭고 공정하게 경쟁할 수 있도록 하며, 경쟁 결과를 단순히 정책에 반영하는 최소한의 역할을 한다. 또한 정부는 이익대표체계에 능동적으로 개입하기보다 수동적으로 이익집단의 압력만을 받는다.

⑶ 집단 간의 관계

중첩적 멤버십이나 게임의 규칙에 따라 강한 집단과 약한 집단 모두 경쟁하기 때문에 강한 집단이 약한 집단의 이해관계를 침해할 수 없다.

⑷ 대표제도 및 선거제도와의 관계

주로 지역대표를 선출하는 선거제도를 지닌 국가들에서 나타나는 현상이다.

5. 다원주의에 대한 평가

다원주의는 민주성은 보장하지만 여러 가지 문제를 야기한다.

⑴ 집단 간 정치적 불평등 방치로 사회적 불평등 초래

정치적 불평등을 방치시킨다. 정부의 중립적 역할 때문에 불평등한 협상은 시정되지 않고, 강력한 집단 간의 담합으로 인한 공익침해를 방지할 수 없다. 그 결과 사회 내의 차별과 불평등은 더욱 심화될 수 있다.

⑵ 정부의 역할 경시

정부의 역할을 경시하고 있다.

⑶ 정치적 불안감 초래

정치적 불평등과 이로 인한 결과는 이익갈등이 확대 심화되어 정치적 불안이 초래될 가능성이 높다.

04 조합주의

1. 조합주의의 의의: 다원주의의 문제점(과열경쟁으로 갈등, 독점) 해결 방안 ⇨ 조합주의

다원주의는 집단 간의 경쟁을 강조하기 때문에 사회갈등을 심화시키고, 강한 이익집단이 정부와 이익동맹을 형성하고 이익을 독점함으로써 소수집단의 이익을 배제할 우려가 있으며 로비와 매수 등을 통해 정치적인 부패현상을 일으킬 수 있다. 이로 인해 국가의 통치력과 문제해결 능력 또한 감퇴될 수 있다. 이런 다원주의의 문제점을 극복하기 위해 등장한 것이 조합주의이다. 조합주의는 전체 사회의 통합과 안정, 효율성과 질서를 강조한다.

2. 조합주의의 의미

조합주의는 국가가 이익집단을 위계적으로 조직하고, 집단의 지도자 선정이나 요구와 지지를 표명하는데 국가의 통제를 받아들이는 대가로 각 이익 범주에서 구성원의 이익을 대표할 수 있는 독점적 권리를 부여하는 방식이다. 따라서 조합주의는 강제적, 비경쟁적, 위계적으로 조직된 이익집단들이 기능적으로 분화된 범주에 따라 이익을 독점적으로 대표하는 체계이다. 이 체계에는 자본가 대표와 노동자 대표 등 제한된 수의 집단들이 분야별 이익을 표출하며 정책결정 과정에 참여한다. 예컨대 정부는 법안 작성 과정에서 공무원 및 관련 이익집단의 대표들을 참여시키는 위원회를 구성한다. 이를 통해 정부와 관련 이익집단 간 협력과 타협에 기초해 사회협약을 맺는다. 이 모델은 국가에 의해 위로부터 추동되는 유형과 아래로부터의 자발적 합의를 통해 구축되는 유형으로 세분되기도 한다. 또한 이 모델은 위계적인 이익대표체계에 기초하는 경향을 보이기도 했으나, 최근 위계적 성격이 약화되는 경우도 나타난다.

3. 조합주의의 특징

(1) 국가의 성격 및 역할: 개입 ⇨ 조정자

정치·경제적 문제를 해결하기 위해 적극적으로 사회집단의 상호관계를 조정하는 개입자로서 국가는 사회세력으로부터 상대적 자율성을 향유한다. 정부는 단순히 이익갈등의 중재를 담당하는 심판자적 기능에 머무르지 않고 적극적인 조정자 또는 보상자로서 기능한다.

(2) 이익집단을 범주화하여 비경쟁적으로 조직화

하나의 이익에는 하나의 집단만을 조직하도록 하여 그 수를 제한하고 그 집단에의 가입은 강제적이며, 집단조직은 국가에 의해 위계적으로 조직되고, 집단 상호간의 관계는 비경쟁적이고 기능적으로 분화된 범주에 따라 조직된다. 또한 국가가 집단의 지도자를 선정하고 집단에 대해 요구하거나 지지를 표명하도록 하는 것을 받아들이는 대신에 각 이익의 범주 내에서 구성원의 이익을 대표할 독점적 권리를 부여받는다. 이런 이유로 이익집단 지도자가 행사하는 정치권력으로 대의제 민주주의가 약화된다는 비판을 받는다.

⑶ 대표제도 및 선거제도와의 관계

지역대표의 영역이 축소되고 직능대표를 선출하는 선거 방식을 중시한다.

4. 조합주의의 유형

슈미터는 이런 조합주의체계를 국가와 사회의 상호관계에 따라 사회조합주의와 국가조합주의로 나눈다. 사회조합주의는 주로 자유 민주주의가 발전한 서구의 유형이라면, 국가조합주의는 권위주의 체제가 발달한 제3세계국가에서 주로 나타난다.

⑴ 사회조합주의 : 이익집단의 사적 이익정부의 역할

① 다원주의와 국가의 개입이 결합하여 성립
사회조합주의는 선진자본주의 국가에서 자유 민주주의의 쇠퇴와 복지국가의 등장, 자본주의 경제의 위기 등이 나타난 국면에서 다원주의와 국가의 개입이 결합하여 아래로부터의 이익집단들의 활동을 통해 자연적으로 성립된 것을 말한다. 즉, 사회조합주의는 선진자본주의 국가에서 고도로 발전된 후기 자본주의 경제의 위기에 직면하여 다원주의적 요소와 국가개입이 결합해 밑으로부터 자연적으로 성립된 이익대표체계이다.

② 스스로 과도한 집단이기주의적 이익추구행위를 규제
이익집단들 스스로 과도한 집단이기주의적 이익추구행위를 규제하는 사적 이익정부의 역할을 담당하고 이러한 사적 이익정부 간 합의와 협상을 통해 이익갈등을 해결하는 방법이다.

③ 주로 북유럽 국가들
주로 스웨덴, 노르웨이, 네덜란드, 덴마크 등이 대표적인 사회조합주의 국가들이다. 이 대표체계하에서는 이익집단들이 서로 경쟁하기보다는 정부 주도하에 상호 타협하여 집단들의 이해관계를 실현하려고 한다. 이런 점에서 다원주의에 비해 국가의 역할은 크게 증대된다.

⑵ 국가조합주의

① 국가주도의 산업화 과정에서 주로 등장
국가조합주의는 민주주의가 확립되지 못하고 경제적으로 후진적인 국가가 산업화를 위해 자본축적과정에 직접 개입하여 사회의 안정과 통제를 위한 적극적 역할을 할 때 등장한 이익대표체계 유형이다. 즉, 지연되고 종속적인 자본주의 발전 단계의 국가가 산업화를 위해 의도적으로 자본축적과정에서 직접 개입하는 이익대표체계이다. 주로 권위주의 정부에서 나타난다. 이런 권위주의 체제에서 이익집단이 정부가 이익을 보장해 준 대가로 정부에 순응한다.

② 국가가 조합을 조직하여 노동을 통제 / 민중배제
국가조합주의는 자율적으로 형성된 조직을 조정하고 통제하기보다는 국가가 이익대표를 만들고 이런 체제에 반발하는 세력에 대해 폭력적인 수단을 동원해서 통제한다. 대표적인 국가들로는 남미국가들이다.

③ 남미국가 분석

하지만 이런 남미국가의 분석에 대해서 스테판은 슈미터의 유형분류가 적절하지 않다는 비판을 제기하였다. 스테판에 따르면 남미국가들의 국가조합주의 중에서 국가가 노동 및 자본을 포함한 여타 세력들의 사회참여를 촉진하여 경제적 효율성을 증대하고 사회통합을 도모하려는 경우도 있었으며, 반대로 국가가 강압적 방법을 사용하여 노동계급집단을 통제하여 국가와 기업가를 위한 이익집단들을 조직하기도 한 경우도 있다고 하였다.

다원주의, 사회조합주의, 국가조합주의의 비교

구분	다원주의	사회조합주의	국가조합주의
정치체제	서구 민주주의	사민주의 국가	권위주의, 후발선진국가
이익집단관계	자율적, 수평적, 경쟁적	자율적, 수직적, 경쟁적	강제적, 수직적, 비경쟁적
정책결정과정	압력적	경쟁적	비경쟁적
대표적 국가	미국, 영국	스웨덴, 노르웨이	대만, 싱가포르
이익집단활동	정부기구 밖에서 대 의회 및 정당활동 중시	정부기구 밖에서 활동하나 정부기관에서 자발적 또는 제도적으로 침투, 대정부 및 의회활동 중시	제도화된 정부기구, 대정부 활동 중시
행동주체	집단	집단과 국가	국가
계급 간 관계	경쟁적	상호보완적	상호배타적
정부의 역할	중립자	조정자	집행자

III 시민사회

- 시민사회의 중요한 역할은 무엇인가?
- 시민단체의 책무성과 투명성을 확보하기 위해 어떤 노력을 해야 하는가?
- 교육적 시사점
  시민사회의 역할을 통해 그 중요성을 깨닫고, 문제 해결을 위한 참여 태도를 함양하는 데 기여할 수 있다.

01 시민사회의 의미

시민사회[78]는 자발적인 공공 및 사회조직과 기관의 총체를 일컫는 관념적인 개념으로서, 국가 및 시장과 구별되는 영역이다. 일반적으로 사회를 국가, 시장, 시민사회로 구분하는 경우를 전제로 한다. 그런데 국가와 사회로 2분하는 경우도 있다. 이 경우에는 넓은 의미의 이익집단 개념이 존재하고, 개념의 범주에 이익단체와 시민단체가 포함된다. 문제가 되는 것은 이익단체는 사회의 어떤 부분에 속하는지, 사회가 시민사회와 어떻게 다른지를 설명하기 어렵다. 따라서 3분법에 따라 국가 – 정부조직, 시장 – 이익단체/좁은 의미의 이익집단, 시민사회 – 시민단체로 구분하는 것이 개념 논리적으로 더 적합할 것이다. 또한 직관적으로 이익집단, 시민사회, 시민단체 등의 개념을 쉽게 이해할 수 있다.

02 시민사회의 의의 및 역할

1. 국가와 시장에 대한 비판과 감시, 민주주의와 정치발전을 위한 동력

국가와 사회를 2원화 했을 때 사회의 가장 큰 부분과 힘을 차지하는 것은 '시장'이라고 할 수 있다. '시장'은 기업 및 기업가 단체 그리고 노동자 단체를 핵심 내용으로 한다. 사회를 이 시각에서 볼 때 사회는 공론의 장이라기보다 사적 영역의 장으로 취급되었다. 하지만 개발국가의 민주화, 동구 사회주의 붕괴, 서구의 신사회 운동의 등장의 영향으로 사라지거나 퇴화했다고 생각했던 시민사회가 다시 주목받기 시작했다. 우리나라의 경우도 민주화 이후 시민사회가 주목받기 시작했다. 그렇다면 시민사회는 왜 주목을 받기 시작했을까? 여러 가지 이유가 있겠지만 그중 가장 핵심적인 이유는 시민혁명 이전 시민사회가 군주제와 당시의 사회시스템을 비판했던 바와 같이 국가와 시장을 비판하고 감시하는 시민사회가 재발견되었기 때문이다.

2. 주요 역할

시민사회는 첫째, 담론 및 공동비전을 제시하고 공공활동을 수행한다. 둘째, 공공문제를 해결하는 데 있어서 시민참여를 촉진하고 민주주의 가치를 고양한다. 셋째, 시민 사회의 연결과 네트워크를 촉진한다. 넷째, 현장과 소통하고, 이슈를 발굴한다. 다섯째, 문제 해결을 위해 실험하고 대안을 창출한다. 여섯째, 시민사회를 대변하고, 국가와 시장을 감시하고 견제한다.

---

78) 그람시는 시민사회는 상부구조의 하나로서 국가, 경제구조와 구분되며, 시민사회는 정당과 노조를 포함하여 다양한 사적 결사체들이 광범위한 동의에 기반하여 헤게모니 창출을 위해서 갈등하고 투쟁하는 공간이라고 하였다. 하버마스는 의사소통의 합리성에 기반하여 공론을 형성하고 시장과 국가행정에 저항하는 공공영역이 시민사회라고 하였다.

03 시민사회의 특징 및 주요 내용

1. 시민사회의 주체

시민사회의 주체는 사적 결사체(다원주의), 시민적 결사체 또는 공적 결사체(공화주의) 등으로 불린다. 가장 흔하게 쓰이는 것은 시민단체이다.

2. 추구하는 가치

시민사회는 개인의 자유와 권리를 기초로 세계주의를 지향한다. 다원성을 인정하고 가치를 공유한다. 그리고 참여를 통해 추구하는 가치를 지켜내고자 한다.

3. 비찬탈성 및 시민성

시민사회는 사회의 정치적, 기능적 공간을 독점하려 하지 않고 사회의 부분적 의사만을 대표하는 다원성을 인정한다. 또한 사적 목적보다는 공적 목적에 더 많은 관심을 가지며 국가의 공적 권력 쟁취를 목적으로 하지는 않으나 국가를 통해 공적 목적 실현을 의도한다.

4. 자발성과 자율성

시민사회는 국가와 사적 영역 사이에 존재하는 중간매개체로서 자발성과 자율성을 기초로 하여 공동이익과 가치를 집합적으로 추구하는 공공영역을 의미한다.

5. 다양성과 상호의존성

다양성이 존재하면서도 상호의존성을 가지고 있다.

6. 연대와 네트워크

하버마스에 따르면 국가 체계의 매개 수단은 권력이고, 시장 체계의 매개 수단은 화폐이다. 그런데 시민사회에서 구성원들을 연결시키고 매개하는 것은 연대이다. 즉 문제를 해결함에 있어 혼자가 아니라 함께 해결한다는 의식을 공유하고 있고, 그래서 서로 만나 문제를 해결하기 위해 협력적으로 행동한다. 이런 행동을 매개하는 것이 바로 연대이다. 이런 연대를 매개로 하는 행동들이 효과적으로 일어나기 위해서 네트워크가 필요하다. 그래서 시민사회는 연대를 매개자로, 그리고 이 매개자를 위해 네트워크를 중시한다.

04 사회적 자본

1. 의미

사회적 자본에 대해서는 많은 학자들과 다양한 시각에서 정의하고 있다. 대체적으로 그 내용을 정리해 보면 사회적 자본은 종전의 인적·물적 자본과 같은 유형 자본에 대응하는 개념으로 공동의 문제를 해결하고 공동 이익을 추구할 수 있도록 상호 조정과 협력을 촉진하고 이끌어 내는 사회적 특성 내지는 조건을 말할 수 있다. 예컨대 복잡한 사회적 문제임에도 불구하고 쉽게 해결할 수 있도록 하는 사회적 조건 같은 것을 말한다. 사회적 자본은 사회적 관계에서 이끌어 낼 수 있는 잠재적인 자원의 힘, 사회적 관계가 제공하는 기회나 이익, 공동체 유지를 위해 필요한 기제 등을 내용으로 한다.

2. 사회적 자본에 영향을 주는 요인

사회적 자본의 유형으로는 사회 내 구성원들이 상호간에 가지는 신뢰, 평등과 네트워크를 내용으로 하는 사회적 연계망, 상호 호혜성, 믿음 등이 있다. 마지막으로 공식적인 제도와 규칙들은 앞서 언급한 네 가지에 대한 영향을 통해서 사회적 자본에 강력한 직·간접적인 영향을 줄 수 있다.

3. 주요 특징

사회적 자본은 우선 자발적이며 수평적으로 형성되는 개인 간, 집단 간의 관계를 이어주는 네트워크를 속성으로 한다. 다음으로는 호혜주의적 특성, 친사회적 행태를 지닌다. 마지막으로 사회적 관계는 공동체적 지향성을 가진다.

4. 의의

사회적 자본은 문제 해결성을 높임으로써 정치발전, 민주주의 공고화, 경제성장 등에 긍정적인 영향을 미칠 수 있다.

05 시민단체

1. 의미

정부의 대표실패 및 무능, 대의제 민주주의의 한계, 시장의 횡포, 환경문제 등이 대두하면서 시민들 스스로 사회적·정치적 문제를 해결해야 한다는 공감이 확산되고 결사체들이 만들어지면서 시민사회와 함께 시민단체도 등장하였다. 시민단체는 정부가 아닌 민간조직으로 비정부조직, 비정부단체, NGO[79)]라고 한다. 시민단체는 시민들이 공공선을 위해 단결하여 운동을 일으키거나 정부, 기업 등에 호소함으로써 사회에 시민들로서 영향력들을 행사하겠다는 의미의 자율적·자주적 단체이다. 예컨대 환경 단체, 소비자 단체, 인권 단체, 평화 단체, 여성 단체 등이 있다.

2. 시민단체의 활동

(1) 시민사회의 활성화 및 민주주의 공고화

시민단체는 시민사회를 활성화시켜, 민주주의와 사회를 지속적으로 발전시킨다. 물론 시민 단체와 이익집단의 활성화가 사회적 갈등과 혼란을 일으켜 사회발전을 저해한다는 주장도 있다. 하지만 민주주의는 갈등을 해결해 나가는 과정에서 발전하는 것이지, 문제가 은폐된 갈등 속에서 성장할 수 없다.

(2) 정부에 대한 감시와 견제

시민단체는 정부의 정책을 비판하고, 여론을 형성시킨다.

(3) 대안 제시 활동

우리 사회에서 이슈를 발굴하고 대안을 제시하는 활동을 한다.

(4) 일상생활의 정치 추구

시민들의 자발적 참여를 유도함으로써 일상생활에서의 변화 및 개선을 추구하는 활동을 한다.

(5) 국제적 연대

시민단체들은 국경을 넘어 공통된 문제나 주제 해결을 위해 다른 국가의 시민단체들과 연대하는 활동을 활발하게 전개하고 있다.

3. 시민단체의 주요 과제

(1) 책무성과 투명성의 요구

시민단체는 정부와 기업을 상대로 강력한 기준에 근거한 책무성과 투명성을 요구하였다. 하지만 횡령

---

79) 비영리단체로서 NPO가 있다. 비영리단체는 주로 사회봉사활동을 하는 조직이다. 반면에 NGO는 시민들의 사회비판활동을 주로 한다. 이와 같이 현상적으로는 시민단체 개념도 양분화되어 있는 듯하다.

문제, 정치권과의 관계, 기업으로부터 받은 로비 등으로 시민단체에 대한 신뢰에 문제가 생기기도 하였다. 이런 불신의 문제로 시민단체에게도 정부와 기업과 같이 책무성과 투명성을 요구하는 목소리가 커지고 있다.

(2) 책무성 향상의 문제

1990년대 이후 급격히 팽창한 한국 시민단체는 한국의 민주주의 수준을 한 단계 업그레이드 시키는 중요한 역할을 하였다. 그러나 시민단체의 활동을 살펴보면 참여의식의 부족, 재정의 부족 등의 이유로 시민단체들이 자율성과 책임성에 큰 제약을 받고 있다. 시민단체의 책무성의 향상을 위해서는 정부의 지원 및 세제혜택을 포함한 간접적 지원의 필요성이 있다. 또한, 시민사회단체의 자율성과 책무성 향상을 위한 중간조직 성격의 독립재단의 설립도 고려되고 있다. 하지만 책무성 향상을 위해 시민단체의 공익성을 평가하는 방안도 필요하다.

시민단체들이 정책관련 후원 또는 로비활동을 수행하는 가운데 정부, 기업, 기관들로부터 재정 또는 물질 제공을 받을 경우 독립성과 자율성이 침해될 우려가 크다. 그 결과 책무성에 문제가 발생할 여지가 크다. 하지만 현실적으로 불가피한 일이기도 하다. 하지만 이런 재정지원은 시민단체의 책무성이 침해되지 않는 한도에서 이뤄져야 한다.

(3) 투명성 확보 문제

시민단체가 일을 수행하기 위해서 재정은 필수불가결한 요소다. 정부·기관·기업들의 지원과 기부금, 사람들의 기부금으로 시민단체는 운영된다. 이 경우 재정지원과 기부는 투명하게 이뤄져야 한다. 또한 투명한 재정적인 감사와 보고가 되어야 한다.

Ⅳ 사회운동

- 사회운동으로 어떤 사례들이 있는가?
- 신사회운동이 구사회운동과 다른 특징은 무엇인가?
- 교육적 시사점
  학생들의 사회운동에 대한 부정적 인식 변화를 가져올 수 있고, 비판적 사고와 참여 태도를 함양할 수 있다.

01 사회운동의 의미

사회운동은 특정의 사회적·정치적 목표를 달성하기 위하여 의도되고 계획된 조직적·집합적·연속적인 행동을 말한다. 사회운동은 이익집단을 포섭하며 정당을 만들어 내기도 한다. 사회운동은 19세기 노동운동 및 민족운동으로 시작해서 파시스트, 신사회운동으로 전개되었다.

02 구사회운동(전통적 사회운동)

1. 의의

구사회운동은 주로 하층 계급이 주체가 되었으며 물질주의적 가치를 추구하는 것이었다. 여러 사회운동들이 있었지만 공통점은 찾기 어렵다. 가장 주목받는 운동은 노동운동이다.

PART 03

2. 주체

구사회운동의 가장 대표적인 경우는 노동운동이다. 여기서 구사회운동의 주체들은 대부분 노동자, 하층 계급, 사회에서 억압이나 불이익을 당하고 있는 사람들이라는 점을 알 수 있다.

3. 추구하는 가치

구사회운동은 계급투쟁이라는 상황에서 보듯이 주로 물질주의적 가치를 추구하였다.

4. 조직적 특성[80)]

중앙집권적, 위계적 조직을 지닌다. 따라서 과두제적인 의사결정구조를 지닌다.

03 신사회운동

1. 의의

반정치적 태도에서 비롯된 신사회운동은 중산층, 전문가들이 주도하면서 탈물질적, 탈이데올로기적, 탈중앙집중적 경향을 띠고 있는 사회운동이었다. 예컨대 신사회운동으로는 여성운동, 환경운동, 평화운동 등이 있다.

(1) 대의제 민주주의 및 조합주의적 이익대표체계의 한계에 대한 비판

신사회운동은 대의제 민주주의 및 조합주의적 이익대표체계에서 다루지 못했던, 대표하지 못했던 이슈들을 제기하면서 이들에 대해 비판하였다. 이런 비판은 생활 세계를 식민지로 만들어 개인과 집단의 자율성과 정체성을 침해한 정부와 시장에 대한 비판이기도 하였다.

(2) 시민사회의 보호

정부와 시장으로 시민사회를 지켜내는 데 앞장선 것이 신사회운동이었다.

---

80) 그람시에 따르면 기동전을 펼치기에 좋은 조직의 형태이다. 반면에 신사회운동은 그람시에 따르면 진지전의 양상을 보여준다.

2. 주체

신사회운동은 주로 고등교육을 받은 중간계급, 특히 전문지식 종사자들이 중심이 되었다. 즉 젊고 교육을 잘 받은, 부유한 사람들을 끌어들인 운동이었다.

3. 특성

(1) 탈물질주의적 특성

신사회운동은 탈물질적 사람의 방식과 질, 개인과 집단의 자율성과 정체성, 다문화 세계에서의 개성과 자기정체성을 지향한다.

(2) 탈이데올로기적 특성

신사회운동은 기성 질서 및 가치체계에 대해 근본적 비판을 하면서도 포괄적이며 체계적인 이데올로기를 추구하지 않는다.

(3) 탈중앙집중적 특성

신사회운동의 조직은 중앙집권적 위계적 조직이 아닌 분권적이며 개방적인 조직과 유동적인 네트워크로 조직된다. 또한 신사회운동은 일상생활의 민주화를 중시하며 참여적인 정책결정을 강조한다.

구분	구사회운동	신사회운동
대표 사례	노동운동	여성, 환경, 반전 운동
주체	계급 중심	다양한 계층 및 직업군 참여, 중산층
추구하는 가치	물질주의(사회불평등, 공정한 분배)	탈물질주의(사회부조리 등의 개선)
관계	물질주의가 충족을 전제로 탈물질주의적 가치 추구	

Chapter 03 정당[81)]

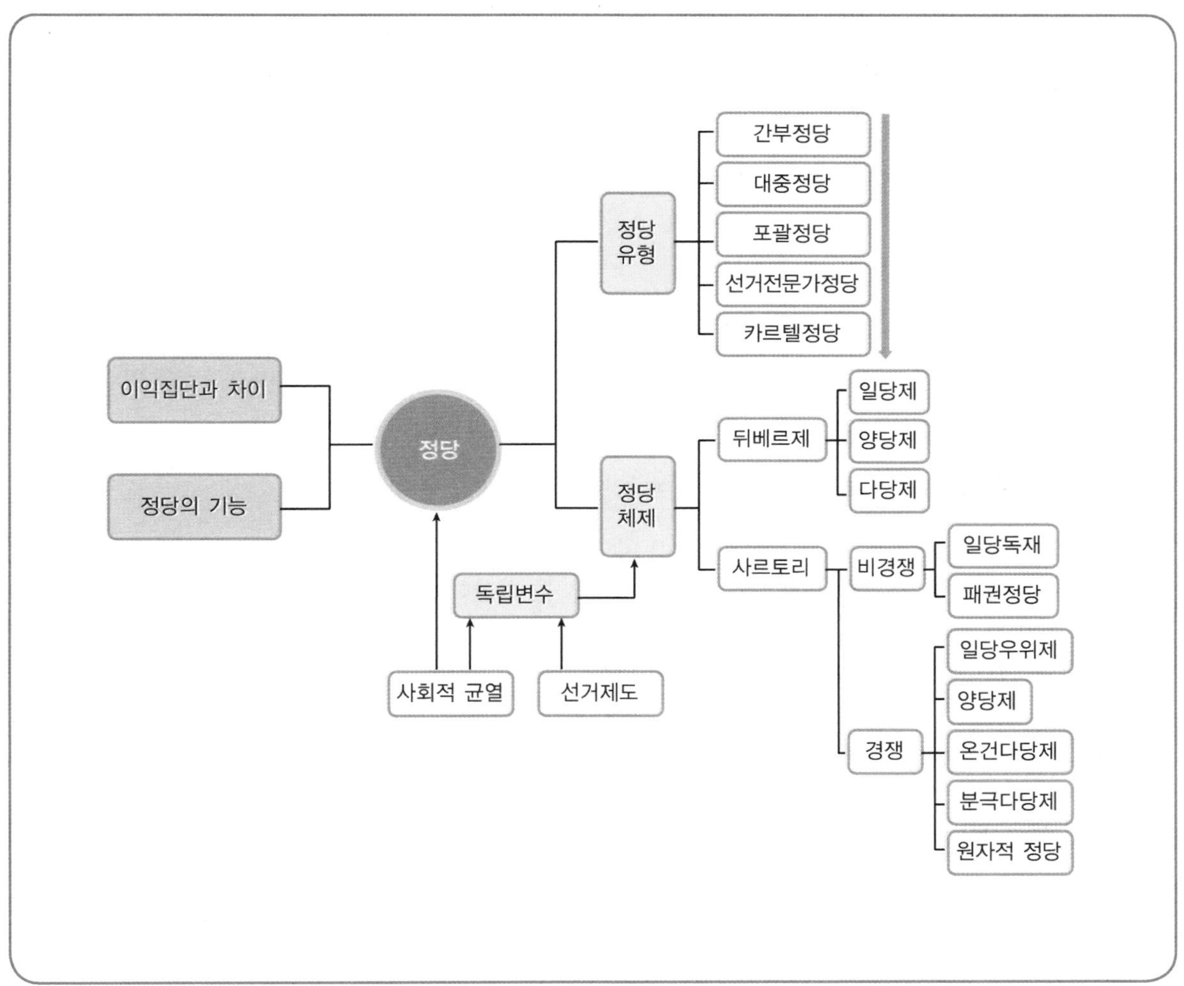

81) 서울대 공저(2006), 『정치학의 이해』, pp.272~282; 박현모(2004), 『마인드맵으로 본 정치학』, pp.247~267; 김우태 외 공저(2000), 『정치학의 이해』, pp.331~372; 강원택(2004), 『현대 정당정치의 이해』; 권영설(1998), "정당의 발달과정과 정당체제" 등을 참조하여 구성

I 정당에 대한 이해

- 정당이 이익집단, 파벌 등 다른 정치집단과 어떻게 다른가?
- 대의제 민주주의에서 정당은 어떤 위치인가?
- 정당이 어떤 맥락에서 어떤 유형으로 변화되어 왔는가?
- 교육적 시사점
  정치과정의 주체인 정당의 기능에 대해 이해하고, 정당 유형이 역사적으로 어떻게 변화되어 왔는지 알 수 있다.

01 정당의 의미와 기능

1. 정당의 의의

(1) 정부와 시민사회 연결

현대 대의정치하에서 정당은 국가와 시민사회를 연결하는 중요한 제도적 장치라고 할 수 있다. 정당은 선거를 통한 경쟁과정에서 다양한 사회 요구를 수렴하여 국가의 정책결정에 반영한다.

(2) 대의제 민주주의의 핵심제도: 정당 입후보 ⇨ 선거 ⇨ 대표 선출

현대 대의정치는 곧 대표에 의한 정치이다. 따라서 대표자를 선출하는 선거가 중요해지고 결국 대의정치의 요체는 선거정치인 셈이다. 선거는 국민의 의사를 확인하여 국정에 반영하는 과정이지만, 국민의 의사는 개별적으로 정치과정에 반영될 수 없고, 오직 조직화될 경우에만 효과적으로 반영될 수 있다. 이때 국민의 의사를 조직하는 역할을 담당하게 되는 것이 정당이다. 그래서 선거정치는 정당정치로 귀결될 수밖에 없다.

2. 정당의 개념 및 제도화

(1) 정당의 유래

정당이라는 말이 일반적으로 쓰이기 시작한 것은 영국에서 18세기 중반 이후, 특히 19세기 이후의 일로써 '파벌'이라는 말과 혼동하여 사용되어 왔다. 그러나 정당과 파벌은 서로 다른 것이다.

(2) 정당의 개념: 사르토리의 정의

사르토리 정의에 따르면 정당이란, 동일한 정견을 가진 사람들이 정치과정의 통제 특히 정권의 획득·유지와 정견 실현을 위하여 정부와 국민 사이를 매개하면서 자주적이고 지속적으로 활동하는 조직단체를 의미한다.

(3) 정당의 제도화

정당은 처음부터 정치에서 중요한 제도로 인식된 것은 아니었다. 처음 정당이라는 말이 사용되기 시작할 때만 하더라도 정당은 파벌과 구별되지 않은 것으로 인식되었다. 그런데 현대 대의정치가 본격화되고 정당에 대한 인식이 변화하면서 제도화되었다. 정당에 대한 인식변화와 제도화의 역사적 단계는 다음과 같다.

① 적대시의 단계: 프랑스 혁명기
이 단계의 정당들은 사적인 이해관계에 몰두한 나머지 국가이익과 같은 전체 이익을 무시하는 집단으로 인식된다. 또한 정당과 파벌이 혼동되어 취급됨으로써 정당이 파벌로 타락해가는 불가피성을 강조하였다.

② 무시의 단계: 불가피한 악으로서의 정당
이 단계의 정당은 자유로운 정부수립을 통해 불가피하게 등장하였다. 하지만 여전히 정당은 해로운 존재로서 인식되었다. 이런 상반된 인식하에 정당의 부정적인 측면을 최소화하고 긍정적 기능을 살리자는 입장이 나타났다.

③ 승인・합법화의 단계: 필수불가결한 수단으로서의 정당
이 단계의 정당은 선거권의 확대와 시민계급의 성장으로 절대군주에 대항할 수 있는 중요한 집단으로 인식되었다. 그 결과 정당의 부정적 측면보다 정당의 긍정적 기능이 강조되었다. 이제 정당은 정치적 필요수단으로서 기능을 인정받게 되었다.

④ 헌법적 융합단계: 헌법상 제도로서의 정당
정당이 필수불가결한 수단이라는 법률상의 인정은 정당에 대한 획기적인 인식 전환을 의미한다. 이로써 대중정당의 출현이 가능하게 되었고, 각국의 헌법에서 정당조직의 정당성이 승인될 수 있었다. 처음에는 프랑스 헌법, 독일의 본 기본법 등에서 헌법에 수용되었는데, 대부분의 국가에서는 2차 대전 이후에 헌법에 제도화되었다.

3. 정당의 기능

(1) 이익표출과 집약기능, 사회통합과 민주주의 발전을 위한 기능

정당은 정부 등에 요구하는 시민들의 다양한 이익을 수렴하고 집약한다. 이런 과정에서 정치적 이익을 취합하는 역할을 하고, 그 이익을 정치과정에 투입하는 기능을 수행한다. 또한 정당은 이해가 상충하는 사회의 각 집단과 세력들의 합의를 유도하고 그 결과를 정책에 반영함으로써 국민적 일체감과 연대의식을 강화하는 기능을 수행한다. 즉 정당은 정치과정에서 다양한 정치세력들을 조직화하여 정치과정을 끌고 가는 정치적 통합 기능을 수행한다.

(2) 정치사회화 기능

정당은 정치생활에 관련된 가치, 신념, 태도 등을 습득할 수 있도록 한다. 또한 정당은 정치조직을 마련하고 각종 집회 등과 정치적 활동을 함으로써 일반 국민들의 정치참여를 촉진한다. 또한 시민들에게 정

치적 사안을 판단할 수 있는 정보를 제공하고 조직화하는 정치사회화 기능을 수행한다.

(3) 정치엘리트 양성 및 충원 기능 그리고 정치참여 유도

정당은 정치적 이념을 실현하기 위해 사회구성원 일부를 선택하여 이들에게 정치적 인식 능력과 가치관 등을 제공하고 적절한 기술을 갖추도록 훈련시키면서 정치엘리트를 양성하고 지지를 호소한다. 또한 정당은 정치적 문제와 그 해결책을 제시함으로써 여론의 형성과 지지를 유도한다.

(4) 정부조직 구성 및 통제 기능

선거에서 승리한 정당은 여당으로서 정부를 구성하고 정책결정을 수행한다. 야당의 경우에는 정부 및 여당에 대한 견제 및 감시를 통하여 건설적인 비판자의 역할을 수행한다.

4. 구별 개념

정당이 이익집단이나 시민단체와 다른 결정적인 차이점은 정당의 궁극적인 목적이 정치권력의 획득, 행사, 유지라는 것이다.

(1) 정당과 파당

정당은 민의를 외면하고 권력획득에 집착하는 파당과 구분된다. 정당은 '전체 이익'을 추구하는 데 비해 파벌은 '사적 이익'을 우선시한다. 또한 정당의 기능이 정부와 국민 사이를 매개함으로써 정치체계의 능력을 진작시키는 것이라면, 파벌은 정부와 국민을 매개하는 기능을 결여함으로써 체계 능력의 진작에 도움을 주지 못한다.

⊙ 정당과 파당

구분	정당	파당
공통점	정권획득	
목적	공적인 정책 실현 목적으로 함	사적인 파벌의 이익을 위해 정권획득
조직	대중을 기반으로 함	이익과 관련된 사람들의 조직
타당관계	타당 인정, 동질성 유지	타당 불인정하고 탄압
목적성취방법	선거를 통한 국민의 지지	중상모략, 음모, 찬탈 등과 같은 수단

(2) 정당과 이익집단/시민단체

물론 이익집단과 시민단체도 특정 후보지원과 선거운동 등을 통해 정치과정에 개입하는 경우가 있지만 이들의 궁극적인 목적은 정당처럼 정치권력의 획득이 아닌 특정 분야에서 개별 정책의 실현이다. 또한 정당과 시민단체는 모두 공익에 기여하고자 하지만 시민단체는 권력획득을 목적으로 하지 않는다.

정당과 이익집단

구분		이익집단	정당
공통점		시민들의 이익을 대변하여 정부의 정책 결정에 영향력을 행사함(투입기능)	
차이점	목적	자신들이 추구하는 이익 실현	정권 획득 추구(공익 실현)
	관심영역	국지적, 집단의 이해관계와 관련된 쟁점이나 현안	포괄적, 거시적인 전체 이익이나 공공정책 사안
	정치적 책임	정치적 책임을 지지 않음	정치적 책임을 짐
이익집단과 정당		이익집단은 특수 이익 실현을 위해 정당에 정치적 압력 행사 및 정치적 지원을 하기도 함. 정당은 그들의 지지기반을 넓히기 위하여 이익집단과 연계하기도 함	

02 정당의 유형(역사적 고찰)

민주주의 국가의 정당 조직은 정당 내부의 권력 배분, 이념과 당원의 역할, 그리고 정당의 재원(財源) 등의 특징에 따라 역사적으로 몇 가지 유형이 나타났다. 정당의 유형은 다시 여러 학자들에 의해 다양하게 제시되었다. 뒤베르제는 간부정당, 대중정당으로 이분화시켰다. 다음으로 키르크하이머(O. Kircheimer)는 세 번째로 포괄정당 유형을 제시하였다. 포괄정당은 1950년대 이후 선거 승리와 대중 매체 활용의 중요성이 높아짐에 따라 등장한다. 다수 정당들의 조직에서 기존의 엘리트정당과 대중정당의 특징이 약화되고 포괄정당의 특징이 나타난 것이다. 최근에 피터 메이어(P. Mair)는 카르텔 정당을 포함해 4유형으로 제시하였다. 또한 캐츠와 메이어(Katz & Mair)는 정당의 발전과정을 분석하면서 국가 및 시민사회와 정당의 관계 변화를 중심으로 간부정당, 대중정당, 포괄정당, 카르텔 정당으로 유형화하였다. 여기에서는 여러 학자들의 견해를 정리하여 간부정당, 대중정당, 포괄정당(선거전문가 정당), 카르텔 정당으로 나눠 살펴보도록 하겠다.

1. 간부정당

(1) 간부정당 의미

'엘리트정당'이라고도 부른다. 19세기 의회 내 파벌과 명망가들이 공통의 의제를 입법화하고 선거운동을 함께 수행하는 과정에서 발전된 정당 조직 유형이다. 19세기 영국 보수당이 그 예이다.
최초의 근대정당인 간부정당은 '유명 인물의 집단'을 의미한다. 이 정당은 보통선거가 확대되기 이전에 사회적 명망가들이 학연, 지연, 혈연 등을 바탕으로 선거를 위해 조직하여 활동했던 엘리트정당(간부정당)이다.

(2) 당원과 조직 운영: 사회적 명망가들의 모임 수준

① 의회 내 정당
이 정당은 의회 내 의원들 간의 느슨한 연계를 바탕으로 시작되었다. 즉 원내 소수 명망가들로 구성된 정당이었다.

② 당원: 엘리트
간부정당은 정치에 전념할 수 있었던 비교적 부유한 명사들로 구성되었다. 보통선거권이 확립되기 이전 의회 내 의원들의 당선을 지원하기 위한 조직으로 시작된 정당이었다. 이 정당은 오늘날의 정당처럼 체계적으로 조직화된 형태가 아니라 선거를 위해 일시적으로 형성된 모임 정도의 수준이었다.

③ 정당 형성 요인
이 정당의 형성 요인은 이념적인 것이 아니라 주로 친분과 비즈니스 등과 같은 비정치적 요인 때문이었다.

④ 정당조직
간부정당은 폐쇄적이고 지역적인 간부회의가 주도하였다. 이 회의는 제한된 수의 정당간부나 선거인단과 같은 코커스라고 할 수 있다.

⑤ 재원조달
간부정당의 재원은 의원들 각자가 개인적인 접촉이나 친분을 통해 기부를 받는 방식이었다.

⑥ 지지기반과 이데올로기: 보수주의 또는 온건한 개혁을 표방
보통선거권이 확대되기 이전이기 때문에 자연히 선거권을 가진 중산층 이상의 선거민에 의존하였다. 따라서 이념적으로도 보수주의 또는 온건한 개혁주의를 표방하였다.

(3) 평가

간부정당은 지도자 중심의 정당이었으며, 후보자의 선출을 위해서만 활동을 하는 시민계급만의 정당이었다고 할 수 있다.

(4) 간부정당의 쇠퇴와 대중정당의 등장

보통선거권의 실시로 정치참여가 개방되면서 개인 중심의 간부정당은 지지를 동원하는 데 한계에 직면하게 되었다. 즉 대중 민주주의의 출현이 간부정당을 대중정당으로 전환하게 하였다.

2. 대중정당

(1) 대중정당 의의

대중정당(mass party, 이념정당, 정책정당)은 의회 외적 기원을 갖는 것으로 뒤베르제(M. Duverger)가 명명한 정당 조직 유형이다. 대중정당은 19세기 후반에서 20세기에 선거권이 확대됨에 따라 노동자 계급의 지지를 이끌어 내기 위해 창당된 것으로, 영국 노동당과 유럽 사회주의 정당들이 대표적 예이다. 뒤베르제는 '대중정당이야말로 정당원칙의 진정한 구현'이라고 하였다. 대중정당은 간부정당과는 달리 보통선거권의 확대에 따라 발생하였고, 의회의 외부로부터 만들어진 정당이다. 예컨대 노동운동이 노동단체를, 노동단체가 대중정당을 만든 것이다.
대중이 주도하고 의회의 외부에서 만들어졌다는 점에서 대중정당은 '대중통합정당' 또는 '사회적 통합정당'이라고 불리기도 한다.

(2) 당원과 조직운영

① 당원

대중 정당에서 매우 중요한 위치를 차지하는 것은 당원이다. 당원은 당비를 통한 재원 제공 역할, 유권자와 정당을 연계시켜 지지 확보 역할, 당이데올로기의 수용자 및 예비정치인의 지위 등 대중정당의 운영과 선거를 위해 가장 핵심적인 역할을 한다.

② 당 형성 내지는 결집요인

대중정당은 이데올로기를 통해 대중들을 정당이라는 공동체로 결집시키고, 당원들을 정치사회화 시켰다. 이 이데올로기의 핵심은 '더 나은 세계는 가능하다.'는 비전이었다. 대표적인 이데올로기가 사회주의다.

③ 기초 조직과 지부로 구성되어 상시적으로 활동하는 대규모 조직

이 정당은 노동자, 농민들을 기반으로 정당의 기초 조직과 지부 등으로 조직화하였다. 하층계급(노동자계급)에 기초를 둔 이 정당은 노동자, 농민 등의 사회적 운동의 성격을 띠었다. 이데올로기적 목표를 위해 정당의 기초 조직과 지부에 기초한 관료적이며 강력한 위계조직을 갖추고 있다.

지배세력과의 선거 경쟁을 위해서는 다수를 동원하고 이를 조직화하기 위해서는 막대한 비용확보는 불가피한 일이었다. 따라서 대중정당은 다수의 당원을 확보하고 정당을 조직화하기 위해 상시적 활동을 하였다.

문제는 미헬스의 과도제의 철칙과 같이 소수의 행동가를 제외하고, 대부분의 당원들은 적극 참여하기보다는 정당의 계획과 행동에 전반적으로 동의하는 역할을 하였다는 것이다.

④ 당비로 정당의 재원 충당

정당의 재원은 많은 당원들의 당비로 충당하였다.

⑤ 개방적인 정당

대중정당은 간부정당처럼 폐쇄적이지 않고 개방적이었다.

⑥ 대표 양식: 대리인

대중 정당은 중앙집중화된 관료제를 정착시켰다. 그리고 지도자들과 대표자들은 치열한 내부적 경쟁절차를 통해 선출되었다. 이런 점은 대중정당이 시민사회의 이익 반영을 중시한다는 점을 보여준다. 그래서 이들은 특정한 사회계급 혹은 특정한 사회집단의 이익을 대변하는 대리인으로 대표성을 위임받은 존재였다.

3. 후기산업사회로 인한 대중정당의 변화

(1) 계급적 균열구조의 모호해짐: 노동집단 내부 계급화, 탈물질적 가치 요구

앞서 살펴본 대중정당은 확고한 사회균열구조가 모호해지는 후기 산업사회로 들어가면서 큰 변화를 겪게 된다. 경제발전으로 소득이 늘어난 가계들은 소비행위에 치중하게 되고, 노동자들 집단 내부에 계급화가 이뤄지고, 탈물질적인 가치에 대한 요구들이 생겨나면서 노동자와 이데올로기에 근거한 대중정당

은 그 지지기반의 상실로 본연의 모습을 유지하기 어렵게 되었다. 이와 같이 명확했던 사회균열구조가 후기 산업사회에 들어와 모호해지면서 포괄정당, 선거전문가 정당, 카르텔 정당 등의 성격이 나타났다. 이런 세 가지 구분은 현대의 많은 정당들이 지니고 있는 다른 성격으로 볼 수 있다.

(2) **현대 정당들의 고민**: 선거 승리 확보 및 재원 확보

현대의 정당들은 물질적 · 계급적 균열 구조가 완화된 후기 산업사회에서 몇 가지를 고민할 수밖에 없었다. 첫째, 누구를 지지층으로 할 것인가? 둘째, 앞으로 선거에서 어떻게 승리할 것인가? 셋째, 정당이라는 대규모 조직을 운영할 재원을 어떻게 확보할 것인가?

대중정당의 고민과 정당 유형의 관계

대중정당들의 고민	대중정당들의 변화 방향
첫째, 누구를 지지층으로 할 것인가?	노동자 등 특정 계급 ⇨ 국민
둘째, 앞으로 선거에서 어떻게 승리할 것인가?	당원들의 지지 및 활동 ⇨ 선거전문가
셋째, 정당이라는 대규모 조직을 운영할 재원을 어떻게 확보할 것인가?	당비 ⇨ 국고보조금, 카르텔 형성

4. **포괄정당**: 국민 전체를 대변하는 정당

(1) **등장배경**: 후기 산업사회, 복지국가

고도의 산업화와 경제성장은 양극화를 해소하고 풍요로운 삶을 만들어 냈다. 그 결과 계급 균열은 약화되고, 그 결과 계급을 기반으로 정당일체감을 이뤘던 대중정당은 당원들의 이탈을 경험하게 되었다.

(2) **포괄정당의 의의**

포괄정당은 키르크하이머(O. Kircheimer)가 제시한 것으로, 1950년대 이후 선거 승리와 대중 매체 활용의 중요성이 높아짐에 따라 등장한다. 다수 정당들의 조직에서 기존의 엘리트 정당과 대중정당의 특징이 약화되고 포괄정당의 특징이 나타난 것이다.

제2차 세계 대전이 끝난 후 개별적 대표성을 지닌 옛 형태의 부르주아 정당은 쇠퇴하였다. 그들 중의 일부는 살아남기도 했지만, 더 이상 정당체계의 성격에 영향을 미치지 않는다. 그리고 보다 견고한 계급적 구분과 분파적 구조가 뚜렷했던 시기의 산물이었던 대중통합정당(mass - integration party)은 선거에서 승리하기 위해 그 자신을 새로운 형태의 정당으로 변형시키고 있었다. 이 새로운 정당이 포괄정당이었다. 이 정당은 제2차 세계대전 이후의 정당, 특히 독일 정당의 변화를 고려하였다.

키르크하이머는 사회경제적인 환경변화와 가치관의 변화에 따라 전통적 대중정당들이 이데올로기적으로 탈색되어 포괄정당화(catch - all party, 인중정당)되어 간다고 주장하였다. 즉, 포괄정당이 등장한 것은 후기 산업사회의 도래로 나타난 교육 수준의 향상, 개인주의의 강화, 경제 성장 등과 밀접한 관계를 맺고 있다.

(3) 당원과 조직 운영

① 이념 성향과 지지층 : 탈이데올로기화 및 국민 전체(모든 계층)를 대변하는 정당

현대정당의 성격으로서 포괄정당(catch - all party, 인중정당)은 대중정당과 같이 노동자라는 부분적 집단이 아닌 국민 전체를 대변하는 정당이다. 이 정당은 기존의 지지기반을 이루었던 계층, 계급, 사회집단을 초월하여 모든 계층과 집단의 이익을 표방한다. 즉 특정 이념이나 계급·계층에 의존하기보다 광범위한 유권자의 지지를 목표로 하고 있는 정당의 모습에 주목하였다.

② 정당의 기능 및 대표 양식

포괄정당은 국민 전체를 내세운 만큼 대중정당처럼 특정 사회집단의 대표자가 아니다. 이러한 점에서 포괄정당의 목표는 대표가 될 수 없다. 선거의 승리를 통해 통치를 지향하게 된다. 결국 이들의 대표 양식은 대중정당과 같은 대리인이 아니라 시민사회와 국가 사이의 중개인 역할을 하게 된다. 포괄정당은 시민사회의 이익 반영보다 시민사회와 국가 정책의 연계를 중시한다.

③ 당원과 정당지도부

당원의 지위는 많이 약화되고, 정당지도부의 지위가 강화된다. 당원은 줄고, 선거 승리를 위해 유권자에게 적접 호소하는 방식으로 변하는 가운데 특정 계급이나 관계망에 속한 당원의 중요성은 떨어졌다. 한편 선거의 승리를 위해서는 인물이 중요하게 되었다. 그 결과 정당지도부의 지위가 강화되었다.

④ 재원조달

정당의 중요한 재원은 당비였다. 대중정당은 이데올로기를 통해 당의 정체성을 강조함으로써 당원들을 모을 수 있었다. 하지만 이것도 여의치 않게 되었다. 오히려 당원을 모으려면 당원들에게 어떤 혜택과 권리가 있는지를 강조해 가입을 독려해야 하는 상황이 된 것이다. 포괄정당의 재원은 당비로는 부족한 상황이다. 그래서 포괄정당은 다양한 기부와 후원금을 통해 재원을 충당하기 위해 노력한다.

(4) 대중정당과 포괄정당의 비교

① 이데올로기 및 당원

포괄정당은 대중정당과는 달리 당원들의 충성심과 이데올로기에 의존하지 않는다. 즉 포괄정당에서는 일종의 심리적 당파성인 정당일체감(party identification)의 중요성이 약화된다. 지지기반이 약화된 상태에서 포괄정당은 자신들의 생존을 위해서는 선거에서 승리를 위한 전략을 세워야만 하는 상황이 되었다.

② 재원

대중정당은 당원들의 권리와 의무를 강조하면서 재원을 당비에 주로 의존한다. 반면에 포괄정당은 당원들의 권리가 강조되고, 재원은 기부와 후원금에 많이 의존한다.

③ 대표

대중정당은 시민사회의 이익을 대표하며, 대리의 양식을 가진다. 포괄정당은 시민사회와 국가를 중개하는 중개자의 역할을 한다.

(5) 포괄정당의 선거전략과 선거전문가 정당

① 배경

대표적인 연구자는 파네비앙코이다. 그는 포괄정당의 논의에서 정당조직의 전문화에 대한 연구를 소홀하게 하였다고 주장하면서 미국 정당의 조직적 특성으로 보이는 선거전문가 정당을 다루었다.

② 선거전문가 영입 ⇨ '이슈선점 전략', '이미지 중심의 전략'

포괄정당들은 지지기반이 적어진 상태에서 유동적이면서 광범위한 유권자들로부터 지지를 극대화하기 위한 선거전략을 세워야 하는 상황에 직면했다. 이들의 선거전략은 다양한 계층과 계급으로부터 지지를 얻어내기 위한 '이슈선점 전략', 자본집약적이면서 '이미지 중심의 전략'이었다. 즉 선거 때마다 유동적인 유권자들을 상대하는 가운데 다양한 전략을 동원해서 유권자들을 공략하는 방향으로 바뀌게 되었다. 그 결과 정당지도자와 이미지와 역할이 더욱 중요하게 되었다.

③ 관료 중심의 정당

이런 선거전략적 상황에서 포괄정당은 선거전문가 정당으로서의 성격을 가지게 되었다. 선거전문가 정당은 정당원이 아니라 정당을 잘 이끌어 선거에서 승리하게 할 수 있는 관료들이 중심이 되는 정당을 말한다.

④ 문제점: 정당의 위기

선거전문가 정당은 유권자와의 연계가 약하다. 사회의 이익을 집약하고 표출하는 정당의 기능이 정치과정에서 나타나기 어렵게 된다. 그 결과 정당의 지위가 약화되고, 이것은 유권자들의 정당일체감을 약화시키게 되는 것이다.

5. 카르텔 정당

(1) 배경: 정당원의 감소 ⇨ 당비의 감소 ⇨ 정당의 재정위기 초래

1970, 80년대를 거치면서 카르텔 정당에 대한 논의가 활발하게 전개되었다. 서유럽의 정당들은 포괄정당화와 더불어 심각한 존재의 위기를 경하게 되었다. 왜냐하면 포괄정당화되면서 유권자들의 정당일체감이 약화되고, 그에 따른 정당의 사회적 기반이 부실해짐에 따라 정당은 재정적 어려움을 겪게 되었다. 또한 선거에서 지속적인 지지를 동원하는 것에도 커다란 어려움을 겪게 되었다.

(2) 국가에 의존 ⇨ 국고보조금, 매스미디어 이용과 접근 권한 독점

이런 위기의 상황에서 서유럽의 정당들이 택한 방향은 국가에 의존을 강화하는 것이었다. 구체적으로 살펴보면 정치자금, 선거운동 등에서 국가에 대한 의존을 강화해 갔다. 즉 재정수단 확보와 매스미디어의 독과점을 통해 살아남기 위해 노력하였다. 이는 재정수단은 국고보조금 등을 통해서, 선거운동에서 매스미디어의 이용과 접근의 권한을 독과점적으로 보유하는 것을 의미한다.

(3) 담합 형성 ⇨ 새로운 정치세력 진입 장벽 ⇨ 국가에 밀착, 시민사회와는 멀어짐

이처럼 새로운 재정수단 확보와 매스미디어의 독과점을 통해 기성 정당은 새로운 정치세력의 진입이 점차 어려워지는 자신들만의 독과점체제인 카르텔 정당체제를 구축함으로써 국가에 대한 의존은 강화되고 시민사회와의 거리는 더욱 멀어지게 되었다.

(4) 국가대리인

정당은 자신들의 생존을 위하여 국가의 자원을 이용하게 되고, 이것은 정당이 국가와 공모하여 국가를 대변하는 역할을 할 가능성을 높인다. 정당의 대표성, 자율성, 독립성, 그리고 책무성 등이 약화되는 결과를 초래한다. 따라서 카르텔 정당은 정부에 대해 가깝고 국민으로부터 먼 정당이라고 할 수 있다.

정당유형 비교 82)

구분	간부정당	대중정당	포괄정당	카르텔 정당
시기	19세기	1880~1960	1945~	1970~
사회정치적 정치참여 허용(포괄)수준	선거권 제한	참정권 부여, 보통선거권 확대	보통선거	보통선거
목표	특권 분배	사회 개혁	사회 개량	직업으로서 정치
이데올로기 영향력	보수 이데올로기 배경	진보이데올로기 강함	약해짐	약해짐
정당재원	개인적 접촉	당비 중심	기부 중심	정부 보조금
당원 특징	소수, 엘리트	규모가 크고 균일, 권리와 의무 강조	이질적인 사람들에게도 당원자격 개방, 권리는 강조되나 의무는 강조되지 않음	권리, 의무 모두 강조되지 않음, 당원과 비당원의 경계 모호
민의수렴방식	시민사회와 국가와의 경계가 불명확함, 수탁자	시민사회의 일부 계층의 대표로 시민사회 소속, 대표자	시민사회와 국가 간의 중개자, 경영자	국가의 일부, 국가중개자

Ⅱ 정당 및 정당체제의 형성과 변동

- 정당은 어떤 사회 경제적 요인으로 형성되었는가?
- 어떤 정당체제 유형이 있는가?
- 어떤 정당체제가 정치발전과 민주주의 공고화를 위해 바람직한가?
- 정당체제에 영향을 주는 어떤 요인이 있는가?
- 우리나라의 정당은 제도화되었는가?
- 교육적 시사점
  정당의 사회적 의미를 이해하고, 정당체제가 정치안정과 어떤 관계가 있는지 알 수 있다. 또한 정당체제와 선거제도의 관계에 대해 파악할 수 있다. 마지막으로 우리나라의 정당이 제도화될 수 있는 방안을 탐색할 수 있다.

82) 피터 메이어 저, 김일영·이정진·함규진 역(2011), 『정당과 정당체계의 변화: 접근과 해석』 서울: 오름. p140 부분 발췌 및 수정, 추가 작성함

01 정당발생에 영향을 미치는 요인

1. 정당발생에 영향을 미치는 다양한 요인들

정당의 발생에 영향을 미치는 요인으로는 정부제도나 선거제도의 변화, 국가의 분열과 갈등 심화로 인한 역사적 위기 상황, 산업화, 교육수준 등의 향상으로 인한 근대화, 사회구조 등을 들 수 있다. 그리고 국가와 지역마다 다양하게 등장한다. 이 중에서 가장 대표적인 이론이 서유럽을 설명하는 '사회적 균열'이다.

2. 사회균열이론

(1) 립셋과 로칸의 연구

립셋(Lipset)과 로칸(Rokkan)은 근대 이후 서구의 사회적 균열이 정당체계 발전에 어떤 영향을 미쳤는지를 연구하였다.

(2) 서구의 사회균열구조

① 사회균열의 의미
사회균열은 사회를 구분하는 선을 말한다. 즉 사회구성원들 사이의 집단적 갈등과 대립을 야기하거나 야기할 가능성을 지닌 사회적 구분을 의미하는 개념이다.

② 사회균열양상
그들의 연구에 따르면 서구 국가들은 중심 대 주변, 교회 대 국가, 농촌 대 도시, 자본가 대 노동자와 같은 네 가지의 사회적 균열구조를 경험하였고, 이런 균열구조가 정당체계에 그대로 반영되었다는 결론을 내렸다. 특히 결빙명제로 제시된 균열구조는 자본가 대 노동자의 균열구조였다.

02 정당체제

1. 정당체제의 개념

(1) 정당체제(체계)의 의미

캐츠와 메이어에 따르면 정당체제는 정당 제도를 포함하는 정당의 수와 그 유형, 그리고 개별정당들 간의 역학관계를 뜻하는 보다 넓은 의미로 사용되어 왔다.

(2) 정당체체 연구

정당체제에 관한 논의는 1950년대 뒤베르제의 '정당론'을 출발점으로 여러 학자들의 연구를 거쳐 1970년대 후반 사르토리에 이르게 되면서 보편화되었다.

(3) 정당체제와 관련된 연구 동향

정당체제에 관한 논의의 출발은 1950년대 뒤베르제부터였다. 뒤베르제는 정당체제를 정당 수를 중심으로 분석하였다. 하지만 정당체제는 정당 수만으로 분석할 수는 없다. 그래서 뒤베르제의 연구는 이후 비판과 검증의 대상이 되었다. 뒤베르제의 연구를 비판적으로 발전시킨 것이 사르토리였다. 1970년대 후반 사르토리에 의해 정당체제 연구는 보편화되었다.

(4) '정당의 수'를 중심으로 한 분석

① '정당의 수'에 내포된 의미
정당체제 연구에서 중요한 변인이 '정당의 수'이다. 하지만 이 분석은 단순한 수를 분석하는 것이 아니라 역동적인 정당간의 관계를 다루는 것이다. 정당의 수는 한 사회 내에서 정치적으로 조직된 대안의 수를 의미한다.

② '정당의 수'를 분석하는 가치: 경쟁양상, 정치연합 내지 정부형성 패턴 분석
정당수를 분석하는 가치는 다음과 같다. 첫째, 정치경쟁의 유형적 특징을 보여준다. 둘째, 정치연합 내지 정부형성의 유형적 패턴을 결정하는 가장 중요한 변인이다(그 밖에 다른 변인으로는 정당 간 이념적 거리, 선거경쟁의 이슈, 사회경제적 변화 등등).

③ '유효정당의 수'를 중심으로 한 분석
이런 정당의 수를 중심으로 분석하는 접근법은 유효정당의 수(적실정당, 독자적인 정치대안으로 가능하거나 혹은 그 잠재력을 가진 정당의 수), 정당의 유효 수 등을 중심으로 분석하는 것이다. 정당의 수가 가질 수 있는 분석적 가치를 가장 잘 보여준 모델이 락소 & 타게페라(Laakso & Taagepera, 1989) 연구이다. 하지만 정당체제는 정당 수만으로 분석할 수는 없다. 캐츠와 메이어에 따르면 정당체제는 정당 제도를 포함하는 정당의 수와 그 유형, 그리고 개별정당들 간의 역학관계를 뜻하는 보다 넓은 의미로 사용되어 왔다.

2. 뒤베르제의 정당체제 분석

뒤베르제는 정당의 수와 연합을 기준으로 일당제, 양당제, 다당제로 나눴다.

(1) 일당제

일당제는 정당이 한 개뿐이거나 하나의 정당만이 실권을 행사하는 정당체제를 말한다. 이런 정당체제는 전체주의 체제나 권위주의 체제 등에서 주로 나타날 수 있다. 뒤베르제에 따르면 물론 일당 민주주의도 가능하다. 하지만 사르토리는 이에 대해 개념의 불명확성과 논리의 비약을 지적했다. 즉 정당 간의 경쟁을 고려하지 않았다는 것이다. 민주주의나 다원주의를 일당제에서 인정하려면 체계로서의 정당과 정당 간 경쟁을 고려해야만 한다는 것이다. 이 점을 고려하지 않고 일당제와 민주주의, 일당제와 다원주의의 결합 가능성을 주장하는 것은 잘못되었다는 것이다. 그리고 단일 정당 내부의 경쟁이 존재할 수도 있다는 점을 지적하였다.

(2) 양당제

① 의미
양당제는 정당이 여러 개 있지만 세력이 비슷한 2개의 정당이 단독으로 집권 가능한 정당체제를 말한다.

② 양당제의 장점
양당제의 장점은 2개의 정당이 중심이라는 점에서 유권자의 정당선택이 용이하고, 정치적 책임소재가 분명하고, 다수가 형성되어 정국이 안정되고 국회운영이 원활하다는 점이다.

③ 양당제의 단점
단점은 다양한 국민의 의견을 반영할 정당이 존재하지 않는다는 점, 정당 선택의 폭이 좁다는 점, 정당 간 대립이 발생할 경우 중재가 어렵다는 점 등이다.

(3) 다당제

① 의미
다당제는 3개 이상의 정당이 존재하여 정당분립현상이 나타나는 정당체제를 말한다.

② 다당제의 장점
다당제는 여러 정당이 존재한다는 점에서 소수의 의견을 포함한 다양한 의견을 수용할 수 있고, 정당 선택의 폭이 넓고, 정당 간 대립 시 중재가 쉽다는 장점이 있다.

③ 다당제의 단점
반면에 군소정당이 난립하여 정국을 불안하게 만들고, 정책 추진력이 약하고, 정당 간 연합이 발생할 경우 책임소재가 불분명할 수 있다는 단점이 있다.

(4) 뒤베르제의 양당제와 다당제에 대한 평가

① 정치안정 측면에서 비교
뒤베르제의 분석에 따르게 되면 양당제는 안정적으로 권력교체가 이뤄지면서 정치체제가 안정되지만 다당제의 경우에는 정당분립을 특징으로 하기 때문에 정치체제의 불안정성을 야기할 수 있다고 보았다.

② 정당체제와 선거제도의 관련성: 뒤베르제 법칙
이런 주장의 배경에는 선거제도의 정치적 효과와 정당체제와의 관계를 설명하는 뒤베르제 법칙이 있다. 그의 법칙은 단순다수대표제는 주요 독립정당 간의 권력교체를 통하여 양당체제를 촉진하며, 비례대표제는 다수의 정당체제를 촉진한다는 것이다.

⊙ 양당제와 다당제 비교

구분	양대 정당제	다수 정당제
의미	정당이 둘 또는 그 이상 있는 상황에서 거의 대등한 세력을 가진 2개 정당이 상호 비판과 견제를 통해 정권을 교체하면서 독자적으로 집권할 수 있는 정당체제	다수의 정당이 존재하는 상황에서 의회 내 과반수 의석을 차지한 경우는 단독 정부, 그렇지 않은 경우에는 연립내각을 구성하여 집권할 수 있는 정당체제
장점	• 정국의 안정 • 책임 정치에 적합 • 평화적 정권 교체가 용이함 • 국가 정책의 강력한 지속성	• 국민의 다양한 의견 반영 • 소수 이익 보장 • 정당 간 대립 시 중재 용이 • 다양한 여론 변화를 반영함
단점	• 선택의 범위가 좁음 • 다양한 의견 반영이 어려움 • 다수당의 횡포로 소수 이익 무시 • 대립 시 극단적인 대립 가능성 존재	• 정치적 불안정 초래 가능성 • 연립정부 구성 시 책임 소재 불분명 • 강력한 정책 수행이 어려움

3. 사르토리의 정당체제

(1) 뒤베르제 분석에 대한 비판과 분석 방법

뒤베르제의 전통적인 분석에 대해 사르토리는 정치적 안정은 정당의 수뿐만 아니라 정당 간의 이념적 거리로 인해 좌우된다고 비판하면서 정당체제를 분석하였다.

(2) 사르토리의 정당체제 유형: 비경쟁적 정당체제와 경쟁적 정당체제

사르토리는 정당체제를 비경쟁적 정당체제와 경쟁적 정당체제로 크게 나눴다. 비경쟁적 정당체제는 일당독재, 패권정당 등으로 나눠 설명하였다. 경쟁적 정당체제는 일당우위정당, 양당제, 제한다당제, 분극다당제, 원자다당제 등으로 나눠 설명하였다.

① 비경쟁적 정당체제: 일당독재, 패권정당체제

비경쟁적 정당체제를 살펴보면 다음과 같다. 하나의 정당만이 존재하여 계속 지배하는 정당이 일당독재이고, 정당 간의 경쟁이 보장되지 않고 정권 교체 없이 어느 하나의 정당이 지속적으로 집권을 하는 경우가 패권정당체제이다.

② 경쟁적 정당체제

경쟁적 정당체제를 살펴보면 다음과 같다.

㉠ 일당우위제

일당우위제는 둘 이상의 정당이 합법적으로 정권획득 경쟁을 하고 있으나, 결과적으로 하나의 정당이 장기간에 걸쳐 압도적인 우위를 확보하고 있는 정치체제이다.

ⓛ 양당제

양당제는 여러 정당이 있지만 두 정당이 절대다수의석을 위해 경쟁하며 실제로 어느 한 정당이 과반수 획득에 성공하여 단독 정권을 형성하고 양당 간의 정권교체가 일어날 것이 예측되는 정당체제를 말한다. 양당제의 경우에는 주로 다수대표제에서 많이 나타난다. 또한 양당체제가 나타나는 국가에서는 각 정당이 보다 많은 유권자의 지지를 확보하기 위하여 노력하기 때문에 정강·정책이 비슷하게 수렴되는 경향이 나타난다.

ⓒ 온건다당제

온건다당제는 분열하지만 이데올로기적으로 분극화되어 있지 않은 정당체제를 말한다. 여러 정당이 연립정권을 지향하면서 양당제와 유사한 양극 구조를 보인다. 주로 비례대표제를 채택하는 경우에 많이 나타난다.

ⓡ 분극다당제

분극다당제는 양극이 아니라 분극화되어 있는 5~6개의 정당으로 구성된 체제이다. 정당 간 이데올로기 거리가 크고 집권을 위해서는 연립을 해야 한다. 주로 무책임한 야당이 존재하고 공약남발의 정치가 많이 등장한다.

ⓜ 원자화된 정당제

원자화된 정당제는 어떤 정당도 지배적이지 못하고 다른 정당에 아무런 영향을 끼치지 못하는 상황에서 나타나는 정당체제이다.

ⓢ 뒤베르제와 사르토리의 비교

구분	뒤베르제	사르토리
정당체제의 분석틀	• 기준: 정당 수와 선거제도 • 3분법(일당제/양당제/다당제)	• 기준: 정당 수, 상대적 규모, 정당 간 이데올로기 거리 표방, 이데올로기에 대한 감정이입도 • 7분법
정당체제에서 중시하는 경향	양당제를 중시	• 중간의 경향을 중시 • 양당제는 오히려 예외적 현상
개념정의	개념정의 문제 고려 없음	개념정의의 정확성 강조

4. 정당체제의 형성과 변동

한 국가의 정당체제는 다양한 요인의 영향을 받는다. 대표적으로 어떤 선거제도를 채택하느냐에 따라 의회에서 정당 간 세력판도가 달라질 수 있다. 또한 현대 사회의 정당경쟁구도는 사회에서 대립하던 사회집단들이 정치적인 조직화를 통해서 만들어낸 결과물이라고 할 수 있다. 따라서 그 국가의 사회경제적 갈등이 정치적으로 동원된 사회적 균열(cleavage)에도 주목해야 한다.

(1) 정치 · 사회적 균열구조와 정당체제(립셋과 로칸의 분석)

① 사회적 균열이 정치적 균열로 변화

㉠ 사회 균열구조의 의의

정당체제의 발생에 영향을 주는 결정적 요인으로 다뤄지는 것이 사회적 균열구조이다. 균열이란 갈등이 발생할 수 있는 개인들, 집단 또는 조직들의 분화현상을 말한다. 즉 균열은 공동체 또는 하위공동체의 구성원들을 집단들로 구분하는 척도이다. 그런데 사회적 균열은 단순한 분열을 의미하는 것이 아니라 사회경제적 특성에 의해 규정되는 집단의 구성원들이 정체성을 갖고 그들의 입장을 관철시키기 위해 조직되는 것을 말한다.

㉡ 사회적 균열구조 ⇨ 정치의 균열구조 ⇨ 정당체제

립셋(Lipset)과 로칸(Rokkan)은 근대 이후 서구의 사회적 균열이 정당체계 발전에 어떤 영향을 미쳤는지를 연구하였다. 이 논의에서 핵심은 사회적 균열구조가 정치의 균열구조가 된다는 것이다. 따라서 정당체제의 발생에 영향을 주는 결정적 요인으로 다뤄지는 것이 사회적 균열구조이다. 그들의 연구에 따르면 서구 국가들은 중심 대 주변, 교회 대 국가, 농촌 대 도시, 자본가 대 노동자와 같은 네 가지의 사회적 균열구조를 경험하였고, 이런 균열구조가 정당체계에 그대로 반영되었다는 결론을 내렸다. 특히 결빙명제로 제시된 균열구조는 자본가 대 노동자의 균열구조였다. 이와 같은 사회적 균열구조가 정당체제를 결정하는 근본적인 요인으로 작용할 수 있다.

㉢ 서구의 균열구조와 정당체제

서구사회가 경험한 대표적인 사회적 균열은 지배적 문화 대 종속적 문화, 교회 대 정부, 1차 산업 대 2차 산업, 노동자 대 고용주 및 소유자라는 것 등이다. 이 같은 사회적 균열구조는 정당체제의 형성에 영향을 주게 되는데 특히 종교와 계급의 균열구조가 서구 정당체제에 중요한 영향을 미쳤다.

㉣ 사회적 균열구조의 변화

유럽의 경우 종교개혁이나 국가혁명 혹은 산업혁명 등을 계기로 정당체제의 정렬(alignment)이 이루어 졌다. 예컨대 독일의 경우 노동자, 특히 노동조합에 소속된 노동자 계층이 주요 지지기반인 사회민주당과 가톨릭 신도가 주요 지지기반인 기독교민주당이라는 두 거대 정당이 경쟁하는 정당체제를 오랫동안 유지해 왔다. 그러나 사회구조적 변화와 함께 1980년대 이후 환경, 반핵, 참여 등을 내세운 녹색당이 의회에 진입하면서 다당제적 양상이 지속되고 있다.

(2) **선거제도와 정당체제의 관계**: 단순다수대표제는 양당제를, 비례대표제는 다당제를

① 개요

뒤베르제 법칙이나 사르토리 등의 주장에 따르면 선거제도가 정당체제에 미치는 영향력이 상당히 크다. 샤트슈나이더는 미국의 사례 연구를 통해 단순다수대표제일 때 양당체계가 형성 및 유지된다고 하였다. 뒤베르제는 단순다수대표제는 양당체계를, 비례대표제는 다당체계를 촉진한다고 하였다. 사르토리는 단순다수대표제하에서는 양당체계를 유도한다고 지적하였고(사표심리), 비례대표제는 정당체계가 불안정할 때에는 정당체계의 분열을 촉진하고, 안정적일 때에는 온건적 다원주의가 된다고 하였다. 이들의 주장은 선거제도와 정당체제의 상관관계를 강조하는 것이다. 하지만 이런 주장에 대해 다른 제도는 무시하고 선거제도만 과장했다는 평가도 있다.

② 뒤베르제 법칙

㉠ 의미

뒤베르제에 따르면 단순다수제는 양당제를, 비례대표제는 다당제를 형성한다고 하였다. 즉 선거제도는 정당의 수에도 영향을 미칠 수 있다. 뒤베르제에 따르면 소선거구 단순 다수 대표제는 양당제를 야기하는 경향이 있다. 그 이유는 첫째, 군소정당 후보자의 득표가 의석으로 전환되는 비율이 낮은 기계적 효과, 둘째, 유권자가 군소정당 후보자에게 투표를 하지 않는 심리적 효과로 이해할 수 있다.

㉡ 근거

뒤베르제 법칙은 기계적 효과와 심리적 효과를 근거로 한다. 기계적 효과는 두 개의 제일 강한 정당 외에 타 군소 정당은 대부분의 선거구에서 패배로 인해 과소평가되는 효과를 말한다. 심리적 효과는 유권자들은 자신의 표가 사표가 되는 것을 회피하고자 동조투표를 하는 경향이 있으며, 승리의 가망이 없는 제3당보다는 당선가능성이 높은 2개의 정당 중에서 자신의 의견을 그나마 더 반영하고 있는 정당을 선택하는 효과를 말한다.

기계적 효과	높은 배제의 문턱(소수정당은 대표를 획득하지 못하는 경향)
심리적 효과	사표심리(선호투표, 소수정당의 잠재적 후보자의 불참)

㉢ 뒤베르제 법칙에 대한 비판

첫째, 상관관계와 인과관계를 구분하지 못함

둘째, 수많은 예외들 때문에 법칙으로 일반화할 수 없고 경향으로 보는 것이 타당할 것

③ 선거제도와 정당체계의 상관적 관계 여부

여러 학자들에 의해 뒤베르제 법칙이 단순다수대표제는 양당체계를, 비례대표제는 다당체계를 촉진한다는 것이 검증되었다. 그 결과 뒤베르제 법칙은 일종의 경향성임을 증명했고, 상관성이 있다는 사실이 입증되기도 하였다.

㉠ 샤트슈나이더: 상관성 인정

샤트슈나이더는 미국의 사례 연구를 통해 단순다수대표제일 때 양당체계가 형성 및 유지된다는 것을 증명하였다.

㉡ 사르토리: 상관성 인정

단순다수대표제하에서는 양당체계를 유도한다고 지적하였다(사표심리). 비례대표제는 정당체계가 불안정할 때에는 정당체계의 분열을 촉진하고, 안정적일 때에는 온건적 다원주의가 된다고 하였다. 또한 단순한 정당의 수보다 적실정당, 적실성 있는 정당이라는 개념을 강조하였다.

㉢ 상관성에 대한 비판

최근에는 뒤베르제 법칙이나 사르토리 주장이 성립하지 않는다는 연구결과가 나오기도 하였다. 또한 다른 제도는 무시하고 선거제도만 과장했다는 평가도 받았다.

(3) 정치적 선택과 정당체계

① 다운즈(Downs)의 모델을 전제로 한다.

② 정당체계의 내부단위인 정치행위자가 권력 극대화를 위해 전략적으로 선택한 것이 정당을 통합시키거나 분열시킨다는 주장이 있다.

Ⅲ 정당개혁의 과제 : 정당의 민주적 제도화

- 한국 정당은 어떤 문제가 있는가?
- 한국 정당을 어떻게 개혁해야 하는가?
- 교육적 시사점
  외국의 정당에 대한 논의를 통해 한국 정당의 수준과 민주주의 공고화를 위해 어떤 노력을 해야 하는지를 탐구해 볼 수 있다.

01 우리나라 정당의 문제점

1. 단색의 보수 엘리트 지배 역사

해방 이후 보수 엘리트들이 지배해 오면서 이데올로기적으로는 반공 민주주의 강조로 인해 협소하며 지역적 색채가 강하다.

2. 정치지도자를 정점으로 하는 인물중심의 정당

개별 정당 차원에서는 보스 중심의 운영으로 공당이라기보다는 사당의 성격이 강했다. 그 결과 공천비리 문제가 많았으며, 현재까지도 비민주적인 공천과정으로 인한 당내 갈등이 나타나고 있다.

3. 카르텔 정당체제

보수 엘리트들이 정당체제를 독점하기 위해 카르텔 정당체제를 강화하였다.

4. 낮은 대표성과 무능함

시민사회의 다양한 요구를 수용하지 못하고 국민들과의 유대는 더욱 약화되었다.

5. 파당적 성향

자신들의 이익을 위한 정당 규율이 강화되면서 국회가 파행으로 흘러가고 분점정부가 구성되면 국정을 교착상태로 몰고 가는 경향이 빈번하게 나타났다.

6. 정치적 통합기능을 발휘하지 못하고, 지역적 균열에 기반을 둔 대표성 낮은 정당

02 정당정치의 제도화 실패

헌팅턴의 제도화 기준에 따라 한국의 정당체제를 살펴보면 다음과 같다.

적응성	한국의 대부분의 정당이 오래 지속되지 못하고 단명하였다.
복합성	정당조직의 경우 구조적 분화와 전문화가 거의 이뤄지지 않고 있다.
자율성	오랫동안 일인중심정당체제를 유지해 왔고, 정당 외부적 요인들이 정당에 많은 영향력을 미치고 있다.
응집성	정당기율은 약한 반면에 연고주의, 파벌주의 등에 따라 운영된다.

03 정당개혁의 방안: 민주적 제도화

정당 개혁을 위한 방향은 정당 민주화이다. 정당 민주화를 위해서는 지도부의 권한을 분산시키고 공천 과정이 민주적이어야 한다. 이를 위해서는 당원들의 참여를 활성화시키기 위한 노력이 요구된다. 또한 선거제도 개혁을 통해 카르텔 정당체제의 변화 및 지역주의 탈피의 노력이 필요하다.

Chapter 04 선거제도[83)]

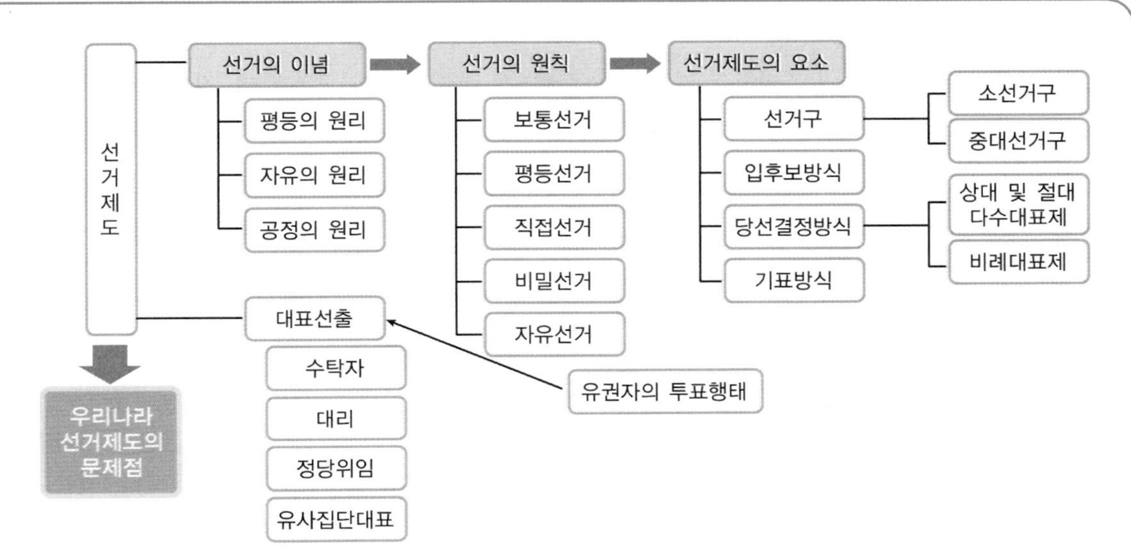

1. 대의제 민주주의에서 선거는 민주적 정당성의 부여 기제 및 책임 기제

대의제 민주주의에서 선거는 필수적 제도이며, 대표의 권한에 대해 민주적 정당성을 부여하는 행위임과 동시에 대표에게 책임을 묻는 제도이기도 하다. 이와 같은 선거를 통해 국민에 의한 지배를 제대로 실현하기 위해서는 누구나 선거에 참여할 수 있고 공정하게 운영되는 제도이어야 한다.

2. 선거의 이념 및 원칙

따라서 선거제도를 구성함에 있어서 자유, 평등, 공정이라는 이념을 따라야 할 것이다. 이와 같은 이념에 따라 형성된 선거원칙이 보통, 평등, 직접, 비밀, 자유 선거원칙이다. 이런 선거원칙에 위반하는 선거제도는 위헌적인 선거제도가 된다.

3. 선거의 이념 및 원칙 ⇨ 선거제도

선거제도를 구성할 때 고려되어야 하는 것은 선거구에서 몇 명의 의원을 뽑을 것인가, 선거에 어떤 방식으로 입후보할 것인가?, 어떤 방식으로 투표권을 행사할 것인가, 당선자를 어떻게 결정할 것인가 등이며 이런 것들은 선거구, 입후보방식, 투표권 행사방식, 당선결정방식(대표제)을 각각 의미한다. 이와 같은 내용들은 선거제도의 구성요소가 된다. 이런 구성요소를 내용으로 하는 선거제도에서 가장 핵심적인 것이 선거구와 당선결정방식이라 할 수 있다.

83) 서울대 공저(2006), 『정치학의 이해』, pp.283~288; 박현모(2004), 『마인드맵으로 본 정치학』, pp.342~366; 김우태 외 공저(2000), 『정치학의 이해』, pp.373~394; 강제명(2003), 『정치학』; 이상묵(2006), "한국의 정당체제에 대한 뒤베르제 법칙의 적용가능성"; 조기숙(1998), "새로운 선거구제도 선택을 위한 시뮬레이션 결과", 『의정연구』, 4권 1호; 헤이우드(2003), 『정치학 : 현대정치의 이론과 실천』 등을 참조하여 구성

I 선거제도 의의와 선거의 지도이념 및 원칙

■ 선거는 정치권력의 감시와 견제에서 어떤 역할을 하는가?
■ 선거는 대의제 민주주의와 어떤 관계가 있는가?
■ 선거는 어떤 가치에 따라 이뤄져야 하는가?
■ 선거는 어떤 원칙에 따라 시행되어야 하는가?
■ 교육적 시사점
선거가 민주주의 공고화와 정치발전에서 가지는 중요성을 이해하고, 이를 위해 어떤 가치와 원칙에 따라 시행되어야 하는지를 이해한다.

01 선거제도와 대의 민주주의

1. 선거의 의의

(1) 선거와 대의제 민주주의의 필수 요소

선거는 민주주의의 '꽃'이라고 부른다. 민주주의는 국민 스스로 자신을 지배할 대표들을 선택하거나 거절하는 제도이기 때문이다. 이런 선택이나 거절은 바로 '선거'를 통해서 이뤄진다. 따라서 선거는 민주주의의 필수적인 제도이다. 선거와 민주주의를 동일시할 수는 없다. 왜냐하면 국민 대부분이 정치에 직접 참여하는 직접 민주주의도 있기 때문이다. 선거와 더욱 밀접한 것은 '대의제 민주주의, 간접 민주주의'이다.

(2) 선거는 대표를 선출하는 행위

사회가 분업화되고, 분업화된 상태에서 매우 많은 일을 해야 하는 것이 현대인의 삶이다. 이런 분업적인 사회에서 자신의 이익을 대표하여 정치를 전문적으로 담당할 사람들이 필요하고, 이 사람들을 뽑는 행위가 선거인 것이다. 선거란 대의 민주주의에서 유권자들이 정책의 수립 및 집행을 담당할 대표를 선출하는 행위라고 할 수 있다. 즉 선거는 국민의 주권행사 내지 참정권 행사의 과정으로서 국가권력의 창출 행위이다. 대의 민주주의를 운영하기 위해 선거는 반드시 필요하다.

(3) 선거를 통한 민주적 정당성의 획득

대의 민주주의에서 국가권력의 정당성은 선거에서 나타난 국민의 정치적 합의에 근거한다고 할 수 있다. 대의 민주주의는 선거를 통해 선임된 대표들이 국민들로부터 권력을 위임받아 선거에서 나타난 국민들의 집단적 의사를 실현하기 위해 노력함으로써 국민의 지배를 실현하려는 정치형태이다.

(4) **회고적 투표**(수직적 책임기제)와 **전망적 투표**(새로운 정부구성 조건)

어떤 대표를 선출하는가에 따라 공공 정책 방향이 달라지며, 국가의 운명과 국민의 삶의 질이 달라지게 되어 대의 정치의 성패를 좌우하기 때문이다. 또한 이런 선거의 결과에는 대표들의 국정 운영에 대한 평가와 심판이 포함되어 있으며, 유권자들의 이익과 의견이 집약되어 표출되기도 한다.

(5) 민주주의 이행과 공고화 척도 : 공정한 선거제도와 정치적 자유

① 민주주의 이행 : 정치적 자유권과 선거제도의 보장
선거에서 후보자 혹은 정당 간의 자유로운 경쟁과 유권자들의 대표 선출을 위한 참여가 온전하게 민주적으로 이뤄지기 위해서는 시민적 자유권과 참정권이 제도적으로 보장되어야 한다. 그 외에도 지배자가 국민들에게 정치적 책임을 지는 장치가 마련되어야 하고, 선거는 국민들의 이익과 의견이 국가에 표출될 수 있는 다양한 통로가 되어야 한다. 비민주적인 정치체제의 경우에는 공정한 선거제도와 정치적 자유가 보장되지 않는다. 비민주적인 정치체제가 민주주의로 이행한다는 것은 국민들이 선거를 통해 정치 체제를 구성한다는 것을 의미한다.

② 공정한 선거제도 ⇨ 민주주의 공고화에 기여(공정한 선거)
선거가 대표의 공정성을 실현하고, 안정적 정당체제를 형성하고, 대표와 유권자 간의 대응성과 책임성을 높이는 방향으로 발전해갈 때 민주주의가 공고화되어 간다고 볼 수 있다.

2. 선거의 의미와 기능

(1) 선거의 의미

선거란 대의 민주주의에서 유권자들이 정책의 수립 및 집행을 담당할 대표를 선출하는 행위라고 할 수 있다. 즉 선거는 국민의 주권행사 내지 참정권 행사의 과정으로서 국가권력의 창출 행위이다.

(2) 선거의 기능

이런 점들을 감안할 때 선거는 ① 대표선출, ② 정치권력에 정통성 부여, ③ 국민의 이익 표출 및 집약 기능, ④ 정치적 대표를 충원하는 기능, ⑤ 정권을 선택함으로써 정권을 통제하는 기능, ⑥ 책임정치를 구현하게 하는 수직적 책임기제로서의 기능 등을 한다.

02 선거의 지도이념 및 기본원칙

1. 선거의 지도이념 : 평등의 원리, 자유의 원리, 공정의 원리

선거는 직접적으로 국민의 대표를 선출하는 것이고 간접적으로는 국민의 의사에 따라 정부를 구성하는 것이다. 따라서 누구나 선거권을 자유롭게 행사하고, 선거를 통해 표출된 의사가 왜곡되지 않아야 한다. 이와 같은 국민주권과 시민권의 실현을 염두에 둔다면 선거를 통해 달성해야 할 가치는 평등의 원리, 자유의 원리, 공정의 원리라고 할 수 있다. 이런 원리들을 선거를 통해 실현해야 할 최고의 가치, 즉 선거의 지도이념이라고 한다.

(1) 평등의 원리

평등의 원리는 평등사상에 기초한 것으로 누구나 선거권이나 피선거권을 향유할 수 있어야 하고, 그 권리의 행사 및 그 행사 결과도 평등해야 한다는 것을 말한다. 이런 평등의 원리와 관련되는 선거원칙 또는 선거제도는 보통선거제도 및 평등선거제도와 관련된다.

(2) 자유의 원리

자유의 원리는 인간의 기본적 자유권을 기초로 선거인의 의사가 부당하게 간섭・침해받지 아니하고 자유롭게 표출될 수 있도록 선거권의 자유로운 행사를 보장하여야 한다는 것을 의미한다. 이와 같은 자유의 원리와 관련되는 선거원칙 또는 선거제도는 직접선거제 및 비밀투표제와 관련된다.

(3) 공정의 원리

공정의 원리는 국민주권 및 다수결원리를 기초로 선거인이 그 대표자를 선택함에 있어 선거인의 의사가 왜곡・굴절됨이 없이 행사되도록 하고, 후보자에게는 선거에 있어서의 모든 조건을 공정하게 유지시켜야 한다는 것을 의미한다. 이와 같은 공정의 원리와 관련되는 선거원칙 또는 선거제도는 선거공영제, 다수대표제, 비례대표제 등과 관련된다. 이와 같은 선거의 지도이념은 선거의 기본원칙과 그 제도를 구성하는 데 있어서 근본적인 규범이 된다고 할 것이다.

2. 선거의 기본원칙: 보통선거, 평등선거, 직접선거, 비밀선거, 자유선거

이상에서 살펴본 선거의 지도이념이 반영된 것이 선거의 기본원칙이다. 선거의 기본원칙으로는 보통선거, 평등선거, 직접선거, 비밀선거, 자유선거 등이 있다.

(1) 보통선거 원칙: 누구나

① 의미

보통선거(universal suffrage)는 사회적 신분과는 상관없이 모든 국민이 선거권과 피선거권을 가질 수 있다는 선거원칙을 말한다. 이것은 제한선거에 대응하는 개념으로서 경제력이나 납세액, 사회적 신분, 인종, 종교, 성별, 교육 등을 이유로 선거권을 차별하지 아니하고 일정한 연령에 달한 모든 국민에게 원칙적으로 선거권을 부여하도록 한다.

② 사례

따라서 성별이나 신분, 교육정도에 따라 선거권을 주는 행위, 각종 선거에 입후보하는 경우 지나친 기탁금을 요구하는 것 등은 보통선거 원칙에 반한다.

(2) 평등선거 원칙: 수의 평등, 투표의 등가성

① 의미

평등선거(equal voting)는 평등의 원칙을 선거에 적용한 것으로서, 불평등선거와 대비되는 개념이다. 여기에는 두 가지의 내용이 포함되어 있는데, 첫째는 투표의 성과가치가 평등해야 한다는 것이고, 둘째는 선거과정에서 선거참여자들에 대한 차별을 금지하고 기회의 균등을 보장하여야 한다는 것이다. 투표의 성과가치의 평등은 1인 1표제와 선거인의 투표가치가 평등해야 한다는 선거과정의 평등을 의미한다. 이는 사회적 신분, 교육, 재산(납세액) 등을 이유로 특정의 선거인들에게 복수의 투표권을 부여하지 않고 1인 1표제를 원칙으로, 모든 선거인에게 투표의 수적가치 평등을 부여하는 제도를 말한다. 이런 측면과 관련하여 문제되는 것이 선거구 획정 문제이다.

② 선거구 획정 문제 《2003, 2010년 기출

㉠ 대의제 민주주의의 성공 여부는 국민의 의사가 얼마나 정확히 그리고 효과적으로 정치 과정에 반영되는지에 달려 있다. 따라서 선거 제도는 대의 정치의 성공 여부를 좌우하는 열쇠가 되고 선거 제도의 주요 내용을 이루는 선거구 획정은 국민의 의사가 선거 결과에 가능한 한 바르게 반영될 수 있도록 이루어져야 한다. 이는 일정한 집단의 의사가 정치과정에 반영될 수 없도록 차별적으로 선거구를 획정하는 선거구 조작에 대한 부정(否定)을 의미한다. 우리나라에서는 소선거구제로 운영되는 국회의원 선거에 대하여 선거구 간 인구의 균형·사회적·지리적·역사적·행정적 연관성 및 생활권 등을 고려하여 국회에서 법률로써 선거구를 결정하도록 되어 있다.

㉡ 선거구 획정에 대한 헌법재판소의 입장
국회의원 선거에 있어 최대 선거구와 최소 선거구 간의 인구 편차는 12대 국회의원 선거 때에는 5.26 : 1, 그리고 15대 국회의원 선거 때에는 5.87 : 1의 비율을 보였다. 1995년 헌법재판소는 이러한 지역선거구 간의 지나친 인구 편차를 보이는 선거구 획정은 헌법상의 평등권과 선거권을 침해하는 것으로 위헌이라고 결정하였고, 인구 편차가 4 : 1을 넘어서는 안 된다고 하였다. 2001년 10월 25일 헌법재판소 전원재판부는 "최대 선거구(경기도 안양시 동안구, 33만 1천 458명)와 최소 선거구(경북 고령·성주군, 9만 656명)의 인구 편차가 3.65대 1에 달하는 현행 선거구역표와 근거 규정인 선거법 25조"에 대해 헌법 불합치 결정을 내렸다. 재판부는 "선거구 간 인구 편차는 2대 1 이하가 가장 바람직하지만 이에 대한 논의가 이루어진 지 5년밖에 되지 않은 현실을 감안, 위헌의 기준이 되는 인구 편차는 3대 1로 결정했다"고 밝혔다.

③ 사례 : 게리맨더링 금지
예컨대 무소속 입후보자의 기탁금과 정당소속 입후보자의 기탁금을 차등해서 정한 것, 선거구 간 인구차이가 불합리함에도 불구하고 선거구를 획정하는 행위, 성별이나 신분, 교육 정도에 따라서 투표수를 달리 주는 것 등은 평등선거 원칙에 반한다. 또한 자의적으로 선거구를 획정하는 게리맨더링이다. 1812년 미국의 매사추세츠 주지사였던 게리가 자기 소속 정당인 공화당에 유리하게 의원 선거구를 조정했더니, 그리스 신화에 나온 '샐러맨더'와 같은 모양의 기형적인 선거구가 만들어졌다. 이런 기형적인 선거구를 정치적으로 풍자화하는 과정에서 '게리맨더링'으로 불렀다. 그 이후 게리맨더링(gerrymandering)은 특정 정당이나 특정 인물에 유리하도록 자의적으로 선거구를 획정하는 것을 상징하는 말로 사용되어 왔다. 게리맨더링을 계기로 선거구 법정주의가 시행되었다.

(3) 직접선거 원칙

① 의미
직접선거(direct election)는 일반 선거인이 직접 대표자를 선출해야 하는 선거원칙을 말하는 것이며 간접(대리)선거에 대비되는 개념이다. 직접 선거원칙과 관련해서 대비되는 개념에 대해서 주의할 사항이 있다. 직접선거원칙에 대비되는 개념인 간접선거 또는 대리선거만으로는 위헌이 되지 않는다. 예컨대 민법상 성년후견인과 같은 상황에서 대리선거가 불가피한 경우가 있다. 프랑스의 법 제도는 이를 인정하고 있다. 따라서 직접선거원칙은 물리적인 '직접성'의 의미로 한정되는 것이 아니다. 직접성은 주권자의 의사표시 왜곡이 없어야 한다는 것을 의미한다.

② 사례: 1인 1표로 지역구 의원과 비례대표를 동시에 선출하는 경우
예컨대 유권자 한 사람이 행사한 1표가 지역구 선출에도, 비례대표 선출에도 의사를 표시한 것은 직접선거 원칙에 반한다. 이 경우 당연히 지역구는 지역구대로, 비례대표는 비례대표에게 각각 선거권을 행사할 수 있도록 해야 한다.

(4) 비밀선거 원칙

① 의미
비밀선거(secret voting)는 공개선거(공개투표)에 대비되는 개념으로서 매수, 유혹, 위협, 정실 등 각종 선거간섭 등에 의한 자유롭고 공정한 선거권 행사의 침해를 방지하기 위하여 선거인이 누구에게 투표하였는지를 제3자가 알지 못하게 하는 원칙을 말한다.

② 사례

㉠ 공직선거법 제167조 제3항
선거인 자신이 투표를 전후해서 투표내용에 관하여 표시하는 것은 무방하다. 다만 선거인은 자신이 기표한 투표지를 공개해서는 아니 되고, 공개된 투표지는 무효이다.

㉡ 출구조사
이미 투표를 마친 선거인을 상대로 투표한 후보자의 성명이나 정당명을 조사하는 것은 비밀선거 원칙의 예외다.

(5) **자유선거 원칙**: 선거권자의 의사형성의 자유, 선거권자의 의사실현의 자유

① 의미
자유선거(free voting)는 정당한 이유 없이 기권하는 자에 대하여 일정한 제재를 가함으로써 선거권을 의무적으로 행사하도록 하는 강제선거에 대비되는 개념으로 선거인이 외부의 영향을 받지 않고 자유의사에 따라 선거권을 행사하도록 보장하는 것을 말한다. 선거권자는 자신의 의사를 자유롭게 형성해서 선거에 임할 수 있다.

② 내용
자유선거의 내용은 투표의 자유, 그리고 각종 공직선거에 자유롭게 입후보할 자유, 선거운동의 자유가 대표적이다.

③ 사례: 최소투표율 제도

II 선거제도의 내용 및 유형

- 선거제도는 어떤 요소로 이뤄지는가?
- 선거구의 크기를 기준으로 선거제도는 어떻게 나눠지는가?
- 당선결정방식을 기준으로 선거제도는 어떻게 나눠지는가?
- 교육적 시사점
  선거제도에 대한 이해를 통해 우리나라 선거제도의 문제점과 개선 방안을 탐구할 수 있다.

01 선거제도 의미 및 내용

1. 선거제도의 의미 및 구성요소[84)]

선거제도는 선거 결과에 따라 어떤 후보자가 공직을 맡을 것인지 여부를 결정하는 규칙을 말한다. 선거제도는 선거구, 입후보방식, 투표방법, 당선결정방식을 요소로 한다[85)].

2. 선거제도의 구성요소

(1) 선거구

선거구는 한 선거구에서 몇 명을 뽑을 것이냐, 즉 선거구의 크기와 관련된 내용이다. 선거구에는 일반적으로 소선거구, 중・대선거구 등이 있다. 이와 같은 선거구제와 관련해서 문제가 되는 것은 선거구 획정을 어떻게 하느냐 하는 문제이다. 선거구는 선거의 기본 목적을 실현하기 위한 제도이므로 선거구 획정을 하는 데 있어서는 일정한 기준이 있어야 한다. 예컨대 행정구역, 인구수, 생활구역, 교통, 지세 등과 정치적, 경제적, 지리적, 사회적 요소 등을 종합적으로 고려해야 한다.

(2) 당선결정방식 : 의석할당방식

의석 할당 방식은 후보 혹은 정당의 득표를 의석으로 전환하는 방식을 말한다. 즉 어떤 기준에 따라 당선인을 결정할 것이냐의 문제이다. 예컨대 상대다수제와 절대다수제 등의 다수제와 최대평균방식과 쿼터방식의 비례제 방식, 만장일치, 일정득표 등이 있다. 의석할당방법으로는 최대잔여제, 최고평균제, 봉쇄조항(최소조건) 등이 있다.

---

84) 이상학・이성규(2017), 선거구획정과 지역대표성에 대한 고찰, 입법과 정책 제9권 제1호, 80, 김형준・김도종(2003), 제16대 국회의원 선거결과에 대한 집합자료 분석. 한국정치학회보, 34(2), 105-127. 심지연, 김민전(2001). 역대 국회의원 선거구 획정에 대한 평가: 표의 등가성과 정당간 공정성을 중심으로. 한국정치학회보, 35(1), 125-148.

85) 김형준・김도종(2003)은 선거구의 크기, 당선자 결정방법, 투표구조 및 선거구획정(apportionment)을 선거제도의 주요 요소로 제시하고 있다. Ordeshook and Shvetsova(1994)은 선거제도가 선거구(district), 입후보방식(candidacy), 투표방법(ballot), 표의 의석전환방식(converting formula)의 4가지 요소로 구성된다고 보았으며, 선거구 제도가 공정성에 가장 큰 영향을 미치는 것으로 평가하였다(심지연·김민전(2001))

(3) **투표방법**: 기표방식(ballot structure)

기표방식은 기본적으로 유권자가 기표할 때 어떤 대상에게 표를 던지는지에 관한 문제로, 후보자나 정당에게 기표하는 방식이 있다. 물론 여기에 유권자가 행사할 수 있는 기표의 수나 선호 순위 표시 등을 고려할 수 있다.

(4) **입후보방식**: 추천, 경선, 기탁금 ⇨ 입후보

① 입후보방식은 추천을 통해서, 정당 내 경선을 통해서, 기탁금을 조건으로 선거관리위원회에 후보로 등록을 통해서 등과 같이 입후보를 위한 요건과 절차 등을 내용으로 한다.

② 사례

㉠ 갑(甲)당은 제20대 국회의원 선거에서 공천 심사 위원회를 구성해 후보자의 도덕성, 당 기여도, 당선 가능성, 정책 수립 능력과 추진 능력을 기준으로 후보를 공천하였으나, 당 내외에서 이 공천 방식에 관해 많은 문제점을 제기하였다. 따라서 제21대 국회의원 선거에서는 무작위로 선정한 일반 유권자 10,000명이 각 공천 신청자에게 투표한 결과와 일반 여론조사 결과를 합산하여 후보를 결정하였다.

㉡ 모든 지방 선거에서 정당은 후보를 추천할 수 있으며, 후보는 정당의 추천을 받고 이를 공표할 수 있게 되었다. 따라서 기초 의원 후보들도 소속 당의 정책을 홍보할 수 있고, 기초 의원들은 기초 의회에서 공개적으로 정당 소속에 따라 의사 결정을 할 수 있다. 지방 선거에서 공직 후보 추천은 대개 광역시·도당 차원에서 이루어지지만 정당마다 그 구체적 방식은 다르다.

02 선거구제도: 정당체제와 연결

1. 선거구제 의미

(1) **의미**

선거구란 대표를 선출하기 위해 선거를 실시하는 단위지역을 구분한 것을 말한다. 예컨대 지방자치단체장의 선거구는 당해 지방자치단체의 관할구역이다.

(2) **선거구제의 중요성**

김형준·김도종(2003)은 선거구가 선거결과를 왜곡시킬 가능성이 큰 것으로 평가하였으며, 심지연·김민전(2001) 역시 선거구제도가 공정성에 가장 큰 영향을 미치는 것으로 평가하였다. 선거구제가 중요한 이유는 다음과 같다. 첫째, 선거구의 크기가 대표자의 수를 결정하기 때문이다. 둘째, 선거구제 선택이 각 정당의 의석수에 영향을 끼치기 때문이다. 셋째, 선거구 획정에 따라 유권자 한 표의 가치가 달라지기 때문이다.

(3) 선거구제의 대원칙

선거구제의 대원칙은 표의 등가성을 유지하는 것이다. 표의 등가성은 표의 가치를 동등하게 유지하는 것을 말한다. 따라서 선거구를 획정할 때 인구수 균형을 바탕으로 투표 가치의 평등을 위해 선거인 수와 당선자 정수 비율이 균등한지 등을 고려해야 한다.

(4) 지역구 국회의원 선거제도에서 바람직한 선거구 획정 방안

선거구 획정에서 가장 중요한 대원칙은 표의 등가성이다. 이 원칙을 기계적으로 적용할 경우에 도시를 대표하는 의원 수는 증가할 것이고(과다대표), 농·어촌을 대표하는 국회의원 수는 줄어들 것이다(과소대표). 이런 불균형을 해결하기 위해서는 선거구제의 대원칙을 반영하는 '인구대표성'과 지역을 고려한 '지역대표성'을 모두 고려한 제도를 요구한다[86]. 인구대표성은 개인의 정치적 평등과 표의 등가성의 실현 원칙을 말한다. 즉 지역주민을 얼마나 대표하는지의 문제이다. 지역대표성은 주민이 아니라 지역이라는 공간성·사회성을 대표한다는 것을 말한다. 지역대표성은 지역간의 불균형 문제가 심화되면서 등장한 원칙이다.

(5) 선거구제의 유형

선거구제는 1개의 선거구에서 선출하는 대표자의 수에 따라 소선거구제, 중선거구제, 대선거구제 등이 있다.

2. 소선거구제

(1) 의미

소선거구제는 유권자가 후보자 중 1명에게만 투표하여 1명을 선출하는 방식을 말한다. 주로 다수대표자 1인만을 선출하므로 다수대표제와 결합되는 선거구제이다. 투표방법은 1인의 후보자에게만 투표하며 비교 다수득표자가 당선인이 된다. 현재 우리나라 지역구 국회의원 및 지방 광역의회 구성을 위한 의원 선거에서 시행하고 있는 선거제도이다.

(2) 평가

① 소선구제의 장점
소선구제의 장점은 상대적으로 적은 수의 입후보가 이뤄지고 다수 득표를 한 1명만 선출하기 때문에 선거비용이 적게 들고 선거관리가 편리하다. 또한 양당제 확립이 쉬워 정국의 안정을 기할 수 있다는 점이 장점이다.

86) 전문가들과 농어촌지역의원들은 지역대표성의 강화를 위한 대안 중의 하나로 '권역별 비례대표제'의 도입을 주장하였다.

② 소선구제의 단점

하지만 상대적으로 다수 득표를 한 1명만이 선출되기 때문에 사표가 많이 발생하고, 소수 및 다양한 의견이 선거에 반영되지 못하고, 과열 경쟁으로 선거부정이 발생할 우려가 있다. 또한 1명만이 선출되는 지역선거의 특성상 지역과 연고가 있는 명사나 후보들이 당선되기 쉬워 전문성을 지닌 사람이나 전국적인 인물의 경우에는 당선되기 어렵다.

3. 중선거구제

(1) 의미

중선거구제는 유권자가 후보자 중 1명에게만 투표하여 2명에서 5명을 선출하는 방식을 말한다.

(2) 우리나라 사례

우리나라 5공화국 이전의 국회의원선거에서 중선거구제를 실시한 사례가 있으며, 현재 기초자치단체의 의회 구성을 위한 선거에서 중선거구제를 도입하여 시행하고 있다. 의원정수는 2~4명이며 구체적인 의원정수의 권한은 광역자치단체의회의 결정에 따른다.

선거구제 비교

구분	소선거구제	대선거구제
의미	1구 1인 선출	2인 이상, 단기/연기 방식 (대부분의 유럽국들이 채택)
장점	• 선거 비용이 적게 들고 선거 관리 편리 • 후보자를 선택하기 쉬움 • 큰 정당에 유리하여 양당제 확립이 쉬워 정국의 안정을 기할 수 있음	• 사표를 방지하여 소수/다양한 의견 반영 • 소수당도 대표 선출이 가능 • 전국적으로 유능한 인물이 당선되기 쉬움
단점	• 사표가 많아 소수/다양한 의견의 반영이 어려워 소수 정당에게 불리 • 지연, 혈연의 지배를 받기 쉬움 • 전국적 인물보다는 지방 명사가 당선되기 쉬움 • 과열 경쟁으로 인한 선거 부정 우려	• 선거 비용의 증가와 선거 관리의 어려움 • 다수당 출현이 어려워 정국이 불안 • 후보자의 난립과 선거인의 무관심

4. 대선거구제

(1) 의미

대선거구제는 유권자가 선출 정수만큼 투표하거나, 선출 정수의 일부만 투표하거나, 1명에게만 투표하여 2명 이상을 선출하는 방식을 말한다. 이 선거구제는 단기 또는 연기방식이 모두 결합될 수 있으며, 주로 소수대표제와 비례대표제와 결합된다. 현재 우리나라에서는 전국을 한 선거구로 하여 54명의 의원 정수를 정한 비례대표제를 시행하고 있다.

(2) 장점

대선거구제의 장점은 소선구제의 단점에 대응되는 것으로, 한 선거구에서 많은 의원을 선출한다는 점에서 사표를 방지하고 소수의견을 반영할 수 있으며, 소수당의 후보자나 전문성을 지닌 전국적으로 유명한 인물도 당선될 수 있는 가능성이 높다는 점 등이 장점이다.

(3) 단점

단점으로는 많은 입후보와 당선자를 결정해야 한다는 점에서 선거비용이 증가하고, 다수 후보자의 난립으로 인해 선택이 어려워 선거에 대한 유권자의 무관심이 증가할 수 있다. 또한 다양한 정당의 후보자들이 당선됨으로써 군소정당이 난립할 경우 정국이 불안해질 수도 있다.

03 당선결정방식: 정당체제와 연결

1. 대표제 의미

대표제는 선거에서 당선인 결정방법을 의미한다. 이는 선거구제와 밀접하게 관련되어 대표제를 전제하지 아니하는 선거구제는 아무런 의미가 없다. 아울러 대표제는 투표방법, 정당제도와도 관련이 깊다. 외국에서 대표제도 운용사례는 영국과 미국의 경우 소선거구제를 기본으로 발전하여 왔으며, 서유럽 국가에서는 대부분 비례대표제를 채용하여 발전시켜 왔다.

2. 다수대표제

(1) 의미 및 유형

① 의미

다수대표제란 여러 명의 후보자 중에서 다수의 득표를 한 자를 당선시키는 방식이며, 다수결의 원리에 바탕을 두고 있는 고전적인 대표제를 말한다. 이 제도는 영미국가와 프랑스 등에서 시행되고 있다.

② 유형

이런 다수대표제는 상대(단순)다수대표제와 절대다수대표제로 분류할 수 있다.

③ 소선거구제(1인선거구제)와 결합하여 주로 사용

다수대표제는 안정적 다수의 형성이 가능하므로 의원내각제를 채택한 국가에서 1인선거구제와 결합하여 주로 사용되고 있다.

(2) 상대(단순)다수대표제 의미

① 의미

상대(단순)다수대표제는 여러 명의 후보자 중 얼마나 득표를 하든 가장 많이 득표한 사람을 뽑는 방식을 말한다. 1위 대표제로 불리기도 한다. 이 제도는 영국과 미국 등에서 시행되고 있다. 운영 면에서 소선거구제에 적용되며, 일본의 중의원 선거와 같이 단기비양식 투표 방식을 취한다. 따라서 단순

다수대표제는 제1선호만을 묻는 투표를 기본으로 한다. 단순다수대표제의 경우에는 양당제와 과반수 이상을 획득한 정당이 단독으로 정부를 구성할 가능성이 높다.

② 평가

㉠ 단순다수대표제는 불비례성과 과다대표(소수대표)의 문제를 야기한다. 표의 등가성을 실현함에 있어서 근본적인 문제점을 내재하고 있다. 또한 득표율과 의석비율에 있어서 가장 큰 불비례성을 야기함으로써 과다대표(소수대표)의 문제점을 유발한다.

㉡ '소선거구 단순다수대표제가 양당제를 유발한다'는 듀베르제 법칙에 따르면 단순 다수대표제는 거대정당의 후보자에게 유리하고, 군소정당의 후보자에겐 불리하게 작동한다.

③ 단순다수대표제의 장점

㉠ 극단주의를 저지하고, 양당제를 유도하여 안정된 정부 구성을 촉진한다.

㉡ 지역대표성을 보장하기 쉽고, 유권자와 의원 사이의 친밀감이 높게 유지될 수 있다.

㉢ 정치적 책임의 소재가 명확하다.

㉣ 유권자 입장에서 투표방식이 쉽고 단순하다. 또한 명확한 선택을 할 수 있다.

④ 단순다수대표제의 단점

㉠ 많은 수의 사표 및 불비례성으로 인한 과다 대표(소수대표)의 문제가 심각하다. 불비례성은 '만들어진 인위적 다수'의 문제를 발생시킨다.

㉡ 국가 전체보다는 지역 서비스 차원의 의정활동이 활발해진다. 예컨대 포크배럴이나 로그롤링 등이다.

㉢ 여성, 다문화 집단의 대표성이 낮아질 것이다.

㉣ 게리맨더링의 가능성이 높아질 것이다.

(3) 절대다수대표제

① 의미

절대다수대표제는 여러 명의 후보자 중에서 과반수 혹은 일정 수 이상의 표를 확보한 후보자를 뽑는 방식을 말한다. 절대다수대표제는 단순다수대표제가 갖는 '과다대표(소수대표)'의 근본적인 문제점을 해결하기 위해 고안된 제도이다. 절대 다수대표제의 대표적인 유형으로는 프랑스의 결선투표제와 대안투표제(선호투표제) 방식이 있다.

② 결선투표제

㉠ 의미

결선투표제는 흔히 2차 투표제라고 불린다. 프랑스의 대통령 선거에서 활용되는 대표적인 선거방식이다. 운용방식을 보면 1차 선거에서 1위 후보가 승리할 수 있는 최소조건을 만족시키지 못할 경우 정해진 얼마간의 시간을 두고 2차 선거를 실시한다. 이 때 선거승리의 최소 조건은 절대다수, 즉 과반수(50% + 1)가 일반적이다. 1차 선거에서 이것에 해당하는 후보가 없다면 임의적 조건에 따라 2차 투표를 실시한다. 따라서 1차 선거보다 2차 선거에 후보 선택의 명확성이 높아질 수 있다.

㉡ 평가

결선투표제는 단순다수대표제가 지니는 과다대표(소수대표)의 문제를 어느 정도 극복할 수 있지만, 단순 다수대표제의 장점과 단점을 공유하는 제도이기도 하다.

㉢ 장점

첫째, 단순다수대표제의 불비례성을 완화하고, 과다대표(소수대표) 현상을 줄일 수 있다. 또한 유권자들의 선호가 더 많이 반영된다. 단순다수대표제보다 더 많은 지지를 얻어야 한다는 점에서 민주적 정당성의 문제도 개선된다. 둘째, 단순다수제와 마찬가지로 지역대표성을 확보하고, 지역구민과의 높은 친밀감을 형성할 수 있다. 또한 강력하고 안정된 정부 구성이 가능하다. 셋째, 단순하고 손쉽게 사용할 수 있는 방안이다.

㉣ 단점

첫째, 불비례성이 지속된다. 둘째, 2차 선거가 치러질 때 기권표나 무효표가 증가할 수 있다. 셋째, 선거비용이 증가할 수 있다.

③ 대안투표제(선호투표제)

㉠ 의미

대안투표제는 유권자가 투표용지에 모든 후보들에 대한 선호도를 표기하고, 절대다수를 통과한 후보가 나타날 때까지 표의 이양과 계산을 지속하여 선출하는 방식을 말한다[87]. 일단 유권자는 투표용지의 모든 후보자들에 대해 선호도를 표시한다. 1번으로 선호된 유효표를 계산하여 절대다수를 획득한 후보가 있다면, 그 후보의 당선이 확정된다. 그런데 만약 해당 후보가 없다면 처음 계산에서 가장 적은 득표율을 얻은 후보의 표를 제거하여 이 표에 표시된 2번째 선호 후보별로 표를 이양한다. 절대다수를 통과한 후보가 나타날 때까지 표의 이양과 계산을 지속한다.

㉡ 장점

첫째, 시간과 비용 측면에서 결선투표제보다 효율적이다. 또한 결선투표제에 비해 선거결과가 후보자들 간의 흥정에 의해 영향 받지 않는다. 둘째, 단순다수대표제보다 사표가 적고, 투표자의 선호도를 최대한 반영할 수 있다. 셋째, 단순다수대표제 및 결선투표제와 마찬가지로 과다대표(소수대표) 현상을 해결할 수 있다. 지역대표성을 확보하고, 지역구민과의 높은 친밀도를 형성할 수 있다. 또한 강력하고 안정된 정부 구성이 가능하다.

㉢ 단점

첫째, 모든 후보에게 선호도를 표기하도록 강제되고 복잡한 방식이다. 또한 후보 사이의 선호의 강도를 구별하지 않는다. 둘째, 정당의 선거운동에 따라 전략적 투표를 유도할 수 있다. 셋째, 결선투표제와 마찬가지로 불비례성이 지속된다.

87) 대안투표제를 단순화 시켜 유권자가 선호하는 2명의 후보에게 1위와 2위를 표시하여 선택하게 하는 보완투표제가 있다.

⑷ 다수대표제의 장점

① 소선거구제와 결합하여 거대정당에 유리하게 됨으로써 안정적 다수를 형성하는 데 용이하다.

② 단일정당정부를 구성할 가능성이 높아, 정부가 안정적이고 효과적인 통치 능력을 발휘할 수 있다.

③ 대표자와 선거구민 간의 개인적 유대관계를 강화하여 책임성을 확보할 수 있다. 그러나, 비례대표제를 통해서도 정당정치가 성숙되고 정당 간의 연립, 연정이 활발하게 이루어지는 정치문화에서는 안정적 다수의 형성이 가능하기 때문에 제도의 우열을 단정하기는 어렵다.

⑸ 다수대표제의 단점

① 사표가 많이 발생하고 정치적 소수세력의 이해관계를 충분히 반영할 수 없다.

② 선거구의 인위적 조작을 통하여 선거결과를 유리하게 만들 수 있다.

③ 불(비)비례성과 Bias 현상
정당의 득표율과 의회 의석수 간에 불일치가 발생하여 전체적인 민의가 왜곡되는 불합리한 현상이 발생할 수 있다. 군소정당과 전국적으로 광범위하게 고른 지지를 획득하였음에도 불구하고 의석을 많이 획득하지 못한 정당의 경우에는 과소대표 된다. 반면에 거대정당과 특정 지역에 집중적으로 의석을 획득한 정당의 경우에는 과대(다)대표 된다.

④ Bias 현상으로 양당체제와 단일정당 정부가 만들어 질 경우 국민들의 선호를 제대로 반영하지 못한다.

⑤ 과다대표된 정당과 정부가 일방적인 정책을 추진할 경우 정당성 문제가 제기된다.

⑥ 약한 대표성

3. 비례대표제

⑴ 의미

비례대표제는 각 정당의 득표수에 비례하여 당선자를 결정하는 제도를 말한다. 즉 정당이 획득한 득표율과 의석률 사이에 동등한 비율을 보장하는 제도이다. 하지만 대부분의 국가에서 실시되는 비례대표제가 완전하게 비례적인 경우는 없다. 예컨대 비례대표제의 봉쇄조항(문턱조항)은 일정 정도의 의석점유율을 확보하지 못한 군소 정당의 원내 진입을 봉쇄한다. 극단주의를 저지하기 위해 마련한 비례대표제의 경우에도 군소정당의 차별은 존재하며, 가장 득표율이 높은 정당에게는 보너스 의석이 주어진다. 다만 그 정도가 다수대표제에 비해 작을 뿐이다. 비례대표제 유형으로는 정당명부식 비례대표제와 단기비양식 비례대표제가 대표적이다.

⑵ 의의 및 필요성

① 불(비)비례성 문제 해결 방안
비례대표제는 다수대표제의 내재적 문제점인 정당의 득표율과 의석점유율 사이의 불(비)비례성의 문제를 줄이기 위해 고안된 선거제도이다. 비례대표제에서는 선거구의 크기가 클수록, 즉 한 선거구의 뽑는 의원의 수가 많을수록 비례성이 높아진다. 높아진 비례성은 민주적 대표성이 높아진다는 것을 의미한다. 이 점은 단순 다수대표제와 결선투표제와 비교할 때 장점이다.

② 정당 대표성
현대 대의제 민주주의에서 정치의 중심은 정당이다. 이런 점에서 정당은 자신들의 노력에 대한 정당한 결과를 받고 싶어 하게 된다. 즉 정당은 그들이 얻은 득표율에 비례하여 의석을 받고 싶은 것이다. 이런 점에서 비례대표제의 운영 원칙은 지역보다는 정당 대표성인 것이다.

(3) 정당체제 및 정부 구성

비례대표제의 경우 하나의 정당이 과반수를 차지하여 단독으로 정부를 구성할 가능성이 낮다. 따라서 다당체계가 형성되고, 연립정부를 구성할 가능성이 높다.

(4) 정당명부식 비례대표제

① 의미
정당명부식 비례대표제는 선거구를 전국이나 권역으로 나누고, 유권자는 정당이 제시한 후보들의 명부를 고려하여 정당에 투표하고, 정당 득표율에 비례해서 정당 명부에 있는 후보자가 순서대로 당선되는 선거제도를 말한다. 정당명부식 비례대표제에는 폐쇄형과 개방형이 있다.

② 특징 및 운영
㉠ 전국 단위의 한 개 또는 전국을 큰 권역으로 나눠 몇 개의 선거구로 획정한다.

㉡ 유권자는 정당에 투표하며, 정당은 득표율에 비례해서 의석을 획득한다.

㉢ 의석은 정당 명부에 올라간 순서에 따라 채워진다. 예컨대 갑(甲) 정당이 전체 300개의 의석을 가진 선거 득표율이 10%라고 하자. 이 경우 갑(甲) 정당의 의석은 30석이고, 1번부터 30번까지의 후보자가 당선이 되는 것이다.

㉣ 원내 진입할 수 있는 최소득표율인 봉쇄조항(문턱조항)이 있는 경우, 기준에 못 미치는 득표율을 기록한 정당은 의석을 하나도 배정받지 못한다. 봉쇄조항은 극단주의자로부터 입법부를 보호하고, 군소정당의 난립을 방지하는 기능을 한다. 하지만 군소정당의 의회 진출을 차단하기 위한 수단으로 남용될 수 있다.

③ 폐쇄형 정당명부식 비례대표제
폐쇄형 정당명부식 비례대표제는 유권자들이 정당명부 후보자들의 순서를 선택할 수 없다는 점에서 '비선호투표제'라고 불리기도 한다. 이 제도의 당선자는 정당이 제출한 명부에 있는 후보자들의 순위에 따라 순서대로 결정된다. 이 명부의 순위는 정당 조직이나 정당의 지도자가 결정한다. 이런 제도의 경우 정당 간부들이 공천 과정에서 막강한 통제력을 가질 수 있다.

④ 개방형 정당명부식 비례대표제
개방형 정당명부식 비례대표제는 유권자들이 정당이 제시한 후보자 명부를 그대로 받아들이거나 아니면 정당이 제시한 후보자 명부에서 유권자가 선호하는 후보를 개별적으로 선택할 수 있도록 하는 제도를 말한다. 이런 점에서 '선호투표제'라고 부르기도 한다. 이 제도에서는 정당이 결정한 후보들이 우선권을 갖지만 유권자들로부터 많은 표를 얻으면 순위가 바뀔 수 있다. 유권자들이 한 명 이상의 후보에게 투표할 수 있는 국가의 경우에는 서로 다른 정당 명부의 후보자를 선택할 수도 있다. 또한

개별 후보에게 투표를 허용하는 경우에는 한 명의 후보에게 2표까지 허용하는 국가들도 있다. 이런 제도는 대표성을 높이고, 직접선거원칙의 가치를 증진시킨다는 점에서 의의가 있다.

⑤ 장점

㉠ 모든 정당에게 공정한 방식이다. 정당의 득표율에 비례해서 의석을 차지하기 때문이다.

㉡ 정당명부에 충분히 반영된다면 다양한 집단의 후보자들이 당선되기 쉽다.

㉢ 정당들간의 협상과 합의가 보장된다.

⑥ 단점

㉠ 군소정당의 수가 많을 경우 내각의 불안정성과 같은 정치적 불안을 초래할 수 있다.

㉡ 의원과 유권자들 간의 관계가 소원해진다.

㉢ 정당 명부의 상위에 위치한 이유로 유권자가 선호하지 않는 후보자가 당선될 수 있다.

㉣ 정당은 중앙집권적 관료조직의 특성을 가질 수 있다. 예컨대 관료주의적 문제점, 정당간부의 특권화 경향 등이다.

(5) 단기이양식 비례대표제

① 의미

단기이양식 비례대표제는 모든 후보자의 이름이 등재된 투표 용지에 유권자는 선호 정도에 따라 의원 정수만큼 순서를 기입하는 것을 한 번만 투표하는 제도를 말한다.

② 특징

㉠ 유권자는 모든 후보자의 이름이 등재된 투표용지에 선호 정도에 따라 해당 선거구에서 선출하는 의원정수까지 순위를 기입한다.

㉡ 개표 결과 당선에 필요한 최소득표수를 초과하는 후보자의 당선을 우선 확정한다.

㉢ 당선이 확정된 후보자의 득표 중 당선에 필요한 수를 초과한 표를 다음 후보에게 이양한다.

③ 장점

㉠ 유권자의 의사를 최대한 반영한다. 초과한 표를 다음 순위자에게 이양함으로써 유권자들의 표가 사표가 되지 않도록 하기 때문이다.

㉡ 유권자들의 선호를 반영하고, 선택권이 확대된다.

㉢ 당론의 획일적인 입장에 따르지 않고, 개별 후보들의 입장을 고려하여 선택할 수 있다.

④ 단점

단순 다수대표제에 비해 개표 과정이 복잡하고 시간과 비용이 많이 든다.

(6) 비례대표제의 장점과 단점

① 장점

㉠ 소수당의 의석확보에 보다 용이하여 민주주의의 원리인 소수자보호에 보다 적합한 제도이다.

㉡ 투표가치의 비례성을 확보할 수 있어서 선거권의 평등원칙에 보다 충실할 수 있고 유권자의 사표를 방지할 수 있다.

㉢ 계급・인종・지역 등의 사회적 균열을 해소하여 정치세력화하고 정당명부에 투표하게 함으로써 정당정치의 발전에 기여할 수 있다.

㉣ 비례대표제는 연립정부를 탄생시킬 가능성이 높다. 연립정부는 단일 거대 정당의 독주를 견제할 수 있다. 또한 연립정부가 폭넓은 지지를 받는다. 정책의 일관성있는 수행 측면에서 보면 단일 정당 교체에 비해 연립정부에 의한 정책의 연속성이 유지될 가능성이 높다.

㉤ 비례대표제의 경우 사표가 발생하지 않기 때문에 단순 다수대표제보다 투표율이 더 높다.

㉥ 정당 중심 정치를 전제로 하는 비례대표제의 경우 강한 정당을 만드는 데 기여한다.

② 단점

㉠ 소수정당의 난립으로 정국의 안정을 해칠 수 있다.

㉡ 비례대표제는 절차가 복잡하여 당선인의 결정까지 어려움이 있다.

㉢ 정당의 명부작성 과정에서 유권자의 의사가 제대로 반영되지 못할 경우 직접선거의 원칙에 위반될 소지가 있다.

㉣ 정당간부의 영향력이 증가하고 금권・파벌정치의 온상이 될 수 있다.

㉤ 비례대표제 선거직후에 정당들이 연립정부를 구성하는 과정에서 지지자들의 의사와 무관하게 자의적으로 정책을 변경할 수 있다.

㉥ 비례대표제로 인해 연정을 구성할 경우 상대적으로 힘이 약한 중도파 정당이 과도한 영향력을 행사할 수 있다.

㉦ 대표제 비교

구분	다수대표제	소수대표제	비례대표제
의미	최다 득표자 1인 선출	일정 수의 득표를 획득한 사람을 당선인으로 결정	정당 제도를 전제로, 정당별 득표수에 비례하여 대표를 배분
장점	• 다수당의 안정 • 세력 확보에 유리 • 선거관리 용이	• 사표 감소 • 소수 의견 반영 용이 • 소수당의 의석 확보 용이	• 사표 방지 • 국민 의사 정확히 반영 • 전문가의 의회 진출 가능 • 원내정당화

단점	• 많은 사표 발생 • 소수의견의 묵살 • Bias 현상	• 군소 정당 난립 가능성 증대 • 복잡한 선거 관리	• 직접 선거 원칙에 위배될 가능성 있음 • 군소정당 난립 • 복잡한 선거관리 • 지역민과 의원 사이의 거리가 멀어짐 • 관료제화

4. 혼합대표제

(1) 의미

혼합대표제란 다수대표제와 비례대표제를 적절하게 혼합하여 각 제도의 장점을 살리려고 하는 제도이다. 대체로 지역구에서는 소선거구 상대다수대표제와 대선거구 비례대표제를 혼합하고 있는데 이를 수정비례대표제 또는 인격화된 비례대표제라고 부르기도 한다. 이런 혼합대표제를 처음 시도한 국가는 독일이다.

(2) 단순병합(립)식 혼합대표제

① 의미

단순병립식 혼합대표제[88]는 지역구와 정당명부를 연동시키지 않고, 지역구 선출과정과 정당명부에 따른 비례대표 선출과정을 별도로 운영하여 그 결과를 단순하게 합하는 제도를 말한다. 이 제도를 이용하는 대표적인 나라는 일본이며, 20대 총선까지 우리나라도 시행했던 제도이다. 예컨대 지역구 150석, 비례대표 50석인 나라가 있다. 이 나라의 한 정당이 지역구에서 10석을 획득하고, 정당득표율이 20%를 획득하면 10석(= 50 × 20%)이다. 이 정당의 총 의석수는 20석이다. 당시 우리나라의 경우 전체 의석 중 253명이 지역구 의석이고, 47명이 비례대표이다. 비례대표 수가 전체 의석수의 20%에도 미치지 못해서 단순다수제의 성격이 강하게 나타난 경우이다.

② 일본의 경우

일본은 중의원과 참의원 선거에서 지역구와 비례대표의 의원정수가 미리 정하여져 있다는 점에서 독일식 비례대표제와 구별된다. 유권자는 1인 2표를 행사하며 지역구의원은 상대다수대표제로, 비례대표의원은 정당명부식 비례대표제로 선출되며 비례대표제는 권역별 비례대표제로 운영된다. 1996년 이후 중의원선거에서 중복입후보를 허용하고 있는데 이러한 후보자는 비례대표 명부에서 동일순위로 하고 지역구에서 낙선한 후보자의 득표수를 그 지역구의 최하위 당선자의 득표수로 나누어 그 비율이 가장 높은 후보자를 비례대표에서 구제하여 당선시키며 이를 석패율(惜敗率)제도라 한다.

88) 혼합형 다수대표제로 불리우기도 한다.

(3) 융합형 혼합대표제[89]

① 의미

융합형 혼합대표제를 시행하는 국가가 독일이다. 이 제도는 정당의 총 의석수는 정당득표율로 정해지고, 지역구에서 몇 명이 당선됐느냐에 따라 비례대표 의석수를 조정하는 방식이다. 독일의 유권자는 2표를 가지고 지역구 대표 선출에 1표, 정당명부에 1표를 각각 행사한다. 독일 하원 절반은 소선거구 다수 대표제 방식의 지역구로 선출하고, 나머지는 정당 득표율에 따라 비례대표제 방식으로 선출한다.

② 정당의 총 의석수 결정방식 및 추가(초과) 의석 발생

정당의 총 의석수는 정당의 득표율이 결정한다. 예컨대 정당의 득표율에 따라 의석수가 30석이다. 지역구 의석수가 20석이면 10석을 채워주는 과정이 진행된다. 그런데 만약 지역구 의석수가 50석이라고 한다면 30석을 넘는 초과 의석이 발생한다. 이 초과 의석은 정당의 추가 의석이 된다. 그 결과 의회의 총의석수가 증가하게 된다. 이런 추가 의석이 발생하는 이유는 정당의 득표율에 따라 최종의석수가 결정되고, 의석 배분이 주단위로 이뤄지기 때문이다.

Ⅲ 바람직한 선거제도에 대한 논의

- 한국은 어떤 선거제도를 선택하고 있는가?
- 한국 선거제도의 문제점은 무엇인가?
- 한국 선거제도를 개선할 수 있는 방안은 무엇인가?
- 한국 유권자의 투표는 주로 어떤 요인에 영향을 받는가?
- 유권자는 왜 투표하는가?
- 교육적 시사점
  한국의 선거제도와 유권자의 투표 성향에서 나타난 문제점을 이해하고 이를 해소하기 위해 어떤 노력을 해야 할지에 대한 방안을 탐구할 수 있다.

01 선거제도에 대한 비교 평가

1. 비례성과 대표성 측면

다수대표제에 비하여 비례대표제가 대표성과 비례성이 더 높다.

2. 유권자에 대한 대응성 및 책임성

유권자에 대한 대응성 및 책임성은 다수대표제가 비례대표제보다 높다.

89) 독일식 혼합형 대표제 또는 혼합형 비례대표제로 불리우기도 한다.

3. 정치의 안정성

정책 추진은 단일 정당 정부가 안정적으로 강하게 진행할 수 있다. 그런데 정책을 안정적으로 유지하는 측면에서 연립정부가 더 나을 수 있다.

02 한국 선거제도의 문제점에 대한 논의

1. 한국 선거제도 주요 변천사

한국 선거제도의 역사에서 현재까지 이어지는 선거제도의 기본 시스템은 소선거구 – 전국구 비례대표제가 핵심이라고 할 수 있다. 하지만 민주화 이전과 이후, 권위주의 정부 및 민주주의 정부인지 여부에 따라 선거제도의 내용과 질은 확연한 차이가 크다. 1948년 5월 10일 대한민국 최초 총선거에서 소선거구제를 통해 국회의원 200명을 선출하였다. 1960년 7월 29일 제5대 총선에서 양원제 시스템이 도입되면서 민의원은 소선거구제, 참의원은 대선거구제를 통해 선출되었다. 1963년 11월 26일 제6대 총선에서 '전국구' 명칭으로 비례대표제가 처음으로 도입되었다. 1973년 2월 27일 제9대 총선에서 중선거구제 도입으로 선거구별 2명 의원을 선출하였다. 민주화 이전의 경우에는 집권세력이 권력을 독점할 수 있는 방향으로 만들어지고 시행되었다. 1988년 4월 26일 민주화 이후 첫 국회의원 선거인 제13대 총선이 치러졌다. 2020년 4월 15일 21대 총선이 치러질 때 까지 선거제도는 항상 정치개혁의 중심이 되었다.

2. 민주화 이후 한국 선거제도의 개혁 주요 쟁점

(1) 바람직한 선거구 획정의 문제

(2) 1인 1표에서 1인 2표로 변경하는 문제

(3) 불(비)비례성을 해결하여 대표성을 높일 수 있는 방안

(4) 정치 안정과 지속을 위한 선거제도 방안

3. 한국 선거제도의 특징

(1) 제 16대 총선부터 제20대 총선 제도의 주요 내용

① 제 16대 총선에서 정당 비례 대표 선거를 위한 후보자 추천에 여성 할당제를 도입하기도 하였다. 제 17대 총선부터 유권자에게 지역구 후보자와 정당 비례 대표에 대하여 각각의 독립적 투표권을 도입하면서 전형적인 정당명부식 비례대표제를 채택하였다.

② 지역구 의원은 소선거구 다수 대표제로, 정당 비례 대표 의원은 전국을 단위로 하는 정당 비례 대표 선거에 의해 선출되었다. 다만 국회의원 총수는 다소 변동이 있는 가운데 300명 이하였지만, 비례대표 의원 비율은 20%를 넘지 못하였다.

(2) 제 21대 총선 준연동형 비례대표제

① 의미
2020년 4월 15일 치러진 제21대 국회의원 선거를 통해 준연동형 비례대표제를 실시하였다. 전체 300석이며 총 의석수는 지역구 수 253석, 비례대표 수 47석으로 구성된다. 준연동형 비례대표제는 총 의석수는 정당 득표율로 정해지고 지역구에서 얻은 의석수가 전국 정당 득표율에 미치지 못하면 비례대표 의석을 통해 총 의석을 보장하는 방식으로, 비례대표 47석 전체가 아닌 30석에 '캡(cap)'을 씌워 연동률 50%를 적용하고, 나머지 비례대표 의석인 17석은 기존 방식처럼 정당 득표율에 따라 단순 배분하는 방식이다.

② 선거가능 연령은 18세로 낮춰졌다.

4. 한국 선거제도의 문제점

(1) 낮은 대표성과 비례성

한국 선거제도의 문제점은 제도적 문제와 지역주의 투표 성향의 결합으로 나타난다고 볼 수 있다. 과거 선거제도는 혼합형 방식을 채택하고 있으나, 단순다수대표제와 비례대표제 방식을 단순히 혼합한 방식으로 비례대표의석의 비율이 지나치게 낮다. 그 결과 다수대표제 효과가 강하게 나타나고, 비례대표제 효과는 제한적이다. 따라서 비례성, 대표성 모두 낮은 편이다.

(2) 낮은 책임성

① 지역주의
우리 선거에서 '지역할거주의' 현상이 많이 나타난다. 즉 지역주의에 기반한 정당정치 및 후원수혜자주의는 선거에 있어서 국민 대표성을 저해하고 있다. 먼저 특정 정당이 연고가 강한 지역에서 의석을 거의 배타적으로 획득함으로써 정치에서 지역갈등이 표출되고 있다. 문제는 유권자가 선거를 통해 정당에 대한 책임을 물을 수 있어야 하는데, 지역에 기반을 두고 있는 정당의 경우 공천과 당선이 동일시됨으로써 책임정치를 어렵게 한다.

② 시민에 대한 낮은 반응성
각 정당은 공천과정을 개방하였지만 실질적으로는 하향식 공천제가 이뤄져 시민에 대한 반응성이 낮다.

03 한국의 지역주의 투표행태 분석

1. 문제제기: 유권자의 수준 낮은 정치문화 ⇨ 지역주의 선거 경향

해방 이후 자유 민주주의를 수입한 대한민국은 아직도 바람직한 정치문화를 정립하지 못한 상태이다. 건국초기에는 스스로 국부라고 칭하는 대통령이 등장하였고, 이런 대통령을 이해하지 못하는 많은 국민들은 지방형과 신민형의 수준을 벗어나지 못하였다. 4·19 혁명 이후 경제개발이 진행되면서 도시와 농촌 간의 이원화된 정치문화가 나타나기 시작하였다. 도시의 경우는 교육의 영향으로 참여형이 많아졌지만, 농촌의 경우에는 신민형이 다수를 차지하였다. 그 결과 선거에서도 도농 간의 차이, 민주 대 반민주라는 정치적 갈등이 표출되기도 하였다. 하지만 점차 교육과 경제성장으로 참여형이 많아지기 시작했으며 그 결과 1987년 6월 항쟁으로 나타났다. 하지만 1987년 이후에 나타난 지역주의 선거 결과에 대해서는 어떻게 평가를 해야 할까? 여전히 민주로 상징되는 참여형과 반민주로 상징되는 신민형으로 볼 수 있을까? 시민단체와 이익집단들의 의사표출이 활발한 대한민국의 정치문화는 과연 어느 정도의 수준인가? 이 수준을 계량적으로 측정할 수 있을까? 또한 이런 측정이 적정한 일이라고 할 수 있을까?

2. 알몬드와 버바의 정치문화론에 따른 한국 유권자 투표행태 분석

(1) 한국 유권자 정치문화는 비민주적이고 후진적인 정치문화

알몬드와 버바의 정치문화론은 서구중심적 시각에서 시민문화라는 기준을 제시하였다. 이런 그들의 연구는 서구우월주의적인 시각이라 할 수 있으며, 균형과 조화를 강조하는 기능론적인 시각이다. 이런 시각에서는 1987년 이후 선거결과를 통해 한국의 정치문화를 분석해 보면 지역주의에서 벗어나지 못하고, 특정 정치적 집단에 몰표를 던져 충성심을 보이는 것을 신민형 정치문화 수준으로 설명할 수밖에 없다. 따라서 이들의 시각에서 한국의 정치문화는 여전히 후진적이며 비민주적인 정치문화라고 할 수 있다.

(2) 문제점: 모든 정치적 책임을 유권자에게 돌리는 결과를 초래

알몬드와 버바의 연구결과를 우리 상황에 적용시키면 모든 정치적 책임은 후진적인 정치문화를 지닌 일반 국민에게 있다. 이런 정치문화적 시각은 결정론적 시각이라고 할 수 있다. 즉, 서구는 진화를 통해 이성적이고 참여적인 정치문화를 이미 가지고 있지만, 제3세계국가는 생래적이지 못하다는 것이다.

하지만 정치문화는 결정된 것이 아니라 생성되는 것으로 보는 것이 적절할 것이다. 제도나 정치지도자의 신념과 의지에 따라 정치문화는 생성되는 것으로 보는 것이 더욱 적절할 것이다.

따라서 알몬드와 버바의 분석은 모든 정치적 책임을 유권자에게 돌리는 결과를 초래하여, 정치지도자나 정치제도의 문제점을 간과할 수 있는 문제점이 있다.

3. 알몬드와 버바의 정치문화와 다른 시각에 따른 한국 유권자 투표행태 분석

정치문화를 생성하는 데 중요한 역할을 담당하는 것은 정치가이며 정치제도이다. 표를 얻기 위해서 정치가들은 정책이나 제도 등을 활용하여 대중을 선동한다. 예컨대 현재 선거에서 나타나는 동서분열의 양상은 경제개발의 불균형에 따른 부작용이기도 하다. 또한 소선거구제를 활용하여 자신들과 지연, 혈연, 학연과 관계있는 대표를 선출하도록 하기도 한다. 이런 분석 이외에도 유권자들의 합리적 선택이라는 관점에서 지역주의 선거결과를 설명할 수도 잇다. 무색무취하고 지역을 기반으로 하는 대정당 중심 정당구조에서 유권자들은 지역적 연고라는 기준으로 투표하는 것이 합리적 선택이라고 판단하게 된다는 것이다.

(1) **정치경제적 접근**(최장집, 김만흠, 황태연)

지역적으로 편향된 정부의 산업 및 인사정책이 호남지역 유권자들의 절대적, 상대적 박탈감을 초래하였다. 게다가 1980년 광주민주화항쟁에 대한 전두환 정권의 무력 억압의 경험으로 호남의 소외의식은 더욱 강화되었다. 이런 소외감과 박탈감을 해소하기 위해 지역적 기반을 둔 정당에 대한 절대적 지지를 보내게 되었다. 이런 것에 대한 반응으로 영남지역에서도 지역에 기반을 둔 정당에 압도적인 지지를 보내는 상황이 만들어졌다.

(2) **정치적 동원론**(신광영, 손호철)

사회균열의 표출, 즉 갈등의 표출은 정치사회에 의해 매개, 선택되는 것으로 지역감정의 표출은 정치 엘리트의 지역주의 동원전략의 결과이다. 예컨대 한 선거구에서 1명만을 선출하는 소선거구제를 도입한다. 이 소선거구제를 이용하여 특정 권역에 자신들을 지지하는 의원들과 유권자들을 형성한다.

(3) **합리적 선택이론**(조기숙, 김재한)

지역주의 투표 경향은 유권자들이 무지하거나 전통적인 투표행태를 가지고 있기 때문이 아니라, 선거제도가 지닌 고유한 문제에서 비롯된 것이다. 현재 한국의 정당들이 지향하는 이념적 스펙트럼은 협소하다. 그 결과 정당들이 선거 때마다 제시하는 공약은 거의 차이가 없다. 이런 상황에서 유권자들의 합리적인 선택은 자신의 지역에 얼마나 도움을 줄 수 있느냐 하는 것이 선택의 기준이 될 수밖에 없다.

04 유권자의 투표 행위 연구

1. 빈번했던 중대선거 현상

대한민국의 선거에서는 정치세력판도가 급변하게 변화하는 중대선거현상의 모습이 종종 나타났다. 이것은 정당에 대한 실망과 정치에 대한 유권자들의 의사표시이기도 하다. 중대선거는 1955년 케이(V. O. Key)가 제시한 것으로 선거 정치 지형을 바꾼 선거를 말한다. 이 개념의 가장 중요한 속성은 '정당간의 뚜렷하고 지속성 있는 재편성'이다. 중대선거와 유사한 용어로 정초선거(foundation election)가 있다. 정초선거란 주춧돌을 놓는 선거란 의미이다. 이는 선거의 지형이나 정치구도 자체를 바꿔놓은 선거라는 의미로 쓰인다. 우리나라의 경우 이런 중대선거가 빈번하게 발생하였다. 예컨대 1985년 2월 12일의 제12대 국회의원 총선거, 1988년 4월 26일의 제13대 국회의원 총선거, 17대 총선 등을 들 수 있다. 12대 총선은 창당한 지 얼마 안 되고 총선에 임한 당시의 신한민주당이 선거에서 예상을 뛰어넘는 선전을 함으로써 민주화의 기반을 닦은 선거라는 의미에서 중대선거 또는 정초선거라고 부를 수 있다. 당시 집권당인 민주정의당이 35.2%, 신한민주당이 29.3%의 득표율을 기록하고, 각각 148석과 67석의 의석을 차지했다. 2·12 총선은 민주화세력이 권위주의 정권에 대항할 수 있는 기틀을 마련했다는 점에서 민주화의 전기를 마련한 선거였다. 13대 총선도 여소야대 정국을 형성함으로써 절차적 민주주의 이후 민주주의 공고화를 이룰 수 있는 국면 전환의 주요 계기가 되었다는 면에서 정초선거라고 할 수 있다. 현재 과거 지역주의가 차지했던 자리를 세대에 의한 투표와 이념에 따른 선택이 대체해 나가는 중이다. 이와 같은 중대선거 현상을 통해서 유권자와 정당구조에 있어서 뚜렷한 변화가 일어나고 있음을 알 수 있다.

2. 유권자의 투표 행태 분석 의의

유권자의 투표행태분석은 쉽게 말하면 '유권자는 왜 투표하는가'라는 질문에 답을 찾기 위한 연구이다. 이 원인을 파악하기 위한 연구는 오랫동안 행해져 왔고, 다양한 측면에서 그 요인을 찾아보았다. 하지만 어떤 요인이 결정적 요인이 되는지는 나라, 시기, 선거의 종류에 따라 매우 다양한 결과가 나타났다. 예컨대 어떤 선거는 정당일체감이 제일 중요 요인이었지만, 그 다음 실시된 총선은 인물이 가장 중요한 요인이 될 때도 있다. 따라서 여기에서의 논의는 결정적 요인을 찾는 것이 아니라 다양한 요인을 이해하는 것이 핵심이다. 또 하나 이해해야 하는 것은 다음에서 언급되는 요인은 높은 투표율과 낮은 투표율을 설명하는 데 사용되는 요인이기도 하다는 것이다.

3. 유권자의 투표행위에 영향을 주는 요인

(1) 인구통계학적 요인

인구통계학적 요인으로는 교육수준, 성별, 연령, 직업, 거주지 규모 그리고 소득 등이 있다.

(2) 사회심리학적 요인

사회심리학적 요인으로는 외부압력에 대한 취약성, 지역감정 등이 있다.

(3) 정치 태도(정치문화)적 요인

정치 태도(정치문화)적 요인으로는 민주시민의 의무감, 정치체제에 대한 충성도, 정당일체감 또는 선호도, 정치적 효능감, 정치적 지식의 정도 그리고 정치적 관심의 정도 등이 있다.

(4) 합리적 선택이론적 접근

① 가설

다운스의 기대효용모델에서 시작된 이 접근은 그 이후에도 여러 학자들에 의해 발전되어 왔다. 이 접근의 가장 중요한 가설은 "유권자는 투표하는 경우 투표하지 않을 경우보다 효용이 크다면 투표한다. 만약 그 반대가 된다면 투표하지 않는다."는 것이다.

② 합리적 무지

합리적 선택이론을 근거로 등장하는 용어 중 하나가 합리적 무지이다. 예컨대 현대인은 많은 일과 다양한 관심을 가지고 있다. 그런데 투표를 제대로 하려면 후보자와 관련된 다양한 정보들을 수집하고 이해해야 하는데 이 과정에 대한 비용이 더 크다고 유권자는 느낀다. 그래서 유권자는 후보자에 대해 일정 부분 모르는 상태에서 투표를 한다. 그리고 투표장에 가지 않기도 한다. 즉 합리적 무지는 정보를 얻기 위해 지출하는 비용이 투표를 통해 얻는 이익보다 크다고 생각하기 때문에 나타나는 현상이다.

③ 투표의 역설(참여의 역설)[90]과 만족감

다운스 이론에 따르면 일반적 선거에서 유권자들은 투표장에 가면 안 된다. 비용이 기대편익보다 크기 때문이다. 따라서 투표율은 0%가 나와야 한다. 그런데 일반 선거의 투표율은 0%를 항상 초과한다. 그것도 아주 많이 초과한다. 이 현상을 투표의 역설이라고 한다. 이 역설적 상황을 설명하기 위해서 다운스가 만든 기대효용식에 새로운 변수를 추가할 수밖에 없었다. 새로운 변수를 넣어 다운스의 식을 새롭게 구성한 것은 페레존과 피오리나(Ferejohn and Fiorina, 1974)였다[91]. 그 변수가 '만족감'이라는 것이다. 민주시민으로서 투표에 참여했다는 만족감, 정치체제에 대한 만족감, 정당 일체감에서 오는 만족감 등이다. 즉 자신의 투표가 민주주의 유지에 기여한다고 생각하기 때문이다. 투표를 자신의 정당선호를 표현하는 것으로 생각하기 때문이다. 따라서 페레존과 피오리나의 새로운 공식으로 투표의 역설이 역설이 아니라는 것을 설명할 수 있게 되었다. 그들이 제시한 만족감은 살펴본 요인 중 정치태도(정치문화)에 포함시킬 수 있다. 물론 사회심리학적 요인에 포함시킬 수도 있지만 '정치교육'이라는 점을 염두에 두고 정치태도 범주에 포함시키기로 한다.

(5) 사회구조적 접근

근대화와 탈근대화가 대표적이다. 근대화가 이뤄졌던 산업사회에서는 대중정당이 중심이었고, 대중정당은 기본적으로 정당일체감이 강한 투표 성향을 만들어냈다. 그리고 사회적 균열을 바탕으로 선거 양상이 매우 경쟁적으로 나타났다. 그런데 잉글하트가 말한 바와 같이 탈근대화가 되면서 탈물질주의적 가치라는 새로운 사회적 균열이 나타났다. 그 결과 선거라는 정치참여가 아니라 자유롭게 새로운 정치참여에 더 흥미를 보인다는 것이다. 탈근대적 요인은 투표율이 하락한 이유를 설명해 준다.

---

90) 정치학에서 투표의 역설은 2가지가 있다. 하나는 18세기 후반 콩도세르의 공리 증명에서 나온 투표의 역설과, 합리적 선택이론의 투표의 역설이다. 전자는 좋은 투표 제도가 없다. 즉 모든 사람의 선호를 반영할 수 있는 선거제도란 없다. 민주주의가 문제가 많다는 등이 핵심내용이라면, 여기서 투표의 역설은 투표하지 않아야 하는 상황에서 투표하는 것을 설명하는 것이 핵심적 내용이다.

91) 페레존과 피오리나는 '투표로 유권자가 받는 보상=(유권자에게 혜택이 발생할 확률)×(예비후보 당선 시 정책이 주는 혜택)−투표에 참여함으로써 지불해야 하는 비용+만족감'으로 다운스의 식을 수정하였다.

(6) 정치제도적 접근

① 경쟁적 정치제도 및 다양한 의견 반영 가능성

잭먼(Jackman, 1987)은 정치제도가 정치적 경쟁을 높이거나 투표 참여에 편의를 제공하거나 인센티브를 제공할 경우 투표율은 상승한다는 주장을 하였다. 선거 경쟁이 치열할수록 유권자의 효용도 증가한다는 점에서 합리적 선택이론의 관점에서도 그의 주장은 타당해 보인다. 따라서 경쟁적인 정치 환경을 만들면 투표율이 제고될 수 있다는 결론에 도달한다. 그의 주장에 따르면 경쟁적 선거를 치르기 위해서는 경쟁적 정당체제가 이뤄져야 한다. 물론 사르토리가 제시한 경쟁적 정당체제가 다양하지만 단순화시켜 양당제와 다당제를 비교해 보자. 어느 쪽이 경쟁적인가? 당연히 양당제가 다당제보다 일반적으로 경쟁적이라고 할 수 있다. 그런데 여기에서 잭먼은 비례성이 높은 선거제도가 투표율을 제고할 수 있다는 결론을 제시한다. 앞뒤가 맞지 않는 결론으로 보인다. 비례대표제는 다당제와 밀접한 관련성이 있기 때문이다.

하지만 그의 결론이 이론적 친화성의 차원에서 보면 모순적으로 보이지만, 현실적 친화성의 차원에서 보면 이상한 문제도 아니다. 비례대표제를 하는 경우 정당 간의 경쟁이 치열하지 말란 법도 없다. 또한 경쟁성이 아니라 비례대표제를 만족감 측면에서 이해할 수도 있다. 즉 소외된 유권자를 생각해 보면 다당제일 때 투표하러 나올 가능성은 매우 커진다. 따라서 비례대표제는 소수의 주장을 포함한 다양한 의견을 반영할 수 있는 제도라는 점에서 충분히 투표율의 제고를 기대해 볼 수 있다.

② 선거편의성

선거편의성 역시 투표의 참여와 불참에 중대한 영향을 미칠 수 있다. 전 세계적으로 투표 장소, 투표 방식 등에서 선거 참여에 다양한 편의 제공 방식을 강구 중이다.

③ 의무투표제

투표율을 높이는 가장 효율적인 방법으로 알려진 것이 의무투표제이다. 정치적 자유를 침해한다는 주장이 많지만 이것을 실시하고 있는 나라도 있다. 예컨대 그리스, 벨기에, 오스트리아 등이다. 그렇다면 우리나라는 현재 도입할 만큼 심각할까? 현재는 시기상조라는 의견이 더 많다.

(7) 소결

이상으로 투표율에 영향을 미치는 주요 요인들을 살펴보았다. 앞서 밝힌 바와 같이 투표 참여와 투표 불참에 어떤 요인이 가장 큰 영향을 미치는 요인인지는 단정 지어 말할 수 없다. 위 요인 중 의무투표제는 당장 우리나라 상황에 적용할 수 없는 것이다. 따라서 상황에 따라 어떤 요인이 가장 큰 영향을 미치고 있는지를 분석할 수 있어야 한다.

4. 유권자의 후보 선택기준

유권자들이 후보를 선택할 때 뽑는 기준으로는 정책과 공약(정책모형), 소속정당(정당일체감), 인물 및 능력(후보자 모형) 등이 대표적이다. 이 기준도 대통령 선거인지, 국회의원 선거인지 여부에 따라 유권자가 제일 중요하게 생각하는 기준은 달라진다. 또한 정치적 상황에 따라 달라지기도 한다.

(1) 사례

> 작은 위원회나 혹은 마을 회의에서라면, 특히 가부를 묻는 투표에 참여하는 것은 이해할 수 있어. 그러나 대통령 선출에 5,000만 명이 투표하는 것은 전혀 다른 문제이지. 전국적 선거에서 한 사람의 한 표가 결정적인 역할을 할 확률은 거의 없다고 볼 수 있어. 많은 사람들이 자신의 표가 가치가 없다고 생각한다면 투표에 참여하지 않을 것이고, 이때 내가 투표한다면 내 표의 가치는 올라가겠지. 이처럼 자신의 표의 가치가 올라간다고 생각하면 많은 사람들이 투표에 참여해 역설적으로 내 한 표는 가치를 잃게 되겠지. 결국 투표에 참여해야 할지 말아야 할지 결정을 내리기는 매우 어려울 수밖에 없어.

(2) 투표의 참여 이유

① 각 정당이 유권자 개인에게 주는 편익에 차이가 없다고 생각하기 때문

② 합리적 무지, 투표 불참

5. 낮은 투표율을 높일 수 있는 방안

> 교　사: 낮은 투표율은 현대 민주주의에 중요한 도전이 되고 있습니다. 유권자가 합리적인 행위자라고 가정할 때 투표율이 높아질 수 있는 조건에 대해서 하나씩 제시해 보세요.
>
> 학생 1: 선생님, 제 생각에는 후보자 간 박빙의 승부가 펼쳐지는 지역구가 많이 늘어나면 투표율이 높아질 것 같습니다.
>
> 학생 2: 선생님, 저는 선거제도가 단순다수대표제에서 비례대표제로 바뀌면 투표율이 높아질 것 같다고 생각합니다.
>
> 교　사: 이제 투표 참여에 대해서 논의해 봅시다. 유권자가 투표 참여를 통해 선거 결과에 영향을 미칠 수 있는 확률은 미미하죠. 더구나 투표 참여에는 일정한 비용이 듭니다. 그런데 실제 투표에서는 흥미롭게도 '투표의 역설(paradox of voting)'이 발생합니다.

Ⅳ 선거와 대표 유형

- **국민들로부터 위임을 받은 대표는 어떤 실질적인 의미를 가지는가?**
- **교육적 시사점**
  대표의 실질적인 의미를 이해함으로써 대표에 대한 감시와 견제를 유권자들은 어떻게 해야 하는지 이해할 수 있다.

01 대표유형의 의의

이상에서 살펴본 선거를 통해 우리는 대표를 선출한다. 그렇다면 '대표'는 어떤 의미를 지닌 대표일까? 그리고 이 대표는 어떤 대표여야 할까? 어떤 대표가 더 바람직할까? 이와 같은 질문을 던져야 할 것이다.

이런 질문에 대하여 헤이우드는 정치 구조가 역사적으로 변화해 가는 상황에서 나온 4가지 대표모델을 제시하고 있다. '대표'라는 개념은 17세기에 민주주의 사상이 발달하면서 생겼다. 전통적인 의미의 대표는 자유주의 계열의 '신탁(trust)'과 루소 등의 주장에 근거한 '대리(delegate)'의 의미를 갖고 있었다. 하지만 선거권이 확대되고, 현대 정당체계가 확립하면서 '위임(mandate)'이란 모델도 널리 수용되었다. 그리고 산업화와 다원화로 인해 계급, 성, 종교, 인종 등 다양한 집단들로 균열된 사회구조가 나타나면서 '유사대표모델(resemblance model)'도 제기되었다. 이와 같이 대표의 개념인 신탁－대리－위임－유사대표 모델은 시대별로 정치구조 변화에 따라 나온 개념이다.

02 대표 유형별 특징

1. 수탁자모델

(1) 수탁자모델의 의미와 특징

① 의미: 추상적인 국민의 대표

대의 민주주의에서 대표와 그를 선출한 지역구민과의 관계는 어떠해야 할까? 한 관점에 의하면 대표는 지역구민의 의견을 단순히 반영해서는 안 되며, 편중되지 않은 성숙한 판단력, 계몽된 양심으로 공적 문제에 대해 자율적인 결정을 내려야 한다. 이를 수탁자 모형이라 한다. 그러나 또 다른 관점은 이에 동의하지 않는다. 대표는 스스로 정책을 결정하는 것이 아니라, 자신들이 대표하는 지역구민의 정책 선호를 그대로 반영해야 한다는 것이다. 이러한 관점은 위임 모형이라 한다. 수탁자 모형은 대표의 독자적 판단과 결정에 대한 책임은 임기가 끝난 후 선거를 통해 물어야 한다는 논리로 귀결된다. 반면 위임 모형은 임기 중이라도 대표의 결정에 대한 책임을 묻고 해임시킬 수 있는 국민소환과 같은 직접 민주주의 제도 도입의 논리적 근거가 된다. 수탁모델은 지혜와 덕성이 뛰어난 대표가 유권자들에게 신탁[92]을 받은 대표로 본다. 이 대표는 신탁을 받았기 때문에 전체국가와 국민을 위해서 자신의 판단과 의사에 따라 자유롭게 의사결정을 내릴 수 있다.

② 엘리트주의

㉠ 이런 자유로운 의사결정을 내릴 수 있는 이유는 버크(Edmund Burke)가 1774년에 영국 브리스톨에서 했던 연설문에서 밝힌 바와 같이 '성숙한 판단'과 '계몽된 의식'을 지닌 대표가 유복하지 않은 사람들의 이익을 위해 헌신하고자 하는 도덕적 의무를 지니고 있다는 일종의 '엘리트주의'에 근거하고 있기 때문이다.

92) 신탁은 누군가에게 재산이나 사무를 전적으로 맡기는 행위를 말한다.

ⓛ 버크의 연설문 ≪2013년 기출

> 여러분, 의원으로 선출되어 지역구민들과 하나가 되고, 긴밀한 접촉을 하고, 제한 없는 교류를 하며 살게 된 것은 분명히 행복하고 영광스러운 것임에 틀림없습니다. …… 통치와 입법은 이성과 판단에 기초하는 것이지 성향에 의하여 이루어지는 것은 아닙니다. 토론하기 이전에 결정이 이루어지고, 심사숙고 하는 사람과 결정하는 사람이 다르고, 결론을 내리는 사람이 논쟁을 하는 사람으로부터 300마일 떨어져 있다면, 그 곳에서 어떻게 이성을 찾을 수 있습니까? …… 의원은 지역구민들의 견해를 기쁜 마음으로 청취하고 심각하게 고려해야 합니다. 그러나 자신의 판단과 양심에 따른 분명한 확신에 반대됨에도 불구하고, 맹목적이고 무조건적으로 따라야 하고 투표를 하고 주장을 해야 하는, 권위적인 지시와 요구 사항들은 이 나라 법체계에는 분명히 나타나 있지 않습니다. － 버크(E. Burke)

(2) 평가

① 엘리트주의적이며 반민주적인 시각

대중의 무지 때문에 대중의 의사와 관계없이 대표가 스스로 알아서 생각하고 판단한다는 것은 엘리트주의적이며 반민주적인 함의를 담고 있다.

② 교육받은 대표가 뛰어난 정치적 판단을 한다는 논리적 비약

교육은 복잡한 정치적, 경제적 문제에 대한 이해를 돕는 데 중요하지만, 교육이 대표로 하여금 다른 사람들의 이해관계에 관해 정확한 판단을 하는 데 기여한다는 것을 확인하기 어렵다.

③ 대표들의 이기심을 누를 수 있는 방안이 없음

대표들이 자신의 생각과 판단에 따라 행동하도록 허용할 경우, 자신들의 이기적 이익을 추구하는 데 급급할 것이다.

④ 교육이 보급되고 평등 개념이 확산된 상황에서는 적절하지 않음

신탁모델은 오늘날과 같이 교육수준이 높아지고, 평등의 개념이 확산되면서 그 의미가 많이 퇴색되었다.

2. 대리모델 : 유권자의 대표

(1) 대리모델의 의미와 특징

① 의미

대리[93]모델은 자신을 선택한 유권자의 권리를 위해 충실히 봉사하는 대표를 말한다. 모든 권리와 의무는 유권자에게 귀속되기 때문에 대표는 대리인으로서 유권자의 의사에 충실히 따라야 한다. 따라서 국가 '전체'보다는 자신을 선출해준 '부분'에 초점을 두는 의회 활동을 해야 한다.

② 선거구민에 기속

이 대표 개념은 지역구의 이익과 지역민의 개별적 이익에 봉사하는 의원활동을 뒷받침하는 논리가 된다. 그래서 대표모델을 흔히 '선거구 봉사(constituency service)'라고 부르기도 한다.

---

93) 대리는 권리자의 위임을 받아 대신 지시받은 행위를 그대로 할 뿐 권리나 의무의 주체가 되지 못한다.

③ 직접민주제

이런 대리모델을 선호하는 사람들은 정치인과 지역구민의 이익이나 견해의 차이가 최소화되기 위한 장치 도입을 매우 선호한다. 이 제도적 장치에는 국민소환(recall), 국민발안(initiatives), 국민투표(referendum)를 예로 들 수 있다.

(2) 평가

대리 모델은 지역구민의 이익에 정치인이 봉사한다는 점, 그래서 전문 정치인들의 개인적 욕망을 제한할 수 있다는 장점이 있다. 하지만 다음과 같은 단점도 있다.

① 정치인과 선거구민 간의 갈등 유발

정치인이 선거구민의 이해관계에 묶여 갈등이 유발될 수 있다. 정치인과 선거구민 간의 이해관계가 충돌할 수 있기 때문이다.

② 정치인들의 전문성이 유권자의 의사에 기속됨

대리로서 역할을 담당하는 전문 정치인들은 유권자들의 의사에 기속된다. 그 결과 대표의 지도력과 정치력을 행사할 수 있는 영역이 제한된다.

③ 다수의 이익을 대변해야 하는 책임성에 반함

자신을 선출해준 국민이 절대 다수가 아닌 경우는, 부분의 이익만을 중시하게 되어 그 결과 대표로서 다수의 이익을 대변할 수 없다. 이것은 다수의 이익을 대표해야 한다는 대의 민주주의의 책임성에 위배가 된다는 단점이 있다.

3. 위임모델: 정당의 대표

(1) 위임모델의 의미와 특징

① 의미

위임모델은 정당의 입장을 따르고 정강·정책의 실현에 공헌하는 대표를 말한다. 대표는 '정당인'의 성격을 가진다. 위임 모델은 근대 정당제도가 발전하면서 대표적인 개념으로 등장하였다. 정당이 출현하기 전에는 대표는 대체적으로 독립적인 개인으로 간주되었다.

② 정당 대표

그러나 프랑스 혁명을 전후로 선거권이 확대되고, 현대 정당 체계가 확립되면서 정당이 대표 기구로 부각되기 시작했다. 그 결과 정당이 만약 선거에서 승리하게 되면 선거 때 제시된 공약들을 실행하라는 대중적인 위임을 받은 것으로 간주된다.

따라서 정치인은 선거의 공약을 통해 당선되므로 정당의 입장을 따르고 정강·정책의 실현에 공헌하는 것이 곧 대표하는 것이 된다.

이런 점에서 위임모델의 대표는 개인의 자질과 능력보다는 특정한 정당의 이념과 정책에 충실한 '정당인'의 성격을 갖게 된다. 일반시민들은 선거를 통해 정당이 제시하는 공약에 지지를 보냄으로써 그 정책을 실천할 수 있는 권위를 위임하게 된다. 그러므로 대표의 개념은 개별 정치인과 개인의 관계로부터 일반 시민들과 정당의 관계를 중심으로 이해될 수 있다.

(2) 평가

위임모델은 신탁모델의 시각을 포함하고 있다. 전체 국민의 이익을 대표하는 자로서 위임을 받기 위해 경쟁하는 정당의 일원으로서 자유로운 판단을 통해 정책을 만들고 행위할 수 있는 것이 위임모델이다.

4. 유사대표모델 : 특정 집단의 대표

(1) 유사대표모델의 의미 및 특징

① 의미

유사대표모델은 대표는 자신을 지지한 계급이나 계층의 대표를 말한다. 이 경우 의회는 각 집단의 지명과 지지를 받은 대표로 구성된다고 보는 입장이다. 유사대표 모델이 나온 이유는 근대 사회 이후 계급, 종교, 성, 인종 등 다양한 집단들로 균열된 구조를 보이고 있고, 이 균열적 구조가 대표에게도 반영될 때 자신들의 이익을 대표할 수 있다고 보기 때문이다. 따라서 특정 집단의 경험을 공유했던 사람만이 완전하게 집단의 이해관계와 동일할 수 있다는 것을 전제로 하는 모델이다. 따라서 유사대표모델은 의회의 모습과 사회의 모습이 닮아야 한다는 것이다.

② 마르크스주의적 시각

이 시각은 정치란 사회의 균열상을 그대로 반영한다는 마르크스주의적 시각에 기초한다. 19세기 이후 사회주의자들과 진보주의자들은 자유 민주주의 대표제도가 사회의 다수 집단인 노동자 계급과 여성들을 지나치게 과소 대표하고 있기 때문에, 그들의 이익이 소외되고 최소화되고 있다고 비판했다. 물론 진보적인 엘리트도 있지만, 그들 역시 노동자나 여성이 아니기 때문에 그들의 이익을 충실하게 대표하는 데는 한계가 있다고 지적되어 왔다.

따라서 대표는 사회집단별로 할당되어야 하고, 투표자들은 자신이 속한 집단이 내보낸 후보자에게 투표해야 한다고 주장하였다. 따라서 유사 대표 모델은 '정치적 평등의 원칙'을 적극적으로 수용하는 개념이라고 할 수 있다.

(2) 평가

① 현실적으로 실현하기 어려운 모델

여전히 엘리트주의가 지배적인 정치체제에서 유사대표모델을 적용한 의회를 만들기 어렵다.

② 사회적 분열과 갈등 유발

대표 각자의 집단만을 대표할 경우 사회적 분열과 갈등, 그리고 파편화는 더 심화될 것이다. 그 결과 공공선을 달성하고자 하는 민주주의의 이상과 목적을 어렵게 만들 수 있다.

Chapter 05 정부형태[94)]

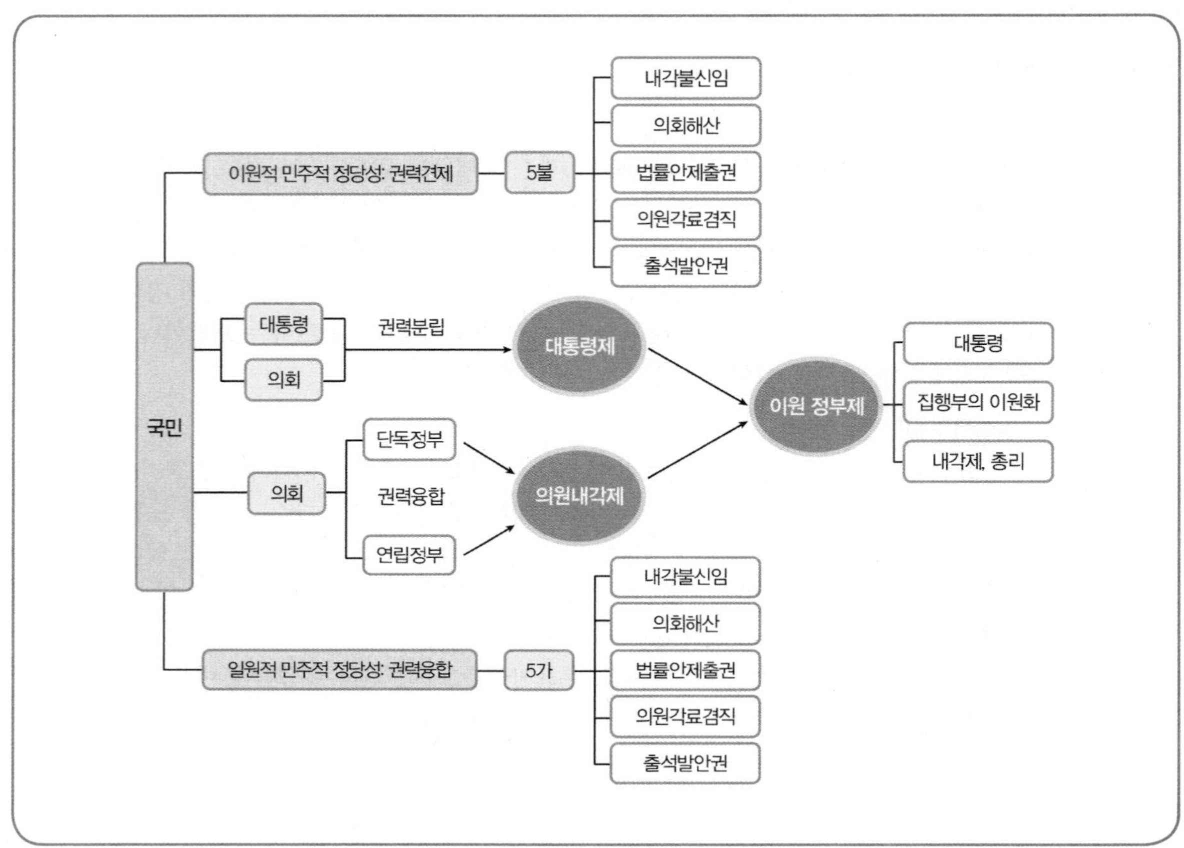

94) 서울대 공저(2006), 『정치학의 이해』, pp.223~224; 강제명(2003), 『정치학』, pp.297~328; 박현모(2004), 『마인드맵으로 본 정치학』, pp.302~315; 홍익표 · 진시원(2009), 『세계화 시대의 정치학』; 정만희(2015), "대안적 정부형태로서의 이원정부제" 등을 참조하여 구성

I 대통령제

- 대통령제의 중요한 속성이 무엇인가?
- 대통령제의 장점과 단점을 결정하는 데 영향을 미치는 속성은 무엇인가?
- 대통령제의 문제점과 극복방안은 무엇인가?
- 교육적 시사점
  대통령제의 특징을 이해하고 문제점과 그 해결방안을 탐구할 수 있다.

PART 03

01 대통령제의 의의: 견제와 균형 강조

1. 의미

루소의 일반의지 및 몽테스키외의 삼권분립론에 기초한 대통령제는 국민에 의해 선출된 대통령이 책임을 지고 국정을 수행하고 또 다른 국민대표기관인 의회의 견제와 통제를 받게 하는 정부형태를 말한다.

2. 이원적 민주적 정당성 ⇨ 견제와 균형

대통령과 의회는 각각 국민에 의해 선출됨으로 '이원적 민주적 정당성'을 대통령제는 특징으로 한다. 이와 같은 특징은 권력분립원칙을 충실히 실현하고, 정당정치의 폐단인 정경유착과 당파주의를 완화시키는 데 기여할 수 있다.

3. 대통령제가 성공하기 위한 요건: 엄격한 삼권분립, 의회의 독립

이와 같은 대통령제가 성공하기 위해서는 엄격한 삼권분립과 의회의 독립을 보장하는 것이 필요하다.

02 대통령제의 제도적 징표

이원적 민주적 정당성에 근거한 대통령제는 다음과 같은 제도적 징표를 나타내게 된다.

첫째, 의회－행정부 구성원의 겸직금지
둘째, 대통령의 의회해산권 불인정
셋째, 의회의 행정부 불신임권 부인
넷째, 행정부의 법률안 제출권 불인정
다섯째, 행정부의 의회출석 발언권 불인정 등

03 대통령제에 대한 평가

1. 정치적 안정과 독재의 위험 ≪신대통령제

대통령제는 삼권분립의 충실한 실현과 강력한 대통령의 권한이 안정된 정국과 민주주의를 가져다 줄 수 있지만 권력분립을 무시한 대통령에 의한 독재로 인해 정통성 위기를 초래할 수 있는 위험이 있다. 예컨대 신대통령제이다. 신대통령제(新大統領制)는 칼 뢰벤슈타인이 주창한 것으로, "입헌적 조치를 통해 집행권자인 대통령이 국가의 다른 기관보다 우월한 정치권력을 갖는 정부 형태"를 말한다. 즉 헌법상 국가원수인 동시에 집행부 수반인 대통령이 의회나 사법부에 대하여 절대적으로 우월한 지위에 있다. 어떠한 국가기관도 대통령의 헌법규정상의 또는 사실상의 권력독점에 대항하거나 그 권력행사를 견제할 수 없다. 신대통령제에서는 의회나 내각은 물론이고 명목상 독립적 지위를 가진 사법부까지도 대통령에 대하여 종속적 지위에 있다.

2. 장점과 단점: 안정된 정책 추진과 독재 및 권위주의 출현의 위험

(1) 장점: 임기의 보장, 정국의 안정, 국정효율성, 의회 다수파의 횡포 견제

구체적으로 살펴보면 임기가 보장됨과 동시에 입법부로부터 독립하여 있다는 점에서 대통령제는 정국을 안정시키고, 행정의 능률성을 제고함과 동시에 정책을 지속적으로 추진할 수 있다. 또한 법률안 거부권을 통해 의회의 다수파를 견제할 수 있다.

(2) 단점: 임기의 경직성, 독재, 권위주의화, 교착상태, 승자독식의 문제

① 독재화로 흐를 위험

전통적인 견해에 따르면 대통령제는 임기가 보장되고 권한이 막강할 경우 의회와 행정부 간의 균형이 깨져 독재화로 흐를 위험을 안고 있다는 평가를 받는다.

② 분점정부로 인한 교착상태

현재 대통령제의 문제점으로 주목받는 것은 '교착상태'와 '승자독식주의'이다. 대통령제는 '이원적 민주적 정당성'으로 인해 '분점정부' 현상이 나타날 수 있다. 분점정부란 대통령이 속한 정당과 의회의 다수파가 속한 정당이 불일치하여 행정부와 의회가 서로 다른 정당에 의해 지배되고 있는 상태를 말한다. 이런 상태에서 의회와 대통령 사이에 정국대립이 발생할 경우에 갈등이 장기화될 우려가 있다. 즉 의회와 대통령의 갈등으로 정치가 교착상태에 빠질 위험이 있다.

③ 승자독식

또한 대통령제는 선거의 승자가 과반수 이상의 지지 없이도 권력을 독점할 수 있기 때문에 선거는 제로섬게임이 되어 기존의 사회갈등과 균열을 심화·확대시킬 수 있다.

3. 제3세계국가의 역사적 경험: 위임 민주주의 현상

(1) 권위주의 체제 ⇨ 위임 민주주의 현상

실제로 2차 대전 이후 대통령제를 채택한 제3세계국가들이나 우리나라의 경우 권위주의적 정치체제가 나타났었다. 이들 정치체제에서 나타난 대표적 현상이 '위임 민주주의 현상'이다. 위임 민주주의에서 국민에 의해 선출된 대통령은 국민에 대해 책임을 지지 않을 뿐만 아니라 스스로를 국가의 주된 수호자로 인식하게 된다. 이로 인해 민주적 의사결정과정을 무시하고 기술적 효율성만을 중시하게 된다. 즉 대통령은 사법부, 의회, 야당 등을 불필요한 장애물로 취급하고 포고령 등을 활용하여 경제개혁 등을 추진하게 된다.

(2) 민주화 이후 우리나라에서도 나타난 것으로 분석

① 야당과 국회 등과 같은 대의기구를 인정하는 데에 인색함
이와 같은 위임 민주주의 현상은 87년 민주화 이후 우리나라에서도 나타난 것으로 분석되기도 한다. 즉 민주화 이후에도 대통령들은 여당에 대해 절대적 영향력을 행사하고 입법권을 주도하는 한편 야당과 국회 등과 같은 대의기구를 인정하는 데에 인색함을 드러냈다는 것이다.

② 대통령제보다 의원내각제가 더 우수한 것인가?
대통령제를 채택한 국가에서 나타난 권위주의적 정치 현상으로 인해 의원내각제가 민주주의의 발전에 훨씬 기여할 수 있는 것으로 여겨지기도 한다. 하지만 제도란 한 사회의 공유한 가치와 경험 등에 의해서 채택되고 운영될 수 있다는 점에서 대통령제가 의원내각제보다 비민주적일 수 있다는 가정을 필연으로 받아들일 필요는 없을 것이다. 왜냐하면 완벽한 정부형태는 존재할 수 없기 때문이다. 따라서 정치공동체 내에 민주적인 가치에 대한 공감대가 어떻게 형성되어 있는지 여부가 훨씬 더 중요한 문제라고 할 수 있다.

II 의원내각제

- 의원내각제의 중요한 속성은 무엇인가?
- 의원내각제의 장점과 단점을 결정하는 데 영향을 미치는 속성은 무엇인가?
- 의원내각제의 문제점과 극복방안은 무엇인가?
- 교육적 시사점
  의원내각제의 특징을 이해하고 문제점과 그 해결방안을 탐구할 수 있다.

01 의원내각제의 의의

1. 의미

로크의 의회중심주의 및 밀의 대의정치론에 기반을 둔 의원내각제는 국민의 선거에 의해 구성된 의회에서 과반수 이상의 의석을 차지한 정당이 구성한 내각으로 하여금 의회에 대해 책임을 지면서 국정을 운영하게 하는 정부형태를 말한다.

2. 민주적 정당성의 일원화[95] ⇨ 권력융합

의원내각제는 국민이 선출한 의회에서 내각이 구성된다는 점에서 국민으로부터의 '민주적 정당성이 일원화'되어 있다. 또한 선거를 통해 과반수 이상의 의석을 차지한 정당이 내각을 구성하기 때문에 의회와 행정부는 서로 대립적 관계가 아니라 융화와 협조를 중요시 하는 정부형태이다.

02 의원내각제의 제도적 징표

이와 같이 일원적 민주적 정당성에 기초한 의원내각제의 제도적 징표로는 ① 의원과 내각의 겸직 허용, ② 내각의 의회해산권 인정, ③ 의회의 내각불신임권 인정, ④ 내각의 법률안 제출권 인정, ⑤ 각료의 의회출석 발언권 인정 등이다.

대통령제와 의원내각제의 비교

구분		대통령제	의원내각제
민주적 정당성		이원적 민주적 정당성	일원적 민주적 정당성
권력분립		권력 간 견제와 균형 (법률안거부권, 탄핵소추권)	권력 융합
제도적 징표	의회해산권	5불(不)	5가(可)
	내각불신임권		
	법률안제출권		
	의원각료겸직		
	의회출석발언권		

03 의원내각제의 성공요건

의원내각제가 성공하기 위해서는 안정된 양당제도, 강한 정당기율, 성숙한 정치문화, 직업공무원제 확립 등과 같은 요건이 구비되어야 한다.

---

95) 집행부는 이원화되어 있음. 반면에 대통령제는 집행부가 일원화되어 있음

04 의원내각제에 대한 평가

1. 책임정치와 정치적 불안정

의원내각제에 대한 평가에 따르면 책임정치를 실현하는 데 용이한 정부형태이고, 의회에 과반수 이상의 의석을 차지한 정당이 구성하는 강력한 내각을 통해 안정된 민주주의를 실현할 수 있다. 하지만 의회해산권이나 내각불신임권이 남용되어 정치가 불안정해질 수도 있으며, 또한 강력한 다수파가 형성되지 못하여 불안정한 연립정부일 때 정치적 불안정과 혼란을 초래할 수 있다.

2. 장점과 단점

(1) **장점**: 임기의 유연성, 책임정치

의회 과반수를 차지한 정당에 의해서 구성된 내각의 경우 의회 다수의 지지를 받고 다수의 지지를 대변한다는 점에서 민주적인 성격을 지닌다. 이 경우 내각의 수상은 의회에 의해 견제될 수 있고 정치적 책임에도 민감하다. 또한 정국이 대립할 경우 의회해산권과 내각불신임권으로 인해 정국대립을 신속하게 해결할 수도 있다.

(2) **단점**: 임기의 유연성으로 인한 정국불안, 빈번한 의회해산과 내각불신임, 연립정부

의원 내각제는 대통령제와는 달리 의회에 책임을 지는 내각이 의회의 내각불신임권의 행사로 인해 수시로 붕괴될 수 있다는 점에서 정국이 다소 불안정해지며 정책을 지속적으로 추진하기 어렵다. 또한 대통령제와 같이 법률안 거부권을 인정하지 않고 있어 다수당의 횡포를 견제할 마땅한 대안이 없다. 연립내각이 구성될 경우에는 정국불안 정도가 증가하며 또한 국민의 다수 의사와는 무관하게 정치적 타협에 의해 수상이 선출될 수 있다는 점에서 민주성에도 위배된다.

05 의원내각제와 대통령제의 장점과 단점 비교

1. 대통령제와 의원내각제의 전통적인 장단점 비교

(1) **대통령제**: 안정된 정책 추진과 독재 및 권위주의 출현의 위험

과거 대통령제와 의원내각제의 장단점을 비교할 때 핵심은 대통령제는 정치적 안정이 장점이고 권위주의나 독재가 나타날 위험이 높다는 것이 단점이라는 것이다.

(2) **의원내각제**: 책임정치의 실현과 정국의 불안정 초래 위험

의원내각제는 책임정치를 실현할 수 있다는 장점, 정국을 불안정하게 할 위험이 높다는 단점이 있다.

2. 린쯔의 연구

(1) 전통적인 대통령제와 의원내각제의 장단점에 대한 설명의 적절성 여부

린쯔의 연구결과에 따라 이런 대통령제와 의원내각제의 장단점 비교의 중요성은 많이 약화되었다.

(2) 의원내각제가 대통령제보다 높은 생존율을 보임

린쯔에 따르게 되면 의원내각제가 대통령제보다 훨씬 생존율이 높았으며 정치적으로 안정을 이룬다는 결과를 발표했기 때문이다.

(3) 린쯔의 연구가 주는 시사점

따라서 현재 대통령제와 의원내각제의 우위를 따지는 것은 크게 의미가 없다. 오히려 중요한 것은 각 국가의 실정에 맞는 제도를 발전시키는 것이 중요하다고 할 것이다.

III 이원정부제

- 이원정부제의 중요한 속성은 무엇인가?
- 이원정부제에서 나타나는 정부 운영 방식의 특징은 무엇인가?
- 이원정부제의 문제점은 무엇인가?
- 교육적 시사점
  이원정부제의 특징을 이해하고 문제점과 그 해결방안을 탐구할 수 있다.

01 이원정부제의 의의[96)]

1. 이원정부제의 의미

이원정부제는 대통령제와 의원내각제가 갖고 있는 문제점을 극복하고 각각의 제도가 갖는 장점을 혼합하여 새로운 정부 형태를 창출하려는 하나의 시도이다. 이원정부제는 대통령제와 의원내각제의 긍정적인 면을 결합하여 대통령은 외교, 비상권한 등과 같은 통치권한을 행사하고 내정과 관련된 집행부분은 내각의 수상이 총괄하고 의회에 대해 책임을 지는 정부형태를 말한다. 예컨대 프랑스가 좋은 사례인데 대통령과 의회가 행정부 권력을 공유하고, 주로 대통령은 국방・외교 같은 외치(外治)를, 수상과 내각은 내치(內治)를 담당한다.

---

96) 이원정부제는 두 가지 상반된 평가를 받고 있다. 하나는 드골의 정치적 욕망이 반영된 꼼수라는 비판과 함께 '신대통령제'로 불리기도 하였다. 하지만 현재 프랑스의 정부운영 방식에서는 이런 권위주의적 대통령의 모습이 보이지 않는다는 점에서 우리나라 대통령제의 교착상태를 해결하기 위한 방안으로 평가받기도 한다.

2. 이원정부제의 특징

(1) 집행권의 이원화: 대통령과 수상

이원정부제에 있어서 이원정부란 대통령과 내각(수상이 이끄는 정부)으로의 이원화, 즉 집행권의 양두제를 의미한다. 여기서 집행부의 이원성이란 대통령과 수상이 이원적이라는 말인데, 대통령과 내각을 이끄는 수상은 단순히 존재하는 데 그치는 것이 아니라, 그 두 기구가 서로 독립성을 가진다.

(2) 국내 헌법학계에서 공통적으로 인정하는 이원정부제의 요소

① 이원정부제는 의원 내각제적 요소와 대통령제적인 요소가 결합되어 있다.

② 집행권이 이원적 구조를 취하고 있다. 즉 집행권이 대통령과 내각(수상)으로 구성되고 대통령과 내각(수상)이 각기 실질적 권한을 나누어 가진다.

③ 국민으로부터 직접 선출된 대통령은 의회에 대하여 독립되어 의회로부터 정치적 책임을 지지 아니한다.

④ 대통령은 의회해산권을 가지며 위기 시에 국가긴급권을 행사한다.

⑤ 의회는 내각불신임권을 가진다.

(3) 혼합정체의 사례

현대사회에 있어 혼합정체가 실현된 대표적인 예는 프랑스의 현행 정부형태에서 발견할 수 있다. 프랑스는 종래 의원내각제 운용에서 나타났던 불안정한 국정운영을 시정하기 위해 현행 정부형태로 개편을 하여 또 하나의 새로운 정부형태 모델을 창출하였다. 그런데 일부 학자들은 이러한 프랑스의 정부형태를 '신대통령제'나 '위임 민주주의'의 문제점을 시정할 수 있는 하나의 대안으로 평가하고 있다. 한편 우리나라 역시 의원내각제적 요소를 일부 가미한 '절충식 정부형태'의 면모를 갖고 있다. 그렇지만 우리나라와 프랑스의 정부형태는 대통령과 총리의 지위 및 권한, 행정부와 입법부의 권력관계 등 여러 면에서 차이가 있다.

3. 이원정부제의 사례와 본질

사실 이원정부제의 본질적 요소는 그 기본 모델을 어느 나라 헌법에서 찾느냐에 따라 달라질 수 있다. 국내학자들은 이원정부제 국가로서 '바이마르공화국 · 프랑스 제5공화국 · 오스트리아 · 핀란드'를 공통적으로 열거하고 있다. 다만 학자에 따라서는 다른 나라를 추가하기도 한다.

이런 사례들을 통해 이원정부제의 본질적 요소로 제시된 것은 집행부의 실질적 이원화(양두제), 대통령의 사실상 직선제, 의회의 정부불신임권을 제시하고자 한다.

02 프랑스 정부형태의 특징

프랑스의 정부형태를 살펴보면 다음과 같다.

1. 이원적 구조

이원정부제는 행정권을 국가원수인 대통령과 내각의 수반인 총리가 공유하는 이원적 권위 구조를 가지고 있다. 대통령은 국민에 의해 직접 선출되고, 대통령은 주로 원내 다수당의 지도자를 국민에 의해 선출된 의회가 구성하는 내각의 수상으로 임명한다. 의회에서 여당이 다수를 차지하면 대통령이 수상과 각료를 임명할 때 자율성을 누리게 되어서 의회의 견제를 덜 받는 강력한 대통령제처럼 운영된다. 분점정부가 될 경우 대통령은 의회의 다수파가 된 야당에게 수상 지명 권한을 의회 다수파에게 넘겨준다. 평상시에는 의원내각제로 운영되다가 위기 시에 대통령제로 운영된다.

2. 대통령과 수상의 권한

이원정부제의 대통령은 외교, 국방, 비상 시 등에 대한 권한을 주로 행사한다. 수상은 법률을 집행하고 일반행정에 관한 권한을 행사한다.

3. 대통령의 수상임면권, 의회해산권

대통령은 수상을 임명하고 의회의 불신임이 있을 경우에 면직시킬 수 있다. 또한 의회해산권을 가진다. 권력 분립이 엄격한 미국 대통령제에서는 존재하지 않는 권한을 대통령이 의회에 대해 행사하는 것이다. 대통령이 의회해산권을 행사하면 총선거를 다시 치른다.

4. 내각 불신임 가능, 대통령 해임 불가능

총리와 내각은 의회의 다수파로부터 지지를 얻어야 하며, 따라서 의회로부터 불신임을 받을 수도 있다. 의회는 내각에 대해 불신임권을 행사할 수 있지만 대통령을 해임할 수는 없다.

5. 동거정부

대통령이 소속된 정당과 의회의 다수파의 지지를 얻은 총리가 속한 정당이 다를 수도 있으며, 이런 경우 "동거 정부가 성립되었다."라고 한다. 의회에서 야당이 다수를 차지하면 의원내각제에 가깝게 운영된다. 대통령이 다수당인 야당의 의사를 무시하고 소수당인 여당 의원을 수상으로 임명하면, 야당이 다수인 의회가 내각불신임권을 행사한다. 그러면 대통령의 수상 임명 효과가 사라지게 된다. 그래서 이런 경우에는 대통령도 다수당인 야당이 지지하는 인물을 수상으로 임명할 수밖에 없다. 이를 동거정부라고 한다.

03 이원정부제의 장점과 단점

일반적으로 이원정부제의 장단점으로 다음의 점들을 들고 있다.

1. 장점

내각제와 비교할 때 대통령이 총리를 바꾸거나 정권의 위기를 겪지 않고 정책변화를 할 수 있다. 따라서 입법부와 행정부의 대립에서 오는 마찰을 회피할 수 있다.

국가의 위기에 있어서는 대통령이 직접 통치함으로써 신속하고도 안정된 국정처리를 가능하게 한다. 또 정책실패의 책임이 총리에게 돌아가 대통령은 이에 영향을 받지 않을 수 있다. 또 대통령이 만일 자기 역할을 제대로 못할 때에는 총리가 더 강력하게 함으로써 보완할 수 있다.

이원정부제가 우리나라의 제왕적 대통령제를 해결할 수 있는 방안으로 거론되기도 했으나, 이 부분은 적절하지 않은 것 같다.

2. 단점

가장 큰 문제는 대통령과 총리의 갈등으로 인한 정치 불안의 문제이다. 대통령과 총리의 권한이 명료하게 구분된 것처럼 보이지만 구체적인 부분에서 구분이 모호한 경우가 많다. 이런 이유로 권한을 둘러싼 갈등과 다툼이 생길 소지가 크다. 그리고 정치세력 간의 타협정신이 부족하고 대통령과 내각의 소속정당이 다를 경우 정국 불안이 초래될 가능성이 매우 클뿐만 아니라, 대통령과 내각이 동일정당소속일 경우에는 권력의 집중과 전횡으로 독재화할 위험성을 안고 있다. 마지막으로 의원내각제와 대통령제의 단점이 동시에 나타날 수도 있는 제도이다.

Ⅳ 우리나라의 정부형태의 특징과 문제점

- 우리나라 정부형태의 특징은 무엇인가?
- 우리나라 정부형태의 문제점과 해결방안은 무엇인가?
- 교육적 시사점
  우리나라 정부형태의 특징을 이해하고 문제점과 그 해결방안을 탐구할 수 있다.

01 우리나라의 정부형태: 의원내각제 요소를 포함한 대통령제

우리나라의 정부형태는 대통령제이지만 의원내각제 요소를 포함하고 있다. 의원내각제의 요소로는 국무회의, 국무총리 임명의 국회동의, 국무총리의 행정각부 통할과 국무위원에 대한 임면 건의, 국회의 국무총리 및 국무위원에 대한 해임 건의, 부서제도, 국무총리의 제청을 통한 행정각부 장관 임명, 정부의 법률안제출권, 국무총리 및 국무위원의 국회 출석·발언권, 국무위원의 국회의원 겸직 등이 있다.

02 우리나라 정부형태의 문제점

현재 우리나라 정부형태의 문제점은 선거 측면, 권력분립 측면, 분점정부 측면에서 살펴볼 수 있다.

1. 선거 측면

(1) **대표성 문제**: 대표성 취약

대통령은 상대다수결로 선출된다. 만약 투표 참여율이 낮은 상태에서 적은 득표율만으로도 1등을 하여 대통령으로 당선될 경우 대표성이 취약한 문제가 발생한다. 이런 상황에서 대통령이 정책을 추진할 때 그 정당성을 획득하기 어렵다. 이로 인해 정책의 추진이 좌초되는 결과를 초래할 수 있다. 대표성을 높이기 위해 대통령제에 절대다수 대표제를 도입할 필요가 있다.

(2) **책임성 부족**: 책임을 물을 수 있는 회고적 투표의 기회가 없음

선거는 민주주의에서 책임을 묻는 중요한 기제이다. 하지만 '5년 단임제'로 인해 국민들은 책임을 묻는 '회고적 투표'를 할 기회가 없다. 또한 지역주의에 기반한 정당정치로 인해 차기 정부를 선택하는 '전망적 투표'에서 미래를 기대하는 합리적 투표가 잘 이뤄지지 않으며, 또한 이 투표를 통해서도 책임을 제대로 물을 수 없다.

2. **권력의 분산**: 의회의 권한 강화

대통령제의 정상화나 성공을 위한 필수요건은 대통령과 의회 간 견제와 균형이다. 하지만 우리 정부형태에는 상당 부분 의원내각제 요소가 있고 대통령의 권한이 막강한 상태이다. 그 결과 대통령제의 정상화가 이뤄지기 어려운 상태이다. 또 하나 정부가 가지고 있는 의회의 권한은 다시 돌려줘야 한다. 예컨대 예산 권한은 본래 의회의 권한이다.

3. **분점정부로 인한 교착상태**: 제도적 속성으로 인한 문제

(1) **대통령과 의회의 극단적 대립**: 국정운영의 비효율성 발생

민주화 이후 분점정부로 인해 발생하는 교착상태가 빈번하게 발생하였다. 대통령과 의회 간 심각한 대립은 공약을 추진하기 어렵고 국정 단절을 초래할 수 있다.

(2) **분점정부가 발생하는 원인**

① 대통령제의 내재적 특성: 이원적 민주적 정당성, 견제와 균형

② 한국적 원인

㉠ 정당과 선거제도적 요인이다. 소선거구제의 결과 지역적 균형을 통한 다당제 형성이 용이하므로 절대다수를 확보하는 것이 어렵기 때문이다.

㉡ 정당 자체의 문제이다. 강한 정당기율, 분극적 다당제, 낮은 의원의 자율성 등 때문이다.

㉢ 대통령제의 제도적 요인 때문이다. 예컨대 승자독식체제로 선거를 치르게 되고 이 과정에 네거티브 전략을 많이 사용하게 된다. 그 결과 정당 간의 관계가 소원해지고, 그 결과 대통령과 의회 간에도 대립이 심해진다.

㉣ 유권자의 전략적 투표 때문이다. 유권자들의 경우 전략적으로 분점정부를 만들기도 한다.

4. 승자독식으로 인한 갈등 유발: 극단적 대립의 양상

선거에 승리하게 되면 '승자독식'으로 인해 선거의 양상은 제로섬게임이 된다. 선거 이후에도 불만과 갈등으로 인해 대화와 타협의 정치보다는 대립과 투쟁의 정치가 될 수 있다.

03 정부형태의 개선 과제

1. 대표성 문제 해결책

대표성을 높이는 방법은 최저득표율제를 도입하거나 결선투표제를 도입하는 방식이다. 아니면 현재 하루에 끝내는 선거를 여러 날에 걸쳐 실시하는 것도 방법이 될 수 있다.

2. 책임성 문제 해결책: 미국의 4년 중임방식

5년 단임제를 미국의 4년 중임방식으로 바꿔야 한다는 주장이 있다. 이렇게 바꿨을 경우 회고적 투표와 전망적 투표의 실제적 본질을 회복할 수 있을 것이다. 또한 국회의원 선거제도 개편 등을 통해 지역주의에 기반한 정당체제를 변화시켜야 할 것이다.

3. 대통령의 권한 분산: 정·부통령제 도입, 의회기능의 분산, 이원정부제

미국의 정·부통령제를 도입하여 대통령의 권한을 분산시켜 승자독식으로 인한 갈등 문제를 해결할 필요가 있다. 또한 의회의 권한을 강화시켜 대통령과 의회의 견제와 균형을 회복할 필요가 있다.

4. 교착상태 해결책: 타협의 정치(미국), 동거정부(해결책)

(1) 미국의 타협의 정치

교착상태를 해결하는 방안으로 거론되는 것은 정부형태를 변화시키지 않은 상태에서 청와대와 의회 사이의 소통과 협력을 강화하는 방안이 있다. 이 방안은 일종의 미국의 '타협의 정치'라고 할 수 있다.

(2) 프랑스식 동거정부 및 연립정부

제도적 개선을 통한 해결책으로는 프랑스식 '동거정부'이다. 이로 인해 프랑스의 이원정부제가 주목받기도 하였다. 하지만 현재 상태에서는 오히려 연립정부나 연정을 하는 것이 더 나은 선택일 수 있다.

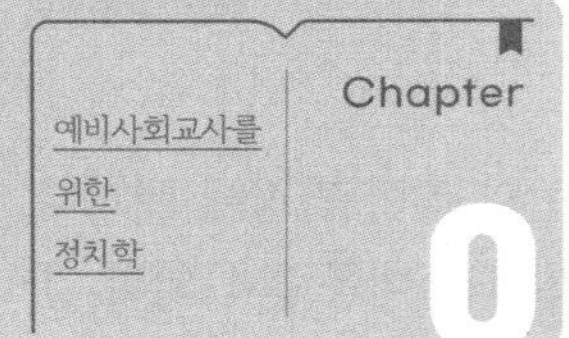

06 통치구조론[97)]

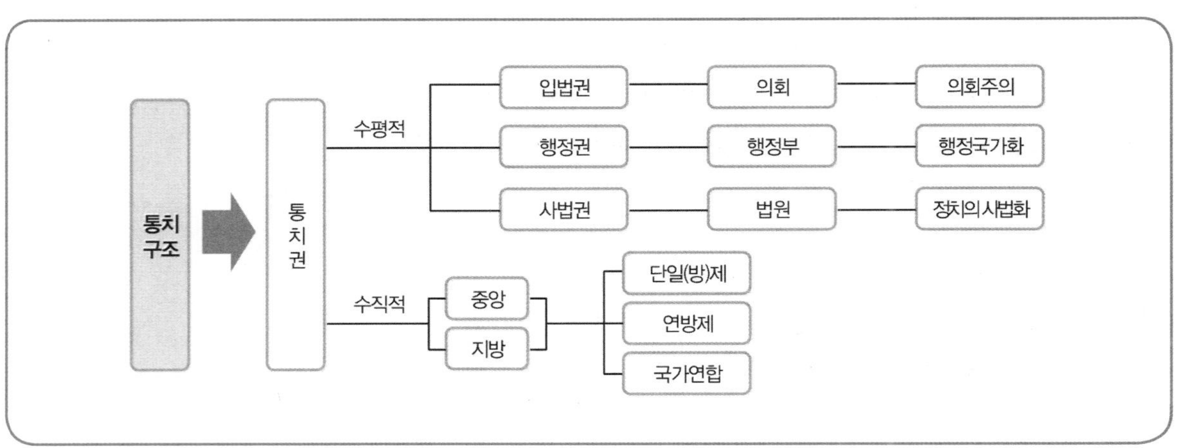

I 의회

- 의회주의란 무엇인가?
- 양원제나 단원제는 어떤 맥락에서 형성되었는가?
- 의회의 위기가 발생한 이유는 무엇인가? 그리고 위기를 해결하기 적절한 방안은 무엇인가?
- 교육적 시사점
  의회의 기능을 이해하고, 의회가 제 기능을 수행하기 위해 어떤 노력을 해야 하는지 탐구할 수 있다.

01 의회의 의의

1. 대의 민주주의와 의회

대의 민주주의는 국민들에 의해 선출된 대표가 정치를 하는 체제를 말한다. 이런 대표들이 모인 곳이 바로 의회이다. 따라서 의회는 유권자들이 선거를 통해서 선출한 대표자들이 그 정치공동체의 구속력 있는 법률을 '합의'해서 제정하는 상설회의기관이다.

대표는 대부분 선거를 통해 선출되지만, 영국 상원과 같은 경우는 세습하기도 한다. 의회는 대부분의 국가

97) 서울대 공저(2006), 『정치학의 이해』, pp.201~240; 강제명(2003), 『정치학』, pp.313~318; 박현모(2004), 『마인드맵으로 본 정치학』, pp.316~341; 오승용(2010), "한국 민주주의의 위기와 법의 지배"; 송석윤(2008), "양원제의 도입방안에 관한 연구" 등을 참조하여 구성

에서 존재하고 있지만 정치환경과 구조에 따라서 구성과 기능도 다르고, 의회의 발전 방향에 따라 의미와 역할도 다르다. 하지만 대의민주제를 표방하고 있는 국가에서 의회란 존재는 필수적이다. 그래서 "근대 정치는 대의정치이며, 대의정치는 의회정치"라고 할 수 있다. 이런 의회중심의 정치를 의회주의라고 한다.

2. 의회주의: 의회 중심의 정치, 입법국가

민주적 정당성에 바탕을 두고 구성된 국민 대표 기관이 입법활동을 통해 국가의 의사를 결정하는 정치 원리를 의회주의라 한다. 이러한 원리에 따라 의회가 통치의 중심이 되는 정치 형태는 영국, 독일, 프랑스 등의 의원 내각제 정부 형태에서 뚜렷이 나타났다.
현재 행정부의 권한이 막강해졌지만 근대국가 초기에는 의회의 힘이 막강했다. 이 당시 행정부는 의회의 결정을 집행하는 기구에 불과했다. 그때 정부의 중심은 의회였다. 국민의 대표로 구성된 의회는 법을 만들고, 국정을 통제하고, 외교에도 영향을 미쳤다. 의회주의란 이런 기능을 가진 의회가 국가의 주요한 결정을 행사하고 담당하는 것을 말한다. 이런 의회주의를 실현하는 기구가 의회이며, 의회를 구성하는 것이 의원이다. 의원은 유권자들의 선거에 의해 선출된 대표이다.

3. 의회정치의 역사

의회는 여러 정치제도 중에서 700여 년이라는 가장 오래된 역사를 가진 제도이다. 현대 정치과정에서는 가장 기초적이며 핵심적인 제도이다.

(1) 신분제 의회

이런 의회정치의 기원은 영국에서 찾는다. 의회는 중세시대에도 신분제 의회의 형태로 존재하고 있었다. '신분제 의회'란 귀족, 성직자, 시민계급 등의 대표들로 구성되어 국왕의 자문기구 역할을 담당하는 회합 제도이다. 각 국가마다 명칭도 다르고, 세부적인 조직형태도 달랐지만, 이 '신분제 의회'의 가장 큰 특징은 국왕의 국정자문 역할을 하는 것이었다. 근대의 의회는 영국의 신분제 의회가 그 권한을 확대하는 과정에서 성립되었다. 신분제 의회의 존재 목적은 '대표'와 '동의'의 명분을 빌려 합법적인 세금 징수와 인상에 제한되어 있었다.

(2) 전형의회

하지만 1215년 '마그나카르트타(대헌장)'의 공포를 계기로 의회는 국왕을 견제할 수 있는 권한을 가지게 된다. 이 마그나카르트타에 따라 귀족원이 'Parliament'로 개명하게 되었고, 이 명칭은 영국의회를 가리키는 말이 되었다. 이후 헨리 3세가 마그나카르트타를 무시하자, 귀족당의 당수 시몽 드 몽포르를 중심으로 2명의 기사와 21개의 도시에서 각각 2명씩의 시민의 대표를 소집하여 'Parliament'에 참여하여 국정을 의논하여, 의회의 구성원이 확대되었다. 이를 계기로 1295년 이전에 참여했던 귀족과 성직자들 이외에도 일반 성직자, 각 주의 기사, 그리고 각 도시의 대표자들까지 의회 참여 인원이 확대되었고, 이를 '전형의회(model parliament)'라고 한다. 이 전형의회가 근대의회 제도의 기원이 된다.

(3) 전형의회 이후 의회의 발전

전형의회가 구성된 이후, 영국 의회는 귀족원과 서민원의 양원으로 분리, 구성되기 시작했다. 1330년 하위 성직자들이 성직자 회의를 조직하여 전형의회를 탈퇴했다. 이때 정치적으로 공통의 이해관계를 갖고 있던 고위성직자와 귀족들은 '귀족원'을 구성했고, 귀족 계급에 속해 있던 기사들은 실질적으로 이해관계가 비슷했던 평민계급, 하위 성직자들과 함께 서민원을 구성했다. 이후 귀족원은 상원으로, 서민원은 하원으로 불리기 시작했다. 이것이 양원제의 시작이다.

(4) 현대의회로 발전

양원제가 시작되었으나 아직 국민주권에 근거한 의회제도는 아니었다. 국민주권에 근거한 의회제도는 절대왕정과의 투쟁 과정에서 승리함으로써 이뤄지게 되었다. 양원제가 성립된 이후, "왕의 권력은 신이 부여한 것이다.", 즉 왕권신수설을 주장하던 제임스 1세가 즉위한 이후, 의회와 국왕 사이에 대립관계가 커졌다. 1628년 의회는 권리청원을 통해 의회의 동의 없이는 어떠한 과세나 공채도 강제되지 않는다는 것을 주요 내용으로 하는 국왕의 양보를 이끌어냈다. 이후 청교도 혁명을 포함한 두 차례의 내란을 거치면서 의회 내 독립파는 간부의회를 구성하고, 찰스 1세를 처형한 후, "의회는 국민의 의해 구성된다."라는 국민협약을 통해 왕정과 귀족원을 폐지하고 공화정을 수립하였다. 1653년에는 "주권은 정부의 각 장과 의회에 참가한 전 국민의 대표자에게 있어야 한다."라고 규정한 정부조직법을 제정했고, 이로써 영국 의회는 '전 국민의 대표기구'라는 성격을 가진 현대 의회로 발전하게 되었다. 그리고 명예혁명을 통해 1688년 권리장전이 의결되어, 국왕은 과세, 상비군의 징집과 유지 등 국사를 유지함에 있어서 의회의 승인을 필요로 하게 되었다. 이는 왕권을 제한하면서 의회 권위의 보장이 확립되는 변화를 의미하는 것이었다. 이런 투쟁의 결과에서 승리한 영국 의회는 권한이 매우 센 편이고, 입법기관으로서 그 존재를 과시하게 되었다.

02 의회의 의미와 기능

1. 의회의 의미

의회는 선거를 통해 선출된 대표들이 모여 법률을 제정하고 국정을 통제하는 상설합의기관을 말한다. 의회는 토론과 합의를 통해 국민들의 의사를 조정하고 결집함으로써 사회갈등을 해소하고 사회통합을 달성하는 기능을 수행한다. 또한 국민의 의사를 반영하여 법률을 제정하고 정책을 형성하는 기능을 수행한다. 또한 권력구조의 한 축으로서 행정부나 사법부를 통제하는 기능을 수행하기도 한다.

2. 의회의 기능

의회는 일반적으로 국민의 대표기관으로서 국민대표 기능, 입법기능, 행정부 감독기능 및 재정에 관한 기능 등이 강조되어 왔다.

(1) **대표기능**: 사회와 의회를 연결하는 기능

대표기능은 의회의 기능 중 가장 대표적이면서 기본적인 기능이라고 할 수 있다. 이 대표 기능은 사회와 의회를 연결해주는 기능이기도 하다. 이 기능이 의미하는 바는 의회는 선거를 통해서 구성된 국민의 대표가 국민의 이익을 대변하고, 국민의 다양한 이해관계를 정책에 반영한다는 뜻이다.

(2) **통합기능**: 갈등을 조절하고 관리하는 기능

의회는 이런 복잡해진 갈등을 관리하고, 더 나아가 통합 및 조절을 하는 역할을 한다.

(3) **입법기능**: 정책형성 기능

의회의 대표적 기능이 입법기능이다. 입법은 법 형식을 취하는 정책형성이며, 의회가 수행하는 정책형성 과정이다.

(4) **행정부 감시 통제기능**

(5) **엘리트 충원기능**: 리더십 양성기능

의회는 선거를 통해 선출된 정치 엘리트와 지도자들이 충원되는 공간이다. 정치 엘리트와 지도자들은 의회활동을 통해 리더십을 양성하고, 이를 바탕으로 지도자로서의 역량을 키워낸다.

03 의회의 구조(의회의 구성과 조직)

의회의 구조 중 대표적인 것이 양원제와 단원제이다.

1. 양원제

(1) **의미 및 특징**: 2개의 원과 1개의 단일한 의사

① 의미
양원제의 어의적 의미는 두 개의 의회가 존재한다는 의미이다. 즉 양원제는 의회가 두 합의체로 구성되어, 이러한 두 합의체가 각기 독립하여 결정한 의사가 일치하는 경우에, 이것을 의회의 의사로 인정하는 의회 제도를 말한다.

② 양원제 사례
양원제는 제2원(상원)의 구성방법과 성격에 따라 보수적 양원제와 민주적 양원제로 나눠볼 수 있다. 양원제는 대체로 연방국가이거나 입헌군주제의 전통을 가진 국가에서 채택하고 있다. 예컨대 미국은 상원과 하원, 영국은 상원(귀족원)과 하원, 프랑스는 국민의회와 원로원, 독일은 연방의회와 연방참의원, 일본은 중의원과 참의원 등이 대표적이다.

③ 양원의 관계: 조직의 독립성, 의결의 독립성, 의사 일치, 동시 활동
이런 양원의 관계는 조직의 독립성, 의결의 독립성, 의사 일치, 동시 활동을 원칙으로 한다. 양원을

구성함에 있어서는 상원은 주로 간접 선거, 하원은 직접 선거에 의하는 경우가 있다. 권한에 있어서는 양원의 권한을 동등하게 하는 경우도 있고, 하원의 권한에 우월성을 인정하기도 한다.

(2) 양원제를 채택한 이유

현대 국가에서 양원제를 선택하는 이유는 주로 세 가지 측면에서 찾아볼 수 있다.

① 첫째, 역사적 차원에서 현재도 군주국가를 유지하는 경우이다(영국, 일본).

② 둘째, 연방제 국가의 특수성을 반영하고 있는 경우이다(미국, 독일).

③ 셋째, 하나의 의회보다 두 개의 의회가 권력의 집중과 다수파의 횡포를 방지하는 데 유리하기 때문이다(프랑스).

④ 사례
미국의 국가권력 구조는 두 개의 정부 수준이 존재하는 형태이다. 상위 단위인 중앙정부와 하위 단위인 주(州)정부가 서로 침해할 수 없는 권한의 영역을 가지고 있다. 이것은 중앙정부와 주정부 모두 국민으로부터 주권을 위임받는다는 원리에 기초하고 있다. 미국 중앙정부의 입법부는 인구 비례 원칙에 기초해 선출된 대표로 구성된 의회와 주별로 선출된 대표로 구성된 의회로 이루어져 있다. 이런 입법부 형태를 양원제라고 한다.

(3) 양원제의 장점과 단점

이런 양원제는 의안심의에 신중을 기하고 경솔과 졸속을 방지할 수 있으며, 국회 다수파의 횡포를 견제할 수 있다. 또한 일원이 정부와 충돌 시 타원이 이를 중재할 수 있으며, 단원제에서 나타날 수 있는 파쟁과 부패를 방지할 수 있다. 그리고 특수 이익이나 지방 이익을 보호할 수 있다.
하지만 의안의 심의 지연으로 국비를 낭비하고, 의회의 책임 소재가 불분명해진다. 정부와의 관계에서는 대정부 견제기능이 약화될 수 있다. 그리고 상원과 하원의 기반이 동일한 경우나 양원의 의견이 일치하는 경우에는 양원이 무의미해진다. 또한 양원의 의견이 불일치할 경우에는 국정 혼란의 우려가 있으며, 지방 이익을 지나치게 옹호할 경우 연방 전체의 이익을 훼손할 수 있다.

양원제의 장점과 단점

장점	단점
다양한 집단과 계층을 대표할 수 있음	임명에 의해 상원이 정해짐
신중하고 깊이 있는 심의와 결정이 가능함	시간과 비용 측면에서 비효율성
상원과 하원 간의 견제와 균형	양원이 대립할 경우 왜곡된 입법 위험
상원이 하원의 포퓰리즘을 자제시킬 수 있음	상원이 하원의 대정부 견제 역할 방해

2. 단원제

(1) 의미 및 특징

단원제는 의회가 단일의 합의체로써 구성되는 의회제도를 말한다.

(2) 단원제의 역사

단원제 의회 역시 양원제처럼 중세 신분제 의회가 변화하는 과정에서 형성된 제도이다. 그러나 양원제의 시행과정에서 개선책으로 시작되었기 때문에 양원제에 비해 역사가 짧다.

단원제 의회가 처음 시작된 것은 프랑스 혁명과정이었다. 루이 16세가 신분제 의회를 소집했을 때 귀족원은 단독회의를, 서민원은 합동회의를 열 것을 각자 주장하면서 의회가 성립되지 못했다. 프랑스는 이 사건을 계기로 양원제는 폐해라고 인식했다. 그 결과 서민원은 '주권불가분'이라는 이론적 근거에 따라 서민원이 진정한 국민의회라고 주장하였다. 1789년 프랑스 혁명을 계기로 단원제를 채택하게 되었다.

(3) 단원제 채택 이유

단원제의 역사는 양원제에 비해 짧다. 하지만 대다수의 국가들이 채택하고 있는 제도이다. 일반적으로 동질적인 사회, 국토나 인구의 규모가 아주 크지 않은 국가에서 주로 채택한다.

첫째, 양원제를 선택함으로 형성될 수 있는 신귀족계급 형성을 방지하기 위한 경우이다.

둘째, 주권은 단일 불가분의 성질에 따라 국민주권을 대표하는 기관도 하나여야 한다는 인식 때문이다.

셋째, 단원제가 양원제에 비해 입법시간이 짧고, 민의에 의해 선출된 하원의 결정이 상원에게 거부당할 경우 민의를 거스르는 결과를 초래한다고 보기 때문이다.

(4) 단원제의 장점과 단점

단원제의 장점은 의안심의를 함에 있어 신속하고 능률적이라는 점, 정부에 대한 의회의 지위가 상대적으로 강화될 수 있다는 점, 의회의 책임소재가 분명하다는 점, 국비의 절감을 기할 수 있다는 점 등을 들 수 있다. 단원제의 단점은 대체로 양원제의 장점에 반대된다.

단원제의 장점과 단점

장점	단점
직접적인 국민의 대표	다수당의 횡포와 독점적 이익 대변
행정부 견제	행정부의 시녀가 될 위험
신속하고 효율적인 입법	경솔한 입법 위험

04 의회의 현실적 유형

1. 메지의 분류

현대국가에서는 이와 같이 일반적으로 행정부가 입법부보다 우위에 있는 현상이 나타나고 있지만 행정부와의 관계에서 의회의 구체적인 모습은 다양하다고 할 수 있다.
메지는 행정부가 제시한 정책 등에 대해 의회가 어떤 역할을 수행할 수 있는지 여부를 기준으로 능동형 의회, 반응형 의회, 주변형 의회, 극소형 의회 등으로 나눠 분석하였다.

(1) 능동형 의회

능동형 의회의 경우 정책의 심의 능력이 매우 강한 의회로서 행정부안을 수정, 거부하고 대안까지 제시하는 의회를 말한다. 예컨대 미국의 의회가 대표적인 경우라 할 수 있다.

(2) 반응형 의회

반응형 의회는 행정부안을 상당 정도 수정, 거부 가능하지만 대안을 제시하지 못하는 의회를 말한다. 예컨대 영국 의회가 대표적이다.

(3) 주변형 의회

주변형 의회는 행정부안을 수정할 수 있으나 거부나 대안 제시는 할 수 없는 의회를 말한다. 예컨대 권위적 정부형태를 운영했던 한국 의회 등이 해당한다.

(4) 극소형 의회

극소형 의회는 행정부안의 수정, 거부, 대안 제시 모두를 할 수 없는 의회를 말한다. 예컨대 정당의 힘이 강한 공산국가 등의 의회가 해당한다.

능동형 의회	정책의 심의 능력이 매우 강한 의회로서 행정부안을 수정, 거부하고 대안까지 제시하는 의회를 의미
반응형 의회	행정부안을 상당 정도 수정, 거부 가능하지만 대안을 제시하지 못하는 의회
주변형 의회	행정부안을 수정할 수 있으나 거부, 대안 제시는 할 수 없는 의회를 의미
극소형 의회	행정부안의 수정, 거부, 대안 제시를 할 수 없는 의회

2. 폴스비의 분류: 본회의 중심 의회와 위원회 중심 의회

한편 의회의 운영은 각국마다 다르게 운영된다. 폴스비는 의회 운영과 관련해서 본회의 중심 의회와 위원회 중심 의회로 나눠 다음과 같이 2가지로 분류하였다. 예컨대 영국과 미국을 비교해 보면 정당중심의 정치적 특징이 강한 영국은 본회의 중심으로 운영이 되는 반면에 이익집단 중심의 정치적 특징이 강한 미국의 경우에는 위원회 중심주의로 운영된다.

(1) 본회의 중심 의회의 특징

① 본회의에서 토론 ⇨ 대표기능 충실, 효율성 낮음

본회의 중심의회는 주요 이슈에 대해 본회의에서 토론함으로써 대표 기능을 충실히 수행할 수 있다. 하지만 너무 많은 토론자들이 토론에 참여하게 됨으로써 의결의 효율성이 떨어지고 또한 심도 있고 깊이 있는 토론을 제대로 못할 수도 있다.

② 무대의회

폴스비는 이런 의회 운영을 감안하여 본회의 중심주의를 '말하는 의회', 즉 '무대의회'라고 하였으며, 무대의회의 경우 정치체제 내의 중요 정치세력들이 상호작용과 토론을 하기 위한 공식적인 무대 혹은 환경을 제공하는 기능을 수행하는 의회라고 정의하였다.

(2) 위원회 중심 의회의 특징

① 상임위원회 중심 ⇨ 본회의 형식화, 효율성 높음

반면에 위원회 중심주의는 위원회에서 심도 있고 깊이 있는 토론을 통해 본회의에서 의결함으로써 입법기능을 효율적으로 수행할 수 있다는 장점이 있다. 하지만 본회의를 형식화시킬 우려가 있으며 지역구 의원이 지역선심사업을 위해 정부의 예산을 확보하려는 포크배럴이나 이권과 관련된 몇 개의 법안 통과를 위해 의원들 사이에 거래가 이뤄지는 로그롤링과 같은 정치관행을 야기할 우려가 크다.

② 전환의회

폴스비는 이런 의회 운영을 감안하여 위원회 중심의회를 '일하는 의회', 즉 '전환의회'라고 하였다. 전환의회의 경우 독자적인 능력을 발휘하여 사회적 문제 및 요구를 법률로 전환할 수 있는 의회이다. 이와 같이 비록 의회가 무능하고 정치적 폐습을 일삼고 있음에도 그 기능을 고려해 볼 때 민주주의를 위해 필요불가결한 제도이다. 따라서 의회의 개혁은 정치와 민주주의를 발전시키기 위해 필요한 중요한 작업이라 할 수 있다.

③ 포크배럴과 로그롤링

㉠ 포크배럴

정부 예산(특히 보조금)이 특정집단이나 특정선거구 의원에게만 이롭게 배분되는 현상을 지칭하는 것

㉡ 로그롤링

'투표의 거래' 또는 '투표의 담합'이라고도 하며 담합에 의하여 자신의 선호와는 무관한 대안에 투표하는 행동을 보이는 집단적 의사결정행태를 말한다. 즉, 담합에 의하여 특정 대안이 통과되도록 하는 장치 ⇦ 투표의 역설을 극복하기 위한 것이었지만 그 역할을 하지 못함

㉢ 로그롤링과 포크배럴의 공통점

양자 모두 정부예산이 불필요하게 팽창 또는 낭비되는 현상을 지적한 병리적 정치현실을 지적하는 모형이라는 점

⊙ 전환의회와 무대의회 비교

전환의회	일하는 의회(working assembly) ⇨ 의회가 자율적 '일하는 의회(working assembly)' 혹은 '전환의회(transformative parliament)'에서는 의회의 중심 활동이 위원회에서 이루어진다. 위원회에서는 법률안을 심도 깊게 토론하고, 이를 법률로 전환함으로써 의회는 입법기능을 보다 충실히 수행한다.
무대의회	말하는 의회(talking assembly) '말하는 의회(talking assembly)' 혹은 '무대의회(arena parliament)'에서는 본회의 토론이 가장 중요한 활동이다. 본회의에서는 주요 이슈에 대한 토론이 이루어짐으로써 의회는 대표 기능을 충실히 수행한다.

05 의회기능의 약화와 해결책

1. 의회주의의 약화

민주적 정당성에 바탕을 두고 구성된 국민 대표기관이 입법활동을 통해 국가의 의사를 결정하는 정치 원리를 의회주의라 한다. 이러한 원리에 따라 의회가 통치의 중심이 되는 정치 형태는 영국, 독일, 프랑스 등의 의원 내각제 정부 형태에서 뚜렷이 나타났다. 그러나 현대 사회로 넘어 오면서, 의회가 국정 운영의 중심기관으로서의 기능을 제대로 수행하지 못하는 현상이 나타나고 있다. 의원 내각제 정부 형태를 취하고 있는 나라에서조차도 의회주의 정치 원리가 점점 그 빛을 잃어 가는, 이른바 의회주의 약화 현상이 나타나고 있는 것이다.

2. 의회의 기능 쇠퇴

(1) 의회의 정치적 기능 쇠퇴

의회는 근대국가 초기 당시부터 국민의 대표기관으로 중요한 역할을 담당해왔다. 근대화가 심화되어 현대로 이행하는 과정에서 의회의 정치적 기능은 쇠퇴하였다. 게다가 근대화의 과정에서 발생한 각종 사회문제를 효율적으로 해결하기 위해 전문성을 지닌 집행부의 권한이 강화되면서 의회는 제 기능을 하지 못하고 쇠퇴하기 시작하였다.

(2) 행정국가의 등장과 의회의 대표성 약화

근대의 합리화 과정에서 효율성이 강조되면서 전문성을 지닌 관료제의 역할이 강화되고, 다양한 이익을 추구하는 집단들이 등장하면서 의회는 이익을 결집시키지 못하고 대표성이 점차 약화되었다.

(3) 정당국가화 경향과 의회의 거수기 역할

게다가 정당이 대의정치의 중심이 되면서 의회는 정당의 거수기, 또한 정당의 근거를 둔 정부의 거수기 역할을 하게 되었다.

(4) 의원의 활동범위 축소

의회의 원내 활동이 강조되면서 의원의 활동범위가 축소되었다.

(5) 의원의 자질 저하

의원자질이 저하되면서 의결을 위한 토의 과정은 형식화되었다.

3. 의회의 쇠퇴에 대한 대책

이와 같은 의회의 위기를 극복하기 위해서는 전문성과 대표성을 강화시키기 위한 비례대표제의 도입, 의원의 자질 강화, 정당의 민주적 개혁, 의원의 독자적인 판단으로 표결할 수 있는 교차투표제의 도입 등이 고려될 수 있다.

Ⅱ 행정부와 사법부

- 행정국가화 현상이 의회, 시민사회, 민주주의에 어떤 영향을 미칠까?
- 사법부의 정치적 개입은 어떤 문제를 초래할까?
- 교육적 시사점
  행정국가화 현상이나 사법부의 정치적 개입이 민주주의에 어떤 영향을 미칠지에 대해 탐구해 볼 수 있다.

01 집행부(행정부)

1. 집행부의 의의

권력구조의 또 하나의 축이 집행부, 즉 행정부이다. 정부가 형성한 정책을 집행하는 행정부가 없다면 정치공동체가 존재할 수 없다는 점에서 행정부는 정부의 핵심제도라 할 것이다. 협의의 정부로서 행정부는 의회가 제정한 법률에 따라 집행하는 것을 원칙으로 한다. 하지만 모든 공적인 문제를 법률에 따라 집행하는 것은 현실적으로 불가능하기 때문에 광범위한 재량도 인정된다. 즉 현대국가에서 행정부는 단순히 법률에 따라 집행하고 치안과 안보만 수행하는 것이 아니라 정책을 적극적으로 형성하여 공공문제를 해결하는 역할을 수행한다는 것이다. 즉 정치과정에서 공공정책 결정과정의 중심이 되었다.

2. 공공정책의 결정

(1) 정책결정과정

집행부는 의회의 결정을 집행하는 역할을 수행하는 기구였지만 현대사회로 오면서 그 역할이 확대되어 많은 정책을 결정하고 집행한다. 이런 정책 실현과정은 정책의제 선정 ⇨ 정책의 결정 ⇨ 정책의 집행 ⇨ 정책의 평가로 구성된다.

(2) 정책결정모형

① 합리적 행위자 모형
정책의 효과를 극대화하기 위하여 심도 있는 사전조사를 통해 순편익을 극대화할 수 있는 정책을 선택하는 모형이다. 하지만 이 모형은 여러 가지 비판을 받는다.

② 만족모형
현실적으로 정책을 결정하기 위해 편익과 비용에 대해 모든 정확한 정보를 수집하고 계산을 한다는 것은 인간으로서 불가능한 일이라는 것이다. 따라서 실제로 결정된 정책은 어느 정도 만족할 만한 수준에서 결정되는 것일 뿐이다. 문제가 되는 것은 만족할 만한 수준이 무엇인지에 대한 설명이 부족하다는 점이다.

③ 점증주의 모형
정책결정은 다양한 이해관계자의 불만을 최소화하여 공평한 몫을 나눠주는 선에서 결정되어야 한다는 것을 강조하는 모형이다. 이 모형에 따르면 기존에 투자한 비용이 매몰비용으로 처리되는 손실이 발생할 수 있고, 인간의 지혜를 고려해 볼 때 비현실적인 모형이라고 비판한다. 실제로 정책은 기존 정책에서 크게 벗어나지 않고 점진적으로 변해간다고 한다. 하지만 이런 점증주의 모형은 정치적 안정에 기여하고 현실적이라는 긍정적인 점이 있지만 새로운 정책을 설명하지 못하고, 기존의 기득권에게 유리한 결정이라는 비판을 받는다.

3. 행정국가화 현상과 문제점

(1) 행정국가화 현상의 의미

집행부에 의해 집행되는 정책이 다양화되고 확대된 것은 20세기에 와서다. 현재 공공문제를 적극적으로 해결하여 사회갈등을 치유하고 사회통합 기능을 수행해야 하는 정부는 근대국가 초기 당시만 하더라도 개인의 사적 영역에 개입하지 않고 치안과 안보 기능을 주로 수행하였다. 하지만 사회적 효율성을 강조하는 근대적 합리화의 과정에서 다양한 사회문제를 효과적으로 처리할 수 있는 관료제의 중요성이 강조되었다. 또한 경기변동과 지속적인 경제성장, 소극적 자유에서 정치적 시민권으로, 다시 사회적 시민권의 확장으로 나타난 복지국가의 실현 등과 같이 정부의 기능과 역할의 범위는 20세기에 점점 확대되었다. 그 결과로 나타난 현상이 행정국가화 현상이다. 행정국가화 현상은 최소국가가 아닌 정부의 적극적인 개입과정에서 행정부가 입법부의 우위에 서게 된 것을 의미한다. 이런 행정국가화 현상으로 행정부는 단순히 법률을 집행하거나 치안과 안보만을 수행하는 수준을 넘어서 준입법 및 준사법 기능도 행하게 되었다.

(2) 행정국가화 현상의 문제점

이와 같이 권력이 행정으로 집중되어 가면서 노예국가화, 관료제적 민주주의 등과 같은 비판이 제기되었다. 하버마스는 정부가 제공하는 복지정책은 대중들로 하여금 현실적 만족과 함께 자율성을 상실케 함으로써 노예화가 된다는 점을 비판하였다. 민주주의란 국민의 참여와 국민을 위한 차원에서 이뤄져야 하는 것임에도 불구하고, 신속성과 효율성이 강조되면서 고도의 전문성을 바탕으로 한 행정관료들에 의해 공공정책이 하향적으로 결정되는 것을 관료적 민주주의라고 한다. 하지만 관료들의 경우 정책 결정과 집행에 대해서 민주적 책임을 지지 않는다. 따라서 관료들을 견제하고 통제하는 것이 어렵다는 문제점을 노출하고 있다. 따라서 행정국가화 현상은 국민의 참여를 위축시키고, 의회 및 정당과 같은 대의기제를 약화시키고 있다.

4. 관료제

(1) 관료제의 의미 및 특징

① 의미

이런 행정국가현상에 내포된 문제가 바로 관료제의 문제이다. 정부의 역할이 확대되는 만큼 정치생활에서 관료제 역시 점점 더 중요한 역할을 하게 되었다. 관료제는 정부업무의 집행을 담당하는 국가공무원과 공직자집단이기 때문이다. 따라서 관료제는 조직으로서의 특징과 정부의 집행수단으로서의 특징을 지니게 된다.

② 특징

관료제는 조직적인 측면에서 다음과 같은 특징을 지닌다. 첫째, 관료제는 전문성을 바탕으로 합법성 및 합리성을 중시한다. 둘째, 관료조직의 운영은 법규와 분업구조에 따라 이뤄진다. 셋째, 관료제는 엄격한 위계질서를 전제로 한다. 넷째, 관료의 채용과 승진은 능력주의 원칙에 따른다.

(2) 관료제의 역할

정부의 집행수단으로서의 관료제는 현대국가의 중추기관으로 공권력을 독점적으로 행사하여 국가의 강제적 지배를 실제로 실현하는 역할을 한다. 또한 관료제는 정부의 생산, 분배 기능 등을 실제로 수행하며 국가 이데올로기의 재생산을 직접적으로 수행하는 역할을 한다. 그리고 국가나 정부가 지닌 계급성은 관료제에도 그 영향을 미쳐 계급적 수단으로서 그 역할을 수행할 수도 있다. 이와 같이 권력집단으로서 관료제는 지속 및 확장하려는 속성을 지니게 된다. 정부의 집행수단으로서 관료제는 정부의 통치권의 창출과 행사과정, 사회 재편과 유지, 자본축적이나 배분 등과 같은 역할을 실제적으로 수행하면서 질적으로 또는 양적으로 강화되어 왔다.

(3) 민주주의에 부정적인 영향: 대의기구의 쇠퇴와 국민 참여의 위축

이와 같은 관료제는 통치권자의 자의성을 배제하고 합법성을 중시하며, 실적주의가 민주주의의 평등 이념과 맥을 같이 한다는 측면에서 긍정적인 점이 있다. 하지만 정부의 기능이 확대되면서 국가의 운영이 관료들에 의해 결정되고 행해지는 경향이 강화되어 국민들은 소외당함과 동시에 대의기구의 위상은 추락하였다. 이는 민주주의가 국민의 참여와 대의기구를 전제로 하는 것이라고 할 때 관료제는 민주주의의 발전에 부정적인 영향을 미치는 것이다.

(4) 제3세계국가의 문제점

실제로 관료제가 민주주의의 성장에 부정적인 영향을 끼쳤던 경우가 제3세계국가에서도 나타났었다. 예컨대 알라비의 과대성장국가론, 오도넬의 관료적 권위주의론, 슈미터의 과잉관료제화 등이다.

① 알라비의 과대성장국가론 : 반민주성

알라비의 과대성장국가론에 따르면 식민 지배를 받았던 경험으로 인해 제3세계국가의 경우 국가관료기구가 과대성장하게 된다는 것이다. 왜냐하면 첫째, 식민지 해방으로 독립국가가 되었을 때 사회를 재정비하고 통합하기 위한 많은 문제들을 해결하는 과정에서 관료제는 급격하게 발달할 수밖에 없었을 것이다. 둘째, 자본주의의 운영이 미숙할 수밖에 없고 종속경제적 상황에서 국가의 경제개입이 클 수밖에 없는 상황이었다. 셋째, 이와 같이 관료제의 과대성장은 국민의 참여와 대의기구의 발전을 전제로 하는 정치부문을 덜 발전시킬 수밖에 없었을 것이다.

② 오도넬의 관료적 권위주의 : 반민중적인 계급성

한편 오도넬에 따르면 관료제는 일반적으로 반민중적인 계급성을 지니고 있어 정치권력과 지배동맹을 맺고 국민의 참여를 배제함으로써 권위주의적인 정치체제를 형성한다는 것이다. 즉 개발도상국의 관료제는 자본가 계급, 군부, 해외자본 등과 결탁하고, 민중을 정치적으로 배제하는 경향이 있다. 이와 같이 관료제가 중심이 되는 개발도상국은 정치문제를 탈정치화시키는 경향이 있다.

③ 슈미터의 분석 : 권력지향성

마지막으로 슈미터에 따르면 개도국의 관료제는 정치적 불안정과 직업관료제가 발달되지 못해 신분상의 위협을 심하게 느끼게 된다. 이런 위협은 관료제가 권력을 지향하도록 한다. 또한 식민관료제의 인습을 승계하여 국민에 대한 책임성과 대응성이 약하다. 이와 같이 신분의 불안과 인습으로 인해 관료제는 팽창하려는 속성을 지니게 된다. 하지만 권력지향성은 오히려 통치자의 정치적 도구화 될 가능성을 높일 수 있다. 이런 점에서 관료제는 과소관료제의 경향을 보일 수 있다.

02 사법부

1. 사법부의 의의

근대 국가 초기 당시 사법부는 법률에 따른 재판을 기계적으로 수행하는 말하는 입에 불과하였다. 이는 법원의 수동성을 지칭하는 것이기도 하지만 사법부의 역할을 공정하고 중립적인 재판을 하는 것이라고 한다면 당연한 말이기도 하다. 하지만 세계 대전 등을 거치면서 헌법을 누가 수호할 것인가에 대한 논쟁이 활발하게 진행되면서 사법의 역할이 강화되었다. 이로 인해 정치적 문제에 대해 사법부가 판단하는 경향이 생겨났다.

2. 사법부의 정치적 태도

이런 경향에서 대립되는 두 주장이 사법적극주의와 사법소극주의이다. 사법적극주의란 사법부가 정치적 문제에 대해 적극적인 판단을 함으로써 사실상 정책을 형성하는 역할을 담당할 수도 있다는 주장이다. 반면에 사법소극주의는 사법부는 정치적 판단보다는 법적 해석을 통해 판단하며 가급적이면 정치적 문제에 대한 판단을 자제하는 것이 바람직하다는 견해이다.

3. 사법국가화 현상

(1) 정치의 사법화 논쟁

정치의 문제를 정치가 해결하지 못하고 법원의 판단에 기대하게 될 경우 이는 민주주의의 발전을 저해하는 요인이 될 수 있다. 왜냐하면 사법적 판단에 정치 문제 해결을 기대하게 된다면 정치 역시 법에 따라 행해지는 것밖에 되지 않으며 토론과 합의를 통한 의사결정이라는 민주주의의 본래적 의미를 정치영역에서 기대한다는 것은 어려울 수밖에 없다. 따라서 사법부가 적극적으로 정치문제에 개입함으로써 사법국가화 된다는 것은 민주주의의 발전에 부정적인 영향을 끼치게 된다. 하지만 사법적극주의와 사법소극주의는 사법부가 둘 중에 어느 한 입장을 채택해서 상시적으로 취해야 할 태도인가에 대해서는 생각해 볼 여지가 있다. 민주주의와의 관련성을 생각해볼 때 사법소극주의를 원칙으로 하고 그 상황과 맥락에 따라 사법적극주의의 태도를 인정할 수도 있을 것이다. 우리나라의 법원과 같이 민주적 대표성이 약한 법원의 경우에는 더더욱 사법적극주의를 인정하는 것은 바람직하지 않다고 볼 수 있다.

(2) 사법의 정치화 문제

그런데 이런 논의에 앞서 우선 근본적으로 질문해야 할 점은 사법부가 공정한 재판을 잘 할 수 있을 만큼 정치적 중립기관인가라는 것이다. 법관 역시 정치적 인간이라는 점을 생각해볼 때 완전한 중립성을 인정하기란 쉽지 않을 것이다. 따라서 사법부를 민주적으로 통제하고 견제할 수 있는 실질적인 제도적 장치가 필요하다고 할 수 있다. 하지만 우리나라의 경우 대통령과 의회의 추천에 의해 대법원이나 헌법재판소가 구성되고 상소제도, 재심 등을 제외하고 민주적으로 통제할 수 있는 제도적 장치가 없는 상태이다. 재판에 대한 헌법소원 등은 아직 허용되지 않고 있으며, 재심의 경우 그 요건은 엄격하게 규정되어 있다.

III 중앙과 지방

■ 지방분권이 필요한 이유는 무엇인가?

■ 교육적 시사점

우리나라의 지방분권의 수준을 이해하고 각국의 지방분권이 주는 시사점에 대해 정리해볼 수 있다.

01 중앙집권과 분권주의

국가는 기능을 입법부, 행정부, 사법부로 나눠 통치하기도 하지만 영토를 중심으로 중앙과 지방으로 나눠 통치하고 있기도 하다. 이런 통치는 중앙집권주의 입장과 분권주의 입장을 근거로 해서 각국 마다 다양한 형태로 중앙과 지방을 나누고 있다.

1. 중앙집권의 근거

중앙집권은 권력을 중앙정부로 집중시켜야 한다는 주장으로, 다음과 같은 것을 근거로 한다. 첫째, 국가의 통합을 위해서는 다양한 이익을 조정하고 분배할 수 있는 강한 중앙정부를 필요로 한다. 둘째, 중앙정부는 지역 간의 이동을 용이하게 할 수 있도록 공공서비스 체제를 통일할 수 있다. 셋째, 자원을 많이 가진 지역과 그렇지 않은 지역 간의 차이를 조정하여 지역의 균형발전을 도모할 수 있다. 넷째, 효율적인 자본축적을 가능하게 함으로써 국가의 경제발전을 가져올 수 있다.

2. 지방분권의 근거

한편 지역이나 지방에 권력을 분산해야 한다는 분권주의는 다음과 같은 것을 근거로 한다.
첫째, 지방정부가 시민에게 더 많은 참여의 기회를 보장하기 때문에 민주시민성을 함양하는 데 효과적이다. 둘째, 지방정부는 중앙 정부에 비해 국민들의 욕구에 더욱 민감하게 대응한다. 이런 민감한 대응은 정부의 국민에 대한 책임을 높여줄 뿐만 아니라 정부가 국가 전체의 이익뿐만 아니라 특별한 정치공동체의 이익에도 대응한다는 점을 보여준다. 셋째, 중앙정부의 결정에 비해 지방정부의 결정에 대해 더욱 정당하다고 느낄 수 있다. 넷째, 절대권력의 타락 경향을 생각해볼 때 중앙정부가 권력을 집중적으로 가지고 있는 것보다 그 권력을 지방정부에 분산하는 것이 국민의 자유를 보호하고 권력상호간 견제와 균형을 효과적으로 도모할 수 있다.

02 중앙과 지방의 관계 유형

권력이 국가(중앙)와 지역 단위로 어떻게 배분되는가에 따라 국가 형태를 3가지로 구분할 수 있다.

1. 단일(방)제

단일(방)제 형태는 중앙정부가 배타적인 주권을 가지고 지방에 대해 통제와 감독을 하는 정부형태를 의미한다. 단일 국가 혹은 중앙 집권적 형태에서는 국가(중앙)의 정부가 주권을 향유하며, 지방 정부를 통제한다. 지방 정부의 권력은 중앙 정부에 의해 위임된 것이며, 위임된 권한은 중앙 정부에 의해 언제든지 폐지될 수 있다. 즉 정부는 재량으로 지역 또는 지방의 정부에 자치권을 부여한다. 이와 같은 정부형태는 인구나 영토의 규모가 작고 동질적인 국가에서 용이하다.

2. 연방제 형태

연방제 형태는 헌법적으로 중앙의 연방 정부와 지방의 주 정부로 나눠 관할사항을 정하고 독자적인 권한을 행사할 수 있는 정부형태를 의미한다. 이 형태는 중앙집권과 국가연합 형태의 중간적 성격을 갖는다. 이 형태에서는 중앙 정부와 지방 정부가 주권을 공유하거나 나누어 가지며, 고유의 영역에서는 각자가 최고의 법적 지위를 가진다. 원칙적으로 어느 한쪽도 다른 쪽의 고유 권한을 침해하거나 폐지하지 못한다. 주로 연방정부는 국방, 외교, 경제, 전국 단위의 질서 체계를 마련하는 등의 역할을 수행하고 주 정부는 주민관련 행정과 지역질서 유지를 위한 역할을 수행한다. 이와 같은 정부형태를 취하는 이유는 지역의 정체성과 자율성을 유지하면서 통합을 필요로 하는 경우, 외부위협에 대한 효과적인 대처, 대외적 위상의 강화, 넓은 영토, 다양한 문화적 배경을 가진 집단들의 정치적 통합 등을 위해서이다.

3. 국가연합

국가연합은 국가 지위를 갖는 국가들이 참여한 형태이거나, 독립성을 가진 각 지방 혹은 지역으로 주권을 귀속시킨 형태이다. 즉 국가연합은 주권을 보유한 각 국가들이 느슨하게 결합한 것으로 중앙정부가 주권을 가지고 있지 않은 형태이다. 시민들과 직접 관계를 맺는 중앙 정부는 존재하지 않으며, 지역 단위 간 결속력이 가장 느슨한 탈중앙집권적 국가 형태이다. 그러나 현재 국민국가 수준에서는 드문 예이다. 이 정부형태는 중앙집권형태나 연방제와는 달리 구성 개별 국가는 자율적으로 탈퇴할 수 있고 중앙 정부의 강제력에 순응하지 않는다. 각 국가는 자신들의 국민들에 대해서만 권한을 행사할 수 있고 다른 국가의 국민들에 대해서는 권한을 행사할 수 없다.

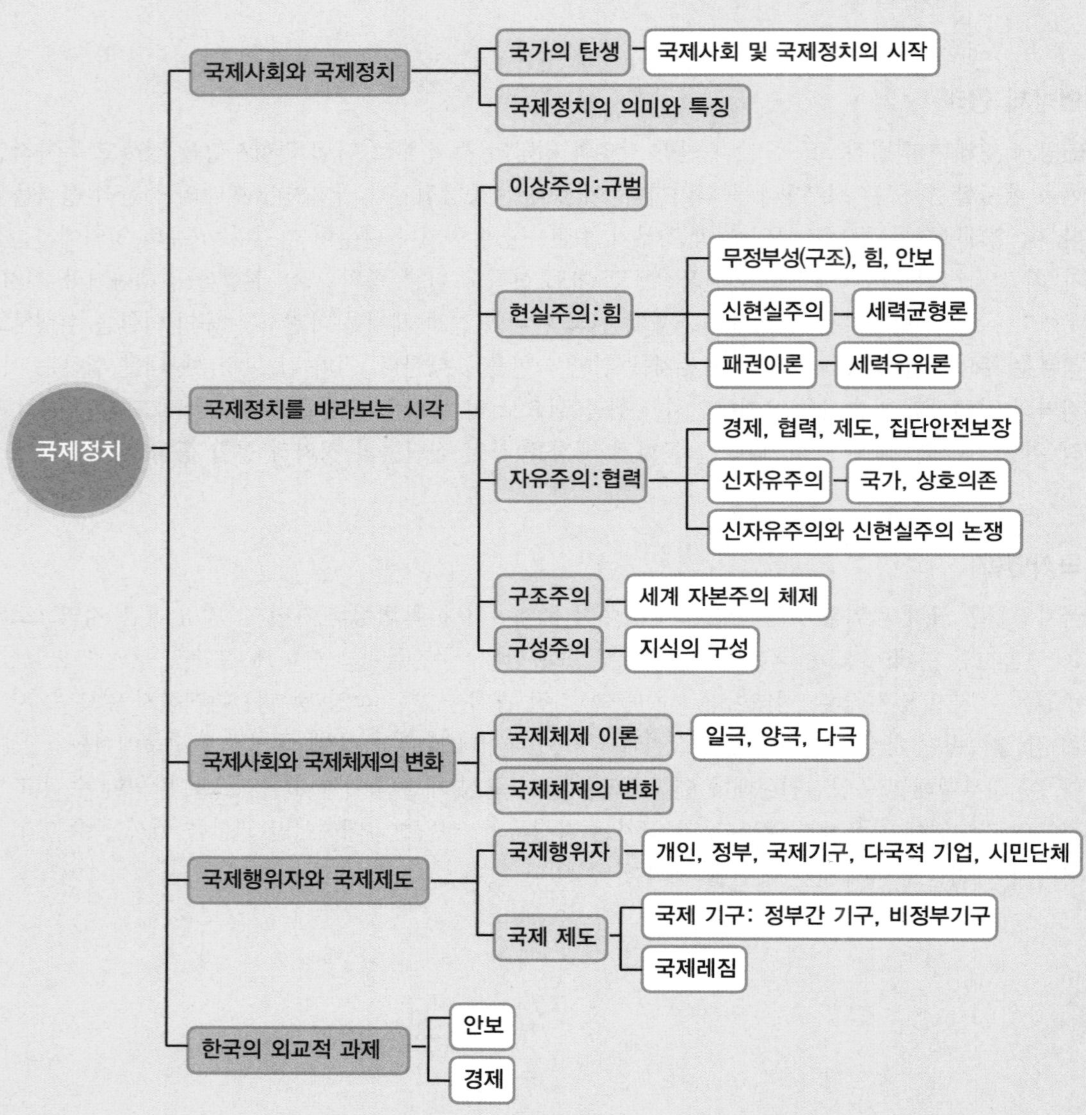
국제정치
국제사회와 국제정치
국가의 탄생
국제사회 및 국제정치의 시작
국제정치의 의미와 특징
국제정치를 바라보는 시각
이상주의: 규범
현실주의: 힘
무정부성(구조), 힘, 안보
신현실주의
세력균형론
패권이론
세력우위론
자유주의: 협력
경제, 협력, 제도, 집단안전보장
신자유주의
국가, 상호의존
신자유주의와 신현실주의 논쟁
구조주의
세계 자본주의 체제
구성주의
지식의 구성
국제사회와 국제체제의 변화
국제체제 이론
일극, 양극, 다극
국제체제의 변화
국제행위자와 국제제도
국제행위자
개인, 정부, 국제기구, 다국적 기업, 시민단체
국제 제도
국제 기구: 정부간 기구, 비정부기구
국제레짐
한국의 외교적 과제
안보
경제

Part

04

국제정치

1. 국제정치가 이뤄지는 국제사회의 전개 및 국제 문제

① 1648년 베스트팔렌 조약 ⇨ 국제사회가 본격적으로 등장하지만 무정부 상태

국제사회가 본격적으로 등장하게 된 것은 1648년 베스트팔렌 조약을 계기로 민족국가가 등장하면서부터이다. 교통수단의 발달로 서구의 민족국가들은 새로운 항로를 개척하여 신대륙을 발견하고 식민지를 확보하기 위해 세계 각지로 진출하였다.

② 국제사회의 변화: 세계대전을 치르면서 냉전 ⇨ 탈냉전으로 변화

점차 유럽의 민족국가들은 제국주의적 침략을 통해 영토를 확장시켜 나갔다. 그 과정에서 제국주의 간의 충돌로 제1차 세계대전이 발생하였다. 그 이후 국제사회의 갈등을 조절하고 평화를 달성하기 위해 국제연맹이 만들어졌지만 1929년 대공황이 발생하면서 전체주의가 등장하고 다시 제2차 세계대전이 일어났다. 제2차 세계대전은 인류사회에 여러 가지 반성을 제공하였지만 그 이후에 나타난 냉전체제는 반성과는 사뭇 다른 결과였다. 이런 냉전체제는 1990년 소련을 비롯한 공산권 국가들의 체제 붕괴로 결국 종식되었다. 그 이후에 나타난 탈냉전사회는 냉전체제와는 달리 평화, 민주주의, 자본주의 등을 중요한 가치로 삼기는 하였지만 대신 경제적 실리를 추구하는 사회로 바뀌었다.

③ 세계화 ⇨ 무정부 상태에서 상호의존성 심화

이 과정에서 세계화는 더 진전되었고 국가 간 상호의존성은 더욱 강화되었다. 이런 세계화는 자유 민주주의와 자본주의를 세계에 전파하는 데 기여하였지만 남북문제 심화, 국민국가의 약화, 시민사회의 위축, 양극화와 같은 심각한 문제를 야기하기도 하였다.

2. 국제정치: 국제사회의 문제 해결

이런 변화를 거듭해 온 국제사회는 무정부성이라는 성격을 지니고 있어 이런 다양한 문제를 해결할 수 있는 중앙정부가 존재하지 않는다. 그럼에도 불구하고 국제사회에서는 정치, 경제 문제들을 조절하고 통제하려는 노력들이 전개되고 있다. 국제정치란 이와 같이 국제사회의 정치, 경제 문제들을 조절하고 통제하는 활동들이라고 할 수 있다. 이런 국제정치의 주요 행위자는 국가이지만 그 외에도 초국적 행위자, 국가내적 행위자 등 다양한 행위자들이 있다. 이 행위자들은 정치적 독립을 위해, 평화를 위해, 경제적 실리를 추구하기 위해 기타 등등 다양한 정치활동들을 전개하고 있다.

3. 국제정치의 본질: 전쟁이냐? 평화이냐?

이런 국제정치의 본질이 무엇인지에 대한 시각으로는 좋은 제도를 만들어 평화를 유지해야 한다는 이상주의와 투쟁의 정치를 필연으로 인정하는 현실주의라는 기본적 시각 이외에도 인간의 이기심이 협력을 가능하게 한다는 자유주의, 세계자본주의 체제에서 계급을 대변하는 정치가 이뤄지는 것

으로 설명하는 구조주의, 탈냉전사회가 나타나는 현상과 같이 행위자들의 관념이나 의식 등에 의해서 나타난다는 구성주의 등이 있다.

어떤 시각에 의해서든 국제정치라는 객관적 실체가 존재하고 있다는 것은 분명한 사실이다. 이와 같은 국제정치는 국제정치체제를 만들고 그 안에서 지속적으로 이뤄지다가 체제의 내적 모순이 발생하면 체제를 변화시키는 방향으로 이뤄지기도 한다.

4. 국제체제(국제사회의 질서)의 변동 : 국제질서의 변동

제2차 세계대전 이후 국제체제는 냉전체제에서 탈냉전체제로 전개되어 왔다. 탈냉전체제 역시 현재 다양한 내적 모순이 드러나고 있다는 점에서 새로운 변화가 지속적으로 발생할 것이라 예상할 수 있다. 예컨대 현재의 초강대국은 미국이지만 유럽연합, 중국, 러시아, 일본 등을 무시하고 독단으로 국제사회의 문제를 결정할 수 없다. 또한 세계화는 다양한 모순을 표출하면서 여러 갈등을 유발하고 있기도 하다.

5. 국제정치 행위자[98)]

국제행위자로는 국가, 초국가적 행위체, 국가내부적 행위체, 영향력 있는 개인이 대표적이다.

초국가적 행위체는 국경을 넘어서 영향력을 행사하는 행위주체를 의미한다. 예컨대 정부 간 국제기구, 다국적 기업, 비정부 국제기구 등이다. 국가 내부적 행위체는 국가에 소속되어 있지만 국제적으로 활동하는 행위체를 말한다. 예컨대 지방 자치 단체, 소수 인종, 민족, 각종 사회세력 등이다.

6. 국제제도 : 국제기구와 국제레짐

국제사회의 무정부성 때문에 이런 국제체제의 기구나 제도들이 없을 것으로 오해할 수 있지만 그렇지가 않다. 포괄적이고 보편적인 기구나 제도들이 아니라 특정 영역의 기구나 제도들이 존재하고 있다. 다만 이런 기구나 제도들이 제시하는 원칙, 규범, 규칙, 절차 등을 지키도록 하는 강제적인 공식기구가 없을 따름이다. 이런 특정 영역들에 형성되어 있는 제도들에 관한 이론이 국제레짐 이론이다. 이 외에도 평화와 전쟁에 대한 이론들, 각 국가의 다양한 전략에 관한 연구, 국제기구에 관한 연구, 안보에 관한 연구 등 국제정치는 국제사회의 정치와 경제 현상 등 다양한 분야에서 포괄적인 연구들을 전개하고 있다.

---

98) 존 베일리스 · 스티븐 스미스(2005), 『세계정치론』, pp.372~389 참조
국제정치학계에서는 현재 비국가 행위자라는 표현보다는 초국가 행위자라는 표현을 사용하고 있다. 초국가의 뜻은 '정부활동을 벗어난 개념'이라는 뜻이다. 이 표현은 주로 초국적 기업, NGOs에 사용하고 있다. 하지만 주로 외교업무에 종사하는 자들은 여전히 비정부기구라는 표현을 쓴다. 주의할 것은 범죄집단, 게릴라 등과 같은 비정부조직과 잘 구별할 필요가 있다.

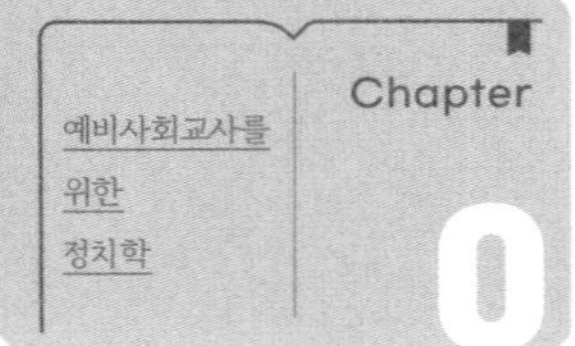

01 국제정치를 보는 시각

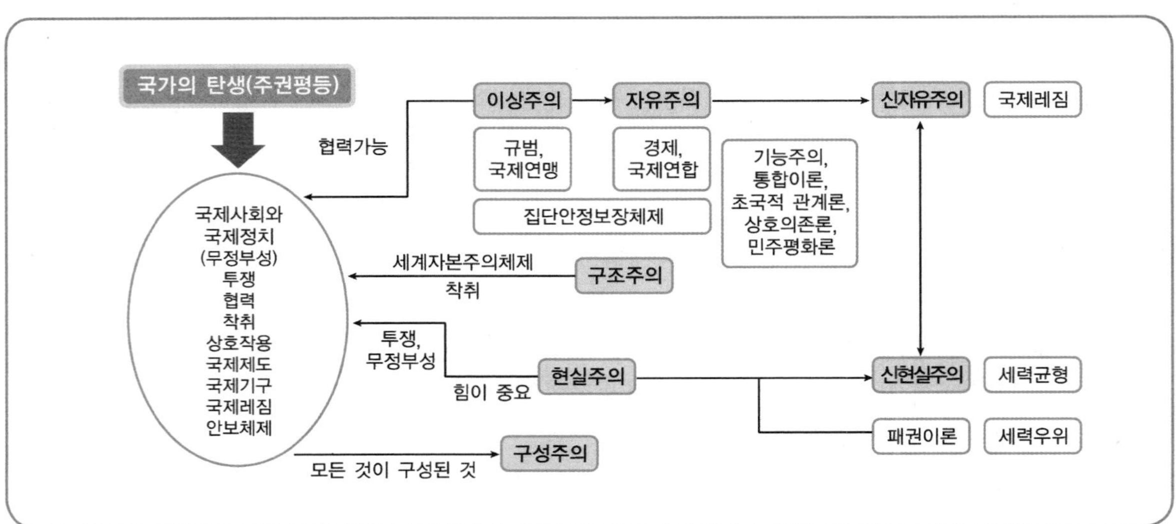

I 국제사회와 국제정치

- 국제사회의 특징은 무엇인가?
- 국제사회에도 제도와 규칙이 있는가?
- 국제정치의 궁극적인 목적은 무엇인가?
- 교육적 시사점

  국제사회가 어떤 특징을 가지고 있으며, 국제정치를 이해하고 국제정치의 궁극적인 목적을 알 수 있다.

01 국제사회의 전개과정과 특징

1. 국제사회의 성립과 전개

(1) 국제사회의 탄생

① 1648년 베스트팔렌 조약으로 민족국가의 등장[99]

국제사회가 등장한 것은 1648년 베스트팔렌 조약을 계기로 민족국가가 중요한 정치단위로 등장하면서 국제사회가 형성되면서부터이다. 민족은 대개 동일한 언어, 역사, 문화적 배경 등을 갖는 동일인

99) 이 부분에 대해서는 최근 국제법 연구자와 국제정치 연구자들 사이에 이견이 있는 것으로 보인다. 일단은 전통적인 주장에 따라 제시하였다.

종이 일정한 지역에 모여 살면서 공유하게 된 특유의 일체감을 말한다. 하지만 이런 민족 개념에 대해서 역사의 진행과정에서 자연스럽게 형성된 개념이라기보다 근대화의 산물로 만들어진 것으로 보기도 한다. 한 민족으로 국가를 갖지 못한 민족은 국가를 갖기 위해 피나는 투쟁을 하였고 민족자결주의 원칙에 따라 어떤 민족이 다른 민족에 의해 지배받을 수 없다는 생각들이 성립하였다. 이런 민족적 경향이 세계화 국면에서 약화되고 있다고 하지만 여전히 국가의 대내적 통합 수단으로 그 영향력을 발휘하고 있다. 민족국가는 일정한 영토를 가지고 주권을 지닌 절대적 권위체로 간주되면서 국제사회의 주요 행위자로 등장하였다.

② 선진 서구국가들의 국제사회 형성

근대 이전은 주권 국가가 형성되지 못하고 유럽 문화권, 이슬람 문화권, 유교 문화권 등과 같은 특정 문화권의 범위를 넘지 못하였다. 이런 국제사회는 항해술의 발달로 국가 간 교류가 증대하면서 확산되었다. 새로운 항로와 신대륙의 발견으로 유럽 열강은 식민지를 확보하기 위해 세계 각지로 진출하면서 전 지구적 국제사회를 형성하기 시작하였다.

(2) 제1차 세계대전부터 제2차 세계대전 : 신생독립국 등장

유럽의 제국주의적 침략이 격화되면서 제1차 세계대전이 발생하였고 이를 계기로 국제사회의 갈등을 평화적으로 조율할 기구로서 국제 연맹이 등장하였다. 이후 미국에서 발생한 경제 공황(1929)이 전 세계로 확산되면서 전체주의 국가 등이 등장하였고 제2차 세계 대전이 일어났다. 이후 세계 평화 및 안전을 위한 범세계적 차원의 협력 증진을 위해 국제연합(UN)이 탄생하였다. 또한 제2차 세계 대전 이후 식민지 국가들이 독립하면서 수많은 신생 독립국들이 독자적인 국제사회의 구성원으로 등장하였다.

(3) 냉전시대 : 미소 중심의 대립적 상황

제2차 세계 대전 이후 팽창정책을 추진하던 소련과 이를 봉쇄하려는 미국 사이의 갈등이 심화되면서 미국 중심의 자유 진영과 소련 중심의 공산 진영으로 세계가 양분되는 냉전체제가 성립하였다. 이런 냉전체제에서는 자유 진영과 공산 진영이 극단적으로 대립하고 미국과 소련이 국제사회의 주도권을 확보하기 위하여 극단적인 대립양상이 나타났다. 당시의 이념적 대립은 6·25 전쟁이나 베트남 전쟁 등에서 잘 나타난다. 이런 냉전체제는 1970년대에 들어서면서 완화되었고, 1990년 공산권의 붕괴로 냉전체제가 종식되었다.

(4) 탈냉전시대 : 상호의존성의 심화시대

탈냉전시대로 전환된 국제사회에서는 교통·통신망의 발달로 국가 간 교역이 증가하면서 상호 의존성이 심화되었다. 자본, 노동, 기술 등이 국가와 국가 사이를 비교적 자유롭게 이동하면서 세계화 현상이 두드러지게 나타났다. 이와 같이 현대 국제사회는 이념 대립보다 자국의 이익과 국제평화를 중시하는 경향을 보이고 있다.

2. 국제사회의 특징

(1) 무정부성, 주권평등의 원칙 그리고 힘의 논리

이와 같이 발달한 국제사회는 중앙정부가 부재하고, 주권평등의 원칙이 적용되며, 힘의 논리가 지배하는 성격을 지니고 있다. 중앙정부가 부재하는 무정부성을 지니고 있다. 즉 개별 국가들을 강제로 구속할 수 있는 권위와 힘을 지닌 중앙 정부가 부재한 상태이다.

국제법이나 국제기구가 있지만 그 강제성이 미약하여 국가 사회와 같이 구속력 있는 법이나 집행 제도가 없는 상태라고 할 수 있다. 다만 국제법, 세계여론, 도덕적 규범 등과 같은 국제 규범이 작용하고 있을 뿐이다. 또한 국제사회의 구성원인 국가의 주권은 평등하기 때문에 원칙적으로 다른 나라의 내정에 대한 간섭을 허용하지 않는다. 하지만 국제사회는 강대국의 힘과 논리에 의해서 주도된다.

(2) 자국 이익의 최우선과 상호의존성의 심화

① 자국 이익의 중시
현재 국제사회의 세계 각국은 국제 관계에서 자국의 이익을 최우선으로 한다. 이런 국익을 추구하기 위해 다른 나라와 경쟁을 하는 가운데 갈등과 충돌이 발생하고 있다. 그 과정에서 갈등은 당사국 간의 외교 교섭, 국제 사법 재판소의 재판, 조약, 각종 국제기구를 통한 평화적 수단으로 해결되기도 하지만 힘의 논리에 의한 무력행사나 전쟁과 같은 폭력적 수단을 통해 해결되기도 한다.

② 상호의존성의 심화
국제사회의 상호 의존성이 심화되고 있기 때문에 자국의 이익 증진 및 인류 공동의 문제 해결을 위한 협력을 추구하고 있기도 하다. 하지만 이 부분에 대해 상호의존성의 심화는 전쟁을 초래할 가능성이 높다는 지적도 있다.

02 국제정치의 의미와 특징

앞서 본 국제사회의 특징이 국제정치를 필요로 하는 이유라고 할 수 있다. 즉 국제사회의 갈등과 혼란을 해결하여 국제사회를 안정적인 상태로 만들고자 하는 것이 국제정치이다.

1. 국제정치의 의미

(1) 국제정치와 관련된 여러 개념

① '국제정치'는 본래 국가를 상정하고 국가 간의 관계에 주목한 용어이다.

② '국제관계'는 국제적인 차원에서 정치적 관계뿐만 아니라 경제적, 사회적, 문화적 관계를 포괄하는 개념이다.

③ '세계정치'는 국가를 포함한 다양한 행위자를 상정하고 국가를 넘어선 또 다른 차원의 세계를 전제로 한 개념이다.

④ '지구정치'는 세계화 시대를 맞이하여 세계적 차원에서 벌어지는 정치현상의 의미를 담고 있는 개념이다.

(2) 국가 밖에서 벌어지는 정치현상으로서의 국제정치

살펴본 바와 같이 각각의 용어가 함축하고 있는 의미에 차이가 있지만 여기에서는 여러 가지 용어들을 구별하기보다 포괄하는 의미인 '국제정치'로 통일하여 사용하도록 하겠다. 국제정치학을 '평화와 전쟁의 학문'이라고 부른다. 이 말은 국제정치가 실질적으로 무엇을 의미하는지를 파악할 수 있게 하는 단초가 된다. 이런 측면에서 국제정치를 간단히 정의하면 '국제정치는 국제정치행위자들 사이에 국제사회의 갈등을 해결하고 평화를 달성하고자 하는 정치적 상호작용'이라고 할 수 있다.

(3) 국제정치의 의미에 대한 분석

① 국제정치의 주체는 누구인가?: 국제정치행위자

㉠ 다양한 행위자: 개인 · 국가 · 초국가적 국제기구

전통적으로 국제정치의 행위 주체는 개별 주권국가로 파악되었다. 그러나 국제연합과 같은 초국가적 기구의 탄생과 유럽공동체 · 북미자유무역협정(NAFTA) 등의 출현으로 주권국가만이 유일한 행위자라는 전통적 주장은 설득력을 잃고 있다. 또한 미시분석을 강조하는 현대정치이론은 궁극적으로 개인들 간의 상호관계를 통해 국제질서를 이해할 수 있다고 본다. 이런 점에서 국제정치의 행위자는 개인 · 국가 · 초국가적 국제기구라고 할 수 있다.

㉡ 국가

국가는 영토의 크기나 국민의 수에 관계없이 독립적인 주권을 행사할 수 있다. 국가는 국제사회에서 법적 지위를 갖고 외교 활동을 하며, 국제기구에 참여하여 공식적인 활동을 수행한다. 국가는 국제법상 평등하고 독립적이지만, 현실적인 국력 차이로 주권의 행사 능력이 다르다.

㉢ 초국가적 행위체

초국가적 행위체는 국가의 범위를 넘어서 국제적 영향력을 행사하는 행위 주체이다. 예컨대 ㉠ 정부 간 국제기구(국제 연합, 유럽연합, 세계 무역 기구 등), ㉡ 다국적 기업(초국적 기업), ㉢ 비정부 간 국제기구(그린피스, 국경없는 의사회 등) 등이 있다.

㉣ 국가내부적 행위체

국가내부적 행위체는 국제적으로 영향력을 행사하는 국가내부적 행위체를 의미한다. 예컨대 지방정부, 이익 집단, 개인, 소수 인종이나 민족, 기업이나 노동조합, NGO 등이 있다. 이와 같이 오늘날은 국가나 초국가적 국제기구뿐만 아니라 시민 사회 단체들의 역할이 강화되고 있다.

2. 국제정치사회의 특징

(1) 무정부 상태

앞에서 살펴본 바와 같이 무정부 상태의 사회이다. 비록 국제법이 존재하지만 개별 주권국가를 강력하게 구속할 수는 없다. 이런 상황에서 주권평등의 원칙, 힘의 논리, 자국의 이익 추구라는 모순된 원칙들이 충돌하는 사회이기도 하다. 그 결과 때로는 갈등으로 인해 협력하기도 하고 전쟁을 하기도 하다.

⑵ **정치적 상호작용**: 국가의 행동 예측

정치적 상호작용이란 무정부 상태의 국제사회에서 갈등을 해결하기 위한 다양한 정치적 행위들이 국제정치행위자들 사이에 이뤄지는 것을 말한다. 이런 정치적 상호작용을 통해 정치 · 경제 · 군사 · 문화 측면에서 발생하는 여러 가지 국제사회의 문제를 해결하기 위한 조약, 국제법, 국제기구, 국제제도 등이 생겨난다. 또한 갈등이 해결되지 못할 때는 일종의 제재가 이뤄지기도 하고, 침략국을 상대로 전쟁을 하기도 한다.

이런 정치적 상호작용의 결과를 통해 국제사회에서 정치적 관계가 형성되고, 이런 관계를 반영하는 국제체제가 나타나게 된다. 국제체제는 행위자, 힘의 분배 구조, 행위자들의 상호작용의 유형으로서 과정을 포함하는 개념이다. 국제체제는 국제질서를 유지하는 메커니즘이면서 국제정치환경을 의미하는 개념이다.

Ⅱ 이상주의

- 국제사회가 평화를 유지할 수 있다면 어떤 이유인가?
- 인간의 어떤 특징이 국제사회의 평화를 가져올 수 있는가?
- 교육적 시사점
  인간의 이성이 과연 평화를 유지할 수 있는지에 대해 생각해 보고, 국제정치를 균형 잡힌 시각에서 이해할 수 있도록 한다.

01 이상주의의 의의

1. 이상주의

국제정치의 본질을 조화와 협력의 과정으로 이해하고, 갈등 · 분쟁 · 전쟁과 같은 부조리한 현실을 극복하고 정의로운 세계를 건설하는 것을 국제정치의 최우선 과제로 보는 입장이다. 이 입장은 넓은 의미의 자유주의에 포함된다.[100] 여기서 말하는 넓은 의미의 자유주의란 이상주의와 현실주의 이후, 대략 제2차 세계 대전 이후 등장한 자유주의 경향과 이상주의를 포함하는 의미이다. 이상주의는 도덕성 이성 측면을 강조하고 있다면, 좁은 의미의 자유주의는 인간의 합리성과 경제적 측면을 전제로 한다는 점이다.

100) 특별한 이론이나 경향을 묻지 않는다면 이상주의, 자유주의, 신자유주의 등을 구별하지 않고 자유주의로 읽고 대처하면 된다. 이 경우 자유주의는 자유주의에 속하는 다양한 시각들을 정리한 것으로 이해하면 될 것이다.

2. 국제정치현상을 체계적으로 파악하려는 최초의 시도

국제정치현상을 체계적으로 이해하려는 최초의 시도는 대체로 제1차 세계대전을 경험한 '이상주의'에 의해 이뤄졌다. 이들은 전쟁을 '주권국가의 원리' 또는 '정치의 연장'으로 보던 기존의 전쟁관을 수정하였다. 그리고 역사적인 전쟁 기록을 통해 전쟁방지의 방법을 모색함과 동시에 국제문제에 대한 체계적인 지식을 추구했다.

3. 국제조약, 국제법, 국제연맹과 같은 국제기구에 기대

당시 많은 연구자들이 각종 국제조약과 국제법의 원칙들을 비교·분석하고, 민족주의나 지리적 조건이 외교정책에 어떤 영향을 미치는지를 비교 평가하였다. 특히 윌슨 등의 이상주의자들은 '국제법'과 '국제기구'라는 방법을 통해 전쟁의 방지라는 이상을 달성할 수 있다고 보고, 국제연맹의 역할에 큰 기대를 걸었다.

02 이상주의의 사상적 배경: 인간에 대한 믿음과 신뢰, 좋은 제도 ⇨ 평화 가능

이상주의는 18세기의 낙관적 계몽주의, 19세기의 자유주의, 20세기 윌슨의 이상주의를 사상적 배경으로 한다. 이런 이상주의의 기본 입장은 인간은 근본적으로 선하고 상호협력이 가능하기 때문에 국가 간의 이해관계를 합리적으로 조정하여 평화를 실현할 수 있다는 입장이다.

03 전쟁과 평화

1. 전쟁의 원인

전쟁의 원인은 인간을 이기적으로 만들고 타인에게 피해를 주게 하는 제도나 구조적 장치들 때문에 발생한다. 따라서 이상주의에 따르면 전쟁은 불가피한 게 아니다. 전쟁을 일으키는 잘못된 제도들을 제거함으로써 막을 수 있게 된다.

2. 평화를 위한 대책: 윌슨의 주장

(1) 전쟁을 초래하는 동맹, 세력균형, 비밀외교 등에 대한 비판

이런 이상주의 입장에서 평화를 강조했던 것이 미국 대통령 윌슨의 주장이다. 윌슨은 세력균형은 전쟁을 방지하기보다는 전쟁을 초래하는 위험한 제도이며 동맹은 국가들이 자신들의 의사와는 달리 전쟁에 끌려 들어가게 하는 제도라고 비판하였다. 또한 비밀외교에 대해서는 국민들이 전쟁에 참가하는 것에 대해 반대하는 것을 불가능하게 하는 비민주적인 외교관행이라고 비판하였다.

(2) 집단안보체제 구축

윌슨은 평화유지를 위해 집단안보체제를 구비할 것을 주장하였다. 집단안전보장체제는 국제사회의 행위자들이 갈등을 평화적 방법으로 해결할 것을 약속한 집단안보기구에 가입하고, 만약 어느 행위자가 이러한 약속을 위반할 경우 모든 행위자가 집단적인 제재를 가할 것을 약속하는 체제이다. 즉 집단안보체제는 체제 내의 한 국가에 대한 공격을 체제 내 모든 국가에 대한 침략으로 간주하고 침략자에 대해 공동으로 대항하는 체제를 말한다. 이는 잠재적 침략자에게 전쟁의 승리에 대한 기대를 낮추어 전쟁을 방지하는 안보체제이다.

04 이상주의에 대한 평가

1. 강대국의 현상유지를 위한 주장

윌슨의 주장이 인류의 보편적 이익이라는 동기에서 출발한 것이 맞는지는 의문이다. 윌슨이 주장한 이상주의는 승전국이었던 미국과 영국과 같은 강대국의 현상유지 정책을 뒷받침하는 측면이 있다.

2. 역사적 진보 및 인간이성에 대한 무한 신뢰를 보내는 비현실적 시각

이상주의는 역사의 진보성과 인간 본성의 선한 측면에 대해 지나치게 긍정적인 기대를 한다는 점에서 비현실적이다. 이런 비현실성은 세계정부와 국제법의 효용성을 지지하며 도입할 것을 주장하는 것에 대해서도 적용될 수 있다.

3. 집단안보체제에서 침략자 규정에 대한 문제

집단안보체제는 침략자를 어떻게 규정할 것이냐 하는 문제와 응징하는 방법에 대해서도 적절하지 않다는 비판을 받을 수 있다.

III 현실주의: 국가중심적 관점, 전쟁이 본질, 전쟁 방지가 중요

- 인간의 본성은 무엇인가?
- 국제사회는 평화의 상태인가? 전쟁의 상태인가?
- 무정부 상태에서 국가에게 필요한 것은 무엇인가?
- 국제정치에서 국가는 어떤 역할을 하는가?
- 교육적 시사점
  현실주의의 필요성을 이해하고, 균형 잡힌 국제정치적 시각을 가질 수 있도록 한다.

01 현실주의의 등장과 전개

1. 현실주의[101)]

현실주의는 국제정치의 본질을 국가 간의 갈등과 대립의 역사로 이해하고, 힘을 중심으로 국제 정치의 본질을 파악하는 관점이다.

2. 현실주의 이론의 전개

(1) 고전적 현실주의

① 이상주의에 대한 비판
세계대공황(1929~1932)에서 나타난 각국의 비협력적 태도와 만주침략(1931)에서 나타난 국제연맹의 무력함, 제2차 세계대전 등과 같은 사건을 계기로 이상주의자들에 대한 거센 비판이 제기되었다. 대표적인 학자로는 모겐소가 있다. 모겐소는 이기적 인간(홉스적 인간관)에 근거하여 국가의 행동을 설명하고, 힘을 강조하는 국력의 정치를 주장했다.

② 주요 내용

㉠ 권력정치(힘의 정치) 현실에 주목해야 한다.

㉡ 국제정치의 주체는 국가뿐이다.

㉢ 국제평화는 세력균형에 의해 달성할 수 있다.

(2) 신현실주의 : 제2차 세계대전 이후의 현실주의

국제정치학이 과학으로서 자리매김하게 된 것은 제2차 세계대전 이후의 일이다. 여기에 일조한 것은 1950년대 중엽 이후 왈츠(Waltz) 등에 의해서 전개된 '행태주의적 현실주의'였다. 왈츠는 모겐소로 대표되는 고전적 현실주의의 한계를 비판하면서 국제정치학의 과학적 연구기법의 개발을 강조하였다. 왈츠의 신현실주의는 1970년대 들어 패권안정이론에 의해 계승된다. 그 이후에 등장한 세력전이론도 있었다. 행태주의적 현실주의, 세력전이론, 패권안정이론 등을 포함하는 의미의 신현실주의[102)]는 탈냉전시대에 들어가면서 영향력이 약화되기도 했지만 현재도 강력한 영향력을 가지고 있는 입장이다.

---

101) 현실주의는 다양한 현실주의의 흐름을 모두 포섭하는 큰 흐름으로 이해하면 된다. 특정한 입장을 물어보지 않는 한 현실주의의 일반적 입장으로 이해하고 파악하면 될 것이다.
102) 신현실주의 내에도 공격적 현실주의, 방어적 현실주의, 패권안정이론 등 다양한 입장들이 있다.

PART 04

02 현실주의의 기본적 입장 및 핵심 명제

1. 국제정치의 주체

국제정치에서 가장 중요한 행위자는 국가이다. 이 국가는 이기적 인간처럼 합리적이고 이기적인 행위자이다. 또한 국가는 통합된 하나의 단일체적 행위자이다. 즉, 국가는 외부 세계에 대해 하나의 통합된 단위로 행동한다는 것을 의미한다.

2. 무정부 상태

무정부 상태에서 각 국가들은 자국의 힘을 극대화하기 위해서 행동하며 이런 상태에서 국가는 자신의 생존을 스스로 확보해야 하는 상황이다(안보와 자구). 무정부 상태에 가까운 국제사회에서 살아남는 것이 제일 중요한 상황이다. 이런 무정부적 상황에서 이기적이고 합리적인 국가와 국가의 관계는 권력투쟁적일 수밖에 없다. 예컨대 “내가 죽고 네가 사느냐, 내가 살고 네가 죽을 것이냐, 내가 너에게 복종할 것이냐, 네가 나에게 복종할 것이냐”와 같은 상황이다. 즉 국제사회는 강자가 약자를 지배하는 곳이다.

3. 국제관계: 자구행위 ⇨ 권력과 힘

현실주의는 무정부적 상태, 전쟁상태라는 홉스적 인간관에 따라 국가는 합리적 행위자이며 국가 이익을 추구하는 존재로 보는 시각이다. 따라서 무정부 상태에 가까운 국제사회에서 국가와 국가의 관계는 투쟁적 관계이다. 이 관계에서 살아남기 위해 국가는 스스로 자구행위를 해야 한다. 국가가 자구(안보)를 위해서는 권력과 힘을 가져야 한다. 이와 같이 국가 스스로 ‘자구와 안보’를 책임져야 하기 때문에 현실주의가 중요하게 생각하는 개념 중의 하나가 ‘권력과 힘(국력)’이다.

4. 중시하는 가치: 안보 및 권력과 힘을 중시

국제 관계 속에서 개별 국가들은 안보를 1순위 과제로 둔다. 튼튼한 안보를 위해 현실주의는 권력과 힘(국력)을 추구한다.

5. 상대적 이득과 협력가능성

현실주의의 국제관계에서 절대적 이득은 생각할 수 없다. 현실주의는 죽음과 복종이냐 아니면 생명유지와 지배냐와 같은 극단적인 선택을 할 수 밖에 없는 상황을 가정한다. 이런 상황에서는 상대보다 더 많은 힘을 가지는 것이 중요하다. 따라서 현실주의에서는 상대적 이득을 추구한다.

현실주의 입장에 따르면 무정부 상태에서 국가 간 협력은 어렵다. 왜냐하면 국가들은 국가 간의 협력(절대적 이익)이 자기에게 이익이 되는 것을 알지만 상대방의 이익이 자기의 이익보다 더 크지 않을까(상대적 이익)를 염려하고, 국가 간의 관계에서 한 국가가 배신을 할 경우 이를 제재할 권위체가 존재하지 않기 때문에 배신을 하는 것이 더 이익이 될 수 있다고 생각하기 때문이다. 결국 협력을 하더라도 쉽게 깨질 수밖에 없다. 그 결과 안보딜레마에 빠지곤 한다.

6. 평화를 위한 방안

이를 위해 현실주의적 관점은 세력균형체제와 동맹을 주로 강조한다.

(1) 강력한 힘(국력)을 보유

국제정치는 강자가 약자를 지배하는 곳이다. 따라서 힘이 곧 정의이다. 무정부 상태에서 모든 국가 이익은 생존이다. 즉 모든 국가가 무정부 상태하에서 자신의 생존을 스스로 확보해야 하는 상황이 국제사회이기 때문이다. 이런 상황에서 국제평화를 달성할 수 있는 길은 다른 국가가 지닌 힘보다 더 큰 힘을 보유하는 것이다. 즉 다른 국가가 힘을 극대화하려는 시도를 하려고 할 때, 그 시도를 억제할 수 있는 강력한 힘을 보유하는 것이다.

(2) 세력균형과 동맹: 동맹을 통한 세력균형체제 구축

① 세력균형체제

현실주의는 힘을 통해 힘을 견제하여 평화를 보장하는 세력균형을 중요한 체제로 인식한다. 세력균형이란 어떤 한 국가나 집합이 지배적인 힘을 갖게 되면 다른 나라들에 폭력의 위협이나 혹은 실질적 폭력으로 그들의 의지를 강요하게 될 위험이 있기 때문에 대응세력을 형성하여 위협이 되는 국가나 집합의 힘을 억지하는 체제를 말한다. 즉 세력균형체제는 행위자 간의 힘의 균형이 이루어질 때 체제가 안정되고, 국제사회의 평화가 유지될 수 있다는 점에 근거한다. 강력한 힘을 가진 행위자가 제어 당하지 않고 힘을 행사할 때 체제의 안정이 위협받기 때문에 강력한 힘을 가진 행위자의 출현을 방지하는 데 주로 관심을 기울인다. 세력균형체제에서는 상대방이 쉽게 공격할 수 없는 군사력을 보유해야 하며, 만약 이런 힘이 부족할 경우에는 동맹을 통해 세력균형을 달성해서 억지력을 보유할 수 있어야 한다.

② 동맹

다른 국가를 압도할 수 있는 힘은 스스로 만드는 것이 가장 바람직하다. 하지만 힘이 부족하다면 다른 힘을 빌려서라도 위협하는 힘을 억지하는 것이 나을 것이다. 현실주의자는 이런 차원에서 평화의 방법으로 세력균형과 더불어 동맹을 강조한다.

동맹체제는 제3의 국가에 의한 침략이나 위험에 대하여 2개국 이상이 공동의 군사적 대응을 약속하는 체제이다. 동맹의 대표적 유형으로 방위조약에 의한 동맹체제를 들 수 있다.

7. 상위정치 강조

현실주의자들은 군사·안보 전략 등의 이슈들을 상위정치(high politics)라 하고, 경제·사회·환경 등의 이슈들은 상대적으로 덜 중요하고 부차적이라고 여겨 하위정치(low politics)라고 하였다.

03 현실주의에 대한 비판

이와 같은 현실주의는 세력균형, 행위자, 협력 측면에서 비판을 받고 있다.

1. 세력균형의 한계: 공포의 균형

(1) 군비경쟁 및 갈등 초래

세력균형은 실제로 안정을 보장하기보다는 군비경쟁을 야기하고 갈등을 증폭시키는 역할을 하며 오히려 강자에게 유리한 상황을 유지시키는 현상유지정책이라는 것이다.

(2) 안보딜레마

안보딜레마는 상대방의 군사력 증강에 불안감을 느껴 쌍방이 지속적으로 군사력 증강의 경쟁을 하게 됨으로써 국가들의 안보불안이 오히려 심해지는 현상을 말한다. 이런 상태를 공포의 균형이라고 부르기도 한다. 예를 들어 미국과 중국이 끊임없는 무기 경쟁을 하면 어떤 일이 발생할까? 엄청난 무기가 쌓이게 될 것이고, 만약 양국 사이에 전쟁을 한다면 전 세계에 엄청난 피해를 입히게 될 것이다.

(3) 동맹안보딜레마

동맹안보딜레마는 동맹의 의존성이 높은 나라가 처하게 될 안보상의 딜레마를 말한다. 그 내용으로는 방기(버려짐)와 연루(끌려들어감)라는 것이 있다. 예컨대 사드 배치와 관련하여 우리는 사드를 배치하면 '연루'라는 딜레마에 빠지고, 배치를 하지 않으면 '방기'라는 딜레마에 빠질 수 있다. 또한 파병 문제도 비슷한 상황을 야기할 수 있다.

(4) 자유주의의 비판

현실주의에 따르면 안보딜레마는 구조적으로 해결할 수 없는 문제이다. 다만 정도를 완화할 수 있을 뿐이다. 하지만 신자유주의는 제도를 통해 안보딜레마 문제를 극복할 수 있다고 현실주의를 비판하였다.

2. 국제사회에서 이뤄지고 있는 협력 현상 무시

또한 국제정치에서 국제기구나 비정부기구의 역할이 점차 증대되는 상황에서 국제정치의 행위자를 국가로 한정하는 것은 적절하지 않다는 것이다. 그리고 현실주의는 국가 간의 협력을 불가능하다고 보지만 국가 간의 협력은 실제로 발생하고 있으며 국가의 생존이 첨예하게 걸린 안보 분야에서도 협력은 발생하고 있다는 점이다.

04 모겐소의 고전적 현실주의: 국력에 의한 정치 강조

1. 배경

모겐소는 현실주의와 이상주의의 절충을 주장한 카의 견해를 비판하면서 현실주의 관점에서 미국 외교의 쇄신을 요구하였다. 그는 심리적 방식으로 국제정치의 본질을 설명하고자 하였다. 그는 개인 수준에서 출발하여 국가 수준에서 분석을 하고 있다.

2. 주요 내용

(1) 심리적 관점: 인간 본성 ⇨ 투쟁상태 ⇨ 자구

홉스적 인간 본성론에 근거하여 정치의 본질을 설명하였다. 이기적인 인간은 권력욕에 집착하며, 이로 인해 권력투쟁은 불가피한 현상이라고 주장하였다. 그는 인간이란 원래 이기적이고 탐욕스러운 존재라고 하였다. 그래서 정치는 이기적인 인간들이 힘을 추구하는 권력투쟁 과정이며, 힘의 효과적인 조직체인 국가들 역시 국가이익을 추구한다고 하였다. 국가 간의 관계에서도 강한 국가가 탐욕을 부릴 때 전쟁이 일어난다고 하였다.

모겐소는 국제정치는 "국가 이익의 관점에서 정의된 권력을 위한 투쟁"이라고 정의하였다. 이런 고전적 현실주의가 바라보는 국제정치의 본질은 홉스적 의미의 '만인의 만인에 대한 투쟁상태'이다. 이런 상황에서 국가는 자신의 생존을 위하여 합리적으로 행동할 수밖에 없다. 그 합리적 행동이란 다른 국가보다 더 많은 힘(권력)을 가지는 것이다.

그의 주장에 따르면 홉스적 자연상태임에도 불구하고 국제사회는 '리바이어던'을 만들 수 없다. 따라서 국제사회(국제체제)는 국가들의 행동을 규제할 수 있는 권위체가 존재하지 않는 무정부 상태이다.

(2) 권력을 강조

① 자구를 중시

홉스적 자연상태나 무정부 상태에서는 자국을 보호할 권위체가 존재하지 않는 갈등적 상황이다. 보호가 부재한 상태에서 국가는 스스로 힘을 극대화해서 스스로 생존을 확보해야 한다. 즉, 국제사회의 각국들은 생존을 위해서 스스로 안보와 자구를 책임져야 하는 상황이기 때문이다.

② 군사력의 강조

그는 군사력을 가장 최상위에 두고, 군사력이 강한 국가가 정치·경제·사회·문화 모든 분야를 지배한다고 주장하였다.

③ 모겐소의 국력

현실주의자 모겐소는 국력을 지세, 천연자원, 공업 능력, 군비, 인구, 국민성, 국민의 사기, 외교의 질, 정치의 질로 설명하였다. 현실주의 관점에서 국가가 추구하는 이익은 생존인 만큼 안보가 가장 중요한 국가 이익이 된다.

(3) 세력균형 및 외교 강조

① 국제정치의 근본적인 법칙
그는 세력균형은 국제정치를 지속가능하게 하는 요소이며 근본적인 법칙이라고 주장하였다.

② 국제평화 유지를 위한 가장 효과적인 방법
그는 세력균형에 대한 국가 간의 합의가 국제평화 유지를 위한 가장 효과적인 방법이라고 하였다. 그는 무정부적인 국제사회에서 전개되는 각국의 권력정치 현실에 주목하고, 국제정치의 주체는 개인이나 국제기구가 아니라 국가뿐이라고 하였다. 또한 국제평화는 국가들 상호간의 세력균형에 의해서 달성 가능하다고 주장했다.

③ 조정 외교 강조
이상주의가 외교를 경시했던 것과는 달리 조정에 의한 평화적 수단으로 외교를 강조하였다.

05 구조현실주의

1. 실증주의적 접근

왈츠는 실증주의적 접근에 기반을 둔 보편적이고 예측 가능한 국제정치이론을 만들어내려고 노력하여 '신현실주의 이론'을 창설하였다. 신현실주의 이론은 국가행위에 대한 예측력과 설명력으로 인해 현재까지 타당성을 인정받고 있으며 이후 많은 학자들의 연구에 의해 가장 많이 지지받으면서 또한 비판받는 '영향력 있는 이론'으로 자리매김하였다.

2. 왈츠의 구조적 현실주의

(1) 의의: 무정부적 구조 ⇨ 자구

왈츠는 국제정치 현실에서 권력지향적인 국가 성격의 기원을 인간본성이 아니라 국제체제의 무정부적 구조(불안정한 체제)성에서 발견하였다. 그리고 국가의 안보와 자구를 체제의 수준에서 설명하였다. 즉, 국제체제의 불안정성에서 국가가 안보와 자구를 추구하는 행위를 설명하였다.
이런 각국의 자구와 권력지향의 근원이 무엇이냐에 대해서 고전적 현실주의와 신현실주의는 그 입장을 달리한다. 고전적 현실주의는 인간의 본성에서 찾지만, 신현실주의는 무정부 상태라는 국제사회(국제체제)의 구조에서 찾는다.

(2) 국제체제의 구조

구조현실주의는 국가 간 갈등의 원인을 국가 이상의 상위 권위의 부재와 국제체제의 힘의 배분으로 본다. 신현실주의의 대표적 학자인 왈츠(K. Waltz)에 따르면, 국제체제의 구조는 구성단위들 간의 질서를 규정하는 원칙, 각 단위들이 행하는 기능, 그리고 단위들 간의 능력(capability) 배분 등 세 가지 요소로 정의될 수 있다. 그리고 국제질서는 당연히 무정부적이며, 정치구조의 단위인 국가들의 기능이 유사하기 때문에 첫 번째와 두 번째 요소는 문제가 되지 않으며, 중요한 국제적 결과를 이해하는 데 근본적으로 중요한 것은 세 번째 차원인 단위들 간의 능력 배분이다. 즉, 독립 변수인 능력 분포 상태가 각 단위들인 국가의 행동을 결정한다는 것이다.

(3) **안보질서**: 양극체제가 안정적

무정부 상태에서 자력구제 이외에는 국가의 생존을 확보할 수 없다. 그래서 강력한 국가의 출현은 상대적으로 힘이 약한 국가들로 하여금 동맹을 형성하게 함으로써 세력균형을 추구하게 된다. 따라서 국제체제는 강대국 간의 능력배분의 양태에 따라 양극체제나 다극체제를 형성하게 된다.
그런데 다극체제에서 세력균형은 전쟁을 방지하는 데 효과적이지만은 않다. 다극체제에서는 불확실성이 증가하기 때문이다. 따라서 강대국의 숫자가 적어질수록 불확실성이 줄어들어야 안정적일 수 있다. 따라서 다극체제보다는 양극체제가 훨씬 안정적이다.

06 패권이론

1. 패권이론의 의의

패권이론은 본래 국제정치를 분석하는 고유 이론이라기보다 국제정치경제 측면에서 레짐의 형성과 쇠퇴를 분석하기 위한 방편에서 마련된 이론이라고 할 수 있다. 크래스너(Krasner)가 지적하듯 현실주의자들은 제도는 형성되기 어려우며 유지되기는 더 어렵다고 생각한다. 왜냐하면 각국은 절대적 이익보다 상대적 이익을 중시하는 성향 때문에 상호간에 협력이 저절로 발생하지 않는다고 생각하기 때문이다. 패권이론가들은 국가가 이득을 추구하기 위한 도구로서의 레짐과 제도라는 현실주의의 기본 전제를 수용하고, 우월한 힘을 가진 강대국이 자신의 이익을 추구하기 위한 수단으로 제도를 설립하고 또한 유지한다는 주장을 하여 현실주의자들의 제도에 대한 시각에 수정을 가하였다.

2. 패권이론의 기본 입장

(1) **패권이론의 공통된 주장**: 패권국가 ⇨ 안정

패권이론은 대체적으로 패권에 의해 레짐이 형성되며, 선의든 악의든 간에 레짐을 통해 공공재를 공급함으로 해서 국제체제의 안정성을 이끌어내고 있다는 공통된 주장을 한다.

(2) **패권국가의 역할**: 공공재 제공, 국제사회 질서 유지

패권이론에서 패권국가의 핵심적 역할은 세계에 공공재를 제공하는 것이다. 그 결과 패권국가의 존재는 국제경제질서의 안정성, 개방성, 자유무역을 보장한다. 반면, 패권국가의 쇠퇴는 국제경제질서의 불안정성과 폐쇄성, 보호무역주의를 야기하게 된다. 예컨대 근세 이후로부터 세계의 국제무역질서의 형성과 쇠퇴에 영국, 미국, 네덜란드, 스페인 등이 중요한 역할을 했다.

3. 패권이론의 두 가지 경향

패권안정론에는 패권국의 경제력을 강조하는 견해와 패권국이 강제력을 강조하는 견해가 있다.

(1) 패권국의 경제력을 강조하는 견해

킨들버거나 올손 등이 강조한 주장이다. 킨들버거는 패권국이 유익한 공공재를 공급하고 무임승차를 허용함으로써 국가 간 협력이 가능하다고 한다. 이런 협력이 가능한 요인은 패권국의 지배적 경제력이다. 이런 패권국이 공공재를 공급하는 이유는 안정된 국제체제에서 얻는 이익 때문이다.

(2) 패권국의 강제력을 강조하는 견해

크래스너, 길핀 등이 강조한 주장이다. 이들의 주장에 따르면 패권국은 자국의 이익을 위해 국제레짐의 규칙을 제재하기도 하며, 이런 레짐을 유지하기 위해 소국으로부터 대가의 지불을 강제하기도 한다. 따라서 국제레짐은 패권국의 경제적 능력이라기보다 정치적·군사적 힘에 의한 배분의 결과로 본다.

07 세력전이론

1. 세력전이론의 주요 주장

(1) 패권안정론 또는 세력우위론을 전제로 한다.

세력우위이론은 압도적인 국력 차이가 국가 간 평화로 이어진다는 핵심 가정에 기반하고 있다. 세력우위이론은 국제정치경제영역의 패권안정이론이 안보영역으로 확장한 형태로 볼 수 있다. 주요 주장을 살펴보면 첫째, 국가간 국력 차이가 평화와 연결된다. 둘째, 패권국과 경쟁국의 국력차이가 미세할 경우 갈등의 가능성은 높아진다. 셋째, 세력 우위이론은 국력차이의 정도와 전쟁 발생 가능성을 연결시킨다.

(2) 국력과 전쟁 발생 가능성을 설명한다.

일극체제로서의 국제체제의 안정성을 설명하려고 한 시도로 패권안정론과 더불어 오르간스키(Organski)에 의해 수립된 것이 '세력전이론'이다. 그는 세력균형이론이 국내의 산업화가 국제체제 변화에 야기하는 중요성을 경시한다고 비판하고 '세력전이론'을 제시하였다. 세력전이(power transition) 이론은 '힘의 압도적 우위'가 존재할 때 전쟁의 발생 가능성이 낮다고 본다. 오르간스키(A. F. K. Organski)는 국력으로 대표되는 '능력'과 현존 질서에 대한 만족도로 대표되는 '의도'를 기준으로 삼아 국제정치의 안정성을 분석하는데, 현존 질서에 불만족스러워하는 강대국(도전국)이 지배국과 비슷한 국력의 위치에 도달할 때 전쟁이 발생한다고 주장한다. 이러한 세력전이의 결과 승전국은 자국에게 유리한 세계 질서를 구축할 수 있으나 패전국은 기존 지위를 잃게 된다.

2. 국제체제

국제체제는 무정부체제가 아닌 '힘의 계서'의 정상에 있는 하나의 패권국가와 하위에 몇 개의 경쟁적인 강대국, 그리고 그 밑에 많은 약소국으로 구성되어 있다고 본다.

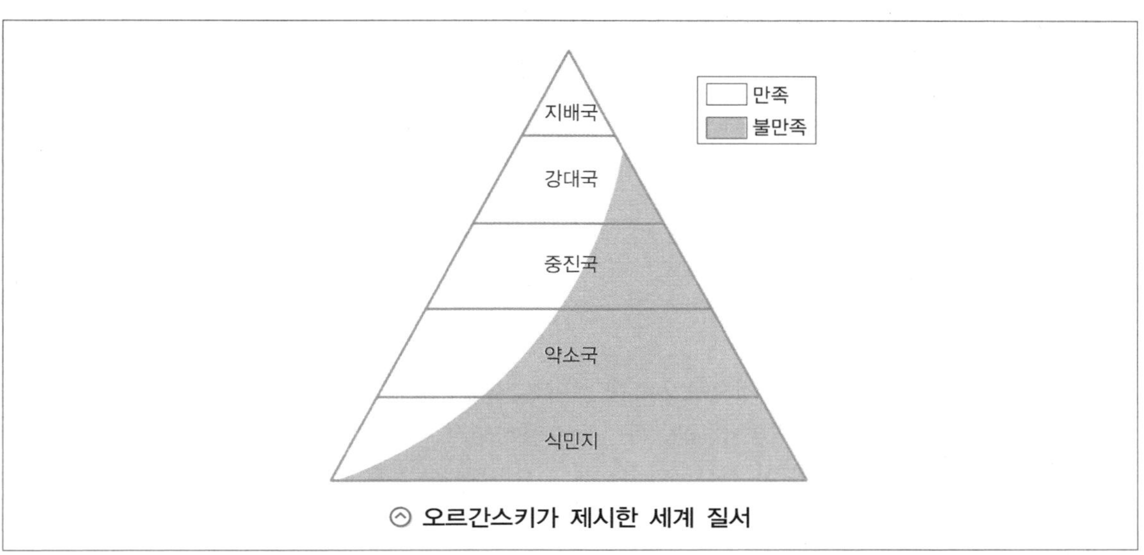

⊙ 오르간스키가 제시한 세계 질서

3. 국제체제의 변화

그는 세력전이의 변수로 불만도, 산업화 정도, 군사력을 들고 있다. 후발강대국이 산업화로 힘이 커질 경우 체제 내 그들의 위치에 대해 불만을 갖기 시작하게 되며, 이에 따라 점차 지배 패권에 대한 군사적인 위협세력으로 성장하게 된다. 불만 강대국의 군사력이 지배 패권국의 군사력에 접근하게 될 경우 세력전이 전쟁의 가능성이 높아지며, 혹은 패권국이 도전국의 부상을 막기 위해 '예방전쟁'을 감행하여 전쟁이 일어날 가능성 역시 높아진다.

4. 패권이론에 대한 평가

(1) 패권국의 패권 유지를 위한 행위들에 대해 침묵

패권이론들은 패권국의 존재가 국제사회의 안정성을 담보한다는 공통된 주장을 펼친다. 하지만 패권의 유지를 위한 방안을 설명하는 데 침묵하고 있으며, 이에 따라 안정성을 유지하기 위한 처방에 대해 설명을 하지 못한다.

(2) 중국의 위협을 설명하는 데 용이함

패권국의 패권 유지를 위한 행위들에 대해서는 설명하지 못하지만 높은 경제성장률과 국제사회에서의 영향력을 점차 확대하며 부상하고 있는 중국이 장래 미국 중심의 국제체제에 위협을 가할 것이라는 예측을 하는 데에는 용이하다.

Ⅳ 자유주의

- 인간의 본성은 무엇인가?
- 무정부 상태에서 국제정치행위자들은 어떻게 행동해야 하는가?
- 관심 분야에 있어 현실주의와 자유주의는 어떻게 다른가?
- 교육적 시사점
  현실주의와의 차이점을 이해하고, 균형 잡힌 시각의 필요성을 이해한다.

01 자유주의의 등장과 전개

1. 의의

자유주의는 이상주의를 계승한 것으로 2차 대전 이후 지속적으로 발전해왔다. 특히 1970년 이후에는 현실주의가 강조하는 국가 간 힘의 불균형 차이를 수용하면서 국제기구의 역할 등에 주목하였다. 이들은 국가 중심적 견해를 비판하면서 하부국가수준에 대한 분석을 통해 국제정치행위자의 다양성을 인정하고 군사안보뿐만 아니라 특히 경제분야로의 분석영역의 확장을 시도하면서 등장한 관점이다. 이 관점은 경제나 문화 같은 하위 정치를 더 중요시하는 입장이다.

2. 전개

제2차 세계대전 이후 현실주의 이론으로 설명하기 힘든 상황이 발생하였다. 예컨대 유럽의 통합 움직임이었다. 이런 움직임을 설명하기 위해 '칸트적 국제정치관[103)]'을 근거로 통합이론(1950~1960년대)이 나왔다. 이런 통합이론은 기능주의 이론에서 시작되었다.

1970년대 들어 유럽통합과정이 지지부진하고 석유위기나 환경위기 등 전 지구적 차원의 문제가 부상하자 통합에 대한 학자들의 관심도 저조해졌다. 이것을 계기로 '상호의존론', '초국적 관계론'이 등장하였다. 그리고 1980년대 '신자유주의(적 제도주의)'로 전개되어 왔다.

02 자유주의의 기본적 입장 및 핵심 명제: 상호의존 속의 협력

1. 국제정치의 주체: 다양한 행위자와 하위정치 중시

자유주의는 인간의 이성과 합리성에 대해 신뢰하는 입장이다. 국가는 중요한 행위자이지만 유일한 행위자는 아니다. 국제기구나 다국적 기업 등 국제 관계의 다양한 행위자의 존재와 중요성을 강조하였다. 국가는 합리적인 단일체(당구공)가 아니라 다양한 행위자들을 포함하는 존재이다.

---

103) 인간은 어느 국가의 국민이기 이전에 인류공동체의 일원으로서 초국가적 유대에 따라 상호협력이 가능하다는 관점을 의미한다.

2. 무정부 상태

무정부 상태이면서 상호의존적 상태이다. 또한 국가 이익을 중시해야 하는 상황이다. 그래서 국제체제는 협력이 가능한 사회이다. 이 상태에서 전쟁보다는 대화와 협력을 하는 것이 합리적 결정이다.

3. 국제관계

국가 간 관계는 대화와 협력을 통해 상호 이득을 추구하는 관계이다. 이들은 국제법과 국제제도 등을 통해 국제협력과 평화의 건설이 가능하다고 생각한다.

4. 절대적 이득과 협력가능성

자유주의는 국가 간 관계에서 절대적 이득을 강조한다. 국가 간 협력은 국제기구 등을 통해 가능하다.

5. 평화를 위한 방안

(1) 국제법, 국제제도, 국제기구

이 관점은 이상주의와 마찬가지로 좋은 제도로 평화를 유지할 수 있다고 한다. 이런 점은 국제법에 대한 자유주의의 태도에서 나타난다. 국제법이 평화 유지의 주요 수단으로 인정되는 것은 대부분의 국제 행위자들이 규칙 준수의 이득이 규칙 위반의 비용보다 더 크다는 점을 인식하고, 국제법을 지키기 때문이다. 국제법은 강대국의 이익을 반영하는 도구일 뿐이거나, 또는 현존의 국제 질서를 정당화시킬 뿐이라는 등 많은 비판을 받고 있다. 그러나 국제법이 평화 유지의 주요 수단으로 인정되는 것은 대부분의 국제 행위자들이 규칙 준수의 이득이 규칙 위반의 비용보다 더 크다는 점을 인식하고, 국제법을 지키기 때문이다.

(2) 집단안전보장체제

집단안전보장체제는 국제사회의 행위자들이 갈등을 평화적 방법으로 해결할 것을 약속한 집단안보기구에 가입하고, 만약 어느 행위자가 이러한 약속을 위반할 경우 모든 행위자가 집단적인 제재를 가할 것을 약속하는 체제이다.

6. 하위정치 강조

하위정치가 상위정치보다 더 중요하다. 자유주의는 현실주의와 반대로 권력이나 안보와 같은 '상위정치'보다 경제나 문화와 같은 '하위정치'가 더 중요한다고 주장한다.

03 기능주의, 통합이론

1. 주요 내용

통합이론은 1940년대 미트라니의 기능주의에서 시작되어 신기능주의자 하스에 이르러 체계화되었다. 기능주의는 국가 간의 협력이 용이한 경제 · 사회 · 문화 측면에서 먼저 교류를 통해 협력을 시작하고, 이 협력을 통해 신뢰가 조성되고 협력관계가 공고화되면 정치 · 외교 · 안보와 같은 상위정치 분야 등과 같이 협력이 어려운 분야도 국가 간 협력이 가능하다는 것이다. 하지만 신기능주의에 따르면 이런 관계가 자동적으로 이어질 수는 없다. 신기능주의는 정치적인 의지, 정책적 노력, 제도적 지원을 필요로 한다고 주장하였다.

2. 사례

기능주의는 유렵 연합이 초기 경제협력으로 시작하여 현재 정치분야의 협력으로 발전해 온 과정을 잘 설명해 주고 있다.

04 초국적 관계론

1. 주요 내용

초국적 관계론은 국가의 통제를 벗어나 국경을 자유롭게 넘나드는 초국가적 행위자들에 주목하면서 국가만이 중요한 국제관계 행위자가 아니라는 점을 강조한다.

이 시각은 국가와 다양한 국제 정치 행위주체와의 상호작용에 주목하였다. 국가 이외의 다양한 국제행위주체로는 다국적 기업, 비정부기구, 혁명단체, 시민단체 등이다. 이 시각은 국가와 국제기구(정부 간 기구)의 의사결정에 다양한 국제정치 행위주체들(초국가적 행위주체)의 영향력이 크게 증가하였다는 점을 강조한다.

2. 사례

이 관점은 그린피스의 활동, 헤지펀드와 같은 투기 세력의 활동과 압력을 설명해 주고 있다.

05 상호의존론

1. 등장배경

1970년대가 되면서 국가들 간의 관계가 상호의존적이고, 거미줄처럼 얽혀있다는 것을 인식하게 되었다. 예컨대 무역, 투자 등과 같은 경제적 상호의존, 정부와 사회세력들 간의 정치적인 영역의 상호의존, 안보와 같은 군사적 · 전략적 측면의 상호의존 등이다. 이런 상호의존적 상황을 분석한 대표적인 연구자가 코헤인과 나이이다.

국제정치를 바라보는 이 관점은 자유주의적 이념과 가치에 기초하고 있다. 국가의 침투성(permeability)을 부각시키고, 국가를 침투 불가능한 독립적 단위로 간주하는 관점을 비판한다. 국가를 무시하지 않으면서, 국제정치가 훨씬 더 넓은 범위의 이해관계와 집단에 의해 형성된다는 점을 강조한다. 이 관점의 분석에 따르면 1962년 쿠바 미사일 위기 때, 미국에서는 국가 이익보다 관료적, 정치적 맥락에 의해 의사결정이 이루어졌다.

2. 주요 내용

상호의존적 국제체제에서 더 이상 국가만이 중요한 국제 정치 행위자가 될 수 없다는 입장이다. 또한 상호의존관계에서 있어서 군사력은 더 이상 문제를 해결할 수 있는 효율적 수단이 아니라는 점을 강조하였다. 이런 상황에서 권력의 원천은 불균등한 상호의존관계가 된다. 예컨대 상호의존도가 덜한 국가가 심한 국가의 우위에 서게 된다. 그렇다면 상호의존관계가 심화되는 상황에서의 불안정을 해소할 수 있는 방안은 무엇일까? 상호의존론은 군사력이 아닌 대화와 협력을 강조한다.

국제관계는 점점 더 다양한 행위자들 간의 상호의존적 협력을 추구하게 될 것이라고 생각한다. 영리를 추구하는 다국적 기업의 국제정치적 영향력을 인정한다. 국가 내부의 이익집단, 사회세력, 관료기구 등이 외교정책 결정에 영향을 미치는 것을 중시한다. 국제관계에서는 모든 행위자가 다른 행위자의 견제 속에서 활동하므로 국가의 대외 주권은 온건한 자율성으로 축소된다고 본다.

3. 사례

미국 증시, 중국의 경제침체, 북한의 핵 개발 등은 모두 한국에 영향을 주고 있다. 상호의존론은 이런 영향관계를 잘 설명하고 있다.

06 신자유주의

1. 기본적인 입장

(1) 현실주의의 '국가와 무정부 상태'의 주장을 수용

현실주의와 마찬가지로 국가를 국제정치의 중요한 행위자로 인정한다. 하지만 다른 행위자들을 부정하는 것은 아니다. 또한 무정부 상태가 국가행동에 큰 영향을 미친다고 본다.

(2) 현실주의와 다른 점

국제제도와 국제레짐이라는 개념에 초점을 맞춤으로써 국가행위를 설명하는 데 있어서 국제제도의 역할을 중시하는 자유주의 전통과 맥을 같이한다. 즉 국가들은 국제제도의 도움에 의해 국가이익을 재정의 하게 되고 그 결과 국가 간의 협력이 가능하다고 본다.

2. 신자유주의의 의의: 현실주의와 자유주의의 한계 극복

현실주의나 자유주의의 접근은 여러 가지 한계가 있었다. 국제질서는 무정부 상태이기는 했지만 힘과 국가이익에 의해 질서가 존재하고 있었다. 또한 상호의존성에 의해 국제법이나 국제기구와 같은 공식적인 기구가 없이도 국가 간 협력이 이뤄지고 있다는 것이다. 그런데 현실주의는 상호의존의 복잡성을 이해하는 데 한계가 있었고, 자유주의는 공식적 국제기구의 연구에 국한되어 있어서 국가 간 협력을 설명하기 어려웠다. 이런 한계를 극복하고 국가 간에 이뤄지는 제도화된 행위에 초점을 두는 신자유주의 이론, 즉 국제레짐 이론이 등장하게 된 것이다.

3. 국제레짐과 국제제도의 역할 강조

제도가 국제협력을 증진시키지 못한다는 신현실주의 주장과는 반대로 신자유주의는 안보딜레마가 강력한 레짐과 제도에 의해 해결될 수 있다고 보았다. 예컨대 국제레짐과 국제제도의 존재 때문에 유럽통합과 협조는 소련의 위협과 미국의 패권 없이도 지속될 것이라고 주장하였다. 자유주의에 의하면 국제사회에서 국가들은 대화와 협력을 통해 문제를 해결할 수 있다. 특히 인접 국가이기 때문에 경제적으로 서로 의존하는 관계라면 보다 평화적인 해결 방법을 모색할 것 같다. 또한, 갑국과 을국이 민주주의 체제를 가지고 있다면 양국은 민주적 평화이론에 따라서 행동할 가능성이 있다.

자유주의자들은 평화의 국제질서가 전적으로 한 국가의 힘으로 형성된다고 믿지 않는다. 대신에 주권국가들의 야망을 저지하기 위한 장치들이 필요하다고 본다. 그리고 이 장치들은 국제레짐이나 국제기구의 형태를 띤다. 이러한 입장에서 자유주의자들은 집단안전보장체제를 지지하였다. 국제연합(UN)을 통해 수많은 국가들이 취하는 연합적 행동이 공격을 가장 잘 격퇴할 수 있다는 것이다. 그리고 집단안전보장체제는 평화애호 국가군의 힘이 도전국보다 훨씬 우세할 때, 평화파괴자에 대한 일치된 견해가 있을 때, 그리고 평화 파괴행위에 대한 무력사용 의지가 있을 때 작동할 수 있다고 본다. 그러나 제1차 세계대전 이후 미국의 윌슨(W. Wilson)의 주창에 따라 설립된 국제연합의 실패는 이것의 어려움을 보여주는 대표적 사례이다.

4. 무정부 상태하에서의 협력 강조: 국제레짐

신자유주의는 무정부 상태에서의 협력을 강조하면서 국제레짐이론을 주장하였다.

(1) 게임이론적 관점

무정부 상태하에서의 협력을 설명하기 위해 게임이론을 가지고 국제레짐의 형성과 협력을 설명한다. 이 경우 게임적 요소는 보상구조, 더 큰 미래보상, 효과적인 호혜주의이다.

(2) 국제레짐의 기능적 관점

국제레짐의 기능은 거래비용을 낮추고 협상의 장에서 문제 해결을 용이하게 하고, 호혜성의 원칙에 따라 각 나라들이 규칙을 준수하는지 등과 같은 실행을 감시하는 것이다.

5. 신자유주의와 신현실주의의 논쟁

소련이 붕괴하기 이전까지 신현실주의와 1970년대에 등장한 신자유주의 사이에 국제정치에 대한 치열한 논쟁이 벌어진다. 신자유주의는 단일하고 유일한 행위자로서의 국가성과 무정부주의라는 국제정치 구조 등과 같은 현실주의의 가정을 수용한다. 하지만 현상적으로 벌어지는 국제정치의 모습을 두고 신현실주의와 신자유주의 사이에 치열한 논쟁이 벌어진다.

(1) **무정부 상태에 대한 인식**: 무정부성 상호 수렴, 협력 대 전쟁

신현실주의와 신자유주의는 모두 무정부 상태가 국가의 행위를 제약할 권위체가 없는 상태인 점에 대해 동의한다. 그러나 신현실주의자는 무정부 구조가 질서가 부재하여 국가의 생존을 위협하는 상태라는 점을 부각시킨다. 하지만 신자유주의자들은 무정부 구조에 제한된 질서가 존재하나 정보 불완전성으로 발견되지 않아 구조 내에서 국가 간 경쟁이 이루어질 뿐이라고 한다.

(2) **국가의 관심 대상**: 하위정치 대 상위정치

신현실주의는 무정부 상태에서 자신의 생존을 보장받을 수 없기 때문에 국가는 안보, 상대적 권력, 생존의 문제를 중시하게 된다. 그러나 신현실주의자들은 군사, 안보의 영역을 넘어 경제, 문화, 환경 등 이른바 하위 정치 분야에 대해서도 관심을 갖는다. 하지만 상위정치가 하위정치를 결정한다는 기본 논리에는 변함이 없다. 반대로 신자유주의자들은 신현실주의의 기본 논리를 수용하지 않고 국제정치의 장을 군사, 정치, 경제, 사회, 문화 등으로 다원화시킨다.

(3) **이득과 협력**: 상대적 이득 대 절대적 이득

신현실주의자들은 무정부 상태에서 생존을 보장받지 못하는 국가는 생존을 증진하기 위한 상대적 이득에만 관심을 둔다고 한다. 그 결과 자국의 이득이 증가하였으나 상대국가의 이득이 자국의 이득보다 더 많이 증가하였을 경우, 이는 상대국가와 비교할 때 오히려 자국의 이득이 상대적으로 감소함을 의미한다. 이러한 상대적 이득감소는 생존에 저해가 된다. 따라서 모든 국가의 상대적 이득을 증진시킬 수 있는 협력은 일어나지 않는다고 본다.

하지만 신자유주의자들은 다른 국가의 상대적 이득 증가는 중요한 사항이 아니라고 본다. 자국의 절대적 이익을 증가시킬 수 있는 협력의 유인이 있다면 다른 국가와 협력을 할 수 있다고 본다. 그 결과 신자유주의자들은 국가들이 상호 이익을 추구하는 영역에서 정보공유와 제도를 기반으로 다양한 분야에서 국제협력이 달성 가능하다고 본다.

(4) **제도와 레짐**: 국가의 이익 목적 대 협력의 목적

신현실주의자들은 구조의 종속성을 강조한다. 그 결과 신현실주의자들은 제도와 레짐이 무정부 상태가 협력을 제약하는 일을 완화시킬 수 없다고 하여 제도와 레짐의 기능을 평가 절하한다. 또한 제도는 강대국이 자신의 이익을 유리하게 관철시키기 위한 도구로서 이해하고 있다. 그러나 신자유주의자들은 제도와 레짐이 국가들의 선호와 의도를 변화시키며, 아울러 협력을 제도화한다는 측면에서 무정부 상태를 완화시키는 기능을 한다고 본다.

07 민주평화론

1. 민주평화론의 등장 배경

민주평화론은 칸트가 제기한 영구평화론을 역사적 경험에 기초하여 구체화한 것이라고 할 수 있다. 이와 같은 민주평화론이 1990년에 본격적으로 등장하게 된 것은 동구 공산권의 몰락으로 서구 자유주의 정치질서가 세계의 보편적 질서로 제시되었다는 점이다. 후쿠야마의 역사적 종언도 이런 맥락에서 이해할 수 있다.

2. 민주평화론의 주요 내용

민주평화론은 민주국가는 상호간에 전쟁을 하지 않는다는 것을 기본명제로 한다. 민주주의는 갈등과 분쟁을 평화적으로 해결하는 것을 선호한다. 따라서 이런 민주주의적 정치문화를 지닌 국가들은 상호간에 발생하는 갈등과 분쟁을 해결할 때 폭력적 해결보다는 평화적 해결방안에 따를 것이다. 다만 폭력의 사용이나 위협을 사용하는 비민주국가가 민주주의 국가에게 양보를 요구하는 경우에는 비민주국가에 악용당하지 않기 위해서 폭력적 방법을 채용할 수도 있다고 한다. 다만 이때의 폭력사용은 민주국가의 방법이 아니라 어디까지나 비민주국가의 방법을 채용한 것이다.

한편 제도적 차원에서도 민주주의 국가는 폭력적 방법을 사용하기 어려운 국가이다. 견제와 균형, 권력의 분립, 국민적 동의의 요구 등과 같은 제도적 장치를 가지고 있기 때문이다. 따라서 민주주의 국가는 다른 국가와의 갈등에서 폭력적 방법을 사용하기가 대단히 어렵다. 하지만 비민주주의 국가는 제도적 제약이 없기 때문에 언제라도 폭력의 행사가 가능하다고 할 수 있다.

3. 민주평화론에 대한 평가

하지만 이런 민주평화론에 대해서 여러 가지 비판이 제기된다.

첫째, 국제사회의 폭력은 국가의 내적 속성에 기인하는 것이 아니라 국제체제의 구조적 요인에 있다는 것이다. 둘째, 민주주의 국가 간의 전쟁이 없는 것에 대해서는 설명이 용이하지만 민주국가와 비민주 국가 사이에 전쟁이 없는 것을 설명하기 어렵다. 셋째, 민주주의 개념과 전쟁 개념이 서구 중심의 자의적인 것이 아닌지에 대해서 비판을 받기도 한다.

08 외교정책결정이론: 엘리슨의 정책결정모형

1. 의의

엘리슨의 모형은 외교 정책 결정과정을 행태주의적 관점에서 국가 수준의 현실주의적 관점을 보완하고 있다. 엘리슨은 1962년 쿠바 미사일 위기 과정에서 미국의 정책결정과정을 분석한 뒤 세 가지의 다른 성격을 가진 모형을 제시하였다.

2. 내용

(1) 합리적 행위자 모델: 현실주의 시각, 합리모형

전통적인 국가수준의 분석 모형이다. 정부를 통합적인 단일체로 보고 국익의 극대화라는 관점에서 완전한 정보를 가지고 냉철하게 계산하여 행동을 취한다는 것을 전제로 한다.

(2) 조직과정모델: 자유주의 시각, 점증모형

외교정책 결정을 조직과정 결과로 본다. 정부는 하위조직체들의 집합체이다. 그래서 하위 조직의 내부 운영절차에 의해 국가정책이 결정된다. 즉 정책결정의 참여자들은 국가 목표를 추구하기보다 각각의 하위조직 목표를 추구하고, 이 과정에서 문제가 생긴다. 하지만 문제를 완전 해결하는 수준에 도달하지는 못한다.

(3) 관료정치모델: 자유주의 시각

외교정책 결정을 정치적인 게임의 결과로 본다. 즉 정책은 문제 해결을 위한 최선책이 아니라 정부 관료들 사이의 경쟁과 타협, 연합 형성 등을 통한 정치적 게임의 결과물이다. 이 경우 정치과정의 참여자들은 집단이 아닌 개인 수준이며, 각 개인은 자신의 이익을 추구하는 것으로 본다.

V 구조주의와 구성주의

- 국제사회의 구조란 무엇인가?
- 국제정치는 어떻게 만들어지는 것인가?
- 교육적 시사점
  구조주의는 현실주의와 더불어 국제사회의 현실적인 모습을 이해하는 시각을 제공한다면, 구성주의는 다른 국제정치적 시각에서 설명하기 어려운 현상들을 설명하는 데 기여한다는 점을 알 수 있다.

01 구조주의: 세계자본주의 체제 내 경제적 갈등

1. 기본 입장

(1) 의미

구조주의는 경제적 이해관계를 근거로 가장 중요한 행위자는 계급이며, 국경을 뛰어넘는 계급 간의 협력관계가 국제사회에 존재한다는 입장이다.

(2) 현실주의나 자유주의와 다른 점

구조주의는 전쟁을 방지하거나 평화를 구축하기 위한 관점이 아니라 국가 간 경제적 불평등이 어떻게 발생하고 있는지에 대한 설명을 제공한다. 특히 제3세계 국가들이 주변부로서 왜 빈곤에서 벗어나지 못하는지에 대해 설명의 틀을 제공한다.

2. 주요 내용 : 경제적 동기 ⇨ 정치적 행동

(1) 자본주의 세계체제

근대 자본주의 세계 체제는 중심부-반주변부-주변부로 구성되어 팽창했다. 중심부인 서구의 번영은 주변부의 희생을 바탕으로 이룩한 것이다. 이러한 자본주의 세계체제가 지속되는 한 갈등과 전쟁이 끊임없이 이어진다.

(2) 중심부와 주변부의 갈등

① 국가 : 경제적 동기 ⇨ 착취
구조주의에 따르면 국가란 사회의 지배적 경제 계급의 이익을 대변하는 도구이다. 국제체제에서 국가의 행동 동기는 정치적 동기보다 경제적 동기가 더 크며, 국가의 정치적 행동은 자국 자본가 계급의 경제적 이해를 반영하는 것이라고 할 수 있다. 이런 국가의 행동경향은 선진산업국가의 자본가 계급이 자신들의 경제적 이득을 위해 제3세계국가들을 수탈함으로써 갈등을 야기한다. 따라서 국제체제는 기본적으로 갈등이라고 할 수 있다. 이와 같이 구조주의는 남북관계에 초점을 두고 분석의 수준을 세계체제로 하여 전 지구적 차원으로 넓히고, 국제관계를 세계체제 안에서의 유기적 관계로 파악하였다는 점에서 의의가 있다.

② 중심부 국가의 주변부 국가에 대한 착취
중심부의 제1세계가 잘사는 이유는 주변부인 제3세계의 희생 때문이고, 주변부가 못사는 것은 중심부 국가들의 착취 때문이다. 이러한 착취는 시장을 통해 진행되고 있다. 따라서 국제체제는 경제이익을 둘러싼 계급 간의 투쟁에 의해 결정되기 때문에 기본적으로 갈등적이다.

(3) 국제정치

구조주의에 따르면 경제문제가 국제정치의 문제이다. 국제사회의 경제적 불평등은 안보를 위협하는 문제가 된다. 국제협력이나 평화 방안은 모두 중심부를 위한 것으로 본다. 이런 구조주의에 따르면 세계화는 불평등과 착취를 위한 경제적 세계화이다.

3. 평가

(1) 의의

구조주의는 세계 국가 간의 불평등 문제에 대한 통찰력을 제공하고 있다. 예컨대 경제적 세계화에 대해 구조주의는 서구 중심의 맹목적인 세계화에 반대하는 강력한 논리적 기반을 제공할 수 있다.

(2) 비판

구조주의는 이데올로기에 집착하고, 국제정치의 여러 가지 문제, 특히 전쟁과 평화의 문제를 경제적 요인으로만 설명하려 한다는 비판을 받는다.

02 구성주의

1. 등장배경 및 의의

기존의 이론들이 탈냉전과 세계화 같은 현실적 변화를 설명하지 못하면서 새로운 이론의 필요성이 대두하였다. 냉전 종식 이후 주목받는 구성주의(constructivism)는 국제정치학 이론 중 하나로, 국제정치학의 후기실증주의 접근법 중 가장 영향력 있고 특히 냉전 종식 이후로 관심을 받고 있는 이론이다. 구성주의에 의하면 국제정치의 현실은 역사적, 간주관적으로 구성되고 재구성되는 것이기 때문에 두 국가의 상호 작용을 통해서 각국의 정체성이 달라질 수도 있다. 결국 양국은 세계 정치 내에서 국경 분쟁에 관련된 규범의 확산과 관념의 전파를 통해서 새로운 해법을 모색할 것이다.

PART 04

2. 핵심 내용

(1) 핵심적 결론: 행위자 간의 상호작용 ⇨ 행위자의 속성, 제도, 구조 등의 사회적 현실

이런 점을 계기로 등장한 구성주의는 사회적 현실을 주어진 것으로 간주하지 않고 행위자의 속성, 제도 그리고 구조 등의 사회적 현실이 행위자 간의 상호작용에 의해서 만들어지는 것으로 파악한다. 예컨대 국가 간의 상호작용으로 국가의 행동을 결정하는 무정부 상태가 출현한다는 것이다.

(2) 주요 가정

① 국제정치구조의 요소: 국가와 체제
국제사회는 국가와 체제로 구성되어 있으며, 국제 정치 이론의 주요 단위는 국가이다. 국가는 소통을 통해 속성을 변화시킬 수 있는 사회적 행위자이다.

② 구조
구조는 행위자들이 만들어 내는 산물이며, 행위자들의 공유된 지식에 의해 새롭게 구성될 수 있는 것이다. 예컨대 홉스적 무정부 구조(생존) ⇨ 로크적 무정부 구조(경쟁) ⇨ 칸트적 무정부 구조(협력)로 변화한다.

③ 이익
이익은 구조가 만들어 내는 산물로 구조가 변하면 이익도 변하게 된다.

(3) 평가

① 전쟁과 평화를 아우르고, 변화에 대한 가능성 및 발전에 대한 기대를 제공한다.

② 국제정치문제를 해결할 수 있는 확실한 처방책이 없다.

Chapter 02

국제사회의 구조 및 국제정치의 주요 주제

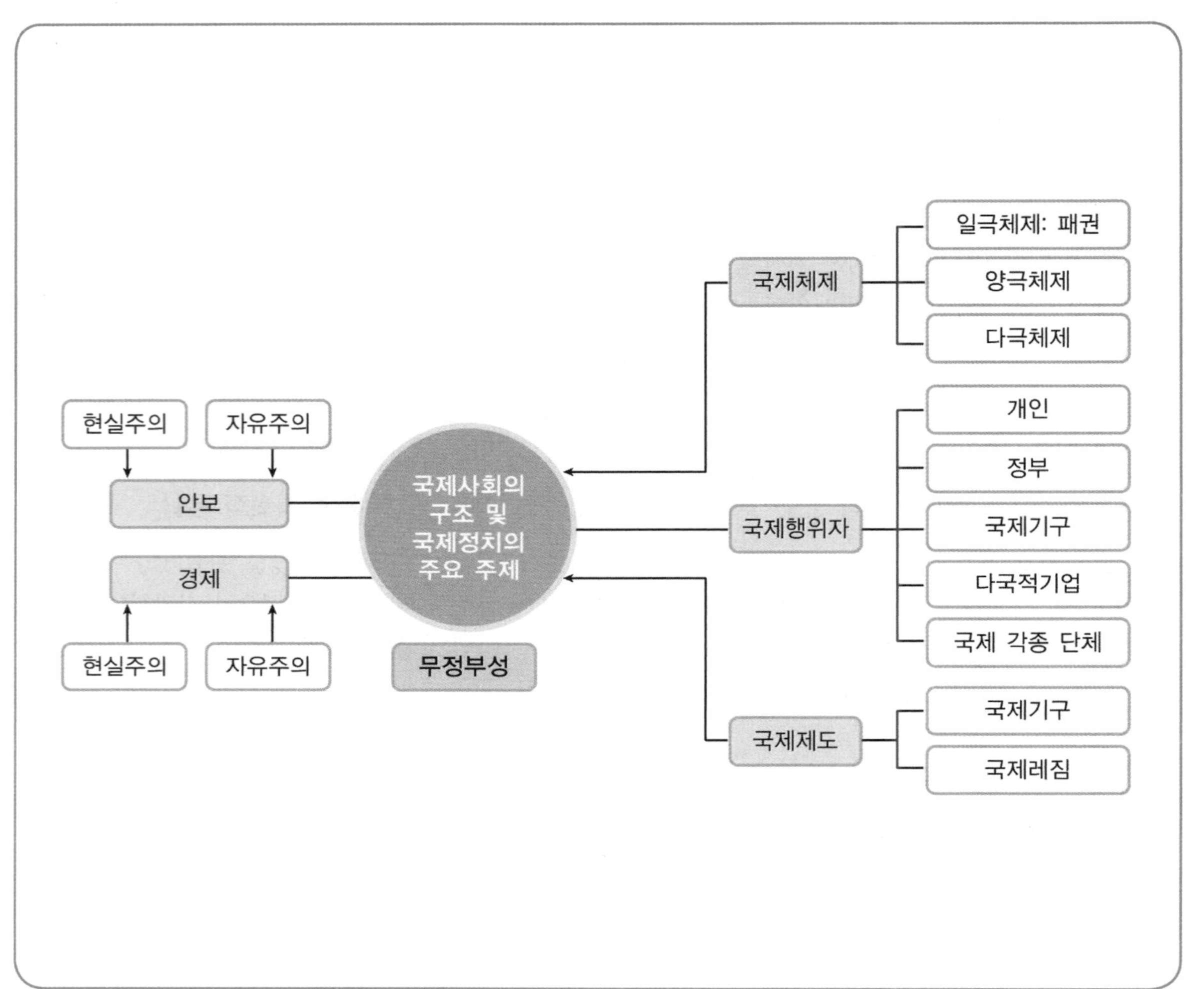

I 국제체제와 국제사회의 변화

- 무정부 상태인 국제사회가 소멸하지 않고 존재하는 이유가 무엇일까?
- 국제사회도 질서가 있다고 말할 수 있을까?
- 교육적 시사점
  무질서하게 보이는 국제사회에 어떤 질서가 있는지를 이해하고, 국제사회가 역사적으로 질서가 어떻게 바뀌어 가는지에 대해 파악할 수 있다.

01 국제체제에 대한 이해

1. 국제체제의 의미

체제란 전체의 목표를 위하여 상호작용하며 어떤 종류의 경계에 의하여 그 환경으로부터 구분되는 구성요소나 단위의 집합을 말한다. 국제체제란 '독립된 정치단위의 집합체로서 몹시 빈번하게 규칙적인 패턴에 따라 상호작용하고 있는 것[104]이라고 정의할 수 있다. 체제이론은 전쟁의 발생이나 빈도의 관계, 무정부 상태에서의 질서와 안정 등에 체제 유형이 어떤 영향을 미치는지에 대해 연구하는 것이다.

2. 국제정치체제 모델의 다양성

국제정치모델은 매우 다양하게 전개되었다. 냉전기에는 캐플란(Kaplan), 불(Bull) 등이 있으며, 탈냉전기에는 나이(Nye), 하카비(Harkavy), 로즈노(Rosenau), 왈쩌(Walzer) 등이 제시한 냉전기의 국제정치체제 모델이 있다. 따라서 모델을 이해하는 데 치중하기보다 강대국이 어떻게 분포되어 있는지, 강대국의 분포가 국제질서와 평화에 어떤 영향을 미치고 있는지 등을 중심으로 이해하는 것이 중요하다.

3. 국제체제와 관련된 이론

(1) 자유주의 입장에서 국제체제 개념: 무정부성보다 대화와 협력이 가능한 사회

국제체제는 구조라기보다는 과정으로서 다양한 차원의 행위자들 간의 상호작용을 통해 학습이 일어나는 과정이다.

(2) 현실주의 입장과 극성 논쟁: 무정부적 구조

여러 입장들 중 대표적인 것으로는 다극체제의 안정성을 강조(Deutsch & Singer), 양극체제의 안정성을 강조(Waltz), 국제체제적 요인에 주목하는 이론들이 있다. 이 중 세 번째 이론들 중 구조주의 입장의 세계체제론과 현실주의 입장의 세력전이론을 간단히 살펴보도록 하겠다.

---

104) 박재영(2002), 『국제정치패러다임』, 법문사, p.75

① 세계체제론

세계체제론에 의하면 세계체제는 중심, 주변 및 반주변으로 계층화된다. 일국이 특정 영역에서 주도국(hegemon status)의 지위를 오래 지속하지 못한다. 왜냐하면 경제적 팽창과 수축에 따라 국가의 위상이 변하고, 중심 내의 경쟁이 치열해지면서 중심 내 갈등 및 전쟁의 가능성이 커지기 때문이다.

② 세력전이론

세력전이(Organski)론에 따르면 국제체제에는 약소국, 중위국, 강대국, 지배국의 위계질서가 존재한다. 새로 강대국이 된 국가들은 그들의 지위에 걸맞은 이익을 향유하지 못하는 경우가 있기 때문에 체제에 대한 불만을 가진다. 불만을 가진 강대국이 지배국의 세력을 따라 잡거나 추월할 때, 즉 세력전이가 일어날 때 체제 전쟁의 가능성이 최고조에 달한다. 후속 연구에 따르면 도전국이 지배국의 세력을 추월하기 전에 공격한 것이 아니라 그 후에 공격했다고 한다.

국제체제의 안정여부는 구조 자체에 있는 것이 아니고 체제를 구성하고 있는 규범과 제도를 안정적으로 유지하고자 하는 체제 구성국들의 외교 전략에 달려 있다고 본다.

4. 국제체제 유형

세력균형체제, 양극체제, 다극체제, 보편적 국제체제, 위계질서체제, 거부권체제 등이 있다.

(1) 세력균형체제

세력균형체제는 국가행위자 중에 최소한 다섯 이상의 강대국의 존재가 체제 내 상호작용에 결정적으로 필요로 한다. 협상을 통해 능력을 증대시키고자 하지만 협상을 통한 능력 증대에 실패할 경우 전쟁을 선호한다. 이런 세력균형체제에는 데탕트체제나 불완전한 핵 확산체제와 같은 유형도 있다. 데탕트체제는 이념적 대결구조의 종식과 국제정치하의 상호 협력 중심의 양상이 증대되면서 과거 냉전시대가 막을 내리고 현대로 접어들면서 나타나게 된 세력균형의 유형을 의미한다. 불안전한 핵 확산체제는 핵 보유국이 실제적으로나 심증적으로 증가함에 따라서 국제 관계에 있어 그 균형상태가 이로 인해 불안전한 상태가 되어 버린 세력균형의 유형을 말한다.

(2) 양극체제

양극체제는 우월적인 지위를 가진 2개의 국가를 중심으로 모든 국가들이 2개의 진영으로 나눠지는 체제를 말한다. 양 진영은 상대방을 제거하려 노력하며 전쟁도 불사한다. 이 체제에서 동맹은 장기화되고 전쟁가능성은 높지만 핵전쟁 공포 때문에 전쟁은 제한전의 성격이 나타날 수밖에 없다. 예컨대 자유진영과 공산진영 간의 대립이 대표적이다.

(3) 다극체제

다극체제는 양 블럭 간의 대립과 제3자 위치에 있는 비동맹 혹은 보편적 행위자들이 중개역할을 하면서 전체적인 체제의 균형을 유지해가려는 체제를 말한다. 즉 양극체제에서 여러 강대국들이 국제질서를 나누는 것을 말한다.

(4) 보편적 국제체제

보편적 국제체제는 모든 국가가 초국가적 행위자의 통제 속에서 질서를 유지하고 지내는 상태를 말한다. 모든 국가들은 초국가적 행위자의 통제 속에서 자율성을 보유한다.

(5) 위계적 국가체제

위계적 국가체제는 국가가 소멸하고 하나의 세계정부가 개인들에게 직접 작용하는 체제를 말한다. 이 체제에서 국가는 단지 영토구분의 의미를 가질 뿐 국가행위자들은 독립된 정치주체들이 아니다. 이 체제에서 주요 행위자는 이익집단이다.

(6) 거부권 국가체제

거부권체제는 홉스적 세계관에 근거한 것으로 국가를 규제할 장치가 부재하지만 각 국이 억지력을 가질 경우 오히려 안정적인 상태이다. 모든 국가행위자는 저마다의 이익을 추구하며, 이 이익들은 서로 상충하고, 이 국가들의 이익추구행위를 규제할 아무런 정치적 제도가 존재하지 않는 상태를 말한다.

5. 국제체제와 전쟁가능성(현실주의) : 세력균형인가? 세력우위인가?

세력균형론자인 왈츠(Waltz)는 기본적으로 다극체제보다 양극체제가 안정적인 것으로 파악하는데, 그러한 주장에 따르면 미중, 혹은 미일 간의 세력이 비슷해지면 국제체제, 지역체제의 안정성이 증대될 것이라는 추론이 가능하다. 그러나, 칼 도이취(Karl Deutsch)와 데이빗 싱어(J. David Singer)는 다극체제(multipolarity)가 가장 안정적이라고 설명한다(Deutsch and Singer, 1964). 1980년 이후부터는 세력전이(power transition) 이론, 패권안정(hegemonic stability) 이론, 장주기(long cycle) 이론 등이 일극체제(unipolarity) 또는 패권체제(hegemonic system)의 안정성을 주장하기 시작하고, 이는 국제정치이론 분야에서 새로운 논쟁거리가 되었다.

02 국제체제의 변화

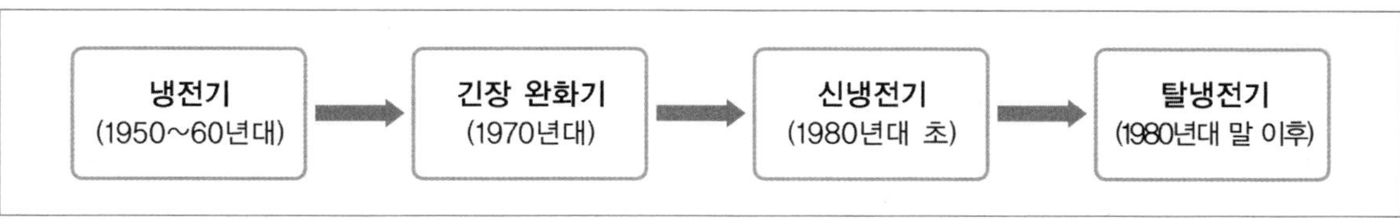

1. 냉전시대(제2차 세계대전 이후~1990년대 이전)

(1) 냉전시대의 양극체제(1950~1960년대) : 미소대립이 심각했던 시기

① 미국을 중심으로 한 자유주의 진영 대 소련을 중심으로 한 공산주의 진영의 대립

세계는 2차 대전 이후 자본주의 진영과 공산주의 진영으로 나누어졌고, 소련이 동유럽 여러 나라에 공산 정권을 세우자, 미국을 중심으로 자유 진영이 이에 맞섬으로써 냉전이 시작되었다. 경제질서는 미국과 소련이 세계적으로 부국으로 자리 잡았다. 1947년 미국은 그리스와 터키에서 보이고 있는 공산화로 인한 공산주의의 팽창을 봉쇄하기 위해 트루먼 독트린을 발표하였다. 트루먼 독트린이 발표된지 3개월이 지난 후 미국은 유럽경제부흥 정책인 마셜 계획을 발표하였다. 이에 소련이 베를린 봉쇄정책을 하였지만 서방의 완강한 저항에 1949년 5월 해제하였다. 미국과 서유럽국가들은 베를린사태 이후 서유럽의 보다 더 확고한 안보를 위해 미국을 중심으로 한 서유럽국가들의 군사동맹을 추진하여 1949년 4월 미국 주도로 서유럽과 북미의 집단안보를 목적으로 한 북대서양조약기구(NATO)를 창설하였다. 소련도 서방진영의 공세에 맞대응하기 위해 1949년 코메콘을 결성하여 동유럽 경제를 지원하고, 군사적인 측면에서 1955년 바르샤바조약기구를 결성하였다.

② 군사적 대립

1950년 들어 미국과 소련의 냉전체제의 초점은 극동의 한반도로 집중되었다. 미군이 38도선 이남 지역을, 소련이 이북 지역을 점령하고 있는 이 나라를 통일시키고자 하는 전후 소련과 미국의 노력은 아무것도 달성하지 못하였다. 남북한에 정권을 각각 수립한 후 미국과 소련 양국은 점령군을 철수시켰고, 양측은 계속하여 한반도 양 지역에 각각 군사 원조를 제공하였으며, 소련 원조는 보다 규모가 컸다. 1949년 8월 소련이 원자탄 개발에 성공하고 2개월 뒤인 10월 1일 중국에서 모택동 공산정권이 수립되었다. 9개월 후인 1950년 6월 25일 북한군이 남한에 대한 전면적인 공격을 감행함으로써 한국전쟁이 발발하였다. 이 전쟁은 3년간 지속되어 백만 이상의 사상자를 내었고, 한국은 황폐화되면서 다시 분단이 되었다. 한국전쟁 이후 동서 간의 냉전은 군사적 대립으로 바뀌었고, 미국과 소련은 군사력을 증강시켜 군사력 우위를 유지시키려 노력하였다. 이런 과정에서 발생한 대표적 사건이 미국과 소련 사이에 발생한 쿠바사태이다. 소련은 대륙 간 탄도 미사일 전력을 증가시키면서 쿠바의 미사일 기지에도 제공하려고 하였다. 이에 대해 미국의 케네디는 봉쇄로 대응하였다. 전쟁이 발생할 경우 열세라고 판단한 소련의 흐루시초프는 쿠바에서 미사일을 철수시켰다. 이와 같은 쿠바 미사일 위기와 베트남 전쟁의 발발에도 불구하고 미국과 소련 간에는 화해의 움직임이 나타나기도 하였다. 1963년 백악관과 크렘린을 연결하는 직통전화가 개설되었고 1967년 글래스버러 정상회담이 개최되었다. 이 외에도 1959년의 남극조약, 1963년의 핵실험부분금지조약, 1968년의 핵확산금지조약 등 여러 협정이 체결되었다. 이와 같이 냉전시대의 양극체제는 미국이 소련보다 약간 우세하지만 양측을 중심으로 대립되는 국제 정치체제였다고 할 수 있다.

(2) 데탕트 시대의 양극체제하 과도기적 다극체제(1960년대 중반 이후) : 화해무드하의 양극체제

① 미・소 중심의 양극체제가 완화되면서 등장한 다극구조

1960년대 후반 이후 국제 정세는 협상과 화해 모색의 분위기가 형성되었다. 이러한 시대를 프랑스 말로 완화・휴식의 의미를 지닌 데탕트(détente) 시대라고 한다. 이 시대는 미・소 중심의 양극체제가 완화되면서 다극구조가 등장하였다.

② 미국과 소련의 약화

이런 데탕트 시대가 발생한 원인으로는 미국과 소련의 전략변화, 미국과 중국의 수교, 각 진영 내 국가들의 독자적인 움직임, 경제적으로 급성장한 서독, 일본 등의 등장, 아시아・아프리카・라틴아메리카의 각성 등이라고 할 수 있다. 미국과 소련은 냉전 체제에서 지속적으로 대립한 결과 양국은 경제적으로 엄청난 지불을 하고 국내외적으로 악재에 부딪히게 되었다. 예컨대 미국은 쌍둥이 적자를, 소련은 심각한 경제적 낙후 등에 직면하였다. 이런 상황에서 미국과 소련은 경제적으로 심각한 대가를 치르지 않고서 자신들의 국제적 지위를 유지할 방안을 필요로 하게 되었다. 미국은 1949년 이후로 중국보다는 타이완을 중국으로 인정하고 외교를 하였다. 하지만 1971년 7월 미국의 닉슨 대통령이 중국을 방문하여 수교를 맺었다. 이는 키신저가 미리 중국을 방문하여 비밀 회동을 통해 이뤄진 것이다. 이와 같은 미국과의 수교는 중국 역시 소련에 대한 군사적 열위를 극복하기 위해 필요한 것이었다.

③ 미소패권에 도전하는 국가들의 등장

데탕트 시대 도래의 또 다른 원인은, 미・소 양 진영의 동맹 체제 내에서 양국의 패권에 대한 도전국가의 등장이다. 프랑스는 미국의 영향권에서 이탈하여 독자 노선을 추구하였다. 프랑스는 1960년 핵 실험에 성공하고, 1964년 중공과 수교를 하며, 1966년 나토에서 탈퇴하였다. 또한 유럽 공동체가 형성되고, 독일과 일본이 경제적으로 급성장하면서 미국의 세계 경제주도권이 약화되었다. 그 결과 국제적 역할도 현저히 약화되는 경향을 보였다. 소련 진영 내의 동유럽 국가들에서도 소련의 지배에 대한 불만과 독자 노선 추구 움직임이 일어났다. 이런 소련권 내부의 위기는 소련으로 하여금 그 자신의 진영의 문제에 전념하게 함으로써 서방측과의 화해, 즉 데탕트 관계로 나아가게 하였다.

④ 제3세계국가들의 부상

제2차 대전 이후 아시아, 아프리카 그리고 라틴 아메리카 지역에서는 반제국주의와 반식민주의의 흐름 속에서 민족주의를 발전시키면서 1943년 이후 새로운 독립국가들이 지속적으로 생겨났다. 이렇게 생겨난 국가들은 동맹 등을 체결하여 국제사회의 주요한 정치집단으로 등장하였다.

⑤ 유럽의 통합 진행

유럽에서는 1970년 8월 서독－소련의 불가침협정, 1972년 동서독 기본조약, 1973년 동서독 국제연합 동시가입 등으로 화해와 긴장완화의 분위기가 조성되었다. 마침내 1975년 7월 헬싱키에서 '유럽안보협력회의 35개국 정상회담'이 개최됨으로써 동서 간의 데탕트는 최고조에 이르렀다.

그러나 1979년 말 소련의 아프가니스탄 군사개입으로 인하여 데탕트 분위기가 깨지고 미소 간의 대립과 긴장이 격화되었다.

(3) 신냉전체제 : 미소 중심의 다극체제

1979년 12월 8만 5,000명의 소련 군대가 아프가니스탄을 침공하자 그동안의 데탕트 시대는 막을 내리게 되었다. 카터는 "소련의 아프가니스탄 침공은 제2차 세계 대전 전후 평화에 대한 가장 심각한 위협을 의미할 수 있다"고 말하고 "대응하지 않으면 침략은 유행병이 된다"고 주장하였다. 미국은 소련에 대한 곡물 판매를 축소하고, 선진 기술 판매를 중단하였으며, 1980년 모스크바 올림픽을 보이콧했다. 1980년 소련 반체제 인사들은 1976년보다 더욱 적극적이고 신랄하게 탄압받고 있었다. 미국과 소련은 경쟁적으로 핵무기를 증가시키고, 전투기 및 미사일 등을 개발하면서 방위비를 증가시켰다. 미국은 이와 같이 소련과 대립하면서 중동과 중앙아메리카 문제 등에 대해 호혜적으로 접근하였다.
이런 신냉전체제에서 가장 큰 우려와 위험을 안고 있는 지역이 유럽이었다. 미국과 소련은 유럽에 경쟁적으로 미사일을 배치하였다. 이로 인해 미국과 소련은 가공할 만한 수준의 방위비를 투입하게 되었다. 이런 부담을 견디기 힘들었던 소련은 미국에 군비축소를 합의할 것을 제안했으나 1987년 워싱턴회의가 열리기 전까지 미국은 동의하지 않았다. 1987년 12월 워싱턴 정상 회담에서 레이건과 고르바초프는 중거리 핵전력을 폐기하는 조약에 서명했다. 하지만 그 이후에도 미국과 소련의 신무기 개발이 중단되지는 않았다. 이런 경쟁에서 소련은 경제적 파탄을 맞이하게 되었다.

2. 탈냉전체제(1990년대 이후～현재)

(1) 소련의 붕괴 : 단극하의 다극체제(Uni-multipolar system)

레이건 이후 취임한 미국의 부시 대통령은 고르바초프와 1989년 몰타 회담을 하고 전략 핵무기 및 재래식 군비 제한을 위해 1990년 조약 체결을 목표로 노력하기로 합의했으며, 또한 소련을 세계 시장 경제에 편입시키도록 노력하기로 합의하였다. 소련의 이와 같은 변화는 동구의 공산주의 붕괴를 가져오는 데 영향을 끼쳤다. 이런 결과를 만드는 데 40여 년에 걸친 미국의 봉쇄정책이 중요한 역할을 하였다. 1990년 소련의 붉은 군대는 쿠데타를 일으켰으나 시민들의 저항으로 과거로 돌아가지 못했고, 소련 연방은 해체되었다. 고르바초프 사임 이후 등장한 옐친은 소련 연방의 종말을 고했다. 이렇게 현실 공산주의는 1990년에 종결되면서 1945년에 형성된 냉전은 종식되었다. 이런 탈냉전시대의 국제정치체제는 초강대국 미국을 중심으로 하는 단극적인 다극체제라고 할 수 있다.

(2) 탈냉전시대의 주요 문제

① 이념 대립 감소, 평화와 경제발전 부각
탈냉전 시대에는 사회주의・공산주의의 퇴조와 함께 '자유 민주주의'와 '시장경제체제'가 인류의 보편적 가치로 확산되고 있다는 점이다. 미・소 두 초강대국에 의해 조정・통제되던 냉전시대에 비해 탈냉전 상황은 오히려 유동적이고 불확실하다고 할 수 있다. 탈냉전기 국제질서의 주요 특징은 이념・체제・제도 간의 갈등과 대립이 현저하게 감소된 반면, 평화와 경제발전의 중요성이 크게 부각되고 있다는 점이다. 예컨대 2003년 APEC 정상회의 폐막 후, 블라디미르 푸틴 러시아 대통령은 한・러 차관 상환협상이 지난 9월 타결된 데 대해 고맙다는 뜻을 표시하고, 시베리아횡단철도(TSR)

와 한반도종단철도(TKR) 연결사업 추진을 위해 남북한, 러시아 3국 회담을 하자고 제안했으며, 노무현 대통령은 이를 받아들였다.

② 새로운 분쟁 요소 등장: 종교, 인종, 영토 문제, 테러, 마약, 환경, 난민
그러나 국제테러·마약·환경·난민 등 새로운 분쟁요인들이 분출되고 영토·종교·민족문제 등 전통적 갈등양상이 국제질서 불안요인으로 대두되고 있다. 예컨대 2001년 '9·11 테러사건'과 아프가니스탄에 대한 테러 및 이라크 전쟁 등이 이를 단적으로 보여주고 있다. 특히 이라크전은 탈냉전시대 미국의 새로운 국가안보전략인 '선제적 자위권 발동원칙'에 따른 첫 전쟁이자 경제·첨단무기전쟁의 성격을 띤 가운데, 각국의 첨예한 이해관계를 내포한 전쟁이었다. 탈냉전시대의 국제질서는 냉전시대보다 훨씬 다양한 요인들이 복합적으로 작용하고 있다. 이러한 변화는 안보위협의 주체가 전통적인 국가 개념에서 '초국가적' 행위자로 확대되기 때문이다. 종래 국제관계에서의 위협은 주권국가에서 비롯된 것에 반해 이제는 개인이나 테러 집단에 의해 야기되고 있으며, 테러 위협이 어떤 집단으로부터 이뤄지는 것인지도 불분명하다.

PART 04

(3) 탈냉전시대의 특징

신냉전체제 해체 이후 국제질서의 특징은 다음과 같다. 첫째, 미국 주도의 국제질서가 유지되고 있지만 중국·일본·유럽연합·러시아 등 주요 국가와의 협력 없이 세계를 독단적으로 이끌어 나갈 수도 없는 상황이다. 둘째, 이데올로기 중심의 냉전 체제가 종식되면서 자국이익 중시경향이 세계 경제의 지역주의화 현상을 강화시키고 있다. 1995년 세계무역기구(WTO) 출범으로 다자주의 국제 경제 질서가 모색되고 있는 반면, 유럽연합이 단일통화체제를 형성하고 회원국을 동유럽지역으로 확대하고 있으며, 자유무역지대 창설 논의가 활성화되는 등 세계화와 함께 지역화 추세도 강화되고 있다. 동아시아에서도 중국과 일본이 동남아국가연합(ASEAN)과 2010년대 초반까지 자유무역지대(FTA)를 창설하기로 합의하였다. 셋째, 국제질서가 다원화·개방화되면서 세계는 통합과 화해를 모색하고 있으나, 지역차원에서는 오히려 분쟁이 증가하는 추세이다. 21세기 국제사회는 미국·유럽, 아·태의 3축으로 형성되고 있으며 그 위에서 불안한 각축시대가 전개될 것으로 보인다. 또한 핵전쟁이나 대규모 군대 간의 충돌이 아닌 테러나 대량살상무기와 같은 위협이 증가하는 추세이다. 넷째, 국제질서의 다원화와 국제적 상호의존성의 증대 현상이 두드러지고 있다. 미국은 군사·경제·정보 등 모든 면에서 패권적 지위를 향유하고 있으나, 중국·일본·유럽연합·러시아와 협력 없이 세계질서를 독단적으로 이끌어 나갈 수 없는 상황이다. 이런 측면에서 현 국제질서는 '단극하의 다극체제(Uni-multipolar system)'로 평가될 수 있다. 다섯째, 냉전시대의 안보는 이념 및 군사적 안보 중심이었지만 냉전 종식 이후 21세기에는 경제를 포함한 비군사적 안보, 즉 과학·기술력의 비중이 강조되고 있다. 여섯째, 탈냉전 이후 새로운 국제질서 창출과정에서 유엔은 국제사회의 평화와 복지를 위한 노력으로 그 정통성과 효율성을 새롭게 인정받고 있다.

Ⅱ 국제정치행위자와 국제제도

- 어떤 국제정치행위자들이 있는가?
- 국제정치를 바라보는 각 시각에서 국제제도를 어떻게 이해하는가?
- 생각열기
  무정부성을 가진 국제사회에서도 국제제도가 필요하다는 점을 이해하고, 국제제도를 통해 평화를 유지하기 위해서는 어떤 노력과 시각이 필요한지에 대해 탐구할 수 있다.

01 국제기구에 대한 이해

1. 국제기구의 의미 및 유형

국제기구는 두 개 이상의 주권국가들이 공동의 이익을 추구할 목적으로 협정에 의해 설립한 공식적인 조직체를 의미한다. 국제기구에는 정부 간 국제기구, 비정부 간 국제기구가 있다. 국제기구는 국제제도와 국제레짐 등과 구별하기가 쉽지 않다. 일반적으로는 국제제도에 국제기구(하드웨어, 국제통화기금)와 국제레짐(소프트웨어, 브레튼우즈체제)을 포함하는 것으로 이해하는 것이 적절할 것이다.

2. 국제기구를 보는 시각

국제정치에서 국제기구가 등장하게 된 배경과 역할에 대해서는 다양한 관점이 존재한다.

(1) 현실주의

국제기구는 패권국이나 강대국의 이익을 대변하는 기구라고 보는 것이 현실주의이다. 현실주의 관점은 국제관계의 중심적 행위자를 국가라고 보며 국제관계를 국가 간 힘의 정치로 파악한다. 또한 강대국이든 약소국이든 상관없이 모든 국가가 자국의 이익을 우선적으로 추구한다고 본다. 여기서 말하는 자국의 이익이란 상대적 이익인데, 이것은 자국의 이익이 협력하는 상대 국가가 갖는 이익보다 더 커야 한다는 것을 의미한다. 이로 인해 국제사회에서 국가 간 협력의 가능성은 낮아진다.

(2) 자유주의

자유주의는 상호불신과 비협력의 국제사회에서 상호협력을 이끌어내는 중재자 역할을 담당하는 것이 국제기구라고 본다. 따라서 국제기구는 세계시장을 발전시킴으로써 경제적 번영과 복지를 증진시키고 전쟁가능성을 감소시킨다. 자유주의 관점은 국제기구가 국가들의 이익을 반영하는 국제 정치의 주요한 초국가행위자로서, 국제사회에서 국가의 영역을 넘어서는 독립적 영향력과 자율성을 갖는다고 본다. 특히 코헤인과 나이(R. Keohane & J. S. Nye)는 국제사회의 행위자들 간 상호의존이 다양해지고 심화되는 상황에 주목하였다. 그들은 국가와 비국가행위자 사이의 연계성과 의사소통이 증가하면서 국제기구의 영향력이 커지게 된다는 '복합적 상호의존이론'을 제시하였다.

(3) 구조주의

구조주의에 따르면 국제기구는 자본주의 국가에 재정적으로 의존하고 통제되며 자본주의 의제를 증진시킨다. 또한 국제기구는 지배를 위한 수단이다. 그 결과 국제기구는 세계자본주의 체제 내에서의 헤게모니, 즉 패권국과 강대국들의 강압적 지배와 동의의 유지와 발전에 기여하는 것이다.

(4) 구성주의

구성주의 관점에서는 국제기구를 국제사회 행위자들의 상호작용에 의해 만들어지는 결과물로 본다. 이러한 시각에서 국제 협력의 정도는 개별 국가가 자신의 정체성과 이익을 어떻게 규정하고 해석하느냐에 따라 달라진다. 이 관점에서는 '배타적인 최고 권력이자 대외적 자립'을 의미하는 개념인 주권조차도 고정불변의 것이 아니라, 국제사회의 다양한 행위자들의 상호 작용과 인식에 따라 달라질 수 있다고 본다.

3. 국제연합(UN)

(1) 의의

국제연합(UN, United Nations)은 국제 평화와 안전 유지, 인권 존중, 그리고 국가 간 우호적 협력 관계 발전을 목적으로 창설되었다. 그리고 이를 위한 조직 구성과 활동은 주권평등원칙에 기초하고 있다. 예를 들어 회원국들의 의회라고 할 수 있는 '총회'에서는 이 원칙에 의거해 개별 회원국들이 각각 1표를 행사하도록 하고 있다.

(2) 의미

국제연합(UN)이란 1945년 제2차 세계대전 후 국제평화와 안전유지, 경제개발, 사회발전, 인권보호를 목적으로 「국제연합헌장」에 따라 창설된 국제기구이다.

(3) 목적을 달성하기 위한 원칙

① 목적을 달성하기 위하여 모든 회원국은 주권평등의 원칙에 기초를 둔다.

② 의무이행의 원칙, 분쟁의 평화적 해결원칙, 무력 위협 및 행사금지 원칙, 원조 제공 및 금지원칙, 비회원국 확보 원칙 등이 있다.

(4) 주요 기관

주요기관으로는 총회, 안전보장이사회, 경제사회이사회, 사무국, 국제사법재판소, 신탁통치이사회(활동종료)가 있다. 현재(2023. 1.) 193개국이 회원국으로 가입하였으며, 본부는 뉴욕에 있다.

(5) 평가

국제연합의 평화유지 활동은 그동안 많은 성과가 있었지만 한계도 있었다. 예를 들어 국제연합은 관련 국가의 동의 없이 평화유지군을 파견하는 것을 주저해 왔다. 그 국가들이 자국에 대한 내정 간섭으로 간주했기 때문이다. 이는 국제사회에서 주권평등의 원칙이 지배하고 있다는 사실을 보여 주는 것이다.

02 시장(초국적 기업)과 NGOs

1. 세계화로 인한 문제와 해결방안

(1) 세계화 상황

초고속 항공기와 컴퓨터의 등장 등 교통・통신 수단의 발달로 개인적・사회적 접촉이 보다 빈번하게 이루어지고 상호의존성이 확대되었으며. 세계는 하나의 지구촌으로 통합되어 가고 있다. 근대 사회의 발달 이후 지리적 지식이 세계적으로 확대되고, 경제 시장이나 정치적 영향력도 점차 세계적 범위로 확장되었다. 그러나 과거의 이러한 국제화 경향에 비해 현재 진행되고 있는 세계화 과정은 훨씬 급속하고 치밀하게 이루어지고 있다. 그리고 이러한 세계화의 진전과 더불어 인류 공동체의 새로운 과제들이 제기되고 있다.

(2) 상호의존성의 증가

세계화는 국가의 국경과 영토의 의미를 약화시키고 있다. 그 결과 국가의 정부 중심의 주권 또한 약화되고 침해받고 있는 현상이 발생하고 있다. 즉 국가들의 영토와 주권행사 영역을 넘어서는 여러 가지 문제들을 발생시키고 있다. 예컨대 세계적 차원의 분쟁과 갈등, 혼돈 증가, 국가 간 빈부 격차의 심화, 환경파괴문제, 국제금융체제의 불안정 등이다.

(3) 다양한 국제행위자의 협력에 의한 문제 해결 필요성 증가

이런 세계적인 문제들의 해결방안은 세계적인 주권을 지닌 세계 정부가 등장하여 해결하거나 아니면 주권국가들의 협력을 통하여 해결하는 것이다. 하지만 현실적인 방안은 국가 간의 협력을 공고히 하기 위한 국제기구나 지역기구의 권위를 강화시키는 것이다.

2. 초국적 기업

(1) 세계화와 초국적 기업

세계화의 과정은 비단 어제 오늘의 일만도 아니다. 일찍이 제국주의라고 불리던 침략적 행위는 모두 세계화의 한 전략이었다. 2차 대전 이후 GATT가 성립되어 무역이 확대되고 국제투자가 확산되면서 다국적 기업도 활성화되기 시작하였다. 최근의 세계화는 과학 기술의 발달을 기초로 한 생산의 국제화와 금융의 국제화로 특징 지어지고 있다. 이와 같은 자본주의의 세계화, 즉 세계 자본주의를 분할하고 통합하는 핵심적 주체로 초국적 기업이 손꼽히고 있는데, 이들 기업은 국제적 공간 분업을 통해서 세계적인 생산과 판매망을 형성하고 있다. 이런 초국적 기업의 수는 1990년대에 급속히 증가하였다. 예컨대 서구의 대기업들이 아시아에 거점을 마련하기 위해 잇달아 대규모 투자에 나서고 있다. 세계 최대의 자동차 메이커인 제너럴 모터스(GM)는 대형 공장을 필리핀에 설립하기 위한 작업에 착수했다. 그리고 앤더슨 컨설딩, 칼텍스 등이 최근 고객 상담, 회계 사무 업무 대부분을 필리핀으로 이전하기로 결정했다. 인도에서는 미국의 GE캐피탈, 아메리칸 익스프레스, 영국의 브리티시 에어웨이스(BA) 등이 진출하고 있다.

(2) 초국적 기업의 특성

초국적 기업의 특성은 다수의 국가에서 활동함, 피투자국의 경제성장에 기여함, 다수의 국적인에 의하여 관리됨, 다수의 국적인에 의하여 주식이 소유됨, 세계 각지에 현지 법인을 설립함, 간접투자와 직접투자를 함께한다는 것이다.

(3) 초국적 기업에 대한 평가

이와 같이 국경을 넘어 경제활동을 하는 초국적 기업과 국가의 줄다리기가 발생한다. 국제정치를 보는 시각에 따라 이 현상에 대한 평가가 달라진다. 자유주의는 투자자유화와 탈규제화, 시장개방 등을 통해 국가의 경제성장과 복지의 향상을 유도한다고 평가한다. 구조주의는 불평등한 투자와 불평등한 발전을 양산할 뿐이라고 한다. 국가주의는 자유주의적 시장개방과 세계적 경제통합에 대비하기 위해 제반 국내제도 및 국가 기능을 재정비하고 국가역량의 강화를 할 필요성이 있음을 주장한다.

3. NGOs

(1) 의미

장기적으로 나름대로의 공식적인 방법을 이용해 서로 관계를 맺거나 집단행동을 하는 사람들의 집단을 의미한다. 그들이 추구하는 행동은 비상업적이고 비폭력적이다. 그리고 정부를 대표하지 않는다.

(2) UN에서 인정하는 NGO 정의

① UN의 목적과 사업을 지지해야 함

② 분명한 본부와 사무원을 갖춘 대표기관이어야 함

③ 이윤을 추구해서는 안 됨

④ 폭력 사용이나 지지는 해서는 안 됨

⑤ 국가내정에 불간섭하는 규범을 존중해야 함

⑥ 국제NGO는 정부 간 합의에 의해 만들어지지 않음

(3) NGO의 책무성과 투명성 강조

비정부기구(NGO)들은 자신들이 광범위한 집단들의 진정한 목소리나 공익을 대변한다고 주장한다. 그러나 일부 비정부기구들에서 특정한 집단이나 계층의 특수한 문제들에 집중하는 상황이 나타나고 있다. 여기서 비정부기구의 책무성 문제가 제기될 수 있으며, 이는 비정부기구의 자율성, 독립성 및 보편성 그리고 책임성 및 공공성을 평가하는 근거로도 중요하다. 또한 일부 비정부기구들은 자금이나 자원을 아직도 정부나 선진국에 의존하고 있기 때문에 비정부기구의 책무성을 저해하는 요인으로 작용하고 있다고 분석된다.

의사소통과 정보의 개방성 및 공개성 등은 민주적 기관들의 운영에 있어서 핵심적 요소이다. 그러나 인사, 운영, 자금출처, 지출 내역과 지출처 등을 공개하는 비정부기구들은 일부분이다. 이것은 비정부기구의 투명성을 의심하게 하고 신뢰를 저해하는 요인으로 작용하고 있다. 결과적으로 비정부기구의 책무성과 투명성은 비정부기구들의 보편적 책임성과 효율성 등을 평가하는 주요한 기준이 되고 있다.

03 국제레짐

1. 의미(크래스너)

국제레짐이란 국제관계의 특정 쟁점 영역에 있어서 행위자들의 기대를 수렴하는 묵시적 또는 명시적인 일련의 원칙(주권존중), 규범(일반적, 비차별, 관세화), 규칙(구체적, 조약의 각 규정), 정책결정절차(다자주의) 등을 의미한다.

2. 패권안정이론

패권국가가 세계안정을 가져다준다는 패권안정이론은 국제제도란 주권국가의 도구이며, 국제레짐은 패권국가의 지도력에 의해 형성·유지될 수 있다고 한다.

3. 신자유주의 국제레짐이론

(1) 게임이론

① 협력의 어려움 및 협력 방안의 모색

게임이론은 협력이 어려워 레짐을 형성하기 어렵다는 점을 설명한다. 즉 죄수의 딜레마 게임 논리를 이용하여, 무정부 상태의 국제체제에서 국가들이 협동적 전략을 포기하는 것을 설명한다.

그리고 협력이 가능하게 하는 조건을 제시함으로써 레짐 형성을 설명한다. 즉 무정부 상태의 국제체제에서 경쟁적 전략을 추구하는 과정에서 생기는 배반의 위험을 방지하는 방법을 찾으려 한다.

② 국가 간 협력을 발생시키는 주요 변수

미래에 대한 보복과 행위자의 수이다. 행위자의 수가 많아질수록 비협력적 행위자들이 많아질 수 있다. 따라서 협력을 하지 않을 경우 확실하고 강력한 보복을 강구하지 않으면 협력도, 레짐 형성도 기대할 수 없다.

③ 핵심명제

㉠ 죄수의 딜레마를 극복하기 위한 보복이라는 개념 사용

게임이론적 접근법을 요약하면 게임규칙을 통제하고 제재를 가할 중앙정부가 부재한 국제체계에서 게임이 이루어질 경우 행위자들은 상대방을 기만함으로써 보다 많은 이득을 얻으려고 할 것이다. 따라서 이로 인해 다른 행위자는 손실을 입게 될 것이고 결국 협력으로부터 이탈할 것이다. 이러한 소위 '죄수의 딜레마'를 해결하기 위해 보복(tit-for-tat)이라는 개념을 사용한다.

ⓛ 반복성의 제도화: 반복적 게임 ⇨ 협력 ⇨ 레짐 형성 ⇨ 협력

국제체계에서 게임은 일회적인 것이 아니라 반복적으로 행해지며 따라서 속임수가 드러나 받게 될 미래에 대한 보복이 두려워 협력하게 된다는 것이다. 각 국가들은 게임은 계속될 것이기 때문에 미래에도 최적의 상태를 산출하기 위하여 위험을 무릅쓰고 협동의 전략을 택할 가치가 있다고 본다. 각 국가들은 상호협력을 통한 이익이 규칙의 이행을 감독하고 처벌하는 데 투여되는 비용보다 많을 때 무정부 상태에서도 조건적으로 협력이 발생하며 시간이 경과함에 따라 감독과 처벌의 비용이 감소할 것으로 본다. 국제제도는 감독과 처벌의 비용을 줄이고 반복성을 제도적으로 보장함으로써 속임수에 대한 처벌을 보다 용이하게 한다고 본다.

(2) 기능주의적 접근: 국제레짐의 기능에 초점

① 레짐의 기능에 주목하는 이론: 레짐 필요성 인식 ⇨ 레짐 형성

기능주의 레짐이론은 게임이론적 레짐이론과 마찬가지로 행위자의 합리성이라는 현실주의 가정에 기반을 두고 있는 이론이다. 그러나 시장의 불완정성, 거래와 정보의 비용, 그리고 불확실성이라는 개념들을 새로이 도입하고 있다.

② 국제레짐의 기능

㉠ 법적 책임감 부여: 행동 예측과 조절

레짐은 국가상호간 어떤 행동을 할 것인지에 대해 예측가능하게 하고, 상호간의 행동을 조절할 수 있는 일정한 법적 책임을 물을 수 있게 한다.

ⓛ 협력을 용이하게 함: 정보의 불평등성 해소, 비용 감소

행위자들에게 정보를 제공하여 불확실성을 줄이고 그 결과 정보의 비대칭성을 완화하여 거래비용을 감소시킨다는 것이다. 이와 같이 거래비용이 감소할 경우 행위자들은 협력에 따른 이익이 존재하기 때문에 기꺼이 레짐에 협력하게 된다.

㉢ 정부의 능력 증대 및 거래 비용 감소: 유대 강화 및 협상비용 감소

레짐은 행위자 간 유대를 강화시키고 협상비용을 감소시킨다.

Ⅲ 국제정치의 주요 주제

■ 국제정치의 경우 어떤 문제가 있는가?

■ 교육적 시사점
국제정치의 주요 쟁점과 과제가 무엇인지를 알 수 있다.

01 안보

1. 안보환경의 변화

안보는 국가가 개인, 집단의 중요한 가치(생명, 재산, 행복, 안정 등)를 위협으로부터 지켜내는 것이다. 전통적인 안보 대상은 외국의 침략이다. 현재는 기아, 질병, 실업 등과 관련된 인간안보, 자원, 환경 등과 관련된 국제안보, 군사, 경제, 에너지, 환경 등을 포괄한 포괄안보, 협력을 강조하는 공동안보나 협력안보 등과 같이 다양하게 확장되고 있다.

2. 전통적 안보 개념: 냉전시기(2차 대전 이후~1980년 후반)

(1) 배경

현재의 인보구조를 배태시킨 것은 냉전시기 때부터이다. 주로 핵무기를 사용하는 것을 제외한 모든 수단이 허용되는 전쟁이 가능했다. 그리고 미국과 소련의 대리전이 곳곳에 발발하였다. 예컨대 한국전쟁, 베트남 전쟁, 쿠바 미사일 위기 등이 그 사례이다.

(2) 안보의 성격

군사적 관점에서의 국가안보가 중시되었다. 즉 상대진영의 침략으로부터 자국의 영토 및 국민의 안전을 보호하는 국가방위가 거의 모든 국가에서 정책의 최우선적인 요소로 간주되었다.

(3) 전통적 안보체제

① 세력균형체제: 현실주의

세력균형체제는 행위자 간의 힘의 균형이 이루어질 때 체제가 안정되고, 국제사회의 평화가 유지될 수 있다는 점에 근거한다. 강력한 힘을 가진 행위자가 제어 당하지 않고 힘을 행사할 때 체제의 안정이 위협받기 때문에 강력한 힘을 가진 행위자의 출현을 방지하는 데 주로 관심을 기울인다.

② 동맹체제: 현실주의

동맹체제는 제3의 국가에 의한 침략이나 위협에 대하여 2개국 이상이 공동의 군사적 대응을 약속하는 체제이다. 동맹의 대표적 유형으로 방위조약에 의한 동맹 체제를 들 수 있다.

③ 집단안전보장체제

집단안전보장체제는 국제사회의 행위자들이 갈등을 평화적 방법으로 해결할 것을 약속한 집단안보 기구에 가입하고, 만약 어느 행위자가 이러한 약속을 위반할 경우 모든 행위자가 집단적인 제재를 가할 것을 약속하는 체제이다.

비교		세력균형	집단안보
공통점		• 힘은 힘으로 억제해야 한다는 논리에서 출발 • 집단적인 참여와 제재조치, 평화를 위한 전쟁 허용, 무력침략 방지	
차이점	참여 수준	동맹체제	범세계적 동맹
	침략 유형	외부로부터의 위협에 대처	구성국가 중 발생하는 침략행위 방지
	협력 여부	힘의 분배를 강조	협력촉구
	전쟁의 조절	자국이익에 무관한 전쟁은 하지 않음	국제기구가 있어 조직적 운영 가능
	약소국 희생	약소국의 희생이 빈번	약소국의 희생이 드묾
	적과 우방 여부	사전에 적과 우방	사전에 적을 정하지 않음
	안보 확보 방식	적대적 관계로 대치하는 힘의 제휴	지배적 힘의 우위 확보(사전침략예방)
	군사력 사용	자국에 유리한 체제 유지	침략자가 정해지면 자동적으로 작동
	대응 조치	자력구제체제	자위적 평화유지체제

3. 현대적 안보 개념: 탈냉전시기

(1) 배경

① 탈냉전의 시작

1980년대 중반 소련의 고르바초프가 개혁과 개방정책을 공식적 지도이념으로 채택하면서 시작되었다. 그 결과 동유럽 사회주의 정권 붕괴, 동·서독의 통일 달성, 소련의 붕괴가 나타났다. 이로 인해 군사적으로 대치하던 한 축이 무너져 내렸다.

② 오지 않는 평화

발칸반도의 민족분리와 대량학살 전쟁, 테러행위, 국제범죄 급증, 국가 간 경제적 경쟁 과열, 지구적인 환경 문제 등과 같은 폭력이 끝나지 않았다.

③ 국가안보의 개념 극복 필요성 대두

정치·군사적 위협은 물론이고 사회 모든 분야(비군사적 안보영역)에 대한 위협에 대처 방안이 필요하게 된 것이다.

(2) 포괄적 안보

① 의미
비군사적 안보영역의 중요성이 등장하면서 포괄적 안보 개념이 등장하였다. 포괄적 안보란 정치·군사적 위협은 물론이고, 환경, 에너지, 사회 등 모든 분야에서 야기되는 위협에 대처하는 종합적인 안보개념이다.

② 인간안보(1994년 UN개발계획 보고서)
인간안보는 굶주림, 질병, 억압과 같은 고질적인 위협으로부터 안보를 추구하는 것이다. 예컨대 가정이나 직장, 공동체 등 일상적인 생활패턴으로부터 갑작스럽고 고통스럽게 격리되지 않도록 보호하는 것이다.

집단안보 · 집단방위 · 협력안보105)

구분	집단안보	집단방위	협력안보
존재 형식	집단안보체	방어동맹	지역안보체제
안보개념의 범위	군사부문에 한정적	군사부문에 한정적	비군사 부문을 포함한 포괄적
안보 확보의 방식	통합적	일방적	상호의존적
안보 확보의 조건	힘의 우위를 통한 억지	세력균형을 통한 억지	군비통제, 군축 통한 재보장
체제 내 세력구조	수평적·편재적	수직적·위계적	수평적·평등적
참여국 구성	전 세계적 보편성	선택성	지역적 보편성
갈등 해결 방식	군사력에 의존	군사력에 의존	정치적·평화적 해결 지향
군사력 사용의 형식	안보공동체와 권위에 의한 제재	개별국가의 판단에 의한 집단자위	개별국가의 판단에 의한 개별자위
대응조치의 발동시점	발생 직전 및 징후	발생 직후	사전예방

02 미국의 군사전략과 한국

1. 미국의 MD(Missile Defense)와 한국

미국의 MD(Missile Defense)는 냉전시대에는 주로 소련에 대한 전략 핵 미사일에 대한 전면적인 방어체제 구축 시스템이었다면, 냉전 붕괴 이후에는 테러에 대한 위협이 증가하는 등 안보상황이 바뀌면서 제한적 전략핵공격에 대응하는 국가미사일 방어체제(NMD)와 동맹국과 해외주둔 미군을 전역 미사일로부터 보호하는 전역 미사일 방어 체제(TMD)로 구성하였다.

2. PSI(대량살상무기확산방지)와 한국

그리고 테러와의 전쟁을 위해 불법 무기나 미사일 기술을 실은 항공기나 선박을 압수 수색할 수 있도록 하자는 대량살상무기확산방지구상을 실시하였다. 대량살상무기(WMD: Weapons of Mass Destruction)는 핵이나 미사일·생화학무기 등 많은 사람을 희생시킬 수 있는 전략무기를 일컫는다.

105) 이철기(1995), 「집단안보·집단방위·협력안보의 동북아 적용가능성에 관한 비교 고찰」, p.243

3. 북핵문제

(1) 상황

미국이 북한을 불량국으로 지정함으로써 북한은 미국의 MD 체제의 대상임과 동시에 PSI의 주요 관리 대상국이 되었다. 미국은 한국이 MD 체제 및 PSI에 들어올 것을 요청하였지만 현재는 PSI에만 가입한 상태이다. 북한은 한국이 PSI에 가입한 것에 대해 강력반발하기도 하였다. MD 체제는 현재 논의가 중단된 상태이다. 중국은 한국이 MD 체제를 도입하는 것에 대해 강력하게 반발하고 있다. 이로 인해 한국은 미국과 중국의 관계에서 딜레마(끌려들어감 또는 버림받음)에 처하기도 하였다.

이 외에도 북핵문제는 미·일·중·러 등 한반도 주변 4국의 이해관계가 복잡하게 얽혀 있다. 북핵문제 해결을 위한 현재의 최적 대안은 6자 회담이라고 할 수 있다. 6자 회담을 통해 북핵문제를 해결하고 동북아의 평화를 보장하는 기구로 활용하자는 주장들이 제기되고 있다.

PART 04

(2) 핵억지

① 억지의 의미

억지는 상대방에게 그가 감당하길 꺼리는 위험을 과시함으로써 상대의 행위를 예방하거나 단념시키는 행위다. 억지와 방어에는 개념적 차이가 존재한다. 방어는 물리적인 것으로서 전쟁이 발발하면 작동하는 반면, 억지는 심리적인 것으로서 대부분 전쟁 발발 이전에 작동한다. 억지는 상대방을 선제공격 하겠다는 것은 아니지만 내가 적절한 힘을 보유함으로써, 상대가 나를 얕보거나 침략하려는 의사를 사전에 봉쇄하고, 설혹 침략하더라도 이를 단호히 격퇴하겠다는 전략개념이다.

② 핵억지 사례

냉전 시기에 미·소 양국은 서로 간의 '핵 억지력'을 통하여 불완전하지만 역설적인 국제평화를 유지한 경험이 있다.

③ 미국의 MD 전략과 사드

미국의 부시 대통령이 추진했던 MD 체제는 탄도탄요격 기술의 발전을 통해 적의 핵전력을 무기력화함으로써 미국의 핵전력 우위를 추진하는 것이다. 이러한 미국의 핵전략을 구성주의자들의 주장에 비추어 보면, 미국이 객관적인 물적 자원보다는 공유된 지식에 의해 핵전략을 추진한다고 해석할 수 있다.

(3) NPT

① 핵개발 방지에 기여

NPT 발효 이후 30년 동안, 몇몇 비핵국가의 경우를 제외하면 비핵국가들의 핵무기 개발노력은 핵확산금지 레짐하에서 성공적으로 저지되어 왔다는 평가를 받았다. 이러한 성공은 핵국가들이 비핵국가들과의 양자관계, 또는 다자관계에 의한 외교적 노력을 통해서 핵개발을 막아왔으며, 한편으로는 핵국가들이 주도한 NPT의 보조 장치들이 국제적인 규범과 기구로서 어느 정도 역할을 잘 수행해왔기 때문이라고 설명한다.[106] 이러한 설명은 국제관계에 있어 국제제도의 효과적 작용에 대한 긍정적 평가에 기초한 것을 의미한다.

---

106) 윤영관 외(1996), 『국제기구와 한국외교』, 한용섭 편, 민음사

② 북한의 탈퇴와 한국의 가입

북한은 2003년에 NPT를 완전히 탈퇴하였다. 반면 대한민국은 NPT(핵무기확산금지조약)에 가입함으로써 핵무기 보유 포기를 천명한 비핵국이다. 1990년대 초 제기된 북한의 핵개발 문제를 해결하고 남한의 핵개발 문제를 해결하기 위해 남한의 노태우 대통령은 1991년 11월 한반도의 비핵화와 평화정책에 관한 선언을 발표했고, 같은 해 12월 북한과 한반도의 비핵화에 관한 공동선언에 서명함으로써, 핵보유 포기에 대한 의지를 국내외에 재확인했다. 이에 더해서 한국은 화학무기와 세균무기의 보유도 함께 포기함으로써 국제평화의 최대 위협요인으로 간주되는 대량살상무기(Weapons of Mass Destruction), 즉 핵·화학·세균무기의 보유를 완전히 포기했다.

03 글로벌 거버넌스

1. 글로벌 거버넌스 등장배경

1980년대 이후 국가의 실패와 무능력이 정치학의 주요한 문제가 되었다. 이런 상황에서 국제정치의 중요한 행위자로 강조되는 국가 역시 초국가적인 문제 앞에서 무기력한 모습을 보이게 된다.

국제정치의 새로운 분야로 각광을 받게 된 환경문제에 대한 국가의 미온적인 대등과 협력의 실패, 세계경제통합의 급속한 확산과 국가의 대응능력 부재 등 일련의 사건은 국가 간의 협력을 통해 대응이 필요하다는 인식을 확산시켰다. 또한 행위자 측면에 있어서도 국가 이외의 새로운 행위자의 능력과 중요성이 부각되기 시작하였다.

2. 글로벌 거버넌스의 의미

이와 같이 국가와 국가 외 행위자들이 네트워크를 형성하여 수평적으로 느슨한 연계를 통해 공동의 전지구적 문제를 관리하는 메커니즘을 '글로벌 거버넌스'라 한다. 국가들은 스스로 해결할 수 없는 초국가적 문제에 대해 국가의 권위와 주권을 초국가적 거버넌스에 양도하며, 거버넌스는 협력과 공유를 통해 그러한 문제를 해결하려는 노력을 기울인다.

3. UN의 활동

UN은 환경문제, 인권과 기아문제 등 새롭게 등장한 초국가적 문제들에 대해 국가의 지속적인 합의를 이끌어내는 제도로서의 역할을 하고 있다.

04 한국의 외교적 과제

1. 한국이 처한 국제정치의 현실

한국은 세계에 많은 국가들과의 외교를 통해 지속적인 경제성장과 통일을 진행하기 위해서 세계의 각국들과 협력과 우호를 증진시켜 나가야 하는 상황이다. 한국은 냉전시대까지만 해도 이념중심, 서구중심, 대미의존적인 외교를 주로 하였지만 탈냉전시대 이후 경제적 실리 외교, 대미의존에서 탈피한 능동적 외교, 서구 이외의 국가들에 대한 외교로 전환되었다.

2. 한국의 외교 전개

한국의 외교정책은 해방 이후부터 1950년대까지는 주로 미국을 비롯한 자유주의 진영 국가에 집중하였다. 이런 친서방 중심의 외교는 1960년대에도 지속되었다. 데탕트 시대가 열린 1960년대 말부터 비동맹외교를 강화하였으며, 1970년대는 비적대적 사회주의 국가에 대해서도 문호를 개방하였다. 1980년대에 동서화해 분위기가 형성되면서 북방외교, 경제 실리 외교를 추진하였다. 1990년대 동구권이 붕괴된 이후 이념을 초월한 실리 외교를 본격적으로 전개하고, 한・미 안보 협력 체제를 강화시키는 한편 다자간 안보 협력 체제를 적극적으로 추진하였다.

3. 외교과제

현재 우리나라의 주요 외교 과제는 평화 통일 외교, 경제・통상 외교의 강화, 문화 외교의 노력, 자주적・주체적・다변적 외교, 동북아의 평화 번영 발전을 위한 북한의 핵문제 해결 등이라고 할 수 있다. 이런 외교들을 할 때 미국의 힘과 군사력에 의존한 강성적 권력이 일방적 외교를 통해 비판받았던 점을 감안하여 우리는 유인적 권력, 연성적 권력에 초점을 맞춘 외교 전략이 더 필요하다고 할 것이다. 또한 북한의 핵문제는 미국의 미사일 방어체제(MD)와 대량살상무기확산방지구상(PSI) 등과 연계되고, 중국・러시아・일본 등 각국의 이해관계가 복잡하게 얽히면서 쉽게 그 해결점을 찾지 못하고 있다.

- 강명세(2010). 왜 의회제와 비례대표제가 진보적인가?, 한국정치연구회 발표논문.
- 강문구(1992). 지배연합, 저항연합 그리고 민주화 한국 사회의 민주화, 사회변혁 그리고 피지배연합, 사회비평 7(5).
- 강신구(2012). 어떤 민주주의인가?, 한국정당학회보, 11(3).
- 강원택(2000), 지역주의 투표와 합리적 선택: 비판적 고찰, 한국정치학회보 34(2).
- 강원택(2001). 한국 정치에서 이원적 정통성의 갈증 해소에 대한 논의: 준대통령제를 중심으로, 국가전략. 7(3)호.
- 강원택(2002), 유권자의 정치이념과 16대 총선: 지역 균열과 이념 균열의 중첩", 진영재(편), 한국의 선거 Ⅳ, 한국사회과학데이터센터.
- 강원택(2004). 현대 정당정치의 이해, 백산서당.
- 강원택(2005). 제17대 총선에서 민주노동당 지지에 대한 분석, 박찬욱(편), 제17대 국회의원 총선거 분석, 푸른길.
- 강원택(2005). 한국의 정치개혁과 민주주의, 백산서당.
- 강원택 외(2010). 지역주의 해소를 위한 선거제도 등의 개선방안 연구, 사회통합위원회 연구용역보고서.
- 강원택(2011). 한국에서 정치 균열 구조의 역사적 기원: 립셋-록칸 모델의 적용, 한국과 국제정치 27(3). pp.99~129.
- 강정인(1999). 세계화, 정보화 그리고 민주주의, 문학과 지성사.
- 강정인(2001). 마키아벨리 정치사상-로마사 논고를 중심으로, 사상 여름호.
- 강제명(2003). 정치학, 문성.
- 고미선(2000). 대의제 민주주의의 보완책으로서 작업장 민주주의에 관한 연구, 동향과 전망 여름호.
- 고봉진(2014). 사회계약론의 역사적 의의-홉스, 로크, 루소의 사회계약론 비교, 법과 정책 20(1).
- 골드스타인(2002). 국제관계의 이해, 김연각 외 옮김, 서울: 인간사랑.
- 곽준혁(2005). 민주주의와 공화주의: 헌정체제의 두 가지 원칙, 한국정치학회보 39(3), pp.33~57.
- 곽준혁(2008). 공화주의. 한국정치학회 편. 정치학 이해의 길잡이: 정치학 핸드북 Vol. 1. 법문사.
- 곽준혁(2008). 왜 그리고 어떤 공화주의인가, 아세아연구 51, pp.133~164.
- 권영설(1998). 정당의 발달과정과 정당체제, 고시계 2월.
- 김 욱(2002). 분권화시대의 선거제도 개혁방안, 진영재 편, 「한국의 선거제도 1」. 서울: 한국사회과학데이터센터.
- 김 욱(2006). 독일연방의회 선거제도가 한국의 선거제도 개혁에 주는 시사점, 세계지역연구논총 24(3).
- 김 욱(2008). "대통령제와 정당정치." 서석사회과학논총 1(2).
- 김대환(1997). 참여의 철학과 참여민주주의, 「참여민주주의와 한국사회」, 창작과 비평사.
- 김명섭 등(2003). 세계의 정치와 경제, 한국방송대학교출판부.
- 김민전(2004). 정당과 국회, 백산서당.
- 김비환(1997). 롤즈 정치철학의 두 가지 문제점: 완전주의 그리고 정치 없는 정치철학, 한국정치학회보 31(1).
- 김비환(1998). 매킨타이어의 공동체주의 정치이론 비판: 해석사회학의 문제를 중심으로, 한국정치학회보 32(2).
- 김상현·김회용(2010). 공화주의적 시민교육에 관한 연구: 비지배로서의 자유와 공화주의 시민권을 중심으로, 교육철학 41.
- 김영준(2015). 세력전이론의 전개, 진화, 그리고 적용에 대한 고찰, 국제관계연구 20(1).
- 김영태(2006). 한국민주주의 이행과 공고화 분석, 사회과학연구 13(1).
- 김왕식(2004). "1인2표제 도입의 정치적 효과", 한국선거학회 학술대회 발표문.
- 김용복(2002), 2002년 대선과 정당구조의 변화: 정당민주화는 이루어지는가, 경제와 사회, 겨울(56), 한울.
- 김우태 외 공저(2000). 정치학의 이해, 형설출판사.
- 김일수(1997). 국제체제에서의 극(Polarity)의 수와 체제의 안정성과의 관계에 관한 연구. 사회과학연구, 14(1), pp.211~229.
- 김재철(2000). 세계화와 국가주권: 공존을 향한 중국의 탐색, 국제정치논총 40(3).
- 김태운(2005). '신현실주의'와 '신자유주의'의 국제정치관. 정치정보연구 8(2), pp.190~211.
- 김태운(2006). 국제레짐 분석에 대한 주류 국제정치이론의 고찰, 담론 2019(1).
- 김현희·윤영민(2002). 정보사회의 정치양식: 대의민주주주의의 가능성, 한국행정학회 춘계학술회의 발표논문.
- 김호진(1996). 한국정치체제론, 박영사.
- 김홍탁·한석지(2014). 고등학교 정치 교과서의 민주공화국 서술 경향 개선방향, 사회과교육연구 21(1).
- 라도삼(2003). 한국 인터넷의 발전과 사이버 문화의 이해, 계간사상 여름호.
- 로버트 길핀(2004). 세계정치경제론, 고현욱 외 옮김, 서울: 인간사랑.
- 루소(2016). 사회계약론, 동서문화사.
- 린쯔·바엔주엘라(1995). 내각제와 대통령제, 신명순·조정관 공역, 나남.

- 마인섭(2002). 왜 민주화 이후 한국민주주의는 위기에 처하게 되었나?, 한국정치학회보 36(4).
- 메가고시연구소(2013). 정치학의 제문제, 인해.
- 모랄 울만(2016). 중세 유럽의 정치사상, 혜안.
- 모리치와 비롤리(2006). Repubblicanesima. 김경희·김동규 역, 인간사랑.
- 박동진(2000). 전자민주주의가 오고 있다, 책세상.
- 박봉규(2001). 민주적 공고화 과정에서의 정당체제의 제도화에 대한 연구. 정치정보연구, 4(2), pp.217~248.
- 박재영(2002). 국제정치패러다임, 서울: 법문사.
- 박종훈(1993). 정치이데올로기론, 대왕사.
- 박준영 외(2001). 정치학, 박영사.
- 박찬표(2002). 한국의회정치와 민주주의: 비교의회론의 시각, 서울: 오름.
- 박현모(1996). 현대정치학, 법문사.
- 박현모(2005). 마인드맵으로 본 정치학, 에덴.
- 백창재(2003). 패권과 국제정치경제질서; 패권안정론의 비판적 평가, 국제·지역연구 12(1), pp.1~20.
- 새뮤얼 헌팅턴(2011). 강문구, 이재영 옮김.『제3의 물결: 20세기 후반의 민주화』, 고양: 인간사랑.
- 서울대학교(2006). 정치학의 이해, 박영사.
- 서울대학교(2017). 정치학의 이해, 박영사.
- 서울대학교(2019). 정치학의 이해, 박영사.
- 송석윤(2008). 양원제의 도입방안에 관한 연구, 헌법학연구 14(4).
- 스티븐 룩스(1992). 3차원적 권력론, 나남.
- 신욱희(1998). 구성주의 국제정치이론의 의미와 한계, 한국정치학회보 32(2), pp.147~168.
- 신유섭(2008). 이익집단과 대의제 민주주의: 미국의 사례를 통해 본 교훈, 한국정치학회보 42(2).
- 오승용(2010). 한국 민주주의의 위기와 법의 지배, 민주주의와 인권 10(3), pp.163~196.
- 오승호(2006). 국민사법참여 활성화를 위한 법 교육의 필요성에 관한 연구: 참여 민주주의 논의를 중심으로.
- 오승호(2011). 다문화 사회의 헌법교육 모색, 법교육연구 6(1), pp.77~111.
- 오승호(2013). 사회과 민주주의 교육에 대한 비판적 고찰, 법교육연구 8(1), pp.31~56.
- 오승호(2014). 민주공화국과 헌법교육의 과제, 법교육연구 9(3), pp.41~67.
- 오창헌(2012). 민주주의의 공고화: 개념적, 방법론적 고찰, 대한정치학회보 10(2), pp.97~120.
- 유경기(1986). 정치학-의회주의의 의의와 한계, 고시계 31(3), pp.301~303.
- 윤광일(2013). 지역주의 투표, 박찬욱·강원택 편, 2012년 대통령선거 분석, 파주: 나남.
- 윤영관 외(1996). 국제기구와 한국외교, 한용섭 편, 민음사.
- 이갑윤(2011). 한국인의 투표행태, 서울: 후마니타스.
- 이경자(2012). 장미혁명 이후 조지아의 민주주의 공고화 연구, 중앙아시아연구 원우논집 5, pp.103~116.
- 이근욱(2009). 자유주의 이론과 안보, 국제정치논총 49(5), pp.33~53.
- 이내영·허석재(2010). "합리적인 유권자인가, 합리화하는 유권자인가?: 17대 대선에서 나타난 유권자의 이념과 후보 선택", 한국정치학회보 44(2), pp.45~67.
- 이정희 외(2005). 정치학이란, 미네르바정치연구회 편, 인간사랑.
- 임혁백(1994). 시장·국가·민주주의: 한국민주화와 정치경제 이론, 나남.
- 임혁백(2000), 세계화시대의 민주주의, 서울: 나남출판.
- 임성학(2003). 아시아 민주주의의 비교 분석과 공고화, 한국사회과학 25(1·2), pp.191~211
- 장 훈(2001). 대통령제 정부의 신화와 현실: 분점정부와 정치개혁, 계간 사상 49, 여름호.
- 장 훈(2004), 정당과 선거, 백산서당.
- 장성훈(2004). 한국 분점정부의 운영과 결과: 의회 운영 결과에 대한 경험적 분석을 중심으로, 한국정당학회보 3(2).
- 성훈(2004). 억지이론과 억지전략에 대한 소고, 전략연구, pp.123~148.
- 정영태(1998), 민주주의와 시장경제의 동시발전론에 대한 비판, 노동사회연구 21, pp.51~63.
- 조기숙(1998). 새로운 선거구제도 선택을 위한 시뮬레이션 결과, 의정연구 4(1).
- 조기숙(1998). 새로운 선거구제도 선택을 위한 시뮬레이션 결과, 의정연구 6.
- 조지 세이빈·토마스 솔슨(2008). 정치사상사 1, 2, 성유보·차남희 역, 한길사.
- 존 베일리스 외(2005). 세계정치론, 을유문화사.
- 주동률(2014). 롤즈와 평등주의, 인문논총 53.
- 지병근(2008). 민주주의 이행: 민주화이론의 한국적 수용, 한국국제정치학회 학술대회 발표논문집.
- 진덕규(1998). 현대정치사회학이론, 삼영사.

- 한용섭(2010). "핵무기 없는 세계: 이상과 현실", 『국제정치논총』 50집 2호, pp.251~271.
- Adler, P. S., & Kwon, S. W.(2002). Social Capital: Prospects for a New Concept. The Academy of Management Review, 27(1): pp.17~40.
- Alavi, H.(1972) 'The State in Post-Colonial Societies: Pakistan and Bangladesh', New Left.
- Arend Lijphart(2012). Patterns of democracy: government forms and performance in thirty-six countries, New Haven: Yale University Press.
- Arendt, Hannah(1979). On Revolution, New York: Penguin Books.
- Bourdieu, P.(1986). The forms of capital, In J. G. Richardson(Ed.) Handbook of Theory and Research for the Sociology of Education, Greenwood, New York.
- Bratton and van de Walle(1997). Democratic Experiments in Africa: Regime Transitions in Comparative Perspective, Cambridge University Press.
- Coleman, James S.(1990). Foundations of Social Theory. Cambridge, MA: Harvard University Press .
- Conybeare, John C.(1984). "Public Goods, Prisoner's Dilemmas and the International Political Economy." International Studies Quarterly 28(1). pp.5~22.
- Dahl, Robert A.(1957). "The Concept of Power", Behavioral Science 2.
- Dahl, Robert A.(1998), On Democracy, New Haven, Conn., et al.: Yale University Press. 『민주주의』(1999), 김왕식·장동진·정상화·이기호 역, 서울: 동명사.
- Dahl, Robert(1989), Democracy and its Critics, New Haven, Conn., et al.: Yale University Press. 『민주주의와 그 비판자들』(1999), 조기제 역, 서울: 문학과지성사.
- Dahl, Robert A.(1971). Polyarchy: Participation and Opposition New Haven: Yale University Press.
- Diamond Larry(1996). "Is the Third Wave Over?", Journal af Democracy 7(july): pp.20~37.
- Diamond, L. and Shin(2001), 'Introduction: Institutional Reform and Myth and Reality', Journal of East Asian Studies, Vol.1, No.1.
- Downs, Anthony(1957). "An Economic Theory of Democracy", New York: Harper and Law.
- Duverger, Maurice(1966). Political Parties: The Organization and Activity in Modern State, trans. by Barbara and Robert North, New York: John Wiley & Sons Inc.
- Duverger, Maurice(1978). Political Parties: their Organization and Activity in the Modern State, translated by Babara & Robert North 7th edition. London: New Fetter Lane.
- Farrell, David M.(2012). Electoral Systems: A Comparative Introduction, 전용주(역),『선거제도의 이해』, 서울: 한울 아카데미.
- Ferejohn, John A, and Morris P. Fiorina(1974). "The Paradox of Not Voting: A Decision Theoretic Analysis", American Political Science Review 68(2): pp.525~36.
- Frederic Hartwig, William R. Jenkins and Earl M. Temchin(1980). "Variability in Electoral Behavior: The 1960, 1968 and 1976 Elections", American Journal of Political Science, vol.24: pp.553~58.
- Fukuyama, F.(1997). Social capital and the modern capitalist economy: Creating a high trust workplace. Stern Business Magazine, 4(1).
- Giddens, A.(1984). The Constitution 01 Society: Outline 01 the Theory 01 Structuration. Cambridge: Polity Press.
- Haas, Ernst B.(1958). The Uniting of Europe: Political, Economic, and Social Forces 1950~1957. Stanford University Press.
- Haas, Michael(1979). "International Subsystems: Stability and Polarity", American Political Science Review, Vol 64, pp.98~113.
- Held, David(1987). Models of Democracy, Cambridge, et al.: Polity Press, 『민주주의의 모델』(1993), 제5판, 서울: 인간사랑.
- Huntington(1991). The Third Wave: Democratization in the Late Twentieth Century, Norman & London: university of Oklahoma Press.
- Huntington, Samuel P.(1968). Political Order in Changing Societies, New Haven: Yale University Press.
- Inglehart, Ronald(1990). Culture Shift: In Advanced Industrial Society, Princeton, NJ: Princeton University Press.
- Jackman, RW.(1987). "Political Institutions and Voter Turnout in Industrial Democracies", American Political Science Review 81. pp.405~24.
- Kaplan, Morton A.(1957). "The Balance of Power, Bipolarity, and Other Models of International Systems", American Political Science Review, Sept., pp.685~715.
- Keohane, Robert O. & Joseph S. Nye Jr.(1977). Power and Interdependence: World Politics in Transition. Boston, Mass: Little Brown.

- Keohane, Robert O. & Joseph S. Nye Jr.(1987). Power and Interdependence Revisited, International Organization, vol. 41, no. 4.
- Keohane, Robert O.(1980). "The theory of Hegemonic Stability and Changes in International Economic Regimes, 1967~1977," in Ole R. Holsti et al., eds., Change in the International System. Boulder, Colo.: West View Pres.
- Krasner, Stephen D. ed.(1983). International Regimes, Ithaca, N. Y.: Cornell University Press.
- Laborde, Cecile., et al.(2008). Republicanism and Political Theory. 곽준혁·조계원·홍승헌 역(2010). 공화주의와 정치이론, 까치.
- Lijphart, Arend.(1984). Democracies Patterns of Majoritarian Twenty-One and Consensus Government in Countries. New Haven: Yale University Press.
- Linz, Juan and Alfred Stepan.(1996). "Toward Consolidated Democracies", Journal of Democracy, Vol. 7, No. 2, pp.15~33.
- Lipset, Seymour Martin, and Stein Rokkan(1967). Party Systems and Voter Alignments: Cross-national Perspectives. New York: The Free Press.
- Mearsheimer, John J.(2001). The Tragedy of the Great Power Politics, New York: Norton & Com.
- Mill, John S.(1951), "Considerations on Representative Government," H. B. Acton(ed.), Utilitarianism, Liberty, and Representative Government, London: Dent and Sons.
- Morgenthau, Hans J.(1975). "Science of Peace: A Rationalist Utopia", Social Research 42(1), pp.20~34.
- Nye, Joseph S., Jr.(1990). Bound to Lead: The Changing Nature of American Power. Basic Books.
- O'Donnell, Guilleermo.(1994). "Delegative Democracy", Journal of Democracy 5, No. 1: pp.55~69.
- Organski, A. F. K.(1958). World Politics, New York: Alfred A. Knopf.
- Organski, A. F. K., and J. Kugler.(1978). "Davids and Goliaths: Predicting the Outcomes of International Wars", Comparative Political Studies, Vol. 11, No. 2.
- Panebíanco, Angelo(1988). Political Parties, Power and Organization, New York: Cambridge University Press.
- Parsons. Talcott.(1954). Essays in Sociological Theory. rev. ed. Glencoe. II I. New York: Free Press.
- Passquino, Gianfranco(1990). "Party Elites and Democratic Consolidation: Cross-national Comparison of Southern European Experience", in G. Pridham(ed.), Sècuríng Democracy, London: Routledge.
- Peter Bachrach & Morton S. Baratz(1970). "Power and Poverty: Theory and Practice", New York: Oxford University Press.
- Powell, Robert.(2002). "Game Theory, International Relations Theory, and the Hobbesian Stylization", in Ira Katznelson and Helen V. Milner (eds.) Political Science: States of the Discipline (New York: W. W. Norton & Company, 2002), pp.755~788.
- Przeworski, Adam, et al.(2000). Democracy and Development; Political Institutions and Well-Being in the World, 1950-1990. New York: Cambridge University Press.
- Przeworski, Adam.(1991). Democracy and the Market. Cambridge Univ. Press.
- Putnam, Robert D.(1995). Bowling Alone, Revisited. The Responsive Community, Spring, pp.18~33.
- Rustow, Dankwart A.(1967). A World of Nations: Problems of Modernization, Washington, D. C.: Brookings Institution.
- Sartori, Giovanni.(1976). Parties and Party Systems: A Framework for Analysis. Vol. 1. Cambridge: Cambridge University Press.
- Saul, John S.(1974). The State in Post-colonial Societies-Tanzania. Socialist Register. London: Merlin
- Schattschneider, Elmer E.(1942), Party Government, New York: Rinehart & Company, Inc.,
- Singer, J. D. (1961). "The Level of Analysis Problem in International Relations", in K. Knorr and S. Verba, eds., The International System: Theoretical Essays, Princeton: Princeton University Press.
- Stanley Feldman, Alan S. Zuckerman(1982), "Partisan attitudes and the vote: Moving beyond party identification", Comparative political studies, vol. 15, no. 2.
- Waltz, Kenneth N.(1964). "The Stability of a Bipolar World", Daedulus, Summer, pp.881~909.
- Wendt, A.(1987). The Agent-Structure Problem in International Relations Theory. International Organizations 41, no. 3.

이율

- 사회과 교육 전공 교육학 박사
- 하제스트 교육연구소 소장
- 한국 법교학회 이사 및 사회과 학회 회원
- 연세대학교 특임교수
- 부산대학교 사회교육연구소 실장

[저서]
- 교육론: Jump-up 일반사회교육론(2017, 박문각), 사회과 예비교사를 위한 일반사회교육론(박문각, 2020), 다문화주의, 다문화교육, 이데올로기, 민주주의(2020, 공저, 동문사), 시민주권과 민주시민교육(2021, 공저, 부산대학교 출판부), 예비사회교사를 위한 일반사회교육론(박문각, 2023)
- 법 관련: 법교육학 입문(공저, GMW, 2013), Jump-up 법교육(2017, 박문각), 사회과 예비교사를 위한 법학(박문각, 2020), 법교육학 입문 개정판(2022, 공저, 박영사), 예비사회교사를 위한 법학(박문각, 2023)
- 정치 관련: Jump-up 정치교육(2017, 박문각), 사회과 예비교사를 위한 정치학(박문각, 2020), 예비사회교사를 위한 정치학(박문각, 2023)
- 경제 관련: 악마의 맷돌이 돌고 있어요!(자음과모음, 2013)
- 사회·문화 관련: 비교문화(부산교육청, 2015; 세종교육청, 2020)

[논문]
- 사회과 대화교육의 한계와 대안에 관한 연구(2015)
- 사회과 법교육에서 인권교육 내용에 관한 연구(2011)
- 중등 사회과 민주주의 교육에 대한 비판적 고찰(2013)
- 다문화 사회의 헌법교육 모색(2011)
- 미국 법교육 교과서의 변천과정에 관한 연구(2011)
- 법교육이 청소년의 폭력에 관한 태도에 미치는 영향(2010)
- 교육현장에서의 저작권 가이드라인에 관한 연구(2011)
- 비행청소년 교정교육에서 상상력 교육의 필요성에 관한 연구 등(2012)
- 폭력의식의 형성과 유형에 대한 연구(2009)
- 교권의 범위와 한계에 관한 연구(2011)

예비사회교사를 위한
정치학

초판 1쇄 | 2020. 3. 25. **2판 1쇄** | 2023. 2. 6. **편저자** | 이 율
발행인 | 박 용 **발행처** | (주)박문각출판 **등록** | 2015년 4월 29일 제2015-000104호
주소 | 06654 서울특별시 서초구 효령로 283 서경 B/D **팩스** | (02)584-2927
전화 | 교재 문의 (02) 6466-7202, 동영상 문의 (02) 6466-7201

저자와의 협의하에 인지생략

ISBN 979-11-6987-100-6 | 979-11-6987-098-6(SET)
정가 28,000원